HERMETICUM

CAMINHOS DE HIRAM

Visões Caleidoscópicas de Hermetismo Gnóstico

O Filosofismo da Maçonaria Iniciática

M∴I∴ Helvécio de Resende Urbano Júnior 33º
G∴I∴G∴ do Sup∴ Cons∴ do Gr∴ 33 do R∴E∴A∴A∴

CAMINHOS DE HIRAM
VISÕES CALEIDOSCÓPICAS
DE HERMETISMO GNÓSTICO

*O FILOSOFISMO DA MAÇONARIA JUDAICO-CRISTÃ INICIÁTICA
E ESPIRITUALISTA*

Ali A'l Khan S∴I∴

Copyright © By Editora Isis Ltda.

Produção e Capa:
Editoração Eletrônica Sergio Felipe
Equipe Técnica Tiphereth777

Revisão:
Sassandra Dias Brugnera
Carolina Garcia de Carvalho Silva
Joaquim Antônio Tavares

Dados de Catalogação da Publicação

A'1 Khan S∴I∴, Ali / Resende Urbano Júnior, Helvécio de, 1956.

Hermeticum – Caminhos de Hiram – Visões Caleidoscópicas de Hermetismo Gnóstico – O Filosofismo da Maçonaria Iniciática / Editora Isis, 2018 – São Paulo/SP.

ISBN 978-85-8189-104-0

1. Kabbala 2. Filosofia 3. Maçonaria 4. Religião 5. Gnose 6. Hermetismo

Índice para catálogo sistemático:

1. Maçonaria / Filosofia / Hermetismo / Kabbala e Gnose: Ocultismo 366.1

Proibida a reprodução total ou parcial desta obra, de qualquer forma ou por qualquer meio seja eletrônico ou mecânico, inclusive por meio de processos xerográficos, incluindo ainda o uso da internet sem a permissão expressa da Editora Isis, na pessoa de seu editor (Lei nº 9.610, de 19.02.1998).

Direitos exclusivos reservados para Editora Isis.

Contato com o autor:
www.tiphereth777.com.br
tiphereth@tiphereth777.com.br

EDITORA ISIS LTDA
www.editoraisis.com.br
contato@editoraisis.com.br

Outros livros do Autor

Livros publicados

Manual Mágico de Kabbala Prática - 2005.

Manual Mágico de Kabbala Prática - 2007.

Manual Mágico de Kabbala Prática - 2011.

Kabbala - Magia, Religião & Ciência -2006.

Absinto - 2007

Maçonaria, Simbologia e Kabbala - 2010.

Templo Maçônico - 2012.

Secretum - Manual Prático de Kabbala Teúrgica - 2014.

Arsenium, O Simbolismo Maçônico: Kabbala, Gnose e Filosofia - 2016.

Hermeticum - Caminhos de Hiram - Visões Caleidoscópicas de Hermetismo Gnóstico - O Filosofismo da Maçonaria Iniciática.

No Prelo:

Gnosticum - A Chave da Arca - Maçonaria Prática

Em preparo:

ARCANUM T - *A Magia Divina - A Arte dos Filhos do Sol*

Kabbala, Maçonaria e Teosofismo & Práticas de Teurgia e Taumaturgia

Agradecimentos

VV∴IIr∴ na Senda da Luz Maior

Sergio Felipe

Pod∴ Ir∴M∴M∴ Gustavo Llanes Caballero
Irmã R ✠ Maria de Lourdes Dias Ibrahim de Paulo
Pod∴ Ir∴ M∴I∴ Ney Ribeiro 33°
Pod∴ Ir∴ M∴I∴ Porfírio José Rodrigues Serra de Castro 33°
Fr∴ Tiago Cordeiro – Teth Khan 777
Soror R ✠ Sassandra Dias Brugnera
Pod∴ Ir∴M∴M∴ Gumercindo F. Portugal Filho 33°

À memória dos meus saudosos Irmãos,

Fr. R ✠ Antonio Rezende Guedes / | \
Pod∴ Ir∴ M∴M∴ Belmiro Carlos Ciampi
Pod∴ Ir∴ M∴M∴ Carlos Rodrigues da Silva S ⸬ I ⸬
Ir∴ M∴M∴ Euclydes Lacerda de Almeida 18°
Fr∴ R ✠ Jayr Rosa de Miranda
M∴M∴ Fr∴ R ✠ Paulo Carlos de Paula 18° - Ir∴Miguel
Fr∴ R ✠ Manoel Corrêa Rodrigues S ⸬ I ⸬

Prece

...r puro, que reinas sobre todo o Universo! Enche plenamente meu cora-
...meu corpo, afim de que eu possa amar, com todas as minhas forças, ao
...Senhor da Criação, ao meu próximo e a todos os seres viventes. Divino
...Dou-lhe graças por tudo quanto fizeste por mim. Deposito em ti toda a
...nfiança e todas as minhas esperanças. Tenho absoluta fé em Teu Saber
...m Tua Omnipotência Divina e em Teu Imenso Amor para com todas
...s. Sabedoria Divina! Reflete-te continuamente em meu espírito! Sê
...na, meu amparo e meu Guia, e, assim marcharei firmemente no
...Justiça e da Verdade! Assim seja!"

(Ali A´l Khan S⸬ I⸬)

Índice

PRECE 6

AGRADECIMENTOS 7

APRESENTAÇÃO 13

PRIMEIRA PARTE **23**

CAPÍTULO I **25**

INTRODUÇÃO 27

A FÉ DO FILÓSOFO 38

A GNOSE E O GNOSTICISMO 43

SOBRE O ENSINAMENTO GNÓSTICO 47

A - UNA TRINDADE DO UNO E DISTINTO 47

B - PLENITUDE EM DEUS
COMO O HOMEM E OS HOMENS. 51

C - AMBIVALÊNCIA DA CONDIÇÃO CÓSMICA 55

D - O FIM: O FILHO NO PAI-MÃE
COMO FILHO DO HOMEM 59

O GNOSTICISMO 62

ORIGEM E ATUALIDADE DO GNOSTICISMO 66

CAPÍTULO II **71**

HERMES 73

A FILOSOFIA HERMÉTICA 93

PICO DELLA MIRANDOLA (1463- 1494) 95

A DIGNIDADE DO HOMEM 97

UM SÍMBOLO, MUITAS PALAVRAS 105

GIORDANO BRUNO (1548-1600) 108

A ORIGEM DO HERMETISMO 113

HERMES CHEGA A FLORENÇA 116

FLORENÇA, 1460 117

TÁBUA DE ESMERALDA DE HERMES TRISMEGISTO 125

TEXTO 126

TABULA ESMERAGDINA 127

INTERPRETAÇÃO 128

SOLVE ET COAGULA 141

CAPÍTULO III **169**

ARTES ALQUÍMICAS 171

FRANCOMAÇONARIA E HERMETISMO 175

RELAÇÕES ENTRE OS PLANETAS E OS METAIS 190

SEGUNDA PARTE **203**

CAPÍTULO I **205**

A ESTRELA FLAMEJANTE E O SEGREDO DA GNOSE 207

A HISTÓRIA GNÓSTICA DA ESTRELA FLAMEJANTE 215

AS TENDÊNCIAS GNÓSTICAS NA FRANCOMAÇONARIA 219

LOUIS CLAUDE DE SAINT MARTIN E O MARTINISMO 221

O QUE É O MARTINISMO 222

A LINHA DO TEMPO 225

A DOUTRINA MARTINISTA - MÉTODO E DIALÉTICA 232

MARTINETS DE PASQUALLYS,
JEAN BAPTISTE WILLERMOZ E
LOUIS-CLAUDE DE SAINT-MARTIN
SÃO AS RAÍZES TEÚRGICO-KABBALÍSTICAS DO
ESCOCISMO RETIFICADO (R.E.R.). 247

RAMSAY E VON HUND: A ESTRUTURA
CAVALHEIRESCA DO ESCOCISMO RETIFICADO 249

O TEMPLARISMO DO ESCOCISMO RETIFICADO
E O TEMPLARISMO DE FERNANDO PESSOA 254

JEAN-BAPTISTE WILLERMOZ 258

I. OS ELEMENTOS FUNDAMENTAIS DO
REGIME ESCOCÊS RETIFICADO 260

II. RECONSTRUÇÃO ESPIRITUAL E

NOVA DEDICAÇÃO DO TEMPLO 265

III. DEGRADAÇÃO E MORTE INTELECTUAL DO HOMEM 272

IV. A "VIA" DA INICIAÇÃO CRISTÃ 278

V. O MISTÉRIO DA UNIÃO DAS DUAS NATUREZAS................ 283

VI. O CARÁTER "OPERATIVO" DO REGIME 289

VII. A CELEBRAÇÃO DA NOVA ALIANÇA............................. 297

VIII. UMA ORDEM DE CAVALARIA SEGUNDO O ESPÍRITO 302

CONSIDERAÇÕES FINAIS 312

CAPÍTULO II **321**

PRÁTICAS MARTINISTAS 323

I - IMANTAÇÃO – PRELIMINARES DA ADAPTAÇÃO................ 325

Iº - A ORAÇÃO.. 326

II - DAS PRÁTICAS PESSOAIS 328

2º - A CADEIA MÁGICA 329

BONDADE – TOLERÂNCIA – CARIDADE 340

III – O TRABALHO EM SUPERFÍCIE
E EM PROFUNDIDADE...341

IV – FUNDAÇÃO, TRANSMISSÃO E
ORGANIZAÇÃO DE ORDENS EM GERAL
E DA ORDEM MARTINISTA EM PARTICULAR 350

CORRENTES E REPRESENTANTES 362

CAPÍTULO III **365**

A LINHA DO TEMPO 367

A LINHA DO TEMPO 367

BREVE HISTÓRIA DO R.E.R. 367

OS MOVIMENTOS MÍSTICOS E FILOSÓFICOS
NA MAÇONARIA ANTES DA REVOLUÇÃO FRANCESA 369

A IRRUPÇÃO DO MISTICISMO E DO OCULTISMO
NA MAÇONARIA SIMBÓLICA... 369

DOM PERNETY E OS ILUMINADOS DE AVIGNON.................. 374

MARTINETS DE PASQUALLYS E A
ORDEM DOS COËNS ELEITOS... 377

LOUIS-CLAUDE DE SAINT-MARTIN OU
O FILÓSOFO DESCONHECIDO 382

JEAN-BAPTISTE WILLERMOZ E O
RITO ESCOCÊS RETIFICADO 388

SAVALETTE DE LANGE E AS ASSEMBLEIAS
DOS FILALETES 409

SAINT-GERMAIN, CAGLIOSTRO E MESMER 415

A ENCICLOPÉDIA E A MAÇONARIA. DIDEROT E D'ALEMBERT,
FRANCOMAÇONS? 426

A INICIAÇÃO DE VOLTAIRE
NA LOJA DAS NOVE IRMÃS (ABRIL DE 1778) 431

A LOJA DAS NOVE IRMÃS, DE 1776 ATÉ A REVOLUÇÃO 439

A EXPERIÊNCIA MAÇÔNICA DE CASANOVA 448

TERCEIRA PARTE 451

CAPÍTULO I 453

A CAVALARIA ANDANTE
E O QUIXOTE 455

ORAÇÃO TEMPLÁRIA 462

A RECEPÇÃO NA ORDEM 463

CAPÍTULO II 467

PREPARAÇÃO 469

PRÁTICAS 471

O SIGNIFICADO DAS
ARMAS DE CAVALEIRO 476

O CÍRCULO DO DESPERTAR 482

A FÓRMULA DO OBSERVADOR 485

OS MISTÉRIOS DE EROS 489

I – FORMULAÇÃO 489

II- VITALIZAÇÃO 493

EXPIRAÇÃO 495

RESPIRAÇÃO 496

III – REALIZAÇÃO 498

PREPARAÇÃO PSÍQUICA 501

REGRAS PARA A PREPARAÇÃO OCULTA 503

CAPÍTULO III 507

OS FILHOS DO SOL 509

A VIA SERPENTINA 513

SETE NORMAS MÁGICAS PARA OBTER O SUCESSO: 522

REGRAS MORAIS: 522

OUÇA A VOZ DO SILÊNCIO: 522

OS CAMINHOS DA SERPENTE 525

COMENTÁRIOS 530

O PRINCÍPIO SIMBOLIZADO PELA SERPENTE 530

A SERPENTE DA SABEDORIA 534

A GUERRA NO CÉU; A QUEDA DOS ANJOS 535

NAHASH A SERPENTE DO CAOS 538

SAMAEL, A SERPENTE DA TENTAÇÃO 541

OFIOLATRIA E LUCIFERISMO 543

A TRADIÇÃO LUCIFERIANA 545

O GÊNESIS OU SEPHER BERESHIT 547

A ÁRVORE DAS SEPHIROTH 549

A ÁRVORE DA CIÊNCIA... 553

AS ORIGENS DO MITO ADÂMICO 561

LÚCIFER E SATÃ 568

LEVANTANDO O VÉU... 568

OS SÍMBOLOS LUCIFERIANOS 583

BIBLIOGRAFIA 589

APRESENTAÇÃO

Pelo simples fato de vivermos em um mundo dualista, em nossa jornada nos deparamos com o bem e o mal em cada ação de nossas vidas, de modo que a natureza inferior que rege os hábitos do homem profano deve ser sublimada em nosso ser, se desejarmos avançar verdadeiramente nos caminhos da senda espiritual.

Os *"Caminhos de Hiram"* envolvem uma busca pelo autoconhecimento ao buscador que aspira, com todo o seu ser, o desenvolvimento de sua potência espiritual, proporcionando meios para que ele possa vir a alcançar o entendimento para sublimar sua natureza inferior a fim de ter serenidade e o equilíbrio mental em quaisquer circunstâncias que se apresentem em sua vida.

Com o propósito de nortear esses caminhos da filosofia ocultista ou iniciática, o autor Ali A'l Khan, com uma ampla gama de abordagens, procura, nesta obra, responder a muitas questões que atraem a atenção do buscador que anseia por conhecer a verdade sobre a sua própria natureza e a posição que ocupa no universo. Fazem parte desta busca o conhecimento do funcionamento do nosso corpo físico (microcosmo) para chegar ao conhecimento de como funciona o universo (macrocosmo).

Nesse sentido, a obra propõe ao buscador algumas questões filosóficas que foram interpretadas de acordo com antigas estelas de Hermes, que Platão e, anteriormente, Pitágoras leram em suas totalidades e se utilizaram delas para criarem suas filosofias. Dessa maneira, nesta obra, à medida que vamos avançando, os temas enfocados vão oferecendo um panorama pela busca de uma significação para o uso da linguagem por essas diversas vozes filosóficas de notáveis homens na história.

O método de investigação utilizado pelo autor nesta obra se fundamenta em duas coisas: na ideia de Aristóteles segundo a qual se conheceria melhor qualquer realidade se olhada no processo de seu desenvolvimento a partir da primeira origem e numa situação muito concreta, na qual nós mesmos nos encontramos, não sabendo o que é a filosofia.

Na presente obra, a história e a filosofia serão os meios decifradores por meio da pesquisa sobre notáveis homens filósofos na história e suas visões sobre a filosofia e as razões que os levaram às suas respostas. O autor, com isso, teve o intuito de levar o buscador a repensar e qualificar o que é comum nas ideias filosóficas e em outros ramos do conhecimento para que este se aperceba como que integrado em uma complexa rede, procurando trabalhar um paradigma na busca por significados na história e na evolução das palavras, que o levarão a desvelar conhecimentos também pelo campo do "sentir", pois podemos dizer que as mitologias e os sentimentos são comumente manifestados por meio de símbolos e gestos.

Em nossa busca pela verdade, apresentam-se primeiramente os conhecimentos sobre as premissas do dualismo corpo/ alma, a imortalidade da alma, a transcendência de temas que foram arquitetados primeiramente por Platão. Aristóteles foi o filósofo cuja metafísica transcendeu até a atualidade. Para o autor, as variedades presentes na história da filosofia e nas escolas filosóficas tornam praticamente impossível elaborar uma definição universalmente válida da filosofia, uma vez que, segundo o mesmo, "procurar defini-la seria fazer uma filosofia da filosofia".

Em *Caminhos de Hiram*, por meio da via de indução histórica, procura-se verificar qual a significação da "voz filosófica", ou seja, buscam-se respostas em antigos filósofos em relação ao significado desta. Observamos que essa "voz" é uma força propulsora de tudo o que desafia o homem a produzir os mitos e o mistério que envolve a vida do Ser.

Esclarecidas essas coisas, o início da caminhada será primeiramente pelo saber sobre qual é a significação da voz filosófica e que elementos a constituem. Isto é, entender a voz da filosofia em suas origens etimológicas e históricas. Tal passo é fundamental, pois temos a necessidade de estudar e pesquisar para desenvolver nossa inteligência e expandir o nosso pensamento.

Na presente obra, são indicados os meios pelos quais o estudioso ardente de conhecimentos possa chegar à sua própria constatação.

O livro está dividido em partes I, II e III, compostas também por dois capítulos cada uma.

Na primeira parte deste trabalho, ou parte I, o primeiro capítulo trata sobre temas como a fé do filósofo, o que ela é e por que essa fé filosófica é mais confiável que o saber filosófico que alimenta.

Sobre a gnose e o gnosticismo, o autor nos fala sobre as origens e as definições de uma gnose além do ser que intui e deseja o conhecimento, sobre o exercício da imaginação criadora e, ainda, sobre o ensinamento gnóstico, abrangendo importantes conhecimentos, os quais são abordados nesta obra em quatro tópicos que tratam dos seguintes temas:

A) A Una Trindade do Uno e Distinto: nos fala sobre a unidade de Deus, do seu amor e sobre o intelecto.

B) A Plenitude em Deus como o Homem e os Homens: abrange conhecimentos acerca do Pleroma dos *Æons* dentro da visão pleromática, sobre o caráter emanado no processo gerador, sobre o corpo de luz humano e sua construção, sobre o *Æons* Sabedoria no qual falta a sabedoria e sobre o surgimento da matéria e a queda de Sophia.

C) A Ambivalência da Condição Cósmica: aborda a conversão de Sophia, o surgimento da matéria, do Demiúrgo e do mundo, o *Æons* do Cristo e sobre o resgate das sementes de luz ou pleromáticas.

D) O Fim: O Filho no Pai-Mãe como Filho do Homem: revela sobre conhecimentos acerca do Retorno e Terceira Glória, sobre os temas do início e final dos tempos.

Esta obra apresenta o gnosticismo como a primeira forma de filosofia cristã, por sua característica espiritual e exigências intelectuais. Sendo a primeira expressão da metafísica cristã, a gnose é inseparável da filosofia genuína, a qual permite ao buscador a experiência e o contato com os mistérios inefáveis para sua reintegração em Deus.

O autor aborda também os tipos de batismo, a câmara nupcial e procura demonstrar que a ciência deriva da gnose e que os produtos que derivam dessas experiências são por meio de símbolos e/ou imagens visionárias através da imaginação criadora.

Apresenta o platonismo e o pitagorismo como sendo fatores de aproximação dos cristãos com a filosofia grega, relata o banimento dos gnósticos pela igreja em torno do século II e ressalta a importância da biblioteca de Nag Hammadi e o conhecimento desta pelo filósofo Plotino.

Na parte "Ainda sobre a origem e atualidade do gnosticismo", reúne muitos ensinamentos para conhecimento do estudante a respeito dos Setianos chamados "barbelognósticos" ou "aqueles que conhecem tudo", sobre a Estrela Flamejante e o segredo da gnose. Além disso, trata de como entrar no domínio próprio da vontade ativa e consciente, apresenta o método de ascese e seus requisitos nos planos material, intelectual e divino, sendo a oração e a fé os combustíveis intelectuais para clarear o interior do Templo. Argumenta, ainda, que a admissão da gnose permite iniciações tanto masculinas quanto femininas, bem como revela a história gnóstica da Estrela Flamejante, o surgimento do símbolo e seu significado para a gnose.

O segundo capítulo da parte I trata acerca do deus olímpico Hermes, o "mais humanitário entre os deuses" e sobre a filosofia hermética, explicando que tudo está na mente e que o homem deveria voltar-se para si, pois, com o avanço da civilização moderna, ocorreu o afastamento desta filosofia e da importância do resgate da metafísica esquecida. Evidencia Picco della Mirandola (1463-1494), a "Fênix dos gênios", como um dos filósofos que tomou consciência da gama de possibilidades nas fontes de conhecimento gregas que entraram em Florença e acrescentou-as de forma eclética a seus conhecimentos. Em seus estudos, ele busca recuperar a imagem original do homem da imagem do mundo até a fonte de Deus. Os dois métodos que ele propõe são pelo uso dos números e pela Mageia.

Na parte "Um símbolo, muitas palavras", a obra menciona a possibilidade infinita de combinações e formulações da matéria que nos leva a questionar se o espírito no homem poderia ver os princípios do universo. Exemplificando o entendimento de Giordano Bruno (1548-1600), sabedoria, verdade e unidade são a mesma coisa, e a unidade sendo como uma chave indispensável para a verdadeira contemplação da natureza.

Faz alusão ao hermetismo como uma das correntes mais antigas e persistentes que emergiu durante o período helenístico, uma confluência das antigas tradições egípcias com a religião e a mitologia gregas. Ao referir-se na obra a "Hermes Chega a Florença e Florença em 1460", o autor evidencia o desejo dos amigos da Florença renascentista de voltar ao Uno e nos fala da busca pelo conhecimento pelo amor ou para conseguir poder, quando Hermes, o mediador entre o espírito e a matéria, havia chegado a Florença sendo um símbolo de muitas possibilidades para a ascensão espiritual, e onde também ocorria uma atração das pessoas pela filosofia platônica a qual tentavam reconciliar com os rigores da teologia católica.

Menciona a Tábua de Esmeralda de Hermes Trismegistos, ou Tábula Esmeragdina como uma pedra verde, representando a primeira matéria da Obra e indica como o leitor poderá entrar no *Corpus Hermético*, bem como a interpretação da simbologia tais como as asas dos pés e da cabeça de Mercúrio; o fígado de Prometeu; o Mercúrio Hermético; a ciência da natureza; a causa e a origem da negligência sobre os efeitos da ciência da natureza, etc.

Solve et Coagula se refere à segunda parte da prática dos filósofos, consiste na execução imediata e combinada com prudência do axioma dos filósofos, abrangendo as artes alquímicas, explicando que, da mesma forma, no processo iniciático é necessário passar pela fase da "morte", "o caos alquímico, em que se dá o "separatio" dos elementos, o solve e o nigreto – a purificação, a sublimação do albedo – o rubedo, conjuntio, ou coagula, a qual conduzirá à Pedra Filosofal.

Discorre sobre a Francomaçonaria e Hermetismo e de como a Francomaçonaria se relaciona estreitamente com a Alquimia, ou melhor, com a filosofia hermética. Trata das leis ocultas que regem o universo na ritualística da Maçonaria Azul de São João e analisa as relações entre os planetas e os metais. O autor afirma que há documentos históricos provando que essas ideias nasceram na Babilônia e na Caldeia e que desempenharam um importante papel no desenvolvimento da astronomia, intimamente ligado à astrologia e que tratam o sete como um número sagrado.

Na segunda parte ou parte II, no primeiro capítulo, a obra nos esclarece sobre as tendências gnósticas na Francomaçonaria, e sobre as personalidades notáveis que se destacaram na Tradição e por suas contribuições em nome da liberdade de pensar, com o propósito de progresso cultural e de espírito. Dentre essas personalidades, no Iluminismo Maçônico Francês do séc. XVIII, o mais notável dos Maçons místicos foi Martinets de Pasquallys (1727-1774). Este, assim como Jean Baptiste Willermoz (1730-1824) e Louis-Claude de Saint-Martin (1743-1803) são considerados como as raízes Teúrgico-Kabbalísticas do Escocismo Retificado. Contribuíram também com a estrutura cavalheiresca do

R.E.R. as personalidades de Ramsay e Von Hundt, ambos membros do Escocismo surgido na França na primeira metade do séc. XVIII. Atribui-se a Ramsay, Cavaleiro da Ordem de São Lázaro, a Reforma Institucional Maçônica.

Esta parte da obra também nos relata sobre a origem da Maçonaria, sobre a presença de elementos da tradição judaica e da sagrada Kabbala no ensinamento transmitido em determinados graus e de certos ritos maçônicos do R.E.A.A. e R.E.R. Menciona os templarismos do Escocismo Retificado e o notável Fernando Pessoa, que foi um Iniciado por comunicação direta Mestre/discípulo. Exemplifica as Ordens interna e externa. Comenta sobre a visão do poeta reunida em textos fragmentados, uma pequena gênese do Rito Escocês Retificado, como um grande legado de uma obra ocultista e também evidencia Jean-Baptiste Willermoz como sendo um elemento fundamental da obra espiritual iniciada por Martinets e que ocupa um lugar especial no interior da corrente Martinista e no R.E.R.

Apresenta em tópicos oito preceitos relacionados ao R.E.R, e que são de suma importância observar para que o iniciado nos mistérios dessa via prossiga na sua caminhada espiritual e cuide do fogo sagrado em seu coração, que a presente obra trata detalhadamente em:

I. Os Elementos Fundamentais do Regime Escocês Retificado;
II. Reconstrução Espiritual e Nova Dedicação do Templo;
III. Degradação e Morte Intelectual do Homem;
IV. A Via da Iniciação Cristã;
V. O Mistério da União das Duas Naturezas;
VI. O Caráter "Operativo" do Regime;
VII. A Celebração da Nova Aliança;
VIII. Uma Ordem de Cavalaria Segundo o Espírito.

Nas considerações finais da obra, o autor discorre sobre a busca pela prática da reintegração desde um marco na história do Iluminismo pelos fundadores desta corrente de luz e amor, que falaram com uma só voz para a estruturação primordial do R.E.R. Trata de suas bases doutrinais no caminho iniciático e das escolhas operadas para alcançar os objetivos, submissão da vontade educação do desejo e união mística com o Cristo.

No segundo capítulo da parte II, são reunidas práticas Martinistas de imantação e as preliminares da adaptação, importantes antes das operações mágicas. Em primeiro lugar, deve ser feita a prática da oração, tendo por finalidade a fusão momentânea do pessoal com o inconsciente superior e, em segundo lugar, é preciso realizar ao redor de si um campo de atração fluídica tão poderosa quanto possível, chamada em magia de Cadeia Mágica.

Para obtenção de sucesso nessas práticas, devem-se observar três tópicos importantes, a saber:

§I_Das Práticas Pessoais: primeiramente, nas práticas pessoais, devem-se realizar as adaptações, a oração mágica e o ritual completo necessários ao final de cada sete dias. Em segundo lugar, realizar a Cadeia Mágica. São mencionadas, também, nesta parte da obra, as condições citadas pelo Venerável Mestre Papus necessárias para a corrente Crística.

§II_ O Trabalho em Superfície e em Profundidade: questiona sobre o trabalho em superfície com muitos membros e o trabalho em profundidade, com poucos, mas dedicados membros. Cita a Ordem Martinista da América do Sul, estabelecida nesse continente que declarou ter como fim fundamental a difusão do esoterismo cristão e a prática da caridade. Relata o porquê do fato de, na via cardíaca da Ordem Martinista e do R.E.R., não parecer haver uma especial preocupação para expor a doutrina crística ou para "ensinar" como se faz para chegar a ser, realmente, um cristão por excelência.

§III_ Fundação, Transmissão e Organização de Ordens em Geral e da Ordem Martinista em Particular: neste tópico, saberemos como se organiza uma Ordem e a necessidade da autoeducação em tal empreendimento, que demanda entendimento sobre as vantagens e as desvantagens e as dificuldades inerentes a todo grupamento humano, etc.

A segunda parte do livro também reúne informações importantes sobre os movimentos místicos e filosóficos na Maçonaria antes da revolução, conhecimentos sobre a irrupção do misticismo e do ocultismo na Maçonaria Simbólica com a introdução do grau de Mestre, do mito de Hiram e do Templo de Salomão e sobre a ligação da Maçonaria Simbólica e a Escocesa.

Dentre esses importantes movimentos maçônicos, temos, na presente obra, relatos históricos importantes sobre:

- Dom Pernety e os Iluminados de Avignon, e o ponto de partida do sistema de Pernety era a identidade evidente da mitologia clássica com a filosofia hermética.

- Martinets de Pasquallys e a Ordem dos Coëns Eleitos e a longa linhagem das sociedades secretas cujos adeptos acreditaram, graças às operações mágicas, às virtudes ativas, no poder de comunicar-se com o divino e adquirir assim a imortalidade.

- Louis-Claude de Saint-Martin ou o filósofo desconhecido, que foi discípulo de Martinets de Pasquallys. Preferiu seguir a Via interior, encontrando sua expressão na teurgia pura. A presente obra nos relata sobre o porquê de a Maçonaria não ser a sua via.

- Jean-Baptiste Willermoz e o R.E.R., operário incansável que foi o patriarca do esoterismo maçônico e manteve relações com Maçons e ocultistas notáveis da época. Foi discípulo de Martinets, chefe dos Coëns Eleitos de Lyon e autor de um sistema maçônico pessoal, o Rito Escocês Retificado.

- Savalette de Lange (1746-1797) e as Assembleias dos Filaletes: Foi um grande secretário do G∴ O∴ em 1787. Ele e seus confrades eram atraídos pela comunicação com os espíritos. Saint Martin o julgava indigno dos conhecimentos místicos. As Assembleias dos Filaletes (ou amigos da verdade) eram compostas por 100 Maçons que queriam restituir a doutrina perdida no ocultismo, almejando igualar sob tentativas as ciências ocultas e ciências exatas.

Grandes personalidades notáveis que também fizeram parte desses movimentos místicos e filosóficos na Maçonaria e que poderemos conferir nesta obra são os relatos históricos sobre Saint Germain, Cagliostro e Mesmer.

Outra questão importante suscitada neste livro é o surgimento de uma obra literária considerada importante – "A Enciclopédia e a Maçonaria" –, que teve 272 colaboradores, dentre eles D'Alembert, Rousseau, Montesquieu, Turgot e Voltaire, sendo que apenas 17 deles foram Francomaçons. Diderot foi o idealizador da Enciclopédia, mas ele não era Maçon. Destes, destaca-se, na presente obra, Voltaire, cuja vida, por ser uma história de avanços sobre as opiniões de seu século, da longa guerra contra os preconceitos e sua passagem pela Ordem, é tida como inusitada, assim como sua iniciação em Abril de 1778 na Loja das Nove Irmãs, à qual pertencera de 7 de Abril a 31 de maio de 1778.

Em relação à Loja das Nove Irmãs, de 1776 até a Revolução, na presente obra, o leitor poderá conferir sobre o relato da iniciação de Voltaire e as influências quase funestas para as Nove Irmãs pela recusa do rei Luís XV, que pediu o fim dessa Oficina numa época em que as bulas papais e as quimeras e receios infundados refletiam uma realidade.

No final desta parte, temos o relato da experiência maçônica de Casanova, evidenciando o segredo da Maçonaria como sendo inviolável por sua própria natureza. Para Casanova, muitas das descobertas não podem ser compartilhadas e em várias passagens da presente obra há relatos que corroboram com tal afirmação. Inclusive, para o R.E.R. e o Martinismo, o importante é que a corrente crística seja sentida pelo Ir∴ que busca reedificar pacientemente nele as fundações do seu próprio templo.

Destaca-se que o propósito da exaltação da consciência é a vontade, sendo que é nessa vontade que se encontra o saber; trazendo mais vontade por saber, avançamos nos caminhos, nos quais o Saber do Espírito será sua interpretação do que lhe é reservado e revelado em seu entendimento. Assim sendo, nesta obra o autor nos apresenta métodos para auxiliar na compreensão desses conceitos para que possamos atingir a realização espiritual.

A terceira e última parte foi dedicada à Cavalaria Andante com suas tendências, simbologia, filosofia, e práticas. Reflexões e abordagens sobre o Caminho da via Serpentina imbricando o R.E.R. com o Martinismo, dentro do pensamento e vida iniciática de Fernando Pessoa.

Sassandra Dias Brugnera

PRIMEIRA PARTE

CAPÍTULO I

INTRODUÇÃO

Ao iniciarmos uma caminhada pelas trilhas da insólita metafísica, é bom recordar a quais situações geometrizaremos para que se faça profícua e tenha efeitos de proximidades com a realidade historial e pragmática de uma filosofia sustentável, que só tem um andamento, que é filosofando, perscrutando, escarafunchando, como diria meu professor de antropologia.

A situação sob a qual procuraremos empregar a filosofia, ou melhor, filosofar, é sempre uma maneira de se dirigir a algo, a algum lugar e, ao fazê-lo, em princípio, devemos averiguar qual é a significação mais ou menos imediata que podemos atribuir à nossa linguagem. É como se perguntássemos: que queremos dizer, de um modo geral, com a filosofia? A essa pergunta responderemos com uma definição nominal, isto é, por meio da etimologia da expressão.

Talvez haja algo mais, mas uma vez que tenhamos esta significação, que não é rigorosamente científica, vamos complicar as coisas de outra maneira. Se nós sabemos o que é a filosofia e se não podemos aceitar, de modo definitivo, a pura significação etimológica, parece muito lógico que façamos aquilo que se chama de indução histórica, principalmente quando se trata de filosofia ocultista ou iniciática. Quer dizer, vamos perguntar o que entenderam por tal assunto os homens que, dentro da história, fizeram ou cultivaram isso que chamamos filosofia. Nosso método se fundamenta em duas coisas: primeiro, numa ideia de Aristóteles segundo a qual se conheceria melhor qualquer realidade se olhada no processo de seu desenvolvimento a partir da primeira origem; segundo, uma situação muito concreta na qual nós mesmos nos encontramos, não sabendo, evidentemente, que é a filosofia, porém, coincidindo com toda gente, em chamar de filósofos homens como Sócrates, Platão, Aristóteles, Plotino, Santo Agostinho, São Tomás, Descartes, Kant, Bergson, Heidegger. Uma vez que neste caso não há contradição, estaremos todos de acordo. Cada um de nós podemos ocasionalmente discordar com o sistema kantiano, porém nenhum de nós negará que Kant seja um filósofo, e ninguém até hoje ousou dizer que Kant não é um filósofo. Seria até curioso dizer que Kant é outra coisa.

A esses homens vamos perguntar objetivamente o que entenderam por filosofia. A coisa é muito lógica e concreta. Se alguém quer saber o que é algo, parece muito apropriado perguntar-lhes, em primeiro lugar, o que entendem disso e para que estão nisso, fazendo-o. Nós não diremos que este seja o método definitivo; diremos que é apenas um bom método para aproximarmos de um sentido razoável, de uma significação que, pelo menos, tenha sentido. Por isso, perguntaremos a esses pensadores, que se equilibram na filosofia e seus trabalhos, o que entenderam de suas provocações, de suas teses.

Logicamente, não daremos por terminado este trabalho; já afirmamos que uma averiguação semelhante não pode ser definitiva. Não aceitaremos o que nos digam, simplesmente porque o dizem. Em filosofia, o argumento de autoridade é o mais débil, ainda que seja mais forte que a Teologia por exemplo. Em filosofia, não funciona muito o *autós épha*, o *magister dixit* dos gregos e latinos, senão como uma constatação ou confirmação de algo que um mesmo, intelectualmente, já compreende. A única coisa que faremos por essa via da indução histórica, repetimos, é verificar qual seja a significação média da voz filosófica; e o que que vem sendo, de fato, essa significação média. Quando tenhamos onde estribar, vamos fazer outra coisa, uma fenomenologia ou descrição sistemática que nos permita saber, com rigor, o sentido preciso, científico, da nossa palavra, da nossa palavra e das coisas do Mundo da Vida.

Esclarecidas essas coisas, ponhamos então mãos à obra; vejamos qual é a significação etimológica da voz filosófica; que elementos a constituem.

A palavra Filosofia quer dizer, etimologicamente, amor ao saber. Vem de duas palavras gregas, *philía* e *sophía*, amor, amizade e sabedoria. Dizem que foi dita pela primeira vez por Pitágoras. Ele nasceu em Samos, uma ilha grega, por volta do ano 580 a.C. e faleceu em 496. Era uma espécie de matemático, fundador de religião e político. Pitágoras encontrou em seus antecessores homens que se dedicavam a observar a natureza das coisas; os pensadores eram chamados e chamavam sábios-*sophoi*. E concluiu que isso não era possível. Pitágoras pensou que somente Deus merece o nome de sábio, já que é o único que conhece o sentido total das coisas. O homem somente persegue, somente busca, somente trata de adquirir um saber que jamais consegue plenamente. Daí que o homem não pode aspirar a ser *sophós* (sábio), senão *philósophos*; filósofo, amante do saber, enamorado da sabedoria. Neste sentido, Pitágoras entendia a filosofia como uma tendência, como um afeto, como uma relação ativa de desejo. Mas não somente a considerava assim; também a considerava como especulação, como teoria, enquanto especulação e teoria significavam visão; significam, para a vida intelectual do homem, uma atitude segundo a qual se quer deixar que as coisas digam na inteligência o que elas são; uma atitude na qual o homem, posto frente à realidade, especula, examina, reflete e teoriza, vê o que existe, o que tem. Aqui podemos notar a ideia aristotélica do microcosmo, com a qual se qualifica o homem dentro de suas especificidades, contemplando-as, assimilando todas as coisas e as possuindo pelo conhecimento. Essa ideia, que tem suas raízes também em Pitágoras, se expressa no que os pitagóricos diziam dos filósofos. Contavam o seguinte: que, nos jogos olímpicos, concorriam três espécies de homens: os que participavam neles, os que aproveitavam para comercializar e os espectadores – os que assistem para ver; os que olham. A estes se assemelham os filósofos, que não querem competir com nada, que tampouco querem comercializar, que só querem ver como as coisas são; o que ocorre realmente com as coisas. O filósofo, segundo tal concepção, é desde o princípio, por um lado, um enamorado do saber e, por outro, um curioso empedernido; um curioso de tudo que existe, das coisas que estão no mundo. De seu ser que tem curiosidade por todas as coisas e, inclusive, de sua própria curiosidade.

Esta é uma das maneiras de entendermos a voz da filosofia em suas raízes etimológicas e históricas. Também foi usada por Heródoto (484-406 a.C.) e por Tucídides (460-395 a.C.), porém em sua forma verbal: filosofar. Tucídides disse a Péricles: *"Gostamos do belo sem exagero e filosofamos sem cair no relaxamento"*.

Se nos fixar nessa primeira concepção pitagórica, veremos um traço que queremos destacar: o de que a filosofia é entendida, desde sua primeira menção, como um conhecimento; como uma espécie de gnose (conhecimento) limite. Pitágoras pensou o seguinte: um conhecimento de sentido total, como sabedoria, somente Deus poderá ter. O homem ama esse conhecimento porque não o possui. Contudo, saber que somente Deus é capaz de um conhecimento total já é um conhecimento. O homem, em Pitágoras, entende que não conhece como Deus e, como reconhece isso, apenas ama o conhecimento em lugar de tentar possuí-lo.

E, para terminar esta tarefa de compreender o vocábulo em seu sentido etimológico – sentido cuja explicação acabamos de ver em Pitágoras –, passaremos a demonstrar, brevemente, umas belíssimas reflexões de Platão no *Banquete*. Agatón sustenta, em dito diálogo, fazendo o elogio de Eros, o amor, que é um deus formoso e bom. Sócrates, ao intervir, pede alguns esclarecimentos (quando se lê os diálogos platônicos sempre sucede isto: Sócrates começa pedindo algum esclarecimento). Dirigindo-se a Agatón, pergunta, tendo em vista sua definição do amor como deus formoso e bom, se este, o amor, é amor de alguma coisa ou de nada. De alguma coisa, seguramente, responde *Agatón*.

Porém, o amor ama o amar, a coisa que o amor apetece ou deseja no ser amado; aquilo que o atrai é a beleza. Não só a beleza física, senão a espiritual, a moral, a dos sentimentos – inclusive a divina.

Esta questão, como objeta Sócrates, é assim: se algo te apetece é porque não se tem. Nada apetece, deseja, busca o que possui. Se o amor apetece e persegue a beleza é porque ele mesmo não a possui; ele mesmo não é belo. E não é bom, tampouco, pois o belo é idêntico ao bom. Porém, se não é bom nem belo, logo não é deus, pois os deuses são belos e bons ou não são deuses. (Esta não é a definição do amor de Deus, por superabundância, é claro, tal como se entende em Teologia).

Que será, pois, o amor, segundo Sócrates, já que não é belo, nem bom, nem deus? Um ser intermediário entre os homens e os deuses; um dos seres que "povoam o intervalo que separa o céu da terra e unem no grande todo". Um ser que tende perpetuamente ao bom e ao belo, porque é como um ato, como uma plenitude, mas que vive nele como uma tendência, como uma sede um apetite.

Daí a analogia de sentido com nossa palavra filosofia. O amor (Eros) está nela como *philía*, amizade, afeto e carinho. Assim como Eros se encontra entre a indigência e a riqueza, não possuindo a beleza e a bondade, mas desejando-as, sonhando com elas – peregrino do ser não sendo do ser – o filósofo se encontra entre a sabedoria e a ignorância. Não é um ignorante, pois deseja e ama a sabedoria; não é um sábio, pois tampouco a possui. O filósofo vive desse amor, dessa sede de saber que quer superar, cumprindo-a e realizando-a no sábio, ainda que nunca a supere, ainda que nunca a cumpra. Eros, também movido por sua sede, tem o bem e lhe ama, ama a Deus e lhe busca, sem ser-lhe e sem nunca encontrar-lhe.

Mas onde está o amor, o Eros, nesta situação intermediária ambivalente? Por sua origem, por seu nascimento. E, aqui, Platão, como quase sempre, narra um lindo mito. Quando Vênus nasceu, os deuses celebraram um grande Festim no Olimpo e concorreram, entre os outros deuses, Poros, deus da abundância, da opulência, da riqueza e Penía, deusa da pobreza e da escassez. Penía quis, nessa noite, engendrar um filho de Poros e o conseguiu, favorecida pelo néctar, das sombras e da folhagem. Assim nasceu Eros, filho de Penía, símbolo da indigência; mas também de Poros, deus da exuberância. Os gregos pensavam neste como "aquele que sai de todas", o engenhoso; aquele que está além dos obstáculos. Por isso, o mar se chama *eupóros* – o omnitransitável, de múltiplos caminhos, de infinitas saídas.

Eros, o amor, herda de sua mãe a pobreza da limitação; de seu pai, o anelo e o impulso para ultrapassá-la, para superá-la. Por isso, nunca será rico com o seu pai, Poros, tampouco pobre como sua mãe, Penía.

> *"E como filho de Penía e Poros, disse Diótima a Sócrates – olha qual foi sua herança: desde cedo é pobre e longe de ser lindo e delicado, como se pensa geralmente, segue descalço, não tem domicílio e sem mais leito nem abrigo que a terra, dorme ao ar livre, nos batentes das portas e nas ruas, está sempre com sua mãe em precária situação. Mas, por outro lado, como tirou de seu pai o estar sem cessar sobre a pista do que é bom e belo; é varonil, ousado, perseverante, grande caçador, inventor de artifícios; ansioso do saber e facilmente compreende tudo; incessante na filosofia..."*

Filosofar, será, pois, enquanto responde à sua raiz etimologicamente dependente do amor, evadir os limites da ignorância, para arrojar-se não na possessão atual, senão o anelo na esperança de um saber totalizante. E, finalmente, o amor será mesmo a filosofia. Eros será filósofo, pois, se o amor, o Eros, ama as coisas belas, a sabedoria é uma das mais belas, talvez a mais bela de todas. Amá-la será filosofar.

Sem dúvida, junto a esta significação de atitude, a filosofia já é, para os gregos, desde o primeiro momento, sinônimo de ciência universal e quer dizer duas coisas: o conhecimento próprio daquilo que chamamos ciência, o conhecimento da realidade, ao passo que a realidade é, inclusive, no seu último fundamento, na *arché* de sua *physis*, como para todos os pré-socráticos; e o conhecimento daquilo que chamamos sabedoria, conhecimento da virtude e a prudência no modo de viver. Ademais, em alguns momentos, com ela se sinala todo o campo do conhecimento, todo o vasto horizonte do que se pode conhecer. Assim, chama-se filosofia do conhecimento mundano, do homem que tem do mundo, porque conhece pessoas e suas culturas, que tenha viajado e visto muitas coisas. E que, ao vê-las, pensa e, pensando no que vê, faz juízo sobre elas. O homem que visitava o Egito, as costas da África, a Itália meridional, as cidades jônicas, o fazia – se era um homem de certa cultura –, filosofando, como, em Heródoto, Creso disse a Solón: "*Contaram-me que visitou como filósofo vários países para estudá-los*".

Com Sócrates, essas pretensões da filosofia, esse ser é conhecimento de tudo e do último fundamento de tudo – vigente no período pré-socrático – se reduz um pouco. Sócrates acentua a parte prática, a parte referida da conduta. Nisso deixa claro também o insigne Filósofo Desconhecido, Louis-Claude de Saint-Martim, quando afirmava que: "*Um filósofo sem prática era como uma árvore sem frutos*". É certo que Sócrates quer o conhecimento filosófico do tipo científico – precisamente é o inventor das definições segundo Aristóteles – porém, as coisas cujas definições quer Sócrates conhecer não são coisas, são, quase exclusivamente, as virtudes que fazem possível uma conduta positiva. Muito meramente, por isso, podemos dizer que, para Sócrates, a filosofia é um saber, por definições, o que as coisas são, com o acento posto no saber referido na conduta moral. Aristóteles disse:

> *por outro lado Sócrates, cujas lições se referiam exclusivamente às coisas morais e de nenhum modo à natureza inteira, havia, sem dúvida, buscado o universal neste domínio e fixado, em primeiro lugar, seu pensamento sobre as definições.*
>
> (*Metafísica* de Aristóteles III, 987 b)

Em Platão, a coisa fica diferente, é mais complicada. Para Platão, a filosofia é, em última instância, a verdadeira ciência, a ciência estrita, a *epistéme*, ciência, no sentido próprio da palavra. Porque o conhecimento, em Platão, pode entender-se segundo duas grandes divisões: o conhecimento sensível e o conhecimento intelectual; o conhecimento dos sentidos e o conhecimento da inteligência. Por sua vez, o conhecimento sensível, que deu origem a *dóxa*, opinião, se divide em dois: (a) *eikasía* – conjectura, imagem, representação. É o conhecimento sobre objetos sensíveis representados e reconstruídos na imaginação; (b) *pístis*-fe, crença, persuasão. É o conhecimento que temos sobre os objetos sensíveis enquanto vistos; é a adesão atual dos dados da sensibilidade. E o conhecimento intelectual dá nascimento à *epistéme*, ciência, subdividindo-se em: (a) *diánoia* – raciocínio, discurso. São as conclusões obtidas pela reflexão do tipo discursivo; são as consequências que se obtém, de modo homogêneo, pelo desenvolvimento das premissas; (b) *nóesis* – intuição, apreensão ou captura intelectual. É o conhecimento que se tem pela visão das essências, das ideias, cujo órgão é o *nous*, a inteligência. *Noéo* quer dizer *ver*, precisamente e, ademais, *dar-se conta*; *despertar-se*, como dizemos vulgarmente. A *nóesis* é olhar do *nous*, um perceber diferenciado. Quando a inteligência olha, vê ideias. Essa visão é o ato da *nóesis*, o mais alto conhecimento do homem.

A filosofia é, em propriedade, o conhecimento da *epistéme noética*, daquilo que chamaríamos de ciência das ideias, enquanto também inclui ao conhecimento dianoético ou discursivo.

Contudo, esta visão das ideias, das essências, esta visão pela qual vejo o ato justo da justiça, numa coisa bela *a beleza*, num homem em particular a ideia mesma do homem, não é uma visão exterior. No fundo, é um ver-me; e não simplesmente ver, porque, em Platão, segundo os fundamentos metafísicos de seu pensamento, a *noésis* implica uma interiorização. Com ele se inicia o processo que, para o cristianismo, fará famoso Santo Agostinho: *de exterioribus ad interioribus, de interiorubus ad superiora* – das coisas exteriores às interiores, e das coisas interiores às superiores. Dos objetos que conhecemos pelos sentidos, devo voltar sobre mim mesmo, para encontrar, em mim mesmo, o que eles são. E isso é porque os objetos são participações, sombras ou semelhanças de uma realidade superior, absoluta, que o homem conheceu presencialmente numa existência anterior. Aqui, vemos Platão associado com a teoria religiosa da metempsicose. O homem é constituído por um princípio imortal, a alma, que alguma vez viveu num mundo onde existiam as coisas verdadeiras, a essência das coisas e as contemplou em todo seu esplendor. Logo caiu num corpo mortal e, neste corpo, esqueceu essas ideias. Porém, como tudo que existe no mundo sensível foi criado pelo

Demiurgo e pelos deuses inferiores – o Deus platônico – segundo os modelos daquelas ideias ou essências, o homem, ao contemplar o mundo sensível, desperta uma recordação do mundo inteligível. Esse despertar, esse recordar, esse voltar sobre si mesmo e ver ali a verdadeira beleza, o verdadeiro bem, o signo, etc., nesta ocasião vê as semelhanças de beleza que existe nas coisas sensíveis, no trânsito da filosofia. A filosofia será, por isso, no fim, uma marcha para contemplação de um mundo inteligível que agora recordo em minha intimidade, mas que um dia voltarei a contemplar, uma vez que, precisamente, pela filosofia, inicia-se o regresso da alma para sua pátria perdida. (Todas essas coisas nós veremos detalhadamente na filosofia platônica).

Com Aristóteles, a significação da filosofia alcança precisões científicas que permaneceram como o suposto de todo fazer filosófico. Há três tipos de ciências: especulativas ou teóricas, que dizem o que as coisas são; práticas, que estabelecem o que deve ser a norma da conduta e se referem ao trabalho humano; poéticas, que fixam as regras do fazer; do fazer como produção, como fabricação. Tudo isso, em sentido muito geral, podemos dizer que é filosofia.

Entretanto, as ciências especulativas se referem a vários objetos: nas causas últimas do ser físico, nas causas últimas dos seres matemáticos, nas causas últimas do ser enquanto ser, e a Deus. A filosofia será, por isso, ciência da natureza (ser físico), ciência da quantidade (ser matemático) e ontologia ou teologia-ciência do ser e ciência de Deus. A verdadeira filosofia, a filosofia no sentido último e estrito, será esta: *próte philosophia*, a que trata da última causa, de Deus. E isso por uma razão muito clara: para Aristóteles – segundo uma divisão pouco precisa –, o conhecimento tem grandes sessões: (a) um é o conhecimento empírico, no qual cada um pode dizer que algo é assim. Sinalar o que é; mostrá-lo. Digo que o sol sai todas as manhãs simplesmente porque vejo. Posso dar muitas explicações míticas, porém é o que sei, posso ver e comprovar é porque aparece durante todas as horas do dia. Se alguém duvida, posso colocá-lo de frente com o fato; mostrar-lhe as tantas horas da saída do sol; (b) outro é o conhecimento científico, no qual não só digo que algo acontece ou é, senão *por que* acontece ou é. Digo que o sol aparece em todas e tantas horas, porque há um movimento de rotação da terra. Pela rotação, demonstro que o sol deve sair. O sol aparece todas as manhãs porque a terra dá volta sobre si mesma. Esta é a razão, a causa desse movimento.

Já o conhecimento estritamente científico, para Aristóteles, é o conhecimento pelas causas. E, quanto mais fundamentais, mais altas são as causas, mais fundamental, mais alto é o conhecimento. Logo, se tem uma causa absolutamente primeira, uma causa que explique tudo que existe, seu conhecimento será o primeiro conhecimento do homem. Conhecer essa causa será o último saber – o primeiro. E esta última causa é Deus. A ciência que trata de Deus, assim, será a primeira ciência, a primeira filosofia: *próte philosophía ou philosophía theologiké*.

A filosofia, assim, para Aristóteles, deve entender-se como conhecimento das causas. Só quem conhece as causas conhece verdadeiramente. Porém, a ciência verdadeira, a filosofia teórica ou verdadeira ciência é aquela que conhece o que é, em suas causas e seus princípios, desinteressadamente; não com vistas à utilidade, senão à contemplação; simplesmente porque o homem é um ser racional, e seu maior gozo, sua felicidade é seu saber. A filosofia é, definitivamente, o saber sobre as últimas causas, acessível à inteligência do homem, e movido pela sua própria natureza. Viver, para o homem enquanto homem, enquanto possuidor de algo divino que se encontra nele – a inteligência –, será filosofar e, na filosofia mesma, encontrará a felicidade e seu destino.

> *Efetivamente, o que cada um lhe é próprio por natureza é também, para ele a melhor e mais doce coisa. Assim para o homem, é tal a vida de acordo com o intelecto, pois isto é, sobretudo, o que constitui o homem. Por isso, esta é a vida mais feliz.*
> (*Ética a Nicômaco*. X, 7, 1177-8)

Depois de Aristóteles, a filosofia não é mais, estritamente, metafísica, não é mais filosofia primeira como ciência do ser, que a mesma leva seu próprio fim e seu próprio gozo, senão que se estende, se vulgariza, se difunde especialmente como um saber prático da vida e da prudência, como um conhecimento daquilo que há que saber para resistir. Isso se compreende pensando na dissolução da Grécia, no império helenístico, na mescla de povos e consequente crítica de religiões, etc. Por isso, para os estoicos, é uma arte útil, e ainda se mantém a amplitude da filosofia na divisão da lógica, física e ética. Acentuando-se tanto a importância da ética, a importância da norma, o filosofar, ao final, transforma-se num puro exercício da fortaleza. Assim afirma Sêneca:

Minha virtude foi reforçada pela mesma coisa com que o ataque; convêm-lhes ser mostrada e posta à prova; nada compreende o grande que é melhor que aqueles que sentiram suas forças ao combatê-la; nada conhece melhor a dureza da pederneira que aqueles que o golpeiam. Mostro-me como uma rocha solta no meio do mar agitado, que as ondas não deixam de açoitar por qualquer lado que se movam. E não que por ele se comovem nem a desgastam enquanto séculos de contínuos embates. Assalta, acomete: os vencerá resistindo.

(*De Vita Beata*, XXVII) – e noutro lugar: "*A filosofia é o estudo da virtude, porém pela própria virtude mesmo*". (*Epst.* LXXXIX).

Esse aspecto prático também informa o pensamento do epicurismo, ainda que por outras razões. Epicuro disse que a filosofia tem por objeto, com discursos e razoamentos, procurar uma vida feliz. Segue sendo conhecimento, porém não um conhecimento científico no sentido desinteressado, senão um conhecimento funcional dirigido a serviço de uma vida feliz. E, com os romanos, as coisas se tornam muito concretas; a filosofia tem como fim o atuar eficientemente sobre as coisas: "*Se o conhecimento e a contemplação não chegam a ter nenhuma ação sobre as coisas, de certo modo são imperfeitas e truncadas*", disse Cicero.

Finalmente, para o neoplatonismo, para o último grande sistema filosófico grego, a filosofia adquire novamente um grande sentido; um sentido total. A filosofia é o saber do princípio, é o saber do Uno, da *arché* (*arché* quer dizer princípio e antigo); da *arché* como fundamento do cosmo e suas coisas. Todavia, a filosofia não é um conhecimento do Uno, de Deus, que nos eleva até Ele e nos deixa tão tranquilos, como se nada sucedesse. A filosofia é o conhecimento que nos leva à Divindade para nos fundirmos nela, para transformarmos mesmo no Uno inefável, por meio do êxtase. A filosofia é tipicamente para Plotino o que agora chamaríamos de um saber para salvação. Segundo Plotino:

... quem quiser filosofar sobre o Uno deve... elevar-se até os seres primeiros, afastar-se dos sensíveis que são os últimos, haver-se libertado de toda maldade enquanto se esforça por elevar-se ao Bem, e ascender ao princípio que se fala nele mesmo (no seu

interior) e converter-se do múltiplo em um, para chegar ao princípio e contemplação do Uno.

(*Enn.* VI Liv. 9° cap.3)

Se nos fixarmos bem na totalidade do pensamento grego, os gregos pareceriam estar, também, um pouco como nós, sem saber o que é filosofia no sentido *sensu stricto*. (Claro que isto se justificaria com uma afirmação muito curiosa e muito descuidada de Aristóteles, segundo a qual a filosofia é a ciência buscada, a ciência que se busca – *zetouméne epistéme*, Metaf. I,3). Porém, as coisas não chegam a tanto; o que se tem que dizer é que a filosofia alcança plena consciência de si mesma em Platão e Aristóteles, mas essa consciência não tem uma imediata vigência histórica. O único que, no final, parece saber dos gregos da filosofia, como saber que pode encontrar-se tanto em Pitágoras, como em Plotino ou nos estoicos, é que a filosofia é um conhecimento decisivo; digamos um conhecimento último. Seja um conhecimento do mundo, dos atos morais, da primeira causa, do uno, seja seu objetivo conhecer em sentido puramente especulativo ou fazer possível nossa salvação e nossa resistência, a filosofia dos gregos nos resulta isto: um modo do conhecimento; um modo egrégio do conhecimento, certo. O conhecimento definitivo.

A FÉ DO FILÓSOFO

É conveniente distinguir a fé filosófica da fé religiosa, pois suas diversas dimensões são as que iluminam a existência.

A fé religiosa é *"religante"*, como uma entrega absoluta da pessoa a Deus, por meio da crença no dado revelado e sua interpretação canônica. A fé filosófica, sem dúvida, é primordialmente entrega ao divino. Dentro dessas considerações delimitaremos nossa interpretação, que se refere a um pensador de formação judaico-cristão da cultura ocidental. Nossos vislumbres poderão exceder discretamente os parâmetros históricos e geográficos e que, por esse motivo, sua concepção pode manter um diálogo fácil tanto com o platonismo como com as tradições orientais.

O filósofo cristão trata de aprofundar racionalmente a realidade e sua pessoa como criatura e, assim, flexiona sobre o saber do ser divino, mas sem ultrapassar voluntariamente o contexto da sucessão e tradição da Igreja. A concepção de "Verdadeiro Gnóstico" de Clemente de Alexandria criou sabiamente uma caracterização que possui validade paradigmática. O cristão filósofo, sem dúvida, atua com maior desenvoltura e sabe integrar os dados revelados na realidade que o Divino manifesta. Deste modo, a Revelação lhe cai como um livro de sinais, cifras e imagens, que, com seus subsídios, leva-o ao descobrimento e à realização dos valores últimos, os quais, por sua própria dignidade, merecem adoração naqueles que se confia como doadores finais da graça transformadora, por isso a doutrina se acompanha da ação ritual e o serviço comunitário. Não só se deve pensar como os deuses, senão de outra forma querer e trabalhar como eles o fazem.

Voltando à história da filosofia.

Em Platão, estas ideias esboçadas estavam claras, por isso se recorre sem cessar ao mito e às tradições dos cultos dos mistérios. Em Plotino, que nunca se negou a apelação platônica, sem dúvida, um intelectualismo excessivo de legítima consistência helênica, faz-se mostrar-se oposto e desconfiado ante os signos religiosos, mesmo que reconheça uma biunívoca potência própria (inerente) do Intelecto na ascensão para o Uno na qual o Eros inteligível permite a irrupção imprevista do Uno; parece aceitar uma espécie de recebimento gratuito do Bem.

Jâmblico[1] de Calcis rompe abertamente com a atitude do intelectualismo dominante dos filósofos helenísticos.

Se a experiência da realidade não se alcança pelo simples sentido, nem pela razão, e tampouco pela via do intelecto é suficiente, dado que não é a intelecção que transforma a alma, já que esta não é inteligível, há que buscar a raiz movimentadora do desejo como amor ao conhecimento, e essa fonte radica na vontade de Deus e dos deuses que são aqueles que incitam os sentimentos de veneração e entrega, uma vez que tudo é efeito de sua bondade, de uma suprema vontade de não querer estar encerrado no seu altíssimo poder.

Neste momento de exceção dentro da história da filosofia ocidental, compreende-se que a inteligência naturalmente se subordina à fé e que, portanto, a filosofia necessita da teologia, expressão que se entende rigorosamente como discurso sobre o divino, uso da linguagem que, quando Aristóteles referia-se a metafísica, chamava-a também indistintamente de filosofia primeira e teologia.

O que acabamos de explicar não é definitivamente um pensamento cristão somente, senão um jeito natural que podemos encontrar nos filósofos gregos, porque isso não é obra de crentes religiosos, mas, sim, dos amantes do saber absoluto.

Os gnósticos, "aqueles que possuem a gnose" – e neste ato são interiormente transformados ao passar da ignorância ao conhecimento,

---

1 - Jâmblico (em latim, *Iamblichus Chalcidensis*; em grego Ἰάμβλιχος, provavelmente originário do siríaco ou aramaico *ya-mlku*, "ele é rei"; Cálcia, Síria, 245 – Apamea, 325) foi um filósofo neoplatônico assírio que determinou a direção da filosofia neoplatônica tardia e talvez do próprio paganismo ocidental. É mais conhecido por seu compêndio sobre filosofia pitagórica.

são, por reação, os incitadores da novidade neoplatônica, dos Oráculos Caldeus e das práticas teúrgicas, sendo provas históricas das quais Jâmblico recorre para ratificar uma origem menos condenável da nova exigência para os olhos helênicos.

Meditando sobre este assunto, vemos geometrizada a silhueta do *homo iuridicus*, aquela do *Príncipe*, de maneira que afirmamos que seu modelo oferece compromisso ao futuro da humanidade. A psicossociologia o molda entre as controvertidas estratégias da *polis,* com a decisiva segurança de que sua vívida estampa transfigure todas as existências que se outorguem e voltem suas inspirações pelos caminhos do bem, da beleza, da verdade e de todos os valores serenamente liderados pela justiça, ao adscrever como o *homo iuridicus...*, cujos objetivos imaginários não podem ser outros senão os do Justo.

O principal a destacar sobre a política é que nos ocupamos do tempo do homem quando nos referimos a ela. Falar de política é fazê-lo de hierarquias, de estimações diretamente conectadas aos problemas de nossa finitude, da presença que cessa nossa existência. Desde esse momento tão difícil de enumerar aquilo que chamamos de morte, constituímos as tábuas, plexos e medidas de nossas dignidades. Desde o conhecimento de nós sendo finitos, sabemos sobre o *axioma*, compulsamos as múltiplas valorações, cujos sentidos principais são os centros que se radicam na política como teoria da realização de justiça na civilização dos homens. Tem no político uma presença invisível, porém inquietante, que podemos comparar ao hálito do *pneuma* ou das origens do ígneo, uma incessante busca do Pai para com seu domínio encontrar os *hermas*, sondar a fraternidade e, com ela, todas as solidariedades e cooperações. Nós mesmos somos a cidade, e a cidade é o reino, vale expressar, que nela mora o *Príncipe*, quem indica os princípios políticos superiores. Eles endereçam a vida caótica, a carente situação da cidade, aquela que ao extraviar sua *polis* se perdeu no tempo e no espaço. Este reconhecer-nos como cidadãos, simbolizando-nos na cidade, é um ato do vivenciar a imagem que nela mesma se vê como algo ordenado, seguro e poderoso, que acalma nossas inquietudes. A comunidade estabelecida em sua cidade instaura uma civilização, a qual a *cives* que politizada no tempo se faz *polis* do homem comunitário. O objetivo do estudo desses princípios políticos tende a criar melhores condições de equilíbrio, harmonia e justiça... Em nossa era tecnológica, somente fica a moderação e os valores prudenciais da mais velha linhagem política, entendida como atitude endereçada à justiça na civilização, ou o rezar, rogando a instauração da Cidade de Deus.

Dentro dessas considerações, os extratos não são somente como uma concepção intravitreal tomando o vinho velho da fusão da justiça com a política na qual o Justo lhe dá o buquê característico, senão que assim mesmo o veste em odres novos ao agregar-lhe o ingrediente da fé filosófica.

Tradicionalmente, cristãos filósofos entendemos que o homem irradia justiça naquilo que integra valorativamente e harmoniosamente antecipa em sua triunidade vivente ao técnico, ao artista e ao sábio. É, deste modo, o criador por antonomásia da história que surge da cidade. O homem no mundo do dever é inseparável do mundo do ser, onde antecipa sua transformação que é simultaneamente individual e coletiva ao realizar cada existência livremente pela Vontade do Pai. Trata-se de uma abertura na transcendência que imaginariamente se vivencia enquanto potencialização do possível finito, individual e intersubjetivo, como a descida da "Jerusalém Celestial" entre os homens.

Se nos oferece desse modo o testemunho da fé do filósofo diante de um *telos* pleno, definitivo e real, que confirma que a sólida intimidade do que existe, imanente ou transcendente, é pressentido como uma concessão radicalmente gratuita, um dom que estava presente antes de iniciar-se a busca, tarefa que sua própria presença inspirou. Por isso, a fé filosófica é mais confiável que o saber filosófico que alimenta, já que não é confiança subjetiva, senão a antecipação firme de uma realidade oculta que só se revela como fidelidade inquebrantável de uma verdade incoercível de manifestação. Neste sentido, a fé do filósofo é rigorosamente falando de fé na existência porque, sendo fiel à liberdade existencial, torna-se-lhe ativa a liberdade, que é senhora da pura capacidade de escolher.

Karl Jaspers mostrou também, contemporaneamente, uma ideia confirmatória dessa posição mediante a fé do filósofo no mistério do circundante. Isso porque o discurso filosófico se volta sobre o teológico nesses casos, já que se trata de um discurso que se pretende completar com a força transformadora do valor do sagrado presente tanto na metafísica quanto na religião. Neste caso, ingressa o nosso entender sobre a fé a qual sem cansaço tem sido testemunho de muito filósofos. É nela que impregna, desde acima até embaixo, no fundo, a coordenação trinitária de seus variados aspectos em pós da unidade. E é ela também que lança na comunidade universitária como posteridade, o *des-a-fio* de que seus membros devem ser luz, uma luz que ilumine com justiça ao *trinus et unus* de nossa Universidade para que a arte, a ciência e a técnica que deve gerar e transmitir não seja distorcida, em outras palavras, que deva estar engessada para não sair de uma forma pré-moldada e para que seja reproduzida sem variações, para que não se relaxe e não se extinga, senão que seja garantida pela estabilidade para não negarmos na gestão e recepção da Cidade de Deus que pede com insistência ter seu lugar entre os homens.

A GNOSE E O GNOSTICISMO

A palavra *"gnose"* significa conhecimento. Deriva de uma antiga etimologia indo-europeia, *jña*, também presente no substantivo sânscrito *jñâna*, com o mesmo significado: o conhecimento em si mesmo. Isso quer dizer que o saber direto e imediato, despojado dos véus que o obscurantiza (o erro e o esquecimento), como dos intermediários que o fraturam (o juízo e a razão). De acordo com este sentido, em primeira mão, a gnose possui uma especificidade que a distingue dos fenômenos cognoscitivos que derivam da percepção sensível e do raciocínio, ainda que, mesmo assim, uma universalidade que a emparenta com o tipo de conhecimento que se origina na intelecção (*noesis*) platônica, a intuição (*anubhâva*) do hinduísmo e, em geral, as correntes metafísicas e religiosas que são baseadas na fonte do conhecimento da revelação profunda, na experiência direta daquilo que é real, quer dizer, o verdadeiro e imutável; ou podemos dizer que gnose é a tradição comunitária que se inspira nessas raízes.

Sem dúvida, o "gnóstico", por sua vez, é aquele que possui a gnose, aquele que participa daquele grupo que possui o conhecimento. Esta particularidade encerra, para o gnóstico, um duplo nível: O conhecimento em si, em primeira instância, considerado, simplesmente, como o oposto da ignorância, um trânsito ou salto sem apoios mediadores do desconhecimento do saber. Mas, mesmo assim, o conhecimento como "gnose perfeita", isto é, interiorizando em seu próprio tecido e experimentando a totalidade de sua natureza encoberta. Neste último sentido a gnose se distingue da intelecção do platonismo e, precisamente por isso mesmo, alguns gnósticos, em suas campanhas dentro de um proselitismo, afirmam com o escândalo dos filósofos que "Platão não penetrou profundamente na substância inteligível". Dizem, em consequência, o *Evangelho da Verdade* (Plotino, Em II, 9 (33), 6, e Porfírio, V. P. XVI).

Dessa maneira (*hoste*), aquele que possui o conhecimento é do alto. Se for chamado, escuta e se volta para quem o chama, para ascender até ele. E sabe como se chama. Possuindo o conhecimento, faz a vontade de quem é chamado, quer comprazer-lhe, recebe o repouso. Seu próprio nome aparece. Quem chega a possuir o conhecimento sabe de onde vem e para onde vai. Sabe como uma pessoa que, havendo estado embriagada, sai de sua embriagues e volta a si mesmo e corrige o que lhe é apropriado.

O *Livro de Tomé, o Atleta* ratifica:

Uma vez que é meu irmão gêmeo e meu verdadeiro amigo, examina e conhece-te mesmo quem tu és, como és e como deves ser (...) Se alcançaste o conhecimento, uma vez que tenhas me conhecido, porque eu sou o conhecimento da Verdade (...) Alcançou um conhecimento e serás chamado "aquele que conhece", pois aquele que não se conhece nada conhece. Mas aquele que se conheceu há chegado ao conhecimento a respeito da profundidade do Todo.

À primeira vista, a gnose é revelação: passagem instantânea, desvanecimento e aparição, ruptura entre irrealidade e realidade, trânsito do esquecimento à recordação e a consciência da mesmíssima eternidade, das trevas para a luz e da morte para vida que estava velada. Mas esse desvelamento e troca de condição implicam uma densidade interna, atesouram um conteúdo que deve ser realizado explicitamente pelo ensinamento e pela prática apropriada, de forma que passe do virtual ao efetivo, isto é, do factual: o *"conhecimento perfeito"*. Por isso, na caracterização sumária da gnose, aponta-se tanto ao que se descobriu como ao que, todavia, não alcançou, a um âmbito de conhecimento que ainda não se penetrou. Vê-se que, desde logo, esse âmbito não se confunde já com a oposição entre a ignorância e o conhecimento, entre o bom e o mau – fronteira entre a ilusão e a realidade que tenha superado – a possibilidade que está em relação com um processo de espiritualização que se leva a cabo em convivência reservada entre irmãos.

Esse duplo motivo ficou ilustrado pelo célebre fragmento do gnóstico valentiniano Teodoto, conservado por Clemente de Alexandria, e, tirando a frase de seu contexto, a arte e a filosofia espiritualista ofereceu a quintessência através dos tempos, como a divisa das inquietantes metafísicas mais profundas do ser humano.

> *O certo é que o batismo somente não nos salva, nem o conhecimento tampouco, o que éramos e o que chegamos a ser, de onde viemos e para onde estamos sendo levados, para onde nos apressamos; de onde redimimos, que é a geração e a regeneração.*

(Teodoto - *Fides et Ratio*, Int., 1)

A riqueza interior da gnose alcançada por meio da seleção gnosiológica individual primeva e com o conveniente exercício prático e intelectual coletivo, depois, é rigorosamente um caminho de iniciação espiritual comunitário que ora está exclusivamente destinada a uma elite, aos pneumáticos, aos espirituais, membros da geração dos justos e perfeitos, "a cadeia da pureza" dos "Filhos da Luz". São expressões de pertinência a um corpo tradicional cujo ensinamento se remonta aos tempos primordiais, anteriores à queda da humanidade pneumática. O samaritano Dositeo, que o integrou, sabe que sua apropriação espiritual, "o caminho para cima e para baixo", é o meio para elevar-se até a experiência teosófica plena, a *"Barbelognoses"*, estado daquele "eu que possui o conhecimento de Barbeló", quer dizer, a formulação coletiva e sinfônica imprescindível, porém, individualmente inarticulada, do Nome de Deus dito em Silêncio, no seio do Pai: a Grandeza infinita da Profundidade do Pleroma. Aquele que chega aqui, desde logo, é o gnóstico completo, e ele é também capacitado para referir sua experiência.

Isso pode ser expresso por meio de um mito, de um relato verossímil e imaginário que se esforça por manifestar a mesma coisa de múltiplas maneiras, reflexo na faculdade de imaginar ativa, criadora, imaginante, que não recebe passivamente impressões provenientes dos sentidos, mas, sim, que administra autonomamente revelações que livremente se lhe impõem. A imaginação criadora, portanto, é a faculdade produtora de imagens que trata de facilitar o conteúdo da gnose total. O fim, por sua vez, é a reatualização da mesma experiência a qual tanto a imaginação como a atividade iniciática são mediadoras. O mito gnóstico, essencial, portanto, ao gnosticismo, tampouco vacila ante as exigências racionais da filosofia e da teologia, dado que a razão é seu instrumento subalterno e, conjuntamente, põe em jogo um formidável arsenal de recursos intelectuais e eruditos, de imagens, alegorias e paradoxos, tudo isso regido no fundo inexpressável de sua experiência final.

De uma perspectiva social e histórica, os gnósticos são os crentes que incorporaram pessoal e comunitariamente a atitude tradicional sobre o conhecimento descrito. Constituíram um grande movimento espiritual com vigência coletiva, desde a primeira metade do século I, segundo testemunhos externos (Paulo – *Coríntios* 1 § 15), até meados do século VI (Livros apócrifos de João). Estendeu-se pela Palestina, Síria, Arábia, Egito, Itália e Gália, por suas convicções e organizações esotéricas e seu proselitismo coerente e ativo, foram duramente combatidos e perseguidos pelos eclesiásticos, judeu-cristãos e filósofos platônicos, até seu desaparecimento total por assimilações afins ou extinção material de seus adeptos.

SOBRE O ENSINAMENTO GNÓSTICO

O gnóstico plenamente realizado, instalado naquilo que autenticamente é, vivenciando de "forma seminal" no pensamento paterno, atualiza plenamente e sem poder perder jamais o conhecimento seguinte, transmitido por sucessivos mensageiros e, nos tempos finais, pelo Salvador: (a) a trindade Una e Distinta; (b) A Plenitude em Deus como o Homem e os homens; (c) A Ambivalência da Condição Cósmica; (d) O Fim: O Filho em Pai-Mãe como Filho do Homem.

A - UNA TRINDADE DO UNO E DISTINTO

1) O Pai é quem sustenta ocultamente o Todo, aquele que dá integração e que é a imagem lograda, o cumprimento de seu pensamento e vontade. Pai desconhecido, pois sua natureza secreta somente se conhece, compreende ou delimita suficientemente pelo filho. Pai, portanto, é aquele que ninguém conheceu e nem pode conhecer se não for pelo meio da glória, da manifestação plena que é o filho, o qual se apresentou ante o mundo como Salvador. Este é o único que se poderia conhecer e também chamar-lhe justificadamente de "Pai" ("*Abba*"). O Salvador, então, não somente traz a mensagem do Deus desconhecido, como também utiliza para ele um nome único que define sua singularidade. Desse modo, o gnóstico se encontra imediatamente localizado tanto na tradição primordial que aporta o Salvador quanto na riqueza insondável do conteúdo que revela.

O Pai, como Pai em si mesmo, é Um só. Efetivamente, o apelativo "Pai" dito pelo salvador traz à mente duas acepções, "*progenitor*" e "*iniciador*"; porém, a primeira carece de sentido imaginativo, pois se origina na experiência cognoscitiva habitual. A revelação esotérica não se refere, pois, a esse conteúdo, senão ao Pai somente, o Pai em si, que não se encontra entre os progenitores e que, estritamente falando, carece de pai; por isso, denomina-se *"Pré-pai"*. No entanto, o Primeiro carece de princípio, porque também se fala dele como "Princípio" ou *"Pré-princípios"*. O Pai é Um somente, como o Um numerativo que se reflete nos números, estando mais além da série dos números, porque gera toda unidade na composição aritmética; e único, porque ninguém tem suas qualidades numerosas como primeiro.

Dentro dessas considerações, não é engendrado e imortal e mesmo assim é singular ou incomparável. Em outras palavras, é *"Ele que é"*, e assim imutável, permanente, sempre igual e inconcebível, dado que se a si concebera se transformaria em ser, conhecimento do ser e expressão do ser, o que seria impossível. És inominável (*akatanómastos, anonómastos*), ou acima de todo nome que se possa nomear, já que todo nome provém, em última instância, dele como Pai e qualquer outro, inclusive o seu próprio, o delimita. Mas, entender o Pai – ou *"Ele que é"* – equivale mesmo assim a entender *"Potência"*. Potência sem limite pode ou tem possibilidade em si, aquela que não pode não ser, capacidade concentrada que nada necessita que se alimenta a si mesma e que em sua tensão interna é o Bem, a Bondade, a Suavidade ou uma Doçura infinita, com uma natural força expansiva, se bem que não emerge senão de forma espontânea, brota em si e circula ou se envolve sobre si mesma.

A descrição gnóstica do *"Deus desconhecido"* é recorrente na teologia negativa e nas vias eminenciais e analógicas do conhecimento; não obstante, as similitudes de suas raízes não estão no Oriente, no platonismo ou no neoplatonismo, onde o pensamento judaico helenístico ou na teologia patrística. Sua fonte inspiradora não provém de nenhuma dessas concepções, porque se trata de uma intuição alheia tanto na concepção filosófica do Uno dos filósofos como na personificação antropomórfica judaico-cristão.

O Pai é *"Um só"* porque é Pai em si mesmo e nada nem ninguém o é; por isso, o Salvador se dirigiu a Deus e o chamou de *"Pai"*. Esse fato, que irrompeu singularmente na história e no pensamento, fecha pelo menos duas janelas para o pensador gnóstico. Em primeiro lugar, pode aplicar ao Pai como *"Um-único"*. Todo um rico ensinamento de especulações metafísicas do platonismo-pitagórico em torno do primeiro *"Um"* (*Parmênides*) e do Bem *"mais além da essência"* (*República*). Sobre a simplicidade e prioridade do Princípio – estudos que são desconhecidos dos judeu-cristãos – mas, em segundo lugar, a prioridade e singularidade incomparável e imutável que correspondem a nossa tradicional cultura de *"paternidade"* em si permite também ao gnóstico deduzir toda uma série de reflexões metafísicas sobre a *"Potência"* e a *"Bondade"*, que não distanciam das abstrações puramente intelectuais helenísticas e reclamam do processo de conhecimento a partir do princípio, das presenças correlativas do *"filho"* e da intenção como anterior ao pensamento logrado. Por esse motivo, se o conceito de paternidade reclama dialeticamente sua noção oposta e correlativa, da *"filiação"*, ambos exigem um conceito intermediário, uma noção que opere de *metaxý* ou enlace entre ambos, que possa explicar tanto a continuidade mediadora imprescindível no vínculo Pai-Filho ou do processo de geração paternal do Filho como iniciativa paterna ou sua origem de emissão filial. Esse elemento intermediário é a Mãe, a Intenção (*Enthýmesis*) ou Pensamento paterno ou em si (*Ennoia*).

2) O Pensamento Puro

O Pai, em si mesmo, por sua infinita fecundidade e doçura, está numa atividade de inesgotável e sereno amor; encerrado em si, de nada necessita ou carece de desejo, mas não se entrega a si mesmo. O destacado implica uma satisfação sem limite, mas uma factibilidade de princípio. O que não pode ser encerra uma possibilidade de poder ser que unicamente fora dele poderia ser efetivamente, pois ele o limitaria.

Nesse sentido, as possibilidades infinitas residem inativas as disposições que podem realizar uma saída de si: vontade e conhecimento em unidade no Abismo, uma monarquia indivisível. Uma vez que tais disposições emergem, sem dúvida, aparecem como tentativa (intenção) de conhecimento que é a vontade de permanecer consigo mesmo conhecendo-se. Porém, esta não é a natureza amável e simples do Pai, acaso é amor ao conhecimento, tendência de diferenciar e distinguir algo que se quer conhecer no Pai.

Este impulso cognoscível permanente, que quer abarcar a infinitude inseparável do Pai, aspirando sua simplicidade, é uma tentativa de maternidade; está no Pai, mas estabelece uma diferença dele e se distingue dele, porque é pré-inteligível e duplo, Pai-Mãe; aspira a captar o incaptável por ser uno, mas conservando-se na pura aspiração, pois se chegar a ser inteligível e captar, frutificaria no Filho – a imagem do Pai, como seu conhecimento – ou no reflexo pleno do Pai nela, concluída a aspiração. O Pensamento em si mesmo (*Ennoia*), a atividade prerreflexiva sem conteúdo (*Prónoia*), Intenção, Silêncio, Profundidade (*Báthos-Bythos*), Pai-Mãe – *patrometría* divina, ou melhor, para Barbeló, seria androginia e, deste ponto de vista, a gestação filial – representa este momento pré-ontológico e pré-inteligível no qual o Pai preexiste sai de si permanecendo em si mesmo, para constituir-se em Matriz paterna, grávida ou saturada de desejo sem limites, trina potência indistinta numa vida que aspira a ser e conhecer, umbral (átrio), portanto, da autogeração; desse modo, no silêncio se realizou os mistérios da geração (fecundação) perfeita.

3) O Intelecto Filial

A realização completa do desejo e entrega ilimitada ou tentativa cognoscitiva da Mãe é a implantação do Filho no útero paterno. A concepção materna é a participação sem debilitamento do Filho no Pai, que se enterneceu ou afeminou-se como querer/desejo de Mãe. Desse modo, da paternidade, passa-se ao Filho em si, na filiação unigênita e primogênita através da pater-maternidade divina ou atividade masculina--feminina tri potente suprema. Origem, meio e fim: começo, intermediação e conclusão; inefabilidade, silêncio e verbo; inominável, oco nominal e nome no qual há um vazio e segundo *Barbeló*; identidade, diferença e distinção.

Como manifestação paterna diferente e distinta, o Filho ou Intelecto apresenta dois momentos em relação ao Pai: volta integralmente para o Pai, que é Intelecto distinto, inarticulado ou não dito: Nome dos nomes do Pai em exercício pleno da vontade (liberdade) e do conhecimento paterno, dominado pela liberdade. Mas voltado para si mesmo é de intelecto múltiplo articulado ou dito: O Todo dos nomes paternos, substância inteligível e livre; eterna, vivente, total e entretecida quando se predica ao Pai, da qual cada atributo, parte ou membro é uma Totalidade no Todo. Falam disso os gnósticos não só da Plenitude (Pleroma), mas também de sua composição, dos *Æons* do Pleroma.

B - PLENITUDE EM DEUS COMO O HOMEM E OS HOMENS.

4) O Pleroma dos *Æons*

a) O intelecto no Silêncio do Pai ou, dentro da denominação estoica, o intelecto interior (*endiáthetos*), desprega-se como um Todo *noético*, ou melhor, espiritual, que revela de uma maneira total, múltipla e discriminada no conhecimento e na vontade de conhecimento do Pai, como um intelecto externo ou pronunciado (*prophorikós*). A apresentação da composição da plenitude que manifesta no Pai, como produto imaginativo que difere no número de seus componentes e nas denominações de seus membros, segundo as diversas escolas ou mestres gnósticos, em atenção ao auditório ao qual se dirigem e, portanto, aos fundos de erudição filosófica, religiosa ou teológica que utilizam. Servem de boas ilustrações, por sua peculiar precisão, nas reflexões sobre a trina explicação dos valentinianos Ptolomeu e Marcos, mas com independência das particularidades de exposição, da originalidade gnóstica ressaltada nas notas essenciais da constituição do Pleroma.

b) O caráter emanado do processo gerador, cujo crescimento gradual produz as diversas emissões ou casais andróginos, simultaneamente gêmeos – uma vez que provêm de um mesmo alumbramento – e matrimoniais – já que são opostos pela gemealidade, mas complementários pela unidade que formam na semelhança da Intenção paterna (*syzygía*). No ordenamento total, cada casal é um reflexo ou imagem do superior, porém são complementados pleromaticamente. Por isso, o ato produtivo não se cumpre de maneira mecânica e inflexível. Cada membro do casal provém perfeitamente da vontade e conhecimento paternais, mas que deve autorealizar-se volitiva e cognoscitivamente no Todo para que haja plenitude. Por esse motivo, na medida em que a tentativa de conhecimento é apropriada, põe-se em movimento a intenção de querer ser reflexo da origem e se produz a imagem, que, assim, é masculino-feminina; feminina, pelo desejo livremente manifestado de conhecer e masculina, pelo sucesso cognoscitivo que outorga o desejado. Brilha, desse modo, como uma imagem perfeita ou um arquétipo negativo. O dinamismo progressivo é uma combinação de ser, vida e conhecimento que recai sobre si mesmo e em cuja atividade o compromisso de liberdade é basilar.

c) A organização hierarquizada e funcional do corpo de luz humano – que se autoconstitui de acordo com sua multiplicidade ordenada e na ação volitiva do livre arbítrio – mostra que a decisão prudente é essencial no processo de autoconstituição do Intelecto como imagem do Pai que se autogera com a intervenção de sua disposição de vontade e conhecimento. Essa particularidade de uma inseparável harmonia entre vontade e conhecimento, entre ser, vida livre e conhecimento, que rege o processo de organização das entidades personificadas do Pleroma segundo dignidades individuais, diferencia estrutural e nitidamente do Pleroma gnóstico dos mundos platônicos e neoplatônicos inteligíveis. Além disso, é a pedra de toque da normalidade do desenvolvimento do corpo de Deus, segundo se revela aos gnósticos (a experiência supraconsciente de sua ruptura é o que se trata de explicar mediante o drama da conduta irregular do último dos *Æons* pleromáticos, Sabedoria) e, assim mesmo, é um hiato infranqueável que existe entre a metafísica neoplatônica de origem mítica e a teosofia gnóstica de raiz decididamente irreversível.

5) O *Æon* posterior, Sabedoria e ele carece de Sabedoria

Na medida em que o Pleroma se agiganta e multiplica como combinação corrigida de liberdade e irradiação, querer (vontade) e conhecimento, seus seres espirituais limitam a capacidade de suas funções de manifestação: aumenta a multiplicidade fundamentada na diferença e distinção, como também na apetência de unidade para não se perder na indistinção. Esta situação de entidades distintas coordenadas em equilíbrio pode culminar em crises na última das emanações espirituais, Sabedoria, assim sucede, e no limite do crescimento se perde na capacidade de produção do casal que constitui – como ensinam os valentinianos – com seu consorte Desejado. Sabedoria/Logos, inteligível/intelectivo e desejável/desiderativo, o último, o mais jovem e menor dos homens ou atributos paternais, cujo fim é a produção de uma glorificação ou benção em honra do Pai, onde quis gerar de acordo com a potência produtora do Pai e ampliar com ele a família pleromática; não captou, portanto, o beneplácito de sua contraparte matrimonial complementária como Totalidade no Todo e fracassou. Em outras palavras, *"pensou irreflexivamente"*; como Sabedoria teórica, sua intenção foi indiscreta ou imprudente. Acreditou poder complementar-se com suma masculinidade, como se procedesse dela e não das instâncias inferiores. Em consequência dessa insensata disposição, nada paternal, de seu companheiro se quis refletir nela, nenhuma impressão cognoscitiva, que louvasse com seu nome ao Pai, que, como reflexo de todos os nomes a revelou, ou que, por outro lado, ocupou seu lugar numa fantasia delirante, que se excedeu e se extraviou para fora da organização das substâncias suplementares.

O excesso analiticamente se consumou do seguinte modo: A tensão descontrolada de *Sofia* a fez ascender até as proximidades do Pai, até onde não se pode chegar, pois sua Luz a ofuscou. Ao refletir e olhar a Profundidade paterna, que igualmente é treva para ela, mas sem apoio no Pleroma e insegura, duvida. Esse estado de incerteza culmina em divisão e separação de sua própria natureza e, como corolário, o esquecimento e ignorância de si mesma. Aquilo que ela é permanece imutável, mas coberta essa identidade pelas debilidades que a partir de si mesma se regenera. A Sabedoria, portanto, ab-rogou-se, resvalou-se ou teve um deslize em face do obstáculo que ela mesma, livremente, pôs a seus pés; como consequência, a queda ou inclinada, deixando-a instável e decaída – mas com os pés atados ao seu natural lugar pleromático – deve endireitar-se e recuperar quando lhe for apropriado, aquilo que lhe é impedido pelos processos alheios, exteriores e ilusórios de suas fantasias desenfreadas, digressões de um verdadeiro caminho. A origem do mal e do mundo radicados nessa atividade são ilusões vãs e oprimentes; isso não é um produto caprichoso mental dos gnósticos, mas, sim, um resultado necessário que nasce da experiência dramática do respeito sem restrições do Pai pela liberdade dos seres que emanaram de sua imagem ou pré-figuração.

C - AMBIVALÊNCIA DA CONDIÇÃO CÓSMICA

6) A Conversão de *Sofia*, a Matéria, do Demiurgo e o Mundo

O impulso da Sabedoria pelo Pai obedeceu a um propósito bom, uma vez que não ia contra a vontade paterna de geração; porém, sua atitude foi imprudente, o que a fez atuar irrefletidamente com os efeitos nocivos que se conhecem. Portanto, quando a Sabedoria inclinada se repõe das consequências do golpe e cai em si dando-se conta daquilo que não é e no arrependimento se recupera e vai reincorporando (reintegrando) lentamente, tendo que atrair para si o que, sendo dela, ficava entre os produtos gerados pelo seu deslize. Estes efeitos se deram em dois tipos: uns, originados num bom propósito carente de sensatez; outros, nas paixões e fantasias de seu comportamento irreflexivo. Os primeiros possuem uma substância psíquica, um substrato animado racional e irracional, intermediário entre o espírito e a matéria; os segundos, uma natureza material, que provém da paixão e da fantasia, e se opõem com resistência a seu desaparecimento. Uns, portanto, se colocam a serviço da recuperação das sementes espirituais dispersas de Sabedoria; os outros se opõem com astúcia e tenacidade nessa liberação, que significa para eles dissolução. Por esse motivo, a Sabedoria não se opõe à "glória vã" do chefe da substância psíquica que se crê Deus e Pai, como herdeiro malogrado de sua intenção alocada, e aproveita seus devaneios de criador. Este, portanto, toma a substância incorpórea procedente das paixões maternas (pena, temor, estupor e ignorância que está nas três) e constitui segundo a qualidade própria de cada um dos quatro elementos incorpóreos: ar, água, terra e fogo, que penetra a todos; mesclando-os, produz a matéria informe e incorpórea do Pleroma – fabrica o universo com seus sete céus, os anjos servidores os quais domina desde o sétimo (a hebdômada) e o mundo inferior que a eles entrega ao "Dominador desse mundo". Este "espírito imitador" do irracional do Demiurgo conhece as atividades deste e a origem de suas iniciativas, mas o Criador ignora que atua segundo o desígnio salvador da Mãe, como "suas mãos e sua boca", enquanto ela permanece no oitavo céu, aquele das estrelas fixas, como um poder intermediário que aproveita a natureza psíquica mista demiúrgica e de sua obra temporal, até a conclusão do mundo, até que a totalidade das sementes pneumáticas alcancem sua salvação.

7) Criação do Homem, os Três Gêneros Humanos

Concluído o universo, o Demiurgo cria o homem e sua imagem com a ajuda de seus servidores. O Arconte deste mundo aporta os materiais terrestres, de cuja parte mais sutil, "a terra adâmica", o Demiurgo o plasma dando-lhe animação e vida. O homem vivente demiúrgico, impotente, agita-se como um esfomeado (desassossegado), sem poder se levantar. O Demiurgo pede ajuda a Mãe e, seguindo seu conselho, sopra sobre a obra plasmada e introduz no homem o sopro de vida ou espírito de luz inadvertidamente. O homem, então, revela-se como superior ao Demiurgo e a todas as suas criaturas. Dessa forma, ficam estabelecidos os três gêneros de configuração humana: o pneumático, que possui substância espiritual, anímica e material; o psíquico, um sub-homem que possui substância anímica e material; e o hílico, uma criatura de forma humana ínfima que possui exclusivamente substância material. A espiritualidade, a racionalidade-bestial e a própria bestialidade são suas características, e suas fontes, Sabedoria, o Demiurgo e o "Príncipe deste mundo", respectivamente. Por um momento, o Demiurgo, dando-se conta da superioridade do casal humano criado a fim de submetê-lo e conservá-lo no jardim do paraíso, permite-lhe comer de todas as árvores, menos da árvore do conhecimento, para que não tomem conhecimento de sua excelência sobre ele. O Diabo, sem dúvida, conhecedor das intenções demiúrgicas, ganha seu primeiro combate de rivalidade nos espaços extraterrestres e, sob a forma de serpente, *"a mais astuta das bestas"*, joga-se por inteiro. Tenta ao homem criando a desobediência, pois, irritando desse modo ao Criador, obcecado, cairá sob seu domínio e mantendo-se preso perduravelmente seu mundo condenado à perdição persistirá. Sem dúvida, a artimanha imensa tendida ao homem será, realmente, uma armadilha criada pelo Grande Arconte, pois a transgressão do mandato de Deus criador pelo homem, liberando-o de sua servidão, lhe mostrará o âmbito do domínio de Deus desconhecido ao que por natureza lhe pertence. A função da tentação da serpente, consequentemente, tem sido dupla, de liberação para o homem espiritual e de demarcação do tempo da fatalidade para a construção do Demiurgo. Tal fato se explica pela existência de correntes ofídicas ou *naasenos* como braços do gnosticismo que submetem seus ensinamentos nas interpretações habituais judaicas e cristãs do Gênese.

Com este acontecimento paradisíaco – precedido por outros paralelos como torpor que o Criador aplica sobre Adam para extração da chispa de luz de suas costas – começa propriamente a pré-história da liberação pneumática ou do homem, intrinsecamente andrógino. O Demiurgo, ludibriado e indignado, castiga Adam e Eva, expulsando-os do Paraíso no quarto céu de Mercúrio, e os reveste com a túnica de carne; este veículo, adquirido em sua queda ao passar pelas esferas de Vênus, o Sol e a Lua, outorga-lhes visibilidade e ao chegar à Terra se une ao corpo, uma estrutura orgânica material que acolhe a envoltura carnal e é resultado do desejo natural de regeneração proveniente do chefe dos hílicos para manter seu império sublunar.

O mundo inferior, portanto, cada uma das ordens originadas pela conversão da matéria, respectivamente, combaterá, pelo predomínio, ainda que com diversos fins: uns, pelo poder; outros, com o apoio da concupiscência, pelo caos, pela inclinação da dissensão e da hostilidade por si mesma, pois divisão e contradição é sua substância. O pneumático sofre o assédio do hílico da matéria em seu corpo incitado pelo desejo dos prazeres da procriação da conservação do corpo; em sua alma, sente as deficiências das paixões separadas, o temor e a dúvida, particularmente; seu espírito permanece incólume, preso e oculto, mas sem ser manchado (maculado), como o "*barro que não suja o ouro*". Com o auxílio da Providência superior e da Mãe, que atua como a Sabedoria inferior que vela na *Ogdóade* (nome do conjunto de deidades primordiais), poderá recuperar a plenitude da parelha.

8) O Cristo Salvador

A Sabedoria busca recuperar sua integridade resgatando suas sementes de luz, dispersas no mundo inferior depois da expulsão do Paraíso do primeiro casal humano. Nesse sentido, historicamente utiliza como mediadores dos princípios inspirados pelo Demiurgo, que esperam a vinda do Salvador e a anunciam através dos profetas judeus; os bárbaros e os gregos, sem dúvida, engrossam a maioria hílica encarregada de defender o mundo com sua conduta e seus razoamentos, postos a serviço do "*espírito enganador*". A minoritária cadeia de luz que transmite os ensinamentos de quando conheceram Adam e Eva na vida paradisíaca, a comunidade dos setianos (ofitas, carpocracianos, etc.), transmite a gnoses e vão preservando historicamente dos sucessivos ataques contra a obra demiúrgica.

No momento oportuno, quando estiverem maduras as disposições cósmicas do desígnio da Providência e consumindo o tempo correspondente, respondendo ao rogo de Sofia inferior, a totalidade dos membros do Pleroma estão de acordo em produzir com o melhor de cada um deles o novo *Æon*, do Cristo, para que, fortalecidos com sua unção, o Pleroma todo brilhe com sua intrínseca luminosidade. O Cristo, então, em acordo com o Pleroma, envia o Salvador com seu séquito para que, com sua compaixão ou simpatia, assuma ao descender (rebaixar) as substâncias psíquicas e carnais com a aparência de um corpo, para que pudesse, dessa maneira, dar origem ao progressivo desvanecimento da matéria, da carne, da psique e produzir a autêntica ressurreição, a manifestação pneumática. Adota, assim, a forma carnal, histórica e temporal de Jesus de Nazaré.

Porém, no batismo no rio Jordão se revela como o Cristo Salvador, e começam os tempos escatológicos ou da conclusão do universo. Este é o terceiro "rebaixamento" da *Prónoia* (Providência) e de seu desígnio providencial é o sinal de seu triunfo definitivo, pois o Salvador, com sua presença no mundo das trevas, abre juízo e, por sua vez, distingue as três raças confundidas: mostra aos materialistas sua perda irreparável e sua condenação desesperada junto com o mundo suportado pelas paixões e animado pela vida que lhe dá movimento e troca natural; chama os psíquicos, neles confia, aumentando sua confiança a colaborar e que se ponham a serviço para libertação dos espirituais, enquanto que estes vão se unindo a ele e sua masculinidade, porque sabem qual é o seu nome pleromático, que o Salvador pronuncia.

D - O FIM: O FILHO NO PAI-MÃE COMO FILHO DO HOMEM

9) Retorno e Terceira Glória

Iniciados os tempos do fim definitivo, que marca o juízo do Salvador, a estrutura do universo – obra de mediação da mesma natureza do Demiurgo, submetida à providência inferior ou fatalidade – se precipita para uma conclusão, no céu com seu movimento e na terra com a capacidade reprodutora da natureza. O desenvolvimento de sua expansão germinal completar-se-á sem possibilidade de renovação e indicando claramente que esta foi ordenada desse modo, de acordo com a dispensação (*oikonomía*) de Sabedoria. Os pneumáticos, residindo num corpo e numa alma corruptível, devem premiar mediante a instrução e as práticas de iniciação a tarefa salvadora que desde Set brilhou em sucessivos iluminadores (instrutores) até culminar em Cristo-Jesus-Salvador. A partir deste, inclusive, sua linhagem de discípulos, mestres, "mensageiros da nova notícia" ampliará a colheita do Pai, especialmente a partir do momento em que o Senhor ressuscitou na carne e livrou da aparência do corpo pode facilitar àqueles que são idôneos para as revelações das experiências gnósticas extraterrestres (transcendentes), para depois ascender ao quarto céu, despojar-se da carne e do vestido (corpo) anímico e alcançar a ressurreição do espírito. O gnóstico compreende, vê espiritualmente neste período – que vai da ressurreição da carne à ascensão dos céus do Salvador – que os espiritualistas estão submergidos e espargidos em diferentes modos da disposição material e animada, e que foram testemunhos com olhos e ouvidos da Palavra que salva, mas não é garantia de conhecimento, tampouco será um privilégio cristão, pois virão outros que, estando espiritualmente mais próximos do Senhor, poderão superá-los; portanto, deve-se aspirar, inclusive, mais além que o próprio Jesus na obra da salvação. Compreende-se, deste modo, a distinção entre o grupo conatural ao Salvador, que segue sua obra de liberação do espírito, a igreja dos gnósticos baseada no conhecimento dos grupos que colaboram com sua esperança na vinda do Salvador, que não o conheceram e seguem firmemente com uma fé submissa de Pedro e seus seguidores. Os primeiros transmitem o ensinamento oral, que pode registrar-se em escritura controlada por esta, e atualizam o conhecimento salvador experimentado entre os iguais aos que previamente tem que atrair para inseri-los na tradição esotérica sem rupturas; os segundos se afirmam na espera e no exterior da experiência gnóstica que o Salvador outorgou, nas Escrituras e no acordo coorporativo de sua significação em vista do futuro que pode ser publicamente comprovado, sobre as bases empíricas da proximidade com o tempo, os recursos racionais e na fiscalização pela sucessão de cabeças das diversas comunidades locais. Os tempos por vir ratificarão esses conteúdos. A consolidação de um "cânone" por consenso do grupo, de uma norma e de uma Igreja segundo sua imagem, será o melhor respaldo para manter a fé no que se espera experimentar. O gnóstico não pode trair o conhecimento e sabe que o psíquico que espera a vinda e o cumprimento da salvação está a serviço desta obra e que com a conclusão do mundo, como exterior ao Pleroma, realizar-se-ão por meio da fé e da esperança. O psíquico, sem dúvida, afirmando sua fé superficialmente na paixão que o inclina ao poder e na organização que emerge daquilo que crê, convencido de que todos os homens (filhos) do Criador que sigam sua providência o alcançarão, combate ao espiritual e ao material. O pneumático, superior em sua natureza, mostra-lhe o quanto é desprezável e insuficiente sua atividade; o hílico, porque se opõe com tenacidade sua adesão ao mundo, que é a garantia de sua existência. Por momentos, sem dúvida, psíquicos e hílicos intercambiam seus hábitos inferiores e ínfimos sem outra saída senão o acossamento do espiritual.

A atividade do pneumático, por conseguinte, não se esgota na busca do semelhante com a predicação instrutiva e a instrução reservada naquilo que o Senhor ensinou, mas, sim, que sua iniciação no conhecimento se dirige a seguir o caminho que o Senhor realizou a partir de sua Ascensão. Esta é uma tarefa impossível sem a disposição apropriada, sem a cooperação da livre vontade do pneumático, que é gnóstico completo quanto os barbelognósticos, isto é, possuindo o conhecimento que cumpre por inteiro a vontade de conhecimento do Pai, é assim verdadeiramente seu Filho, sua "forma seminal" e dado que "o Nome do Pai é o Filho", a pronunciação do Nome impronunciável no Silêncio paterno. Dessa forma, o "*Æon* dos *Æons*", fim da câmara nupcial ou reencontro do feminino no masculino, recuperação da Igreja preexistente no seio de Deus, na forma eterna completa de dar glória ao pai, de manifestar-lhe em unidade e distinção; aquilo que a Sabedoria pelo livre exercício de sua decisão ignorou e pela Graça paterna – depois de seu desvario de apaixonado criador de ilusões (o mal, a matéria, o mundo, o universo e a alma) – pode ensinar aos *Æons* pessoais para ter Fidelidade gloriosa e para sempre no Pai.

O GNOSTICISMO

Primeira forma de filosofia cristã.

Se o gnóstico é – falando em sentido específico – "aquele que possui o conhecimento" e – em forma completa e estrita – "aquele que possui o conhecimento em profundidade", entender-se-á que não somente interprete a fé como uma forma de conhecimento inferior e incompleto a respeito das revelações gnósticas, mas que também tampouco lhe satisfaz a intelecção (*noésis*) na qual a filosofia platônica e neoplatônica dá fundamentação na atividade intelectiva e epistêmica da alma, dado que a realidade espiritual encerra maiores possibilidades cognoscitivas.

O gnosticismo supõe – segundo sua peculiaridade espiritual e suas exigências intelectuais – a primeira expressão da metafísica cristã com inclusão de uma práxis sacramental enigmática que consome (minimiza) a teoria. Os ritos se iniciam com o batismo da água e se completam pelo do espírito, que, por sua vez, supera o do fogo, cumprindo cada uma das etapas com seus progressivos graus iniciáticos. Estes são todos rematados (complementados) pelo mistério da câmara nupcial. Nesse sentido, diz o *Evangelho de Felipe*:

> *O Senhor realizou todos num só mistério: um batismo, uma unção, uma ação de graças, uma redenção e uma câmara nupcial.*

Ratifica com sentido sapiencial o arcaico hino final da versão extensa do *Apócrifo de João*:

> *Eu o ergui, e o selei com cinco selos na luz da água, para que a morte não tivesse poder sobre ele daqui por diante.*

O conjunto deste tipo de filosofia se arraiga no marco da sabedoria platônico-pitagórico e a faz retornar gnosticamente a partir de uma reflexão individual na experiência do filosofar, como um modo de sabedoria teórica e prática, que se alcança em comunidade, e que se encontra registrado do seguinte modo, na versão copta do *Discurso perfeito*.

> *Se queres perceber a realidade deste mistério (ou seja, o sentido profundo e oculto ao vulgo da unidade dos sexos em Deus e a sua imagem em todos os seres que mantém a atividade re-*

*produtiva universal), apercebe-te também da maravilhosa ima-
gem que é o coito que se realiza entre um homem e uma mulher.
Quando alcança sua plenitude, o sêmen brota. Neste momento a
mulher recebe a potência do homem, e o homem recebe a potência da mulher. O sêmen é o que desencadeia esta operação. Por
isso, o mistério do coito se realiza em segredo, a fim de que a
parceira natural não tenha que sentir rubor ante muitos que não
compreendem o sentido desta realidade. Cada um dos agentes
contribui na geração. Se o ato tem lugar ante aqueles que não
compreendem seu sentido, acham ridículo e julgam este fato in-
verossímil. Trata-se ademais de santos mistérios de palavras e
de ações não só porque não se deve ouvir, e sim também porque
não se deve ver. Mesmo assim as pessoas dessa espécie são blas-
femos e carecem de Deus e de piedade. Porém, aqueles de outra
espécie, que não são muitos, aliás, muito poucos, na medida em
que se podem contar os homens piedosos. Portanto, sucede que
a maldade permanece em muitos quando carecem da ciência
(episteme) daquilo que é em realidade, porque o conhecimento
(gnoses) daquilo que é realmente em verdade, é o remédio das
paixões da matéria. Por isso a ciência deriva da gnose. Porém,
quando há ignorância tampouco há ciência na alma do homem,
as paixões incuráveis persistem nela, e a maldade as acompanha como uma ferida incurável e essa ferida consome a alma e
pela maldade ela engendra misérias (pestes) e contagia. Porém,
Deus não é a causa desses males, porque ele enviou a gnose e
a ciência aos homens. – Oh, Trismegisto, enviastes somente aos
homens? – Sim, oh, Asclépio, a eles somente a eles foi enviado.*

Existem dois tipos de gnoses, de conhecimentos, que são inseparáveis da autêntica filosofia: a gnose que outorga a sabedoria, a ciência
inteligível e intelectiva que ilumina o saber da alma, sabedoria propriamente dita e ciência; *episteme* noética e noérica, e, obtida esta, a que
aprofunda e agrada permite a experiência e o contato com os mistérios
inefáveis da regeneração em Deus.

Os produtos, portanto, que derivam dessas experiências inéditas,
são símbolos, imagens visionárias que provêm da imaginação criadora,
naquilo de aspecto inferior da faculdade imaginativa que configura os

dados da percepção sensível ou do imaginário social. Essas imagens revelam bem a experiência da apreensão no denso (por exemplo, a queda de Sabedoria, o Demiurgo como besta com dupla face de leão – o irascível da alma – e da serpente – do concupiscível), da recuperação e estabilidade espiritual (ajuntamento do Cristo com sua contraparte luminosa – Grandes perguntas de Maria) ou da fusão divina dos contrários (seio paterno, una-trindade divina, Espírito tri-potente). Assim, não somente favorecem por co-naturalidade na liberação do intelecto, como também inspiram como linguagem filosófica nos mais diversos relatos verosímeis e discursos racionais, que não atentam à lógica como também respondem ao desafio com o qual o suprarracional provoca a razão.

Observa-se, então, que o primeiro encontro e aproximação que os cristãos tiveram com a filosofia grega foi de afinidade com o platonismo – o pitagorismo – e que o primeiro esforço para assimilar cristinianamente a filosofia selecionou aquilo no qual espiritualmente descobrira como um parentesco, já que o primeiro passo neste sentido está relacionado aos cristãos gnósticos. Tampouco é incoerente reconhecer que os ensinamentos e práticas genuinamente gnósticas eram cultivadas entre "os que conhecem" como uma forma de opção comunitária que, inicialmente conviveram com os demais cristãos no começo daqueles tempos em que Jesus era o Messias, posteriormente suscitaram suspeitas, e mais tarde, foram rechaçados e combatidos como uma alternativa (escolha) dentro da Igreja. Nestes momentos – em torno da metade do século II, possivelmente em Roma – surge a tendência monolítica de negar a opção gnóstica como cristã, se começa a denunciar a "gnoses" como "falsa gnoses" (Justino de Roma, Irineu de Lyon, Hipólito de Roma) e se inclui eclesiasticamente em Alexandria; aqui, assimilando o prestígio intelectual que os gnósticos haviam adquirido mediante a transformação da "gnoses" em "gnoses verdadeira" (Clemente de Alexandria, Orígenes), baseada na fé, nas Escrituras da Igreja e "a tradição não escrita transmitia desde os Apóstolos a um pequeno número de pessoas". Mesmo assim, mantêm-se sobremaneira os aportes gnósticos entre escritores ortodoxos que, no entanto, facilitam instrumentos conceituais para elaboração da doutrina trinitária das polêmicas contra o arianismo (Orígenes, Mário Victorino, Hilário de Poitiers).

Existem, portanto, vários séculos de história do cristianismo antigo que não se podem entender em sua integridade sem a presença dos cristãos gnósticos como seus primeiros e originais pensadores metafísicos e teólogos, e a relação grupal – criadora do gênero heresiológico – que motivaram. Esta resposta é a razia de um imaginário social eclesiástico que se tem sustentado, fortalecido e conservado com o passar dos séculos; entretanto, tem apoiado, assim mesmo, um paradigma científico, carente de respaldo de fatos e definitivamente falso. Pode chegar a ser um fator obstaculizado para o estudo dos gnósticos – porém, eficaz, por outro lado, para o estudo da orientação e dos complexos fatores sociais, filosóficos e teológicos, que chegaram a constituir o cristianismo majoritário protocatólico do qual, em última instância, derivam tanto do cristianismo medieval como do moderno, em seus ramos católico e protestante. Poderemos deduzir então que a importância que a leitura direta dos textos gnósticos diretos (biblioteca de Nag Hammadi, código de Bruce e de Askew, etc.) devam ser revistos para entender os testemunhos conservados pelos escritores eclesiásticos das notícias indiretas e daquelas que igualmente nos abastecem.

Os gnósticos como os primeiros filósofos cristãos poderão ser entendidos ou compreendidos também como um fenômeno do pensamento que excedeu culturalmente os limites do cristianismo, e que têm, portanto, sua fundamental importância dentro da relação da história do platonismo pitagórico.

A polêmica entre Plotino e os Valentinianos – tanto presente na escola romana do filosofo neoplatônico como posteriormente reagindo e relacionando por meio do *Tratado Tripartite* – adquire, dessa forma, sua justa dimensão a partir desta nova perspectiva.

ORIGEM E ATUALIDADE DO GNOSTICISMO

O amplo panorama que se esboçou não exime de, mesmo que contrário de força argumentativa ou historial, uma breve explicação tanto sobre a origem histórica como a atualidade que mantém o gnosticismo.

Por meio das fontes e dos testemunhos, adverte-se que os "gnósticos" são sempre os mesmos crentes, mas que seus observadores externos nos têm caracterizado e inclusive classificado de acordo com notas destacadas de seu comportamento. A atividade proselitista de vários de seus grupos, as funções prevalecentes e chamativas de seus relatos, a afirmação de uma continuidade tradicional arcaica, ou bem o objetivo secreto do "conhecimento completo", nos tem dividido para os testemunhos exteriores das escolas e orientações.

As denominações de simonianos, valentinianos, basilidianos, saturnilianos, etc., obedecem, de fato, a uma adesão a um mestre determinado, responsável por instruir gnosticamente seus discípulos com o objetivo de atrair (resgatar) adeptos para gnoses, ou seja, da reconquista dos pneumáticos ou espiritualistas perdidos entre a multidão de psíquicos e materialistas. Uma vez que, de acordo com a doutrina gnóstica, o tempo do mundo – de um universo em desenvolvimento que o Demiurgo preside segundo uma ordem providencial que ignora – é tempo e lugar de justiça oculta que entrou em sua etapa definitiva – nos tempos de salvação – e que, uma vez que o visível se consome pela liberação da totalidade dos espíritos espargidos e invisíveis, o universo se dissolverá como uma breve ilusão.

Efetivamente, o tempo histórico gravitante do fim inaugurado pelo juízo do Salvador tem este caráter acusado de mediação, como tudo que é de natureza anímica; por isso, quando se iguala o visível com o invisível Criador – que é justo e perfeito, como um pentaedro pitagórico que é um símbolo da justiça – representará em si mesmo o equilíbrio das partes iguais (a proveniente da queda e a pneumática) e aparecerá a nulidade do nada, o zero como a ausência de realidade, posto à esquerda produzirá a dissolução consumadora; porém, se colocado à direita, acompanhará na ascensão do último pneumático e, de acordo com o cálculo, este completará o 100 e o 99 incompleto da mão esquerda em que sucederá uma transferência para outra realidade, o 100 à direita, precedido a ascensão pela operação das contas justas.

Desta forma, o proselitismo – e sua função levada adiante com o suporte de uma sólida instrução, pois não se pode fracassar – é essencial para os grupos gnósticos e, por isso, segundo missionários entre crentes católicos, judeus, gregos, siríacos, hindus ou filósofos platônicos, adestram-se segundo suas doutrinas, livros e escrituras, pois, apetrechados das exegeses espirituais, todos estes ensinamentos são adaptáveis para uma aplicação da sabedoria gnóstica.

Porém, em relação à concessão dessa sabedoria gnóstica e sua manifestação final, sabemos que a serpente teve um papel fundamental ao seduzir Eva e Adam, com a subsequente ira do Demiurgo, a expulsão do Paraíso e a frustação dos planos do Arconte cósmico. A serpente, então, é uma figura ocultamente salvadora e, por essa função ambivalente, ofitas e naasenos lhe rendem veneração.

Finalmente, os gnósticos transmitem a tradição primordial a partir de Set, que, como todo mensageiro autêntico, gostava da Profundidade paterna. São "setianos" porque conservam ininterruptamente a sabedoria de Set, pela profundidade de seu saber, como "gnósticos perfeitos", são "barbelognósticos" ou "borboristas"; quer dizer, "aqueles que conhecem tudo", os perfeitos que proclamam o Nome de Deus inefável para cada um, como um hino de glória da totalidade. Logo, não só "conhecem Barbeló", como também "aqueles de Nome divino", já que "estão nas quatro (letras)", no seio do Pai.

Consequentemente, esses "gnósticos" são os mesmos, porém diversos; são crentes cristãos da razão, mas vivem da mensagem do Cristo prolongando o uso esotérico daqueles judeus admiradores da piedade e da teologia iranianas que viviam profunda e ocultamente seu próprio judaísmo ante os demais; judeus críticos que interpretavam o ensinamento tradicional, a Lei e os costumes religiosos sapiencial e esotericamente, porém, antes da proclamação da messianidade do Nazareno, manifestada luminosamente no batismo, revelou-se-lhes como um resumo da obra de liberação universal humana e cósmica. Os discípulos mais próximos de Jesus – inclusive vários de seus familiares de profunda inclinação sapiencial e piedade proverbial – provavelmente fizeram parte seletamente deste círculo religioso, de existência plausível, de acordo com os costumes culturais flexíveis do judaísmo helenístico. Concomitantemente, seguiram fazendo todos acreditarem na comprovação do Cristo – a manifestação plena esperada do reencontro do homem com Deus – um modo de experiência em sua intimidade, que o revelou como o enviado de Deus desconhecido – pois nunca foi conhecido no poder de seu seio abismal pela Lei dos profetas – e, por isso, o Salvador foi tentado, perseguido e condenado pelo mundo de seus espíritos de vaidade. Um mundo que é totalidade vivente entregada a si mesma, que ignora a origem do Salvador ao ser estranha ao Espírito, mas que por isso – sem sabê-lo – o ambiciona e o quer aniquilar a sua natureza, quando com ele se relaciona (interage). Subjacente à tamanha presunção, há uma potência que largamente supera o homem e suas obras; aí há uma incógnita: o mal operante, a presença do Mal, que se opõe, prova sem fadiga e assedia por autogoverno e que somente se sente em sua natureza ilusória percebido em sua realidade supraindividual, porém em cortejo com Deus bom não engendrado – aquele que não tem começo e nem fim.

Somente a consciência de viver em Deus anula o mal, o mundo da morte, e o fundo desta liberação messiânica do Espírito no Espírito, do imanente divino na assembleia transcendente, envolve uma mensagem que não foi captada pelos judeus, persas, gregos e nem cristãos seguidores de Jesus Cristo segundo a carne e o espírito. Mensagem que provém das origens do mundo no isolamento e se deve conservar desta forma até a extinção deste, até sua verificação de sua concreção completa. Trata-se de um ensinamento tradicional e esotérico e, portanto, suficiente.

O descobrimento de um vaso cuidadosamente selado e enterrado contendo uma biblioteca completa, o conhecimento de Nag Hammadi (aqueles que buscam com profundidade, devem agregar agora os originais em copta nos quais buscamos justificar nossas reflexões nesta obra, porque aparente exotismo desaparece para os leitores que entendem melhor ao fazer-se truncado/fragmentado seu isolamento). Assim, reacende neste momento o grande problema histórico, filológico, religioso, e filosófico que representam os gnósticos para a cultura universal e, ao mesmo tempo, renasce o enigma sobre a origem das enormes dimensões de seu saber. Mas, além disso, e muito especialmente, está sob invólucro uma questão espiritual que é da mesma natureza do material encontrado. Confinam estes originais desenterrados, quase à flor da terra, nos finais de 1945 – e os outros escritos coptas, encontrados muito antes, somente agora foram covenientemente utilizados por exegeses – a ambivalência própria de tudo o que é sagrado e com ele o risco de sua sacralização ou profanação. Em nossos tempos, tempos em que o horizonte escatológico oferece similar ambiguidade, aparece a vocação do estudioso, o qual deve cuidar com respeito a fidelidade das fontes valiosas da mensagem, evitando com isso que a leitura de seu trabalho não caia em terra estéril, senão que caia numa terra fértil e fecunda.

CAPÍTULO II

HERMES

Hermes, o *"mais humanitário entre os deuses"*, é genuinamente um deus olímpico. Seu modo de ser possui a liberdade, a amplitude e o brilho pelos quais reconhecemos o reino de Zeus, mas que tem também qualidades que o libera (separa) do círculo de seus filhos. Ao examiná-las detidamente, pareceria que se originam de outro conceito mais antigo da divindade.

Comparando-o com seu irmão Apolo ou com Ateneia, sobressai certa falta de nobreza. Manifesta-se de modo diverso nas narrações de Homero, quando este o representa vivamente ante nossos olhos. Como mensageiro dos deuses, aparece somente na *Odisseia* e não é mencionado na *Ilíada*. Porém, sentimos que esse papel corresponde inteiramente a seu modo peculiar de ser. Seu valor é a habilidade. Seus trabalhos denotam menos força ou sabedoria que agiliza toda classe de clandestinidade. No *hino homérico*, encontram-se detalhes sofisticados, que apenas por ter nascido levou até o fim uma obra mestra: roubou as vacas de seu irmão, enganando-o de forma mais astuta, sem o menor escrúpulo. A lenda o mostra como assassino de Argos, enquanto o vigiava transformado em vaca. O plano original consistia em roubar a vaca. Hermes o haveria perpetrado (executado) se não houvesse sido traído no momento decisivo. Assim, é visto também na epopeia homérica. Outro exemplo é a decisão dos deuses que para terminar com a brutalidade com que Aquiles tratou Héctor morto, pensaram, primeiro, que Hermes roubara o corpo (*Ilíada* 24, 24). Distinguiu entre todos os homens o seu filho Autólico pela arte de roubar e jurar (*Ilíada* 10, 267); *Odisseia* 19, 395) que ele mesmo possuía em tão notável medida. Por isso lhes chamam de "Astuto". "Falaz", "Engenhoso"; é o patrão dos bandidos e ladrões e de todos aqueles que sabem procurar-se clandestinamente uma janela. Porém, sua habilidade milagrosa o faz também o ideal e protetor dos criados. O que se espera de um bom criado – conservar o fogo, fazer lascas de madeiras, assar e destrinchar a carne, preparar o vinho para beber –, tudo isso vem de Hermes, que é um bom servidor dos Olímpicos.

Realmente não são artes muito nobres, ainda que, segundo o antigo costume grego, um herói podia exercê-las ocasionalmente. A viva imagem que nos apresenta Homero na figura de Hermes resulta mais significativamente que todas as indicações isoladas. Ali reconhecemos o mestre da oportunidade, de olhar alegre, nunca desconcertado, pouco lhe importando as normas do orgulho e da dignidade e que, apesar de tudo, aparece sempre de forma amável. De que serviria toda genialidade se não conquistasse os corações? No combate dos deuses (Ilíada, 21) o pícaro trava a disputa: Ares e Ateneia chocaram entre si. Apolo rechaçou nobremente o duelo com Poseidon, depois continuou uma cena genuinamente feminina entre Hera e Artêmis; posteriormente, Hermes, sorridente, declara a Latona com uma alusão sobre o tratamento que suportava de Hera, que nem pensava em combatê-la e estava agindo conforme aquilo que ela se vangloriasse de tê-lo vencido por sua força. Na canção de Ares e Afrodite, apareceram Apolo e Hermes como espectadores, e Apolo pergunta a seu irmão com solenidade graciosa se queria compartir o leito com Afrodite. O conhecedor e caçador de boa sorte lhe contesta sorridente, com a mesma dignidade com que foi interrogado, que consentiria em vínculos três vezes mais fortes e com a presença de todos os deuses e deusas pelas delicias nos braços da áurea Afrodite. O poeta nos apresenta aqui um Apolo bastante maduro se repreendesse seu pícaro irmão, mas, ao contrário, se regozija com ele. O mesmo ocorre quando o poeta engenhoso criou esta poesia demonstrando uma serenidade superior e frívola. Mas, por muito que nos agrade, esta faz de Hermes um deus de caráter que o distingue chamativamente de todos seus iguais no Olimpo.

Precisamente, a maneira como o faz aparecer estranho na esfera de Zeus recorda as deidades da remontada antiguidade. Cronos e Prometeu se caracterizam pela astúcia. Habilidade, agilidade e falsidade são as artes com que perpetrou suas grandes ações. Parecido com Hermes é Perseu, cuja imagem tem concluído um curto resumo dos conceitos antiguíssimos. Ambos têm asas nos calcanhares e no cocuruto da invisibilidade, ambos se servem da espada falciforme de que o mito põe também nas mãos do velho Cronos. É algo realmente mágico esta questão das asas nos calcanhares e no cocuruto. Chama-se "cocuruto de Hades", que na *Ilíada*, Ateneia se serve dela por uma vez, porém é uma característica de Hermes, que nos conduz ao mágico de seus atos. Tal magia na cosmovisão pré-histórica desempenhou um papel importante se superou em Homero salvo por algumas exceções. O que resta dela se relaciona quase inteiramente com a figura de Hermes, que não passou em vão em épocas posteriores por um arquimago e patrono da magia? Na *Odisseia,* ele mostra a Odisseu a erva mágica que tinha de contrarrestar nas artes de Circe. Possui a vara mágica com a qual adormece e desperta os homens. Como o mesmo se faz invisível segundo sua vontade com a carapuça de Hades, seu filho Autólico tem o dom milagroso de transformar tudo e fazê-lo irreconhecível. Seu ser e aparência estão sob o signo da magia, ainda que esta, como veremos mais adiante, recebeu uma nova significação e mais engenhosa no mundo homérico.

O principal de Hermes logo se vê pelo seu nome que indica uma forma antiguíssima de culto. Dentre um montão de pedras donde se elevava sua coluna junto ao caminho, alguém passou e atirou despiedosamente uma sobre ele. Daí vem o seu nome, porque não cabem dúvidas do que Hermes significa "o de um monte de pedras". Nesta estela, o falo é característico, ainda em épocas posteriores, o qual indica também um conceito muito arcaico. O poder procriativo não é, como demonstraremos, a essência de Hermes, mas notamos a imagem fálica na esfera das deidades titânicas, que correspondem a uma visão muito crua de épocas arcaicas.

Assim, podemos continuar o esboço da figura de Hermes até o limite de uma era em que as formas de pensar se superaram por um novo espírito. Mas que distância entre o que ali entendíamos e o Hermes homérico com seu esplendor e inesgotável abundância? Mas qual o conceito fundamental da imagem de Hermes?

Das esferas em que se supõem as ações de Hermes, assimilaram-se umas às outras como também seu reino original. Tratou-se de demonstrar como sua atividade e caráter se expandiram com o correr do tempo até que se transformou na imagem que nos é familiar. Para a ciência da religião é coisa segura de que é figura de um deus. Precedendo da força milagrosa com a qual tudo se realiza, não possui uma lógica e unidade necessária, pois não se exige revelar de uma só vez do pensamento e da contemplação como uma totalidade. Enriqueceu e engrandeceu na medida em que transformou a condição de seus adoradores e cresceram suas necessidades. Essa opinião pressupõe uma estranha insustentabilidade dos conceitos divinos, que poderiam desvirtuar-se com uma só olhada a uma deidade grega. Sua deficiência se manifesta especialmente na figura de Hermes. Sentimos como se o ágil deus escapasse sempre dessa tosca interpretação. Sua história poderia começar pela simpatia dentro da vida de manadas e pastores, seja pelo seu poder procriativo ou por sua relação com os mortos. É ativo em todos os domínios, mas não é o único, ainda que visto de uma maneira particular, pois utiliza, em todas as esferas de suas ações, um típico tom de imperturbalidade que até ao contemplá-lo por uma vez não terá dúvidas sobre o seu modo de ser. Assim, se reconhece a unidade de sua atitude e o sentido de sua figura, o que pode criar e produzir, manifestadamente em uma mesma ideia, isto é, Hermes.

Pede-se a todos os deuses que nos deem "o bem" e os enaltecemos como "os doadores do bem" (δοτῆϛιϛέάων, Odisseia 8, 325; veja Luciano, Promet. S. Cauc. 18). Esta fórmula elogiosa se aplica especialmente a Hermes (Odisseia 8, 335; Hin. Hom. 29, 8), que é o "mais humanitário e rico em dádivas" (Aristófanes, *A Paz* 394). Mas como homenageia? Para compreendê-lo, temos que pensar em sua vara mágica que se chama χϛυσόρραπϛ em Homero, "a milagrosa vara da felicidade e riqueza, de três folhas áureas, proteção contra qualquer prejuízo" (*Hin. Hom*, 529).

Dele provêm os ganhos, calculados prudentemente ou inteiramente inesperados, de preferência destes últimos, que ajudam a caracterizá-lo. Todo aquele que encontra algo precioso no caminho ou herda uma fortuna, dá graças a Hermes; como é sabido, tudo que se encontra pelo caminho se considera presente de Hermes (ἕρμαιον); e a palavra ligeira da cobiça diz: "Hermes comum" (χοινδϛ´ Ερμης). Antes de receber o presente deste deus, tem que se esforçar frequentemente para merecê-lo, mas, no final, é sempre um achado afortunado. Por exemplo, o coro das *Euménides* (Ésquilo 945) deseja rica abundância de Hermes para a aproveitamento mineral ao escavar novos poços, a ele se confia o mercador, de onde vem a arte do cálculo astuto e a oportunidade, sem a qual toda a habilidade fica frustrada. Como genuíno deus do comércio sustenta, em imagens posteriores, a bolsa cheia na mão.

O momento oportuno e o proveito vantajoso alcançam tanta importância que os ladrões podem considerar-se seus especiais protegidos.

> *"Também ele, o mais ágil,*
> *A ladrões e bufões*
> *A todos que buscam vantagem,*
> *É gênio sempre favorável,*
> *Isto prova em seguida*
> *Por artes habilíssimas."*

Goethe, *Fausto*, II

Sendo ainda um lactante, mostrou-se mestre na arte de furtar quando passou a roubar as vacas de seu irmão Apolo e enganar os perseguidores, narrado com agradável eloquência no *Hino homérico* (vê-se também em Sófocles, *Ichneutai* e Reinhardt, *Sophokles* 240). Diz-se também que escamoteou arco e funda a Apolo no justo momento em que este o ameaçava pelo roubo (Veja em Horácio, Carm. 1, 10, 11 depois de Alceo). Jogadas similares, que Goethe incluiu também na canção mencionada, foram posteriormente agregadas. No *Hino* abundam qualificativos para elogiar a engenhosidade, a astúcia e o engano, conotações que também aparecem no culto. Possivelmente a esses conceitos pertencem à palavra homérica ἐριούνιος, que pelo menos se concebeu assim desde os tempos antigos. Na epopeia homérica, Hermes passa pelo ladrão magistral: citamos outra vez a *Ilíada*, quando os deuses pensaram fazer-lhe retirar clandestinamente o corpo de Héctor. Desta maneira, liberou de uma vez a Ares da prisão (*Ilíada* 5, 390) e a menção sobre o seu filho Autólico, o *arquiladrão*, bastava tocar com as mãos em alguma coisa e ela se tornava invisível (Hesíodo, Fragmento 112 Rz.). No *Hino Homérico*, Apolo diz ao pequeno Hermes que acreditava capaz de invadir casas ricas à noite atuando tão silenciosamente que o dono ficava mendigo num instante (282 em diante). Assim, é o autêntico patrono de todo latrocínio, seja que se perpetre por heróis em grande forma ou por pobres diabos. "Senhor das gentes que atua na obscuridade", o denomina de Rhesos de Eurípedes (216 em diante). "Companheiro dos ladrões" se chama em Hipponax (Fragmento 1), e no Hino Homérico está planejando algo "como fazem os ladrões em noite negra" (66). Dele se pode aprender a jurar em falso com a mais convincente expressão quando o momento exige, o testemunha, sendo um lactante, o juramento feito a seu irmão Apolo para liberar-se da suspeita do roubo das vacas (Hino Homérico, 274). E Autólico, favorito de Hermes, avantajou a todos os homens nas artes do roubo e do perjuro.

Este é "o bem" a seu modo. Vários deuses se chamam expressamente "dadores do agradável" (γαςιδώτης), como, por exemplo, Dionísio e Afrodite. Hermes também recebe esse epíteto, porém, com um sentido distinto, como é demostrado na festa de Hermes Charidotes em Samos: Ali estavam permitidos o roubo e o despojo (vê-se em Plutarco). Hermes protege a picardia manifesta, qualquer astúcia e perfídia, ainda os lamentáveis artifícios da mulher ante os quais cai até o homem prudente. Quando os deuses dotaram e adornaram a mulher que ia fazer perder os mortais, foi Hermes o que pôs em seu coração "mentiras, palavras sedutoras e gênio astuto" (*Hesíodo*, Trab. 77 em diante). Dom de Hermes é tudo aquilo que toca o mortal por sorte e sem responsabilidade. É o deus da ganância alegre e sem escrúpulo. Ainda que com esta nova qualidade já esteja tocando o revés: ganhar e perder tem a mesma origem. Donde um se faz rico num instante, outro fica mendigo. O deus misterioso que conduz o necessitado, de repente, para um tesouro, faz desaparecer a propriedade com a mesma rapidez.

É o amigo dos rebanhos e doador da fertilidade, mas totalmente diferenciado dos outros deuses. Olhando-o mais detidamente, detalhes vão aparecendo e facilmente se manifestam nele como já o percebemos.

"Nenhum deus cuida tanto dos rebanhos e de seu crescimento", diz Pausanias (2,3,4) e numerosos testemunhos o confirmam. No *Hino Homérico* se lhe designa expressamente a vigilância dos rebanhos (497,567). Em Itaca, o pastor oferece sacrifícios às ninfas e a Hermes (*Odisseia* 13, 435); as explicações para essa passagem assinalam versos de Semónides (Fragmento 18), que anunciam sobre os pastores o domínio de Hermes e das ninfas. Muito significativa é sua relação com Hécate no Hino de Hesíodo a esta deusa: ela tem o poder, se diz ali, de multiplicar o gado nos estábulos junto a Hermes; faz crescer ou diminuir a seu prazer os rebanhos de vacas, cabras ou ovelhas. A *Ilíada* narra de Forbante que possuía ricos rebanhos de ovelhas porque Hermes o queria entre todos os troianos de posses de muitos bens. Polimela, amante de

Hermes, tem seu nome da riqueza de ovelhas; pariu um filho Eudoro cujo nome recorda o mesmo Hermes, "o doador de bens" (*Ilíada* 16, 179). Atribui-lhe na obra homérica a invenção da flauta pastoril. Uma série de epítetos que aparecem também no culto o caracteriza como um pastor e deus dos rebanhos. Em pinturas de vasos o vemos conduzindo um rebanho. Famosa é também a imagem de Hermes Crióforo, que leva um carneiro sobre os ombros. Assim estava representado por Calamis no templo da cidade de Tanagra. Narra a lenda que uma vez conjurou uma epidemia desencadeada na cidade, enquanto caminhava ao redor de seus muros com um carneiro; o mesmo fazia o mais formoso dos efebos (veja *Pausanias* 9, 22, 1).

Em que consiste o favor que o pastor anela dele? Como cuida do rebanho? Sem dúvidas, é seu condutor, como pode ser visto claramente nos versos da *Euménides* de Ésquilo (89 em diante) comentados por Wilamowitz (*Interpret. de Ésquilo*, 179). Apolo envia seu protegido Orestes a Atenas, e, no momento em que abandona o santuário délfico, roga a deus por seu irmão Hermes que o "cuide", acompanhe e seja seu bom pastor. Expulsa do templo as terríveis deusas da vingança; que se vão "apascentadas de nenhum pastor" porque nenhum deus se encarregará de tal "rebanho". Assim, Hermes é o bom espírito que conduz pela manhã os rebanhos do curral e os guia fielmente.

Tais ações afáveis são somente parte de sua atividade. O condutor pode também despistar, o zelador consegue fazer desaparecer e perder-se numa condição preciosa. Nenhuma de suas ações é tão famosa e repetida com tanta satisfação marcada pela astúcia deste pícaro, como o roubo das vacas de Apolo, cujos sinais (pistas) conseguiu dissimular tão habilmente que o perseguidor ficou desconcertado. Reconhecemos outra vez o misterioso atuante que faz encontrar ou perder. Nesse sentido, compreendemos também o seu papel de incrementar rebanhos. Não é a acepção exata de um deus da procriação e da fertilidade. Sua benção tem o mesmo resultado, ainda que em sua essência seja muito paradoxal e distinta. Em todos os testemunhos se confirma que o mundo dos outros poderes é também o seu, mas, paralelamente, sempre está sob o seu signo, aquele da hábil condução e dos ganhos imprevistos. É um milagroso frutificador dos animais, pelo qual se pode atribuir-lhe o caráter de um deus da fertilidade. Porém, trai-se rapidamente: sua atitude tem um perigoso revés da perda igualmente milagrosa. Os pastores dos vales lhe conhecem como perigoso e pernicioso (Veja *Hino Hom.* 286). No hino antes mencionado da *Teogonia* de Hesíodo, aparece como companheiro de Hécate e ambos aumentam o gado nos estábulos que se multiplicam ou diminuem, segundo a sua vontade, os rebanhos de vacas, cabras e ovelhas.

Hermes não era um estranho no reino do amor. Encontramos de novo o mesmo pícaro que identificamos em outros domínios. Seria um erro fundamental equiparar o caráter erótico de Hermes ao de genuínos deuses do amor. O reino do amor participa também da sorte, pode absorver-se em favor do momento, no atrapalhar afortunado, na travessura, e aí está o campo de Hermes. Homero o retratou com maravilhosa maestria na famosa canção de Ares e Afrodite. A situação de Ares atado e burlado não lhe parece embaraçosa como para não sofrer gostosamente uma situação três vezes mais comprometida, pela delícia de estar nos braços da áurea Afrodite (*Odisseia* 8, 339 em diante). Este é o prazer amoroso como um "descobrimento", para ele, como o prazer do "furto" (veja em *furtum* nos poetas latinos e nas explicações instrutivas de W. Jaeger em *Hermes*, 1915). As pessoas simples da Ática veneravam um deus "Tychon", que, pelo próprio nome, reconhecemos o espírito da sorte (Veja Herter, *De dis Atticis Priapi similibus*, Tesis Bonn 1926). Sua eficácia podia estender-se tanto quanto no significado do nome, mas este "portador de boa sorte" desempenhou um papel importantíssimo na esfera erótica. Equiparou-se a Priapo e se incluiu no domínio de Afrodite. Hermes também leva o nome de Tychon, e o representa perfeitamente.

No Hino Homérico a Afrodite (262), Hermes aparece como um feliz amante das ninfas. O relato da mãe de Eudoro narra na *Ilíada* como ao ver o mais formoso abraço de improviso: Hermes esteve no círculo das donzelas de Artêmis enamorou delas e foi secretamente aos seus aposentos (16, 179 em diante). Filho de Hermes é aquele cocheiro Mírtilo, que, por uma noite de amor, fez para seu patrão, Enomao, uma má jogada (armadilha) de colocar cravos de cera no eixo do carro para provocar sua queda mortal durante a corrida. No seu sepulcro estava Feneo (Arcádia) atrás do templo de Hermes, onde recebia anualmente sacrifícios mortuários noturnos (Pausanias 8, 14,). Em Eubea, este deus tinha o epíteto de Epithalamites. Com frequência o encontramos relacionado com Afrodite. Ervas e medicinas com as quais espera conseguir filhos sãos e formosos levam seu nome. Nesse contexto, temos que concordar que as antigas hermas mostravam sempre um falo ereto. Em Kyllene (Elide) se venerava um falo que, como as hermas, estava levantado sobre uma base como se fosse Hermes mesmo (Pausanias 6, 26, 5).

Apesar do que se possa pensar de Hermes naquelas antigas épocas, às quais pertence a criação de tais objetos de culto, na nova religião, não é um deus da procriação e fertilidade. Este caráter é somente aparente, ainda que sua atuação milagrosa também conduzisse à união amorosa e à procriatividade. Sempre é o acompanhamento mágico daquilo que forma a essência de suas ações, a condução para o maravilhoso prêmio. Rapta a dama formosa da multidão dançante (baile) e a conduz firmemente até o amante por mais distante e perigoso que seja o caminho. Assim conduziu uma vez a Afrodite até os braços de Anquises (*Hino Hom. a Afrod.* 117 em diante). Muito frequentemente o vemos em imagens como condutor de três lindas e divinas donzelas; ele as acompanha até o juvenil árbitro da beleza.

Sem dúvida, continuamente atua ao revés. Como guia, conduz o eleito secreta e milagrosamente ao lugar da realização, assim igualmente leva com cuidado ao que quer separar-se. Num copo de Corneto (Buschor, Griech. *Vasenmalerei*, fig. 124 *"Pintura de los Vasos griegos"*), vemos um adolescente abandonar a amante enquanto dorme. Seria Teseo aquele que esquiva de Ariadna? E Hermes atentamente vai adiante.

Outra faceta desse deus o mostra como acompanhante dos mortos: conduziu Héracles ao Hades quando este deveria agarrar o Cérbero (*Odisseia* 11, 626; Apolodoro 2, 5, 12); acompanha as ninfas nas imagens; procede no último canto da *Odisseia* (1 em diante) com as almas dos pretendentes mortos chamando-as do palácio para conduzi-las ao lugar de seu destino. Este é Hermes "Psychopompos", o condutor das almas, o qual se ouviu falar tanto em épocas posteriores. Uma só vez aparece na obra de Homero, pois, em outras ocasiões, quando os mortos vão ao Hades, não se menciona nenhum acompanhante, mas não duvidaremos de que tal ideia seja antiguíssima, porque cultos e mitos a confirmam repetidas vezes.

Diz-se que Hermes toma conta dos moribundos (Ésquilo, *Libações* 622). Ayax, antes de arrojar-se sobre a espada, roga a Hermes para mentir carinhosamente (Sófocles, *Ayax* 832). Édipo cego sob a milagrosa condução encontra o caminho que o leva ao lugar onde falecerá (Sófocles, *Ed. Em Col.* 1547). Aquela mulher da ilha de Ceos que, em presença de Pompeu, ia colocar fim a sua vida, antes de tomar o veneno fez uma libação a Hermes e pediu que a conduzisse pela senda suave a um agradável lugar do Tártaro (Val. Max. 2, 6, 8). Os hermas postos sobre os sepulcros deram testemunhos de sua vinculação com os mortos (veja Cicero, *De legibus* 2, 65).

A atividade de Hermes nesta obscura esfera se dirige também em duas direções: não somente conduz abaixo como também acima. No Hino a Deméter, trai a Perséfone de volta do reino dos mortos. Nos *Persas* de Ésquilo, é invocado para que mande um Vaso conhecido de Jena; Hermes está com a vara levantada em frente à abertura de um vaso gigante enterrado na terra do qual voam almas aladas. O último dia dos Anthesteria, festa dos defuntos, honravam os mortos em volta da terra e no final se despediam com uma solene oração; somente se ofereciam sacrifícios a Hermes do Averno (Hermes Chthonios). O mestre do famoso quadro de Orfeu representou Hermes, condutor dos mortos, da maneira mais formosa e comovedora: acompanha a Eurídice libertada do reino das sombras, e no momento que Orfeu se volta para ela toma suavemente sua mão para devolvê-la na escuridão. Ao morto Protesilao que se consumia de tristeza por amor a sua esposa Laodamía, o conduziu a sua casa ainda que por poucas horas. Sabemos que Protesilao de Eurípides, estava desgraçadamente perdido (veja Apolod. *Epit.* 3, 30; *Hygin.* Fab. 103, 104).

Hermes, vinculado às deidades infernais pelo epíteto "Chthonios", pode aparecer frequentemente como um genuíno deus dos mortos. Contudo, em sua condição de condutor, revela-se igual que em outras esferas de sua atividade. Em favor do acompanhamento se manifesta a verdadeira realidade de deus.

É o senhor dos caminhos, já que ali estava um monte de pedras ἕςμαιον pelas quais recebeu seu nome. O caminhante lhe tirou uma pedra (veja Cornut 16 p. 24; Antol. Planud, 4, 254). Tudo isso contribui para significar que em tempos arcaicos indicava ao viajante o bom caminho (veja Antol. Planud. 4, 254). A *Odisseia* menciona uma "colina de Hermes" (16, 471) situada mais acima, num lugar alto da cidade. Sobre um montão de pedras se levantou uma coluna quadrilátera do deus com cabeça humana; os hermas tinham preferência junto aos caminhos, nas entradas das cidades e nas casas, nos limites dos mercados e nos países. Muitos epítetos honram Hermes como deus dos caminhos e das estradas, condutor e indicador. É o protetor natural dos peregrinos e dos mercadores. Em imagens muito antigas, ele aparece como caminhante munido de chapéu. Seu andar é sempre ligeiro, inclusive voando. As asas de seu chapéu indicam a rapidez que o distingue. Possui os "áureos" trajes que "o levam com a rapidez do vento sobre o mar e a vasta terra" (*Ilíada* 24, 340). Esta é uma imagem corretíssima de sua natureza.

Onde se tem uma entrada, ou se recorre a um caminho, está presente o estranho companheiro. Segundo o mito, recebeu o menino Dionísio, logo depois do nascimento, foi incumbido de levá-lo a presença de sua ama (babá) (veja em Apolod. 3, 28; Apolon. Rod. 4, 1135). Foi um tema favorito para as artes. No trono Amicleico, Hermes foi representado levando o jovem Dionísio ao céu (Pausanias 3, 18, 11). Numa pintura de um vaso, publicado no *Anuário do Instituto Arqueológico de 1892* (Boletín 166) de Buenos Aires, assiste também a ascensão de Perséfone que surge lentamente da terra, com um olhar fixo em Hermes que lá está esperando. É um genuíno traço de seu caráter estar repetidamente em forma mágica. No princípio das *Euménides* de Ésquilo (Veja Wilamowitz, *Interpret. de Esqu.* 179), aparece subitamente sem anunciar para acompanhar Orestes, que nesse momento, passa pelas adormecidas deusas da vingança, saindo do templo de Apolo para Atenas. No *Hino Homérico*, volta de sua travessura sem ser visto e convertido em suave passo levíssimo se introduz na habitação pelo olho da fechadura. Sua aparição, sua presença, tem algo espectral. Quando em uma reunião todos se calavam de repente, era costume dizer: "Hermes chegou" (Plutarco, 2). Análoga impressão sentem os alemães, que dizem na mesma situação: "Um anjo passa pela casa". É como se segredos noturnos se movessem em pleno dia. Consequentemente, Hermes é realmente um *espírito da noite*.

Sua natureza noturna indica a carapuça do Hades com a qual pode se fazer invisível. De noite realiza travessuras magistrais, como no roubo das vacas, cuja glória canta o *Hino Homérico*. Apolo considera o irmão menor capaz de realizar visitas noturnas a casas ricas, atuando sem fazer ruído (*Hino Hom.* 282 em diante). Na obra mencionada, leva o epiteto de "vigilante da noite" (15 νυχτὸς ὀπωπηιηρ), e na *Ilíada* (o bom vigilante" (ευσχοπος, *Ilíada* 24, 24; *Odisseia* 1, 38). Nas campanhas se sabia o quão difícil e perigoso que era espiar os homens inimigos avançando só em noite ambrosiana" (*Ilíada* 10, 40). Nessa esfera de pensamentos e de sucessos, parece pertencer à narração do camponês Battos, que trabalhando à noite prometeu a Hermes guardar silêncio sobre o roubo das vacas. Quando ele revelou o segredo, o deus o transformou em uma pedra e no lugar onde se deu o fato passou a se chamar, segundo Antoninus Leberalis 23, "Vigia de Battos" ((Βάιτου σχοπιαί), a pedra recebeu o nome de "O índice" (Index) segundo Ovídio (*Metamorfosis* 2, 687 em diante). Os feácios veneravam as funções noturnas de Hermes e ofereciam-lhe a última libação da noite (*Odisseia* 17, 138). Com sua vara mágica, adormece os despertos e desperta os dorminhocos (*Ilíada* 24, 343). Assim, como condutor de Príamo, faz adormecer milagrosamente as sentinelas gregas ocupadas na cena (*Ilíada* 24, 445). "Alegria, amor e doce sono" são as delícias que emanam de sua lira (*Hin. Hom.* 448 em diante), e ele mesmo se chama "guia dos sonhos" (idem. 14). Por esta razão, depois de um sonho importante, se deve recordá-lo respeitosamente (veja *Apolon. Rod.* 4, 1731).

A noite misteriosa pode ter uma benevolente proteção ou oferecer um perigoso engano.

Sua maravilhosa condução nunca foi descrita com tanta formosura e verdade quanto na narração homérica sobre a viagem noturna de Príamo. O rei ancião deve empreender a terrível epopeia de entrar num acampamento de inimigos em pessoa e prostrar-se ante Aquiles, o mais implacável de todos, que diariamente maltrata o corpo de Hector, seu filho predileto. E Zeus manda Hermes como acompanhante. Zeus diz ao filho: "Hermes, você gosta de ver um homem como amigo e o escutas quando queres. Anda, conduza Príamo até as naves dos Aqueus de maneira que nenhum Dánao o veja nem o reconheça até que tenha chegado ao filho de Peleo". Hermes obedece e em seguida assite divinamente o rei digno de compaixão, mas da maneira pela qual somente possa ajudar os deuses homéricos: que nenhum milagre ocorre e sim que se realize uma feliz coincidência, aparentemente natural, tal como o velho apenas se atrevia desejar. Ao lado do riacho onde o carro para, aparece de repente um jovem. Acreditando-se perdido, os cabelos de Príamo se eriçam, o forasteiro lhe estende amavelmente a mão dizendo-lhe para ficar tranquilo. Apresenta-se como companheiro de Aquiles e se dispõe gostosamente a conduzi-lo são e salvo até a porta de seu senhor. Pode dar ao aflitivo pai a notícia de qual o corpo de seu filho ficou intacto apesar de todos os maus tratos. Que encontro mais feliz! Príamo reconhece com alegria a mão protetora da divindade. Mas no final de sua viagem, ante a porta de Aquiles, quando o bondoso companheiro desaparece, se dá conta de que era Hermes; mesmo aqueles que conviveram com ele quando jovem não o reconheceram. Milagrosamente tudo havia saído bem. O jovem forasteiro havia saltado sobre o carro, tomando as rédeas em suas mãos e era assombroso ver como os animais corriam. Quando chegaram à guarda das naves, as sentinelas haviam adormecido e, com isso, facilmente abriram as portas. Assim, chegou Príamo à morada de Aquiles, onde Hermes se deixou conhecer, deu-lhe conselhos e desapareceu. Aquiles se portou humanamente como um infeliz rei. Entregou-lhe o filho morto e lhe ofereceu alojamento para a noite. Ainda não havia passado todo o perigo: se no dia seguinte fosse reconhecido por Agamenon e os gregos, estaria perdido. Novamente Hermes cuidou dele. Antes do amanhecer, despertou-o, preveniu-o do perigo e, sem ser observado, tirou-o do acampamento até o rio, de onde desapareceu. Momentos depois a aurora surgiu.

Essas atitudes noturnas e a condução por caminhos escuros nos proporcionam uma inteira compreensão da relação de Hermes com os espíritos dos mortos, o reino dos mortos e seus deuses. Os mortos vagam à noite pelos caminhos e se reúnem nas encruzilhadas; os sepulcros ficavam junto às estradas. Era comum, naqueles tempos, ver-se sobre as sepulturas um monte de pedras.

Seria um grande erro pensar que Hermes fazia mais parte do mundo dos mortos que dos vivos. Seu caráter se singularizava precisamente por não ser de nenhum domínio e não ter um lugar fixo, mas, sim, caminhar por todos os lugares, unindo-se repentinamente ao típico homem solitário. Nessa atividade manifesta-se o gênio da noite que frequentemente mostra aos homens seu inquietante mistério a par de sua benevolência. Muitas vezes, quando os gregos falam à noite, pensamos espontaneamente em Hermes. "Pertence aos bem-aventurados", diz Hesíodo, e o caminhante não deve ser irreverente frente a ela (*Trabalhos* 729 em diante). O terceiro *Hino Órfico* a invoca como "amiga de todos" para afugentar os terrores noturnos. É chamada "Auxiliadora" (ἐπίχουρος) no *Hino Homérico a Hermes* (97). A partir de Hesíodo e na prosa de Heródoto, sua denominação na poesia é "a amistosa". É a confidente e protetora dos amantes. No mencionado Hino Órfico, põe-se inclusive o nome de Deusa do Amor (Cipris). Seu filho, segundo Hesíodo (*Teog.*

224), é "o Amor" (Φιλότης), porém, a seu lado – coisa muito significativa – "o Ardil" ou "o Engano" ('Λπατη), o mesmo que Hermes, ambos têm a sua natureza.

Ainda que tenha um tom milagroso e misterioso, tão particular da noite, pode parecer ter um rosto do dia também em forma de uma imprevisível sombra ou de um enigmático sorriso. Este mistério noturno que se apresenta durante o dia, estas trevas mágicas sob a clara luz do sol, configura o império de Hermes. É com justa razão que a magia de épocas posteriores o venerou como um verdadeiro mestre. Para o sentimento popular, tal mistério se anuncia com um peculiar silêncio que se pode produzir inesperadamente em meio da mais viva conversação. Então, é costume dizer: chegou Hermes! Este estranho momento pode significar um presságio de má sorte ou uma inesperada hora auspiciosa, um instante de bom augúrio, uma coincidência favorável.

A *Odisseia* conta um sucesso dessa natureza com a realidade mais convincente apresentando-nos ao misterioso amigo dos caminhantes solitários. Odisseu havia saído só para buscar seus companheiros que ficaram na casa de Circe. Sem conhecer o lugar, andou por montanhas e vales. De repente, apareceu Hermes – não poderia ser outro – na figura de um jovem lhe alcançou os passos e rapidamente indicou o local da morada de Circe. Odisseu pensou o quanto foi perigosa sua empreitada, pois dentro daquela casa vivia uma feiticeira que já se sabia ter transformado seus companheiros e que ele poderia ter sofrido algo análogo. Não obstante, poderia ter um confronto com aquela inquietante mulher, uma vez que conseguiu a erva mágica que arrancou da terra e que de posse desta estaria protegido. Agora Odisseu poderia bater na misteriosa porta sem medo. Assim se revela Hermes em meio a selvagem solidão. Ainda que sentimos estranhamente um certo mistério em pleno dia, pensamos na insegurança na noite que pode transformar a partir do sentimento de uma presença (proteção) benévola, um sentimento de alívio e estrema felicidade.

A noite é sempre um mundo particularmente intrigante. Por ela compreendemos inteiramente o império onde figura a divina presença de Hermes.

Quem está só à noite em campo aberto ou caminha por tranquilas ruas percebe o mundo de forma distinta que durante do dia. Desapareceu a proximidade e com ela surge a distância. Tudo fica longe e, por outro lado, perto; junto a nós e misteriosamente distanciado. O espaço perdeu suas medidas. Algo sussurra e sonha não se sabe onde ou quem ali está. Por mais amoroso que seja, o mistério que se apresenta e experimenta causa certa estranheza; é o que nos excita e atrai; a isso Rudolf Otto magistralmente, na sua obra *O Sagrado*, dá o nome de *mystérium tremendum*. Não há diferença entre o morto e o vivo, tudo está em movimento e sem alma, dormindo e desperto ao mesmo tempo. Aquilo que o dia aproxima passo a passo e não se faz reconhecido se desprende de improviso na escuridão. Como num milagre aparece o encontro, uma miração; o que se revela, uma noiva mágica, um monstro ou um tronco qualquer? Todos os objetos chamam a atenção do caminhante, jogam com rostos conhecidos e num momento nada se sabe sobre tal fato. De repente assustam com gestos estranhos e novamente são conhecidos e inofensivos.

O perigo se espreita por toda parte. Da obscura garganta da noite que se abre ao caminhante pode sair, a qualquer momento e sem advertência, um assaltante, um espectro horrível ou um espírito intranquilo de um morto; quem sabe o que ocorreu naquele lugar? Talvez a vontade de nebulosos espíritos maliciosos, que o apartam do caminho reto para um ermo, onde reina o espanto e onde demônios sedutores dançam um ritmo que nada tem com a vida. Quem pode protegê-lo, acompanhá-lo retamente e aconselhá-lo corretamente?

O mesmo espírito da noite, o gênio de sua bondade, de seu encanto, de seu gênio inventivo e de sua profunda sabedoria. Ela é a mãe de todos os segredos. Cobre os cansados com sono, tranquiliza-lhes as inquietações e diverte suas almas com quimeras. O infeliz e o perseguido disfruta de sua proteção, também ao astuto, na sua obscuridade ambígua, proporcionam milhares de invenções e habilidades.

Põe seu véu sobre os amantes e os protege com sua tenebrosidade todos os carinhos e todos os encantos escondidos e descobertos. A música é a verdadeira linguagem de seus segredos, na voz encantadora, que sonha quando os olhos estão cerrados, de modo que se compreende perfeitamente o céu e a terra, o perto e o distante, homem e natureza, presente e passado.

Mas, na escuridão da noite, a que convida ao doce sono, também outorga ao espírito nova atenção e clareza. Não faz mais conhecedor, audaz e temerário. Uma intuição que chega ou se esvai, como uma estrela cadente, uma intuição rara, preciosa e mágica.

Assim, a noite, que pode assustar e enganar o solitário, é ao mesmo tempo sua amiga, parceira e conselheira.

Essa imagem não representa ao mesmo deus Hermes, porém ele tem algo de todos estes detalhes (atributos). Se a traduzimos ao masculino e atrevido se nos apresenta um espírito de caráter de Hermes.

Perigo e proteção, susto e alívio, certeza e erro, tudo é possível à noite. Pertence-lhe o raro e o estranho, o que aparece subitamente não sujeito ao espaço e tempo. A quem favorece e o conduz propiciamente para o grande descobrimento, sem que se dê conta. É a mesma para todos que necessitam de sua proteção, a todos se lhes oferece e lhes deixa procurar fortuna.

O mundo de Hermes é igual, com sua esfera alta e baixa. Ambas têm oportunidades; o favor do momento, a boa sorte no caminho tem preponderância; as virtudes mais elevadas são a agilidade, a engenhosidade e a presença de ânimo; a meta é o tesouro que resplandece instantaneamente.

Que amplia o olhar que chegou a este mundo, que vivo olho que viu sua forma na de um deus e podia reconhecer a profundidade do divino ainda que na picardia e na irresponsabilidade! O que anima e domina Hermes é um mundo em seu pleno sentido da palavra, completo, não uma fração do conjunto inteiro da existência. Todas as coisas lhe pertencem, mas aparecem com uma luz distinta daquela que tem os reinos de outros deuses. O que acontece quando ele vem voando do céu sem obrigações: o que se faz é uma obra magistral e o deleite é sem responsabilidade. Quem quer esse mundo de lucro e ganhos e o favor de seu deus, Hermes, tem que conformar-se também com as perdas; uma coisa não existe sem a outra.

Os hindus védicos veneravam a um deus cujas qualidades recordam vivamente a Hermes. Chamava-se *Pushan*. Sobre esse deus escreve Oldenberg: "O traço de seu caráter que sempre se repete é este: conhece e mostra os caminhos, conduz-se neles, faz evitar o extravio ou perder-se, sabe devolver o errado, reencontrar o perdido. Se acreditava que era o deus da agricultura e dos lucros (comércio), porém protege a ambos dirigindo o sulco do arado traçando na direção exata. Munido da aguilhada conduz as vacas de forma que não se percam. Acompanha a noiva por caminho seguro, desde a casa dos pais até a morada do esposo. Guia também os mortos no mais além. Quem intenciona um negócio oferece sacrifícios a *Pushan*. Entre os sacrifícios distribuídos pela manhã e pela noite a todos os deuses e seres, *Pushan*, o orientador dos caminhos, recebe o seu no umbral da porta.

> *Afugenta os maus do caminho, o lobo e o assaltante. É o mensageiro do sol com naves áureas no mar e no ar. O conhecedor de caminhos que protege das perdas encontra o extraviado e escondido para que a pessoa o recupere. A forma de dar tesouros aos homens é fazer que os encontrem.*
>
> (*Religion des Veda*, 1º edição, p. 230 em diante)

Todos esses ofícios se podem atribuir a Hermes. Num momento sentimos inclinados a considerá-los verdadeiros sósias. Mas são diferentes (distintos), apesar das semelhanças. O deus Hindu possui o poder dos caminhos e tudo que ocorre e anda neles; usa-o para o bom proveito dos homens que o honram; seu reinado abarca uma parte deste mundo e atua com bondade desejada por homens pacíficos e honrados, conduzindo-os pelo reto caminho e protegendo-os dos perigos.

Hermes, porém, tem uma peculiaridade, qual seja proteger os assaltantes e ladrões; conduz, ainda, o caminhante piedoso; seu caráter e coração parecem simpatizar justamente com aqueles. Quer dizer, aumenta sua esfera de atividade, sua extensão já não se determina pelos desejos humanos, senão por uma forma singular de toda a existência. O resultado é que a mesma compreende o bom e o mau, o desejo e o engano, o elevado e o ordinário. Prodiga o favor de sortear com felicidade os perigos, e foi o primeiro a "limpar" os caminhos, testemunho deles são os montões de pedras a seu lado (veja *Odisseia* 16, 471). Porém, o *Hino Homérico* diz no final que Hermes "se reúne com todos os homens e deuses" não se esqueça de agregar: "Ainda em certas ocasiões é útil enganando desmedidamente aos seres mortais na escuridão da noite".

Este não é o poder que ajuda nos momentos difíceis da vida. É o espírito de uma forma existencial que volta sempre sob as condições mais variadas que conhece a perda juntamente com os ganhos e a malícia com a bondade. Ainda que muitos desses elementos possam parecer duvidosos, manifestando-se aqui como um aspecto inegável da própria existência, com todos seus problemas, pertencem às formas fundamentais da relatividade da vida. Portanto, exige-se respeito segundo o entendimento grego, para a totalidade de seu ser e sentido, em todas suas facetas.

O mundo de Hermes não é, de maneira alguma, um mundo heroico. Numa passagem da *Ilíada*, Odisseu e Diomedes invocam a Ateneia antes de sua investida noturna, e a deusa vem (*Ilíada* 10). Porém, Dolón, que na mesma noite empreende uma aventura similar, não confia no espírito do heroísmo e sim da agilidade, da astúcia e conta com a boa sorte. Por isso se encomenda a Hermes para que o conduza feliz em sua partida e regresso (Eurípedes, *Reso* 216; veja também Sóflocles, *Electra* 1395, *Filoctetes* 133). Portanto, Hermes é também o próprio deus daquela habilidade pela qual um servente se faz indispensável a seu amo. Odisseu, na aparência de um mendigo, gaba-se ante Eumeo (*Odisseia* 15, 319), que, "para servir Hermes, nenhum seria igual a ele na arte de servir à mesa, alimentar o fogo, fazer achas (lenhas), destrinchar e assar carnes e prover vinho como os humildes servem aos nobres." O mesmo deus, segundo o *Hino Homérico* (108 em diante), inventou uma maneira de ascender o fogo pelo qual é venerado e retratado junto a Hestia, a deusa do local (veja *Hino Homérico* 29, 7 em diante; Pausanias 5, 11, 8; Calímaco, *Hino a Artêmis* 68 em diante). Não surpreende que este mestre da habilidade e da agilidade tenha sido servente no Olimpo e, sobretudo, servidor e mensageiro de Zeus (veja Esquilo, *Prometeu* 941; Aristófanes, *A Paz* 180 em diante e *Plutão* 1102 em diante; Luciano, *Diálogos dos Deuses* 24). Alceu e Safo o conheceram como copeiro dos deuses. Na *Ilíada* não menciona este aspecto; sua mensageira divina é Isis. Zeus manda Hermes fazer escolta a Príamo (*Ilíada* 24, 333) pela sua boa disposição e habilidade de conduzir os homens que o invocam, porém não o trata de mensageiro ou de servente e tampouco o faz com outros deuses que encomenda algum serviço ocasionalmente. Na *Odisseia*, aparece uma variação, a imagem de Hermes, mensageiro de Zeus é muito comum (*Odisseia* 5, 29). Porém, seja como for que haja aparecido esta imagem, o importante para nós é que corresponde inteiramente a seu caráter fundamental. Pois quem poderia ser mais indicado para servir de mensageiro ao deus do Céu que Hermes, quem voa com a rapidez de um raio e aparece misteriosamente em todas as partes? Entre algumas habilidades que o beneficiavam como emissário tem que mencionar sua vigorosa voz que, segundo a lenda, o fez vencer em uma polêmica cerimônia o famoso Stentor (veja escólios a *Ilíada* 5, 785). Já para Hesíodo, e posteriormente, é chamado de linguagem; ele outorga a voz a Pandora (*Trabalhos* 79).

Embora o mundo de Hermes careça de nobreza e ainda cause uma impressão marcadamente ordinária e com frequência duvidosa, em seus aspectos característicos se mantém alheio – e este traço é genuinamente olímpico – grosseiro e repugnante. Um espírito de amenidade e um sorriso superior o elevam deste mundo reconciliando-o com suas mais ousadas travessuras. Este sorriso livre nos faz compreender, prescindindo o aspecto moral, que ampliou este mundo e até que ponto não existe vida que não participe dele em seu momento, para necessitar seus favores. Cada vida se compõe de fortuna e de pirataria, este último elemento com mais valor do estimado, pelo qual está na mesma medida de Hermes deve ser seu deus. Tampouco o sublime falta ao seu reino. A vitória de todo ganhador da maneira que seja não está sob o signo da boa sorte e da graça do saque? Quanta astúcia e picardia têm no amor! Apesar disso, os amantes são sempre amáveis.

O favor de Hermes outorga graças às obras dos homens (veja *Odisseia* 15, 319), ele mesmo se junta muitas vezes com as Cárites, em Homero aparece com atraente formosura na flor da juventude (ver *Ilíada* 24, 347; *Odisseia* 10, 278; em Luciano, *Diálogos dos Deuses* (22) se esvanece muito seu aspecto). O efebo mais oposto desempenha o papel do deus que leva o carneiro na festa de Hermes em Tanagra (Pausanias 9, 22, 1). "Hermes, Cárites, Horas, Afrodite e Pothos" se invocam na benção da *Paz* de Aristófanes (456).

Hermes, o jovem, formoso, ágil e hábil, o amável e apaixonado, é também o cabal protetor de cerimônias e jogos em estádio, em festas que se distinguem por lutas corporais de rapazes e adolescentes. Tem exemplos na história que referem a seu filho Mírtilo, o cocheiro, que insinua em algumas ocasiões incluir maliciosas travessuras.

Finalmente reconhecemos o caráter do deus, transfigurado e elevado ao infinito por sua música, acompanhado do instrumento de cordas que havia inventado e deixa depois a Apolo, segundo se conta na obra homérica. No Helicón se viam imagens de Apolo e Hermes lutando por uma lira (Pausanias 9, 30, 1). Na Megalópole havia um santuário comum às Musas, Apolo e Hermes (Pausanias 8, 32, 2). Diz a lenda que Hermes ensinou o som da lira ao famoso músico Amfión (Pausanias 9, 5, 8) e no *Hino Homérico*, conforme já mencionamos anteriormente, se lhe atribui também a invenção de da flauta pastoril. É verdadeiramente um mestre em várias habilidades, condutor das manadas, amigo e galã das ninfas e Cárites, o espírito da noite, do repouso e dos sonhos. Nada expressa melhor e de modo tão ameno como o misteriosamente noturno, o mágico e o carinhoso Hermes com o doce som de sua flauta ou de suas cordas. Na mesma obra, diz Apolo sobre o instrumento recém-inventado por Hermes (448): "Realmente temos aqui um triplo benefício: a alegria, o amor e o doce sono!"

    Com a imagem divina desta natureza não tem sentido diferenciar entre qualidades antigas e novas e buscar um desenvolvimento que poderia relacioná-las. Apesar de sua multiplicidade, tem uma só imagem. Se algum traço se apresentou mais tarde que outros, foi sempre o mesmo conceito fundamental aquele que encontrou um novo selo. Seja qual for a imagem que se haja pretendido pensar sobre este deus em períodos arcaicos, seu esplendor desde sua profundidade deve ter alcançado o olho humano, de sorte que descobriu um mundo em deus e ao deus no mundo inteiro.

    Esta é a origem e conceito sobre a figura de Hermes que conheceu Homero e que em épocas posteriores se conservou.

A FILOSOFIA HERMÉTICA

A história do maravilhoso humano é a manifestação mais fecunda do poder criador do espírito. Surgem gerações no dobrar interminável dos tempos, sucedem-se impassivelmente os séculos, e o homem, numa ânsia perturbadora e exaustiva, aspira insaciavelmente os eflúvios capitosos do mistério da vida e da existência.

Essa aspiração que lhe toca é um rebate d'alma, que cinde-se e afirma-se nos hieráticos textos empolgantes das civilizações extintas.

A esfinge do deserto penetrando com o seu olhar tranquilo uma vastidão interminável assemelha-se a essa interrogação milenar do homem para o infinito

A civilização moderna, resultante próxima de um estádio humano, cujo valor e desdobrar teve os seus inícios no próprio início da alma-mater das gerações latinas, relegou o desenvolvimento da metafísica hermética apoiando na marcha ascensional do seu progresso no desenvolvimento material da civilização. Os *filhos de Marte,* que uma loba amamentara nas margens do Tibre, originaram a mais vasta organização social que um dia uniu as mais heterogêneas raças. Veio o apogeu da civilização romana e o declinar do colosso. E sobre as ruínas gigantescas disputas na ebriedade de cem combates, os restos desmembrados reviveram vitalizados pelo sangue novo dos bárbaros vitoriosos.

É um mundo novo que surge entre os incipientes. A meia-idade que irá, qual ovário fecundo, gestando até que Dacrosés trague o ódio virulento de Maomé II desenvolvendo na gigantesca luta de dez séculos (475-1453). É um ciclo que agoniza para viver o estribilho de Tertuliano *De morte, vita*, a afirmar-se na sua intente verdade. A Renascença, porém, matou e aniquilou as generosas concepções de arte medieval, surgindo daí um mundo greco-romano nas suas cristalizadas normas artísticas definindo-se ciclicamente pelas grandes fontes germinais, que refluíram dos grandes incendiários do pensamento, da palavra e da arte, que foram os geniais espíritos de Roger Bacon, de Erasmo, de Lutero, de Gutemberg. De Rafael, de Leonardo da Vinci e outros que definiram a luz da história da humanidade um ciclo novo e diferenciado da mentalidade das vetustas civilizações do oriente antigo. O esoterismo das velhas escolas iniciáticas só teve adeptos esparsos, que apareceram exoticamente a meio das multidões, como criaturas diabólicas.

Simão, *o Mago*, o hebreu gnóstico estrênuo competidor dos Apóstolos, de cuja historicidade, baseada em documentos autênticos da Igreja primitiva e nos escritos de Arnobio e de Justino, não é fácil duvidar; Apolônio de Tiana, pitagórico, bramanista eclético, contemporâneo de Cristo e todos os pseudotaumaturgos da antiguidade; Raimundo Lulio, espanhol alquimista, o iluminado, autor célebre da *Ars Magna* e um dos mais interessantes personagens do grande romance da alquimia; e Fausto, Nostradamus, Catarina de Medicis, Teofrasto Paracelso, Cornélio Agrippa, Arbatel, Kumrath, Conde St. Germain, a misteriosa vítima do Castelo de Santo Ângelo, o marechal de Rais, São Frei Gil de Santarém e dezenas de outros nomes, que acodem a mente numa dança macabra ao recordar a história do iluminismo mórbido sendo intensamente interessante para nós esta figura intensa de Gil Eanes de Valadares, que, vista através das Crônicas dominicanas, assume proporções gigantescas e que Fausto ignorado artista que Almeida Garret lhe quisera.

O tempo dos sonhadores passou. As gerações modernas embaladas ao som atrofiante e ávido e cingem ao espaço empírico duma retorta.

Mas os cultores dessa metafísica desintegrada por completo da ciência oficial como eles, de uma tradição oculta, ou impulsionados por uma intuição íntima e profunda, sublinham de traços sugestivos os axiomas modernos, antevendo os futuros e generalizando pela analogia uma síntese fecunda. Eliphas Levi, Stanislas de Guaita, o conde de Pouvourville, Gerard Encausse, afirmando uma continuidade de tradições herméticas, Prentice Mulford realizando no mentalismo a força fecunda das vibrações de pensamentos fazem reviver, como problemas perturbadores, a possibilidade das teorias metafísicas do hermetismo.

É o eterno problema do homem, da vida das virtualidades do psiquismo humano. Concebe-se facilmente a magnitude de tendências sem correlativo ontológico? O hermetismo egípcio, sucedâneo direto do transcendentalismo caldaico e hindu, a alquimia, o espagirismo, a Kabbala, as grandes aspirações obsedantes da meia-idade esotérica serão alguma coisa diferente de um vácuo esterilizante? O simbolismo, a astrologia, a clarividência terão algo dentro de uma realidade concreta?

Vejamos. É lícito estudar o problema à luz de um critério rígido prescindindo da possibilidade de não profligar um erro. *Honni soit qui mal e pense.* O âmbito dos conhecimentos humanos tão restrito ainda, a verdade é tão insondável abismo, que se justifica por vezes a perscrutação das formas esporádicas do passado científico da humanidade.

A geografia astronômica estaria hoje imensamente avançada em alguns pontos se tivesse descoberto e partido de recentes descobrimentos simbolizados na pirâmide de Kufru.

Talvez a metafísica esquecida e abandonada de velhos códices tenha a seiva revitalizadora de alguns postulados do espírito, do sentimento humano, fonte ignorada e fecunda, germinal de muitas verdades, que não se atingem um espírito por uma vã palavra ou uma filosofia demolidora de séculos.

Tentaremos, assim, estudar um dos aspectos daquele *Nosce te ipsum* o γνοθη σεαυτον que um filósofo esculpiu no *templo de Delfos* e a que o homem jamais logrou responder com o ευρηχα impulsivo de Arquimedes descobrindo a lei do peso específico dos corpos.

Pico della Mirandola (1463- 1494)

No *Corpus Hermeticum* vemos uma valiosíssima provocação no sentido de tentar recuperar a imagem original do homem: o Homem como ser mercurial, que se move de um mundo a outro, em termos herméticos, que vai desde a imagem do mundo até a fonte dessa imagem, que é o próprio Deus.

Giovanni Pico, Conde de Mirandola, foi um dos filósofos renascentistas que tomou consciência da gama completa de possibilidades inerentes ao novo corpo de fontes gregas que entraram em Florença e circularam no "grupo de intelectuais" que se movimentava ao redor da corte do sucessor de Cósimo, Lorenzo de Médici, que também se chamava Lorenzo o Magnífico. Pico acrescentou a essas fontes seu vasto conhecimento, ainda que talvez de forma muito eclética, da Kabbala Hebraica (os escritos teosóficos e gnósticos baseados na suposição de um conhecimento oculto dos livros do Antigo Testamento, revelado pela contemplação interior e na manipulação das letras hebraicas: o alfabeto de Deus), assim seu conhecimento das fontes arábicas de álgebra, medicina, astronomia, geometria e astrologia. Pico recebeu o sobrenome de "Fênix dos gênios" pela sua fantástica erudição sobre todos os temas da época. Era um homem de grande beleza, quase feminina, como revela seu retrato num afresco feito por Cósimo Roselli que se conserva até hoje na Igreja de Santo Ambrósio em Florença. Nesta pintura posa contemplando piedosamente e sonhadoramente a celebração da missa, com seus longos cabelos loiros e seus traços angelicais sob a luz do sol. Tinha somente 31 anos quando faleceu. Aos 24 anos de idade já havia composto 900 teses e, no ano de 1487, lançou um desafio a todo cavaleiro errante intelectual da Europa, para que assistissem a um debate público ante os florentinos na festa posterior a Epifania.

Imaginem! Novecentas teses nesta idade! Se um desafiador andava escasso de fundos, Pico se oferecia para pagar as suas despesas. Teria sido um acontecimento surpreendente, a reunião de todas as grandes mentes da Europa para que Pico pudesse levar-lhes numa viagem intelectual, desde a mais pura antiguidade até as portas do futuro, e ainda mais longe... Porém, o debate não chegou a consumar-se.

Várias das proposições chegaram aos ouvidos do Papa Inocêncio VIII e isso cheirava a heresia. Numa Bula fechada em 4 de agosto de 1487, elencaram 13 das 900 e as declararam heréticas. Pico não se arredou e escreveu uma "Apologia" na qual defendia as 13 teses com estilo severo e seco, um *tour de force* do velho estilo escolástico da argumentação. Dedicou a *Apologia* a seu mecenas e amigo Lorenzo de Médici, "um presente insignificante, mas que na medida do possível toma-o como prova de lealdade, melhor dizendo, uma prova de devoção". As teses culpáveis não eram de origem hermética, porém, nas afirmações, havia uma confiança que parecia pertencer a um mundo novo; um mundo que era perigoso, do ponto de vista da igreja católica. A proposição número cinco, por exemplo, provocou muitos eriçamentos de sobrancelhas. Afirma nela que nenhuma ciência poderia assegurar a divindade de Jesus Cristo melhor que a ciência mágica e Kabbalística. Pico complementa que, para o homem religioso, o importante da natureza dos milagres de Cristo não eram os próprios milagres, mas, sim, a maneira como foram realizados. Pico ficou assombrado quando se deteve com a frase atribuída a São João XIV. 12: "Em verdade, em verdade vos digo: aquele que crê em mim fará também as obras que eu faço, e fará ainda maiores do que estas, porque vou para junto do Pai".

Pico se perguntava o motivo pelo qual a humanidade tardara tanto em descobrir sua capacidade plena, toda sua dignidade. Dizia (entendia) que esse conhecimento era familiar na antiguidade, mas que de alguma maneira parecia haver se perdido. Apesar da melancolia que gera uma humanidade ignorante e uma igreja "demasiadamente humana", Pico está disposto a reunir as peças e anunciar um novo amanhecer. A substância desse novo amanhecer pode ser encontrada no Prefácio de suas 900 teses, que, depois de sua morte, foi muito apreciado com o nome de *Oratio*, e se conhece normalmente com o título de *Oração pela dignidade do Homem*.

A Dignidade do Homem

Muitas vezes temos ouvido esta frase. Em tempos modernos está relacionado com outro conceito, "os direitos do homem", assim como o mito de Prometeu, que roubou o fogo dos deuses para libertar a humanidade; quer dizer, o *tipo* revolucionário do século dezenove e do romântico byroniano. Pico tinha em mente algo muito menos mundano. A dignidade do homem consistia no conhecimento de suas origens espirituais; seu conhecimento do divino; sua liberdade para determinar por si mesmo se quer se tornar um bruto ou um deus. Em *Oratio* toma a frase de Hermes Trismegisto no diálogo com Asclépio (que pode encontrar-se numa tradução latina atribuída a Apuleyo de Madaura, anterior a chegada do *Pymander* grego), texto que no século XVI seria considerado como um programa hermético para nada menos que a regeneração do mundo.

O homem hermético não é um "verme de sessenta invernos", a pessoa triste e decadente que depende das graças transmitidas pela igreja, sem dúvida – numa concepção gnóstica do homem, semelhante ao *Anthrópos* de Valentinus, o Adam Kadmon dos Kabbalistas, o homem primogênito tal como era antes de sua queda na matéria, tal como seria se despertasse a sua verdadeira identidade; aquele que chega a saber se cumpriu o mandato gnóstico de conhecer-se a si mesmo. Imagino que será ao mesmo tempo interessante e útil examinar a *Oratio* de Pico, entre alguns extratos chaves e breves comentários, uma vez que o comentário exaustivo da obra nos levaria a vários volumes.

Pico della Mirandola começa sua oração de 500 anos com as seguintes palavras:

> *Li nos escritos árabes, reverendos padres, que quando perguntaram a Abdala, o Sarraceno, em que parte deste mundo, por assim dizer, se poderia considerar mais digna de maravilhar-se, e este contestou: "Nada existe de mais maravilhoso neste mundo como o homem". Hermes Trismegisto concorda com esta opinião na seguinte frase: "Oh Asclépio, o homem é um grande milagre".*

A citação pertence ao *Asclepius* latino; em essência é a mesma obra que aquela à qual pertence o grande fragmento encontrado, na versão copta, em Nag Hammadi em 1945. Não tenhamos dúvidas de que os evangelhos gnósticos e outras obras da literatura gnóstica se podem entender melhor se nos aproximarmos deles desde uma posição hermética. As diferenças expressadas de modo simples consistem em que, enquanto a obra hermética não necessita de uma figura redentora, pois a revelação somente se lhe garante ao Iniciado eleito, em virtude de seu próprio *nous*, os cristãos gnósticos viam a figura de Cristo oferecida para a redenção de todos aqueles que tinham "ouvidos para ouvir", reservando a uns poucos somente a gnose completa. Quer dizer que, em todos os termos da filosofia dos evangelhos de Nag Hammadi, não chegaremos demasiadamente longe se não pensarmos neles como essencialmente herméticos em vários graus, como a ausência de Hermes na edição de Cristo, ou melhor, do "Jesus vivo" da revelação gnóstica. O que Pico, e em menor grau Ficino, queria fazer era unir a revelação hermética com a de Cristo, Platão, Aristóteles, a Kabbala, pseudo Dionísio, Plotino e outros neoplatônicos, como Porfírio, Proclus e Jâmblico. Curiosamente essa tendência compendiadora é a que parece ter motivado também aqueles que reuniram os tratados "herméticos". Sabemos que os gnósticos carpocracianos do segundo século (os seguidores do antinomista Carpócrates) também desejavam reunir todas as mentes iluminadas do passado, pois, segundo conta Irineu (*Contra as heresias*), adornam com as guirlandas as imagens de Platão, Pitágoras e Jesus. Isso é indicativo da tendência gnóstica de tentar uma integração dentro de um grande sistema de todas as expressões inspiradas, com a esperança de que surja em todas elas um princípio unificador que conduza o homem à base de todo ser. Para Pico, o princípio unificador está na mesma existência do homem: "Uma dignidade viva de referência e honra". Hermes diz a *Asclepius*:

> *Porque se introduz na natureza de um deus como se ele mesmo fora um deus; tem familiaridade com o tipo-demônio, porque é da mesma origem; despreza essa parte da natureza que somente é humana, pois põe sua esperança na divindade da outra parte. Aí, que mescla privilegiada compondo a natureza do homem! Está unido aos deuses porque tem a divindade deles pertencendo-lhe; a parte de si mesmo que é da terra em si e a despreza; a todas as outras coisas as quais sabe unida em virtude do plano celeste, se une pelo vínculo do amor. Eleva sua vida até o céu. Tem, portanto, um privilegiado papel de intermediário, amando os seres que são inferiores. Toma a terra como sua, se misture com seus elementos na velocidade do pensamento, pela agudeza do espírito desça até as profundezas do mar. Tudo lhe é acessível; o céu não está demasiadamente alto para ele, pois o mede como se houvesse captado com seu gênio. Que visão lhe mostra o espírito, que nenhuma treva do ar pode escurecer; a terra nunca é tão densa como para impedir-lhe sua obra; a imensidão das profundezas do mar não turva sua visão até o fundo. Ao mesmo tempo em que ele é tudo, está em todas as partes.*

Cinco anos depois de Pico dela Mirandola citar essa passagem, começava aparecer uma profecia, pois, em 1492, Colombo zarparia para o oeste para descobrir o leste.

Depois de anunciar o texto seguia sua oração, prossegue o insigne kabbalista:

Ao final me parece que chegou a entender porque o homem é a mais afortunada de todas as criaturas, e, em consequência, digno de toda admiração, pois esta é sua categoria na cadeia universal do ser; categoria que é invejada (ambicionada) não somente pelos animais, como também as estrelas e as mentes que existem além deste mundo.

Vemos aqui essa "cadeia universal do ser", tão familiar aos neoplatônicos e tão de acordo com a imaginação hermética.

O melhor dos artesãos se dirigia assim ao homem: a natureza de todos os outros seres está limitada e reduzida dentro dos limites das leis que prescrevemos. Tu, que não estas contido por limites, de acordo com tua própria vontade, que colocamos em tuas mãos, ordenarás por ti mesmo os limites da natureza. Tu terás a capacidade de degenerar em formas inferiores de vida, que estão embrutecidas. Tu terás o poder, saído exclusivamente do juízo de tua alma, de renascer nas formas superiores, que são divinas. Qualquer semente que o homem cultive chegará à maturidade e dará frutos. Se for vegetativo, será como uma planta. Se for dos sentidos se embrutecerá. Se for racional se converterá em um ser celestial. Se fores intelectual (do *nous*), será um anjo e filho de Deus. Porém, que seja feliz, com a sorte de nenhuma outra coisa criada, se retira ao centro de sua própria unidade, seu espírito, feito uno com Deus, no solitário obscurantismo de Deus, que está posto acima de todas as coisas, superarás todas as limitações...

Estamos chegando ao cerne do assunto:

Exaltados na altura suprema, mediremos todas as coisas que foram, são e serão para a eternidade indivisível; e, admirando sua beleza original, plena do poder divino, já não seremos nós mesmos, mas que nos converteremos Naquele que nos criou.

É uma notável declaração do potencial do homem; verdadeiramente surpreendente. Podemos dizer que, com essa frase, o homem – ou pelo menos Pico – "recuperou" seu sentido de dignidade perdida; elevou-se acima do pecado para converter-se num co-criador, no agente ativo primário de um universo vivo. Não somente é "todo mental", senão que entendeu, totalmente, que tudo está na mente. O homem pode escolher se peca ou não, ou se busca mais alto. O que dá para entender é que Pico, com isso, quer dizer que o pecado original pode ser superado. Para uma pessoa que vivia na Itália, em pleno século XV, isso equivalia dizer hoje que provavelmente se decidimos ser guiados por uma ambição sagrada, ascender às esferas da divindade, deixará de existir a ameaça da aniquilação nuclear. Desaparece tudo num segundo. O homem pode plantar-se agora com os pés no chão e a cabeça nas estrelas.

> *Pois isto é o que acontece a si mesmo e em si mesmo conhecendo todas as coisas, tal como escreveu Zoroastro. Quando finalmente formos iluminados neste conhecimento bendito, nos dirigiremos ao verdadeiro Apolo em condição de intimidade... E, recuperada a "saúde", Gabriel, "a força de Deus", habitará em nós, conduzindo-nos através dos milagres da natureza e ensinando-nos em todos os méritos e no poder de Deus.*

O homem pode entrar agora na fibra na natureza, pois chegou a conhecer a natureza divina, que se lhe revela ao mesmo tempo como presente na natureza e "atrás" ou "acima" dela. Como disse Jesus no *Evangelho de Tomás*: "O reino se estende sobre a terra, mas os homens não o veem". Isso é um incentivo para o cientista naturalista e o alquimista que desde muito tempo pensaram nesta linha. O homem não é somente um cooperador de Deus, mas, sim, um operador da Divina Criação. Porém somente recuperará estes poderes quando "recuperar a saúde". Pico deixa claro que isto está ao alcance da natureza humana.

Alguém perguntou por qual modo em que sucederá tais coisas, e Pico respondeu: "lhes oferecemos uma introdução ao método. A primeira porta é a da ciência dos números, que ele diz que apesar de parecer nova é antiguíssima e já foi estuda e observada pelos primeiros teólogos e os platônicos, mas, na era presente, entre muitas coisas ilustres, desapareceu pelo descuido da posteridade, neste sentido, só se pode encontrar rastros dela". Pico cita uma autoridade antiga que diz que "conhece todas as coisas quem sabe contar". Os números vão abrir todo o universo, e nele o processo do homem para conhecer seu criador e logicamente conhecerá a si mesmo.

O seguinte método que propõe é a *Mageia* ou magia, mas pondo em destaque que não se deve confundir com "aquela" "a qual depende totalmente da obra e autoridade dos demônios, coisa que nos aborrece, assim que Deus me ajude a falar a verdade, coisa monstruosa". Informa-nos que os gregos neste método davam o nome de *goetia*, e nada tem a ver com a "perfeita e altíssima sabedoria" da *Mageia*. Essa magia prestará um grande serviço àquele que queira tomar seu caminho no processo criativo; vai dar ao homem um poder sobre o funcionamento interior da natureza, concedendo-lhe a percepção e a faculdade invisível de subverter os poderes caóticos e destrutivos, e "abundando nos mistérios mais elevados, abarcará a contemplação mais profunda das coisas secretas, e finalmente o conhecimento de toda a natureza". O mago tem que encontrar a natureza essencial, o princípio de uma coisa, sua "ideia" viva, mediante uma poderosa simpatia imaginativa com esta coisa, transformando sua conduta; entretanto, o mago alcança também a iluminação da mente divina, que pela contemplação da natureza se reflete em si mesmo. Isso quer dizer que é exatamente difícil de entender, mas que não se pode negar a força imaginativa do programa de Pico: "A *Mageia*, ao trazer à luz os lugares ocultos, resgata os poderes espargidos e disseminados no mundo pelo amor da amabilidade de Deus, não faz tantas maravilhas como servir a uma natureza de maravilhoso funcionamento".

Dentro da concepção mágica do universo, dentro de todas as coisas, está a essência de um poder universal, um poder vivo ao qual frequentemente se lhe denomina "espírito" num sentido estoico. Quer dizer, o espírito é visto como substancial, talvez como uma substância mais refinada, porém, no fim de tudo, substância. Segundo a teoria, a matéria não pode penetrar no espírito, mas, sim, o espírito pode penetrar na matéria. O espírito é o meio que Hermes dispõe, como mensageiro alado; o mago hermético tem algo "com o qual pode trabalhar". E qual é este trabalho? Pico explica de maneira sucinta:

> *Assim como um agricultor casa seus olmos (Árvore da família das ulmáceas Ulmus campestris, própria da Europa e ausente dos trópicos, que tem folhas simples e dísticas, exíguas flores, monoclamídeas, fruto drupáceo, e cuja madeira tem importância local.) com as videiras, assim o mago casa a terra com o céu,*

casa as coisas inferiores com a dotação e o poder das coisas superiores.

O mago se entrega na elevação desde a terra (a matéria) até o céu (o espírito). O método, ou o segredo do funcionamento, está dentro da gnose ou do conhecimento do homem como é e como pode chegar a ser: sabe que tem acesso ao mundo divino. Num processo de contemplação ou alquimia, eleva-se mediante uma imaginação de princípios ascendentes até que se sinta pleno de "luz". Em tal condição, o *mago* se põe a trabalhar. Este trabalho pode ser artístico, convertendo a pintura em visão, a pedra em forma; mecânico, convertendo a madeira e o metal em maquinaria; religioso, convertendo a amargura e os maus pensamentos em irmandade e amor; traçados de paisagens, construção, canto, viagens, amor, cozinha, escritos... as possibilidades são intermináveis. O mundo pode transformar-se numa mente sagrada. Como diz "Jesus" no valentiniano *Evangelho de Felipe*: Vim fazer (as coisas de baixo) como as coisas (de cima, e as coisas) de fora como aquelas (de dentro, vim para uni-las) neste lugar. Todo o universo espera a transformação, e o homem, o grande milagre, é aquele que tem que fazer este trabalho, pois a expectação da criação escreveu São Paulo, espera a revelação dos filhos de Deus. Não esperes mais, diz Pico, estamos aqui!

Perguntamos então: como os homens têm ignorado até o momento esse conhecimento tão dinâmico? Pico dá uma pista; "Pensando na origem, o teólogo do século III afirma que Jesus Cristo, o mestre da vida, fez muitas revelações que não se converteram em lugares comuns para o povão". Isso é confirmado por Dionísio, o Areopagita, quando diz que: "os mistérios ocultos foram transmitidos pelos fundadores da religião de lábios a ouvidos, sem escrevê-los, isto é, por meio da língua falada".

Dentro daquilo que pode ser até o momento, um debate que nunca chegou a celebrar-se, Pico fala do final da aventura:

Ascenderemos com os pés alados, como mercúrios terrenos. Abraçaremos nossa bendita mãe e a gozaremos da tão esperada paz, a paz mais sagrada, vínculo indivisível, de acordo com uma amizade, através da qual todas as almas racionais não somente se colocarão em harmonia da mente, que está acima de todas as mentes, como também, de um modo inefável, se fazendo numa só alma. Esta é a amizade que os pitagóricos dizem ser o motivo de toda filosofia. Esta é a paz que Deus cria em seus céus, que os anjos descem até a terra proclamando aos homens de boa vontade, através da qual os homens podem ascender até o céu e converterem-se em anjos. Desejamos essa paz para nossos amigos em nosso século.

Isto foi escrito há 500 anos... e seguimos tentando na mesma tônica. Tal como disse Hermes a Tat, no *Libellus XIII* do *Corpus Hermeticum*, talvez precisemos mesmo de olhos novos:

HERMES: inclusive assim é meu filho, quando um homem volta a nascer; já num corpo de três dimensões é o que ele percebe, senão o incorpóreo.

TAT: Pai, agora que vejo a mente (*nous*), vejo que sou tudo. Sou no céu e na terra, na água e no ar; sou nos animais e nas plantas; sou um feto no útero, e um que, todavia, não há sido concebido, e um que não nasceu; estou presente em todas as partes.

HERMES: Agora, meu filho já sabe o que é reencarnação.

E nós, sabemos?

UM SÍMBOLO, MUITAS PALAVRAS

Temos visto que o mago do século XVI buscava um conhecimento (*scientia*) por meio da gnose, ou melhor, a filosofia na qual repousava esta sociedade. A brilhante obra *Giordano Bruno e a Tradição Hermética*, de Dame Frances Amelia Yates (1899-1981), fez muitos historiadores pensarem que o avanço ali demonstrado contribuiu para o desenvolvimento da ciência moderna, pois estimulou determinadas mentes inquisitivas a explorar com a promessa não somente de uma iluminação, mas também de poder. É difícil ver que o hermetismo pudesse seguir na direção de um método científico. Não obstante, nas ciências do século XVI, não se dava esta distinção que empregamos atualmente entre a imaginação e a racionalidade objetiva, quer dizer, a estrutura material das coisas. O mago desejava penetrar no "espírito" ou ideia de uma coisa natural. Tinha que penetrar na aparência da natureza, por meio de uma simpatia imaginativa. Não se interessava tanto por isolar a estrutura racional como por integrar, o homem com a natureza, os anjos com a inteligência, numa única totalidade harmoniosa sobre a qual pudesse ter pleno domínio. Imagino que o mago "sintonizava" com essa possibilidade, graças à sua capacidade imaginativa e visionária de sua natureza, e, por ampla extensão da matéria, com o espírito acoplado a um corpo divino e em constante movimento. Podemos constatar esta confusão na ideia da estrutura material na obra mais hermética de John Dee (1527-1609), *Monas Hieroglyphica* ("A Mônada Hieroglífica"), um hieróglifo, publicado pela primeira vez em Amberes, no ano de 1564. Dee acreditava ter encontrado com "hieróglifo", um "símbolo" oculto que continha em sua forma o mesmo princípio unificador da realidade, isto é, uma espécie de *microchip* que contivesse os princípios mais elementares do universo. Poderia contemplar-se e fixar-se na memória como um arquétipo aplicável a todos os estudos. Mas o que é isso? Se podemos imaginar um grande oceano de *matéria prima,* a qual neste contexto poderíamos chamar "espírito", um mundo puro, informe, sem direção, homogêneo, que não move nada e nem é movido, e desta maneira poderíamos ver a partir desta condição os princípios do universo. Assim, uma "mão" introduzira a *Monas Hieroglyphica* neste oceano de potencialidades, a matéria prima começaria imediatamente a formar-se no universo que imaginamos conhecer. Dee acreditava ter encontrado a estrutura das estruturas e a ideia das ideias. No *Theorem XVIII*, John Dee escreve:

> *Antes de levantarmos nossa vista ao céu, kabbalisticamente iluminado pela contemplação desses mistérios, deveríamos perceber com exatidão a construção de nossa mônada, tal como se nos manifesta não só na Luz, como também na vida e na natureza, pois com seu movimento interior revela explicitamente os mistérios mais secretos dessa análise física. Aquele que se dedica sinceramente a estes mistérios verá com clareza que nada pode existir sem a virtude de nossa mônada hieroglífica. A mônada. O Uno.*

Dee encontrou o princípio do universo. Acreditou ter cumprido a promessa do desafio neoplatônico e gnóstico. Havia regressado ao uno! Disso se tratava, da dignidade do homem na divindade do mundo. Num exemplar de John Dee que foi traduzido por Ficino do *Corpus Hermeticum*, faz escassas anotações do texto. Talvez pensou que não havia nada que pudesse acrescentar. As raras notas que inseriu nessa tradução aparece com uma força especial a frase *mundos imago dei*: o mundo é a imagem de Deus. Dee estava convencido de ter penetrado na alma do mundo e ali encontrado sua unidade essencial, a ideia platônica do mundo. O que mais poderia conseguir a mente divinamente iluminada em cooperação com Deus, agora que a mônada havia ficado desvelada? No *Theorem XX*, Dee afirma:

> *Ó onipotente e divina essência, nós os mortais nos vemos obrigados a confessar a grande sabedoria dos mistérios inefáveis que residem nesta lei que fizeste. Por meio de todos esses pontos e todas estas letras, se podem demonstrar e explicar finalmente os segredos mais sublimes, os mistérios dos arcanos terrestres, assim como as revelações múltiplas deste ponto único colocado agora sob a luz para que eu possa examinar.*

Adverte-se a frase hermética: "*o mundo é a imagem de Deus*", e nela encontramos duas possiblidades. Em primeiro lugar, o "panteísmo" da poesia romântica na filosofia alemã do século XVIII, expressada como "Deus é a imagem do mundo"; em segundo lugar, o conceito gnóstico mais familiar, em que "Deus é a imagem do mundo". Quer dizer, formamos a Deus nossa própria imagem. Para o gnóstico, este é o erro e o máximo engano. Um gnóstico valentiniano escreve sobre esse erro no *Evangelho de Felipe*, encontrado em *Nag Hammadi*: *"o homem faz deuses e venera sua criação. Seria melhor que os deuses venerassem os seres humanos"*. Para o gnóstico clássico, buscar em Deus a imagem do mundo somente dará como resultado a formação ou o descobrimento de um demiurgo, um falso deus. Certa intuição desse conceito é a causa de que o mago do século XVI sente a necessidade de penetrar na esfera "elemental" para obter uma iluminação do supra celeste. Isso também intuíram aqueles que identificavam a filosofia hermética com a magia negra e a nigromancia. Meric Casaubon, filho de quem desfez o mito de Trismegistos, publicou os diários espirituais de Dee em 1659 como apoio de sua crença na existência de demônios. Causabon afirma que os "anjos" que Dee invocava não eram tão importantes como pareciam. Procediam da corrupção de antigos textos mágicos e da liturgia angélica numa mente enferma do lascivo escrivão de Dee, Edward Kelley.

Porém, acredito que tal questão tem um aspecto sério. O hermetismo o expressa como uma advertência histórica àqueles que tratam de alcançar um domínio sobre a natureza. Nesta época vem muito a calhar. O mago adverte que quem investiga a natureza não deve se obcecar com a mesma, mas, sim, que penetre neste mundo para obter a gnose mais espiritual que dê forma e entendimento da obra. As *formas* eternas se "refletem", porém não existem no mundo elemental. Quer dizer, um mago se inquietaria com a moderna dependência científica a respeito da lei e das fórmulas. Quanto mais se penetra na matéria buscando as formas, e considerando as ideias como estruturas elementais, mais materialistas se tornam os conceitos. O terrível resultado disso é que o agente humano começará a funcionar como uma figura demiúrgica ou arcôntica, como uma arca, cegamente entregue à tarefa de dominar a matéria. Seguramente essa ideia nos recorda o conceito do "cientista louco" e seu medo da ciência, que os positivistas do século XIX atribuíam à superstição, por causa das preces (rogo) fervorosas de Dee antes de iniciar qualquer tarefa hermética.

Plotino e toda tradição platônica afirmam que a matéria é infinita, porque não está limitada por nenhuma forma. Frente ao conceito aristotélico que situa as formas eternas "dentro" do mundo, por assim dizer, o platônico não permite que se pense tal coisa. A inteligibilidade e a matéria não podem existir no mesmo "espaço". Seguindo este pensamento até sua possível conclusão, o cientista que acredita estar chegando à "realidade" descobrindo leis, proporções e fórmulas no mundo material, está equivocado por haver-se escravizado (submetido) a essas leis; sua vida já está determinada e já perdeu a liberdade. A física subatômica, desde a afirmação de Heisenberg sobre o "princípio de incertezas", parece aproximar-se muito a essa compreensão desse conceito antigo; não "se pode chegar ao fundo" da matéria. Os físicos de hoje olham para frente, para uma possibilidade infinita de formulações dos fenômenos da natureza, com resultados pouco criativos. Assim também é o hermetista "hoje em dia" refletindo sobre o tema da matéria.

Giordano Bruno (1548-1600)

Este conceito de uma série interminável de projeções de fórmulas relativamente válidas, expressadas como configurações matemáticas, tem um descendente nas teorias cosmológicas de Giordano Bruno de Nola, que viveu próximo ao Vesúvio, na Província de Napoli, Itália. Foi um visionário que contribuiu de forma revolucionária para a ciência de sua época, sobretudo, em seu extraordinário conceito do universo infinito. Bruno foi cem por cento um hermetista; seus conceitos eram primordialmente religiosos, e não analíticos, no sentido que damos à palavra. Para "o *nolense*", como gostava de ser chamado, a mente de Deus se expressa no cosmos, podendo até mesmo chegar a ela mediante diagramas matemáticos e geométricos. Acrescentaria que se expressa continuamente, e para Bruno o universo era algo vivo e por várias razões tinha convicção de que o universo também era infinito. Em primeiro lugar, o que a eternidade era para Deus, a infinitude da matéria. O infinito era a única expressão possível da eternidade; quer dizer, para ele o ser que não está condicionado em absoluto no tempo. Além disso, a matéria não pode estar limitada porque não é forma; as formas são ideias que são a fonte das formas materiais, existem no mundo inteligível. Dorothea Singer, em seu excelente livro *Giordano Bruno*, Ed. Longanesi, 1957. Rilegato, Italy, diz:

O universo infinito que concebeu Bruno era considerado por ele, inevitavelmente, como nós chamaríamos de uma síntese da relatividade infinita. Todas as coisas, todos os pensamentos e almas individuais tem para ele seu valor individual e absoluto, mas cada um somente pode ser apreciado em relação com os demais, e o valor absoluto de cada um fica fundido em sua relação com a totalidade infinita.

Bruno escreveu em *De la Causa, Principio et Uno*:

Estes filósofos (Pitágoras e Salomão) encontraram a sua amiga na sabedoria quando descobriram esta unidade. Pois sabedoria, verdade e unidade são a mesma coisa. Deus é a essência pela qual tudo tem seu ser. O acesso a este conhecimento se vê todavia em termos gnósticos: "Aquele que encontrar esta unidade descobrirá a chave indispensável para a verdadeira contemplação da natureza... assim entendereis que tudo está em tudo, mas que não tudo está totalmente e em todos os modos dentro de tudo.

O ser primordial é a unidade, e a unidade é o universo. Isso não significa que tudo seja Deus, senão que existem várias aparências relativas dentro do ser divino: "Assim, tudo aquilo que faz a diversidade dos tipos, espécies, diferenças e propriedades, tudo que depende da geração, corrupção, alteração e mudança não existe em si e sim que é uma condição e circunstância do ser ou da existência, que é uno, infinito, imóvel, sujeito, matéria, alma, vida, verdade e bem". A visão de Bruno resulta verdadeira e surpreendentemente de um universo infinito, invadido por um espírito eterno.

Giordano Bruno foi um dos primeiros eruditos que publicamente defendeu e promulgou o universo "novo" de Copérnico; e, sobretudo, foi, por essa causa, considerado, durante muito tempo, um "mártir da ciência moderna". O que interessava a Bruno do conceito não era tanto que fora cientificamente certo como resultara religiosa e simbolicamente verdadeiro. Em sua obra *Revoluciones de las orbes celestes*, publicada em 1543, Copérnico havia desejado a ideia ptolomaica de um universo que tivesse como centro a terra. Copérnico situa o sol no centro de sistema solar. Essa proposição foi considerada anátema pela igreja católica. Na página impressa da primeira edição desse livro, sob um desenho do novo sistema, Copérnico cita deliberadamente a Hermes Trismegisto, que havia afirmado que "o sol é o deus visível". Esse conceito de Deus, em sua unidade dinâmica iluminando a vida, expressado como um objetivo vivo relativamente estável fascinou Bruno; e no simbolismo solar derivado dele seria o símbolo da unidade cósmica na arte da ciência hermética durante muito tempo. Bruno acreditava que o sol simbolizava o princípio vivo que anima o universo e que um misticismo, ou melhor, um gnosticismo, construído ao redor desta imagem daria a humanidade um enorme poder: "Se a qualidade perceptível corpórea aos nossos sentidos está dotada de um poder ativo infinito, qual será então a totalidade absoluta do poder ativo e passivo inerente a totalidade das coisas?". Assim escrevia Bruno em livro *Sobre o universo infinito e os mundos*.

Bruno acreditou que essa gnose existia na antiguidade egípcia, e que seu criador fora Hermes Trismegisto. Toma o lamento de *Asclépio* por um mundo, ou melhor, pelo Egito e seus templos, que haviam sido destruídos, e cujos povos foram ridicularizados, por acreditarem numa "visão multiforme de Deus". Entendia que não é uma profecia do cristianismo tal como entendiam os herméticos cristãos, mas, sim, uma verdadeira lamentação pela cultura perdida de pureza e conhecimento perfeitos, que ele, Giordano Bruno, pensou em recuperar. No hermetismo egípcio, a "religião do mundo", foi a mensagem que Bruno levaria com ele pela Europa, sem desanimar-se ante as contínuas respostas que ela provocava. Parece-nos que as feridas mais profundas causadas em Bruno foi recordar o sarcasmo ao ser recebido pelos "gramáticos e pedantes", como ele os chamou, da universidade de Oxford no ano de 1584.

Talvez hoje em dia não houvesse muita diferença. A experiência gnóstica de Bruno era excessiva para os estudiosos da época. O universo infinito e animado de Bruno não somente colocava ao sol no centro de nosso sistema solar, como também, ao eliminar a centralidade do nosso planeta, sugeria a existência de inumeráveis e incontáveis sois e sistemas solares, aproximando-se, assim, com audácia, a um conceito de relatividade. Considerava que o movimento dos planetas e dos corpos celestes era uma ilusão produzida pelos sentidos; quer dizer, vemos desde "aqui" e pensamos que estamos olhando "ali" numa relação fixa; mas, na realidade, estamos também em movimento, e, portanto, para Bruno, é absolutamente impossível estabelecer uma lei fixa do movimento universal a partir de um ponto fixo. Este é um universo vivo. As relações de distância são relativas; o tempo é uma imagem da eternidade, não um absoluto dentro do contexto do universo infinito; nesse sentido, lembramos o sábio Santo Agostinho, opondo-se à concepção circular do tempo cósmico, que subjetivaria entregando ao Ocidente latino suas meditações existenciais sobre o tempo, como experiência de duração da consciência. Como o sentimento atual de uma tensão ou distensão anímica, entre a memória daquilo que foi e a espera do que, todavia, não é aquilo que proclama a indigência da alma distendida, na qual irrompe por nostalgia a presença escondida no eterno, daquilo que sempre é, mas como uma escatologia antecipada, que se concretizou em *kairós* ou tempo oportuno e providente em Jesus o Cristo.

Bruno tomou o dualismo gnóstico, matéria e espírito, Deus e o mundo, a luz e a escuridão, que o fez utilizar (empregar-se) neste mundo novo imperceptível aos sentidos. Contemplando o Uno infinito que está detrás de todos os fenômenos, reconhecemos, de acordo com Bruno, que:

> *Incluso nos dois extremos da escala da natureza, contemplamos dois princípios que é uno; dos contrários que são harmoniosos e são o mesmo. Portanto, a luz é profundidade, o abismo é luz que não havia sido visitada, a escuridão é brilho, o grande é pequeno, o confuso é claro, a disputa é amistosa, o dividido está unido, o átomo é imensidão... aqui estão os signos e provas pelas quais vemos que os contrários verdadeiramente concorrem; têm uma mesma origem e são, em verdade e substância, o mesmo. Isto é o que tem sido visto matematicamente, é aceito fisicamente... Aqui, como uma semente, estão contidas e pregadas nas múltiplas conclusões da ciência natural; aqui está o mosaico, a disposição e a ordem das ciências especulativas.*[2]

---

2 - As oposições dualistas entre o ser e o tempo, quando avança a história do Ocidente, do tempo e do espaço do racionalismo, concluíram com a liquidação da entidade do temporal na tentativa kantiana de explicá-lo, como a condição de possibilidade dos juízos sintéticos *a priori* e da aritmética que arrematará a aniquilação de seu sentido mítico e existencial. Mais tarde, as reações a essas considerações serão discutidas por H. Bergson, um dos paladinos do pensamento Ocidental.

O universo não é realmente um lugar trágico. Somente o parece ser, pela simples razão de que não somos capazes de ver tudo em movimento. "É bom" insiste Bruno, que exista este mundo; também existe, portanto, uma infinidade de outros mundos, pois somente o universo infinito pode compreender toda a perfeição. Todas as coisas acabam aparecendo em seu lugar apropriado:

Assim, em nossa terra, a partícula de fogo trata de escapar e ascender até o sol, levando sempre com ela algumas partículas de terra e água, com as quais está conjuntada; e estas, pelo impulso natural, desejam retornar ao seu próprio lugar.

Todas as coisas se movem e mudam, todas as coisas vão e voltam, tudo é relativo no universo divino e infinito. Toda tristeza (amargura) é momentânea, todos os princípios que podem unir se unirão. Todo ponto invisível ou centro do universo é um Pleroma infinito – como um fragmento de uma imagem holográfica – que se projeta e recebe o ser, um número infinito de pontos de plenitude. Elevam-se desde o grau inferior da natureza até o grau supremo, desde o universo físico conhecido pelos filósofos até a altura do arquétipo no qual acreditam os teólogos... Até que alcançamos uma substância original e universal, idêntica pela totalidade, que é o ser, o fundamento de todos os tipos e formas.

Uma fórmula científica somente pode ser uma aproximação a uma forma eterna. Sem dúvida, o que importa para Bruno não é a "análise" ou decomposição do universo e a experiência do uno: na realidade, a gnose.

A ciência dualista seguirá abordando o universo como se as fórmulas e leis da matéria fossem identificáveis com a inteligibilidade; Einstein dizia que isso era uma "teoria de campo unificada", que daria à humanidade um conhecimento absoluto da lei natural. Quando Einstein disse que *"Deus não joga dados"*, o gnóstico contesta: *"Nunca se sabe"* e se o fizesse, porque não jogarmos dados com ele? Deste ponto de vista hermético, o "conhecimento", somente se obtém pela análise da matéria, isto é, somente poderá ser uma "cópia" ou aproximação da totalidade; em termos puramente gnósticos o conhecimento do "todo" é fatal: o homem se descobrirá a si mesmo vivendo sob a tirania de suas próprias abstrações.

A doutrina de que toda coisa viva é o centro do universo nunca será aceitável para a doutrina cristã ortodoxa, porque essencialmente essa doutrina sustenta que, como o mundo caiu, o mundo está enfermo e a humanidade está também demasiadamente enferma para encontrar Deus pelo seu próprio esforço. O gnóstico responde a isso dizendo que um salto na consciência permitirá superar a sensação de conflito do universo. Cristo é verdadeiramente o curador, e como poderia sê-lo se nada e ninguém se cura? O ortodoxo replica que o universo não chegou, todavia, a esta fase: ainda não podemos ver o novo céu e a nova terra. O gnóstico diz: "Eu visto este mundo e a ele pertenço". O ortodoxo diz: "Então está fora da igreja, pois somos uma igreja de pecadores", "nada é correto, ninguém é", diz o salmo: "se pensas que superou a natureza humana que é por definição pecadora, estás enganando a ti mesmo. Nenhum conhecimento ou gnose poderá nos salvar de nossa natureza. O gnóstico condena a si mesmo por suas pressuposições".

No ano de 1600, em Roma, Giordano Bruno foi queimado vivo por ser um "herege impenitente".

A ORIGEM DO HERMETISMO

Naquilo que se diz respeito ao esoterismo cristão, a parte das contendas que se opunham ferozmente os proto-ortodoxos e, mais tarde, os ortodoxos aos hereges, a verdade é que a evolução cristã no Império Romano e o estabelecimento do cristianismo como religião única do Estado criaram um novo sentido para algumas das tradições do mundo antigo. Dentre elas, podemos citar as que vieram a ser veiculadas por textos de influência instável, mas que alguns deles, após algum tempo de apogeu, entraram em declínio para serem somente resgatados no final da Idade Média, como sucedeu com os *Oráculos Sibilinos*, ou com os documentos que viriam substituir o chamado *Corpus Hermeticum*. Para além desses, poderíamos também citar, entre muitos outros de menor relevância, O *Discurso sobre a Ogdóada* e a *Enéada* ou ainda os *Oráculos Caldaicos*, de origens diversificadas, sem esquecer de certas correntes do esoterismo cristão que pela sua força e grande difusão geográfica e ideológica merecem um olhar mais atento: o Maniqueísmo, as comunidades Sabeias e, de certa medida, o Priscilianismo.

Dentro deste contexto, podemos afirmar que todos esses grupos e tendências, sejam eles cristãos ou não, constituíam uma constante provocação ao cristianismo proto-ortodoxo e finalmente ortodoxo a partir do séc. IV d.C., com a Igreja bem estabelecida em Roma e considerando-se definitivamente única e "universal", ou católica. As religiões pagãs, que continuavam a ter interessados, apesar do interdito imperial, persistiam sobretudo na região mediterrânea, ao passo que o Maniqueísmo e o Zoroastrismo representavam em sério desafio no Médio Oriente, sem falar no Priscilianismo que, durante pelo menos dois séculos, manteve-se fortemente implantado na Península Ibérica. Todos esses grupos, alheios no todo ou em parte ao Cristianismo estatal de Roma, transmitiam práticas e motivos esotéricos igualmente reproduzidos por meio do Judaísmo e das comunidades gnósticas, que asseguravam a continuidade desse tipo de pensamento místico-filosófico. A partir do séc. VII d.C., o Islã, florescendo em múltiplas e diversas escolas, adotou muitos dos motivos herméticos e esotéricos integrando e transmitindo-os, por sua vez em novos contextos, adaptando e enriquecendo de forma marcante o pensamento europeu medieval.

Uma das correntes mais antigas e persistente que emergiu durante o período helenístico foi o chamado *hermetismo*, uma confluência das antigas tradições egípcias com a religião e a mitologia gregas. Tornou-se, de certo modo, natural associar o deus egípcio Thoth ao deus grego Hermes, por força da similitude de funções tradicionalmente atribuídas a ambos; tanto Thoth quanto Hermes, cada qual em sua cultura, eram deuses da escrita, comunicação e da Magia. O deus grego da ocultação de segredos da revelação da chave hermenêutica que os decifra, ao ser combinado com o deus egípcio da sabedoria, mediador dos deuses e inventor das artes e ciências, da escrita e dos hieróglifos, tornou-se no Thoth-Hermes patrono da Magia, da Astrologia e da Alquimia. Além disso, ambos eram deuses *psicopompos*, ou seja, conduziam as almas, após a morte, até aos domínios do além. O próprio local onde se presumia que Thoth habitasse, Khemennu, e que também era o centro do seu culto, passou a chamar-se Hermópolis (Cidade de Hermes) no Egito helenístico. A partir dos sécs. III-II a.C., segundo certos autores, Thoth-Hermes começou a ser conhecido como Hermes Trismegisto, ou Hermes-Três-Vezes-Grande, o deus que revela as tradições mágicas e ocultas aos sacerdotes iniciados.

Neste ponto, tanto os esoterólogos quanto os historiadores profanos têm uma tendência para estabelecer uma distinção entre dois tipos de textos, agrupados, respectivamente, sob o título de *Hermética* e de *Corpus Hermeticum*. Os *Hermética* são integrados por uma literatura heterodoxa e relativamente antiga, pelo menos desde o período Ptolomaico (sécs. III-I a.C.), na qual o deus Hermes desempenha um papel proeminente e onde transmite os seus ensinamentos e instruções com os conhecimentos do Egito helenístico sobre Filosofia natural, Alquimia, Astrologia, Magia, etc. Parte dessa literatura encontra-se inscrita nas colunas e paredes dos santuários e dos templos egípcios, ou de outra forma, redigida em manuais de Astrologia médica e em coleções de textos com dados astronômicos para confeccionar amuletos e remédios com o fim de evitar as influências cósmicas maléficas. Alguns desses textos ainda acusam remotas reminiscências babilônicas, como o tratado *Salmeschiniaka* citado por Jâmblico e Porfírio. Clemente de Alexandria dá-nos testemunho dessa extensa literatura presumidamente composta por Hermes, afirmando que ele foi autor de quarenta e dois livros absolutamente indispensáveis, e que os sacerdotes deveriam conhecê-los de cor de modo a serem sempre capazes de citá-los.

Os escritos agrupados na coleção que veio a ser designada por *Corpus Hermeticum*, compostos entre os sécs. II e III d.C., já incluem nos seus motivos esotéricos elementos neoplatônicos, cujo material variado, quase sempre sob a forma dialogada, abrange um diversificado leque de temas, que vão desde profecias egípcias e hinos aos deuses até as artes ocultas, Alquimia, Magia, Astrologia, etc., e respectiva crença nas correspondências de "simpatia mágica" entre o Macrocosmo e o Microcosmo. Todos esses textos denotam uma forte influência filosófica grega, em particular do estoicismo e do platonismo tardio. Aliás, desde o período Ptolomaico, o seu presumível autor já vinha sendo designado como Hermes Trismegisto ou Hermes-Três-Vezes-Grande, como dissemos anteriormente, o que já vem dos sécs. III-II a.C. e é originária de Mênfis (Egito), embora, segundo alguns historiadores afirmam, a primeira vez que tal nome compósito teria ocorrido fora numa obra da autoria de Fílon de Byblos. Seja como for, era um nome que autores da proto-ortodoxia cristã conheciam bem, tal como Clemente de Alexandria, além de Lactâncio, entre outros; o apologista cristão Lactâncio, na sua obra *Divinae institutiones*, considerava Hermes um vidente de grande repercussão e um dos mais importantes profetas pagãos, porque previu o advento do Cristianismo ao falar do filho de Deus e do *Logos*.

Constataremos, desta forma, que, no decurso dos primeiros séculos do Cristianismo e mesmo depois, deu-se o desenvolvimento de dois vastos conjuntos de correntes esotéricas cujo predomínio místico-religioso e histórico-social não pode ser minimizado: o *conjunto gnóstico* e o *conjunto hermético*, servindo aqui a palavra "conjunto" para recobrir a multiplicidade de correntes e subcorrentes tanto gnósticas quanto herméticas que proliferaram a partir da influência judaico-cristã e do neoplatonismo, seja de inspiração nitidamente cristã ou de inspiração platônica ou aristotélica, porém impregnada de influências bíblicas.

Houve um período de grande apogeu onde influência e divulgação no mundo antigo, os escritores herméticos passaram por uma longa fase de eclipse a seguir ao séc. V d.C., sobretudo em consequência da condenação de Agostinho contra "o egípcio Hermes a quem chamam Trismegisto", para somente reaparecerem na Europa cristã, por mediação árabe, quase mil anos depois.

HERMES CHEGA A FLORENÇA

Pode parecer estranho que, num período de intensos acontecimentos tecnológicos, pessoas para expressar-se sintam a necessidade não do emprego da linguagem da razão, senão da imaginação. "É um pequeno passo para o homem e um passo de gigante para a humanidade". É uma das frases que se empregam para saudar ao desconhecido. Que poderia ter acontecido se Neil Armstrong houvesse introduzido uma linguagem oculta desaparecendo de vista? Por isso haveriam sido vãs as suas palavras? Foram validadas de qualquer forma? O astronauta falou como se houvesse conseguido unir o acontecimento de pisar na superfície lunar com o "corpo" principal da história humana. Nós acreditamos.

Nosso desafio ou intenção neste momento é tentar unir o imaginativo ao real. Quando determinados homens do século XV e XVI abraçaram a filosofia hermética, isso representou um salto audaz da imaginação criativa, desde um mundo "inferior" ou "interior" de esforços não racionais e inconscientes de um princípio da unidade que em si mesmo unifica as preocupações humanas e as reorienta para um novo sentido do possível e do real. Como veremos, começou a entender-se que o alcance da mente racional, fundida de uma maneira gnóstica com a mente divina, era praticamente infinito. A diferença dos cátaros, que haviam pensado que a terra era uma prisão e a criação do diabo, acreditou que a imaginação hermética dizia ter as chaves da liberdade eterna do homem. Ainda que não seja mais que isso, que nossos argumentos seguintes mostrem o valor das dificuldades da imaginação criativa – a "janela" mesma, por assim dizer, da percepção gnóstica – na luta interminável e talvez trágica do ser humano pela segurança do conhecimento.

Florença, 1460

Parece que os homens iluminados (instruídos) da Florença nos finais do século XV foram movidos por meio de uma poderosa sensação de nostalgia, um desejo de voltar ao passado, que poderia ser descrito como desejo de poder imaginar. Quem já visitou Florença não poderá negar o surpreendente legado artístico desse período. Florença e arte renascentista são termos quase sinônimos. Desde o Davi de Miguel Ângelo a Primavera de Botticelli, desde o Duomo a igreja de Santa Maria Novella, desde as vilas de Fiesoli ao claustro de São Marco, essa cidade surpreendente continua enfeitiçando os visitantes. Podemos ver em abundância os resultados da imaginação visual, dentro da imaginação filosófica hermética. Por isso, quando falamos de bons desejos e de uma nostalgia profunda, podemos aludir que provavelmente esses impulsos produzam efeitos muito reais quando aproximados da filosofia. Em Florença, naquele período, a filosofia que mais atraía atenção era a de Platão. Recordemos que Platão foi muito bem recebido em Alexandria, no segundo século, onde atuavam os herméticos. Os florentinos do século XV que gostavam de Platão podiam ler não somente suas próprias obras, como o *Timeu* (que tanto inspirou os gnósticos valentinianos), o *Banquete* e o *Fédon*, como também as obras dos neoplatônicos, que desenvolveram ou perverteram a filosofia de seu mestre. O mundo do neoplatonismo é aquele em que viveram os momentos culminantes da gnoses nos séculos segundo e terceiro, e tiveram grande afinidade entre eles. Essa afinidade pode ser notada particularmente nos usos que fazem do conceito da "grande cadeia do ser", que coloca o mundo a uma grande distância da esfera pura do espírito divino. Essa ideia serviria de justificativa a uma pessoa que sentisse que, de alguma maneira, este mundo está "fora de contato" com a realidade e que esta está "fora de contato" com o mundo. Portanto, o platonismo da época era uma bolsa em que cabiam coisas variadas, que, sem dúvida, provocou bastante confusão, especialmente naqueles que trataram de reconciliar o atrativo da filosofia platônica com os rigores da teologia católica. Um dos modos principais de mostrar a inspiração divina de Platão – demonstrando, desta forma, que se lhe poderia descrever como teólogo – consistia em sinalar a correspondência existente entre o céu cristão, onde todas as coisas existem em perfeição, com Deus, o Pai, entronado no centro com os anjos ao seu redor cantando-lhe louvores; o conceito platônico de um mundo formal e inteligível, onde todas as coisas terrenas e materiais encontram em perfeição, suas *formas* e suas *ideias*. No mundo inteligível de Platão, isto é, o mundo real, não há corrupção nem mudanças. Este mundo existe simultaneamente com o mundo das percepções ordinárias, quer dizer, "nosso" mundo. Nosso mundo é uma espécie de sombra do real, e ser consciente disso é converter-se em insatisfação, ou, em outras palavras, converter-se em filósofo seria a solução, interessando-se somente pelo real. Este mundo material é uma imagem que deriva de uma ideia eterna, aquela que a reflete; assim, por exemplo, o *tempo* é "a imagem móvel da *eternidade*". Dessa afirmação pode-se inferir que aquilo que nos une à imagem do tempo e sua transformação ou decadência é nossa ignorância sobre a eternidade. Encontramos aqui uma semente do desejo gnóstico de conhecimento do eterno. E se pudesse penetrar na imagem e obter um conhecimento do eterno? Era essa a substância de muitos pensamentos em Florença, no século XV. Dentro da faculdade de imaginação, o mundo platônico pode existir e tem poder para inspirar a alma. Esse princípio de correspondência era conhecido pelos iluminados (instrutores) que haviam chegado (entendido) a literatura mágica e alquímica. Uma fórmula alquímica, chave conhecida durante toda Idade Média, estava contida na Tábua da Esmeralda, atribuída nada menos que a Hermes Trismegisto, o supracitado Hermes, o três vezes grande, do qual falaremos mais adiante. Tal princípio é a chave para entender o poder transformador do hermetismo: "É certo e não é mentira, certo e sem engano. O que está acima é como aquilo que está abaixo, efetuando uma obra maravilhosa".

A fórmula pode adaptar-se muito bem à teoria platônica do mundo inteligível, esse mundo que o grande filósofo neoplatônico Plotino (terceiro século) sustentava que somente se poderia apreender pelo *nous*, a razão ou intelecto superior, que contém o poder intuitivo, a faculdade gnóstica por excelência. Abrindo um parêntese aqui, devemos lembrar que Plotino atacou alguns gnósticos de Alexandria e Roma precisamente por não empregar esta faculdade. O resultado deste argumento, de que o mundo "superior" é como o "inferior" em que habitamos, então o mundo "interior", iluminado pelo *nous* penetrante que pode perceber o mundo "superior", tem a faculdade de transformar o mundo exterior de acordo com a gnose alcançada. E, se não for possível transformá-lo, pelo menos que possamos entrar nele. Neste ato de entrada iluminada no mundo do sentido vindo depois o mundo das aparências, o mundo inteligível, encontramos a progressão harmoniosa das almas encarnadas através do mundo e para Deus, que os platônicos do século XV sustentavam ser a descrição mais pura da vida cristã. No entendimento puramente cristão deste tipo de redenção, a força motivadora ou a força de atração é o amor: o amor que é movido pelo amor até o amor. Este foi o tema de uma grande parte da poesia composta em Florença nesta época. Mas o que sucedia se o "poder motor", por assim dizê-lo, não era o amor a Deus e sim o desejo de gnoses com sua promessa de conhecimento das coisas, e, portanto, de poder sobre elas? Tal conflito, inerente à variada bolsa da filosofia renascentista, era, todavia, invisível, mas que acabaria emergindo ao longo do tempo.

Voltemos ao tema do pensamento pretendido. Temos visto que havia uma certa consciência daquilo que se concebia na mente pudesse ser convertido em algo objetivamente real, como tudo aquilo que precedia da vontade e conselho (sugestão) de Deus. Lenta, mas perceptivelmente, o homem ia tendo um papel maior no funcionamento do universo. Mas, antes de ir demasiadamente longe, recordemos que nós falávamos, todavia, num período de lua de mel, no qual o homem vai assumindo responsabilidade; e um dos principais benfeitores dessa lua de mel foi Hermes Trismegisto. Nossa mãe costumava dizer-nos que devíamos ter cuidado com o que desejávamos. Pois poderia fazer-se real. Que podemos dizer de alguns desejos de nossos amigos da Florença? Podemos dizer que o desejo platônico renascentista e do gnóstico inconsciente era de um mundo divinizado, harmonioso e certo de que o homem poderia ocupar seu lugar entre os celestiais e andar – ou melhor, voar – em liberdade para o centro imóvel de Deus. Era o desejo de retornar ao Uno, a fonte da qual deriva o poder que permite ao filósofo e mago realizar o "milagre da criação". Cristo havia aberto o caminho, o "véu do templo" havia sido descerrado e os verdadeiros seguidores de Cristo poderiam ascender (serem exaltados). Hermes, o da antiga sabedoria, mediador, mediador entre o espírito e a matéria, com asas nos pés e na mente, era ao mesmo tempo profeta e símbolo dessa possibilidade.

Porém, para onde o filósofo imaginava que iria ao ser ascendido? Entre os filósofos platônicos da época, era costume empregar o sistema de "hierarquias celestiais" escrito, pensava-se, por Dionísio o Areopagita, ateniense convertido por São Paulo. Na realidade, não era obra deste, mas, sim, de um filósofo neoplatônico do século quinze. Em essência, as hierarquias celestiais se compõem de três mundos dos quais o nosso é o mais baixo. Este é o mundo elemental da natureza e está submetido as influências de cima. O de cima é o mundo "sublunar", o qual é chamado de mundo "celestial" onde se encontram as estrelas e seus "espíritos" ou "guardiães". Acima está a esfera do mundo "supra celestial", o mundo do *"nous"*, o mundo "intelectual" ou "inteligível" dos espíritos angélicos, de um acontecimento superior da realidade por maior aproximação do Uno. Junto a esse conceito dos mundos, o qual o nosso é o mais baixo, vai sua contrapartida essencial: o conceito de microcosmo. Se desejamos entender o que dizem os hermetistas, é importante captarmos o conceito de microcosmo. Todo sistema consistente na viagem mais além deste planeta, para a distante perfeição do Uno, existe também algo análogo dentro do tecido da mente humana. Aprofundando mais e mais na mente do homem, iluminada pelo *nous,* o homem pode ir cada vez mais longe no universo... e regressar. As possibilidades, uma vez que se haja estabelecido a correspondência entre o mundo interior e exterior, parecem positivamente infinitas; qualquer nova informação que possa aprofundar nesse conhecimento é examinada ansiosamente.

Vemos, portanto, que este entusiasmo pelo "retorno ao Uno" era corolário do desejo de vivificar o mundo da antiguidade mediante a obtenção das fontes mais antigas de sabedoria. Retornavam-se as fontes das coisas voltando aos tempos em que se pensava que nosso mundo era jovem, um mundo de heróis e de magia, de homens sábios e mulheres fiéis... de retorno à manhã em que Adam colocou nome nos animais, quando o leão e o cordeiro comiam juntos. Se pudesse recobrar esse mundo, se estaria contemplando o amanhecer de uma nova era.

A chegada de novos textos gregos agregou ênfases no século XV a este gosto pela antiguidade. O grego era mais antigo que o latim; era a língua de Platão. Que novas glórias aguardavam ao ansioso aficionado?

Em 1460, um tal irmão Leonardo de Pistoia, de regresso da Macedônia, levou a Florença um manuscrito grego. Levou-o ali porque sabia que o velho governador da Florença, Cósimo de Médici, era um grande colecionador de manuscritos gregos. Seus agentes de compras recorriam todo mediterrâneo reunindo as obras da antiguidade. Cósimo ouvira falar em vários concílios eclesiásticos da existência em grego das obras completas de Hermes Trismegisto. Naquele tempo, Hermes tinha uma grande e misteriosa fama. O próprio Santo Agostinho escreveu sobre ele:

> *Quanto à moralidade, não houve no Egito antes da época de Hermes Trismegistos, o qual sucedeu muito antes dos nossos sábios e filósofos da Grécia, porém, depois de Abraham, Isaac, José e também Moisés; pela época que nasceu Moisés, vivia Atlas, irmão de Prometeu, um grande astrônomo, e era avô pelo lado materno do ancião Mercúrio, quem engendrou o pai deste Trismegistos.*
>
> (*De Civitate Dei*, XVIII. 29)

O poeta cristão Lactâncio escreveu que, próximo do ano de 400 de nossa era, Hermes Trismegisto foi um verdadeiro profeta de Cristo, em seu *Institutes* que: *"Trismegistro, foi quem por um ou outro meio buscou em quase todas as verdades, descreveu minuciosamente a excelência e a majestade da Palavra".*

Aquilo que as maiores autoridades cristãs do passado aprovaram em geral a Hermes resultava muito provocador (estimulante) para quem desejava combinar a filosofia grega à sabedoria dos antigos com o cristianismo num sistema universal de conhecimento.

Cósimo ficou encantado com o manuscrito novo, pois se compunha em nada menos que 14 *libelli* atribuídos a Hermes, a fonte na qual havia bebido Platão. Hermes, quase contemporâneo de Moisés, um profeta inspirado, um filósofo profundo. Hermes havia chegado à Florença e Cósimo "o estimava!" Essa chegada pode comparar-se ao descobrimento da biblioteca de Nag Hammadi ou dos manuscritos do Mar Morto; possivelmente até mais, porque Cósimo e o círculo de neoplatônicos que havia ao seu redor eram crentes. Apesar de sentir uma verdadeira veneração por Platão, Cósimo insistiu que Marsilio Ficino, um erudito da corte, deixara de lado as obras completas de Platão e de dedicara a traduzir o que chamaria de *Pymander*, de Hermes Trismegisto. O título vinha do termo grego *Poimandres*, que significava possivelmente "Pastor de homens". Era o título do primeiro livro do *Corpus Hermeticum*. Cósimo queria ler a obra antes de morrer. Ficino terminou a tradução em alguns meses, o que era um desejo de Cósimo e pôde cumprir-se antes que morresse no ano de 1464. A tradução original de Ficino se encontra agora na biblioteca Médici de Florença. O manuscrito, de surpreendente beleza, começa com uma introdução do próprio Ficino. É como ler "Alice no Egito", sua compreensão é de uma encantadora e infantil simplicidade remontada à antiguidade, no tempo em que nasceu Moisés floresceu Atlas, o astrólogo, irmão de Prometeu, o físico e tio materno do ancião Mercúrio, cujo sobrinho foi Hermes Trismegisto.

O *Corpus Hermeticum*, inspirador da teologia platônica e de toda filosofia, falava com clara simplicidade da natureza original do homem dentro das esferas supracelestes, onde se relacionava com os anjos e tinha o conhecimento do pensamento de Deus, da qual, em realidade, fazia parte. Tudo isso colorido pela nostalgia a qual temos referido antes e em corolário: a ânsia por uma *prisca theología*, a teologia original, a sabedoria divina, pura e sem mácula. Escreve Ficino:

> *Se lhe considera o primeiro autor de teologia: foi seguido por Orfeu, que ocupa o segundo lugar entre os teólogos antigos entre aqueles que estavam no auge: Aglaophemus, foi iniciado nos ensinamentos sagrados de Orfeu, seguidor da teologia por Pitágoras, cujo discípulo foi Filolao, mestre divino de Platão. Portanto, existe uma teologia antiga... que tem sua origem em Mercúrio (nome latino de Hermes) e culminava no divino Platão.*

Essa sabedoria prístina se recuperava ao mesmo tempo em que os teólogos do norte da Europa, Países Baixos e Inglaterra prestavam muita atenção no estudo do Novo Testamento em seu original grego.

Em tudo isso se podiam ver as sementes dos conflitos que iam produzir-se. Os homens estavam descobrindo, com prazer ou consternação, que a filosofia e as doutrinas herdadas pela igreja católica não resistiam sempre à comparação com textos presumivelmente mais antigos, e, portanto, mais corretos. O Renascimento e a Reforma foram dar mãos com essas matérias. Quase todos os leitores tinham algum conhecimento da divisão provocada no cristianismo católico por Lutero, e da intensificação dos movimentos reformistas dentro da igreja que lançou a Europa a longos conflitos sangrentos durante 200 anos e que ainda tem um débil eco até os dias de hoje na Irlanda. Contudo, poucos estarão na corrente de outra reforma do pensamento, que se levou a cabo durante o mesmo período, ainda que nos sintamos impulsionados a dizer que os protagonistas não viviam no mesmo mundo.

Esta outra evolução filosófica e religiosa foi, em grande parte, inspirada pelos escritos atribuídos a Hermes ou Mercúrio Trismegisto, colocando seus escritos como fundos para o conjunto de filosofia neoplatônica: Pseudo Dionísio (hierarquias celestiais), Pitágoras, Zoroastro, a Cabala hebraica, até Platão.

Esta evolução se produziu nos estudos dos eruditos e artistas, e como tal contribuiu ao mundo imaginativo da Europa do século dezesseis, em lugar de iniciar um movimento social. Isso se deve ao fato de que o impulso hermético não buscava um poder sobre a mente e as ações dos homens mediante um controle estatal ou institucional, como aquele que buscaram os protagonistas da Reforma e da Contrarreforma católica.

A filosofia encerrada no hermetismo não estimulava o pensamento mundano. Sem dúvida, e paradoxalmente, o mundo se veria sutilmente afetado pelo novo contexto imaginativo da gnose hermética.

Aquele que desejava iniciar-se na teologia antiga tinha acesso agora ao mundo do próprio Hermes:

Faz algum tempo, quando comecei a pensar como são as coisas, meus pensamentos foram às alturas, no tempo que os sentidos corporais estavam descansando em sono profundo – ainda que este sono fosse como era aquele que acometiam aos homens sufocados pelo excesso de comida ou da fadiga corporal –, me veio ao pensamento um ser de vasta e ilimitada magnitude, que me chamou pelo meu nome e me disse:

Que desejas ver e ouvir, aprender e chegar a conhecer pelo pensamento? Quem és tu?, e eu lhe disse:

> *Sou Poimandres, contestou, "a mente soberana (o nous)". "Desejo aprender", disse, "como as coisas são e entender sua natureza, e obter o conhecimento (gnõnai) de Deus. "Estas são as coisas das quais eu quero ouvir falar". E ele respondeu: "Se é o que desejas, estarei contigo em todas as partes; tenha isso na mente se desejas aprender e eu lhe ensinarei.*

É desse modo que o leitor poderá entrar no *Corpus Hermeticum*.

TÁBUA DE ESMERALDA DE HERMES TRISMEGISTO

Hermes, como a personificação da Sabedoria Universal está aqui representado com o pé sobre o dorso de Typhon, o dragão da ignorância e da perversão. Para os Iniciados Egípcios, vencer o dragão devorador das almas era se libertar da necessidade de renascer.

Hermes sobre Typhon, J.A.Knaap.

TEXTO

"É verdadeiro, completo, claro e certo. O que está embaixo é como o que está em cima e o que está em cima é igual ao que está embaixo, para realizar os milagres de uma única coisa. Ao mesmo tempo, as coisas foram e vieram do Um, desse modo as coisas nasceram dessa coisa única por adoção. O Sol é o pai, a Lua, a mãe, o vento o embalou em seu ventre, a Terra é sua ama; o Telesma do mundo está aqui. Seu poder não tem limites na Terra. Separarás a Terra do Fogo, o sutil do espesso, docemente com grande perícia. Sobe da Terra para o céu e desce novamente à Terra e recolhe a força das coisas superiores e inferiores. Desse modo obterás a glória do mundo e as trevas se afastarão. É a força de toda força, pois vencerá a coisa sutil e penetrará na coisa espessa. Assim o mundo foi criado. Esta é a fonte das admiráveis adaptações aqui indicadas. Por esta razão fui chamado de Hermes Trismegisto, pois possuo as três partes da filosofia universal. O que eu disse da Obra Solar é completo."

Edição do texto em latim, de Chrysogonus Polydorus (Nuremberg, 1541)

Tabula Esmeragdina

Verba Secretorum Hermetis

Verba secretorum Hermetis verum, sine mendacio, certum et verissimum: quod est inferius est sicut quod est superius; et quod est superius est sicut quod est inferius, ad perpetranda miracula rei unius.

Et sicut omnes res fuerunt ab uno, mediatione unius, sic omnes res natae fuerunt ab hac una re, adaptatione.

Pater ejus est Sol, mater ejus Luna; portavit illud Ventus in ventre suo; nutrix ejus Terra est. Pater omnis telesmi totius mundi est hic. Vis ejus integra est si versa fuerit in terram.

Separabis terram ab igne, subtile a spisso, suaviter, cum magno ingenio. Ascendit a terra in coelum, iterumque descendit in terram, et recipit vim superiorum et inferiorum. Sic habebis gloriam totius mundi. Ideo fugiet a te omnis obscuritas.

Hic est totius fortitudine fortitudo fortis; quia vincet omnem rem subtilem, omnemque solidam penetrabit.

Sic mundus creatus est.

Hinc erunt adaptationes mirabiles, quarum modus est hic.

Itaque vocatus sum Hermes Trismegistus, habens tres partes philosophiæ totius mundi. Completum est quod dixi de operatione Solis.

Mercurius Trigmegistus, in *Pimandro*.

Reprodução literal da *Tábua de Esmeralda* segundo uma prancha do século XVI

INTERPRETAÇÃO

A *Tábua de Esmeralda*, que é uma pedra *verde*, representa a primeira matéria da obra; como o manto verde de mercúrio, o Duende verde de Ripleo, o Leão verde de Paracelso, o Sonho verde de Fabre... É a Vênus hermafrodita, Nereu, Arquelao, Neptoleno, Sileno, Baco, Fio dos Carneiros, os Touros, as Serpentes, etc.

O que está em cima é como o que está embaixo: são as asas colocadas nos pés de Mercúrio e as outras que estão sobre sua cabeça. O alimento de Vulcano lhe administrou fazendo nascer as primeiras; Júpiter, por mediação de Juno que é aquele representado pelo ar, lhe deu as segundas; porém, como o fogo Celeste representado por Júpiter e o fogo Central representado por Vulcano dependem da mesma raiz, e Vulcano, antes de ser precipitado à terra, estava nos céus; assim, pode-se concluir que o fogo central procede do fogo vital celeste pela circulação eterna que Deus impôs a este último e consequentemente que aquilo que está em cima é como o que está embaixo.

Para perpetuar os milagres de uma só coisa: quer dizer que o fogo central e o fogo celeste têm colaborado por igual na formação do mercúrio hermético. Esse mercúrio é a única coisa com a qual se pode operar milagres e é muito apropriado, efetivamente, para produzi-lo em todos os gêneros.

E como todas as coisas vieram do Um por mediação do Um: todas as coisas, sem dúvida, vieram do Um; quer dizer que todas as coisas vieram do primeiro caos por mediação do espírito universal que passeava sobre as Águas e por vontade de Deus de onde a natureza ou espírito universal é o instrumento imediato que, ao encontrar-se colocado entre Deus e o caos, serviu-lhes de meio e de mediador, como disse Hermes; é, por sua mediação, efetivamente, que se operou o desenvolvimento do caos.

Deste modo todas as coisas nasceram desta coisa única por adaptação: essa coisa única é o mercúrio hermético que, sendo uma porciúncula da alma atuante do Universo e da própria Natureza, atua por igual nos três reinos naturais, porque se adapta e se especifica a cada um deles em particular, segundo determinem as sementes de um ou o fermento dos outros; é o que tem feito os Filósofos dizer que em seu mercúrio estava contida a virtude vivífica dos animais, a virtude vegetativa das plantas e a virtude fermentativa dos minerais; e ainda que estas três virtudes não fossem mais que uma, se adapta por igual nos três reinos.

O Sol é seu pai e a Lua sua mãe: não é o astro do dia nem a da noite o que deve ser entendido. São o Sol e a Lua herméticos dos quais Hermes queria falar; o fogo vital é o Sol dos Sábios; o úmido radical com os quais envolve esse fogo que é a Lua hermética. A união dessas duas substâncias forma o mercúrio hermético, filho de um e de outro; os sacerdotes egípcios expressaram o mesmo por Isis e Osíris, do qual Hórus ou o Mercúrio Filosófico era filho.

O vento o embalou em seu ventre: o vento não é mais que o ar agitado. O vento tem levado o mercúrio hermético em seu ventre porque o ar é a substância que o envolve e que nos transmite.

A Terra é sua ama: já temos visto o nascimento do mercúrio dos Sábios de Maya ou da Terra e temos dito que nas entranhas de sua mãe, o fogo Central ou Vulcano lhe nutria; esse fogo central não é nada mais que a terra pura e sutil que elementa (sendo um dos elementos) o globo terrestre e que é a causa de sua fecundidade. É sobre essa terra espiritual que Hermes queria falar.

O Telesma do mundo está aqui. Seu poder não tem limites na Terra: é como se Hermes dissesse: "O mercúrio universal é o pai de todas as produções naturais e está aqui porque é o Mercúrio dos Filósofos, que é seu compêndio, está aqui; e sua força e seu poder serão completos se o artista consegue fixar esse mercúrio e reduzi-lo a *natureza da Terra,* quer dizer, da *Pedra,* que é a Pedra dos Filósofos cuja força e poder são, efetivamente, *incompreensíveis.*"

Separarás a Terra do Fogo, o sutil do espesso, docemente com grande perícia: isso quer dizer que tem que separar o mercúrio da natureza geral dos vínculos de sua primeira coagulação ou de sua placenta, como já podemos imaginar, e separar da terra ou dos elementos toscos que as absorvem, o fogo central que reside nele; porém, como as substâncias desta matéria caótica dos Sábios são a terra e a água, *Hermes* quer também que se separe a água da terra e depois de purificá-las volte a uni-las.

Sobe da Terra para o céu e desce novamente à Terra e recolhe a força das coisas superiores e inferiores: essa operação tem correspondência no vaso do artista e trata do efeito da circulação, por meio do qual as propriedades da substância volátil se comunicam, misturam-se e se confundem com a substância fixa que está no fundo do vaso, como as propriedades da parte fixa se mesclam com as propriedades da parte volátil; na circunstância a qual *Hermes* menciona, são a terra e a água purificada, representadas no artigo precedente que para reunir-se devem experimentar esta circulação.

Desse modo obterás a glória do mundo e as trevas se afastarão: quando se possui a *Pedra dos Filósofos* se possui a chave da Natureza inteira, por meio da qual nada na Natureza pode ser escondido nem impenetrado. Um homem, assim, está acima de seus semelhantes quando, independentemente de a Natureza poder se vangloriar de havê-lo formado, nada neste mundo pode por limites na amplitude de seu gênio, sua inteligência e sua penetração.

É a força de toda força, pois vencerá a coisa sutil e penetrará na coisa espessa: a pedra dos Filósofos produz, verdadeiramente, os efeitos anunciados por *Hermes*; fixa e transmuta em *ouro,* a *prata viva* que é a *coisa sutil* e transmuta os metais imperfeitos em *ouro,* penetrando então a *coisa sólida.*

Assim o mundo foi criado: com isso *Hermes* quis dizer que, como já observado, a criação da Pedra dos Sábios parece ser uma cópia calcada na criação do universo.

INTERPRETAÇÃO

Esta é a fonte das admiráveis adaptações aqui indicadas: quer dizer que a Terra dos Sábios não está limitada somente em seu poder da Natureza sublunar, mas que pode ser adaptada de um modo útil e empregada para produzir *efeitos sobrenaturais* e para familiarizar-se com a *ciência da natureza celeste* a qual conduz a *Pedra dos Filósofos* aos que a detém. Levantaremos um pouco deste véu na última parte desta obra, intitulada *Os Mistérios de Eros*.

Os meios estão aqui: o meio de alcançar e conseguir por adaptação efeitos mais elevados que a Natureza nos apresenta pode impressionar nossos sentidos; é a *Pedra dos Filósofos* cuja matéria e procedimentos estão contidos de um modo tão difuso como abstrato na Tábua de Esmeralda.

Por esta razão fui chamado de Hermes Trismegisto, pois possuo as três partes da filosofia universal: essa passagem parece justificar o sentimento de certos Filósofos quando entenderam que o sobrenome de *Trismegisto* não teria sido dado a Hermes apenas por ter encontrado a Pedra Filosofal, cujas virtudes se estendem sobre os três reinos naturais.

O que eu disse da Obra Solar é completo: Hermes compreende que, pela operação do Sol, a obra hermética levada até a Pedra dos Filósofos, a qual os Sábios denominaram de Sol hermético, representa, efetivamente, o último signo e mais completo êxito da operação.

Para conseguir realizar a obra hermética, há de se conhecer e encontrar este Limo caótico no qual está contido a propriedade fermentativa e o primeiro Mercúrio dos Filósofos. É nesta base sobre a qual se apoiam todos os *Trabalhos de Hércules* (veja nossa obra, *O Templo Maçônico*, Ed. Madras, 2012, SP) e sobre o qual inventaram a maior parte de seus hieróglifos, suas ficções, suas parábolas e seus enigmas.

Somente se pode contar sobre a *verdade* desse *Limo* enquanto se manifestam nas diversas manipulações, nos *signos* indicados pelos Filósofos, por meio dos quais não se pode errar nem desconhecê-los.

Depois de conhecer esse recorrido *Limo,* na estação e na hora apropriadas[3], tem que encerrá-lo num vaso de vidro, dissolvê-lo e destilá-lo. Por essa destilação depositar uma terra oleosa de um vermelho escuro, mais ou

---

3 - A estação é a mesma em que Mercúrio roubou os bois de *Admeteo* que pastavam sendo vigiados por Apolo, quer dizer, no Equinócio da Primavera; na Provença e no *Languedoc* se dá em 21 de março até o final de maio; em Paris é por volta de 20 de abril até final de junho; no Brasil, o Equinócio da Primavera se dá por volta de 22 a 23 de setembro. A hora é aquela em que a aurora rejuvenesce a *Titón*. É aquilo que fez *Aimón* na sua *Epístola Non accipias nisi recentem*

131

menos da cor de um fígado animal, que a cada coobação aumenta o peso e qualidade. No começo da obra, a *terra* se converte em *Água* e pelas manipulações seguintes a *água* volta a ser *terra*; é aquilo que fez o Rei Calid (veja a obra, *Entrada Aberta ao Palácio Fechado do Rei*, Irineu Filaleto, ed. Global/Ground, SP, 1985) em sua conversação com o Filósofo Morieno: "*Quando vi a água converter-se em terra, reconheci a verdade da Ciência Hermética*".

Depois de purificar a terra e a água que procedem dele, deve juntar--se; no momento da união, *a primeira matéria da obra* perde seu nome para tomar aquilo da *primeira matéria dos Filósofos*.

Os *Elementos simples ou propriedade fermentativa* estão contidos nessas duas substâncias unidas de modo que, quando se separam intencionalmente as heterogeneidades que interceptam sua ação, atuam de comum acordo uma sobre a outra, daquilo que resulta um todo homogêneo e harmónico que se chama *Pedra Filosofal, Microcosmo* ou *pequeno mundo*.

Manipulando *o verdadeiro Limo caótico do ar*, advinham-se sem dificuldade e progressivamente os enigmas filosóficos, recorre-se toda a Mitologia e se penetra no verdadeiro sentido de certas passagens do Antigo Testamento e de todas as Obras de Salomão[4]; instrui-se também de uma

---

4 - Deus criou a matéria única da *Sapiência*; diz Salomão: "O verbo divino é a fonte que por virtude de sua influência chega a todos os seres de sua fecundidade vivificante; é por isso que em sua *Sapiência* cap. 7, chega a esta matéria um vapor da virtude de Deus, um candor da Luz Eterna, um espelho sem mácula da Majestade do Todopoderoso e a imagem de Sua Bondade".

Desta pura emanação dos Elementos se forma um fluído espiritual no qual estão contidos três princípios celestes e três princípios sublunares. Os sábios chamaram os segundos de princípios principados, agentes subsequentes, Enxofre, Mercúrio e Sal, nos quais estão sempre infundidos os primeiros agentes.

A União harmônica dessas substâncias no homem é a causa de sua vida e de sua conservação; por essa razão, o uso do Elixir dos Filósofos no qual estas três substâncias se encontram em sua mais perfeita harmonia, prolonga a vida do homem, conservando-lhe com todas suas forças, suas graças e sua saúde.

Pelo fluído espiritual no qual estão contidos os três princípios, os sábios reconhecem um espírito de vida e uma terra virgem espiritual na qual o primeiro se corporifica e forma com ela um espírito incorruptível e uma quintessência que enquanto permanecer sem mácula e com toda sua pureza, encerra todas as virtudes celestes e terrestres; é o que disse Salomão, *Sapiência* 7, vers. 22 e 24: "Nada manchado (maculado) deve entrar nesta divina essência"; Salomão, *Provérbios* cap. 8, vers. 31, diz que "esta quintessência se completa em infundir-se e enraizar-se nos filhos dos homens, como se fosse a Criatura mais dignificada da natureza e a mais capaz de conhecer seu valor"; complementa, cap. 8 vers. 36; "aquele que agir contra elas, fará uma ferida na sua alma

forma tão clara e tão precisa da realidade, da possibilidade e dos meios para conquistar o fruto do *Jardim das Hespérides*, que nenhuma consideração humana pode separar o artista de seu trabalho feliz por ter conseguido domar os *Touros flamicórneos* da vigilância aos quais estava confiado.

A infusão da influência supraceleste é um poder ativo, vivificante e invisível, que sob o Céu empíreo se mescla, diz Basílio Valentino, com as propriedades dos astros e que se formou um terceiro ser entre o Céu e a Terra que é a primeira produção que o ar transmite a todos os mistos sublunares. Se este princípio espiritual se encontra na natureza de cada ser para sua existência, encontra também aquele que necessita de um alimento diário para seu restabelecimento, do fluído espiritual do qual o ar é a envoltura e o veículo; "Feliz passagem do Mar Vermelho, revela para todos aqueles que se propõe cruzá-lo a pé e enxuto; que está aqui o *Livro, a tocha, o espelho, o preceito e o guia da Filosofia Hermética, do conhecimento da Natureza celeste e terrestre, do conhecimento de Deus* e de nós mesmos".

---

vital e outros que a odeiam ou a desprezem seguirão no rumo da morte"; por isso o *Eclesiastes*. Cap. 4, vers. 12, afirma que "aquele que ama a ciência da sabedoria ama a vida".

Salomão, *Provérbio*. cap. 4, vers. 10 e 22, dá razão a esta passagem e diz: "É porque a *Sapiência* ou a *Ciência da Natureza* é sua própria vida corporal; o homem – continua – pode escolher entre o bem e o mal em relação a sua alma intelectual; como pode escolher entre a vida e a morte em relação a sua existência corporal; pode escolher entre um e outro, mas se quiser penetrar no Santuário da Natureza, caminhará perfeitamente entre um e outro com passo igual e uniforme e encontrará tanto o meio de chegar a vida espiritual, como aqueles que buscam dias longos e felizes, contanto que tenha um coração reto, compassivo e temeroso de Deus".

A falta de conhecimento dos princípios e dos primeiros agentes da natureza, a displicência em buscá-los e em conhecê-los, a constante dissipação por todos os objetos que afetam os sentidos materiais e a ideia ligeira e superficial que têm os homens de si mesmos, são a causa e a origem da negligência e da incredulidade sobre os efeitos da *Ciência da Natureza*. *Davi, Salmo* 91, diz que "o homem insensato não compreenderá nem conhecerá estas maravilhas. *Vir incipiens non cognoxet et stultus non intelliget haec*".

Salomão, *Proverb. cap.* 1º, se expressa assim sobre este mesmo tema: "*Sapientiam et doctrinam stulti dicipiunt*".

Contentes por desfrutar os bens que estão obrigados a deixar neste mundo e das grandezas humanas, os homens cegos e displicentes se persuadem de que são os bens mais preciosos que Deus e a Natureza podem lhes conceder; sem dúvida, estas fúteis vantagens estão muito abaixo dos tesouros inapreciáveis que a natureza benfeitora e liberal dá aqueles que se dedicam em desenvolver estes meios e em penetrar pondo em ação suas virtudes naturais e sobrenaturais.

Pouco depois de haver colocado o *Limo* do ar no vaso, começa o desenvolvimento (desenrolar) da obra pela visão do Mar Vermelho. Tem que ultrapassá-lo a pé enxuto sem se querer gozar da *"Terra Prometida"*. Essa Terra não é sobre a qual andamos; pelo contrário, ela passeia sobre nossas cabeças. É nessa *Terra Virgem* que o fluído espiritual se corporifica por amor, dizem os Filósofos, e a qual tem sido chamada de *Sal de Sapiência, Sal nitro vital, essência caótica, Espírito universal, mercúrio da vida*, etc.

Somente essa terra, sobre *a superfície do Globo*, poderia produzir os enormes cachos de uvas que trouxeram a Moisés dos dois israelitas que enviou à Terra Prometida; somente com aquelas uvas tão extraordinárias *Moisés* poderia conseguir o licor que reduziu ao bezerro de ouro na substância líquida e potável cujas virtudes curaram os israelitas da lepra[5]. Sem *Moisés* não teriam atravessado o *Mar Vermelho* a pé enxuto e jamais teriam visto a Terra Prometida e também jamais haveriam possuído as uvas celestes que produz.

Essa Terra Prometida é a terra pura e sutil que elementa o Globo Terrestre, segundo Paracelso; é seu elemento predestinado, seu elemento simples, é este espírito de fecundidade destinado a vivificá-la; é ela a qual tem as qualidades apropriadas para servir de matéria dos vegetais e dos minerais que desenvolve seu gérmen, que se une a eles e que lhes faz vegetar.

O Mar Vermelho de Moisés, pelo qual voltaram Osíris e Baco ao Egito depois de sua expedição, a do judeu e Filósofo *Abrahão*, é a mesma substância e a mesma matéria que produz o sangue dos inocentes de Flamel, que do vinho tinto de *Raimundo Lúlio*, que o Leão vermelho de *Custulaneo* e de *Paracelso*, que deu origem à goma vermelha de Maria a Profetiza, irmã de Moisés, (...) que o mênstruo hediondo de Ripleo, que o mar de sangue de *Fabre*, que o sangue de *Pitágoras*, que o Dragão ígneo de *Hermófilo* e de *Filaleteo*, etc.

É o sangre de *Leão de Nemea* que se diz descender do Disco da Lua ou que de seu *esputo* ou de sua *saliva* que, depois de seu nascimen-

---

5 - O signo (símbolo) que os Filósofos atribuíram ao *ouro* é um círculo com um ponto no centro ⊙; o ponto representa a *terra* e o círculo o Céu; aquele que souber desenvolver o centro do ouro e estendê-lo até a circunferência adquire as Virtudes do Céu e da terra. O ouro é exteriormente fixo e interiormente volátil porque é mercúrio. É na natureza volátil e espiritual do *ouro* onde reside que sai virtude germinativa, penetrante e medicinal.

to, foi levado ao monte *Ofelto* por *Isis*, mensageira de Juno.

Pela mesma razão, os sábios inventores das ficções Mitológicas fizeram nascer o mercúrio de baixo ou o terrestre atraiu o mercúrio de cima ou celeste, o artista não possui mais que as asas atadas aos pés de Mercúrio; quer dizer que não possui mais que a metade de tudo.

O Leão de Nemea foi morto por *Hércules*, que, depois de dar-lhe fim, esfolou-o; quer dizer que Hércules fez o que os Filósofos mandam fazer: *fac occultum manifestum*.

Basílio Valentino disse em sua obra, *As Doze Chaves*: "*É preciso que esfole o animal do oriente de sua pele de Leão*". A primeira matéria da obra representada pelo Leão nemeo não pode contar-se entre os Astros Filosóficos como foi o Leão de Nemea que foi colocado na mesma categoria dos astros, sem que estivesse precedentemente à matéria Filosófica, a semelhança do Leão nemeo, tenha sido levado ao monte *Ofelto*, que significa *Monte Atraente*, monte de atração. É pela mesma razão que fez os Druidas levantar um templo a *Marte* sobre a colina de *Montmartre*; a mesma causa fez atar *Prometeo* a uma pedra e encerrar a *Anae* (que significa ímã) no alto de uma torre na qual recebia *Júpiter* que representa o ouro ou a *substância vivífica* encerrada no ar.

O *limo* do ar é o Sileno[6] mitológico que se diz ser filho do Sol e da Lua, do qual a *terra* foi a parteira (ama) e que ele mesmo se converte em pai putativo de *Baco*[7], filho de *Júpiter*.

Sileno afirma que é através da excelência do alimento que *Baco* deu o poder ao Rei *Midas* de transmutar em *Ouro* tudo que tocasse. *Sileno* era representado como um ancião sempre bêbado, que transborda vinho; isso quer dizer que *Sileno* dá ao artista que souber encontrá-lo e forçar-lhe a entregar o *fluído espiritual vinhoso* do qual a Natureza lhe há concedido liberalmente; o *Carneiro* ou a *Cabra* sobre os quais *Sileno* monta é um dos mistérios filosóficos; representa, ao mesmo tempo, tanto a primeira matéria quanto a estação na qual tem que recolhê-la; era um dos símbolos hieroglíficos de *Mercúrio*. É o que disseram ao

---

6 - Na fábula de *Sileno*, *Vulcano* e *Mercúrio* são representados por ele; em outras palavras, *Sileno* nesta fábula ocupa o mesmo lugar de *Vulcano* e *Mercúrio*. Ambos são pais dos filhos que alimentam os filhos de *Júpiter* e as crianças de ambos são os princípios do ouro espiritual por meio do qual, com o fermento aurífico, forma-se o pó de projeção.

7 - *Baco* representa o vinho dos Filósofos, o Mar Vermelho, etc.

Cosmopolita, ao *Filaleteo* e a vários outros Filósofos, que o *mercúrio hermético devia extrair-se por meio do aço mágico que se encontra no ventre do Carneiro.*

Sem dúvida, a substância que se encontra no ventre do Carneiro é apropriada não somente para servir de ímã para atrair o orvalho celeste[8], como também para atrair o núcleo do mercúrio comum e introduzir na propriedade fermentativa[9].

Este *Sileno* agreste e rústico é o Légamo do ar que tem de ser deflogisticado, para empregar na expressão da Física positiva, separando as substâncias vivíficas das matérias corruptoras. Este *Sileno* é o verdadeiro *Hylé* natural no qual estão contidas as virtudes do Céu e da terra; mas não estão separadas nem distinguidas; o alto está ali como o baixo, como o alto; os elementos se encontram confundidos sem distinção, sem ação e nas trevas, sem nenhum aspecto de vida nem de fecundidade. Sem dúvida, esta terra *caótica* está animada e *contém uma vida oculta*, disse Basílio Valentino. Quando este *Hylé* estiver aberto (liberado) e o artista tenha conseguido separá-lo, purificá-lo e reunir os elementos, nos moldes do azeite espesso e gomoso, é que o composto filosófico, ou a matéria prima dos Filósofos, terá de pronto a dita de ver o *Sol terrestre do seio de Tetis*, de tocá-lo, elevá-lo, alimentá-lo e vê-lo responder a seus cuidados.

O Sábio vê as trevas antes da luz, as vê também depois da Luz e descobre, ainda, as que estão mescladas com a luz, disse *Filaleteo*. São os efeitos naturais, disse, da união do Céu com a terra ou das Águas superiores com as Águas inferiores. Dessa união, disse, provém o nascimento do *Mercúrio dos Filósofos*.

O *Mercúrio Primitivo* não é o conhecido mercúrio vulgar, dos metais, como em todos os compostos que têm vida, pois independentemente daquilo que está especificado, está encarcerado e encadeado, de modo que não deixa ao artista mais que os meios de o expulsar, destruindo o composto sem poder aperceber-se nem o colher. Na primeira matéria da arte, pelo contrário, esse mercúrio primitivo, generalizado e não determinado a nenhum gênero, encontra-se mais próximo, menos apertado, mais abundante e de uma extração muito fácil e muito rápida.

---

8 - A atração do orvalho celeste conduz à Pedra Filosofal Sobrenatural.

9 - A Atração do núcleo do mercúrio conduz à transmutação metálica. A primeira rejuvenesce e eleva o homem acima da humanidade. A segunda lhe cura de suas dolências e lhe proporciona riquezas sem limites.

A substância mercurial e o enxofre se encontram ali com seu fogo em peso e medida, e as duas serpentes do *Caduceu* só se abraçam debilmente, o quer dizer que se separa sem dificuldade o fixo do volátil representado pelas duas *serpentes*. O volátil contém a *água* e sobe com o *ar*; o fixo contém a *terra* e cai com o *Sal* e o *fogo*. Sem dúvida, não se vê mais que a terra e a água de uma das quais tem que remover o *peso* da outra, e o *fleuma* para uni-las depois em uma única e mesma substância.

A matéria procedente dessa união é que os Filósofos chamam de *ímã*, sua magnésia, com as quais atraem *o ar do ar de Aristeu* ou *o núcleo do ar*, que se condensa e congela em parte com seu ímã.

Este é o único meio de tirar o verdadeiro *Orvalho celeste* sob a influência dos astros. *Abrahão, Judeu e Filósofo*, chama esse orvalho de *Ampola Sagrada. Cristóvão, bispo de Paris*, afirma que quando o orvalho celeste estiver unido ao seu *ímã é certamente o encontro do tesouro mais desejável: Thesaurus desiderabilis.*

Esta operação hermética deu origem à fábula de *Prometeo*, que, por ter roubado o *fogo do Céu* com a qual animou os compostos da natureza sublunar, foi amarrado por *Mercúrio* a uma *pedra* onde um *abutre* lhe devorou o fígado que crescia sem cessar, suplício do qual *Hércules* foi liberado.

Hércules é o artista, e o fígado de *Prometeo* é o *ímã* Filosófico cuja cor é perfeitamente parecida com a do fígado; o *abutre* que devorava o fígado é *o ouro astral* ou *o núcleo do ar*, atraído pelo *ímã*. O *abutre,* ou a substância que se supõe que destroça o fígado, não faz mais que dissolvê-lo em parte e acaba sempre se condensando e unindo-se a ele, de maneira que o *abutre* que devorava o *fígado* se convertia no próprio *fígado*. Essa conversão fez surgir dos sábios mitológicos a ideia do renascimento do fígado de Prometeo.

Sem dúvida, poderiam se refutar esses *Sábios*, por haver multiplicado demasiadamente as ficções para expressar o mesmo tema; formaram uma recopilação de fábulas, cuja densidade é muito difícil distinguir o *objeto* ou o *fato* que quiseram expressar.

O fígado de Prometeo e o abutre são as mesmas substâncias que *Dánae* que atrai Júpiter, que as asas dos calcanhares de Mercúrio que atraem as da cabeça, que Vênus atrai a Marte, etc.

Filaleteo chama esta matéria que imanta a *liga da águia*, porque *Júpiter*, cujo signo é a águia, representa o fogo do ar ou a substância vivificante; por isso, *Juno*, que também representava o *ar*, e que não é, sem dúvida, mais que o húmido primitivo, era considerada como sua mulher e irmã.

Juno, em seu berço, alimentada pelo *Oceano* e *Tetis*, é a primeira matéria dos sábios. Quando *Juno* foi atraída e penetrada pelas virtudes prolíficas de Júpiter, concebeu e deu a luz somente a *Hebe*, deusa da juventude[10], e a causa desta concepção e deste nascimento, dizem os mitólogos, foi por ter comido *alfaces*[11], de modo que se poderia dizer, com mais precisão, que os mitólogos que *o ar de baixo* emprenharam do *ar de cima* deu a luz à *Juventude;* efetivamente quando o ar de cima e o de baixo foram purificados e reunidos pelo artista e reduzidos a *quintessência,* formam este *Arcano Celeste* representado pela *Fonte da Juventude* que opera o rejuvenescimento de todos os compostos naturais[12].

"Deus criou a terra, diz no *Eclesiástico*, cap. 38, vers. 4, uma medicina suprema que o homem sábio não menosprezará para sua saúde e para a prolongação de seus dias".

Salomão, em seus *Provérbios,* cap. 4, vers. 9 e 10, parece que quis comentar esta passagem do *Eclesiástico,* quando disse, ao falar desta *medicina:* "Aquele que a encontrar aumentará as forças do Corpo e das graças do rosto. Dará na frente uma coroa brilhante, seu fruto e seu uso preservarão ao Sábio de toda enfermidade e multiplicarão seus dias felizes e os anos de sua vida porque é sua própria vida".

---

10 - *Hebe*, filha de Juno ou da primeira matéria dos Filósofos somente podia casar-se com *Hércules* ou *o Artista;* era o fruto dos trabalhos deste e devia ser sua recompensa; mas *Hércules* não podia casar-se com ela até ter alcançado a dignidade de um *semideus.* Isso ocorreu por sua *morte*, o quer dizer que sua morte não foi mais que a passagem de um homem como o resto dos homens na dignidade de um Filósofo ao qual se pode, efetivamente, olhá-lo como um *semideus; Hebe* representa a *fonte da Juventude* que todo verdadeiro Filósofo possui necessariamente

11- Essas *alfaces* são a mesma matéria que o *leão verde*, o *sonho verde, Hilas, Nereu, Sileno, o Leão Nemeo,* etc.

12 - *Senior* disse que *a matéria dos Filósofos* foi engendrada no *ar* e concebida na *terra.*

Alfidius disse que a *pedra* vive no ar e que sua mãe é virgem.

D'Espagnet disse "consiga uma *virgem alada* muito pura e muito limpa impregnada da semente espiritual do primeiro filho".

Basílio Valentino disse "é uma virgem muito casta não conhecida do homem e que, sem dúvida concebe e dá a luz."

Essas passagens são escolhidas da Mitologia pela iluminação de *Hebe* por Juno, de Hórus por Isis, do Cupido por Vênus, de Mercúrio por Maia, de *Esculápio* por *Coronis,* etc.

O *Lodo do ar* é este *ar de baixo,* o qual acabamos de falar que por sua conformidade de origem, de essência e de virtudes atrai de cima o seu semelhante. *Similis simili gaudet.*

Esse lodo, quando preparado por mãos hábeis, dá, depois das primeiras manipulações, os humos brancos que *Filaleteo* chama de as *Pombas de Diana* e que, quando estão condensados, *Raimundo Lúlio* chama de *espírito ardente de seu vinho.* Esses humos são os precursores imediatos do *sangue do Pelicano* o qual os Filósofos chamam seu *vinho agrio, muito agrio.*

Se depois da extração desses licores, um vermelho e outro branco, calcina-se o resíduo e, depois de purificado este último, reúnem-se estas três substâncias, elas formarão um todo homogêneo, composto de alma, espírito e de corpo. Há que se fazer circular esta massa com novo espírito escrupulosamente desflemado daquilo *que o artista não poderia ter em quantidade demasiadamente grande.*

Quando circula o suficiente, tem que separar da massa todo espírito que não se corporificou em absoluto com ela; depois da separação, tem que triturar a massa e pô-la num vaso para sublimá-la. Deve ter-se o cuidado especial em fazer essa sublimação num vaso pouco alto para que a matéria que se sublima, ao crescer demasiadamente alta, não se condense em água, e ao voltar e cair sobre a matéria, essa água não a submerja; se ocorrer esta desgraça, o artista haveria perdido o tempo e a matéria. Neste acidente é que se corre o risco de sofrer, sendo o que deu lugar a uma intervenção da fábula de *Ícaro.*

Se a sublimação está bem feita, dará como resultado um *Sal* cristalino e transparente, o qual os Filósofos chamam de *Sal harmoniae* devido à harmonia das substâncias que o formam.

Se depois de haver repetido a sublimação ou de ter feito circular de novo esse *Sal* com novo espírito, se destila juntamente com *o sal harmoniae,* passará para forma líquida pelo nariz da sobrecarga; o licor que resulta dessa operação é chamado de *Água da vida, menstruo vegetal, Mercúrio dos Filósofos,* que dissolve radicalmente sem corrosão ou violência, *dissolvente universal, Medicina Universal* de primeiro grau. É o Apolo hermético[13].

---

13 - Este *Apolo* é aquele que com a ninfa *Coronis* fará nascer a *Esculápio* deus da Medicina. *Coronis* quer dizer *Corvo* e representa a primeira putrefação da segunda obra, quer dizer que *Esculápio* era, por sua vez, o deus da Medicina e a própria Medicina. *Trígono,* ama de *Esculápio,* é chamado assim pelos três princípios, - *enxofre, sal* e

Quando o artista chegar a este ponto e, por outro lado, tenha preparado os fermentos metálicos para ativar suas operações para transmutação dos metais imperfeitos em *ouro* ou prata, terá alcançado as colunas de *Hércules* e terá terminado seus penosos trabalhos.

---

mercúrio -, com os quais a *criança filosófica* ou a *Medicina* universal se alimenta até sua perfeição.

As filhas de *Esculápio* participavam das mesmas honras que seus pais: os *gregos* e os *romanos* lhes erigiram estátuas: o significado de seu nome prova que eram muito dignas de tal pai.

A primeira, chamada *Panaceia,* quer dizer medicina que cura todos os *males*. Deu seu nome a *Medicina Universal* dos *Filósofos* a qual a grande maioria chama de *Panaceia*. A segunda filha foi chamada *Joso* que quer dizer *cura*.

A terceira era *Hygiea* que quer dizer *saúde*.

Coronis, mãe de *Esculápio,* foi morta pelo raio de *Júpiter* porque na segunda obra a cor cinza, que é *Júpiter,* substitui o negro que é *Coronis* ou *Saturno*. Depois que *Coronis* foi fulminada, *Mercúrio* extraiu *Esculápio* de seu seio, depois da primeira putrefação da matéria na segunda obra, que é o *nigrus nigrum* dos Sábios. Mercúrio volta dos *mortos* e anuncia uma nova vida por todas as cores sucessivas que toma a matéria, do qual é o agente principal. É o que se supõe que varreu a sala onde se reuniam os deuses: não liberou *Esculápio* porque liberaria a si mesmo, porque os dois são um só.

SOLVE ET COAGULA
Texto sob Figura

Hermes, que é a divindade que preside a eloquência, há tempo é considerado acertadamente comum a todos os sacerdotes e este protetor da verdadeira ciência dos deuses é o mesmo em todo o mundo, a quem precisamente inclui nossos antepas-

sados que se dedicaram aos descobrimentos de sua sabedoria, pondo sob a autoria de Hermes todas suas próprias obras. Desta forma nós obtemos deste deus a parte que nos corresponde na medida, à medida de nossas possibilidades. Desde sempre os sacerdotes perscrutaram as questões teológicas inerentes a um âmbito de conhecimentos de interesses que transcende o tempo e o espaço. Em absoluto seria decoroso que Pitágoras, Platão, Demócrito, Eudóxo e muitos outros entre os antigos gregos obtiveram o ensinamento conveniente que recompensa o homem através das inscrições sagradas, em todas as épocas. E não é diferente conosco que temos a mesma intenção daqueles famosos homens, verdadeiros mestres passados, e que a partir de seus legados legítimos e divinos temos nos nossos dias a possibilidade da reintegração e da reflexão de nossas vidas.

De início distingamos os gêneros dos problemas que serão levantados, quantos são e quais estarão a rondar nossas imaginações diante de argumentos teológicos, procedentes de uma hermêutica metafórica e simbólica, cabendo ao leitor o bom senso para interpretar e algumas chaves para entender, ou melhor, apreender esta ciência dos deuses.

Neste sentido, proporemos algumas questões filosóficas que foram interpretadas de acordo com antigas estelas de Hermes, que Platão, e antes dele, Pitágoras, leram em suas totalidades, utilizaram dessas lendas para criarem suas filosofias, assim como as questões estranhas ou contraditórias que evidenciam um caráter tendencioso, mediante explicações afáveis e harmoniosas; ou com absurdidade, enquanto proceda segundo noções comuns, onde tentaremos discuti-las de forma coloquial plena de compreensão e clareza, mesmo que tratemos de assuntos metafísicos. E o que pode provar ou negar as provas de obras divinas para nossa intelecção exata, somente será possível com palavras, as quais estarão cheias de especulação intelectual... Porém, é possível com a ajuda de alguns signos importantes dos quais faremos pleno uso, os quais, de alguma maneira, já é cognoscível dentro do horizonte imaginário de todos nós, independente de credos e raças, pois como dissemos no início são metáforas que generalizadamente fazem parte da própria huma-

nidade. Usaremos desses discursos dentro da forma arcaica com todos seus problemas e riquezas lendárias, onde nada omitiremos e tentaremos sua demonstração pelo discurso. A tudo oferecemos de forma conveniente a resposta apropriada, ao teológico responderemos teologicamente, ao teúrgico teurgicamente, enquanto que ao filosófico o examinaremos contiguo de forma filosófica; deste quando concerne as causas primeiras, o levaremos a luz seguindo-o segundo os princípios; e quanto se refere a moral e aos fins supremos os discutiremos devidamente de acordo com o tipo ético, e os demais do mesmo modo, segundo a forma apropriada que o disporemos em ordem de raciocínio.

Estes assuntos estão completamente dentro daquilo que chamamos, diante da Tradição, do culto do sagrado e da comunidade teúrgica dos deuses com os homens; ao buscar um entendimento das leis que regem a humanidade, diante dos seres superiores. Não é outra coisa senão aqueles mistérios divinos, que possam estar longe das coisas da terra, que não se mesclam com os homens e que o mundo está privado deles. Todos nós, em absoluto, temos aprendido deste monumental e complexo conhecimento dos deuses. Segundo estes razoamentos, nem a razão que podemos interrogar ou uma ideia que nos levar a conhecer mais serão suficientes para nos resgatar da ignorância e nos distinguir dos demais homens, pois são atemporais e verdadeiros.

A segunda parte da prática dos Filósofos consiste na execução imediata e combinada com prudência do axioma dos Filósofos *Solve et Coagula*, sendo apenas necessário a mão do artista que está na administração bem dirigida do fogo exterior.

Quando, pelos regimes desta obra, a matéria passa pelas cores essenciais, o negro, o branco até chegar ao vermelho, a medicina da segunda ordem estará realizada. Se quiser fazer a ingressão para levá-la a um grau de força e de poder mais elevados, tem que pegar uma parte da pedra fixada ao vermelho, e fazendo-a entrar outra vez no seu caos para uma nova dissolução, recomeçar o regime da segunda operação que esta se cumprirá na metade do tempo. Depois dessa terceira operação, o artista possuirá a medicina da terceira ordem, cujos efeitos são maravilhosos nos três reinos da natureza; sem dúvida, esta *pedra* pode ser exuberante e produzir resultados ainda mais assombrosos.

A via que pode conduzir o artista à posse da *Fonte da Juventude*, o que poderá voltar a fechar e juntar os poros e fazer mais resplandecentes as pedras do *Rhin* e do *Medoc* ou o cristal de *Rocha* não é a mesma que as anteriores. A que poderá conduzir, por último, na Kabbala Hermética é também diferente, mas todas têm uma via comum até o dissolvente universal; a partir deste ponto troca seu regime no que resulta uma mudança de procedimentos e uma inversão de resultados.

Os Filósofos herméticos não foram igualmente sábios em virtude de: a maioria se contentar em conseguir a transmutação dos metais em metais perfeitos; outros, mais aplicados, chegaram a transmutar as pedras transparentes do cristal de Rocha em pedras preciosas. Outros, mais estudiosos e mais perseverantes, souberam abrir-se no caminho da *fonte da Juventude* ou da *Panaceia universal*, cujos efeitos milagrosos não se restringem somente a curar todas as doenças humanas, mas também restaurar e restabelecer o calor natural debilitado e compensar a unidade radical esgotado pelos efeitos inevitáveis da idade ou causados por acidente do mau uso. Esses Filósofos souberam fazer voltar sobre seus rostos, desaparecidos por anos, as rosas da juventude e devolver a seus membros entorpecidos a energia, a força, a flexibilidade e ligeireza que haviam perdido. Renovaram-se, desta forma, séculos após séculos, como o fez *Artefio* que segundo seu próprio testemunho, viveu mil e vinte e cinco anos; ou, para dizer mais verossimilmente, depois de haver rejuvenescido uma vez, privara dos alimentos diários que lhes causavam efeitos interiores e todas as aparências humilhantes da velhice (é para expressar esta virtude da Pedra dos Filósofos que *Baco* no quarto livro das metamorfoses é representado por um belo jovem que nunca envelhece).

Outros Filósofos, ainda mais profundos e mais felizes, souberam elevar seu corpo espiritual interior quase ao mesmo grau de sutileza e pureza das Inteligências celestiais; conseguiram, por este sublime meio, ver-lhes e conversar com eles, a comandar os espíritos elementais e dominar os maus espíritos. Assim fez Enoch, Elias, Eliseo, Moisés, Daniel e José; e, entre os gregos, Orfeu, Amfion, Lino, Melampo, Eumolpe, Demócrito e muitos outros Filósofos, Sacerdotes egípcios, Druidas e Reis. Em tempos não muito remotos, alguns Filósofos parecem ter sido favorecidos com o mesmo poder: assim como Artefio, Moreno, Apolônio, Aristeu, Abraham o Judeu, o Cortolaneo e o Cosmopolita.

Para representar este poder sobrenatural o qual a Pedra Filosofal pode elevar àqueles que a possuem até o grau de perfeição alcançável, os sábios das fábulas mitológicas disseram que *Baco*, em suas viagens, estava acompanhado por *Cobales* (uma espécie de demônio maligno) e por *Faunos* e *Sátiros* – Os *Cobales*, os *Faunos* e os *Sátiros* são espíritos elementais –, que estavam às suas ordens e lhes obedeciam.

O homem somente pode elevar as luzes de sua alma a este grau de amplitude e perfeição espiritualizando seu corpo espiritual a um grau mais eminente o qual a natureza possa fazê-lo sem a ajuda da arte hermética. A alma do homem está rodeada pelo seu corpo espiritual como o corpo natural rodeia o corpo espiritual.

A alma do homem é a pureza por excelência; o corpo material está composto por uma pasta terrestre e muito corruptível; uma é de substância pensante cujas funções se limitam na reflexão. O outro é um corpo pesado e maquinal, cujas funções se limitam à mais perfeita obediência. Essas qualidades opostas jamais conseguiram formar um todo em si num intermediário que não tivesse aproximado. Esta é a substância espiritual a qual estava reservado ao ser no vínculo desses dois extremos; sem o corpo espiritual que está no meio e que serve de envoltura da alma, esta nunca conseguiria unir-se nem se atar ao corpo material a causa de seu distanciamento e da oposição de seus princípios. Ainda falta dizer que para servir de morada a um e para preservar o outro da corrupção, o espírito teria que possuir algo do terrenal de um e sutil do outro. Por isso, o corpo espiritual do homem é composto por uma substância formada por elementos simples e por elementos toscos, mesclados: pelos primeiros, o espírito se aproxima da alma; pelos segundos depende da matéria.

A alma é o princípio das ações voluntárias, reflexivas e bem fundamentadas, e que sobrevive a destruição do corpo e a dissipação do espírito na região espiritual.

O Espírito é um vapor ígneo, uma chispa, um fogo que dá a vida animal, o movimento do corpo e parece dissipar-se no ar quando os órgãos materiais se destroem. A tenuidade desse vapor é demasiadamente grande para perceber-se com os sentidos a não ser pelos seus efeitos; ministro de Deus na natureza, como o é da alma dos homens, só segue, unicamente nos animais, das impressões e das leis que o Criador impôs para animá-las, para dar impulso aos seus movimentos e as sensações análogas às suas espécies particulares; especifica-se no homem e nos animais brutos, segundo seus órgãos, e daí vem a igualdade que se encontra em grande número de ações dos homens e das bestas. Deus emprega esta substância espiritual como um instrumento por meio do qual os animais digerem, enxergam, degustam, sentem olfato, olham e tocam.

A Natureza especifica em cada um deles segundo a distinta especificação que Deus quis dar a seus órgãos, da diferença de seus caracteres, de suas inclinações e de sua maneira de atuar, que, ainda que diferentes em si mesmas, conduzem-lhes, sem dúvida, ao mesmo fim, que é aquele de ocupar-se de sua subsistência, de sua conservação e de multiplicar sua espécie.

Este espírito o qual se chama *Instinto* quando se trata de animais, determinado e absolutamente especificado em cada animal, não se encontra em absoluto no homem; porque o do homem é o compêndio da quintessência de todos os espíritos que, quando a criação universal, foram criados antes do seu; por isso o homem não tem um caráter particular que lhe seja próprio e os reúnem todos em si, ao contrário que se encontra em cada animal que tem somente um que lhe é próprio. Todo cão é gradecido e fiel, todo gato é egoísta, pérfido e sensual, todo cordeiro é manso, todo leão é forte e valente, toda lebre é tímida, todo galo é orgulhoso, todo tigre é cruel e sanguinário, todo lobo é hábil e astuto; mas o homem o é todos juntos: fiel, ingrato, egoísta, manso, tímido, orgulhoso, servil, valente, covarde, cruel, benfeitor, hábil, astuto, reto, e de boa fé. É, ainda, acima de tudo isso; é pérfido, mentiroso e avaro, possui vícios horríveis os quais a providência exime dos animais brutos. Quer dizer que no homem, as circunstâncias, suas paixões ou a razão decidem sempre o que deve ocorrer a cada instante de sua vida e somente no homem se encontra esta mescla de vícios e virtudes. Cada homem veria desenvolver-se nele esses diversos caracteres e os reduziria de potência a ato como os brutos, em todas as ocasiões em que se apresentaram, se este espírito não estivesse subordinado à outra substância muito superior a sua. A alma leva as rédeas, guia-lhe e lhe conduz em todas as ações reflexivas; às vezes, o ardor e a pronta efervescência do gênio não dão tempo à alma para dar suas ordens e dominar-se; o espírito atua por si mesmo, põe a energia do corpo em movimento e o homem se livra então a ações puramente animais; assim são as que se chamam Primeiros movimentos, nas quais a ação precede sempre à reflexão; o amor próprio dos homens nestas ocasiões atribui as ações da violência, da distração e da impaciência; sem dúvida, não é a tais causas superficiais as quais as ações de falta de razão se devem atribuir. Pelo contrário, deve-se pensar que nos homens atormentados ou violentos, brutais e coléricos, os Elementos toscos em sua substância espiritual superam aos elementos simples e, conseguintemente são mais parecidos aos elementos que animam aos animais brutos. Quer dizer que o vapor ígneo, que é o vínculo entre a alma e o corpo, encontra-se nesses indivíduos mais próximo da matéria que da porção de luz divina da qual está formada sua alma. São, nos momentos de delírio, menos homens que animais.

O homem, como já temos dito, é um compêndio de todas as obras de Deus e o mais perfeito de todos os seres corporais. Daí vem a ideia de chamar-lhe de pequeno mundo ou microcosmo; encerra nele a quintessência de todo o universo, participa das virtudes e qualidades de todos os seres sublunares e tem a firmeza dos metais, o vegetal das plantas e da faculdade sensitiva dos animais e ademais, uma alma inteligente e imortal; o Criador encerrou nele, como estavam encerradas na caixa de Pandora, todos os dons e as virtudes das coisas superiores e todos os vícios e os defeitos das coisas inferiores.

Com a criação do homem, Deus deu por encerrado o processo da Criação; era sem dúvida, o princípio de tudo, quis por um selo na sua obra criando um indivíduo que não poderia ser sem princípio, ao menos, que não tivesse fim como Ele.

Foi o que nos quis dizer São Paulo, que o homem era inexterminável. O homem é o filho de Deus em relação à sua alma, e é filho da Natureza em relação com seu corpo; estas duas forças constituem a natureza humana. Os vegetais, os minerais e os animais brutos são somente uma matéria combinada, muda, mais ou menos vivificada pela natureza. É a diferença estabelecida entre a natureza humana e a natureza material.

Quando o homem conseguir acrescentar a seu espírito ou corpo espiritual uma parte maior dos elementos simples, sua alma, ao encontrar-se então menos presa pela matéria, conseguirá um voo mais alto, mais digno de sua origem divina e mais em conformidade com o desejo da sabedoria suprema.

A razão, o gênio e a inteligência se desenvolvem nele na mesma medida em que seu corpo espiritual se encontra liberado dos Elementos toscos que obstaculizam sem cessar a ação dos Elementos simples; igualmente, na mesma medida em que a ação dos Elementos simples é menos descontínua, as sensações de que a matéria insufla em sua alma como a ambição, o orgulho, a avareza, etc., apagam-se nele; daí procede a sabedoria dos Patriarcas, dos Profetas e dos Filósofos herméticos. É, sem dúvida, com os efeitos desta espiritualização que se deve relacionar os versículos do *miserere*: *"Cor mundum crea in me Deus, et spiritum rectum inova in viceribus meis"*.

Se a tradução da passagem *"Beati pauperes spiritus"* tivesse sido feita corretamente, no lugar de dizer, como se fala em latim ou francês: *Bem-aventurados os pobres de espíritos ou os simples de espíritos, pois deles é o Reino dos Céus,* teria sido dito: *Bem-aventurados aqueles que têm o Espírito mais simples*, quer dizer, cujo corpo espiritual está composto por uma parte maior de Elementos simples, pois terão um lugar principal nos céus ou mundo espiritual.

Que aparência, que efeito, que obra mais perfeita e mais favorecida do Criador não fora digna Dele, enquanto estivesse privada do único dom de Deus (as luzes da razão) que lhe distingue dos animais brutos!

Também é àqueles que tratam de dignificar seu espírito pelos conhecimentos das virtudes Celestes da natureza a quem se refere esta passagem: *multi appellati pauci electi*; efetivamente, de vários milhões de homens que buscaram e que buscam a ciência dos *Profetas, dos Sacerdotes egípcios e dos Druidas*, apenas tem um só que seja bastante afortunado para instruir-se com ela; sem dúvida, não há outro meio para alcançar a possibilidade desta espiritualização que outorgue a chegar ser um dos Eleitos e de usar bem a quintessência, quando é levada ao *nec plus ultra* de seu poder.

Os elementos simples são tão abundantes e tão similares nesta quintessência como que é uma substância quase *Celeste* e sem mácula. É ela que, unindo-se a parte dos Elementos simples inerentes à nossa substância espiritual, aumenta a ação destes, sua força e sua quantidade de modo, que, ao sentir-se superior e ao dominar acima dos Elementos toscos, subjuga-os e os força a não se separarem da matéria da qual dependem; então a alma, secundada por seu ministro celeste, não se propõe nada, não aconselha nada, não vê nada, mas que aquilo que é digno dá origem divina a quem deve o ser.

As luzes, a sabedoria e o poder dos *Adeptos* que tenha possuído neste grau e lhes colocou tão acima dos demais homens que se poderia dizer que eram inteligências envoltas num corpo terrestre e mortal.

Sobre o poder sobrenatural que o homem pode alcançar aumentando suas faculdades, disse São Paulo: "*Nada está privado, nada está desprovido dos meios de fazer crescer a palavra espiritual escondida no fundo da essência de todos os seres pensantes que lhes dá sua luz e sua vida*".

O Santo Ermitão Moreno, célebre Filósofo, na conversação que teve com o *Rei Calid*, seu discípulo, lhe disse:

> *Que o magistério hermético não era nada mais que o segredo dos segredos de Deus, muito Alto, muito Grande, muito Sábio, e Criador de tudo que existe, e que Deus mesmo havia revelado este segredo aos Patriarcas e aos Profetas para que, depois de sua morte natural, pudessem ter um bom lugar no Céu.*

O grande Filósofo *Cortolaneo* também disse:

> *A alma é o corpo espiritual do homem, aquilo que é o olho em seu corpo material: ambos veem; um, pelos olhos da inteligência vê o passado, o presente e frequentemente o futuro; o outro, cujas faculdades se limitam aquilo que o rodeia, não vê mais que as coisas presentes e sensíveis; mas ambos reúnem suas faculdades na matéria dos Filósofos: um a vê e a distingue corporalmente e o outro a aprecia, combina suas propriedades e a leva ao grau de perfeição que constitui a base da glória e do poder sobrenatural o qual o homem pode alcançar por meio dela.*

Aristeu, célebre Filósofo, expressa-se assim numa carta que dirige ao seu filho, traduzida pelo filósofo *Sinésio*:

> *Se os homens conheceram as substâncias vivificantes que contém o ar e soubessem fazê-lo visível e palpável por um ímã natural que lhe torne homogêneo e que ao materializá-lo o fizesse sensível, possuiriam a chave da ciência da Natureza. Porque somente com o fluído vital do qual o ar é a capa externa e o veículo, se*

pode formar o arcano celeste cujo uso eleva o homem acima da humanidade; este segredo é o maior e mais sublime de todos os segredos, o qual pode chegar um mortal. Ao usar esta divina Panaceia lhe encherá de bens; se estiver enfermo, aleijado, velho, será curado, lhe devolverá as forças e lhe rejuvenescerá, porque tem a virtude particular de fazer desaparecer todas as desditas dos homens, aperfeiçoar os metais e fazer felizes e afortunados a todos aqueles que a possuem.

O célebre e sábio *Cosmopolita*, depois de haver falado aos mundos supracelestes, espiritual e elemental, disse:

Que o macrocosmo superior contém tudo o que tem o inferior. É pela influência contínua desta água incorruptível pela qual se animam e dispõe todas as coisas neste mundo; havendo comunicado com os astros visíveis, passam aos astros do ar, do ar à água, da água à terra; de modo que se vê claramente que o mundo inferior é a imagem do mundo superior; e, como neste mundo, o ar se mantém sobre a água e o fogo sobre o ar, assim, no mundo angelical, o ar supraceleste está por cima da água supraceleste e no lugar mais eminente está o fogo soberanamente puro que forma a luz inacessível na qual Deus colocou o habitáculo de sua Majestade. Que nada nos censure por acometer uma matéria tão elevada, ademais de que não dizemos nada que seja indigno de nosso Deus nem contrário a Sua santa palavra. Tem uma chave secreta que abre a porta desses segredos e que está oculta numa matéria comum e depreciável aos olhos do vulgo, mas muito preciosa aos olhos dos verdadeiros Filósofos.

Esse fogo soberanamente puro, que é o habitáculo da Majestade divina, constitui a alma universal da natureza; descende do Arquétipo ao Céu Astral; ali se rodeia a água Celeste para precipitar-se abaixo; comunica a origem da vida a todos os seres sublunares; esta semente espiritual nunca se mostra desnuda e está coberta por uma aparência vil e despreciada.

Essa alma ou fogo supraceleste se chama *enxofre*; o espírito unificado que emana do Céu do Firmamento se chama *Mercúrio*. Essas duas substâncias celestes, quando unidas, formam unidade radical de todas as coisas.

Essa alma e esse espírito unificados juntos, como uma única e mesma essência indivisível, não se faz sensível mais que pelo efeito de sua união e de seu amor mútuo, que forma uma terceira substância e passa a chamar *Sal,* o *Sal* astral, e nitro do ar que lhes esconde. E lhes oculta em seu seio, não formando com eles mais que uma mesma substância; um composto de três. Neste estado, no qual o ímã Filósofo lhes atrai, incorpora-lhes e lhes faz sensível.

Este *sal* é da *sapiência* e forma o vínculo entre o fogo e a água, o seco e o úmido; que é o terceiro *princípio.* No ar é sutil, fluído, invisível e impalpável e não é sensível mais que pelos efeitos que produze sobre os compostos elementais.

O *Sal* celeste é o princípio inicial que procede da alma e do espírito (*todo princípio principiante [inicial] é simples, o sal contém os outros dois; desta forma, ao atrair o sal celeste pelo ímã filosófico ao qual se une, possui os elementos simples com os quais os Profetas, os Sábios e os Filósofos herméticos trabalharam [operaram] coisas milagrosas. É o segredo dos segredos de Deus*). É o que têm dito vários Filósofos, que o *sal espiritual* que envolve o enxofre e o mercúrio celestes era só e unicamente matéria com a qual se faz a *Pedra dos Filósofos* e, como essas três substâncias identificadas pela sua união não formam mais que uma substância perfeitamente homogênea, têm dito que a *Pedra dos Sábios* não era composta mais que por uma só coisa, *trina* em essência (*são três princípios principiantes: sal, enxofre e mercúrio celestes*), única de princípio (*é o sal que contém os outros dois; é aquilo que os Sábios disseram: in sale omnia fiunt*), e quadrangular é a causa das quatro qualidades elementadas (*é porque os três princípios principiados personificados no Sal celeste, contém neles os elementos simples dos quais os quatro elementos sensíveis ou toscos são elementados [constituídos]*). Sem dúvida, não há que se imaginar que a substância triangular e quadrangular dos Sábios deva ou possa tomar-se em seu estado de fluído aéreo, imperceptível aos nossos sentidos; há que tratar-se de encontrar esta matéria infusa e corporificada numa terra virgem, que não é mais que um vapor central espesso e condensado pelo ar da atmosfera na qual os primeiros e segundos agentes se encontram reunidos; a terra virgem é a raiz tangível do enxofre dos Sábios, de seu *mercúrio e de seu sal.* É essa terra virgem a qual forma o ímã filosófico com o qual atrai o orvalho celeste que, unido ao fogo central com qual tem origem comum, formam uma única e mesma substância homogênea que leva o homem ao perfeito conhecimento do mercúrio hermético que, uma vez com sua posse, nada parece impossível ao feliz artista que souber encontrá-lo.

A doutrina dos Elementos é a única via que conduz infalivelmente ao desenvolvimento dos princípios da Natureza generalizada.

Esta teoria é a base sobre a qual têm de apoiar-se os trabalhos herméticos; quando se tem conseguido constatar os primeiros pela experiência, se possui a *Clave misteriosa* das mais secretas operações da natureza sublunar.

É o porto ao qual se dirige o Filósofo hermético; mas *o sábio* leva seus olhares mais longe: busca *a sapiência ou o poder profético.*

O uso da *Panaceia* levado ao seu máximo grau de pureza, ao abrir o entendimento e a compreensão do *Adepto*, faz desaparecer os limites conhecidos do espírito humano; sua alma então, a qual nenhum obstáculo é para a inteligência, revela-lhe as admiráveis adaptações às quais este arcano celeste pode ser empregado frutiferamente.

Baco, que saiu do músculo de *Júpiter*, unido a *Minerva* que saiu do cérebro deste Deus Todo-poderoso por obra de *Vulcano ou fogo central,* formam a quintessência milagrosa, cujos efeitos colocam o Sábio acima da natureza humana.

Comete o mais profundo erro acreditar *que para chegar ao conhecimento da Natureza* o homem deve recorrer as luzes de certos espíritos que se supõe falsamente serem os intermediários entre a divindade e ele.

Estes espíritos, os quais alguns homens, por cegueira, têm chamado por conjuros e cerimônias supersticiosas, estão mais dispostos a enganar do que aquele que acredita ser acudido aos seus chamados, porque todos aqueles os quais podemos chamar por estes meios são maus espíritos e não desejam outra coisa senão a possibilidade de induzir os homens ao erro.

Para sustentar a própria opinião e fixar a crença sobre este ponto importante, é importante consultar a relação que Moisés estabelece no desenvolvimento do caos, da criação dos mundos, dos anjos, das inteligências dos Espíritos elementais e do homem.

Este Santo historiador na separação da matéria às quais formaram o *caos*, diz que essa separação se deu da seguinte maneira: *"Deus separou as Águas das Águas, fez duas partes distintas e a mais pura foi dividida em três; com a mais pura destas três, Deus formou o corpo dos anjos nos quais infundiu uma alma divina e o mundo angélico no qual habitam as Dominações, os Tronos, as Potestades, os Querubins, os Serafins, os Arcanjos e os Anjos".*

Os habitantes do mundo supraceleste formam, falando com propriedade, a Corte do Empíreo que recebe imediatamente da Divindade as ordens que transmite aos mundos inferiores.

"Da segunda parte da subdivisão, menos pura, isto é, de essência menos pura que a primeira, Deus formou as inteligências e os gênios, nos quais infundiu *uma alma quase divina* e o mundo espiritual ou celeste".

É a região do firmamento onde residem as inteligências e os numerosos gênios que governam o universo sob as ordens de Deus, que lhes são dadas pelos habitantes do mundo supraceleste.

"Da terceira parte da subdivisão, a menos pura, Deus criou os Espíritos elementais, os quais não lhes infundiu *como alma mais que uma chispa do espírito* universal e formou também desta parte os Elementos toscos que caracterizou os Elementos simples dos mundos superiores".

Nesses elementos toscos vivem os espíritos elementais, os quais os homens deram os nomes de *Silfos, Ninfas, Náiades, Sátiros, Gnomos, Duendes* etc. Tais espíritos elementais executam cegamente as ordens que lhes são dadas pelas inteligências e os gênios, em relação somente restrita ao globo terrestre. Eles morrem sem esperança de ressurreição como os animais brutos, cuja alma depois de sua morte se funde na imensidão do espírito universal.

Os Espíritos Elementais são quase todos maus por causa de sua comunicação imediata com os maus espíritos; têm que excetuar, sem dúvida, os Espíritos do ar que vivem no oriente, os quais se asseguram que não são maus, porém, estando uns e outros privados de uma alma imortal, estão abaixo dos planos sublimes e secretos da Natureza e não têm o mínimo conhecimento deles; sua compreensão sobre os mistérios não penetra nada além daquilo que possa compreender um homem comum.

Foi pelos Espíritos elementais pelos quais *Moisés* destruiu os prestígios dos magos do *Faraó*; foram eles que engoliram *Dathan, Core* e *Abiron*; foram eles que desestabilizaram *Sodoma* e *Gomorra*; foi por meio deles que se derrubaram as muralhas de *Jericó,* e foram eles também os instrumentos das sete pragas com as quais Moisés afligiu o Egito, de modo que esses espíritos podem olhar bem mais de perto os destruidores das obras da natureza e atuam como investigadores dela. Não é mais que seus feitos e pelas ordens que lhes são transmitidas pelos habitantes do mundo espiritual que se dão as calamidades e os transtornos os quais o Globo terrestre e a natureza estão expostos.

Diz-se que os Espíritos Elementais habitam, na maioria das vezes, nos lugares mais desabitados, mais selvagens e mais inacessíveis: nos desertos, nas montanhas escarpadas, nos precipícios; se parecem, às vezes, aos habitantes rústicos dessas regiões desoladas. Esses Espíritos Elementais machos têm o gosto de coabitar com mulheres humanas e os espíritos fêmeos gostam de unir-se aos homens. Asseguram inclusive que tais monstruosas uniões não careçam de exemplos. A coabitação dos Espíritos machos é infinitamente mais frequente com as mulheres do que com os homens; complementam, inclusive, que os famosos malvados, cujas vidas fizeram estremecer a humanidade eram produções destas espécies. São a esses espíritos os quais se deu o nome de espíritos *Íncubos* e de espíritos *Súcubos*; mas, independentemente de serem geralmente mal-intencionados, sua comunicação somente poderia servir para interromper e parar os males que exercem. Todavia, falta força para que um homem pudesse vencer esses Espíritos, ardentes e tumultuosos e frequentemente pérfidos. Diziam também que eles têm a capacidade de elevar o espírito dos homens através do conhecimento dos mistérios da Natureza e pelos usos da quintessência filosófica, quase ao grau dos gênios das inteligências que lhes governam.

Alguns charlatães têm persuadido ao povo crédulo de que os *gnomos* e os *duendes* guardavam tesouros nas minas escondidas sob a terra; que através de conjuros lhes fariam conhecer onde se estavam escondidos os tesouros e lhes proporcionariam a descoberta.

Vários Filósofos, entre eles *Apolónio de Tiana*, asseguraram que quando Cambises, rei dos persas, destruiu os templos egípcios e expulsou deles os sacerdotes, estes enterraram todo ouro filosófico que haviam feito e obrigaram os espíritos elementais a guardar esses tesouros para que não pudessem converter-se no despojo daqueles conquistadores ávidos e destruidores. Diz-se que, no Alto Egito, os tesouros somente poderiam ser encontrados e guardados pelos espíritos da Terra, sob as ruínas dos templos destinados a arte sacerdotal. Os árabes rústicos, que habitavam nestas regiões desérticas, estavam, todavia, completamente convencidos de que os lugares onde se encontravam esses templos naqueles tempos ocultavam muitos tesouros, que não poderiam ser encontrados sem a ajuda da magia, por causa dos espíritos que os guardavam.

Esses contos e lendas se mantiveram por séculos; entre alguns povos também se contava que os *Faunos* e *Sátiros* guardavam os frutos dos campos e que as *Náiades* e os *Tritões* guardavam os peixes do mar.

Os três mundos os quais acabamos de falar foram criados da primeira parte da divisão que Deus fez das Águas. Da metade que Deus reservou, criou a natureza humana e na composição da qual estão contidos em potência os três primeiros mundos; o angélico, o espiritual e o elemental; por isso o homem tem neles *alma, espírito* e *corpo.*

Por sua *alma*, que é de ciência divina, o homem comunica imediatamente com Deus e com o mundo angelical que é imortal e fisicamente incorruptível; a alma do homem não pode ser alterada e perder seus privilégios ligados à sua origem divina, mas que por sua intenção mental; é o que se chama de bem ou o mal moral; assim, pois, não se pode, sem cegueira e sem estupidez, supor que haja algum ser intermediário entre a divindade e a alma do homem. *David* sobre isso diz o seguinte: *ego dixi dii estis e excelsis omnes*; e Cícero, que *Deus estava em nós.*

O homem como alma e espírito corresponde ao mundo espiritual e subsequentemente com as inteligências e os gênios que habitam nele.

O corpo material e o espírito do homem correspondem ao mundo Elemental, cujos habitantes é sem dúvida superior; causa da superioridade da essência de sua alma sobre os espíritos elementais.

Apesar de todos os sublimes conhecimentos que o homem pode alcançar pelo uso da quintessência dos Filósofos, sem dúvida, seu poder se encontra limitado pelo mundo supraceleste. Nesta linha de raciocínio que Deus estabeleceu entre a *Sapiência* e ele, por muitos esforços que possa fazer o *Adepto*, não lhe é possível levar a sutileza e a pureza do Elixir dos Sábios, consequentemente, a de seu corpo espiritual, ao grau que a matéria sutil entrou na composição do mundo supraceleste. Deste modo, por nenhum meio, salvo o da ordem expressa pela divindade, o Filósofo pode ter comunicação imediata com os habitantes do mundo angélico, quer dizer, que não poderá vê-los nem ouvi-los a não ser pela *contemplação* e o *êxtase* o qual sua alma pode elevar-se.

Os habitantes do mundo *celeste* ou do *firmamento* não podem ser chamados, vistos, nem ouvidos pelo homem comum, porque sua essência e seu poder os coloca demasiadamente acima deles; somente podem ter comunicação imediata os Filósofos herméticos, que se poderiam colocar com justiça acima da humanidade pelo uso feliz dos conhecimentos que adquiram por meio dos quais elevaram seus espíritos muito acima da esfera e da superfície do mundo sublunar.

Porém, poderia objetar-se: como pode ser que um homem envolto numa matéria terrestre e corruptível pode ver, ouvir e comunicar com Seres puramente espirituais? Poderia responder aos que fizessem esta pergunta que não conhecem do homem mais que a aparência exterior e a matéria.

O homem não é homem pelo seu corpo material. Este somente tem a forma humana e lhe foi dada uma alma por ação de seu espírito que penetra a matéria, a move e a dispõe interiormente, do mesmo modo que o cinzel do escultor trabalha o mármore por fora.

Sua alma deve sua forma ao Criador porque, sendo a produção imediata do ser eterno, recebeu suas formas saindo de suas mãos; a forma do espírito ou do corpo espiritual do homem está tomada da forma de sua alma como a forma de seu corpo elemental está moldado a forma de seu corpo espiritual.

Deus, por uma espécie de extensão de si mesmo, extraiu de si *a alma* do primeiro homem, a qual infundiu sua própria imagem, as faculdades intelectuais e aquelas próprias a propagá-las; envolveu esta substância divina na quintessência espiritual, com a qual se havia animado a todos os seres criados; infundiu esta substância pensante e vital no corpo do homem, que havia formado com a terra mais sutil e a mais análoga da obra que se havia proposto a fazer.

Essas três substâncias identificadas no homem se reproduzem, crescem e se multiplicam pela única via que a natureza humana prescreveu nas suas virtudes prolíficas (não pode ser a matéria a qual Deus ordenou que crescesse e multiplicasse – *Crescite et multiplicamini* – porque a matéria por si mesma não pode crescer e multiplicar-se se estivesse privada do espírito fermentativo; não é mais que um *Caput mortuum*, uma terra condenada, sem ação, sem movimento e sem vida. Foi, pois, a alma e o espírito a quem o Eterno dirigiu as palavras: *"Crescei e multiplicai-vos"*). A alma, como a mais privilegiada e a mais nobre, da qual o espírito é semelhante e a qual o Criador infundiu o espírito, está forçosamente condicionada a moldar e a organizar a matéria sobre a figura que tenha recebido esta alma.

A mulher, estando destinada a ser a companheira natural do homem, associada à sua glória e à sua felicidade como o está também aos seus infortúnios, para cumprir o desejo da sabedoria eterna e da multiplicação da espécie, foi criada de um extrato da matéria da qual o homem havia sido formado. Sua alma e seu espírito foram extraídos igualmente da alma e do espírito do homem, com todas as virtudes e faculdades intelectuais que Deus havia estabelecido. É o que disseram com muita sabedoria os antigos Druidas, *que a mulher era a alma de nossa alma, o espírito de nosso espírito e a carne de nossa carne*. É a consequência de seus sublimes conhecimentos que os Druidas haviam estabelecido um areópago formado por mulheres as quais decidiam os assuntos mais importantes e mais espinhosos, porque se lhes atribuíam a estas, muita compenetração e mais sagacidade, em função da delicadeza e da sutileza de seus órgãos. O supremo conselho, pela retidão de seus juízos, havia merecido durante vários séculos a veneração e a confiança das nações vizinhas, que iam voluntariamente a eles requerer e a submeterem-se a suas sábias decisões; porém, os homens, apoiados pela força e atormentados pela sede de invadi-los e governá-los, destruíram esta corte de Justiça onde presidiam a doçura e o humanismo (a doçura e as humanidades são duas qualidades inerentes e inseparáveis de seu sexo, porque a mulher é uma produção da natureza humana; é o enxerto cultivado que se acopla em um arbusto silvestre para que produza frutos doces e suculentos; o homem, pelo contrário, é a produção da natureza generalizadamente, porque é sempre agreste e rústico; daí vem o seu humor e seu caráter feroz, duro e déspota sempre que uma boa educação não haja cultivado esta árvore selvagem, que, sem estar sendo cuidada, não produz mais que frutos crus e amargos. Se a boa moral não pode humanizar este ser altaneiro e orgulhoso de sua força, a mulher, por seu exemplo, por seus costumes e por suas carícias, somente pode insinuar em seu coração e no seu espírito ardoroso e indócil os princípios os quais resultam no amor de seus semelhantes e no bem da sociedade) e a substituíram por assembleias de homens, cujos juízos se ressentiam frequentemente de seu caráter iracundo, ardoroso, feroz e tirânico.

Quando o indivíduo tenha dedicado a refletir profundamente sobre a ideia que se deve ter das substâncias que concorrem na formação de nosso individualismo, como ser humano e todas suas complexidades, onde ocorre somente dentro de cada um ser apreendida de maneira real. Por meio de muita reflexão, poder persuadir-se e muito dificilmente aquelas substâncias invisíveis a nossos olhos corporais que têm a forma humana, possa pelo seu efeito de transformação conceder as partes do corpo palpável do homem ser organizadas.

Em geral, as ideias que uns fazem sobre o homem se limitam aos aspectos que afetam aos sentidos e que raramente não mais longe de onde os vemos nele, de terrestre e de material.

Sem dúvida, não está aí o que constitui propriamente dito o homem; não é verdadeiramente homem além de sua faculdade inteligente por meio da qual é capaz de pensar, refletir e raciocinar; com um pouco de recolhimento de si mesmo, o homem sente imediatamente que sua inteligência e sua vontade lhe tornam aquilo que é, e que seu corpo não é nada mais um instrumento às ordens da vontade que lhes governa.

Assim, pois, é pelo homem interno que o homem é verdadeiramente homem; sem ele, o homem exterior não seria mais que um cadáver, tal como o é depois do homem interior, que é sua alma envolta no seu corpo espiritual, é separado de seu corpo corruptível e material.

O homem interior conserva a forma humana quando, separado da matéria, sobe depois de sua morte à região espiritual; conserva também os mesmos traços que sua aparência mortal; por isso, no mundo espiritual, os pais reconhecem os seus pais e os amigos reconhecem os seus amigos.

A morte do homem neste mundo não é mais que a divisão das primeiras substâncias da última, quer dizer, a separação de seu corpo tosco, de seu Espírito e sua alma.

O homem deixa seus restos mortais no mundo que lhe havia dado os princípios de sua existência material e de seu crescimento. Depois dessa separação, passa o corpo de espírito e a alma para região espiritual. É no mundo espiritual que o homem recebe a recompensa ou o castigo das boas ou más ações que haja cometido no mundo.

O homem ressuscita imediatamente ou, para dizê-lo com mais precisão, das três substâncias as quais seu indivíduo estava formado, somente ficam duas. É o que se chama ressurreição. É o que disse São Paulo, que o homem ressuscitava com um corpo que não era aquele que deixava no mundo sublunar. A morte e a ressurreição do homem não são, pois, mais que a passagem deste mundo ao mundo espiritual, onde, se tiver sido justo e bom, terá a alegria de reconhecer seus pais, seus amigos e seus filhos como merecida recompensa.

A estância que a alma do homem revestida de seu corpo espiritual faz na região espiritual é uma segunda vida, infinitamente mais longa que a primeira, porque seu corpo espiritual não é susceptível de corrupção; ademais, à medida que o homem se aproxima da divindade, quando tempo e lugar não é nada, estes mesmos espaços lhe parecem muito menores e muito mais próximos.

Os castigos que os homens culpados sofrem depois de suas mortes não são mais que ilusões perpétuas, imaginações fantásticas e estranhas, que lhes fazem desejar com paixão aquilo que não podem obter; o objeto de seus desejos é o mal em si e tudo o que se deriva dele; o desprezo aos demais, a aversão, o ódio, a paixão, a vingança, a crueldade e todos os efeitos contrários à felicidade do homem e da sociedade.

Há uma luz divina no mundo espiritual da qual o homem não pode fazer-se mais que uma vaga ideia e confusa, mas cujo aspecto e visão produzem a alegria e faz a felicidade dos habitantes do mundo espiritual; somente os homens que neste mundo tenham sido bons e justos podem aguentar seu brilho e sua Majestade. Mas quando ocorre o contrário, isto é, quando os homens durante suas vidas abusaram dos dons de Deus (quer dizer, de seu coração e de sua razão), não podem aguentar o brilho intenso dessa forte luz, a temem e inclusive fogem dela, porque penetra nos recônditos mais ocultos de seu corpo espiritual; descobrem aos habitantes do mundo Celeste, com seus próprios olhos, os crimes, as transgressões, de avareza e de cobiça que lhes tenha feito culpáveis sobre a terra que habitavam; os crimes e os vícios dos homens se gravam indelevelmente durante sua vida, à medida que se livram deles, na região do coração e do cérebro de seu corpo interior, de modo que, no mundo celeste, seu corpo espiritual, ao sentir-se diáfano e transparente como o ar, é penetrado pelos raios da luz divina, onde os espíritos podem ler como num livro as atrocidades que os homens perversos tenha cometido e a arte de encobrir na terra, onde suas paixões estavam cobertas por uma aparência impenetrável aos olhos de seus semelhantes, fica desnuda aos olhos daqueles que tudo veem.

A vergonha e o opróbio de aparecer ante seus pais, seus amigos e conhecidos diferentes de como havia mostrado durante sua vida lhes faz distanciar desta luz de justiça e de verdade e lhes faz precipitar-se por seu próprio movimento nas trevas onde a luz divina nunca penetra; andam errantes ali na ilusão e na cegueira; o consolo de reconhecer seus pais e seus amigos, que, como eles, precipitaram-se ali, lhes é negado, se convertem, às vezes, inclusive em seus perseguidores. Este é o castigo dos malvados.

As trevas nas quais os homens culpados se precipitam não são outra coisa que os elementos toscos os quais viviam quando ainda estavam envoltos em seu corpo terrestre; porém, quando só existe no corpo espiritual, a luz do sol e dos astros que iluminam durante sua vida não é para eles mais que trevas e obscuridade, porque, por um lado, estão privados dos olhos de seu corpo mortal que eram os órgãos naturais que, como um espelho, davam a sua alma a claridade natural do dia e da noite; e, por outro lado, sua alma maculada pelos crimes não pode, no mundo espiritual, suportar o brilho da luz divina a qual ilumina os olhos do corpo espiritual. Andam errantes no espaço de nossa atmosfera; rodeiam-nos, como se diz, por todas as partes; estão pendentes sem cessar do momento em que a debilidade humana lhes facilite os meios de introduzir-se nos órgãos dos homens para induzi-los ao erro e para expulsar totalmente de seu coração a vergonha e o arrependimento. São esses espíritos das trevas que se comunicam com os mortais e a quem aos conjuros pode-se fazer aparecer.

Se os homens forem justos e culpados igualmente, não haveria mais que um grau de recompensa ou de pena, mas, como alguns são mais justos e outros mais criminosos, a Justiça divina estabelecerá distintos graus de recompensas ou castigos. Esses graus são em medida maior ou menor distante as quais os Espíritos dos homens se mantêm na luz divina da qual gozam os justos no mundo espiritual. Os culpados se distanciam para sempre e se precipitam nas trevas para uma eternidade; de modo que, quando nosso globo e os elementos toscos que os formam forem descompostos e que Deus tenha separado deles, os Elementos simples que infundiram a vida, não serão mais que um resíduo, numa terra condenada e então, os espíritos das trevas serão aniquilados ou serão precipitados no abismo, desta terra impura e corrompida.

Os Espíritos menos culpados, ainda muito distantes da Luz divina, não a perdem de vista, em absoluto, quando as instigações dos maus espíritos que estão ao seu lado, não podem dizer-lhes para separar-se dele completamente e se voltam a aproximar pouco a pouco. Os rastros das ações repreensíveis gravadas em seu corpo espiritual se apagam dele por causa do caminho que fazem para a luz divina e por causa da verdade de seu arrependimento e, finalmente, com o tempo, as orações conseguem gozar da beatitude dos justos. É estes espíritos os quais se refere a passagem da oração pelos mortos; *et lux perpetua luceat eis.*

Não estaria longe de acreditar que as orações fervorosas dos homens justos em favor dos mortos, ajudadas pelos seus arrependimentos, possam aproximar-lhes em menos tempo da luz divina. Se este sistema é incerto, pelo menos é muito consolador para aquelas almas honestas e agradecidas.

Quando o homem no corpo de espírito e na alma tenha passado no mundo espiritual o tempo que a providência haja prescrito, desembaraça-se de seu corpo espiritual que abandona na região que lhe é natural e sobe somente em alma ao mundo angélico para gozar das alegrias eternas e inefáveis, reservadas aos habitantes do mundo supraceleste.

Existe uma semelhança surpreendente entre os efeitos da Pedra Filosofal com aqueles da Pedra Filosofal Sobrenatural.

A propriedade fermentativa é a alma da matéria do universo; para levá-la ao poder da Pedra dos Sábios tem que torná-la tão pura, como era o espírito de Deus que passeava sobre as águas; quer dizer que tem que limpá-la de todas as heterogeneidades materiais e fazê-la tão espiritual como a raiz que a produziu.

Assim mesmo, a alma do homem, para ser digna de sua origem divina e para gozar dos privilégios atribuídos a este, deve ser limpa das substâncias que lhe servem de vestiduras, nos dois mundos que deve recorrer, porém, à semelhança da quintessência dos Filósofos, não deve ter mácula para que possa voltar novamente ao Seio do Criador que lhe deu o ser.

A primeira deve voltar-se tão pura como a luz natural da qual é um extrato. A segunda, que foi emanada da luz eterna, deve ser-lhe devolvida ao estado de pura inocência no qual se encontrava quando foi separada; uma ao preservar o homem de todas as dolências, faz que se deslizem dias tecidos em ouro e seda; a outra, mergulhando a alma na mais deliciosa serenidade, libera-a da tirania das paixões humanas.

Uma leva o homem até o mundo Celeste, a outra lhe põe aos pés da Divindade, e ambas são o fruto e a recompensa de nossas felizes buscas e de nossos trabalhos na Ciência da Natureza.

Os Sábios somente conhecem duas luzes: uma luz divina e uma luz natural. A luz divina em todo seu esplendor ilumina o mundo supraceleste do qual somente uns raios iluminam o mundo espiritual. Não podem ver essa luz a não ser os *Espíritos bem-aventurados*.

A luz natural é a do sol e dos astros que iluminam o globo terrestre. Não se pode percebê-la a não ser pelos olhos dos corpos mortais; quando os órgãos da vista são destruídos, essa luz não é mais que uma obscuridade, parecida com aquela à qual o homem se depara quando dorme ou cerra os olhos voluntariamente.

Os sábios têm repetido em quase todas suas obras que a luz natural seja, de algum modo, uma cópia calcada da luz divina. Admitir alguma semelhança entre a luz divina e a luz natural é difícil; não é possível encontrar aparências entre os privilégios dos habitantes dos mundos superiores e dos homens enquanto vivem neste mundo.

Os seres supracelestes rezam na presença da Divindade e das Inteligências, e os Espíritos bem-aventurados oram voltados para a luz eterna; enquanto que os homens durante sua vida não podem figurar-se a Deus, nem da luz divina, mais que pelos olhos da imaginação, assim mesmo não podem ter uma ideia de um e outro mais que de algum modo muito vago e muito confuso.

Existe outra diferença muito surpreendente também entre os privilégios que gozam as essências superiores e aqueles da *humilde espécie humana*.

Os habitantes dos mundos celestes ou supracelestes, envoltos sem cessar numa atmosfera de luz, iluminam-se por si mesmos até os mais profundos abismos os quais Deus quer levar suas ordens; enquanto que os homens, quando estão privados dos raios da luz natural, encontram-se na obscuridade mais absorta e somente podem dissipá-la com a ajuda da débil claridade das luzes fictícias que a estreiteza e a necessidade lhes fizeram inventarem. Isso quer dizer que nunca existe trevas para as criaturas que habitam estas regiões enquanto que os humanos estão sumidos nelas durante a metade de toda sua existência.

As diferenças que acabamos de observar colocam os humanos a uma distância imensurável dos Seres celestes e, consequentemente, das almas dos homens justos e bons de alma, dos homens viciosos e maus, sem distinção de classe; de Estado ou fortuna (porque nem Deus nem a Natureza gastaram mais, nem puseram mais cuidado em fazer um homem Rei ou um homem lavrador), distância, a qual um homem sensato não pode aturdisse nem fazer-se iludido, distância que teria que destruir em seu coração até o gérmen do orgulho e do amor próprio.

Alguns aduladores observam talvez que a nobreza do sangue, sem dúvida, marca certa diferença entre os homens, inclusive no mundo espiritual; responderemos a esses homens estúpidos e perigosos que a nobreza do sangue consiste em sua pureza, e que muito frequentemente o sangue de um lavrador é mais puro e mais são que o de um nobre mais distinto; neste sentido, a alma somente poderia estabelecer uma diferença entre os homens se Deus tivesse tirado a alma dos nobres de outro centro do qual tirou as almas dos mercenários; mas como a origem das almas de todo gênero humano é a mesma, todas as almas das criaturas procedentes deste são perfeitamente iguais aos olhos da Divindade.

Se a natureza parece admitir algumas diferenças entre os homens, estas somente consistem, como já se tem observado, no desenvolvimento mais ou menos amplo das perfeições da alma, quer dizer, que a organização interior mais sútil, mais perfeita e mais proporcionada é sempre a do indivíduo mais realizado, porque é aquela que põe menos obstáculos às suas faculdades intelectuais. Porém, esta diferença da alma na natureza humana não existe no mundo Celeste, onde todas as almas dos homens, não estando limitadas pela matéria, experimentam por igual à mesma amplitude e as mesmas elevações, sobretudo se estiverem colocadas na mesma distância da luz divina. Resulta disso que, no mundo espiritual não há mais diferença entre as almas dos homens, os quais estabelecem as obras humanas, caritativas, justas e benfeitoras, exercidas no mundo sublunar, daqueles outros que tenham dado lugar aos vícios e as paixões.

O Espírito celeste *Lúcifer*, ou *porta-luz*, aquele que Deus castigou com sua cólera, não era um habitante do mundo angélico; se tivesse sido, não teria podido faltar a Deus, a causa da perfeição de sua essência; não era mais que o gênio ou a inteligência do mundo Celeste ou do firmamento, encarregado de cuidar da luz natural a qual se chama Sol. Criou-se igual a Deus, porque, governando o centro desta luz, se persuadiu de ser seu Criador, como o é Deus da luz eterna, que concede aos mundos superiores. Seu orgulho e sua audácia atraíram sobre ele a indignação da divindade que lhe lançou juntamente com todos os gênios que se lhe haviam unido em suas loucas pretensões aos Elementos toscos do mundo Elemental. Lugares onde – privados da atmosfera luminosa de que gozam os habitantes dos mundos superiores – estavam nas trevas como os espíritos dos homens que durante sua vida viveram no crime e na adversidade.

Os gênios os quais Deus despojou dos privilégios celestes lançados nas trevas são aqueles que chamamos de maus gênios. Os espíritos dos homens culpados estão submetidos a eles e são perseguidos por eles; todos os espíritos desta corte infernal são os que respondem aos conjuros dos homens com tanta facilidade quanto que tratam sem sessar de seduzi-los, corrompê-los, enganá-los e fazê-los tão desgraçados quanto eles.

As inteligências não se comunicam com os mortais sem uma graça especial da divindade, como também é a de possuir a *Pedra dos Filósofos*.

Os anjos e os espíritos que habitam os mundos supracelestes não podem comunicar-se com os homens sem uma permissão ou uma ordem particular do Ser Supremo, como afirmam Lot, Tobias, Abraham, etc.

O mal pode produzir-se e fazer-se sem a participação de Deus; é o que fazem os maus Espíritos por suas sugestões e os homens maus ou débeis pelas ações e feitos que resultam desta sugestão, sempre que, não obstante, Deus não ponha obstáculo a eles. Ao contrário, o bem procede sempre da vontade divina, seja por meio dos anjos ou pela via dos bons espíritos que inspiram seja por pressentimentos, seja pela inclinação natural, que Deus infundiu na alma do homem que lhes leva a fazer o bem ou ao arrependimento quando faz o mal.

É estar também num erro pernicioso imaginar que o homem necessita das luzes dos espíritos de tribulações para esclarecer numa ciência ou em algum acontecimento futuro; esses Espíritos não conhecem nem um nem outros e enganam constantemente com sutilezas, vãs promessas, fascinações e com ilusões fantásticas; quando aparecem fingem uma atitude sossegada e tranquila, e quando falam, tem uma voz suave e persuasiva; porém, não o podem por uma cara solícita; pelo contrário, são horríveis e inspiram temor e terror, e seu aspecto faz estremecer os mais decididos.

Como os homens podem pensar ou acreditar que alguns espíritos tenebrosos os quais Deus despojou dos privilégios celestes, de sua essência original, ou alguns que durante sua vida foram *avarentos, pér-*

fidos, ingratos, inumanos e que estiveram consumidos na mais crassa ignorância tenha podido conservar ou adquirir conhecimentos sublimes na morada de sua reprovação? Tal ideia é uma loucura e quase inimaginável; seria muito mais razoável pensar o contrário: que esses Espíritos que habitavam no mundo celeste antes de sua queda ou que durante sua vida haviam adquirido alguns conhecimentos nas ciências, nas trevas nas quais andam errantes lhes apagaram suas pegadas e lhes despojaram de toda reminiscência.

Se os homens que se entregam a tão perigosa curiosidade, querem de boa-fé conhecer toda a ilusão e convencer-se ao mesmo tempo da verdade de tudo quanto se acaba de dizer, que se apliquem em buscar e descobrir os olhos das caras dos Espíritos que se lhes aparecem em corpos fantásticos, seja de imediato, seja através da água de um frasco, ou seja pelo reflexo de um espelho e se convencerão, pela inutilidade de suas buscas, que estes espíritos não têm olhos; talvez, inclusive, não lhes é permitido colher a forma destes, uma vez que sempre aparecem com a cara coberta para mostra-se aos homens ou às crianças, as quais buscam aproximar-se com mais zelo ainda; independentemente do prazer que esses espíritos sentem quando podem enganar aos homens e fazer que se apartem de seus deveres, têm um motivo, quase tão premente como o de fazer o mal, para tratar de introduzir-se no corpo dos homens; que têm por finalidade ver a luz natural que não podem mais ver, a não ser por meio dos órgãos da vista dos indivíduos os quais assumem (possuem). É a estas possessões secretas que se devem atribuir-se nas ações atrozes que certos homens se fazem culpados.

Os espíritos elementais não podem aparecer mais que com seus corpos que a natureza lhes tem dado, porque gozam da vida corporal e procriam naturalmente como os filhos dos homens; por isso se lhes veem jovens ou velhos e machos ou fêmeas.

Asseguram-se geralmente alguns homens, sem ter conhecimento da ciência da natureza, que têm manifestado em algumas ocasiões poderes sobrenaturais, seja recuperando coisas perdidas ou revelando ações passadas feitas ou ditas no maior segredo ou fazendo aparecer certas figuras ou até mesmo fazendo trasladar certos efeitos de um lugar a outro por meio de uma mão invisível. Porém, esses resultados são todos frutos que tiraram dessa criminosa comunicação. Jamais os espíritos que se uniram a tais indivíduos puderam ensinar-lhes segredos que poderiam ser importantes para a vida dos homens ou para sua fortuna, não lhes podendo documentar sobre matérias que ignoram, tanto mais quanto que todos os meios de fazer ou produzir o bem lhes são tão desconhecidos como impossíveis.

Há motivos para pensar que esses homens débeis e crédulos somente obtiveram poderes por um convênio implícito feito com os maus gênios. Estes empregam frequentemente aos Espíritos dos mortos, que estão sob seu domínio, para empurrar os homens os quais consente a semelhantes pactos. Muito frequentemente também empregam o concurso dos Espíritos elementais, os quais têm subjugado, para transportar efeitos físicos de um lugar a outro por meio de uma mão invisível, porque estes resultados são importantes para os maus espíritos que são cegos e que estão em uma escuridão perpétua. Os maus gênios e os espíritos submetidos a seu domínio somente podem induzir aos homens ao crime seja por instigações, ou seja, introduzindo-se em seus corpos. Os espíritos elementais não podem introduzir-se no corpo dos homens nem lhes induzir ao mal; somente tratam sem cessar de aproximar-se deles para satisfazer suas paixões desenfreadas ou para obedecer aos maus espíritos que lhes submetem; porém, uns e outros somente podem aparecer aos homens se estes lhes tenha chamado.

Aqueles que se entregam a esta prática criminosa deixaram, como exemplo de vida, as humilhações que experimentam constantemente em todos os países. Os homens deveriam afastar-se dessas experiências, a quem uma cega credulidade ou uma ambição mal-entendida arrastam para estas indagações perniciosas; extraviaram-se, visivelmente, segundo as próprias luzes, e não segundo relatos infiéis feitos por fanáticos ou por fanfarrões. Algumas pessoas que se entregaram a tal perigosa prática se convenceram de que nenhuma delas experimentaria novamente, e que nenhuma realidade dos bens prometidos pelos espíritos mentirosos, que lhes havia infundido a respeito de tudo o que haviam dito, e que somente alimentaram sua esperança com prestígios e ilusões egóicas. Imaginemo-nos a sorte que sofrem os indivíduos desgraçados, que fazem desses exercícios uma profissão desses horríveis mistérios; se lhes verão de país em país, sem pátria nem patrimônio, às vezes protegidos pela cega estupidez e sempre cobertos de ignomínias aos olhos das pessoas honestas e instruídas. Levam uma vida escandalosa e semeada de mortificações, semelhantes aos discípulos indignos que assassinaram o grande sacerdote *Hiram*, os quais, ao não ter conseguido alcançar o conhecimento de Deus pela natureza, abandonaram o estudo da ciência dos *Profetas* para precipitar-se nos horrores da *nigromancia*.

A preguiça, a cegueira e a cobiça levaram aos homens muito mais à ambição do que à sabedoria, a pensar que o espírito contido no ar, tão frequentemente mencionado nos escritos dos sábios como *o intermediário entre o Céu* e a *Terra*, representava os Espíritos errantes dos ares, os quais concluíram que esses Espíritos eram os *intermediários entre o homem e a divindade*. Pode alguém convencer-se com um sistema baseado numa ignorância tão definida? E, segundo uma base tão desprovida de juízo, concluir que os homens somente poderiam alcançar o conhecimento desses pretendidos Espíritos intermediários? Como pode alguém imaginar que seres proscritos pela Sabedoria eterna possam dar "passaporte" sobre uma ciência que conduz a *conhecer Deus e a adorar-lhe*? Por mais cegos que se suponham esses Espíritos réprobos, há que se pensar também que não são o bastante estúpidos, como para ir contra seus próprios interesses, salvo que estiveram forçados a ele pelo poder divino.

Há inclusive uma espécie de sacrilégio em pretender que existem seres intermediários entre a alma dos homens e a divindade; segundo semelhante suposição, com independência daquilo que deveríamos concluir disso: de que estes seres, para poder ouvir as pregarias mentais e os desejos dos homens, têm o privilégio divino de estar em todas as partes e de penetrar nas interlocuções, como o Ser infinito a quem somente se deve à ubiquidade. Haveria que concluir que seria aos espíritos intermediários a quem os homens deveriam dirigir suas orações e as efusões de seu coração e não a Deus, e isso seria uma doutrina tão absurda como repreensível.

O amor de Deus e ao próximo unem imediatamente a alma do homem à Divindade. Essa verdade consoladora está gravada com caracteres indeléveis em todos os corações honestos e virtuosos.

Para chegar às ciências sublimes que os homens buscam com tanta avidez, depois de haver perguntado ao Pai das Luzes, as quais são apropriadas para conduzir sua origem, considerada, por assim dizer, no momento em que sai da mão de Deus. Segui-la com olhos atentos e penetrantes, reflexivo das substâncias, que emprega os meios que utiliza para vivificar, aumentar e conservar todos os mistos sublunares. Porém, tem que tomar-se o inconveniente (custoso) de estudar e não se jactar de poder para tentar chegar ao conhecimento de seus verdadeiros princípios e ao desenvolvê-lo de suas misteriosas operações por vias destorcidas e sobrenaturais, pela qual se pode ser destruído sem trabalho e sem aplicação.

O grande intermediário da Natureza, aquele do qual nenhum ser natural pode prescindir. Aquele que é o vínculo entre o Céu e a Terra e que é o canal pelo qual estes se comunicam, o qual transporta em seu seio todos os bens dos quais gozamos. Aquele cujas virtudes centrais e os meios de desenvolvê-las todo amante da *Sapiência* deve conhecer é o ar, que, segundo o douto *Cosmopolita, contém em seu centro um Espírito congelado melhor que toda a terra habitável*. É deste precioso intermediário o qual todo homem que queira penetrar nos mistérios da Ciência da Natureza deve ocupar-se e em cujo coração encontrará os meios de alcançar o cume de todas as felicidades humanas.

CAPÍTULO III

ARTES ALQUÍMICAS

Como diria um velho amigo (...), a propósito do *"oleiro demiurgo" e do alquimista, "o ofício soteriológico dos mitos nasce sempre de uma prática"* – Mircea Eliade, na sua obra magnífica sobre a Alquimia, *Ferreiros e Alquimistas*, fundamentava exaustivamente essa tese, trazendo-nos uma visão clara – na senda de René Alleau, nos *"Aspects de L'Alchimie Traditionelle"* – daquilo que é experiência alquímica: a sacralidade da matéria e das suas transformações, bem como a experiência que delas tem o operador. A natureza profunda da Arte de Hermes é a vibração, em uníssono, da matéria, do operador e do Cosmos; esta é uma visão tradicional – melhor, primordial – que apenas parecerá estranha à nossa mentalidade analítica e separadora, oposta à das correspondências, das analogias e das sínteses. Analogamente, quer o discurso alquímico se situe ao nível simbólico, quer em nível operativo ou especulativo, permanecerá sempre como uma sombra da unidade intrínseca da alquimia. Este discurso primeiro dirige-se à memória, o segundo à inteligência; o terceiro à intuição ou imaginação. O primeiro tem que ser estudado, o segundo compreendido, o terceiro vivido, isto é, interpretado sem ser compreendido.

Neste sentido, entendemos que a cada coisa neste mundo, seja pela sua natureza, pelo artifício, competem ou podem competir com cinco significações ou sentidos; o literal, o alegórico, o moral, o espiritual e o analógico. O sentido literal, que pode chamar-se também de profano; o alegórico e o moral são aqueles do átrio; e o espiritual é o do claustro; o divino é o do templo. O verdadeiro sentido, entre estes quatro, é o quinto. Os sentidos literal e alegórico formam juntos, o sentido terrestre; os sentidos moral e espiritual formam juntos, o espiritual. Os sentidos literal e alegórico, moral e espiritual são humanos. Quer em oposição com uns, quer com outros, o quinto sentido é o divino.

A grande regra do Oculto é aquela do *Pimandro* de Hermes: *"o que está em baixo é como o que está em cima"*. Assim, a organização das Baixas Ordens copia, mantida as diferenças obrigatórias, a organização das altas ordens; reproduzem-se os mesmos transes, por vezes as mesmas espécies de símbolos; o sentido é outro e menor, mas a regra da semelhança tem que ser mantida, pois, do contrário, a ordem menor não vive e abatem, por si, as colunas do seu templo. Parecerá, às vezes, que é dos graus simples que se desenvolvem os altos graus, e que foi nos altos graus que as altas ordens foram buscar (alargando o sentido) os seus editos e cursos. Não é, porém, assim. Vemos o caminho como o trilhamos, mas foi de lá para cá que ele foi construído. E, efetivamente, as altas ordens começaram por construir os graus simples, convertendo certos grêmios profanos em templos menores por um processo emblemático, a princípio fechado, como um leque, depois gradualmente abrindo-se, como se esse mesmo leque que se abrisse, ou talvez abrissem. Mais tarde, e foi essa espécie de abrir o leque que revelou os desenhos nele – se bem que o exato entendimento das figuras não possa ser dado só com um olhar – e assim permitiu que os altos graus se formassem por evolução íntima, emblemática, ou especulativa, dos graus da base ou fundamento. De modo que, quando, mesmo depois de constituídos, alguns altos graus, em virtude do ensinamento e conteúdos neles contidos, algumas altas ordens se fizeram ou foi permitido que fizessem mais que uma Devolução no íntimo e no fundo, um regresso à origem, a Reintegração, como também se diz.

O sentido profano é como o tato das coisas, obscuro e material; e alegórico como o paladar, que é um tato íntimo, material ainda, mas (...); o moral como o olfato, que é o paladar desfeito, mentalizado, entendido na sua essência e na definição daquele que o deu; o espiritual é como a audição. Só no divino, que não podemos ter, sendo homens, se atinge a plenitude do conhecimento, já sem tato, sem contato, sem que seja interpretado pela visão. Se isso for compreendido, e, sobretudo, meditado, poderá haver entendimento de muitas coisas.

Portando, a alquimia é, desde logo, a experiência da unidade. Mas essa experiência é feita, dramaticamente, através da manifestação dual da realidade no nosso "mundo sublunar". O caminho alquímico é aquele que vai do primeiro ao segundo e do segundo ao terceiro, não se tratando de um dualismo (maniqueísta, cartesiano ou estruturalista), mas de uma "dualidade" que se supera a si própria por meio de um mediador: o terceiro.

A mediação alquímica – o "sal", que permite a conjunção das duas naturezas contrárias, o "enxofre" e o "mercúrio" – é dupla: horizontal, unindo o "masculino" e o "feminino" com a intenção de obter o andrógino, e vertical, unindo "o que está em cima" (O Logos, o espírito Universal) com "o que está embaixo", para espiritualizar a "matéria" e, concomitantemente, corporificar o "espírito". Forma-se, assim, em consequência desta dupla "hierogamia", uma cruz (o quaternário), em cujo centro se encontra o coração – num quinto momento, temos o microcosmo ou "quintessência" – que constitui o retorno à unidade (5 + 1 = 6, o "6" do macrocosmo).

Esta concepção operativa de caráter parece começar a ter eco nas ciências humanas dos nossos dias, com as contribuições de Leach (*A Diversidade da Antropologia*) e mesmo, em alguma medida, de Lévi-Strauss (em *Le cru et le cuit*); mas, em Edgar Morin, e sobretudo, em Gilbert Durand, cujas obras "*O Regime Sintético*" do imaginativo realiza a "*coincidência oppositorum*" (Jung) dos regimes "diurnos" e "noturnos", presentes na maior parte dos mitos.

O processo iniciático alquímico desenrola-se também em termos daquilo que Jung denominou de "individualização" – processo de crescimento e harmonização psíquicos – mas é Henry Corbin, no decorrer da sua extensa obra sobre o esoterismo islâmico, que desenvolve um conceito que tem muitíssimo a ver com a iniciação alquímica: o "imaginal" (o qual transcende a mera imaginação psíquica). O correlativo "*mundus imaginalis*" é o mundo intermediário entre o sensível ("*physis*") e o inteligível ("*noos*", "*pneuma*"), entre o "imaginário" e o "simbólico", mundo intermediário das margens arquetípicas – da imaginação criadora – mundo da Alma (individual ou do Mundo, *Anima Mundi*), ao mesmo tempo, Terra celeste e Corpo de Ressurreição.

Mas, como se desenvolverá o processo alquímico, de modo a permitir a dupla operação de transformar em ideias as coisas exteriores e as coisas exteriores em ideias, de acordo com o axioma expresso por René Alleau: "*tudo o que é observável é simbólico e tudo que é simbólico é observável*"? Da mesma forma, no processo iniciático, é necessário passar pela fase da "morte", da "abertura", da "desestruturação" – o caos alquímico, em que se dá o "*separatio*" dos elementos, o *solve*, ou *nigreto* – a qual se sucede a informação (consciência-conhecimento) da matéria pelo Logos – a purificação, a sublimação, o albedo – e que permitirá uma nova estruturação (consciência-organização) – o *rubedo*, *conjuntio*, ou *coagula*, a qual conduzirá à Pedra Filosofal.

Curiosamente, segundo a ciência atual, por análise dos trabalhos de um dos seus mais expoentes, Ilya Prigogine, a criação físico-química de estruturas dá-se por meio das seguintes etapas, cuja analogia com as do processo alquímico é notável:

a) O sistema deve estar aberto (o *solve*).
b) Deve verificar-se uma "flutuação" de algum parâmetro (o que corresponde à etapa da "informação" pelo Logos ou pelo Espírito Universal).
c) É necessário que a flutuação se amplifique para dar origem à criação ("*poiesis*") de uma nova forma de organização ou de estrutura (o *coagula*).

Esta analogia não deixa de surpreender pela constatação do acordo entre a Tradição e os dados da ciência moderna, mas o "escândalo" é atenuado se nos lembrarmos de que a alquimia é, no fundo, uma "química poética e romântica" (criadora). Ora, as reações estudadas por Prigogine, seguem o "*percurso*" pós-descrito; são criadoras (poéticas), não somente no sentido de que geram estruturas espaço-temporais de grande beleza, mas que também servem de modelo para as reações pré-bióticas; o que tem muito a ver com nossas "provocações" dentro do pensamento da sagrada alquimia – uma "química sagrada" que pretende transformar, transmutar, o operador, a matéria e o cosmos – é o "*re*-despertar" a Vida na matéria e ao mesmo tempo, "*re*-criar" a Vida dentro do operador...

FRANCOMAÇONARIA E HERMETISMO

A *Francomaçonaria* se relaciona estreitamente com a alquimia, ou melhor, com a filosofia hermética. Na realidade, em muitos textos medievais, legado dos alquimistas que mais se destacaram, tais como Basílio Valentín, Michael Sedzimir (Sendivogius), o abade Jean Tritemo, Ramon Llull (Raimundo Lúlio), Roger Bacon, Arnald de Villeneuve, Jean d'Espagnet, Robert Fludd e outros menos conhecidos, como Benedictus Figulus, Egidius Gutmann, J. Stellatus, Alex Von Suchten, Mylius, Janus Lacinius, Tanck, Leonhardt Thurneiser, etc. foram responsáveis por toda uma biblioteca que forjaram as bases sólidas de nossa Ordem. Com suas filosofias metafóricas, deram-nos uma ideia do Universo e do homem; Astrologia, Teosofia; Magia; Kabbala; Alquimia e toda simbologia que ampara e ilustra nossos rituais e templos. Esta é a nossa base, esta é a gênese da nossa história maçônica e é familiar a todo maçom contemporâneo quando estudioso e perspicaz. Tal conhecimento pode deixar alguns Irmãos perplexos e intrigados; principalmente quando estes são espiritualmente preguiçosos e céticos por natureza, aqueles que jamais se preocuparam em buscar o sentido de todos os enigmas propostos pela Francomaçonaria.

O método hermético responde às exigências dos pensadores, que, não temendo o trabalho de refletir nos símbolos e textos, optam pela leitura dos elementos de um problema e não por uma solução formulada mais ou menos dogmática, buscando na essência do mistério as repostas que são encontradas dentro de todos aqueles que ousam tirar o véu de Isis. No domínio do simbolismo, não é necessário precisar demasiadamente, já que os símbolos iniciáticos correspondem a concepções pouco apreensíveis por natureza, e que de maneira alguma são reduzidos às definições escolásticas.

Em última análise, essas definições não conduzem nada além das palavras, entidades inteiramente falaciosas, com as quais sabem jogar com muita destreza aqueles que chamamos de sofistas. A palavra é, essencialmente, o instrumento do paradoxo. Toda tese é defendida pela argumentação, que pode demonstrar o pró tão triunfalmente como o contra. Porque longe de referir-se a realidades efetivas, concebidas em si mesmas, toda uma dialética que somente põe em xeque as imagens verbais, fantasmas de nosso espírito, ou sombra de nossos preceitos ideológicos, que se deixa deslumbrar pela falsa moeda corrente do pensamento.

Não é surpreendente, nestas condições, que dois filósofos opostos tenham dividido a intelectualidade dos séculos passados. Um lado tomava como ponto de partida a lógica aristotélica e pretendia chegar a uma verdade procedendo por meio de razoamentos rigorosos, baseados em premissas supostamente incontestáveis. Era a filosofia oficial, aquela que ensinava publicamente nas escolas, daí seu nome de *Escolástica*.

Como antagonista, havia uma filosofia que, mais ou menos, foi sempre oculta, porque se rodeava de mistério e apresentava seus ensinamentos sob o véu de enigmas, de alegorias ou de símbolos. Por meio de Platão e de Pitágoras, pretendia remontar-se até os hierofantes egípcios, e até o fundador mesmo da ciência, Hermes Trismegisto, ou seja, Três vezes Grande, por quem a ciência foi chamada *Hermética*.

A segunda filosofia se distinguia por pretender fazer abstração das *Palavras*, por absorver-se na contemplação das coisas, tomadas em si mesmas, em sua própria essência. O discípulo de Hermes era silencioso; não argumentava jamais e não buscava convencer a ninguém. Encerrado em si mesmo, reflexionava profundamente e terminava por penetrar assim nos segredos da natureza. Convertia-se então num confidente de Isis e entrava na comunhão dos verdadeiros iniciados: a Gnoses lhe revelava os princípios das antigas ciências sagradas que em consequência, tomaram corpo sob a forma de Astrologia, de Alquimia, de Magia e de Kabbala.

Tais ciências atualmente consideradas como mortas se aplicam totalmente a um mesmo objeto: o discernimento das leis ocultas que regem o universo. Diferenciam-se da Física, ciência oficial da natureza, pelo seu caráter por vezes misterioso e transcendente; assim, constituem todas em seu conjunto uma espécie de *Hiperfísica*, chamada frequentemente de *Filosofia Hermética*.

O que distingue ademais esta filosofia é que não se contenta em ser puramente especulativa. Efetivamente, sempre perseguindo um fim prático e tendo em conta um resultado permanente, positivo, sua ambição suprema era aquilo que se deu por chamar-se a *realização da Grande Obra*.

Aqui se impõe uma comparação com a *Francomaçonaria*, que parece ser uma transfiguração moderna do antigo Hermetismo. O simbolismo maçônico constitui, de fato, numa estranha mescla de tradições tomadas das antigas ciências iniciáticas. Leva em conta o valor kabbalístico dos nomes sagrados e rege o cerimonial segundo os princípios próprios da Magia; por outro lado, dispõe do Sol, da Lua e das Estrelas, tal como deseja a Astrologia. Porém, a Alquimia filosófica, tal como era concebida pelos Rosacruzes do século XVI e XVII, apresentavam as analogias mais surpreendentes com a Maçonaria. Tem, de outra parte, identidade esotérica, os mesmos domínios iniciáticos traduzidos por alegorias tomadas da metalúrgica e nas artes de construção. A Francomaçonaria não é, simplesmente, de certo ponto de vista, mais que uma transposição da Alquimia.

Um leitor prevenido encontra numerosas provas nos textos citados pelo F∴M∴ Höhler. Acreditamos indubitavelmente que ele procedeu com demasiada discrição e para dar um passo adiante no assunto; abordaremos subsequentemente nas páginas que seguem esta questão de forma mais aberta.

Para restringir este estudo, não nos ocuparemos mais que da ritualística da Maçonaria, chamada de São João, das Lojas Azuis, isto é, dos três graus simbólicos. Isto nos permitirá – do ponto de vista alquímico – fazer abstrações dos símbolos considerados completos em si mesmos, para nos dedicarmos exclusivamente às operações sucessivas que levam à realização da Grande Obra.

Ao se fazer nada com nada, o ponto de partida da obra filosófica é a descoberta e a escolha do sujeito. A matéria a considerar, dizem os alquimistas, é muito comum e podemos encontrá-la em qualquer parte, sendo unicamente necessário saber distingui-la – e nisso reside toda dificuldade. Fazemos continuamente a experiência da Maçonaria, pois, às vezes, empreendemos experiências profanas que deveríamos ter rechaçado de antemão, se tivéssemos a perspicácia necessária e suficiente.

Toda madeira não é boa para fazer um Mercúrio. A Obra somente pode ter êxito quando se tenha conseguido encontrar um sujeito conveniente. Por isso, a Maçonaria intensifica as investigações antes de admitir um candidato às provas.

Inicia-se no mesmo, em primeiro lugar, pela limpeza dos metais. A Alquimia recomenda, uma vez discernida a matéria propícia, assim que minunciosamente examinada e reconhecida, limpá-la exteriormente, para livrá-la de todo corpo estranho que porventura tenha aderido acidentalmente na superfície. Em suma, a matéria deve ser reduzida a si mesma. E é dessa maneira análoga que o recipiente é chamado a despojar-se de tudo que possui artificialmente: ele também deve ficar estritamente reduzido a si mesmo.

Neste estado de inocência primitiva, de candor filosófico reencontrado, o sujeito é encerrado num espaço reduzido, onde não penetra nenhuma luz exterior. É a *Sala de Reflexão*, que corresponde ao recinto do alquimista, a seu *Ovo Filosófico* hermeticamente fechado. O profano encontra ali a tumba tenebrosa, onde, voluntariamente, deve morrer a sua existência passada. Decompondo as capas que se opõem a livre expansão do gérmen da individualidade, essa *morte simbólica* é o prelúdio do nascimento do ser novo, que será iniciado. Este nasce da *putrefação*, representada pela cor negra dos alquimistas.

O Ritual Maçônico estabelece que, dentre os objetos, signos e símbolos, devidamente dispostos na câmara de reflexão, deve haver dois recipientes contendo no primeiro, o *Sal* e no outro *Enxofre*. Por quê? Seria impossível contestar sem dirigir-se a teoria dos três princípios Alquímicos: *Enxofre, Mercúrio* e *Sal*.

O Enxofre 🜍 corresponde efetivamente à energia expansiva que parte do centro de todo ser (coluna J∴ vermelha, iniciativa individual). Sua ação se opõe a do Mercúrio ☿, que penetra em todas as coisas por uma influência que provêm do exterior (coluna B∴ branca, receptividade, sensibilidade). Essas forças antagônicas se equilibram no Sal ⊖, princípio de cristalização, que representa a parte estável do ser, aquela onde a condensação se efetua na zona onde as emanações sulfurosas escapam a compreensão mercurial ambiente.

Por mais simples e resumidas que sejam tais indicações, não justificam menos prática ritual concernente ao *Sal* e ao *Enxofre*. A exclusão do *Mercúrio* se impõe efetivamente, porque o Recipiendário deve manter-se no isolamento total. Para chegar a conhecer-se, segundo o princípio socrático Γνω θι σεχυτον é necessário que faça abstração de tudo que lhe é exterior, a fim de absorver-se em si mesmo e de encontrar-se finalmente em presença do centro de sua individualidade.

Tal operação corresponde à *prova da Terra*, representada poeticamente por uma descida aos Infernos, a qual faz alusão a palavra VITRIOL, cujas letras forma as iniciais de uma fórmula muito especial para os alquimistas: VISITA INTERIORA TERRAE RECTIFICANDO INVENIES OCCULTUM LAPIDEM. *Visita o interior da Terra* (as trevas infernais, o *Sheol* dos Judeus, o *Aral* dos Caldeus) *e, retificando* (por meio de purificações integrais e reiteradas) *encontrarás a Pedra Oculta* (veja este assunto em nossa obra *ARSENIUM, O Simbolismo Maçônico - Kabbala, Gnose e Filosofia*). Ed Isis, SP, 2015.

Essa pedra é um símbolo essencialmente maçônico, e é provável que os alquimistas tenham tomado esse emblema dos construtores Iniciados. Efetivamente uma pedra não está em seu contexto literal no simbolismo de metalurgistas; pelo contrário, é natural que seja limpa, cuidadosamente talhada e finalmente polida pelos maçons. Por outro lado, estes têm muito menos mistérios em relação a sua Pedra que os hermetistas. Por isso, declaram sem circunlóquios que sua *Pedra* bruta é o mesmo que o Iniciado no seu primeiro estado. Ele se adestra enquanto Aprendiz, a fim de ter merecimentos para chegar a ser Companheiro, por ele só faz sua transformação em *Pedra cúbica*. Rigorosamente retangular, a Pedra possui, pelo menos em potência, todas as virtudes da famosa Pedra filosofal. Porém, é mister possuir a Arte integralmente, ser Obreiro perfeito ou Mestre para realizar as transmutações.

Naturalmente, estas não se aplicam na produção de tesouros de um valor puramente convencional. Trata-se aqui de realizações muito mais preciosas que aquelas que podem tentar aos gananciosos.

Deixado a si mesmo, privado de toda ajuda, o sujeito encerrado no Ovo filosófico não demora em ser presa da tristeza. Languidesce: suas forças o abandonam, e começa a demolição. É a primeira fase da *prova do Ar*. Depois de descer até o centro do mundo, onde estão as raízes de toda a individualidade, o espírito ascende: se eleva, aligeirado do *caput mortuum* que está enegrecido no fundo do vaso hermético. Esse resíduo está representado pelas vestimentas, das quais o recipiendário deve se livrar para sair de sua *in pace*. Agora poderá abrir-se um caminho no meio da escuridão, sem se deixar assustar pelos obstáculos que se multiplicam. As alturas atraem: fugindo do inferno, ele quer ganhar o céu e começa a subir a pendente e abrupta montanha ideal, cujo cimo deve resplandecer de luz.

Sua subida se vê interrompida por uma terrível tormenta, que explode bruscamente. Explode o trono e o torvelinho de um furacão envolve o temerário, que, precipitado através dos ares, é arrastado até seu ponto de partida.

Esta é uma imagem da circulação que se estabelece no vaso do alquimista, recipiente o qual corresponde a Loja, coberta por inteiro. O recipiente, submetido às provas, reproduz à sua maneira o desdobramento do sujeito alquímico, cuja emanação volátil se desprende à medida que se eleva, até que o frio das alturas a condensa. Daí surge uma chuva que lava o resíduo pútrido, cuja ablução progressiva aparece na Alquimia com o nome de *purificação pela água*, que ele mesmo realiza, na Maçonaria, depois de abandonar a tumba funerária na qual teve que morrer simbolicamente. Se não conseguiu evitar certa confusão a respeito de tal ato simbólico, que se deve às operações da Grande Obra em que se realizam todas no mesmo vaso, enquanto que as distintas fases da iniciação maçônica se desenvolvem numa série de locais apropriados. Uma possível divergência é insignificante do ponto de vista esotérico, mas é necessário tê-la em conta quando se estabelece relações entre os símbolos usados por uns e outros.

Alternativamente evaporada pela ação do fogo, depois condensada pelo frio, a Água atravessa incessantemente a parte terrestre do objeto, ao qual, depois de ter recebido várias lavagens, passou insensivelmente do negro ao cinza e finalmente ao branco, não sem antes ter apresentado, por um momento, toda uma gama de brilhantes matizes da cauda de um pavão real.

Quando alcança o branco, a matéria purificada é muito preciosa. É o símbolo do sábio que sabe resistir a todos os impulsos. Porém, é muito importante não se contentar com as virtudes negativas unicamente; fica por superar a *prova do Fogo*.

Para o alquimista, trata-se da calcinação do objeto, que é exposto a um calor tão intenso que tudo nele se queima, apesar de que a destruição somente alcança a parte da qual deve ser destruída. Do ponto de vista iniciático, esta parte está formada pelos gérmens da paixão mesquinha, os indícios de estreito egoísmo, os resíduos de baixeza ou de corrupção. O *Sal* fica completamente purificado: sua transparência é perfeita, pois já não há nenhuma substância estranha mesclada aos cristais. Enquanto o Recipiendário não realizar o estado correspondente, não alcança a luz maçônica. É necessário, pois, que se conclua o ciclo de suas purificações para que a venda simbólica lhe caia dos olhos, pois a claridade não pode penetrar nele se não se volta permeável a sua irradiação. Todas as provas do primeiro grau tomam em conta essa permeabilização das envolturas terrestres ou salinas, que isolam o centro do fogo interno, fonte de ardor sulforoso ou individual. Liberar a luz interior, exaltá-la, para quebrar a crosta que a oculta e que tende a sufocá-la, tal é o programa da *Obra Simples* ou da *Medicina de Primeira Ordem*, ou seja, do grau de Aprendiz.

Este grau se limita a fazer-nos ver a *Luz* exterior ou universal. A fonte de iluminação não relaciona sensivelmente com a qual devemos captar como Companheiros, inspirar-nos sim na via da Gnose e todas suas prerrogativas iniciáticas. Trazemos para nós a saturação dessa Luz ambiente, que Paracelso chamou de sideral ou astral, da qual obteremos a cor vermelha da Obra, que é um signo de realização da Pedra perfeita, que chamamos maçonicamente de cúbica.

A Pedra filosofal é um Sal $\ominus$ perfeitamente purificado, que coagula no Mercúrio $\mathrm{\breve{Q}}$ a fim de fixá-lo no Enxofre $\mathrm{\hat{+}}$ extremamente ativo. Essa fórmula sintética resume a Grande Obra em três operações, que são a purificação do Sal $\ominus$, a coagulação do Mercúrio $\mathrm{\breve{Q}}$ e a fixação do Enxofre $\mathrm{\hat{+}}$.

Temos indicado aqui as fases da primeira das operações, que em Maçonaria se vinculam com o grau de Aprendiz. Fica ainda por demonstrar a forma em que a Obra prepara para o grau de Companheiro, e como termina com a Maestria. Este último grau nos aparece como o coroamento da hierarquia iniciáticas, a qual parece negar todo valor dos graus chamados superiores, que muitas vezes têm sido considerados como agregados inúteis e perniciosos.

De passagem, convém considerar sobre esta questão as coisas em seus devidos lugares.

A totalidade do esoterismo maçônico se concentra nos três graus, chamados de São João, se soubermos compreendê-los em toda sua amplitude. Esses graus são demasiadamente profundos e, portanto, não estão ao alcance das inteligências médias e daqueles preguiçosos que não se empenham ao estudo e reflexão das instruções. Neste sentido, foi em atenção aos espíritos medíocres que os graus se multiplicaram durante o curso do século XVIII. Extraindo o conteúdo esotérico condensado dos três graus simbólicos, têm que se esforçar para que possam ser compreendidos, ou melhor, apreendidos, empregando novas formas e recorrendo às alegorias das mais variadas provocações, os fundamentos da doutrina, sublimando as imagens (formas – *noema*) que se referem propriamente na arte da construção; é necessário ir além, buscar a essência (*eidos*). É assim que se pretendem os graus elevados, chamados de cavaleirescos, templários, religiosos, kabbalísticos, alquímicos, administrativos: tudo isso, menos maçônicos no sentido *estrito*.

Se não fosse necessário considerar a Maçonaria nada além, desde o ponto de vista abstrato ou teórico, alguns críticos severos, que protestaram contra a "embriaguez" das altas patentes, teriam muita razão. Mas temos que levar em conta as contingências, e mostrar-nos indulgente com aquilo que trata de ajudar a debilidade humana. A maior parte dos adeptos da Arte Real se contentam em *receber* os graus simbólicos; contudo, como não chegam a assimilá-los, nunca os possuem efetivamente. Eles estão em posse de um tesouro, porém ignoram o valor do mesmo e não lhe tiram o proveito. Por outro lado, os graus elevados não têm outra missão a não ser de fazer compreender os três graus fundamentais da Francomaçonaria. Não têm a pretensão de revelar segredos novos, estranhos à Maçonaria simbólica: toda sua ambição se limita, ao contrário, a compreendê-la bem, a valorizá-la no espírito de seus adeptos, a convencê-los da importância do Aprendizado, para que se convertam em *Companheiros* de verdade, que possam aspirar a verdadeira Maestria. Este último grau corresponde necessariamente a um ideal que se nos propõe, ao qual devemos tender, ainda que sua realização possa não estar ao nosso alcance. Nosso *Templo* não poderá ser terminado, e ninguém pode aspirar que o autêntico e eterno Hiram ressuscite plenamente se não nos empenharmos adequadamente de acordo com a Arte Real, aplicando de forma *literal, figurada* e *secreta* as suas provocações e regras básicas de transformação.

Voltemos agora à Grande Obra.

Vimos que a *purificação integral do Sal* ⊖ é realizada pelo maçom no curso de sua Aprendizagem. Terminada a purificação, começa a *Camaradagem*. Então manifesta a cor *vermelha*, que é aquilo que o ritual atribui nas tinturas da câmara dos Companheiros. O adepto do segundo grau deve exteriorizar-se, efetivamente, seu ardor sulfuroso ♁, seu Fogo interior, construtivo ou realizador, o qual alude a coluna J∴, ativa, vermelha e masculina. Como é natural e lógico, o Aprendiz recebe seu salário junto a esta coluna, a qual chega depois de cumprir seu aprendizado. Para vencer as provas, teve que desenvolver uma atividade constante, a fim de rechaçar as influências exteriores que tendiam a dominar-lhe. A prova do Fogo entranha na exaltação do Enxofre ♁, cujo ardor penetra no Recipiente, a fim de constituir finalmente numa atmosfera ígnea. Nessas condições, o *vermelho* convém, sem dúvida, ao próprio Aprendiz, e ainda mais a coluna J∴, a qual deve acercar-se para ser recebido como Companheiro. Porém, a Loja do primeiro grau deve estar coberta de *azul*, pois representa o Universo em sua dimensão ilimitada.

Enquanto a Câmara do Companheiro coberta de vermelho representa um domínio muito mais restringido, a esfera de ação de nossa individualidade é medida pela extensão de nossa radiação sulfurosa.

Essa radiação engendra uma espécie de meio refringente, que refrata a luz ambiente para concentrá-la no centro espiritual do sujeito. Este é o mecanismo da *iluminação*, do qual se beneficiam aqueles que conseguiram ver (enxergar) o brilho da *Estrela Resplandecente*.

Todo ser leva em si esse astro misterioso, ainda que muitas vezes em estado de incipiente chispa, apenas perceptível àqueles mais sensíveis. É a *Criança filosófica*, o Logos imanente ou o Cristo encarnado, que a lenda deu um nascimento obscuramente, em meio das imundices de uma gruta que servia como estábulo.

A Iniciação se converte na vestal do Fogo interior, Princípio de toda individualidade. Sabe mantê-lo enquanto este jaz sob as cinzas; depois aprende a alimentá-lo em forma apropriada e o atiça finalmente, para que possa vencer os obstáculos que o rodeiam e que pretendem reduzi-lo ao isolamento. Efetivamente é importante que o *Filho* se ponha em relação com o *Pai*, que é o *Interior* ♁ comunicando livremente com o *Exterior* ☿, quer dizer, que o indivíduo entre em comunhão com a Coletividade da qual provém.

Livrados unicamente dos nossos recursos pessoais, somente podemos trabalhar sobre nós mesmos. Assim mesmo, isso é o que nos pede em nossa condição de Aprendizes. Porém, uma vez que nossa Pedra bruta esteja desbastada, talhada e polida de acordo com as regras, já não temos que nos ocupar com nossa personalidade que, do ponto de vista da purificação do Sal ⊖, já é o que deve ser.

Porém, enquanto se aperfeiçoa o instrumento de ação, devemos atuar sobre aquilo que se encontra no exterior e iniciar o trabalho propriamente dito, ao qual nos dedicamos como Obreiros ou Companheiros. Mas o que devíamos realizar em nossa condição destes deve ir além do básico ou do insignificante; devemos buscar o segredo de apelar às forças que são exteriores a nós, de superar nossas limitações e sedimentar nossas reflexões em práxis efetiva. Onde absorver e buscar estas forças misteriosas? Não será na Coluna B∴, cujo nome significa: *É nele que está a força?* Elevada ante o Norte, de frente à Lua, a qual reflete a brancura suave e feminina, está coluna corresponde a *Mercúrio* dos alquimistas ☿, princípio dessa essência vivificante que penetra nos seres para animar continuamente neles o ardor central ♁.

Quando o ardor se exterioriza com violência, como o exige na rubefação da matéria (prova do Fogo), surge no centro um vazio relativo que, trabalhando como um imã exerce uma atração sobre o *Aço dos Sábios* ♁. Essa substância, cujo ideograma combina o Enxofre com o Alúmen ○, ou o Fogo com o Antimônio ♁, corresponde ao manto chamejante que envolve o Iniciado quando este é purificado pelo Fogo. É a atmosfera etérea ou o nimbo ígneo, que serve de receptáculo às virtudes superiores. Os adeptos veem nele "a chave de toda a obra filosófica, o milagre do mundo, que Deus marcou com seu selo". Eles concluem que é a mina de ouro filosófico, um espírito primordialmente puro, um fogo infernal e secreto, muito volátil em seu gênero, assimilável *a quintessência das coisas do Universo.*

O Fogo exteriorizado ou celestial é um dos dois aspectos atuais, ou efetivamente ativos, da Grande Obra: o outro é o Fogo central, que se exalta até o ponto de ser atrativo para o primeiro, como um imã. Estabelece então uma circulação, pela qual os dois agentes se reduzem a apenas um, que é o *Fogo filosófico*, do qual se fala a Tábua de Esmeralda, quando ali lemos:

Ele (o agente hermético por excelência) *sobe da Terra ao Céu e depois desce do Céu a Terra, e recebe a força das coisas de cima e de baixo. Tendo assim a glória do universo inteiro; deste modo, toda obscuridade te abandonará. Nisto reside à força bruta de toda força que haverá de vencer todas as coisas sutis e haverá de penetrar toda coisa sólida.*

O Fogo filosófico é mantido pelo *Enxofre vermelho dos Sábios*, cuja imagem é a Fênix que renasce continuamente de suas cinzas. Esse pássaro fabuloso, de plumas escarlates, era consagrado ao Sol; isso se deve ao fato de que este representava o princípio da imutabilidade individual. Ademais, do ponto de vista iniciático, simboliza especialmente a imutabilidade adquirida pelo adepto, cuja iniciativa individual se exerce em perfeito acordo com a impulsão que todo construtor recebe do poder regulador da construção universal, dito de outra forma, do Grande Arquiteto do Universo.

Para o Companheiro que tem a ambição de saber trabalhar, trata-se de transformar a Fênix. Se não conseguir, nunca será mais que um obreiro medíocre, apenas mais um "soldado profissional", como diria Aleister Crowley; e é justamente por isso que se dirá dele: "Ele não é uma Fênix".

Por outro lado, trabalhar não quer dizer agitar-se muito, gastando brutalmente as forças, como ciclopes, cuja falta de discernimento é simbolizada pelo olho único que a mitologia lhe atribui. O Iniciado trabalha com inteligência, iluminado pela compreensão que lhe permite assimilar-se a Gnose. Nisso está em não ser como um ciclope, com uma atividade desnorteada, pois para entender é necessário estar sereno, passivo e receptivo do ponto de vista intelectual. A condição indispensável de toda ação fecunda é a combinação na dose certa da atividade com a passividade. É por essa razão que o Companheiro deve compreender profundamente a teoria das colunas, enquanto que o Aprendiz somente deve conhecer apenas uma, cujo nome é soletrado penosamente.

O Iniciado, num certo sentido, se torna um andrógino, porque nele se une a energia viril com a sensibilidade feminina, sendo representado na Alquimia como um "*Rebis*", um "ser duplo". Substancialmente, é masculino e feminino, um Mercúrio ☿ animado por seu Enxofre 🜍 e transformado por ele em Azote, quer dizer, numa quintessência dos elementos (quintessência, simbolizada pela Estrela Resplandecente. Convém observar que este astro está sempre colocado de tal maneira que recebe a dupla irradiação do Sol masculino ☉ e da Lua feminina ☽; sua luz tem, portanto, uma natureza bissexuada, andrógina ou hermafrodita. Por outro lado, o *Rebis* corresponde à Matéria preparada para a Obra definitiva, ou seja, ao Companheiro que tenha se tornado digno de elevar-se à Maestria.

Nesse sentido, nada mais é curioso que um pentáculo que apareceu nos idos dos anos 1659-60 no tratado do Azote, que continha as *Doze Chaves da Filosofia* do Ir∴ Basílio Valentin, religioso da Ordem de São Bento. Como pode julgar-se pela cópia que mostramos aqui da gravura em madeira original, o Andrógino alquímico aparece como triunfador do dragão da vida elemental, ou seja, como o Iniciado do segundo grau, vencedor do quaternário dos elementos. Uma de suas cabeças está governada pelo Sol ☉ (Razão) e a outra pela Lua ☽ (Imaginação); entre elas está a estrela de Mercúrio ☿ (Inteligência, Compreensão, Gnose). Marte e Vênus (Ferro e Cobre, metais duros) exercem prontamente sua influência sobre o lado direito (atividade); o lado esquerdo (passividade) recebe influência de Júpiter ♃ e de Saturno ♄ (Estanho e Chumbo, metais brandos). Marte ♂ (Energia, Movimento, Ação) está por outro lado, em relação direta com o braço direito, que golpeando, executa o ato decidido, enquanto que o braço esquerdo tem a missão de segurar firmemente o esquadro e de manter-se moralmente firme, se vincula a Júpiter ♃ (Consciência, Respeito de si mesmo). Em tudo isso não haveria mais que hermetismo puro se não fosse sublinhar a dualidade unificada do *Rebis*, sua personificação tem na mão direita um *Compasso* (Verdade, Razão, Intelectualidade) e na esquerda um *Esquadro* (Equidade, Sentimento, Moralidade).

Alguém se surpreende de encontrar tais emblemas típicos da Arte Real num opúsculo que pretende ensinar "a maneira de fazer o ouro oculto dos filósofos" e cujo autor vivia numa época muito anterior ao renascimento da Francomaçonaria moderna? – Certamente não pode ser puro acaso e meras coincidências alegóricas.

O Adepto não pode realizar o *Rebis* sem haver dominado as atrações elementais. Tudo o que existe de inferior, de brutal e de característica instintiva deve ser dominado (sublimado) antes que seja permitido chamar o Fogo do Céu para incorporar-se. Em outras palavras, trata-se de sublimar a animalidade para pôr o Homem propriamente dito em posição de si mesmo. Já o Pentagrama ou a Estrela Resplandecente são justamente emblemas do Homem livre de tudo aquilo que lhe impede de ser Homem unicamente, e plenamente Homem.

As cinco pontas da figura, chamada também de Estrela do Microcosmo, corresponde aos quatro membros e a cabeça do homem.

E, da mesma maneira que os membros executam aquilo que a cabeça ordena, o Pentagrama é também símbolo da vontade soberana, a qual em nada pode resistir-se, sempre que seja inquebrantável, justa e desinteressada.

Para que a estrela de cinco pontas conserve essa significação, é necessário que se trace de maneira que possa desenhar-se dentro dela uma figura humana em posição normal, com a cabeça no alto. Ao revés, toma um sentido diametralmente oposto.

Não é já o *Pentalfa luminoso* ou a *Estrela dos Magos*, emblema do gênio humano e da liberdade, senão algo bem obscuro, um astro de instinto grotesco, dos ardores lúbricos que subjugam os animais; vê-se nela o esquema de uma cabeça de um bode macho.

Do ponto de vista iniciático, possuir o Companheirismo significa já poder realizar aquilo que o vulgo chama de milagres. Previsto na Régua e na Alavanca, o Iniciado levanta o mundo, o mundo moral, naturalmente, que é, por outro lado, o único que importa levantar.

O que fará o Mestre? Se identificará com o Grande Arquiteto do Universo, para atuar N'Ele e por Ele.

Todos nós estamos de acordo que evidentemente se trata de mística pura e simples. Mas isso tende a provar que a mística religiosa concorda em suas finalidades com a alta iniciação. Procedendo pelos três caminhos sucessivos, chamados *purgativo, iluminativo* e *unitivo*, a mística não é menos lógica que impondo suas modificações, que, se forem bem compreendidas, cumprirão a mesma finalidade que as provas iniciáticas. Mortificar-se – a palavra o diz – significa morrer para alguma coisa. Duas vezes se nos impõe a morte na Maçonaria, uma vez no princípio de nossa carreira, na *Sala de Reflexão*, depois no momento da iniciação definitiva e completa na *Câmara do Meio*.

Esta segunda morte corresponde ao cumprimento da Grande Obra. Equivale ao sacrifício total de si mesmo, baseado na renúncia de todo desejo pessoal. É a extinção do *Egoísmo radical*, que provoca a queda adâmica, exercendo sobre a espiritualidade a *Atração Original*, para determiná-la a que se incorpore à matéria. O *Eu* limitado, mesquinho, desvanece-se frente ao *Ser* superior, impessoal, que simboliza *Hiram*. O pecado mítico de Adam universal é assim resgatado, porque não tem como equivocar-se: o Arquiteto do Templo está para o Grande Arquiteto do Universo e é o mesmo que o Verbo encarnado, o Cristo, para o Pai Eterno da concepção Cristã.

A fixação do Enxofre filosófico, chamado de outra maneira Matriz, está representado pelo suplício de Prometeu, aguilhoado ao Cáucaso por ter roubado o Fogo do Céu, e também pelo Cristo Redentor, crucificado com três cravos ao quaternário das ramas da cruz.

O Tarô não é menos explícito nesse sentido. Sua duodécima chave nos oferece, efetivamente, a imagem de um *Enforcado* que se balança sorridente entre o Céu e a Terra. Está unido pelo pé esquerdo a um travessão que sustenta duas árvores sem ramas que corresponde às Colunas J∴ e B∴. A Cabeça e os braços formam um triângulo ao revés, que se eleva sobre uma cruz formada pela perna direita pregada atrás da esquerda, conjunto que forma, assim, o signo clássico do cumprimento da Grande Obra. Este estranho condenado leva duas bolsas, de onde escapam moedas de ouro e de prata. São os tesouros de sua inteligência, porque este sonhador que parece reduzido à impotência, uma vez que suas mãos estão amarradas, semeia de todos os modos às ideias fecundas das quais surgirá o porvir.

Este é também o papel do *Mestre*, que, para dirigir utilmente o trabalho da construção universal, deve entrar em uma estreita comunhão de intenção e de vontade com o Grande Arquiteto. É aqui chamado a realizar o ideal místico do *Homem-Deus*, que está investido de soberano poder espiritual, em razão de seu desprendimento das coisas de baixo. Não sendo mais escravo de nada, converte-se em amo de todo e sua vontade somente se exerce em perfeito acordo com a vontade que rege o Universo.

Colocado entre o Abstrato e o Concreto, entre a Inteligência criadora e a Criação objetiva, o *Homem* assim concebido aparece como o Mediador por excelência ou o verdadeiro Demiurgo das escolas gnósticas.

Porém, desse modo, não bastará levar a luz a sua fonte primordial; será necessário, todavia, que ele esteja unido de maneira estreita aos obreiros que deve formar e dirigir. O vínculo indispensável é aqui o da simpatia. O mestre deve se fazer amado, e não poderá ter êxito a não ser amando ele mesmo com uma generosidade que o leve até a devoção absoluta, isto é, ao sacrifício de si mesmo.

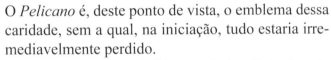

O *Pelicano* é, deste ponto de vista, o emblema dessa caridade, sem a qual, na iniciação, tudo estaria irremediavelmente perdido.

Os dons mais brilhantes da inteligência e da vontade não farão nunca outra coisa senão um falso mago do adepto, se não tiver cultivado as qualidades (valores) em seu coração. Já a recompensa daquele que pelo sentimento se tenha elevado tanto pela ciência, reside no *Exército de Salomão*.

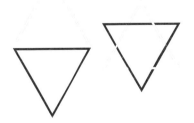

Os dois triângulos entrelaçados formam a *Estrela do Macrocosmo* ou do *Mundo em Grande*. Simbolizam a união do Pai e da Mãe, de Deus e da Natureza, do Espírito único e da Alma universal, do Fogo procriador e da Água regeneradora. É um *Pantáculo* por excelência, o signo do poder ao qual nada resiste, e que possuiremos se alcançarmos efetivamente o grau de Mestre.

RELAÇÕES ENTRE OS PLANETAS E OS METAIS

"O mundo é um animal único, o qual todas as partes, qualquer que seja sua distância, estão necessariamente relacionadas entre si".

Essa frase de Jâmblico, o neoplatônico, não poderia ser rechaçada pelos astrônomos e físicos modernos, pois expressa a unidade das leis da natureza e a conexão geral do Universo. A primeira percepção dessa unidade remonta ao dia em que os homens reconheceram a regularidade fatal das revoluções dos astros. Buscaram depois estender seus conhecimentos a todos os fenômenos materiais e até morais mediante uma generalização mística que surpreende ao filósofo, mas que é necessário, sem dúvida, conhecer, se queremos compreender o desenvolvimento histórico do espírito humano. Esta é a *cadeia de ouro* que, na linguagem dos autores da Idade Média, religava a todos os seres. Nesse sentido, a influência dos astros pareceu estender-se a todas as coisas, tanto na geração dos metais, dos minerais e dos seres viventes como na evolução dos povos e dos indivíduos. É indiscutível que o sol regula, mediante o fluxo de luz e calor, as estações do ano e o desenvolvimento da vida vegetal; é dele que emana a origem principal das energias atuais ou latentes que trabalham sobre a superfície da terra. Antigamente se atribuía o mesmo papel, ainda que numa ordem mais limitada, aos diversos astros, menos poderosos que o sol, cuja marcha, sem dúvida, está sujeita a leis também regulares. Todos os documentos históricos provam que essas ideias nasceram na Babilônia e na Caldeia e que desempenharam um importante papel no desenvolvimento da astronomia, intimamente ligado a astrologia, da qual saiu. A alquimia também se religa a tais ideias, pelo menos a respeito da assimilação estabelecida entre os metais e os planetas, assimilação fundamentada sobre seu brilho, sua cor e até sobre seu número.

Ocupemo-nos, antes de tudo, deste último. O número sete é uma cifra sagrada que se encontra em todas as partes: nos dias da semana, na enumeração dos planetas e de suas zonas celestes, na dos metais, das cores, nas cordas da lira, nas notas musicais, nas vogais do alfabeto grego, assim como na cifra das estrelas da Ursa Maior, os sábios da Grécia, nas portas de Tebas e dos chefes que, segundo Ésquilo, a sitiaram.

A origem desse número parece ser astronômica e corresponder às fases da lua, o número de dias que representam o quarto da revolução deste astro. Esta não é uma opinião isolada ou infundada. Ela é encontrada efetivamente em escritos de vários autores da antiguidade, desde Aristides de Samos, que no papiro W. de Leida (p.17) já se falava na lunação com ciclo de 28 dias da lua.

Conhecia-se o uso da semana no Egito e na Caldeia, como testemunham diversos monumentos e na narração da criação no Gênese. Mas não existia na Grécia clássica e não se tornou corrente em Roma, a não ser na época de Antoninos. Somente na época de Constantino, depois do triunfo do cristianismo, é que foi reconhecido como medida legal da vida civil, tornando-se universal entre os povos europeus.

O acaso fez que o número de astros errantes (planetas), visíveis a olho nu, que circulam ou parecem circular no céu ao redor da terra, seja justamente sete: Sol, Lua, Marte, Mercúrio, Júpiter, Vênus e Saturno. No Oriente, a cada dia da semana foi atribuído um astro. Os mesmos nomes dias da semana, como atualmente os pronunciamos, continua a traduzir, sem atribuirmos a origem desta consagração a Babilônia.

Ao lado dos sete deuses das esferas ígneas, os caldeus invocavam aos sete deuses do céu, aos sete deuses da terra e aos sete deuses malfeitores, etc.

Segundo François Lenormand, as inscrições cuneiformes mencionam as sete pedras negras adoradas no templo principal de Ouroukh na Caldeia, pedras que personificam os planetas. É o mesmo simbolismo a que se refere, sem dúvida, uma passagem de Flávio Filóstrato sobre a vida de Apolônio de Tiana (III, 41), na qual se fala de sete anéis dados a este filósofo pelo brâmane Iarchas.

O conhecimento das divindades planetárias da semana não se difundiu no mundo greco-romano a não ser a partir do primeiro século de nossa era. Era encontrado na Pompeia, assim como sobre diversos altares nos bancos de Rhin, pinturas que representam as sete divindades planetárias. Uma medalha com a esfinge de Antonino Pio cunhada durante o oitavo ano de seu reinado, representava em seu *layout* os bustos dos sete deuses planetários com os signos do zodíaco e, ao centro, o busto de Serapis.

Outra coincidência, tão fortuita como da do número dos planetas em relação ao quarto da revolução lunar, é a do número das vogais do alfabeto grego, que são em número de sete; multiplicam-se estas correspondências místicas, sobretudo no tempo dos gnósticos. As sete pedras gravadas da Biblioteca Nacional de Paris e os papiros de Leida nos dão uma grande quantidade de exemplos. E isso não é tudo. Os gregos, com seu espírito genioso, não tardaram em estabelecer entre os planetas e os fenômenos físicos relacionados pseudocientíficos, os quais ainda são conservados, como a relação entre o número das notas musicais e o das cores. Foi dessa forma que a escola de Pitágoras estabeleceu uma relação geométrica entre notas e diapasões musicais, por um lado, e o número e ainda as distâncias dos planetas, pelo outro.

Estabeleceu-se que o número das cores era também em sete. Esta classificação arbitrária foi consagrada por Newton e chegou até os físicos de nosso tempo. Remonta até uma longa antiguidade. Heródoto que foi referendado por Clio disse que a cidade Ecbatana tinha sete recintos, cada um pintado de uma cor diferente: o último era dourado e aquele que o precedia prateado. Creio que seja a mais antiga menção estabelecida a respeito do número sete, as cores e os metais. A cidade fabulosa de Atlântida, mencionada no livro de Platão, estaria circundada também por muros concêntricos, os últimos revestidos de ouro e prata; mas não encontramos naqueles relatos o místico número sete.

Entre os metais e os planetas existe uma relação que resulta não somente no seu número, mas também, e sobretudo, nas suas cores. Os astros se manifestam a vista com colorações sensivelmente distintas: *suus cuique color est*, disse Plínio (H.N.II, 16). As diversas naturezas dessas cores têm fortificado a relação entre os planetas e os metais. É assim que se concebeu facilmente a relação entre o ouro, o mais brilhante e rei dos metais, e a luz amarela do sol, o dominador do céu. A mais antiga indicação que possuímos a este respeito é encontrada em Píndaro. A quinta ode ístmica começa com as seguintes palavras:

Mãe do Sol, Thia, conhecida sob muitos nomes! A ti os homens devem o poder preponderante do ouro.

Em Hesíodo, Thia é uma divindade, mãe do sol e da lua, quer dizer, geradora dos princípios da luz (Teogonia - em grego, Θεογονία [theos, deus + gonia, nascimento] – 371,374). Um velho escolástico começa estes versos dizendo:

De Thia e de Hiperios provêm o sol e do sol o ouro. A cada astro é assignada uma matéria. Ao Sol, o ouro; a Lua, a prata; a Marte, o ferro; a Saturno, o chumbo; a Júpiter, o electrum; a Hermes, o estanho; a Vênus, o cobre.

Esse escólio remontava até a época alexandrina e descansava sobre assimilações completamente naturais.

Efetivamente, se a cor amarela e brilhante do sol recorda a cor do ouro a branca e doce luz

....

orbem
Per duodena regit mundi sol aureus astra;

(Virgílio, Geórgicas, I, 432).

da lua tem sido relacionada, em toda época, com a cor da prata. A luz avermelhada do planeta Marte (ígneos, segundo Plínio; inflamado segundo os alquimistas), recordava o brilho do sangue e do ferro, e tem sido consagrado à divindade do mesmo nome. É assim que Dídimo, em seu comentário sobre a Ilíada, (1.V), comentário pouco anterior à era cristã, fala de Marte, chamado de astro do ferro. O brilho azulado de Vênus, a estrela da noite e da manhã, recorda também a cor dos sais de cobre, metal cujo nome é tirado da ilha de Chipre, consagrada à deusa Cypris, um dos nomes gregos de Vênus. Daí a relação que deram fundamento a essa correlação por diversos autores. Entre a cor branca e sombria do chumbo e do planeta Saturno, o parentesco é todavia mais estreito e se invoca constantemente desde a época alexandrina. As cores dos metais assinalados ao Mercúrio o chispante (*radians*, segundo Plínio; aparência devida a sua proximidade com o Sol), e a Júpiter o resplandecente, tem variado muito, como falaremos mais adiante.

Todas essas atribuições estão estritamente ligadas à história da astrologia e da alquimia. Efetivamente, no espírito dos autores da época alexandrina, não são simples semelhanças, mas, sim, que se trata da mesma geração dos metais, supostos como produzidos sob a influência dos astros no seio da terra.

Proclo, filósofo neoplatônico do século V de nossa era, em seu comentário de Timeo de Platão, expõe que:

O ouro natural, a prata e cada um dos metais ou das outras substâncias, são engendradas na terra sob a influência das divindades celestiais e de seus eflúvios. O Sol produz o ouro; a Lua, a prata; Saturno, o chumbo; e Marte, o ferro. (p. 14 C)

A expressão definitiva das doutrinas astrológico-químico e médicas encontram-se nas obras do autor árabe Dimeschqi, citado muitas vezes por Chwolson (*Sur les Sabéens*. t. II, pp. 380,396,411,544). Segundo o escritor, os sete metais estão em relação com os sete astros brilhantes, por sua cor, sua natureza e suas propriedades: estes concorrem para formar sua substância. Nosso autor expõe que entre os sabinos, herdeiros dos antigos caldeus, os sete planetas eram adorados como divindades; cada um tinha seu templo, no qual existia sua estátua feita com o metal dedicado a estes. Assim, o Sol tinha uma estátua de ouro; a Lua, uma estátua de prata; Marte, uma estátua de ferro; Vênus, uma estátua de cobre; Júpiter, uma estátua de estanho; Saturno, uma estátua de chumbo. Quanto a mercúrio, tinha sua estátua feita com uma mescla de todos os metais e em seu oco se havia uma grande quantidade de mercúrio. Esses relatos árabes recordam as teorias alquímicas sobre os metais e sobre o mercúrio considerado como sua primitiva matéria. Porém, tais relatos estão fundamentados sobre velhas tradições desfiguradas da Babilônia e da Caldeia, relativas à adoração dos planetas e às suas relações com os metais.

Existe, efetivamente, uma lista análoga deste no segundo século de nossa era. Eis uma passagem de Celso, citado por Orígenes (*Opera*, t. I, p. 646; *Contra Celsum*, livro VI, 22; edição de Paris, 1733). Celso expõe a doutrina dos persas e dos mistérios nitríacos, e nos diz que os mistérios se expressavam por meio de símbolos que representavam as revoluções celestes e a passagem das almas através dos astros. Era uma escadaria na qual havia sete portas com uma 8º na cúspide.

A primeira porta era de chumbo e atribuída a Saturno, sendo a lentidão deste astro expressada pelo peso do metal.

A segunda porta era de estanho e era atribuída a Vênus, cuja luz recorda o brilho e a brandura deste corpo.

A terceira porta era de cobre e era atribuída e Júpiter, devido à resistência do metal.

A quarta porta era de ferro, era inerente à Hermes, porque este metal além de ser útil ao comércio se prestava a toda classe de trabalho.

A quinta porta, atribuída a Marte, era formada por uma mescla de cobre monetário desigual e mesclado.

A sexta porta era de prata, consagrada à Lua; e a sétima porta era de ouro, consagrada ao Sol, pois estes dois metais estão correlacionados às cores destes astros.

As atribuições dos metais aos planetas não são, aqui, completamente idênticas às dos neoplatônicos e alquimistas. Parecem derivar de uma tradição algo diferente da qual se encontram rastros em outras partes. De certo, segundo Lobeck (*Aglaophamus*, p. 936, 1829), em certas listas astrológicas, o planeta Júpiter é atribuído também ao bronze e Marte ao cobre.

Encontra-se o rastro de uma grande diversidade ainda mais profunda e mais antiga, numa velha lista alquímica, reproduzida em muitos manuscritos alquímicos ou astrológicos, de onde o signo de cada planeta está seguido do nome do metal e dos corpos derivados ou congêneres postos sob o patronato do planeta. Nessa lista existem também referências de outros tratados astrológicos, como o de Albumázar, autor do século IX, com variantes e sobrecargas com grandes importâncias: uma parte das palavras gregas escritas ali, uma outra parte, em caracteres hebraicos, como se tivessem um sentido misterioso. Na lista, a maior parte dos planetas correspondem aos mesmos metais que nas enumerações ordinárias, conforme conhecemos, com exceção do planeta Hermes, depois de cujo signo se encontra, não no nome de um metal, mas no nome de uma pedra preciosa: a esmeralda. O mercúrio está inscrito, sem dúvida, no final da enumeração das substâncias consagradas a Hermes, mas como se houvesse sido adicionado (colocado) depois. Pois bem, entre os egípcios, segundo Lepsius, a lista dos metais compreendia, ao lado do ouro, da prata, do cobre e do chumbo, os nomes das pedras preciosas como o *mafek* ou esmeralda e o *chesbet* ou a safira, corpos assimilados aos metais devido aos seus brilhos e valores. (Este assunto [metais egípcios] poderá ser verificado, com mais profundidade, na obra de Steinheil, *Origines de L'Alchimie*, pp. 221 e 233. Paris, 1885).

Na novela egípcia de Satni-Kham-Ouas, *O Livro Mágico de Tahout,* está guardado em sete cofres concêntricos, de ferro, de bronze, de madeira de palma, de marfim, de ébano, de prata e de ouro (*Histoire ancienne de d'Orient*, por Fr. Lenormant, 9º édition, t. III, p. 158, 1883). O enredo primitivo desta novela remontará às últimas dinastias, e sua transcrição havia sido feita em tempos dos Ptolomeus. Tudo isso concorre a estabelecer que a lista dos sete metais se conheceu mais tarde, provavelmente na época dos Antoninos.

Em Khorsabad, no ano de 1854, ao se realizarem algumas escavações, foram encontradas algumas tábuas metálicas pelo arqueólogo M. Place. Ele descobriu sob uma das pedras angulares do palácio assírio de Sargón, um pequeno cofre contendo sete tábuas. Eram tábuas votivas destinadas a recordar a fundação do edifício (706 anos a.C.) e a servir-lhe, de alguma maneira, de Palladium. Quatro delas se encontram, atualmente, no Museu do Louvre. E depois de analisá-las escreveu sobre estes estudos e expôs num dos volumes de sua obra. De passagem, mencionaremos que as quatro tábuas são constituídas de ouro, prata, bronze e carbonato de magnésio puro, mineral raro que não se supunha ser conhecido pelos antigos e cujo emprego se devia sem dúvida, a alguma ideia religiosa. Os nomes das matérias de tais tábuas, como estão indicadas nas inscrições que as cobrem, são, segundo M. Oppert: o ouro (hurasi), a prata (kaspi), e sobre (urudi ou er. bronze); depois duas palavras, (anaki e kasazatiri ou abar), que os interpretes traduziram por chumbo e estanho, ainda que um deles parece, em realidade, designar a quarta tábua assinalada mais acima (carbonato de magnésio), e enfim, dois nomes de corpos levando o determinativo de pedras e traduzidos por mármore (sipri ou zakour) e alabastro (gis-sin-gal). Nada indica, por outro lado, atribuições planetárias a não ser o número sete. Acrescentamos, no entanto, que segundo um dado que me foi fornecido através da leitura da obra de M. Oppert - *Memoire sur les Rapports de L'egypte et de L'assyrie dans L'antiquite - Eclairicis par L'etude des Textes Cuneiformes,* Librairie A. Franck, Paris, 1869 - que dois metais eram atribuídos pelos assírios e babilônios, com denominações divinas, sob o nome de Ninip, deus da guerra (aquele que recorda a ulterior atribuição do metal à Marte) e o chumbo, sob o nome do deus Anu, deus do céu, que se poderia relacionar com Saturno; não se trataria, sem dúvida, de deuses planetários.

Vejamos o que poderemos saber a respeito da interpretação dos nomes metálicos contidos nestas tábuas. Um dos pontos mais essenciais resultante de seu estudo é a assimilação de certas pedras ou minerais correspondente aos metais, exatamente como entendiam os egípcios.

Encontra-se nisso a recordação de relações muito diferentes das nossas, mas que a humanidade de outrora consideravam naturais, cujo conhecimento é necessário para poder entender bem os conceitos dos antigos. A assimilação das pedras preciosas aos metais desapareceu breve, sem dúvida; em troca, durante muito tempo, continuaram classificando numa única classe os metais puros, tais como o ouro, a prata, o cobre, e alguns de seus compostos, como, por exemplo, o electrum e o bronze. Daí as variações importantes nos signos dos metais e dos planetas.

Vamos delinear a história destas variações; é importante descrevê-las para compreender os escritos alquímicos.

Olimpiodoro, um neoplatônico do século VI, atribui o chumbo a Saturno; o electrum, composto de ouro, prata entre outros metais (veja em nosso *Manual Mágico de Kabbala Prática*, Madras, SP, 2011) considerado como um metal distinto, a Júpiter; o ferro a Marte; o ouro ao Sol; o bronze ou cobre a Vênus; o estanho a Hermes (planeta Mercúrio); a prata a Lua. Estas atribuições são as mesmas daquelas difundidas do escolástico de Píndaro mais acima citado; correspondem exatamente e uma por uma a uma lista do manuscrito alquímico de São Marcos, escrito no século XI o qual contém documentos muito antigos.

Os símbolos alquímicos que figuram nos manuscritos compreendem os seguintes metais, cuja ordem e atribuições, em sua maior parte, são constantes:

1) O ouro corresponde ao Sol. O signo do ouro é quase sempre o do Sol, com exceção de uma nota isolada onde parece ser uma abreviação (Ms. 2327, fol. 17 verso. 1.19).

2) A prata corresponde a Lua e era expressa sempre pelo signo planetário.

3) O electrum, composto de ouro, prata e outros metais, era considerado um metal muito especial para os egípcios, que o designavam sob o nome de *asém*, nome que foi confundido, mais tarde, com a palavra grega *asemon*, prata não marcada. Esta liga era ministrada, à vontade, segundo os tratamentos, ouro ou prata. Foi descrito por Plínio e considerado até o tempo dos romanos como um metal distinto. Seu signo era o de Júpiter, atribuição que encontramos em Zósimo, autor alquímico do século III ou IV de nossa era.

Quando o electrum desapareceu da lista dos metais, deu seu signo ao estanho, que até então correspondia ao planeta Mercúrio (Hermes). Nossas listas de signos levam o rastro desta troca. Certo é que, na lista do manuscrito de São Marcos, diz: "Júpiter resplandecente, electrum" e estas palavras se encontram sistematicamente em muitos outros documentos, sempre ao lado do signo planetário, no manuscrito 2327 da Biblioteca Nacional de Paris (fol. 17, 1.16), figurando a primeira letra da palavra Zeus sob duas formas diferentes (maiúscula e minúscula). Pelo contrário, um pouco mais adiante, numa outra lista do último manuscrito (p. 18, verso, 1.5) o signo de Júpiter é atribuído ao estanho. As mesmas trocas são testemunhadas por lista planetárias citadas anteriormente.

4) O chumbo corresponde a Saturno. Esta atribuição não sofreu qualquer troca, ainda que o chumbo tenha muitos signos distintos nas listas (Ms. De São Marcos, fol. 6, última linha a esquerda – Ms. 2327, fol. 17, 1.11 e 12). O chumbo era considerado pelos alquimistas egípcios como o gerador de outros metais e a primitiva matéria de transmutação, a qual explica por sua aparência, comuns a outros corpos e compostos metálicos.

Efetivamente, seu nome se aplicava, às vezes, a todo metal ou composto metálico branco e fundível, abraçando o estanho (chumbo branco e prateado oposto ao chumbo negro ou chumbo propriamente dito, em Plínio) e os diversos compostos que derivam esses dois metais associados entre si e com antimônio, o zinco, o bismuto, etc. As ideias que nós temos hoje sobre os metais simples ou elementares, opostos aos metais compostos ou ligas, foram, sim, um legado dos antigos que pouco a pouco através dos séculos chegou até os nossos dias. Concebe-se, por outro lado, porque sempre foi assim, pois nada estabelece a primeira vista uma distinção absoluta entre estes dois grupos de corpos.

5) O ferro corresponde a Marte. Esta atribuição é a mais comum. Sem dúvida, na lista de Celso, o ferro corresponde ao planeta Hermes.

O mesmo signo do planeta Marte se encontra, às vezes, dado ao estanho em algumas listas (Ms. 2327. fol. 16 verso, 1.12, 3º signo – fol. 17. 1.12, 3). Isso nos faz recordar, todavia, a lista de Celso, que atribui a Marte a liga monetária. Marte e o ferro têm, por outro lado, dois signos distintos, ainda comuns ao metal e ao planeta. A saber: um ponto de flecha e um ômicron (*ômicron* é a décima quinta letra do alfabeto grego e tem um valor numérico de 70), abreviação da palavra *Tourás*, nome antigo do planeta Marte; às vezes até com adjunção de um "p" grego, abreviação de *Piroeis*, o inflamado, outro nome do planeta Marte.

6) O cobre corresponde a Afrodite (Vênus) ou Cypris, deusa da ilha de Chipre, de onde se encontrava minas desse metal; deusa assimilada, ela mesma a Hathor, a divindade egípcia multicolor, de onde os derivados azuis, verdes, amarelos e vermelhos do cobre que recordam as diversas colorações. O signo do cobre é, de fato, o do planeta Vênus.

Sem dúvida, a lista de Celso atribui o cobre a Júpiter, e a liga monetária, a Marte, etc. A confusão entre o ferro e o cobre, ou melhor, o bronze, também atribuído ao planeta Marte, existiu outrora; é testemunhada pelos seus próprios nomes: a palavra *oes*, que expressa em latim o bronze, deriva do sânscrito *ayas*, que significa ferro e era, sem dúvida, numa época remota da antiguidade, o nome do metal das armas e dos utensílios, o do metal duro por excelência.

7) O estanho corresponde, às vezes, ao planeta Hermes ou a Mercúrio. Quando Júpiter trocou de metal atribuindo-lhe o estanho, o signo do planeta primitivo deste metal passou ao mercúrio. A lista de Celso atribui o estanho a Vênus, o que recorda também a antiga confusão do cobre e do bronze.

8) Mercúrio, ignorado pelos antigos egípcios e somente conhecido a partir do tempo da guerra do Peloponeso e conseguintemente, na época alexandrina, foi considerado, em origem, como uma espécie de contra-prata e representado por pelo signo de uma lua invertida. Não se menciona na lista de Celso (século II). Entre o século VI (lista de Olimpiodoro, o Filósofo, já citado) e no século VII de nossa era (lista de Stephanus de Alexandria), o mercúrio tomou o signo do planeta Hermes, tornou-se livre como resultado de mudanças afetando (abalando) sua relação com o estanho. Na lista planetária, foi também atribuído depois por consequência os derivados desse planeta, especialmente quanto à correspondência à esmeralda.

Estas novas atribuições (correspondências) e estas simples relações astrológico-químicas foram expressadas na seguinte passagem de Stephanus:

O demiurgo colocou primeiro Saturno, e frente ao chumbo, na primeira e mais alta região; no segundo lugar colocou Júpiter, frente ao estanho, na segunda região; colocou o terceiro, Mar-

te, frente ao ferro, na terceira região; colocou o quarto, o Sol, e frente ao ouro, na quarta região; colocou o quinto, Vênus, e frente ao cobre, na quinta região; colocou o sexto, Mercúrio frente à prata viva, na sexta região; colocou ao sétimo, a Lua, frente a prata, na sétima e última região.

(Manuscrito 2.327, folha 73 verso)

No manuscrito, acima de cada planeta ou de cada metal, encontra-se seu símbolo. Porém, circunstância característica, o símbolo do planeta Mercúrio e do metal não são, todavia, os mesmos apesar da relação estabelecida entre eles, sendo o metal sempre expressado por uma lua crescente invertida. O mercúrio e o estanho têm, pois, cada um, dois signos diferentes, nas nossas listas, segundo as épocas.

A cópia da lista planetária dada por Albumasar (século IX) e traduzida ao hebraico e depois ao grego no manuscrito 2419 (fol. 46 verso) leva também o rastro dessas trocas (mudanças). Não somente o signo do planeta Hermes que corresponde a esmeralda, sendo o nome de Mercúrio atribuído depois e completamente no final, como dissemos anteriormente, mas, sim, que o autor indica que os persas atribuem o estanho ao planeta Hermes. Da mesma maneira, com respeito ao planeta Júpiter, ao qual se lhe atribui o estanho, o autor conclui e afirma que também os persas não fazem a mesma ligação, senão que atribuem a esse planeta o metal prateado, o qual se refere evidentemente ao *asem* ou *electrum*, cuja existência já era desconhecida no século IX. São essas as recordações das primitivas atribuições.

Daí os signos planetários dos metais fundamentais, signos que se encontram nos corpos que deles derivam. Cada um desses derivados está representado por um duplo signo: um é do metal e o outro corresponde ao procedimento pelo qual foi modificado (divisão mecânica, calcinação, liga, oxidação, etc.).

Os princípios gerais de tais nomenclaturas mudaram menos do que estaríamos propensos a acreditar. O espírito humano procedeu segundo regras e sistemas de signos que continuam sendo aproximadamente os mesmos através dos tempos. Porém, convém observar que as analogias fundadas sobre a natureza das coisas, quer dizer, sobre a composição química, tal como mostram a geração real dos corpos e suas metamorfoses, realizadas na natureza ou em laboratórios, estas analogias, digo, subsistem e continuam sendo o fundamento de nossas notações científicas, enquanto que aquelas analogias químicas de outrora entre os planetas e os metais, fundadas sobre ideias místicas sem base experimental *a priori* caíram num justo descrédito, mas não dentro de um contexto mais amplo e historial. Seu conhecimento, sem dúvida, conserva, todavia, um interesse para a compreensão dos velhos textos e para a história da ciência.

SEGUNDA PARTE

CAPÍTULO I

A ESTRELA FLAMEJANTE E O SEGREDO DA GNOSE

 Segundo a Tradição Antiga, graças ao sacrifício voluntário que fez de sua individualidade e, resgatada das ondas do oceano pelo golfinho, a ψυχὴ humana recebeu sua recompensa, primeiramente por sua unificação com o raio atraente e salvador; em seguida e, sobretudo, pela contemplação, sumária ainda, da *Virgem da Luz* no fundo do tempo que a vontade do homem novo edifica em si por meio de sua reclusão na Torre de marfim.

Esta contemplação da *Virgem da Luz*, no presente estado do homem novo, não produz a inteligência, mas o desejo e a atração em direção a esse símbolo ainda não explicado da Divindade. O homem novo sabe bem que ele deve reaproximar-se de seu objeto para identificá-lo e compreendê-lo, por isso um amor profundo e quase cego ainda o carrega insensivelmente ao alto. Mas, ao mesmo tempo, o homem novo concebe em analogia evidente que, se ele conquistou com o sacrifício de sua individualidade sentimental a única visão da *Virgem divina*, ele deve conquistar também, por meio de outro sacrifício, a compreensão de sua visão.

Diz-se esotericamente que, certamente impulsionado por tal instinto, o homem novo se crucifica a exemplo da *Virgem de Luz*. Na realidade, o sacrifício é outro e ele consiste nesta ascese voluntária que é a renúncia de si mesmo, da própria personalidade, para se confundir intimamente com o objeto amado. Essa renúncia de si mesmo é uma progressão intelectual análoga a uma crucificação do indivíduo e é por isso que, à imagem dessa *Virgem* longínqua e luminosa, a ascese em questão é simbolizada pela inscrição do homem novo na *Estrela flamejante*, na *Estrela de cinco raios*, de forma ascensional, que é, ao mesmo tempo, a imagem da levitação e da crucificação.

Logo, concebemos aqui a necessidade de um método de ascese e de um trabalho pessoal, enquanto que, até o momento, somente fomos ou determinados por teorias abstratas ou guiados por impulsos sentimentais. A esta entrada no domínio prático da vontade ativa e consciente corresponde a um dos arcanos da iniciação gnóstica. Tal mistério representa o quaternário, que é o número da realização. O quaternário é uma afirmação, o ternário posicionado, significa que, no domínio da vontade, o quaternário é uma ação. De acordo os planos em que a consideramos, essa afirmação é a queda do divino no humano, é a corrupção de *Sophia* nas suas formas e através delas; é o número de toda revelação. Porém, graças à queda e à revelação, surge também o número da evolução humana e da ascese voluntária, sublimação da personalidade e renúncia do indivíduo.

Os símbolos, melhor ainda, os hierogramas demonstram isso. A trindade *Thien-Dia-Nhien* do Extremo Oriente é solucionada no tetragrama de *Wenwang*, que sintetiza a criação ou a entrada na corrente das formas. Todos os deuses manifestos são quaternários: ISIS, INRI, e as quatro letras hebraicas (יהוה= Yod. He, Vau, He); o único hierograma ternário que não tem resolução quaternária é o hierograma do Ininteligível, AUM. A ascese gnóstica está em conformidade com a tradição universal e com a ciência sagrada dos números e, logicamente, somos assim levados a fornecer os métodos regulares da ascese moral, intelectual e espiritual.

O método moral é sucinto, pois a ação que conduz à ascese não é uma ação material, pelo contrário; à moral conviria, então, por outro lado, reduzir a ação ao mínimo e considerar o não agir físico como o meio ideal do melhor agir intelectual e espiritual. A razão corrobora aqui a recomendação tradicional do taoísmo e do Extremo Oriente. No mínimo de ação à qual nos forçamos, por conta da condição humana, é indispensável nos guiarmos sempre – e com clareza de espírito – por meio da máxima cristã: *"Faça aos outros o que gostaríeis que os outros vos fizessem"*. Tal prescrição ainda não é mais moral quanto lógica: a reciprocidade de ações análogas compõe quase matematicamente um total indiferente, o que se aproxima, em suma, tanto quanto possível da inércia física e da imobilidade.

No plano intelectual importa, para a ascese, que o homem novo estude profundamente os textos dos Livros sagrados primordiais, determinando, claramente, que esse estudo deve abranger o espírito e não a letra, e que ele deve, consequentemente, ser uma obra pessoal e não um treinamento servil e imitativo em uma vereda aberta e seguida por todos. Apenas nessas condições é que tal trabalho será útil. É necessário reconhecer que não há um livro mais recomendado que outro; todos eles são traduções de uma verdade única, igualmente aproveitável. É interessante que o buscador comece pelo *Livro Sagrado*, que é o mais adequado ao seu temperamento e a sua origem; não apenas o ensinamento gnóstico encontra-se em cada um deles em iguais quantidades, mas será melhor assimilado na forma apresentada pelo livro de um compatriota ou de um congênere de raça.

Enfim, no plano espiritual, o método de ascese é a meditação, não mais intelectual, mas a meditação de desejo, a meditação mística e intuitiva (dizemos *intuitiva* porque esta tarefa intuitiva é precedida e acompanhada de uma tarefa intelectual). A meditação deve se resumir a uma aspiração em direção a *Sophia* e uma intensidade absoluta de desejo em se confundir com ela. Não devemos detalhar aqui a ginástica de tal método, ela está exposta ao longo dos escritos e das disciplinas dos autores místicos. Convém que esses exercícios de tensão sejam repetidos cotidianamente, às mesmas horas e nos momentos propícios como, especialmente, no nascer do sol. – A resolução desta tensão espiritual é perfeitamente indicada pelo *homem gnóstico* inscrito na *Estrela de cinco raios*, em fórmula ascensional, e *na figura* de levitação. Mas saibamos bem que a levitação não é de modo algum um fenômeno intrínseco, nem mesmo a consequência de um impulso ou de um soerguimento por forças terrestres ou pela própria vontade exacerbada do intuitivo. A levitação é uma consequência normal e, na maior parte do tempo, inconsciente, da aspiração espiritual em direção a *Sophia*, aspiração cuja violência arrasta, simultaneamente às faculdades espirituais, os limites grosseiros dos quais as faculdades são revestidas na composição humana.

Quanto aos resultados que esses métodos de ascese produzem, não podemos expô-los melhor do que expondo os resultados análogos do quaternário de realização alquímica da grande obra. E não estamos fazendo aqui uma aproximação fantasista, pois todos esses curiosos da alquimia sabem que, em seu *Amphitheatrum æternæ sapientiæ*, Khunrath representava a realização da *Grande Obra* pelo homem em período ascensional na *Estrela Flamejante*, e que o ato efetivo de tal criação era determinado pelo mais claro e mais material dos símbolos, a potência genital do homem sendo precisamente o *centro* do universo alquímico e do círculo ideal em que se inscreve a *Estrela de cinco raios*.

A *Grande Obra* comporta três operações sobre os três planos e pode apenas ser terminada se houver simultaneidade de finalização da trina operação (e a gnose possui um símbolo perfeito deste estado, no *triplo tricerion*, que é um acessório do ritual para a recepção de um dos graus seguintes).

No plano material o adepto, então puramente alquimista, tem o poder, através do pó de projeção, de conduzir o átomo metálico até seu estado mais puro, o *ouro*. Ele tem ,igualmente, o poder de curar todas as doenças pela apuração da mônada orgânica, a *panaceia universal* e, enfim, ele pode prolongar a vida para além dos limites habituais restaurando as forças perdidas no esgotamento da célula nervosa: a *longevidade*, pelo *elixir de longa vida* e a *perpétua juventude* pela *Água de Juventude* (é necessário observar aqui que não foi dito por nenhum alquimista que o elixir de longa vida dava ao homem a imortalidade sobre a terra; além disso, apenas seu nome bastaria para desmentir esta asserção que alguns profanos tentaram fazer passar por verdade).

No plano intelectual o Adepto, então filósofo, sabe:

1º discernir a verdade absoluta dentre as verdades relativas e aparentes pelo conhecimento do esoterismo, ele possuía o *verdadeiro* (o ouro);

2º pela prática da virtude, ele realizava o amor em todos os seres: o *Bem* (a saúde);

3º pela exaltação do espírito na contemplação das harmonias universais, ele possuía a plenitude de Si, fora do tempo e do espaço: o *Belo* (a longevidade).

No plano divino e Adepto, doravante hierofante e sacerdote, pela comunhão na presença real possuía a *Onisciência, Deus* (o verdadeiro, o ouro). Pela comunhão na essência da universalidade dos seres, ele possuía a *Onifelicidade, o Filho* (o bem, a saúde). Pela comunhão na totalidade das harmonias universais, tendo por consequência a conquista, desde sua vida terrestre, sua Imortalidade consciente, ele possuía a *Oniglória, o Espírito* (o belo, longevidade).

O simbolismo do quarto grau gnóstico aproxima-se muito do simbolismo alquímico, e esta não é uma aproximação fortuita nem superficial: há entre a *Gnose* e a *Alquimia* semelhanças e concordâncias flagrantes das quais iremos dar, em caráter documentário, o exemplo mais singular.

Sabemos que os arquitetos religiosos da Idade Média eram quase todos iniciados gnósticos; eles deram várias provas disso em seus edifícios. Ora, o ritual dos construtores de templos – pois as corporações de ofício e, sobretudo, os corporações de artesãos possuíam regras, métodos e disciplinas das quais não se afastavam em nenhuma hipótese – assinala que os arquitetos sagrados pretendiam, edificando catedrais, seguir um simbolismo idêntico ao dos construtores dos atanores alquímicos. Cada elemento de um templo retoma, aumentando-o, o elemento análogo do forno filosofal, para finalmente determinar que a sublimação do metal e a ascese das almas nascem e se realizam através de um mesmo processo.

O atanor alquímico era composto por dois tubulares através dos quais introduzíamos o carbono: são as duas torres da catedral, cuja vista longínqua e sinos sonantes chamam e concentram a oração e a fé, estes combustíveis intelectuais. A cúpula do atanor (forno revérbero), sob o qual se colocava o Ovo Filosofal, é representado pela *cúpula do templo*, sob o centro da qual se mantém o altar do sacrifício e queima a chama eterna da vela sagrada. Atrás da cúpula estava a chaminé de onde saíam os produtos da combustão, similar da flecha ou do campanário, que simboliza a elevação da prece em direção ao céu. Sobre a fachada do atanor encontrava-se o orifício circular que permitia ao alquimista ver o desenvolvimento de sua obra: este orifício é, na catedral, representado pela rosácea, Rosacruz em geral, orientada de tal modo que, através de seus recuos e seu vitral, os raios solares do meio-dia viessem clarear o interior do templo e convergir sobre o altar; enfim, sob o orifício circular, a porta do atanor restituía ao universal as cinzas extraídas de todo princípio comburente e vivificante, assim como, sob a rosácea fulgurante, a porta da catedral restitui os homens à vida hílica, esvaziados de seus impulsos de oração e de fé.

Todo o ritual dos construtores do templo contém analogias tão precisas quanto essas, e poderíamos continuar tomando assim por diante todas as partes e todos os detalhes do edifício. Os traços principais que acabamos de resumir bastam para mostrar como, nos primeiros tempos da evolução histórica, a Gnose, a Alquimia e o Catolicismo mantinham-se estreitos e se identificavam quase, para sua maior vantagem recíproca.

Quando o alquimista chega ao fim de sua tarefa e à coroação de sua obra, e que tenha soldado o Ovo Filosofal é quando ele obtém, então, o pó de projeção, graças ao qual pode imediatamente maturar em ouro quaisquer metais, sem passar mais pela menor das operações que lhe custaram tanto tempo e cuidados.

Da mesma forma, quando o gnóstico completou sua ascese pessoal, quando ele atingiu o objetivo para o qual seu estudo o havia preparado e em direção ao qual a vontade e o desejo impulsionaram-no, ele atinge o conhecimento. A marca desse conhecimento é a *Crisma Gnóstica*, que permite ao adepto que o tem em sua possessão, não apenas transformar o metal em ouro, mas, em outro plano e por um processo similar, incitar potencialmente e sabiamente outrem a pedir e a receber o Conhecimento. A unção da crisma constrói no homem velho o novo homem: é a realização da *Cidade Santa*.

Parece útil, após a posição do Quaternário, isto é, após a primeira realização à qual o homem gnóstico tenha podido proceder, indicar como as iniciações e as doutrinas precedentes, que formam um todo completo, e o primeiro grau da ascese gnóstica podem ser, sem deformação, mas com cuidados apropriados, comunicados e conferidos à mulher. A gnose admite tanto a iniciação masculina quanto a feminina, pois instaura o método feminino de ascese pelo desejo, e o símbolo feminino de *Sophia* a domina inteiramente.

Sem nada especificar daquilo que pertence apenas ao ritual das iniciações sucessivas, parece bom, todavia, determinar como a mulher evolui pelos seus meios, e que concurso ela deve oferecer ao elemento masculino na ascese geral, e como, enfim e, sobretudo, a utilização da potência feminina, em certos pontos e sobre tais planos convenientes, transformará em uma aliada preciosa a Força Adversária contra a qual diversos outros cultos ingenuamente nos advertem.

A mulher ignorante não é senão um encanto da natureza; a mulher consciente é, ao mesmo tempo, o meio do conhecimento e o encanto da verdade. A mulher ignorante não atinge senão o plano sensorial, no qual o homem deve desafiar a mulher e torná-la inofensiva; a mulher consciente atinge o plano sentimental, sobre o qual o homem deve apoiar-se através de uma participação racional.

A vontade feminina não se apoia sobre a lógica, mas sobre o desejo. Este deve ser desenvolvido e aplicado de maneira sã, segundo as regras positivas (masculinas) da ascese. A vontade masculina aplica-se a todas as coisas interiores e exteriores; a vontade feminina deve aplicar-se exclusivamente ao homem, para excitá-lo em direção à verdade e no caminho da evolução. A consequência desta ação influente é que, no lugar de permanecer binários e formar um dualismo frequentemente repreensível e sempre inútil, o desejo da mulher e a vontade do homem realizam o Andrógeno intelectual. Logo, na ascese fora do limite, o papel especial da mulher é transformar a sensação em sentimento.

Todos os fenômenos da vida individual afetam igualmente os dois sexos; mas, se há paridade de elementos entre o homem e a mulher, há diferença de situações e de coeficientes. Especifiquemos, sem insistir nesse ponto de outro modo, em teoria (pois a experiência será aqui o melhor mestre) que, no trabalho da intelectualidade, é a *anima* que domina e age na mulher, enquanto que o *spiritus* deve dominar e agir no homem. A *anima* excita o *spiritus* e, em seguida, acomoda-se a ele, que permanece sempre independente e autônomo: *"Spiritus flat ubi vult"*.

Toda religião tem uma parte feminina na consumação de sua realização, desde a Afrodite Uraniana até a Brunilde do Edda, passando pela Veleda e a ninfa do rei Numa.

Essas realizações femininas provêm de uma fonte metafísica e simbolicamente oculta, que é Maia – ou seu reverso, Kali. Assim, a Gnose deve preparar suas adeptas ao conhecimento sumário e à experiência sumária do papel da *Sophia*.

A mulher, historicamente, pode ser um instrumento dinâmico todo-poderoso sob a carga elétrica fisiológica e física dos iniciados (tais como: Semíramis, Joana d'Arc). Ela pode ser uma influência sobre o homem, em reciprocidade benéfica ou maléfica (tais como: Calipso, Briseida, Egéria, a Rainha de Sabá, Aspásia). Ela pode ser uma força descentrada se pretende agir sozinha (tais como: Atália, Fredegunda, Elizabeth, Catarina II).

Quanto à mulher, em seu íntimo, ela tem um papel conciliador e consolador em relação ao trabalho necessário, um dever de respeito diante da ciência, de entusiasmo diante da beleza, de reconforto em relação aos intelectuais, de solidariedade perante o sofrimento e de amor em relação à vida, pois ela é o sexo que dá a vida em meio ao sofrimento.

A realização para a alma feminina não é somente uma realização pessoal; ela não deve ver a si mesma como um objetivo. Ela tem uma meta eminentemente altruísta; ela não deve, então, efetuar-se tanto no meio da vontade quanto no meio do desejo. Além de sua ascese individual, que deve ser igualmente vigiada, a mulher deve colocar no primeiro plano o dever que Sâr Péladan chama de *Sororal*; isso quer dizer que a mulher deve conhecer e se lembrar sempre que ela é, sobretudo, um dos meios da ascese masculina[14].

Consequência: a ascese feminina é, ao mesmo tempo, superior e inferior à ascese masculina: superior naquilo que ela provoca; inferior no que ela não dispõe mais, para si mesma, das forças que dispôs para o homem. Este papel intelectual de estimulação deve ser posto em plena luz; sua beleza deve ser oposta com brio à mediocridade do papel análogo sentimental e à mesquinhez do papel análogo físico.

A conjunção do desejo feminino com a vontade máscula deve sempre ocorrer no mesmo sentido das forças, a fim de obter uma *soma*. Ora, isso não pode acontecer fora do plano intelectual, pois o plano sentimental não dá conta da vontade e, assim, as duas forças podem bem

---

14 - Podemos aqui, com proveito, reportar-nos à cerimônia mágica da Lavoura Sagrada que o imperador da China realizou ritualisticamente todos os anos no equinócio de primavera. Os textos confucionistas declaram que é para honrar a agricultura. Os textos tradicionais e taoístas da própria época de Mouwang explicam que a natureza do homem é o Sol; o iniciador é o homem que guia o arado nos campos. O conhecimento é o grão. O esforço pessoal compreende todas as potências fecundantes e germinadoras (calor, luz, água, terra, isto é, influências ativas e passivas) que empurram o broto para fora do solo, em caules, flores e frutos. A água, ou influência passiva, é precisamente a influência feminina.

concorrer, mas não se adicionarem; e, no plano físico, em que o desejo suprido à vontade, as duas forças se antagonizam e há, desde então, não uma *soma*, mas uma *diferença*.

Além disso, o dever de associação feminina não é exercido especialmente em relação a um homem, mas em relação ao *Homem Gnóstico*. E aqui o ideal é a *Sophia*, mas a *Sophia terrestre*, poluída pela corrente das formas. Mas, para compreender a profundidade de tal dogma, é necessário especificar fortemente as diferenças dos planos humanos e cavar entre os planos intelectual, sentimental, físico, intransponíveis fossos.

Podemos resumir a influência feminina gnóstica em três princípios:

No físico, abstenção do amor;

No sentimental, prudência do desejo;

No intelectual, totalidade do devotamento.

A História Gnóstica da Estrela Flamejante

Aparece em toda documentação fornecida pelos Pais da Igreja que as mulheres desempenharam um importante papel na antiga *Gnose* e que, na ascese geral, conforme os nossos ensinamentos atuais, elas ofereceram sempre um concurso precioso ao elemento masculino. A maior parte dos apóstolos gnósticos as associa a seu apostolado, empregam-nas como agentes de propaganda e sofrem a feliz influência do exercício do *dever sororal*.

Entre os markosianos, as mulheres preenchem as altas funções. O próprio Markos tem junto de si uma profetiza de nome Filomena, da qual segue as inspirações. Este apóstolo, que santo Irineu dá, com sua amenidade costumeira, como um precursor do Anticristo, diz em algum momento que a mulher é a obra de Satã, mas isso não é, sem dúvida, mais que uma enérgica hipérbole para designar a mulher ignorante, à qual nós mesmos dissemos que é necessário desafiar; para a mulher eleita, pois, ela é e permanece, para ele como para nós, a grande iniciada.

Entre os marcionitas, as mulheres celebram a hierurgia. Montan também permitiu o acesso às funções sacerdotais ao elemento feminino. Prisciliano, que levou a *Gnose* à Espanha e do qual o grupo se liga diretamente ao Albigeísmo, parece ter admitido igualmente as mulheres ao sacerdócio. Tillemont lembra-nos de que o próprio papa Victor foi seduzido por aquilo que o bom jansenista chama de *os artifícios* de duas *Sophias* montanistas.

Por outro lado, sabemos, pela história da horrenda cruzada de Simon de Monfort, de qual poderoso dinamismo dispuseram os Esclarmonde de Foix e os Armande de La Motte. E é aqui, como o faz observar Guignebert, que encontramos *"o tema de todas as acusações ortodoxas que se abatem sobre os gnósticos: eles seduzem, sobretudo, as mulheres, que o misticismo, mesmo rigoroso em suas formas, atrai sempre; logo, eles são corrompidos e vivem na devassidão".*

Acreditamos inútil lembrar todas as abomináveis calúnias inventadas pela imaginação em delírio dos Pais da Igreja. Sua demência é tal que chegam a confundir os graus iniciáticos com as próprias seitas. Santo Epifânio, e depois dele Teodoro, falam de uma seita execrável (*exsecranda*) originada de Valentim, que nomeiam ora os barbelianos, os naasianos, os borborianos, os estratióticas e os fibionitas. Ora, os barbelianos, os borborianos, os estratióticas e os fibionitas são quatro graus distintos da iniciação valentiniana. Quanto a naasianos ou naaseanos, é um termo de origem hebraica que serve às vezes para designar os Ófitas.

"Que mistura, oh bons Pais!" Teodoro acrescenta: *"Quanto a seus mistérios, quem pode ser tão infeliz para ousar falar disso? As coisas que praticam como atos divinos ultrapassam a imaginação mais desavergonhada".* E ele conclui que é por esse motivo que os chamamos os borborianos, do grego βόρβορος, lama, pois, evidentemente, eles ali chafurdam. Para a palavra fibionita, ela expressa, parece, um refinamento de volúpia ao qual nem o grego nem o latim ousam se prestar! E sobre a fé desses Pais em fúria, essas inépcias são reproduzidas, não apenas por Dœllinger, mas – quem acreditaria? – pelo próprio Prudhon e por quantos outros!

A palavra *barbelianos* significa *filho de Deus*; é por isso que a concedemos àqueles de nossos irmãos e irmãs que estão em possessão do Septenário iniciático. Do grupo valentiniano, ele passou em seguida para os sacerdotes valdenses, sob a forma de *Barbe*. O termo *Barbelo* ou *Barbeloth* pode assim ser aplicado à *Virgem de Luz*, que é de alguma maneira por excelência a Filha de Deus, pois que ela emana diretamente dele, ela é seu pensamento vivo.

"*A Igreja cátara*", diz Napoleão Peyrat, "*reservava uma alta posição à mulher, e frequentemente a presidente das cortes de amor tornava-se, ao envelhecer, a sacerdotisa do Paracleto. A mulher tinha de direito um pontificado natural na religião do Consolador*".

(*História dos albigenses*)

AS TENDÊNCIAS GNÓSTICAS NA FRANCOMAÇONARIA

A Francomaçonaria apresenta muitos problemas ao historiador do pensamento religioso. Os três graus corporativos (Aprendiz, Companheiro e Mestre), que pregam em todos os planos (moral, metafísico e espiritual) o simbolismo do ofício de "construtor", de "canteiro" (escultor de pedras), que se juntam aos altos graus (no R∴E∴A∴A∴, do 4º ao 33º), com aqueles que revivem, segundo a Tradição, as iniciações dos templários, alquimistas e rosa-cruzes[15].

Nos ritos de iniciação dos diversos graus maçônicos, faz-se referência, às vezes, ao "gnosticismo" e a "gnose" (que é, precisamente, um dos sentidos da famosa letra **G** inscrita no centro da estrela flamejante), porém, tais alusões são superficiais e pouco convincentes.

Os comentaristas maçons, às vezes, caem em argumentos ridículos e aporéticos, quando, por exemplo, apresentam os gnósticos como cristãos esclarecidos (no sentido moderno deste adjetivo), como homens que submetem os dogmas ao livre exame[16]...

---

15 - O grau 17º do *Rito Escocês Antigo e Aceito*, intitulado *"Cavaleiro do Oriente e do Ocidente"*, exige um cerimonial grandioso, que recorda os mistérios de certas seitas gnósticas cristãs. No decurso do ritual se descobre um estranho quadro que representa uma cruz de cavalaria, nela se vê dois selos como símbolos daqueles os quais se fala no Apocalipses de João. Os motivos desses selos recordam muito enigmáticas figuras gravadas sobre as *abraxas* (pedras gnósticas). O quadro é iluminado por uma misteriosa lamparina de azeite: a *"lâmpada mágica"* (veja em nossa obra: *SECRETUM; Manual Prático de Kabbala Teúrgica*, Ed. Ísis, 2014, SP, p. 421).

O grau do *Cavaleiro do Oriente e do Ocidente* foi composto com os preceitos de lendas da época das cruzadas; que haviam descoberto na Palestina iniciados que conservavam zelosamente as verdadeiras tradições cristãs, os *johannitas*, quer dizer, dos discípulos diretos do apóstolo João de Patmos. Esta lenda é o protótipo dos relatos inverificáveis que abundam nos rituais dos altos graus. O mais curioso e interessante é que o grau 17º trás em si um esoterismo cristão e este ritual foi elaborado pelos maçons franceses, no fim do século XVIII, e não por prestigiosos cruzados.

16 - Devemos destacar que o organizador da matéria não é, para os filósofos maçônicos, uma potência malvada; é o *Grande Arquiteto do Universo*, que pode ser identificado até certo ponto com o Demiurgo platônico.

Eis que no iluminismo maçônico francês do século XVIII, o historiador encontra correntes que recordam, de maneira direta, o gnosticismo cristão e a teosofia kabbalística. O mais notável desses maçons místicos foi Martinets de Pasquallys[17] (nascido em Grenoble em 1727 e falecido em São Domingos em 1774), que fundou em 1754 um rito maçônico especial: a *Ordem dos Elus Cohens*[18], acessível somente para os maçons regulares que já tivessem o grau de Mestre. Martinets de Pasquallys teve dois discípulos ilustres, Louis-Claude de Saint-Martin (1743-1803) e Jean-Baptiste Willermoz (nascido em Lyon em 1730 e falecido em 1824) – Saint-Martin rompeu com as práticas de seu mestre e elaborou um admirável sistema teosófico em que o iluminismo cristão se apoia num método de realização mística. A influência do martinismo foi considerável e ainda persiste até nossos dias. Willermoz criou o *Rito Escocês Retificado* é também conhecido como *Rito de Willermoz*, em alusão ao seu criador, Jean-Baptiste de Willermoz que foi iniciado na Maçonaria aos 20 anos de idade em uma loja que funcionava sob os auspícios da Estrita Observância Templária. A intenção de ter um Rito Escocês Retificado seria trazer de volta antigas influências dos Cavaleiros Templários, como um rito de cavalaria, também de um antigo rito chamado Rito de Heredom. Segundo Willermoz, o Rito havia se descaracterizado com o tempo, perdendo, assim, sua identidade original como um Rito de Cavaleiros. Foi relançado nas suas bases atuais, graças ao trabalho incansável de Jean-Baptiste Willermoz, que mantinha relações com maçons de toda a Europa, principalmente com os Irmãos mais qualificados de todos os ritos. Ele passou a vida inteira reunindo todo o tipo imaginável de documentos, rituais e instruções, buscando alcançar a essência da iniciação maçônica. O sistema maçônico que o interessava de imediato, foi o da *Estrita Observância Templária*, em razão das origens

---

17 - O *Traité de la Réintégration des Êtres Créés* (*Tratado da Reintegração dos Seres Criados*) é a sua primeira obra; virtudes, potencias espirituais e divinas desenvolvem a gnose de Martinets. O mundo é uma morada infernal, onde a alma está submetida a inexoráveis ciclos de reencarnações sucessivas; para escapar delas, o homem deve desligar-se de tudo que leva para matéria, deve desprender-se das sensações materiais. Por infelicidade, as Entidades condenadas lutam sem cessar contra a aspiração do homem ao aperfeiçoamento espiritual: elas nos tentam de mil maneiras, para encancerarmos ao mundo visível e conservar sobre nós seu domínio. A prática da teurgia permitirá aos iniciados vencer o poder dos demônios.

18 - *Cohen* em hebraico significa sacerdote. Martinets não conhecia a língua hebraica; nesse sentido, sua relação com a Kabbala era sempre por vias de fontes indiretas.

templárias que esse sistema atribuía à Maçonaria e por sua organização em forma de Ordem de Cavalaria.

LOUIS CLAUDE DE SAINT MARTIN
e o Martinismo

"Se eu não tivesse encontrado Deus,
jamais meu espírito teria podido fixar-se
em algo sobre a terra."

L.-C. de Saint-Martin. (*Portrait* nº 290, pág. 37)

Seguidamente confundem-se, sob a denominação de Martinistas, os discípulos de Martinets de Pasquallys e os de Louis Claude de Saint-Martin. Se bem que as teorias sejam as mesmas, uma diferença profunda separa as duas escolas. A de Martinets restringiu-se ao plano da Maçonaria Superior, enquanto que a de Saint-Martin estendeu-se aos profanos; a segunda, ainda, recusou-se às práticas e às cerimônias às quais a primeira dava uma importância muito acentuada. É exclusivamente no sentido da doutrina e dos discípulos de Saint-Martin que as palavras Martinismo e Martinistas serão empregadas no transcorrer das páginas que se seguem. Assim se fala do Spinozismo de Spinoza, do Bergsonismo de Bergson.

Em particular, a expressão "Ordem Martinista", que será lida repetidas vezes, não implica nenhuma referência à Ordem dos Elus--Cohen, fundada por Martinets e que se perpetua até os nossos dias; ela se aplica ao "Círculo Íntimo" dos Amigos de Saint-Martin. Chamará atenção do leitor o grande número de citações de Saint-Martin apresentadas nesta obra. Talvez elas o surpreendam. Entretanto, acreditamos que não nos devemos desculpar por isso. Nosso único desejo é dar do Martinismo a ideia menos infiel possível. Pareceu-nos que os textos se impunham, cada vez que uma paráfrase tentava trair o pensamento do Filósofo Desconhecido.

As principais obras de Saint-Martin são:

"Erreurs" designa os Erros e a Verdade (*Des Erreurs et de la Verité*); refere-se à edição de Edimbourg 1782, 2 volumes, indicando o tomo e a página.

"Le Tableau Naturel" é citado segundo a reedição da "Biblioteca da Ordem Martinista", Paris, Chamuel, 1900.

"Le Cimitière d'Amboise" e as *"Stances sur l'origine et la destination de l'homme"* são citadas segundo a reedição da *"Petite collection d'auteurs mystiques"*, Paris, Chacornar 1913.

O QUE É O MARTINISMO

É preciso que um homem esteja oculto, escreveu Dostoievsky, para que se possa amá-lo. Desde ques mostre o seu rosto, o amor desaparece.

Não é certamente a Louis Claude de Saint-Martin, o "Filósofo Desconhecido", que essas palavras podem ser aplicadas. Ignorado, sem dúvida, do grande público, Saint-Martin nunca enganou aqueles que se inclinaram sobre a sua tão curiosa personalidade e se aprofundaram na sua doutrina espiritual. Mestre da vida espiritual, assim se apresenta aquele que as histórias da Filosofia rejeitam, às vezes, em notas de rodapé. É porque sua obra se endereça aos homens de boa vontade, que em nossos dias como em todos os tempos procuram a verdade e a salvação, este modesto trabalho foi projetado. Poder-se-ia, se não tivéssemos temor de ver superestimada sua importância, intitulá-lo: Iniciação ao Martinismo. Tal foi, exatamente, a razão destas linhas. E, como nossa intenção era de apresentar uma introdução ao estudo e à prática de uma doutrina, tentamos explicar a tarefa que se nos apresenta. Assim compreenderemos melhor e mais rapidamente, o que se pode entender por *"Martinismo"*.

Tratou-se, em síntese, de apresentar um esboço do pensamento do Ph... Desc... . Porém, mais que aos amadores de reconstituições históricas, ou aos curiosos de debates metafísicos, era preciso dirigir-se àqueles para os quais o Martinismo é um fermento de vida espiritual, e, Saint-Martin, um Guia Fraternal, um Mestre e um Amigo. Fixar para os *"homens de desejo e de boa vontade"*, os próprios ensinamentos dos quais eles se alimentam ou fazê-los conhecer aqueles que se saciarão dos mesmos; oferecer um quadro vivo de uma doutrina viva: tal deve ser e tal foi nossa constante preocupação ao redigir este trabalho. Não se encontrará aqui, propriamente falando, a exposição didática ou crítica da *filosofia* de Saint-Martin. O Teósofo de Amboise pode, certamente, reivindicar um honrado lugar entre os *filósofos*. Poderá ser, sobre este particular, objeto de um trabalho detalhado. Sua obra suporta a prova de um exame minucioso. Determinar precisamente as influências que exerceram sobre Saint-Martin, seguindo os efeitos através de suas diferentes obras. Reconhecer em determinada página do Tableau Naturel, uma reminiscência platônica, ou, em tal parágrafo do *Ecce Homo*, a lembrança de uma conversação com Madame de Boecklin; situar enfim, após haver dissecado, o sistema que elaborou no século XVIII, um pensador denominado Louis Claude de Saint-Martin, são tantas tarefas úteis, apaixonantes mesmo é próprias para dar um novo brilho à figura do Mestre. Mas não queremos reconstituir um esqueleto, nem queremos erguer uma estátua de pedra. As condições já enunciadas e nas quais este livro foi elaborado, nos justificarão, sem dúvida, de ter abandonado todo aparato de erudição. Somente figurarão as indicações necessárias para compreender a doutrina definitiva, porque existe um aspecto *perfeito* no pensamento Martinista. Está além das palavras, aquele que o entrevê; permite perceber a coerência e o fundamento das aplicações que deles se tiram.

> *O que se chama Martinismo é, ao mesmo tempo, uma sociedade de homens continuando os estudos místicos do Mestre e, um sistema filosófico e metafísico que alguns denominam uma teologia. Mas é também um método que permite reconhecer, à luz deste próprio ensinamento, o que em todos os domínios é especialmente tradicional e iniciático.*

Se é uma especulação abstrata, o martinismo é logo uma vivência, um estado de espírito, um espírito. É um conhecimento superficial, uma luz que dá a sua cor aos objetos que envolve, e, que, misturando sua nuança aqueles que lhes é próprio, funde-os sem os confundir, numa doce harmonia. Pudessem estas páginas, escritas com simpatia e respeito, incitar aqueles que se uniram numa admiração comum por Saint-

-Martin, a partir da leitura, para encontrar o espírito. Talvez o maior dos *filósofos da Unidade* perseguisse, sem cessar, um esforço de síntese.

> *É um excelente casamento para fazer, disse este, da nossa primeira escola com o nosso amigo Böehme. É para isso que eu trabalho.*

Nesta inspiração consiste o verdadeiro ensinamento do Teósofo. Aí encontra-se expressa a grande ideia que norteou toda a sua vida. E não é mostrar-se um fiel discípulo de Saint-Martin o buscar nos seus livros a ideia que os ditou? *"Os livros que fiz"*, ele mesmo declarou, *"só tiveram por meta convencer os leitores a abandonar todos os livros sem respeitar os meus"*. A própria Bíblia, o livro dos livros, não é suficiente para fundamentar uma verdade.

> *Por mais avantajadas que sejam as descobertas que se possa fazer nos livros hebreus, elas não devem ser empregadas como provas demonstrativas das verdades que dizem respeito à natureza dos homens e sua correspondência com o seu Princípio, porque estas verdades subsistem por si mesmas; o testemunho dos livros não deve jamais servir senão como confirmação.*

Por isso, convidamos todos os homens, nossos irmãos, a recolher, independentemente das fórmulas e das demonstrações, a exaltação mística do Teósofo, e restabelecer o cânon, segundo o qual ele julgava o homem e o Universo, e acima de todas as coisas, a reencontrar a espontaneidade do impulso que o levava a Deus.

Tal é o convite que este pequeno escopo pode lançar. O objetivo do autor será plenamente alcançado, se graças a ele, só uma *minoria* compreender o apelo dos *Mestres Passados*, e reconhecer o verdadeiro Caminho da Reintegração; a Rota Interior que lhe traçou o *Ph. Desc*, pela voz grave e amável de Louis Claude de Saint-Martin.

A linha do Tempo

	QUADRO CRONOLÓGICO DA VIDA E OS ESCRITOS DE			
	LOUIS CLAUDE DE SAINT-MARTIN			
	(Com os principais sincronismos literários, políticos e Martinistas)			
Ano	Vida de Saint-Martin	Sincronismos Martinistas	Sincronismos Literários	Sincronismos Políticos
1730		Lyon. Nascimento de J. B. Willermoz.		
1741				Guerra da Suce-ssão na Áustria.
1743	18 de Janeiro. Nascimento de Saint-Martin, em Amboise.			
1748			Montesquieu: "O Espírito das Leis".	
1750			Rousseau: "*Discurso sobre as Ciências e as Artes*". Palissot: "*Os Filósofos*".	
1754		Martinez de Pasquallys funda em Montpellier os "Juízes Escoceses". Viagens na França. Formação e Iniciados.		
1758			Helvetius: "*Do Espírito*".	
1760		Revês em Toulouse. Em Foix, Pasquallys inicia Grainville e funda um Templo.		
1761		M. de Pasqually em Bordeaux afilia-se à Loja "La Française" que ele procura renovar.	Rousseau: "*Do Contrato Social*".	
1762			Rousseau: "*L'Emile*".	
1764	"La Française" se associa a um Capítulo Cohen "La Française Elu Ecossaise".		Voltaire: "*Dicionário Filosófico*".	

Ano	Vida de Saint-Martin	Sincronismos Martinistas	Sincronismos Literários	Sincronismos Políticos
1765	Carta Patente de Oficial do Regimento de Foix.			
1766		Suspensão do Capítulo Cohen. M. de Pasquallys em Paris. Instrui Bacon de la Chevalerie, Lusignan Grainville, du Guers, Willermoz. Iniciação de Willermoz.		
1767		21 de Março, Equinócio da Primavera. Constituição de um Capítulo Cohen e do Tribunal Soberano, Bacon de la Chevalerie, substituto Universal. Abril; M. de Pasquallys em Bordeaux, após Amboise Blois, Tours, Poitiers. Casamento de Pasquallys. Ocupações de Guers.		
1768	Agosto, Setembro. Saint-Martin é iniciado Elu Cohen por Grainville e Balzac. Saint-Martin reencontra Martinez.	13 de Março, Willermoz é ordenado Rose✠Croix. Ele encontra Saint-Martin pela primeira vez. 20 de Junho, nascimento do filho de Pasquallys. Negócios em Guers.	Boulanger: l'Antiquité dévoillée.	
1770			D'Holbach: "Sistema da Natureza".	
1771	Saint-Martin abandona as armas para melhor seguir a espiritualidade.	Saint-Martin, secretário de Pasquallys em Bordeaux. "Tratado da Reintegração dos Seres Criados".		
1772	Primavera: Saint-Martin obtém "Passes" no transcurso da Operação do Equinócio. 17 de Abril: é ordenado Rose-Croix.	Equinócio da Primavera: Willermoz fracassa nova-mente. Sucesso de Saint-Martin e Deserre. 17 de Abril: ordenação Rose✠Croix de Saint-Martin e Deserre. 5 de Maio: Pasquallys embarca para São Domingos.	Termina a publicação da Enciclopédia.	

AS TENDÊNCIAS GNÓSTICAS NA FRANCOMAÇONARIA

Ano	Vida de Saint-Martin	Sincronismos Martinistas	Sincronismos Literários	Sincronismos Políticos
1773	Setembro: Saint-Martin em Lyon, junto com Willermoz.			
1774	Outubro: viagem a Itália com o médico Jacques Willermoz.	20 de Setembro: morte de Pasquallys em São Domingos. Caignet, Grande Soberano.		Morte de Louis XV. Posse de Louis XVI.
1775	"Dos Erros e da Verdade". Abril: Saint Martin em Paris.			
1776	9 de junho: Saint-Martin encontra-se com o abade Fournié em Bordeaux. 12 de julho: Saint-Martin parte para Toulouse.		Voltaire: *A Bíblia Explicada*. 4 de Agosto: nascimento de Ballanche.	
1777	Início: Saint-Martin em Paris.			
1778		25 de Novembro, Convento de Gaules em Lyon. J. de Maistre, Gran Professo por Willermoz.	30 de Maio: morte de Voltaire. 3 de Julho: morte de Rousseau.	Guerra na América.
1779		19 de Dezembro: morte de Gainet de Lesterre. S. de Las Casas, Gran Soberano.		
1780		Novembro: Las Casas aconselha a dissolução dos Cohen e a guarda dos arquivos aos Filaletes.		
1782	"Quadro Natural das Relações que existem entre Deus, o Homem e o Universo".	16 de julho: Convento de Wilhemsbad.	Rousseau: *"Confissões"*.	
1783	Mémoire à l'Académie de Berlim.			
1784	Janeiro: Saint-Martin presta juramento à Sociedade de Mesmer. Recusa-se a participar no Convento dos Filaletes.	20 de Outubro: Cagliostro em Lyon.		

227

Ano	Vida de Saint-Martin	Sincronismos Martinistas	Sincronismos Literários	Sincronismos Políticos
1785	30 de junho. Partida para Lyon com sua Bíblia Hebraica.	24 de Agosto: embastilhamento de Cagliostro (processo de Collier). Primavera: Manifestação do "Agente Inconnu" em Lyon.		
1786	12 de Janeiro: retorno a Paris com Zimovief.			
1787	10 de Jan: Chegada a Londres com Galitgin. Reencontro de Law e de Divone. Setembro: partindo para a Itália com Galitgin, se detém em Lyon.			
1788	Fevereiro: retorno da Itália, permanece em Lyon. Abril: em Paris (Amboise, Montbéliard). 6 de Junho: Strasbourg. Reencontros: Turkheim, Madame de Boeklin e Salzmann lhe revelam Boheme.		Swedenborg: Resumo em Francês de suas obras.	
1789				5 de Maio: Estados Gerais em Versalhes.
1790	"O Homem de Desejo". 4 de Julho: manda riscar seu nome dos registros maçônicos desde 1785.		Goethe: Fausto – 1ª parte.	
1791	Julho: deixa Strasbourg por Amboise. Em Paris reencontra a duquesa de Bourbon.		Volney: *Les Ruines*.	20/22. Fuga do Rei Varennes. 1º de Outubro: Legislativo.
1792	"Ecce Homo". "O Novo Homem", escrito em Strasbourg, 28 de maio: 1ª carta de Liebisdorf a Saint-Martin.			

Ano	Vida de Saint-Martin	Sincronismos Martinistas	Sincronismos Literários	Sincronismos Políticos
1793	Janeiro: morte do pai de Saint-Martin. Abril: cha-mado à presença das autorida-des revolucionárias de Amboise. Agosto-Outubro: curta estada junto à duque-sa de Bourbon em Petit- Bourg. Outubro: Amboise. Lê Böehme e Law.		Gleichen: "*Ensaios Teosóficos*".	21 de Setembro: Proclamação da República.
1794	Saint-Martin em Paris retorna a Amboise. Fim do ano: é chama-do à Escola Normal.		20 de Julho: morte de André-Marie Chenier.	21 de Janeiro: morte de Luis XVI. 2 de Junho: o Terror. 16 de Outubro: morte de Maria Antonieta.
1795	27 de Fevereiro: Controvérsia com Garat. Permanece em Paris, corrige l'-Eclair e escreve as "Revela-ções Naturais".			16 de Abril: um decreto, proíbe aos no-bres de deixar Paris. 27 de Julho: queda de Robes-pierre. Fim do Terror.
1796	Memórias à Academia so-bre os "Signes de la Pen-sée". "Lettre à un ami", ou "Consi-dérations Philoso-phiques et religieuses sur la Ré-volution Française". Maio, em Amboise.			27 de Outubro: O Diretório.
1797	Junho: curta estada em Petit- Bourg em Champlâ-treaux. Julho/ Setembro: Amboise. Eclair sur l'association humaine. Réfletions d'un observateur sur la question proposée par l'Institut, quelles sont les institutions les plus propes à fonder la morale d'un peuple. En Sonbreuil encontro com Gassicourt.		Chateubriand: "*En-saios sobre a Revo-lução*".	

Ano	Vida de Saint-Martin	Sincronismos Martinistas	Sincronismos Literários	Sincronismos Políticos
1798	"O Crocodilo" ou "A Guerra do Bem e do Mal", escrito sobre o reinado de Louis XV. Condenação do livro: "Dos Erros e da Ver--dade" pela Inquisição da Espanha.			
1799	"De l'influence des Signes sur la pensée", a priori no "Croco-dilo".		Nascimento de Balzac.	9 de Novembro: Bonaparte substitui os Diretores.
1800	"O Espírito das Coi-sas". Tradução da "Aurora Nascente" de Jacob Böehme.			
1801	O Cemitério d'Am-boise.		Ballanche: *Du Sentiment*.	Constituição do ano VIII. Bonaparte: 1º Cônsul.
1802	"O Ministério do Homem Espírito". Tradução: "Dos Três Princípios da Essência Divina", de Jacob Boehme.		Chateaubriand: *Gênio do Cristianismo*.	
1803	Termina a tradução "Das 40 Questões sobre a alma" e "Da Tríplice Via do Homem" de Böehme. Entrevista com Chateaubriand no "la Valle aux Loups" (Janeiro). 13 de Ou-tubro: em Aulnay na Casa de Lenoir-Laro-che, morte de Saint-Martin.			
1804				18 de Maio: Bo-naparte imperador
1806		No Grande Convento dos Ritos do Grande Oriente, Bacon de La Chevalerie representa os Elus Cohens.		

Ano	Vida de Saint-Martin	Sincronismos Martinistas	Sincronismos Literários	Sincronismos Políticos
1807	"Obras Póstumas" – "40 Questões sobre a Alma", "Da Tríplice Via do Homem".			
1812			7 de Outubro: morte de Salzmann.	
1821			Joseph de Maistre: Soirées de Saint-Petersbourg.	
1824		Lyon, 29 de Maio: morte de Willermoz.		
1843	"Os Números", Litografia de Chauvin.			
1862	"Correspondências inéditas com o Barão de Liebisdorf.			

A Doutrina Martinista - Método e Dialética

Os princípios naturais são os únicos que se devem a priore apresentar à inteligência humana e, as tradições que se seguem, por mais sublimes e profundas que sejam, jamais devem ser empregadas, senão como confirmações, porque a existência humana surgiu antes dos livros.

Portrait n.º 319 (Obras Póstumas vol. I, pág. 40, 41).
L-C. de Saint Martin

O Martinismo é uma maneira de comparecer de forma simples e ao mesmo tempo sofisticada, mas seus princípios de ação estão subordinados a uma determinada maneira de pensar. A soberania da inteligência e do senso moral deve ser respeitada. Nenhum vulgar oportunismo e nenhum utilitarismo poderiam ser admitidos nesta senda. As verdades essenciais e exatas que os livros só podem confirmar regem nossa existência e nossa atividade total. Qualquer que seja o plano sobre o qual o homem aja, sua conduta decorre de suas certezas profundas, intelectuais, digamos em uma só palavra: filosóficas. É porque sabe de onde vem e para onde vai que o homem poderá orientar sua ação política e dar-lhe um sentido. A resposta ao problema capital do destino humano contém a solução de todas as questões que se apresentam ao homem. Antes de possuir a lógica desta dedução, antes de expor as consequências morais ou políticas da doutrina Martinista, perguntemos, inicialmente, qual é seu fundamento. Quais são, no espírito de Saint-Martin, as verdades primeiras e como as adquiriremos?

É um espetáculo bem aflitivo, quando se quer contemplar o homem e vê-lo, ao mesmo tempo, atormentado pelo desejo de conhecer, não percebendo as razões de nada e, entretanto, tendo a audácia de querer dá-las a tudo.

Essas primeiras linhas da obra inicial de Saint-Martin fornecem o ponto de partida e o plano de toda a doutrina Martinista.

O homem é a soma de todos os problemas. Ele próprio é um problema, o enigma dos enigmas. A questão que ele coloca, a que a sua própria natureza encerra, nos obriga a solucioná-la. Uma teoria que não visasse, em primeira instância, o bem do homem, seria totalmente inútil.

E esse bem só pode resultar da resposta à interrogação humana. A existência dessa interrogação será a primeira certeza. Com efeito, uma constatação se impõe: o estado do homem. Ora, este estado se caracteriza pela angústia, o sentimento de limitação e de imperfeição. O fato de que o homem possa ignorar e assombrar-se por isso, é um mistério inicial que ocasiona, logicamente, a conclusões sobre *a origem e o destino do homem.* Mas é somente pelo estudo do homem, pelo aprofundamento do problema, pela reflexão sobre os termos do problema que encontraremos a solução do mesmo. Tal é o método de Saint-Martin. Precisamos explicar *"não o homem pelas coisas, mas as coisas pelo homem".*

> *Aquele que possuir o conhecimento de si mesmo terá acesso à ciência do mundo, dos outros seres. Mas o conhecimento de si, é somente em si que convém buscar. É no espírito do homem que devemos encontrar as leis que dirigiram a sua origem.*

O homem que é o enigma, mas é também a chave do enigma. Dir-se-á que temos aí uma tautologia? E que não se poderia provar o valor do espírito ou a eminente natureza do homem por um método que os pressupõe? Mas não se trata de utilizar um método para demonstrar a superioridade da faculdade intelectual. Não se trata mesmo de uma ideia diretriz apropriada para estabelecer as bases dessa faculdade. Diante de sua situação, que é também seu enigma, o homem é naturalmente levado a examinar-se. Ele quer julgar os elementos do enigma. Seu reflexo normal (se assim podemos afirmar) será olhar para si mesmo, pois aí reside o problema. Também é uma *infelicidade* para o homem ter necessidade de provas *estranhas* à sua pessoa...

> *Para conhecer-se e crer em sua própria natureza, porque ela traz consigo, testemunhos bem mais evidentes que aqueles que podem concentrar nas observações dos objetos sensíveis e materiais.*

É somente após ter-se reconhecido por aquilo que ele é que o homem convencido de sua Divindade e de sua situação central decide tomar-se por medida das coisas, ou, ao menos, por princípio de explicação. Afirmar que da verdadeira natureza do homem deve resultar *"o conhecimento das leis da natureza e dos outros seres"* não é um postulado, é uma certeza; a conclusão de uma experiência. Se o Martinismo nos faz encontrar a explicação do Universo e a visão de Deus, é porque ele tem sua fonte na *"arte de conhecer-se a si mesmo".* Saint-Martin, mestre do Ocidente, reencontra-se aqui com a luz da Ásia. O Buda, premido pela urgência de nosso estado, condenou energicamente as reflexões sem proveito. Elas nos desviam de nosso verdadeiro interesse. Com efeito, que loucura seria procurar, em primeiro lugar, saber se o princípio da vida se identifica com o corpo ou é algo diferente!

Seria como se um homem, tendo sido ferido por uma flecha envenenada e, cujos amigos ou companheiros, chamassem um médico para tratá-lo e dissessem: "Não quero que retirem esta flecha antes que eu saiba qual foi o homem que me feriu, se foi nosso príncipe, cidadão ou escravo", ou, "qual o seu nome e a família a que pertence", ou, "se é grande, pequeno ou médio".... Certo é que esse homem morreria antes de estar ciente de tudo isso.

Nossa situação exige uma resposta exata. Os outros problemas são acessórios. Mas, Saint-Martin não os baniu, por isso, do campo da pesquisa humana. A investigação filosófica não foi proibida. Ele considera absurdo que nosso espírito, sendo havido de conhecimento, não possa satisfazer tal sede. Simplesmente estabelece esta curiosidade intelectual. Quando o homem reconheceu o Caminho que o leva à Verdade, pode entregar-se à meditação sobre os mistérios de Deus e do Universo. Mas não se podem combinar os jogos do espírito, ou mesmo os seus processos abstratos com a prioridade sobre a direção de nossa vida. Aliás não existe defasagem entre essas duas ordens de pesquisa, mas, apenas, prioridade e dialética entre uma e outra. É digno de nota que, por *conspiração* universal, tudo esteja ligado, e que a solução do primeiro enigma conduza, também, à dos outros. Primeiramente é necessário tratar o ferimento e retirar a flecha. Mas, corresponde à necessidade imperiosa de nos salvar, descobrirmos a natureza do ferimento, a qualidade do dardo e, por assim dizer, sua marca de fábrica.

A questão de sua origem e procedência é esclarecida de imediato, mas a cura terá que ser procurada e os remédios terão que ser receitados em primeiro lugar. O *Humanismo* de Saint-Martin não é coisa *a priori,* mas procede da experiência mais exata e imediata que o homem possa realizar: a experiência própria da consciência de seu estado.

Persistamos um pouco sobre o caráter *a priori* que acabamos de negar no Martinismo. Convém não deixar alguma dúvida. É a natureza íntima de Saint-Martin que aqui está em causa. Pode-se dizer que sua filosofia é, a priori, porque explica o inferior pelo superior, o baixo pelo alto, os fatos por seu princípio. O materialismo seria, então, a posteriori, porque explica a matéria pela matéria, explica o que parece transcender à matéria, reduzindo o homem à própria matéria. Superando-a, encontraríamos aqui a fórmula de W. James: *"O empirismo é um hábito de explicar as partes pelo todo"*. Todo espiritualismo é, pois *a priori* - e o Martinismo mais do que qualquer outro sistema. O livro *"Dos Erros e da Verdade"*, procura mostrar a fraqueza e a insuficiência de uma visão materialista do mundo. Essa oposição não é, em nenhuma parte, mais sensível do que na crítica do sensualismo perseguida por Saint-Martin durante toda sua vida.

Saint-Martin disse a um amigo que o qualificava de *espiritualista:*

Não é o suficiente para mim ser espiritualista - e se ele me conhecesse, longe de restringir-se a isso, ele chamar-me-ia deísta: porque é o meu verdadeiro nome.

O Martinismo é espiritualista e seu objetivo principal é, portanto, um *"a priori gigantesco"*, segundo a palavra de Henri Martin. Mas que essa explicação, *a priori*, seja dada, *a priori*: que seja apresentada como um postulado, que se mostre inverificável e que se possa julgá-la o fruto de uma imaginação, eis aí, o contrário da essência da filosofia de Saint--Martin. Porque essa filosofia está baseada totalmente numa sentença e numa dialética que iremos examinar. Por não ser apoiada na matéria ou no sensível aos sentidos físicos, ela não é menos exata. Diríamos quase *ao contrário*. Saint-Martin não proclamou e não somos instados a experimentar junto a ele, a acharmos em nós provas mais convincentes, que não encontraríamos na Natureza inteira? Essas breves reflexões sobre o método Martinista não tem a pretensão de determinar a sua essência. Esta depreende-se da própria exposição da doutrina de Saint-Martin. Após fornecer algumas explicações da doutrina, destacaremos algumas características principais da mesma. Entretanto, convinha explicar, nitidamente, a base da reflexão Martinista. *"Saint-Martin deseja crer,* escreveu Matter, *mas com inteligência, apesar de ser um filósofo místico".* A teosofia de Saint-Martin não é uma obra de imaginação, uma teia de afirmativas inverificáveis, nem de devaneios místicos. Para atingir os píncaros da metafísica e da espiritualidade, o pensador de Amboise, não se estabelece no plano das especulações abstratas, inacessível ao vulgar. Ele nos alcança no nosso nível – no nível do homem. Daí, nos reconduzirá até Deus, do qual nos sentimos tão cruelmente afastados.

O itinerário desse percurso, eis o que precisamos, agora, determinar com exatidão, poderemos constatar assim, a coerência do sistema Martinista. Em seguida, examinaremos, sucessivamente, as diferentes partes, que sem este trabalho preliminar, correriam o risco de parecer desprovidas de fundamento. Esbocemos, pois, o esquema de uma dialética Martinista.

O homem, inicialmente, toma *consciência de seu estado.* Entendemos pelo que foi dito supra, que o homem se conhece tanto em espírito como em corpo, ou, mais explicitamente, constata nele e fora dele, manifestações variadas. Na medida em que estas manifestações lhe pertencem ou lhe afetem - e como as conheceria sem ser por elas atingido – na proporção onde estas manifestações o afetam, de alguma maneira, elas contribuem para constituir seu *estado.*

> *Ora, àqueles que não tivessem sentido a sua verdadeira natureza, só lhes pediria que se precavessem contra os desprezos. Porque no que eles chamam homem, no que denominamos moral, no que chamam ciência, enfim, no que se poderia chamar o caos e campo de batalha de suas diversas doutrinas, eles encontrariam tantas ações duplas e opostas, tantas forças que se digladiam e se destroem, tantos agentes, nitidamente ativos e tantos outros, nitidamente passivos e isto sem buscar fora de sua própria individualização, talvez, sem poder dizer, ainda, o que nos compõe, concordariam que, seguramente, tudo em nós não é semelhante e que não existimos senão numa perpétua diferença, seja conosco, seja com tudo que nos circunda e tudo o que possamos atingir ou considerar. Apenas seria necessário, em seguida, auxiliar com alguma ciência essas diferenças, para perceber seu*

verdadeiro caráter e para colocar o homem no seu devido lugar.

Saint-Martin convida, pois, o homem a considerar-se e a analisar, com cuidado, a realidade que houvera atingido. Assim o homem descobrirá o seu verdadeiro lugar e, perceberá a harmonia do mundo de acordo com o famoso adágio de Delfos: *"Conhece-te a ti mesmo e conhecerás o Universo e os Deuses"*. A convite de Saint-Martin, procedamos, pois, fazendo o exame que ele preconiza, o exame do homem.

O simples exame de sua presente situação lhe revela que esse estado assim se resume: a coexistência de elementos aparentemente contraditórios, ambos, objeto de uma experiência, igualmente exata.

I - O homem descobre em si um princípio superior. Observa seu pensamento, sua vontade, todos...

Estes atos de gênio e de inteligência que o distinguem sempre por características impressionantes e indícios exclusivos.

Por que, pois, o homem pode afastar-se da lei dos sentidos?

Por que o homem é dirigido por um maravilhoso senso de moral, infalível em seu princípio? Não é senão porque é essencialmente diferente devido ao seu Princípio intelectual (...) e é o único favorecido aqui em baixo por essa sublime vantagem...

A *consciência de si* dá ao homem uma certeza primordial. *"Quando sentimos uma só vez nossa alma, não podemos ter nenhuma dúvida sobre suas possibilidades"*. Mas, o que lhe surge, antes de tudo, é o sofrimento necessário de sentir-se exilado, é a nostalgia de uma morada edênica. *"O homem, na verdade, na qualidade de Ser intelectual, leva sempre sobre os Seres corporais, a vantagem de sentir uma necessidade que lhe é desconhecida"*. O Filósofo reuniu, então, essas múltiplas provas, esses testemunhos irrecusáveis e o espetáculo de sua alma inspira a Saint-Martin esta revelação:

Cidadão imortal das regiões celestes, meus dias são o vapor dos dias do Eterno.

Não atribuamos, de momento, nenhuma importância metafísica a este verso do Teósofo. Nele, não temos senão a afirmação de nossa grandeza, à qual Saint-Martin vai opor o espetáculo de nossa miséria.

II - Ao mesmo tempo em que reconhece a transcendência do seu espírito, o homem percebe o conjunto dos males e das desgraças dos quais está cercado. A realidade do sofrimento de nos impõe, com efeito, da maneira mais trágica. Inútil é pintar o quadro das fraquezas e das desgraças dos homens. Nenhum, entre eles, os ignora porque ninguém pode viver sem tomar parte nelas. *"Não existe uma pessoa de boa-fé,* disse Saint-Martin, *que não considere a vida corporal do homem uma privação e um sofrimento contínuo".* A aproximação entre essa evidência e essa certeza anteriormente adquirida, se evidência, ao mesmo tempo, inevitável e surpreendente.

> *Tanto é verdade que o estudo do homem faz-nos descobrir, em nós, relações com o primeiro de todos os princípios e os vestígios de uma origem gloriosa, quanto o mesmo estudo deixa-nos perceber uma horrível degradação.*

Saint-Martin explicou, na sua belíssima análise da *miséria espiritual,* como a união destas duas conclusões caracteriza o nosso estado. Para explicar uma passagem do *Ecce Homo,* o Filósofo, põe em questão a ambivalência do homem, a dualidade de sua natureza. Diz ele:

> *A miséria espiritual é o sentimento vivo da nossa privação Divina aqui na terra, operação que se combina: 1º com o desejo sincero de reencontrar nossa pátria; 2º com os reflexos interiores que o sol Divino nos irradia, algumas vezes, a graça de enviar--nos até o centro de nossa alma; 3º com a dor que experimentamos quando, após ter sentido alguns desses Divinos reflexos tão consoladores, recaímos em nossa região tenebrosa, para aí, continuarmos nossa expiação.*

Retomando outra formula de Saint-Martin:

> *Existem seres que só são inteligentes; existem outros que só são sensíveis; o homem é ao mesmo tempo, um e outro, eis aí a palavra do enigma.*

A contradição brota desse aspecto, desse duplo aspecto da existência humana, como surge entre o desejo de saber e o fracasso frequente das tentativas para chegar até aí. *"O homem, um Deus! Verdade; não é uma ilusão? Como o homem, esse Deus, esse prodígio espantoso, definharia no opróbrio e na fraqueza!"* O problema está apresentado. Os dados estão expressos. O encontro das duas experiências, sua simultaneidade, eis o ponto de partida da dialética Martinista. A tristeza de nosso destino não forneceria material para alguma reflexão se não houvesse, justamente aí, o espírito para tomar conhecimento.

"O temor, disse Aristóteles, é o começo da filosofia". Ele entendia que a atenção se dirigia assim para os problemas que o vulgo ignora. Mas, o temor é, também, objeto de meditação. Por sua própria existência, o temor ou a angústia, se quisermos, assinala uma oposição entre aquele que se espanta e aquilo do qual ele se espanta. É a mais irretorquível réplica ao materialismo. Ele impede de considerar o mundo material como única realidade, auto satisfazendo-se, existindo só, porque existe sempre o mundo e aquele que o julga. O mundo não pode ser uma máquina noturna, porque encontrará o homem para observá-lo girar. Destarte, seu assombro, que é indiscutível e parece um nó de contradições, faz parte da situação do homem. Miséria humana, experiência de todo momento. Grandeza do homem que se sabe infeliz. Grandeza e miséria humana se interpenetrando. A primeira permitindo a segunda, e a segunda levando o espírito a se elevar à instrução da primeira.

Que ambivalência de nosso ser induz a dividir os seres e as coisas em duas classes que a crença em um princípio mau e poderoso, embora submetido ao Princípio do Bem, tenha surgido da mesma reflexão. Isso é certo e confirma a importância desta consideração. Aqui só examinamos as arestas da doutrina Martinista. Antes de tudo, destinada a instruir o homem sobre si próprio, poderá, em seguida, ensinar-lhe a Ciência do Mundo e de Deus. Mas é, primeiramente, o método do seu próprio estudo. O homem, inicialmente, interessa-se por ele mesmo. Se o autoconhecimento permite abordar as pesquisas das leis que regem o Universo, se este conhecimento nos eleva até Deus, não tem menos por objeto a solução do problema do homem. É deste problema que é necessário, em primeira instância, ocupar-se, porque ele é, em essência, o único. Nunca o homem se aperceberá demasiadamente disso.

Admitamos, pois, como base da doutrina Martinista, esta contradição, esta dualidade da pessoa humana. Será aí que reside a originalidade de Saint-Martin? Absolutamente não. Numerosos foram os pensadores que descobriram na condição humana um tema rico em ensinamentos. Aristóteles após Platão sabia bem que a essência do homem, sua alma, era *algo de Divino*. De São Paulo a Pascal, a luta das duas leis a da carne e a da alma, constituíram argumentos clássicos para a apologia cristã. *"Sinto nos meus membros,* disse São Paulo, *uma outra lei que se opõe à lei do Espírito e me aprisiona na lei do pecado que está nos meus membros".*

"A grandeza do homem é grande na medida em que ele se reconhece miserável", lemos nos Pensamentos. A descoberta pelo homem de sua queda e a consciência de sua filiação Divina, para explicar seu atual estado, é exposto em várias etapas da história da filosofia. E, aliás, Saint-Martin não procura inovar em toda sua doutrina. Ao contrário, se felicita por reencontrar, sem cessar, os ensinamentos tradicionais ou as descobertas dos filósofos. A tradição ocupa lugar muito importante para ele. E, se de bom grado, citamos Pascal, é que sua doutrina se mescla, às vezes, ao pensamento Martinista. O próprio Saint-Martin assinalou estes parentescos intelectuais, dizendo-nos num texto pouco conhecido:

> *Lede, os Pensamentos de Pascal... Ele disse com termos próprios o que vos disse e o que publiquei: saber que o dogma do pecado original resolve melhor nossas dificuldades que todos os reacionários filosóficos.*

Com efeito, chegamos, tanto com Saint-Martin quanto com Pascal, a resolver o enigma que o homem traz consigo. Após ter pintado o homem e, subtilmente tê-lo analisado, competiu ao Teósofo, deduzir de acordo com seu método, as consequências dos fatos que acabou de conhecer. Vemos manifestar aqui o seu esforço de síntese. Saint-Martin vai conciliar os elementos opostos que formam o homem, mostrar que eles podem ser resolvidos numa explicação. O método será sempre o aprofundamento destas contradições que constituem o homem.

III – *"Pelo sentimento de nossa grandeza, concluímos que somos senão* Pensamentos Deus, *ao menos,* Pensamentos de Deus. *Pelo sentimento doloroso da horrível situação que é a nossa, podemos for-*

mar uma ideia do estado feliz onde estivéramos anteriormente".

"Quem se acha infeliz por não ser rei, diz Pascal, *senão um rei destronado".* E Saint-Martin: *"Se o homem não tem nada é porque tinha tudo".*

De uma parte, há a certeza de nossa origem sublime, quer que nós tenhamos a intuição da nossa faculdade essencial ou quer que a deduzamos da nossa miséria atual; de outra parte, essa própria miséria. Só a queda pode explicar essa posição, essa passagem. Só uma doutrina da queda explicará o fato do homem ter caído. Pois que, tanto o estado primordial de felicidade é uma certeza que adquirimos e que a miséria na qual nos debatemos é uma realidade não menos evidente, é preciso admitir uma transição de um estado para outro. Tal é a queda.

Sugerimos uma análise mais sutil do sublime estado que tornava o homem *tão grande e tão feliz.* Compreendemos como Saint-Martin, que ele podia nascer do conhecimento íntimo e da presença contínua do bom Princípio. Conseguiremos a terceira norma do que se pode chamar dialética Martinista. Podemos então resumir o desenvolvimento dessa dialética utilizando as próprias palavras do Teósofo:

1. *"O homem um Deus! Verdade".*
2. *"Como o homem esse Deus, esse prodígio espantoso, definharia no opróbrio e na fraqueza".*
3. *"Por que esse homem definharia, presentemente, na ignorância, na fraqueza e na miséria, se não é porque está separado deste princípio que é a única luz e o único apoio de todos os Seres?"*

Tais são os princípios. Tal é o caminho pelo qual o homem chega à compreensão de seu estado. Pode-se construir sobre esse esquema a doutrina Martinista completa. Ele é o fundamento psicológico indispensável das múltiplas explicações que inspirará o pensamento do Filósofo Desconhecido. Não está esclarecido daí em diante o destino do homem? *"Acorrentado sobre a terra como Prometeu",* exilado do seu verdadeiro reino, que meta poderia propor senão a de reconquistar e de reintegrar-se em sua pátria?

E o meio de reencontrar o paraíso perdido, não o possuímos também? Sabemos como o homem foi banido. Ora, a mera descrição desse éden, mostrar-nos-á que está disposto *"Com tanta sabedoria que, retor-*

nando sobre seus passos, pelos mesmos caminhos, esse homem deve estar seguro de recuperar o ponto central, no qual, apenas ele pode gozar de alguma força e de algum repouso". E a teoria da Reintegração deve, necessariamente, girar em torno da figura central do Reparador. É todo o Martinismo, magnificamente coerente e sólido, que se desenvolve no entendimento, a partir das intuições fundamentais.

Vimos a *dialética* de Saint-Martin e, descrito sob esse termo, o percurso do homem na direção do conhecimento de sua origem e de seu destino. É interessante notar que essa marcha do pensamento, reproduz a própria marcha do ser. Comparemos, com efeito, a apreensão do homem por si mesmo com suas consequências e a aventura humana que esta apreensão permite reconstituir.

1º - O Homem goza, inicialmente, da felicidade edênica. O *menor* toma consciência de sua imperfeição atual e da aspiração de seu espírito, em uma palavra, a ideia da beatitude original. Ele se recorda disso em primeiro lugar.

2º - Depois medita sobre o sofrimento que é seu quinhão nesta vida. Descobre o estado após a queda. Assim o Homem no seu périplo cai do Céu, para vir à Terra.

3º - Enfim, o Homem miserável compreende o mistério da passagem, a distância que separa os dois estados. Assim, o Homem decaído transporá novamente a distância infinita, refará o trajeto que conduz à Felicidade e obterá sua Reintegração.

Tese, antítese, síntese. Felicidade primordial, queda e reintegração. O *menor* espiritual possui o traçado de seu destino. Ele reconheceu, seguramente, através de um procedimento lógico baseado sobre sua curva ontológica. Cada homem reencontra em seu espírito a eterna epopeia do Homem.

"Tenho por verdadeiro o que me é dado por verdadeiro no fundo íntimo de minha alma". Assim, Salzmann define a verdade. Sem dúvida, Saint-Martin não teria negado essa profissão de fé de um iluminado. Mas teria ele julgado suficiente para fundar uma doutrina, para presidir uma iniciação, isto é, a um começo? É o que se pretendeu por várias vezes. Alguns quiseram construir o conjunto do sistema Martinista so-

AS TENDÊNCIAS GNÓSTICAS NA FRANCOMAÇONARIA

bre esse único critério subjetivo. E é porque o quadro do qual tentamos traçar as grandes linhas, parecerá, talvez, muito intelectual, muito intelectualista. Censurar-nos-ão, talvez, por termos insistido sobre o aspecto racional do Martinismo. Seria fácil responder que este aspecto é o único que se pode expor ou discutir e que além de tudo, a pura mística não se descreve nem se prega, que a exortação, pelo próprio fato de ser formulada, sofre o impacto da razão e, reconhece implicitamente o seu poder.

Dir-se-á que Saint-Martin é um místico. A doutrina Martinista é uma doutrina mística. Certamente, mas seria trair a memória de Saint--Martin, apresentá-lo como um puro discípulo de Madame Guyon.

Balzac critica violentamente certos escritos místicos:

> *São escritos sem método, sem eloquência e, sua fraseologia é tão bizarra que se pode ler mil páginas de Madame Guyon, de Swedenborg e, sobretudo de Jacob Böehme sem nada depreender daí. Vós ides saber porque, aos olhos destes crentes, tudo está demonstrado.*
> (Prefácio do livre Mystique. Obras completas, Calmann Levy, XXII, 423).

Se essas censuras podem, a rigor, aplicar-se a Jacob Böehme, elas não atingem Saint-Martin. Os impulsos do *Homem de Desejo* repousam sobre as considerações filosóficas *Dos Erros e da Verdade*, ou do *Tableau Naturel*.

É preciso nos entendermos sobre a expressão mística. A palavra mística, como a hindu yoga, serve para designar duas ideias diferentes: por um lado, união com Deus, a vida que os cristãos chamam *unitiva;* de outra parte, um caminho, um método, uma técnica (às vezes, muito próxima do plano físico como na *Hatha Yoga*) que conduzem a essa união. De um lado a meta, de outro os meios para atingi-la. Para retomar a terminologia Martinista, diferenciamos: a Reintegração e o Caminho Interior que conduz a ela. No esboço do caminho para Deus, podem figurar aspectos racionais que não terão mais vez na existência do homem reintegrado. Quanto à ascese, quanto a essa preparação moral à vida unitiva, ela ocupa lugar no quadro dos elementos racionais. Ainda melhor, apoia-se neles. Convém, pois, tratar dos mesmos em primeiro lugar.

Encontraremos, em Saint-Martin, a ideia de Deus *sensível ao coração*. Mas esta relação apenas constitui mais seguidamente, um ideal ou fruto do amor e seu coroamento. O conhecimento de Deus, corolário do conhecimento do homem, pode também ser adquirido através do caminho intelectual.

> *No que se refere às duas portas, o Coração e o Espírito, creio,* escreve o filósofo, *que a primeira é muito mais preferível do que a outra, sobretudo, quando se tem a felicidade de participar dela. Mas ela não deve ser, absolutamente exclusiva, principalmente quando é necessário falar a pessoas que só possuem a porta do Espírito apenas entreaberta, e é preciso ser muito escrupuloso sobre esse ensinamento, até que surja a luz.*

O método é, em ambos os casos, de inspiração idêntica. É no homem que encontramos Deus. Mas enquanto a descoberta mística se revela estritamente pessoal e às vezes infrutífera, o procedimento racional reverte-se de um valor universal. O *Tableau Naturel*, por exemplo, mostrará que o exame do espírito, a formação das ideias, em uma palavra, que a psicologia supõe Deus. Descobrir-se-á, assim, um novo elemento a integrar-se na dialética Martinista e que justificará o empréstimo da senda interior.

Por mais inesperada que pareça essa aproximação, o iluminismo de Saint-Martin se acha bem caracterizado pelas observações de um Maurice Blondel. O que é mística? Interroga o autor, e responde:

> *A mística não nos conduz para o que é obscuridade e iluminismo, para o que é subliminal ou supraliminal, para um jogo de perspectiva subjetiva, mas para um modo determinado positivamente e metodicamente determinável da vida espiritual e da luz interior, isto quer dizer que ela implica no emprego prévio e concomitante de disposições intelectuais e inteligentes, um querer muito consciente e muito pessoal, uma ascese moral segundo graduações observáveis e reguláveis.*

Reprovamos, como Maurice Blondel, esse falso iluminismo. O próprio Saint-Martin, denunciou-o, vigorosamente em Ecce Homo. E nós o reprovamos porque ele está em contradição com o verdadeiro iluminismo, do qual, o Martinismo representa o tipo acabado. Uma palavra não deve lançar o descrédito sobre uma doutrina que ela não designa senão por confusão.

Em geral, olham-me como um iluminado, dizia Saint-Martin, *sem que o mundo saiba, todavia, o que se deve entender por essa palavra.*

J. de Maistre observará, também, nos seus Soirées de Saint-Petersbourg, até que ponto esse nome foi desviado de seu verdadeiro significado.

Chamam de Iluminados a delinquentes que ousaram, hoje, conceber e mesmo organizar na Alemanha a mais criminosa associação, medonho projeto de extinguir o Cristianismo e a Monarquia na Europa. Dá-se esse mesmo nome ao discípulo virtuoso de Saint-Martin, que não professa somente o Cristianismo, mas que trabalha para elevar-se às mais sublimes alturas dessa lei Divina.

O Iluminismo é, em resumo, o sistema, a maneira de agir do espírito, que oferece a salvação na iluminação. Mas que o iluminismo pressupõe essa iluminação, nada de menos seguro. Sem dúvida, Deus poderá manifestar-se, precocemente e sem preparação. A certeza será manifestada, e mais do que a certeza de uma doutrina, a meta será alcançada. Mas, Saint-Martin possui a mais fiel e a mais exata imagem do homem. Nós o vimos extrair dessa percepção aguda da essência humana seus mais fortes argumentos. A busca de Deus, o caminho para a reintegração; ele admite que nós possuímos a sua chave para uma revelação imediata. É preciso procurá-la, pedi-la, solicitá-la. É por meio dessa finalidade, para responder a essa necessidade racional que erguer-se-á hostil senão a satisfizermos, que o Martinismo usa uma dialética. Saint-Martin declara que o maior erro do homem seria desinteressar-se pela verdade, e também de julgá-la inacessível.

"Tu não me buscarás se tu já não tiveres me encontrado", disse Pascal. E Santo Agostinho, demonstrava que à base do pedido de graça havia já uma graça que permitia formular a oração. Mas qualquer que seja a gratuidade da salvação, da Reintegração, não permanece menos,

no início, um movimento voluntário. O Martinismo não desconhece a vontade mesmo quando ela procura identificar-se com a vontade de Deus. Porque é lá que encontra sua plena expansão. No primeiro passo que conduz ao Caminho, o Homem deve contribuir com o seu esforço. E como não age sem razão e sem motivação, cabe à dialética Martinista, lhe indicar a estrela que o conduzirá até Deus, seu Princípio.

Feliz daquele que verá a iluminação esclarecer a conclusão racional com os raios da certeza. Estará próximo da meta. A dialética terá conduzido à mística, pois terá revelado o homem a si mesmo.

Nosso ser, sendo central, deve encontrar no centro onde estão todos os socorros necessários à sua existência.

Que ele aí se encontre com o segredo de seu destino e da sua origem, com os meios de realizar um, retornando à outra. Tal é o grande ensinamento do Martinismo.

MARTINETS DE PASQUALLYS, JEAN BAPTISTE WILLERMOZ E LOUIS-CLAUDE DE SAINT-MARTIN SÃO AS RAÍZES TEÚRGICO-KABBALÍSTICAS DO ESCOCISMO RETIFICADO (R.E.R.).

Na obra *Alma Errante* do alfarrabista e ator cinematográfico, judeu russo Eliezer Kamenezky, publicada em Lisboa em 1932, Fernando Pessoa prefacia-o para o amigo e num trecho afirma o seguinte:

Quanto ao idealismo social – isto é, aqueles princípios do radicalismo social que habitualmente se manifestam pelo lema 'Liberdade, Igualdade, Fraternidade' do místico cristão Saint--Martin -, ele não é só judaico, nem nas suas origens europeias, precisou do judaísmo para nascer.

Num outro trecho, inédito e não datado, o poeta desenvolve este enunciado:

A base da doutrina cristã é 'Liberdade, Igualdade, Fraternidade'; este lema revolucionário foi promulgado pelo ocultista cristão Louis-Claude de Saint-Mantin, discípulo do judeu português Martinets de Pasquallys. Não se diga que o cristianismo não cumpriu este lema; não o cumpriu porque não é possível cumpri-lo. Nem o cumpriu o revolucionário moderno, nem o cumprirá nunca.

> Fernando Pessoa, *Portugal, Sebastianismo e Quinto Império*, Coleção livros de bolso nº 472, Publicações Europa-América, Mem-Martins, 1986, p.66.

Em mais outros dois textos o poeta menciona o nome de Saint-Martin, designando-o "Iluminado" e referindo-se à trilogia *"Liberdade, Igualdade, Fraternidade"* como sendo uma fórmula rosacruciana, explicitando o seu significado iniciático interno – enquanto perspectiva sócio-radicalista – ainda que pudesse elucidar o caráter polêmico da sua associação com o contexto político-mental do processo institucionalmente conturbado da chamada "Revolução Francesa".

Não está em voga discutirmos aqui aspectos em todas as suas diversidades ou até mesmo avaliar estes trechos como ideologias políticas de raiz sinárquica, objetivados numa clara intenção catártico-escatológica, tendendo para a instauração da Fraternidade Universal à face da Terra, como ideal maçônico de Regeneração Social da civilização humana e consequente realização espiritual planetária.

Enunciamos aqui a referência de Fernando Pessoa a Louis-Claude de Saint-Martin, por este ser maçom, kabbalista, teurgo, teósofo pré-blavatskyano, autor de uma vasta bibliografia esotérica, que fora iniciado em 1768 na Francomaçonaria sacerdotal da Ordem dos Eleitos Cohen (*Ordem dos Elus Cohens*), por Martinets de Pasquallys, seu Grão-Mestre fundador, enquanto prestava serviço militar no regimento de infantaria de Foix, então estabelecido em Bordéus. Por sua vez, este último, sendo um instrutor iniciático de ascendência judaica e adepto da Ordem Rosacruz, bem como de eventual origem portuguesa, conforme já mencionamos anteriormente, escolheu Saint-Martin para ser seu secretário particular, o qual por inerência desse fato tornou-se seu discípulo mais íntimo, desde 1771. Temos, assim, a intenção de informar com clareza alguns pontos deste momento tão relevante na história do ocultismo espiritualista maçônico.

Como já referimos, Saint-Martin, mais conhecido pelo pseudônimo literário de "Filósofo Desconhecido", escreveu uma obra hermética volumosa e diversificada (cerca de 44 volumes), a partir da instrução espiritual transmitida pelo seu mestre, consubstanciando assim aquilo que vulgarmente se chama "Martinismo" (designando-se estritamente, por outro lado, "Martinezismo" o ensinamento espiritual manifestado pelo próprio Martinets e essencialmente representado pela sua única obra publicada em vida, o *Tratado da Reintegração dos Seres Criados* (*Traité de la Réintégration des Êtres Créés*), nas suas primitivas propriedades, virtudes e poderes espirituais e divinos, enquanto sistema iniciático interdisciplinar que conjuga amplamente as relações de todos os ramos da Tradição Espiritual do Ocidente (Maçonaria, Templarismo, Rosacrucianismo, Kabbala, Gnose, Teologia, Teurgia, Alquimia, Astrologia e Esoterismo cristão), trabalhando em Lojas ritualisticamente e *"À Glória do Grande Arquiteto do Universo"*, com a mais pura finalidade de proporcionar um caminho para à reintegração do Homem decaído da consciência da sua essência divina ou estado de glória primordial.

O outro discípulo, Jean-Baptiste Willermoz, que era maçom do Rito Francês ou Moderno, filho de família abastada, comerciantes de laticínios da alta burguesia da cidade francesa de Lyon, foi responsável pela integração litúrgica consciente desta via iniciática na ritualística maçônica, foi iniciado pelo próprio Mestre Pasquallys em 1768; no entanto, isso somente se efetua concomitantemente a partir da base simbólico-operativa do Rito Francês ou Moderno – o qual pertencia a Willermoz – e da gnose cavalheiresca de um rito maçônico templarizante surgido na Alemanha em meados do século XVIII: a Estrita Observância Templária.

RAMSAY E VON HUND: A ESTRUTURA CAVALHEIRESCA DO ESCOCISMO RETIFICADO

Num outro trecho do prefácio à obra *Alma Errante,* Fernando Pessoa transmite-nos o seguinte:

Acusam os kabbalistas, de cuja sinceridade original se não duvida de primeiro através da Rósea Cruz, terem criado a Maçonaria. Ordem supostamente anticristã, e de mais tarde, por diversas vias, se terem infiltrado nela, para presumivelmente, contrariar e vencer as expansões cristãs e templárias que se ma-

nifestaram, depois da Oração de Ramsay, na criação dos Altos Graus e, sobretudo, da Estrita Observância de Von Hund ou dos seus Superiores Incógnitos.

Além de mencionar a presença atualmente evidente de elementos da Tradição judaica da Sagrada Kabbala, no ensinamento transmitido em determinados graus de certos ritos maçônicos, como são os casos do Rito Escocês Antigo e Aceito e do Rito Escocês Retificado (ambos membros da família litúrgica de altos graus cavalheirescos-maçônicos do "Escocismo", surgida na França na primeira metade do séc. XVIII) – este último em função da sua componente teúrgica martinista e martinezista –, o poeta coloca aqui a sílaba tônica no desenvolvimento escocista dos graus superiores da ritualística maçônica, eminentemente aristocrático-guerreiros, por oposição aos graus simbólicos, essencialmente operativos quanto ao seu contexto e terminologia arquitetônica.

Este processo foi desenvolvido a partir da proposta de reforma institucional maçônica lida pelo Cavaleiro, da Ordem de São Lázaro, Andrew Michael of Ramsay, por ocasião de uma iniciação numa Loja parisiense da Grande Loja Provencial inglesa da França, em 1736, refletindo o contexto de oposição política da nobreza stuartista católica exilada na França à monarquia hannoveriana protestante instalada em Londres e que conduziu à institucionalização da Grande Loja Unida da Inglaterra em 24 de Junho de 1717, como bastião importante do prestígio social da nova dinastia reinante.

Ramsay (Ayr, 1686 – Saint Germain-em-Laye, 6.5.1743), aristocrata escocês, preceptor do pretendente à Coroa britânica Charles Edward Stuart, historiador, Grande Chanceler e Grande Orador da Grande Loja Provencial, membro da "Royal Society" de Londres, nunca terá, no entanto, fundado qualquer rito maçônico, apesar de ter construído a ponte entre a Tradição maçônica escocesa dos sécs. XV ao XVII e a especulatividade contemporânea pós-setecentista.

A partir da sua provocação surgiu o Capítulo Escocês jacobita, fundado por Stuart na cidade francesa de Arras, seguindo-se o aparecimento do Capítulo de Clermont, fundado pelo Cavaleiro de Bonneville, em Paris, em 1754, bem como por outros aristocratas franceses. Neste último foi iniciado neste ano o Barão Karl Gotthelf Von Hund (Althengrottau, Silésia, 11.9.1722 - ? 1776) – aristocrata alemão que também se relacionou maçonicamente com o pretendente escocês (o qual conferiu em 1738 uma patente maçônica ao pai de Martinets de Pasquallys) – fundando a Estrita Observância a partir de filiações teutônicas e escocesas recebidas em Paris por volta de 1742 – 43, em meados do séc. XVIII, que mais tarde se transformou no Rito Escocês Retificado, com o Convento das Gália em 1778, em Lyon e também com o Convento de Willemsbad em 1782, sob a égide de Jean Baptiste Willermoz (contatato inicialmente pela Estrita Observância em 1774, surgindo em resultado o Diretório Escocês Retificado da província de Auvergne, embrião litúrgico daquele rito maçônico-templário) – tendo Von Hund falecido em 1776 e sendo o novo Grão-Mestre o Duque Fernando de Brunswick (Wolfenbuettel, 1721 – 1792).

Com esse processo, encetado desde o Convento de Kohlo, em 1770, a Estrita Observância Templária atinge o crepúsculo, transformando-se definitivamente no Rito Escocês Retificado, abolindo-se estruturalmente o mito referencial hierárquico dos Superiores Desconhecidos ou Incógnitos (circunstancialmente identificados com a Dinastia Stuart da Casa Real Escocesa exilada, protetora da Maçonaria templarista, bem como da Companhia de Jesus), como se designam os Adeptos constituintes da Hierarquia Oculta da Ordem Maçônica, que velam pela evolução da Arte Real na face da Terra – título este que igualmente se utiliza no Martinismo e na Ordem dos Eleitos Cohen, atribuindo-se liturgicamente, de forma funcionalmente relativa, aos altos graus dignitários ritualísticos da Ordem.

Fernando Pessoa, no início de um poema iniciático, datado de 9 de Maio de 1934 diz o seguinte:

Nunca os vi nem lhes falei
E eles me têm guiado
Segundo a forma e a lei
Do que, ainda que conhecido,
Tem que ficar ignorado.

Sobre o aspecto do título *"Superiores Desconhecidos (ou Incógnitos)"* e da sua sigla "SI" ou "SJ", cumpre referir a inter-relação que se estabelece entre a Companhia de Jesus e a expansão templarizante emergente no âmbito da Maçonaria. Não podemos esquecer a acusação que vulgarmente se aplicava a Ramsay, de ter sido, juntamente com os Stuart, um mero instrumento ultramontano do catolicismo jesuítico no controle litúrgico-institucional do movimento maçônico, através dos contatos e da vinculação confessional que a dinastia escocesa sempre manteve com Roma e sob a orientação do Superior Geral da Companhia de Jesus – segundo o testemunho prestado pelo maçom e rosacruciano inglês Charles Sotheran, em carta de 11 de Janeiro de 1877 dirigida a Helena Petrovna Blavatsky, fundadora da Sociedade Teosófica – referindo-se inclusivamente ao Barão Von Hund!

Quanto a isso, o próprio Fernando Pessoa afirma ter a companhia de Jesus fornecido uma importante cobertura à Ordem de Cristo – herdeira portuguesa da Ordem do Templo –, após a sua clandestinidade institucional e consequente secularização em 1529, por D. João III – não propriamente enquanto instituição, mas sim a nível de elementos individuais, seus constituintes. Lembremos o caso do padre jesuíta Antônio Vieira, que em Portugal era orador sacro e profeta paraclético-joaquinista lusitano, bem como "Imperador da Língua Portuguesa", que o poeta designava expressamente de "*Grão-Mestre da Ordem Templária de Portugal*".

Por outro lado, num texto não datado e durante muito tempo inédito após sua morte, Pessoa escreve, usando da esclarecedora lei iniciática da analogia universal, o que dispensa maiores explanações.

> *E é de notar que estando a 'S'ociedade de 'J'esus dentro da 'O'rdem de 'C'risto e fazendo parte dela, os Chefes Secretos de uma e outra são todavia diferentes (diversos, distintos). O próprio nome 'S'ociedade de 'J'esus, não é senão o nome 'O'rdem de 'C'risto traduzido para designação de uma Ordem de Átrio (pátio): onde está Ordem em cima está Sociedade em baixo; onde está Cristo em cima está Jesus em baixo, que é a encarnação de Cristo.*
>
> (Fernando Pessoa, *A procura da verdade oculta*, p. 220)

Através do hermetismo nas obras de Fernando Pessoa podemos, à luz da documentação do grande espólio, esclarecer textos sobre ocultismo, Maçonaria, Kabbala, teosofia, rosacrucianismo, alquimia entre outros. A tais correntes herméticas se podem concluir o que o poeta escreveu mesmo sobre a *Iniciação*: *"Iniciar alguém, no sentido herméti-co, é conferir-lhe conhecimento que ele não poderia obter por si, quer pela leitura de livros, quer pelo exercício da sua inteligência, por mais prodigiosa que seja, quer pela leitura de livros à luz dessa mesma inte-ligência."* (Esp. 53 A-10).

Fernando Pessoa, que proclama sua "Fé só no desconhecido, no Mistério, confessará também em 1935, que foi um Iniciado: Posição religiosa: Fiel, por motivos que mais adiante estão implícitos, à Tradi-ção secreta do Cristianismo, que tem íntimas relações com a Tradição Secreta em Israel (a Sagrada Kabbala) e com a essência oculta da Ma-çonaria. Posição Iniciática: Iniciado, por comunicação direta de Mestre e Discípulo, nos três graus menores da (aparentemente extinta) Ordem Templária de Portugal.

Da Ordem Tamplária de Portugal, o poeta ocupa-se em vários documentos os quais estão devidamente guardados, sejam em biblio-tecas, nas Ordens Secretas e nos espólios ainda não publicados. Num desses documentos (54 B-3/6) diz o seguinte: "O Grau de Aprendiz é o símbolo de toda a Iniciação." Mas no primeiro afirma-se: *"Na iniciação por meio de símbolos, a explicação dada não é falsa, mas não é verda-deira"*.

Não há, aliás, explicações verdadeiras: *"O candidato é erguido a um mistério, e não a uma revelação."* (Esp. 53 A-7). O que se faz sentir nos seus poemas é que exprimem mais sofrimento da ausência de reve-lação do que a glorificação de uma verdade obtida.

Símbolo e ritual não passam de formas de comunicação:

> *O símbolo e o ritual são os modos de uma alma superior comuni-car com outra, inferior sem que tenha necessidade de palavras. São como um olhar que se contenta, olhando, com outro olhar.*
> (Esp., 54 A-41)

O símbolo é uma linguagem que transcende a nossa inteligência discursiva e racional, mas que pode ser entendida pela chamada inte-ligência analógica. Símbolo é a linguagem da pura analogia. Todos os símbolos e ritos dirigem-se, não à inteligência discursiva e racional, mas à inteligência analógica. Por isso não existe absurdo em se dizer que, ainda que se quisesse revelar claramente o oculto, não se poderia, por não haver palavras com que as quais pudessem explicar. O símbolo é naturalmente a linguagem das verdades superiores à nossa inteligência, sendo a palavra naturalmente a linguagem daquelas que a nossa inteligência abrange, pois existe para as abranger.

Desta forma, o oculto nunca poderá, pois, ser completamente desvendado. E a Iniciação – Iniciação aos mistérios – embora tenha por finalidade, em última instância, o conhecimento das coisas divinas, ou do lado divino das coisas, nunca chega na verdade a permiti-lo. O Pai Rosacruz "Conhece e cala".

Contudo, voltemos aos dados historiais que se fazem necessários para compreensão da nossa condição atual diante das Ordens Iniciáticas, ditas maçônicas. Nesse sentido, é fundamental que olhemos para o passado.

O TEMPLARISMO DO ESCOCISMO RETIFICADO E O TEMPLARISMO DE FERNANDO PESSOA

Num dos textos inéditos e não datado de Fernando Pessoa, faz referência o seguinte sobre a Estrita Observância Templária:

Em todas as ordens definidas, mas com fundamento oculto, há a Ordem externa e a Ordem interna. Assim nos Templários, na data da sua extinção violenta era Chefe Externo (Grão-Mestre) o cavaleiro francês Jacques de Molay, e era Mestre Interno (Mestre do Templo) o cavaleiro escocês Robert de Heredom.

A Estrita Observância, recebendo a alma da sua missão da Ordem de Cristo, ficou com certa parte da informação sobre a alma do Templo dos Templários. Isto explica porque é que o poeta alemão Werner, escrevendo o drama meio esotérico, nele incluísse, sem talvez conhecer como ou porque, cavaleiro escocês Robert de Heredom, afinal, o fundador da Maçonaria. Usou do nome do cavaleiro escocês R.[orbert] de H.[eredom], ainda que num sentido deslocado e atributivo.

Assim, inicia por referir a existência da tradição templária escocesa, criada com a extinção oficial da Ordem e a morte de Jacques de Molay – tendo alguns cavaleiros fugido por mar para se colocarem sob a proteção e ao serviço militar do Rei Robert Bruce da Escócia (Turnberry, Ayrshire, 1274 – Caedross, Durnbartonshire, 1329), no séc. XIV, surgindo, assim, eventualmente a Ordem de Santo André da Escócia, como prémio régio pela vitória escocesa contra os ingleses de Eduardo II Plantageneta (Castelo de Caernarvon, 1284 – Castelo de Berkeley, Gloucestershire, 1327) na batalha de Bannock Burn, de 24 de Junho de 1314 (conforme é recordado na Estrita Observância Templária de Von Hund e no Rito Escocês Retificado de Willermoz, mais precisamente nos seus graus superiores cavalheirescos) e que o Rei Jaime VI Stuart da Escócia (Edimburgo, 19.6.1566 Theobalds Park, Hertfotdshire, 27.3.1625) revitalizou honorificamente em 1593, criando também a "Rosacruz Real", dez anos antes de aceder ao trono inglês – o poeta realça ainda os antecedentes templarizantes da Maçonaria especulativa, eminentemente aquela de cunho teutónico, anglo-saxónico e escandinavo (quanto aos ritos geminados liturgicamente da Estrita Observância de York – "Knights Templar" e Sueco), tendo a Ordem do Templo escocesa se fundido no séc. XV com as corporações operativas de pedreiros, originando, posteriormente, a Tradição de Heredom e Kilwinning, liturgicamente codificada nos ritos maçônicos homônimos (ou seja, nas palavras de Pessoa, *"A Ordem Templária, dissolvida apenas na ordem externa, continuou na Escócia e fundou a Maçonaria (...)"* e *"A Ordem Templária da Escócia havia criado a M.[açonaria] como Ordem Mística).*

Assim se compreendem as palavras de um outro trecho *pessoano* não datado e pertencente à sua obra inédita *"Subsolo"* (Fernando Pessoa, *A Procura da Verdade Oculta*, p. 225):

> *Para operar, os Templários da Escócia serviram-se da Associação ou Grêmio Secreto dos Pedreiros ou Construtores de Catedrais, que, tendo em si princípios ocultos que datam de tempos remotos, tinham todavia perdido a Palavra (isto é, o Sentido, Logos) do Ritual que conservavam e das estruturas que erguiam. Neste Rito morto introduziram os Templários da Escócia a Palavra que traziam, erguendo–; e, se o fizeram, é porque as ana-*

logias eram perfeitas.

O poeta considera, assim, e também por inerência das circunstâncias históricas e iniciática que buscamos a referir, afirmava que a Estrita Observância Templária e o Escocismo Retificado seu sucessor litúrgico-estrutural se apresentam como uma intenção de manutenção profunda do espírito da Tradição templária escocesa e teutônica, irmã da sua congênere portuguesa, consubstanciada na Ordem de Cristo e na sua descendente herdeira, a Ordem Templária de Portugal – à qual o poeta pertenceu, como podemos constatar junto ao seu currículo autobiográfico datilografado, em 30 de Março de 1935.

> *Posição iniciática; iniciado, por comunicação direta de Mestre a Discípulo, nos três graus menores da (aparentemente extinta) Ordem Templária de Portugal.*

É importante assinalar no trecho anterior a referência ao dramaturgo alemão Zacharias Wener (1768-1823), maçom retificado e autor do drama esotérico aludido pelo poeta, *"Os Filhos do Vale"*, publicado em 1803, em que critica a Maçonaria sua contemporânea, esmagadoramente de racional-positivista e politizada, além de defender a necessidade imperativa da restauração da Ordem do templo que cumpriria inevitavelmente o desígnio escatológico-messiânico da concretização da Jerusalém Celeste e da Terceira Idade Joaquinista do Espírito Santo, postulando assim, lógica e consequentemente, uma apologia literária da Tradição cavalheiresca medieval, principalmente daquela de raiz templarista.

Trata-se aqui, fundamentalmente, de uma alusão veladamente alegórica ao estabelecimento de cavaleiros templários na Escócia, acompanhando o mestre provincial de Auvergne, Pierre de Aumont, e seu sequente contato com maçons operativos, segundo as referências históricas específicas do ritual do 4º grau do Rito Escocês Retificado, Mestre Escocês de Santo André.

> *Santo André, discípulo de São João Batista é o patrono da Escócia. Ele simboliza também a Maçonaria escocesa, cujo desenvolvimento remonta ao séc. X e tem por sede o vale de Clen-*

nbeck, na costa noroeste deste país, em face da ilha de Skye. As reuniões efetuavam-se num castelo de arquitetura bizarra, cujas pedras, à maneira de antigos muros ciclópicos, não eram fixas por nenhum cimento. Estes irmãos tomavam o nome de Mestres do Vale ou Mestres Escoceses. Eles tinham adotado, para base do seu sistema simbólico, a história da construção do Templo de Salomão e do seu primeiro arquiteto [...].

Como podemos constatar, o poeta não deixa de inter-relacionar a simbólica litúrgica do 4º grau do Escocismo Retificado, ainda bastante operativa, com a sobrevivência cavalheiresca de uma fração da Ordem do Templo na Escócia, à semelhança do que aconteceu em Portugal, tendo, no entanto aquela se diluído sob a forma especulativa hibrida em contato com a atividade arquitetônica sócio profissional das confrarias nacionais de construtores, originando-se, a partir daí, o substrato ritualístico que constituiu nos sécs. XVII e XVIII o embrião do Escocismo de Ramsay, que foi a matéria prima dos graus superiores templaristas dos ritos maçônicos.

No entanto, é o próprio poeta que aponta ter sido no R.E.R. que estes aspectos especificamente simbólicos se manifestaram de forma mais sistematizada e preservada, transmitindo até à atualidade os ensinamentos iniciáticos que lhe são inerentemente próprios.

Vimos, diante desse Templarismo de Fernando Pessoa, a visão do poeta reunida em textos fragmentados e uma pequena gênese do Rito Escocês Retificado, como um grande legado de uma obra ocultista, com boa parte ainda não publicada. Pessoa consagrou avultadas páginas e inúmeras reflexões, com autênticos ensinamentos recebidos e transmitidos pelos seus *Instrutores Espirituais*, reservados aos buscadores de todos os tempos da *Maçonaria*, do *Rosacrucianismo* e do *Templarismo*. Tudo isso de forma permeável, cujos conceitos e provocações fazem do grande poeta um objeto de estudo de grande abrangência temática; um verdadeiro *Retificador da Maçonaria* – o poeta nos faz debruçar sobre seus escritos seja liturgicamente ou historicamente, dentro da raiz templária, estruturalmente representada no *Rito Escocês Retificado*, ainda que de uma forma sutil ou aparentemente velada. Cabe a cada leitor aprofundar mais nos aspectos iniciáticos e deslocar as informações diante da condição daquilo que chamamos de *pessoal, intransferível e solitária* buscando nesta herança, de grande sabedoria, uma ponte para ultrapassarmos com a devida segurança e em corolário, superar nossas limitações.

JEAN-BAPTISTE WILLERMOZ

Aquele que é a Luz e a Verdade mesma, que sonda os corações e lê os pensamentos mais secretos [...] pede um culto puro e sincero ao que todos os poderes e faculdades de vosso ser devem concorrer. Querer ser adorado em espirito e em verdade [...].
Jean-Baptiste Willermoz – *Traité des deux Natures.*

O lugar que Jean-Baptiste Willermoz (1730-1824) ocupa no interior da corrente Martinista e no Rito Escocês Retificado é, por sua vez, singular e da maior importância. Às vezes renegado e posto, de alguma maneira, em último plano, detrás de figuras maiores, de certa forma imponente, como Martinets de Pasquallys e Louis-Claude de Saint-Martin. Jean-Baptiste Willermoz não deixa por isso de representar em elemento fundamental da obra espiritual iniciada por Martinets de Pasquallys, logo desenvolvida e reinterpretada por Louis-Claude de Saint-Martin, inclusive se este brilhante e genial lionês decidira, a fim de fazer perene o ensinamento o qual felizmente era depositário, dotá-la de um marco estrutural que construiu e edificou com inteligência e, sobretudo, com um sentido extremamente elevado das realidades temporais e limitações humanas, sentido que fez verdadeiramente dele um incomparável mestre formador, um notável educador, e sem sombras de dúvidas, um dos mais finos pedagogos do iluminismo cristão do século XVIII.

Em 1750, apenas com vinte anos, Jean-Baptiste Willermoz, impulsionado por uma imensa sede de descobrimento, se envolveu de forma concreta, nos processos iniciáticos das lojas maçônicas, chegando rapidamente a escalar os mais altos graus desta Sociedade. Com extraordinária percepção e domínio dos mistérios da Ordem se diferenciou rapidamente dos demais Irmãos, elegendo-se, assim, Venerável Mestre de sua Oficina. No ano seguinte, em 1753, tornou-se partícipe da Loja "A Perfeita Amizade" e pouco tempo depois, em 1760, o Conde de Clermont autorizava-o a constituir a Grande Loja dos Mestres Regulares de Lyon, que teve por meta reagrupar e federar o conjunto de Lojas lionesas.

Willermoz se converteu rapidamente num Adepto instruído e autorizado, possuindo conhecimento e praticando um conjunto considerável de Altos Graus no *Capítulo dos Cavaleiros da Águia Negra*, que havia erigido com alguns Irmãos selecionados e qualificados da "A Perfeita Amizade", celebrando ritos relativamente cerrados correspondentes aos diferentes níveis de "Cavaleiro da Águia Negra", "Comendador da Águia Negra", e "Grande Mestre da Águia Negra, Rosacruz". Depois de ter percorrido amplamente os mistérios maçônicos e dominar amplamente os conhecimentos se deslocou para Paris, como fazia regularmente cada ano para seus interesses relativos aos assuntos profissionais, e com uma profunda comoção modificaria, daí em diante, radicalmente sua orientação iniciática.

Foi numa primavera de 1767 que Willermoz, sob os insistentes conselhos de seu amigo, Jean-Jacques Bacon da Chevalerie (1731-1821), teve o imenso privilégio de ser recebido por Martinets de Pasquallys em pessoa, na *Ordem dos Cavaleiros Maçons Eleitos Coëns do Universo,* Ordem que acabava de instalar seu Tribunal Soberano ao Oriente de Versalhes. Imediatamente, a impressão causada nesta recepção foi de tal magnitude que Jean-Baptiste Willermoz, não somente guardara uma recordação constante até seu último alento[19], mas que acima de tudo, o conduzira a comprometer-se por inteiro numa via e numa doutrina às quais dedicara todos seus esforços e sua energia pelo resto de seus dias.

Se, a sua volta na capital das Gálias, Willermoz se esforçou, ao menos do ponto de vista iniciático, para abrir um *Templo Coën* com o propósito de trabalhar as instruções e rituais escritos por Martinets de Pasquallys, emitidos – não nos esqueçamos –, desde Bordéus pelo mestre, graças aos cuidados de seu zeloso secretário, Louis-Claude de Saint-Martin, sem dúvida a verdadeira glória e a extraordinária projeção póstuma do discípulo lionês do insigne e enigmático taumaturgo que dirigia os Coëns, ele veio com seu importante papel na edificação e criação a qual se deu a conhecer e passou à posteridade, no marco das

---

19 - Willermoz ficou até certo ponto impressionado pelo que viveu naquele dia e, cinquenta anos mais tarde, em 1821, numa carta à Jean de Turckheim, recordava entusiasmado sua lembrança daquela passagem e de acordo com seu relato tudo permanecia intacto, ficando assim na sua mente e no seu coração indelével, e relembrava com precisão todos os pontos importantes, nos seus mínimos detalhes que havia recebido e descoberto por aquela ocasião.

atividades maçônicas, sob o nome de Regime Escocês Retificado.

Esse Regime era estruturado de forma piramidal constituído como Ordem; Ordem Cavaleiresca muito hierarquizada, que se por um lado é devedor da Estrita Observância Templária, de origem alemã, pela qual respeita a sua estrutura organizativa e denominação de alguns de seus graus, pelo outro, se deve, sobretudo, absolutamente tudo, à *Ordem dos Eleitos Coëns*, a qual concerne a sua substância doutrinal e perspectiva espiritual.

Efetivamente, aproveitando a ausência de um marco teórico sólido no seio da Estrita Observância Templária, Jean-Baptiste Willermoz teve a ideia genial, assim como o magnífico pressentimento e louvável intuição de abrigar, quando a retificação elaborada e empreendida com êxito em 1778 pela ocasião do Convento das Gálias, logo confirmada em 1782 no Convento de Wilhemsbad, as ideias de Martinets de Pasquallys no interior do novo sistema que titulará, para distingui-lo e precisar dali em diante ter sua vocação específica aos olhos tanto dos profanos como dos Iniciados: Ordem dos Cavaleiros Benfeitores da Cidade Santa.

I. Os Elementos Fundamentais do Regime Escocês Retificado

Nota-se a singularidade de Jean-Baptiste Willermoz, inclusive quando Saint-Martin se mostrara sempre muito circunspecto e sumamente crítico a respeito das associações humanas, por ele ter entendido que a Tradição, para perdurar, por mais sutil e elevada que fossem, as organizações possuidoras da transmissão iniciáticas se vissem obrigadas a compor com as obrigações da contingência, torpes e por vezes constrangedoras. A compreensão dessa lei em Willermoz explica em parte seu fervor e sua inquebrantável fidelidade à Francomaçonaria (possuidora, segundo ele, dos maiores segredos dignos de interesse uma vez que provinham da "Tradição original", e dos múltiplos grupos, círculos, núcleos e associações que se vinculavam a ela, mais próximo ou distante, ao longo do século XVIII, e que representavam, a seu juízo, um certo número de oportunidades e possibilidades que deviam, por princípio e honestidade intelectual, ser exploradas e experimentada.

O homem, constatava Willermoz, que tinha neste aspecto das coisas uma longa prática, até certo ponto frágil, mudando facilmente os paradigmas das verdades de inegável profundidade acabaria por deixar esvair-se de suas mãos com suma rapidez, resultando em indispensável fixação do conhecimento e do saber num quadro que o preservasse da morte certa, possibilitando a *"Alta Ciência"* atravessar os tempos sem definitivamente perder-se ou dissolver-se em caricaturas fragmentárias e ignorantes.

Assim, as coisas, considerando logicamente a questão do saber como preservar o extraordinário depósito teórico de Martinets de Pasquallys legava aos seus discípulos, foi que Willermoz pensou em adaptar, transformando-a em sua essência mas não em sua forma, a *Estrita Observância Templária*, de maneira que se converteria em preciosa conservadora, em firme e sólida "depositária" de uma doutrina possuidora das principais chaves dos eternos enigmas aos quais o homem se vê confrontado, e ante os quais permanece proibido e mudo desde as origens.

Willermoz, por meio de todas suas investigações, que foram consideráveis desde o tempo em que presidia em Lyon, com seu Irmão Pierre-Jacques, os destinos do *"Capítulo dos Cavaleiros da Águia Negra"*, estava convencido de que a Maçonaria, apesar de tudo, era portadora do verdadeiro conhecimento, que entranhava em seu seio tesouros inestimáveis, daí sua feroz vontade por estudar e adquirir todos os "Altos Graus", que circulavam nesta época no seio do escocismo, de rebuscar incansavelmente e explorar a menor pista, de "reunir" num único cacho os rastros de um conjunto que contemplava como autêntico depositário, historicamente, das primeiras e primitivas "sementes do Verbo". Quando foi admitido em 1767, para sua imensa alegria, por Martinets de Pasquallys na Ordem dos Eleitos Coëns, sua comoção, inesperada, provocou transformações, modificando-o a tal ponto que seu semblante, como bem expressava o barão de Landsperg numa carta de 1772:

> *Desde então, todos os outros sistemas que conhecia* [pois não podia julgar aqueles que não conhecia] *me pareceram fúteis e enfadonhos. Este é o único em que me encontro a paz interior da alma, a mais preciosa vantagem da humanidade, relativa ao seu ser e a seu princípio.*
> ZAKAR, P. Polycarpe, S.O.Cist.- *Introduction a l'Histoire de la Stricte Observance de l'Ordre Cistercien.*

Willermoz, graças a sua entrada nos Coëns, acabava finalmente de alcançar aquilo que aspirava há anos, sabia desde então o que era secreto, dispersado e desfigurado em diferentes fios espargidos pela Maçonaria comum, a qual havia estudado e explorado amplamente em seus menores aspectos, àquela a qual Martinets qualificava, não sem uma certa e legítima reprovação, de "apócrifa", quer dizer, Maçonaria inexata, incompleta, surgida – e o que era mais grave – de uma tradição falsa e pervertida, herdeira distante de Cain e de sua pouca e recomendável descendência.

A Ordem dos Eleitos Coëns, nos catecismos de seus diversos graus, coisa que chocou enormemente a Willermoz como bom aluno que havia sido dos jesuítas, já notadamente bem acordado nestas matérias, ensinava que o homem, criado em primeiro lugar a imagem e semelhança do Eterno, havia, por causa de seu terrível crime, perdido sua identidade inicial e havia se convertido, ainda que conservando a distante imagem que lhe foi dada por bondade em seu nascimento, num ser radicalmente desprovido de suas qualificações, reduzido, pelo seu culpável ato, a um estado de isolamento, de exilio e trágica "desorientação".

Destaquemos um ponto a esse respeito, um elemento argumentativo central e fundamental para Jean-Baptiste Willermoz, o qual fazia, e por outra parte faz necessário, e até na hora final da parusia, da última Revelação, a existência de uma "via" de realização espiritual de natureza esotérica, é que por sua culpa e seu crime, o homem se converteu radicalmente numa cegueira, vendo-se imerso em espessas trevas que lhe mascararam e lhe velaram tragicamente as luzes da essencial Verdade. É pelas primeiras palavras da *Instrução secreta* dos Grandes Professos, reservada aos membros mais dignos de confiança do Regime Retificado, se referiram precisamente a este aspecto das coisas e indicaram, claramente, qual é o sentido e objeto particular do trabalho iniciáticos:

Se o homem houvesse conservado na pureza de sua primeira origem, a Iniciação nunca haveria de ter lugar para ele e a Verdade se ofereceria, todavia, sem véu ante seus olhos, posto que nasceu para contemplá-la e para render-lhe uma contínua homenagem. Mas depois que desgraçadamente desceu a uma região oposta à luz, é a Verdade mesma a qual submeteu ao trabalho da Iniciação, rechaçando suas buscas.[20]

Desse modo, Willermoz precisou estabelecer-se no ânimo daquele que se compromete no caminho delicado e difícil da Iniciação que terá que cumprir um duro trabalho, que será unicamente a partir do esforço e da renúncia que poderá prosseguir e avançar em seu conhecimento das leis profundas que governam tanto aqui em baixo como lá em cima, e depois de um longo caminho percorrido, único para cada homem, e se é verdadeiramente sincero consigo mesmo, estará eventualmente numa condição de descobrir os princípios com os quais haverá que alinhar-se e submeter-se, de modo que o Iniciado estará apto a trilhar os maravilhosos passos que lhe permitirão franquear, no interior do Templo finalmente reconstruído, as imponentes portas do Santuário.

O que impressionou profundamente Willermoz em suas reflexões, ao descobrir e perscrutar a doutrina de Martinets de Pasquallys foi a complexidade de um sistema a ser edificado concebido como uma autêntica e eficaz propedêutica da "reintegração", a qual a degradação, que toca radicalmente cada homem vindo a este mundo desde a Queda que faz de todos filhos de Adam seres miseráveis, caídos de sua grandeza primitiva, reduzidos, numa noite fechada que os rodeia por todas as partes, a rastejar sobre um solo coberto de espinhos e sarças. Desta maneira, os homens estão limitados física e espiritualmente por cadeias (teias) que simbolizam o sofrimento rigoroso de sua determinação atual, mas que longe de contentar-se com sua situação, como os pobres animais entregues tão somente as suas satisfações instintivas da matéria dedicadas ao exercício do gozo imediato e frenético de seus sentidos, pelo contrário as criaturas humanas estão aparelhadas por meio de sua inteligência intuitiva, sentem e aspiram com toda a força de sua alma uma outra dimensão, que esperam, confusamente, o advento de coisas de outra ordem.

20 - J.-B. Willermoz, na *Instrução secreta dos Grandes Professos, in* Rene Le Forestier, *La Franc-Maçonnerie Templière et Occultiste aux XVIIIe et XIXe siècles*, Aubier, 1970. Resulta preferível de todas, ao texto publicado por Le Forestier, a edição elaborada por Jean Saunier (Ostabat) em *Le Symbolisme* (abril-junho de 1969), edição que permanece, não obstante, inacabada, mas possuindo sem dúvida um certo número de referencias indispensáveis para uma ideia coerente sobre este documento singularmente denso e frondoso, sendo seu acesso, mais além do caráter já por si só de pouco fácil do discurso, relativamente complexo e difícil.

Certamente o homem não é, como podemos constatar, um simples produto da natureza, uma vez que encontra-se ligado, ainda que fragilmente, por flash que lhe indica seu autêntico destino, mas que subsiste sem dúvida num perigo muito real que não escapa a Willermoz, excelente observador dos costumes de seu tempo, consistente em que pudera forjar-se no ânimo dos seres degradados, que não buscam trabalhar em seu aperfeiçoamento por colocar em prática um penoso e lento serviço (trabalho) de purificação, uma sorte de contentamento gregário entusiasta que lhe levará a renunciar as vãs quimeras, as realidades transcendentes, e a chafurdar no indecente lamaçal de uma pretendida "naturalidade" que os levará a negar, e em ocasiões inclusive a destruir, todos os luminosos rastros de sua memória original:

> *No estado atual do homem privado de Luz,* escreve Willermoz, *o mais funesto que lhe pode suceder é esquecer ou negar esta mesma luz* [...].
> (*Instrução Secreta* – J.-B. Willermoz, *"Instrução secreta dos Grandes Professos"*)

Para construir seu sistema, Willermoz, que desejava poder propor aos seus contemporâneos uma ferramenta que estivesse em condição de dar uma resposta ao sinistro desenvolvimento, a pueril libertinagem e ao abjeto e frequentemente ao estúpido ateísmo que se estendia perigosamente por todos os estratos da sociedade, efetuando uma inquietante ação (efeito) de "chagrém" (empobrecimento) das bases tradicionais desta última, dos fundamentos veneráveis da santa religião cristã, vai, pois, utilizar a estrutura cavaleiresca da estrita Observância Templária e sua harmoniosa arquitetura organizativa gradual, enriquecendo-a com um pedestal doutrinal e metafísico da qual estava desprovida. Para consegui-lo, era evidente que não se podiam transpor simplesmente as teorias de Martinets sem pensar em dar-lhes uma forma que estivesse em relação com a perspectiva, quase militar, da Estrita Observância, sem tentar, de alguma maneira, adaptá-la à vocação própria de uma Ordem de Cavalaria, Willermoz teve a ideia genial de conservar o emblema mais conhecido e extendido entre os Maçons desde a noite dos tempos, a saber, o Templo de Salomão, e conferir-lhe, transpondo o simbolismo de sua história no caminho que deverá trilhar cada irmão no seio de sua própria vida maçônica, um valor incomensurável, portador de todas as teses originais saídas da doutrina martinesista.

O Templo ocupará, assim, o lugar operativo, simbólico e principal no Regime Escocês Retificado, por seu caráter instrutivo, já que, a partir do conhecimento das regras que permitirão e autorizarão sua edificação por parte dos Hebreus, graças à assimilação progressiva das leis e princípios específicos necessários para colocar em prática sua construção, faz-se possível e suficiente ao Iniciado voltar a descobrir os meios, as ferramentas, o caminho e a "Palavra", indispensáveis para proceder ao trabalho de sua própria reedificação, segundo o modelo de planos precisos e sagrados ditado por Deus a Moisés, especialmente nas longas descrições fielmente conservadas no livro do *Êxodo*. No ânimo de Willermoz, faz-se possível novamente, para o homem levado por um "verdadeiro desejo", ao recordar-se, pelos efeitos de uma inefável e incomparável graça que sobrepassa as débeis capacidades do entendimento clássico que observa, e se limita a reconhecer em seu endurecimento, como única fonte de certeza a estreita razão discursiva, a "semelhança" perdida glorificando e louvando o Nome do Altíssimo, da Divindade inascessível e Infinita que é o Verbo, o Cristo Jesus, Senhor e Salvador do mundo, o Logos do qual fala o Prólogo do evangelho segundo São João: *"[...] a verdadeira luz que ilumina a todo homem vindo a este mundo"* (João I:9).

II. Reconstrução Espiritual e Nova Dedicação do Templo

Jean-Baptiste Willermoz escreve:

O templo de Jerusalém é o grande arquétipo da Francomaçonaria, que tem sido renovado sob diversos nomes, diversas formas e diferentes épocas. Os Francomaçons extraem sua origem deste mesmo Templo. As revoluções que lhe sobrevivem [nos] *recordam àquelas outras relacionadas com o próprio homem e àquelas que vêm experimentando, nos diferentes tempos, a Ordem dos Maçons, a mais antiga e mais respeitável que jamais existiu.*

(*Ritual do Grau de Mestre Escocês de Santo André*, MS 5922/2, Biblioteca Pública da cidade de Lyon)

O que havia perfeitamente compreendido Jean-Baptiste Willermoz, com uma rara agudeza espiritual – quando elaborava no recondido de seu coração os rituais dos diferentes graus do Regime Retificado –, é que em seu estado natural, o homem desgraçadamente já não está em disposição de poder aproximar-se do trono da Divindade, enquanto que, desde as origens, é neste lugar celeste onde se encontra todos os frutos superiores e os inestimáveis unguentos indispensáveis para a reparação e regeneração universal. O fundador da Loja "A Beneficência", consciente da miserável condição do homem, assediado pelas brumas que se levantam nele e dissimulam a extensão de seu crime, tratará, pois, de por o acento, quando elabore e concebida pacientemente os rituais maçônicos, em assinalar que o homem se encontra na imperiosa necessidade de pôr-se de novo em condições de chegar ao pé da escada sobre a qual repousa o Eterno, sequer sem poder responder as obrigações que lhe impõe seus deveres ante o Ser Supremo; Ser *que operou sempre pelo bem e pela felicidade do homem*".

Efetivamente todos os ensinamentos do Regime Escocês Retificado não deixam de significar a infame degradação na qual se encontra toda a raça de Adam, fazendo que cada criatura seja hoje, para sua penosa vergonha a imensa tristeza, *"indigna de aproximar-se do Santuário da Verdade"*. Por cuja razão, de acordo com os desejos de Willermoz, é preciso para o Maçom cristão, deixando de lado os demais, reencontrar a essência das virtudes adequada que lhe façam suficientemente puro como para elevar o incenso de sua pregaria até Deus. É a única "Ciência" que alimenta a autêntica Maçonaria e instrue aos verdadeiros Maçons; sendo o objetivo desta "Ciência" sagrada em relação ao conjunto de conhecimentos humanos:

> *Colocar todo indivíduo espiritual ao alcance de render a este Ser Soberano uma homenagem que não poderia receber proveniente de seres puramente passivos e momentâneos.*
>
> Instrução Secreta – J.-B. Willermoz, *"Instrução secreta dos Grandes Professos".*

Para fazer os irmãos progredirem no Regime Retificado em virtude de santidade e incitá-los a avançar sem temor na lenta e trabalhosa reforma interior, Willermoz, judiciosamente se valerá da imagem célebre e evocadora do Templo de Jerusalém e a utilizará inteligentemente como símbolo concreto e prático de uma autêntica "via" de reedificação espiritual, transmitindo de tal sorte a cada um, ao longo de seu caminho no seio das Lojas, um perfeito exemplo do trabalho que é reservado aos fiéis obreiros do Senhor, os piedosos servidores do Messias:

> *Edificados sobre o fundamento dos apóstolos e dos profetas, tendo Jesus Cristo como pedra angular, no qual todo o edifício é ajustado e cresce para tornar-se um santuário santo no Senhor. Nele vocês também estão sendo edificados juntos, para se tornarem morada de Deus por seu Espírito.*

Efésios 2:20-22.

O Templo, carregado de um real poder emblemático em função de seu papel eminente na História da Revelação, na "História Santa" que é o vivo testemunho da Presença e da ação de Deus entre os homens, vai, assim, participar diretamente das preciosas lições que serão dispensadas àqueles que havendo decidido, depois de ter feito a constatação do caráter estéril de uma existência preocupada unicamente dela mesma, centrada sobre a satisfação instintiva de suas necessidades primárias, dedicar-se ao lento trabalho de reconstrução que convém realizar em si mesmo, aqueles que, desejosos de penetrar nos mistérios efetivos do conhecimento superior, terão compreendido que toda empresa digna deste nome deve, em primeiro lugar, para todo homem vítima da Queda, ser uma obra imprescindivelmente de prévio "restabelecimento".

Esta obra, longe de ser facultativa, é para todo irmão que dá seus primeiros passos dentro do sistema *willermoziano*, uma obrigação maior, um imperioso saber, um rigoroso mandamento o qual não se pode economizar, ou pior ainda, eximir-se (desobrigar-se) sob qualquer pretexto falso. De fato, se o homem deseja ardentemente voltar à plenitude de seus direitos ante à Divindade, se sua vontade não é um fingimento, e sobretudo, se deu conta disso com honestidade, saindo de sua cega ilusão, do estado lamentável em que se encontra, terá que, em primeiro lugar, e a margem de qualquer outra consideração, trabalhar para apresentar um plano perfeito, um edifício santificado sob pena de ver-se cerceado da comunicação com o Eterno. Como destaque, dizia com pertinência Willermoz:

O homem bem purificado é o único sumo sacerdote que pode entrar no Santuário da Inteligência, compreender sua natureza, fortificar-se nela e render uma homenagem em seu próprio Templo puro àquele do qual é imagem. Porém, diz solenemente o mestre lionês, *se desdenha purificar-se antes de pôr-se ante este altar, as trevas espessas da matéria virão a cegá-lo; e encontrará a morte onde deveria encontrar a vida.*

Instrução Secreta – J.-B. Willermoz, *"Instrução secreta dos Grandes Professos".*

Jean-Baptiste Willermoz, com seu discurso, mostra-nos que tanto o Templo como o homem, constituídos um e outro primitivamente por uma imagem integral de exata proporção, foram destruídos, precipitados no abismo, saqueados, profanados e deverão, penosamente, ser levantados de suas lamentáveis ruínas. Mui alegremente, Jeremias, quando os Assírios reduziram a nada o Templo de Salomão, teve a ideia soberana de esconder o fogo sagrado, o que resultará muito útil quando, na dedicação de reconstrução do segundo Templo, efetuada pelo Sumo Sacerdote, Deus não fez descer do Céu, como todos esperavam, o fogo necessário para execução dos ritos, e se viram na necessidade de resolver ir em busca do fogo dissimulado pelo profeta que permanecia no fundo de um poço em meio de uma água manchada, "pantanosa e corrompida" que, milagrosamente, quando toda esperança parecia absolutamente perdida, ao ser vertida sobre o altar, foi capaz de consumar o holocausto gerando um fogo vivo e luminoso:

Figura perfeita da ressurreição do homem em sua primeira forma incorruptível, a favor de todos àqueles que haviam deixado a carne e o sangue na tumba, a imitação e pelo socorro do Homem Deus e Divino. (Ibid.)

Desse modo, quando a edificação e consagração do segundo Templo por Zorobabel (Veja este assunto em nossa obra: *ARSENIUM – O Simbolismo Maçônico, Kabbala, Gnose e Filosofia*), houve uma grande alegria, uma felicidade compartilhada e um imenso alvoroço entre a multidão que testemunhou este magnífico acontecimento, mas aqueles que guardavam a lembrança do primeiro Templo nos diz Esdras, lamentavam-se e choraram em razão da perda cruel da beleza primitiva que, visivelmente, não voltaria a ser igualada nem reencontrada. Da mesma forma, no que concerne ao homem, seu restabelecimento em santidade, por uma luta incessante, um esforço constante e grandes dores, não apagará completamente os rastros de sua infame prevaricação:

Os Sábios verdadeiramente instruídos sobre a Dignidade da natureza humana, emanação pura e perfeita do peito do Eterno, estão imersos na amargura e na dor, vendo o homem humilhado e revestido de um corpo material e corruptível; não podiam imaginar-se sem deixar de derramar lágrimas pelo Templo glorioso de sua primeira forma, quando todas as nações do universo vinham admirar sua beleza e a prostrar-se ante o Rei de Israel. (Ibid)

Não obstante, apesar de sua miserável situação, sua triste sorte e o caráter lastimoso de sua atual natureza, "voltando a consagrar de novo" seu Templo, quer dizer, purificando seu coração distanciado de sua indigna complacência ante sua perversão culpável, imagem distante do redescobrimento do fogo sagrado que Jeremias preservou da destruição, o homem pode esperar aceder de novo o Altar dos holocaustos e, entrando no Santuário, celebrar um culto restaurado do Eterno.

Quando os edificadores (construtores/pedreiros) edificaram os alicerces do templo do Senhor, os sacerdotes trajando suas vestes de linho, apresentaram-se com trombetas, e os levitas, filhos de Asafe, com címbalos, para louvarem ao Senhor, segundo a ordem de Davi, rei de Israel. E cantavam a revezes, louvando ao Senhor e dando-lhe graças com estas palavras: 'Porque ele é bom; porque a sua benignidade dura para sempre sobre Israel'. E todo o povo levantou grande brado, quando louvaram ao Senhor, por se terem lançado os alicerces da casa do Senhor. Muitos, porém, dos sacerdotes e dos levitas, e dos chefes das casas paternas, os idosos que tinham visto a primeira casa, choraram em altas vozes quando, a sua vista, foi lançado o fundamento desta casa; também muitos gritaram de júbilo; de maneira que não podia o povo distinguir as vozes do júbilo das vozes do cho-

ro do povo; porque o povo bradava em tão altas vozes que o som se ouvia de muito longe.

(Esdras 3:10-13).

Podemos constatar, pelo que acaba de ser desenvolvido, que o estudo absolutamente "especulativo" do Templo, que formava parte dos rituais da Maçonaria "apócrifa", inclinando-se sobre os aspectos simbólicos e do valor cosmológico do venerável edifício, vá transformar-se, para cada irmão, sob uma leve pena sagaz de Willermoz, em uma verdadeira e progressiva "operação" de reconstrução interior, "operação" todavia nunca formulada de tal rigorosa maneira e argumentada de uma forma tão precisa e organizada na História do esoterismo ocidental cristão[21].

---

21 - Antoine Faivre disse, acidentalmente, numa passagem relativa aos últimos anos da Ordem dos C.B.C.S. (1782-1815), o lugar muito importante que Willermoz reservou ao Templo em suas reflexões, e sobretudo o papel significativo que outorgou, muito superior ao que até então era o seu no seio das lojas: *"O simbolismo do Templo de Salomão, ao qual Willermoz conferiu um dos mais belos significados no Ocidente moderno, permanece como pedra angular de sua obra filosófica"* (A. Faivre, *L'Ésoterisme au XVIII* siècle, Seghers, 1973, p. 176-177). A constatação é perfeitamente exata, e faz efetivamente justiça à obra do fundador do Regime Escocês Retificado, mas é, pensando, num sentido que ultrapassa amplamente o simples aspecto "filosófico", que Willermoz vai dar a imagem do Templo, visto que vai receber sob sua pena sagaz uma dimensão propriamente iniciáticas, e não unicamente especulativa e teórica, de inestimável valor, como dão testemunhos eloquentemente, e em numerosas partes, nas *"Les Leçons de Lyon"*: *"Todos os seres provenientes do Criador são templos*, escreve Willermoz. *É preciso distinguir os diferentes tipos de templo. Templos materiais, o menor átomo de matéria é um deles, posto que tem seu veículo que o anima. Templos espirituais dos seres que acionam e dirigem a criação temporal sem estar submetido ao tempo, como era Adam em seu primeiro princípio. Templos espirituais temporais elevados visivelmente sobre esta superfície durante a duração dos tempos, para reconciliação: os sete principais são de Adam, de Enoque, Melquisedeque, Moisés, Salomão, Zorobabel e Cristo, modelos de liberação e reconciliação. [...] O corpo do homem é uma loja ou templo, que é a repetição do templo generalizado, particular e universal. A Maçonaria consiste em edificar edifícios sobre sua base. Nós somos pois maçons espirituais. A Maçonaria apócrifa derivada da Ordem clama suas assembleias e lojas e nós templos [...].* Segue uma indicação instrutiva do maior interesse do ponto de vista "operativo": *"Todos os templos espirituais foram fundados sobre 7 colunas, que são alegoricamente os 7 dons do espírito concedidos ao homem em seu princípio e cuja finalidade de ação pode desenvolver-se nele, somente pela união e correspondência direta com seu quaternário de emanação divina. Estas 7 colunas*

Assim, comprometido na "via" do Regime Retificado, o irmão aprenderá numerosas coisas que anteriormente não havia, nem sequer era entrevisto, e, sobretudo, estará em disposição, guiado e secundado por mãos caritativas, de reedificar pacientemente, nele, as primeiras fundações de seu Templo particular, que evidentemente, não é diferente do Templo universal, e sim que, por uma lógica e natural compreensão, enquanto cristão, do caráter "pessoal" de sua relação com a Divindade, passa inescapavelmente pela prévia reconstrução de suas próprias estruturas por ser querido e escolhido por Deus, já que nós temos sido, como recorda Paulo:

Como também nos elegeu nele antes da fundação do mundo, para que fôssemos santos e irrepreensíveis diante dele em amor; E nos predestinou para filhos de adoção por Jesus Cristo, para si mesmo, segundo o beneplácito de sua vontade, para louvor da glória de sua graça, pela qual nos fez agradáveis a si no Amado.

(Efésios 1:4-6)

---

estavam representadas no templo de Salomão pelo candelabro de 7 braços que levava 7 estrelas ou lâmpadas acendidas e figuravam os 7 planetas que são as 7 colunas da criação universal. O sumo sacerdote transporta este candelabro segundo as diferentes partes sobre as quais queria operar" "Les Leçons de Lyon, n° 4, segunda, 17 de Janeiro de 1774". Willermoz voltaria vários meses mais tarde sobre este significado preciso do Templo, segundo as três concepções que o caracterizam, numa nova lição destinada aos Adeptos lioneses: *"Distinção: o grande templo universal, o templo geral terrestre e os templos particulares. No primeiro, ação dos seres espirituais emancipados da criação; no segundo, ação da alma geral terrestre; no terceiro, ações dos seres particulares. Templos intelectuais, templos corporais, templos materiais. Todos os seres emanados e emancipados no temporal operam sua ação e seu culto particular em um dos três. Nos primeiros, o espírito puro e simples, cada um descrevendo seu círculo; no segundo, o homem e todos os espíritos planetários corporizados; no terceiro, é um lugar dedicado a ação e ao culto particular de vários destes. O corpo do homem e o templo de Salomão são a repetição da criação e da imagem do grande templo universal. O homem é por sua vez a imagem da criação universal pela divisão de seu corpo e do corpo geral terrestre por sua forma que é triangular. Sua cabeça representa o centro ou alma terrestre. "Se o corpo do homem é um templo, deve então operar um culto"* (Ibid. n° 99, sábado 22 junho de 1776.).

III. Degradação e Morte Intelectual do Homem

Apesar de sua escolha, a qual ninguém pode duvidar sem sequer dar ao batismo recebido, quando se converteu em "Filho de Deus", todo seu completo significado, fica sem dúvida na extrema fragilidade do homem, sua inconsistente constituição física e anímica, o caráter profundamente deteriorado de seu ser, são elementos singularmente problemáticos que necessitam um tratamento particularmente rigoroso que só pode ser dispensado, mais uma vez, por uma instituição cuja função, precisamente, é a de trabalhar no saudável despertar e reparação da criatura:

> [...] O homem moral e intelectual [...] submetido por um tempo, pelo efeito necessário de sua degradação original, na envoltura material da qual sente todo peso, exposto ao choque dos elementos que acionam violentamente sobre sua natureza física, e a todas as influências que provocam continuamente suas paixões e fazem surgir nele tantos vícios, tem necessidade que se recorde que perigos e que socorros lhe rodeiam, quais são as causas dos sofrimentos que lhe afligem diariamente e que esperanças lhe oferecem a nobreza de sua origem.
>
> (Ritual de Mestre Escocês de Santo André)

Eis por que, para responder a essa necessária redenção, quase vital, Willermoz constrói, elabora e organiza o Regime Retificado como um perfeito seminário, um sutil método curativo, em ocasiões, certamente, intransigente e doloroso, com determinação para regenerar as pobres faculdades do ser corrompido que lhe permitirá relembrar (rememorar) a grandeza de sua origem e a altura de seu dever atual se deseja esperar, um dia, reencontrar a plenitude:

> A Francomaçonaria [se sobre-entende o Regime Escocês Retificado] os recorda continuamente e por toda sorte de possibilidades, vossa própria natureza essencial. Busca constantemente captar as ocasiões de dar a conhecer a origem do homem, seu destino primitivo, sua queda, os males que são sua consequência e os recursos que a bondade divina lhe há destinado para triunfar. (Ibidem.)

Não obstante a grandeza primitiva da "natureza essencial" da criatura, está no não fazer-se ilusões, e Willermoz, com excepcional rigor e severo realismo, não deixa por menos e se coloca aqui muito longe do clima "progressista" de uma certa Maçonaria amiga (parceira) da composição de vibrantes panegíricos e odes inflamadas ponderando as glórias da razão soberana, insistindo sobre o estado absolutamente desorganizado, murcho e desviado das faculdades com as quais o ser se envergonha com tanta solicitude e ilusória satisfação, quando pelo contrário tudo nele manifesta, desde seu inqualificável gesto criminoso, as terríveis e lamentáveis consequência da Queda.

Não contente pela culpa cometida, perdendo desgraçadamente seu corpo espiritual tendo sido grosseiramente "vestido de couro" (Gêneses 3:21[22]), quer dizer, havendo sido *mudado para um corpo material corrompível com o qual veio a rastejar sobre a superfície terrestre* [que constituiu] *uma barreira impenetrável que o separava de todos os Seres espirituais*". O homem, graças a Adam, foi radicalmente destituindo de

---

22 - As *"Vestimentas de Pele"*. Muito próximo deste conceito de "nudez" como indicação do pecado consciente, se encontra o estranho versículo (Gênese 21 Capítulo III) que suscitou tantos comentários:

O Eterno Deus fez Adam e à sua mulher vestidos de pele e Ele os vestiu.

O *Zohar* se lança numa dezena de diferentes exegeses deste texto, mais ou menos felizes. Podemos sintetizar o ensinamento Kabbalístico dizendo que os vestidos de pele são uma frase que indica corpos físicos completamente materiais, ou, para empregar os termos modernos: corpos humanos em três dimensões. O que parece certo é que o ser humano, tal como nós o conhecemos neste Mundo – quer dizer no *Deserto de Sarças* – possui um corpo físico material completamente diferente do corpo etérico que existia nas condições do Paraíso Terrestre, e que está ainda mais afastado do corpo espiritual de Adam-Kadmon no Paraíso Celeste.

Lembrando-se que o Kabbalismo jamais perde de vista o princípio do equilíbrio, como também da doutrina do protótipo, é evidente que o corpo etéreo de Adam no Paraíso Terrestre continha uma proporção de substância material (estando em manifestação). Do mesmo corpo material (dito de outro modo: As vestimentas de pele dadas pelo Eterno) não estavam completamente despidos de substância etérea e espiritual. Isso é uma explicação da frase do *Zohar* dizendo que quando Adam foi expulso do Jardim, o primeiro HE não foi exilado completamente. Segundo o pensamento místico Kabbalístico, é necessário que o IOD (o Eterno) possa eternamente se unir com Sua Própria Glória, HE (o primeiro HE) também chamada *Shekinah*, para que o VAU e o segundo HE possam se unir no *Deserto de Sarças*. Nós vamos ver que Eva renovou suas relações amorosas com a serpente – quer dizer o príncipe do Mal – após o exílio do Jardim.

seus "direitos originais" e perdeu a maestria de suas próprias faculdades individuais, condenando-se a uma espécie de autêntica e humilhante morte intelectual na qual incluiu quanto a nobreza de seu primeiro estado que lhe outorgava o poder de ler o pensamento de Deus e manter-se relação direta com Ele, passou a converter-se num ser passivo material dotado de uma consciência gregária e enferma, limitado em todos os âmbitos.

Willermoz expõe, com uma ciência psicológica um grande domínio do tema, a maneira com a qual aplica e exerce esta "morte intelectual" com a qual o homem é golpeado, fazendo dele um triste e lamentável marionete entregue aos caprichos das forças residuais que o superam por completo, e que, de maneira ridícula, o ativam permanentemente ao agrado de processos mentais aleatórios cujos mecanismos agitam em todos os sentidos os pensamentos de cada um de nós como fariam com fantoches[23] ridículos:

23 - Talvez não mensuramos em sua justa dimensão a extrema clarividência da análise expressada por Jean-Baptiste Willermoz a respeito desta "morte intelectual" no homem atual, que se traduz por sua triste dependência e sua ausência quase total de domínio dos pensamentos que surgem e atravessam sua consciência. Os descobrimentos efetuados pelas ciências do espírito desde o século XVIII, relativos em particular da delicadeza noção "do inconsciente" a qual mostra nossa época é tão aficionada, que nos oferece uma brilhante prova das afirmações avançadas por Willermoz, e confirmam perfeitamente, se houvesse necessidade disso, da exatidão de seu parecer da matéria. Falando, como se faz a respeito da alma, de uma "via animal passiva" recebida depois do pecado original, havendo quebrado, primeiramente a faculdade de comunicação com Deus e os diferentes "agentes espirituais" que povoam a imensidão supraceleste, e igualmente a capacidade para estabelecer um "link" (ligação) com o seu "centro do pensamento", o homem fica reduzido a um estado de comprovada domesticação a qual não lhe deixa nenhuma autonomia no plano intelectual. Recebendo com toda passividade os pensamentos que veem a instalar-se nele, neste sentido, é um joguete irrisório e ridículo de uma profusão de impressões exteriores ou interiores, que fazem dele um pobre instrumento profundamente "desorientado", desprovido de toda estabilidade. Atraído por desejos contraditórios, divididos entre suas tendências mais inconfessáveis, suas diversas inclinações grosseiras, seus apetites instintivos, sua ambição desmesurada, sua sede feroz de domínio e poder, suas mórbidas seduções, e poderíamos continuar ainda por longo tempo esta longa e lacerante enumeração de defeitos infindáveis que compõem, em proporções diferentes para cada um, a arquitetura de toda personalidade individual; o homem é um cadáver, um animal malsão e lamentavelmente degradado no plano sensitivo uma vez que está domesticado por ideias (ideologias) alheias que se apoderam dele e o obsedem sem que este possa preservar-se dessas influências, seja por contaminação social do meio em que se vive ou pela própria natureza de sua espécie caída. Willermoz sobre este assunto disse o seguinte: *Isto não poderia ser de outra*

Não deveis buscar a prova destas tristes verdades, explica Willermoz, em outra parte em que vos mesmo em todo instante de vossa vida corporal. Estareis de acordo [constatareis], *que vossos pensamentos bons ou maus os vêm por caminhos estranhos. Resulta obviamente que o homem atual não cria seu pensamento, não pode procurar-se pela própria vontade aqueles pensamentos que busca, nem conservar aqueles que têm, prever quais terão, nem desembaraçar-se daqueles que lhe importunam. Quem é aquele, se pergunta, que pode dominar a série e sucessão de seus pensamentos? Quem pode dizer por que não tem uns e porque se obceca por outros? [...] O homem se encontra pois neste aspecto numa dependência absoluta e tudo o demonstra que seus pensamentos provêm de uma ação alheia (externa) a sua.*
(Instrução *Secreta* – J.-B. Willermoz, *"Instrução secreta dos Grandes Professos"*)

Seu corpo, desde a saída do Éden, está entregue à corrupção e sujeito a um desaparecimento certeiro, por outro lado morto intelectualmente, e haveria que incluir, para completar o quadro, caído em suas três faculdades: já que, com sua inteligência limitada, sua memória cega e seu desejo, ou apetite, desviado e pervertido, o homem oferece um miserável espetáculo a partir do qual se pergunta: como pode ser possível que ainda assim, se mostre orgulhoso e soberbo? Enigma não resolvido

---

maneira, já que o homem corporal não pode comunicar com o centro de pensamento e de inteligência. Deste modo, somente pode ser suscetível de dois tipos de ideias; umas puramente sensíveis que são motivadas nela pela percepção de objetos materiais submetidos a seus sentidos; as outras, intelectuais, lhe chegam também pelos sentidos, ainda que somente tenham relações com sua inteligência, que as julga, adaptando-as ou rechaçando-as. É também por esta mesma via dos sentidos que experimenta a ação das causas opostas [...]. Assim todos os pensamentos do homem atual são produzidos nele pelos 'seres' que lhe rodeiam". Instrução Secreta – J.-B. Willermoz. Desta forma, quando chegarmos a um ajuizamento severo (rigoroso) sobre a constituição carnal e mortal, da qual o homem está guarnecido, não poderemos esquecer jamais e valorar a penosa decadência de suas faculdades mentais, talvez ainda mais gravemente vulneráveis que seu envoltório exterior e indubitavelmente é a fonte dos mais sinistros sofrimentos que se abateram sobre a terra no passar dos anos, fazendo da criatura, desde a expulsão do Éden, a mais espantosa corrupção que possa imaginar-se no seio de um vivente, uma horrorosa "dessemelhança" do arquétipo original, do Adam primitivo "emanado" em perfeição a "imagem e semelhança" de Deus.

desta penosa cegueira, da qual somente poderemos nos livrar graças ao Espírito, único capaz de direcionar nossas pobres certezas e oferecer, a nós, uma estreita passagem para a Luz da Verdade[24]:

> *Todo homem, instruído sobre a excelência original do homem primitivo, de seu mais alto e sublime destino neste universo criado das grandes virtudes, poderes e autoridade com as quais foi revestido para cumpri-lo,* dirá Willermoz numa passagem surpreendente, *não pode dissimular, à vista do homem atual caído de toda sua glória, desmoronando no envilecimento, desgraçado e convertido num escravo do implacável inimigo, do qual deveria ser dominador, que está inclusive submetido a um estado de severo castigo justamente merecido; que é o orgulho, de que recebe, todavia, diariamente e a todo instante, novos atentados, daquele que perdeu; que é a causa do abuso enorme de seu poder, de sua vontade e de todas suas faculdades intelectuais que lhe separou de Deus.*
>
> Jean-Baptiste Willermoz – *Traité des deux Natures.*

O homem, reduzido, assim, a esse estado lamentável no qual é incapaz de libertar-se por suas próprias forças, resultando-lhe impossível, e este é um claro sinal de sua aflitiva miséria, já que ao não poder sair dela pelos seus próprios meios não resta fazer outra coisa senão entregar-se, abandonar-se completamente na boa vontade da Divina Providência sem a qual é nada, sem a ajuda da qual pode continuar naufragado eternamente em terrenos pantanosos e cegos que o levam para um sinistro final.

De toda maneira, degradado fisicamente, reduzido tragicamente em todas suas faculdades, intelectualmente moribundo, só lhe resta admitir o caráter irremediável de sua situação, desde sua humana posição evidente e esperar do Céu um socorro superior, já que, reconhecidamente:

A desgraça do homem seria inexpressável se a misericórdia di-

---

24 - Mais uma vez, e de maneira incansável, Willermoz repete aos irmãos do Regime Retificado esta importante lição, que tem por finalidade inscrever-se duradouramente em seu ânimo: *"É esta degradação do homem, o abuso de sua liberdade, o castigo recebido, a escravidão na qual caiu e as consequências funestas de seu orgulho (o qual representa) o saque e a destruição do primeiro Templo de Jerusalém: imagem da humilhante metamorfose que eles ocasionaram na primeira forma corporal do homem"* (Ritual do Grau de Mestre Escocês de Santo André)

vina não houvesse empregado um Reparador infinitamente poderoso para levantar o homem de sua funesta queda, e restabelecê-lo ao seu primeiro destino"

(*Instrução Secreta* – J.-B. Willermoz, *"Instrução Secreta dos Grandes Professos"*)

Willermoz, com acentos extremamente sombrios, que não fazem senão coadunar com as severas páginas de Santo Agostinho, insiste com força e rigor sobre o caráter desesperado do ser humano e a ausência total de meios em posse da criatura a fim de sair das condições insuportáveis, nas quais se encontra encerrado, como o estaria um prisioneiro esquecido num escuro calabouço hermético e definitivamente cercado.

Atado por sua escolha, o homem ainda é golpeado, e se faz incapaz de aproximar-se por si mesmo do Bem.

(Jean-Baptiste Willermoz – *Traité des deux Natures*)

O ser desprovido, desde sua Queda, está sob a dominação do pecado, foi poupado do poder do mal, tomada pelas seduções do inimigo. Sua dependência é, pois, absoluta e sem a ação da Divindade.

Permaneceria eternamente separado de seu Deus se o Amor infinito do Criador por sua criatura não houvesse destruído esta barreira de eterna separação por sua Encarnação num corpo de homem com o qual quis revestir-se para poder sofrer e morrer neste corpo, e expiar assim por culpável tudo o que devia à justiça". (Ibid.)

Sem o imenso efeito da compaixão do Eterno que nos enviou seu Filho, quer dizer, a parte mais querida d'Ele mesmo, sua essência íntima e reservada, sua vivificante substância, sua própria Luz, toda a humanidade se poria até o final dos tempos, nos grilhões da materialidade e sofreria infâmia de uma perpétua, degradante e definitiva separação.

IV. A "Via" da Iniciação Cristã

Talvez compreendamos melhor, daqui para frente, por que o Regime Escocês Retificado pede aos seus membros, não tão só mais ou menos vagamente como nos outros ritos maçônicos, na existência do Grande Arquiteto do Universo enquanto que um poder ordenador distante informal, mas, sim, que exige uma autêntica e profunda fé cristã, já que toda a essência espiritual da Ordem repousa na convicção, certa e inquebrantável, da efetiva e sobrenatural eficácia do mistério da Encarnação.

Sem a vinda do Cristo Jesus, sem a "Revelação", sem a morte sacrificadora do Salvador sobre a madeira sagrada da Santa Cruz que nos removeu, pelo dom inconcebível de sua vida e a oferenda de seu sangue na Páscoa, da lei criminosa a qual se comprazia nosso espírito, àquela que nos livrávamos indignamente dos nossos membros, nenhuma esperança seria possível para o homem, nenhuma liberação poderia nos chegar pelo caráter incurável de nosso estado. Privado dos usos de suas faculdades, consideravelmente diminuído, nada que não fosse Deus mesmo poderia romper as infranqueáveis barreiras e ataduras que haviam constituído em torno do homem, e que desgraçadamente o obrigam a viver numa inflexível reprovação. No curso dos séculos, inclusive depois da vinda do Salvador, acreditavam ser possível dirigir-se aos espíritos angelicais para virem socorrê-los e tirar-lhes da lama, na qual estávamos mergulhados desde a saída do Éden. Pois bem, esta solução não era tal como sabemos e apesar de um poder significativo que lhes foi conferido, são incapazes de responder à demanda formulada pelos homens, e somente podem assistir impotentes às severidades do exílio que suportam os filhos de Adam, preservando-lhes, sem dúvida, de maiores perigos pela caritativa compaixão e vocação muito especial, aos escolhidos do Senhor, acompanhando-lhes por caminhos mais suaves, a fim de proteger as almas escolhidas, e, na medida do possível, evitar-lhes dos múltiplos perigos que se apresentam no seu caminho. Não obstante, era necessária, em função da situação, uma intervenção de ordem superior, dado que muitos, equivocados por uma espessa cegueira, não viam:

> *A necessidade de uma intervenção direta e pessoal da Divindade no estado de expiação satisfatório que o homem devia à Justiça divina. Vendo em Deus e no homem, caído de seu estado glorioso, os dois pontos extremos de ordem espiritual,* (supunham)

das classes angélicas dos agentes espirituais intermediários su-
ficientemente puros e poderosos [a capacidade] *para aproximar*
o homem de Deus, sem que fosse necessário que o próprio Deus
se submetesse à Encarnação.

(Jean-Baptiste Willermoz – *Traité des deux Natures*)

Não antes, pois, o caráter profundamente enraizado da prevaricação e do pecado, era indispensável, em verdade, que fora Deus quem
se inclinara sobre nós e decidira pôr fim aos desapiedados rigores que
se haviam abatido sobre a raça dos homens. Foi necessário que vies-
se um "Salvador" o qual consentira em romper os decretos pronuncia-
dos no juízo pelo crime cometido pelo homem, um "Divino Redentor"
transbordante de amor e mansidão que tomara em afeição as criaturas
reprovadas e se dera em sacrifício de oblação por elas, no seu lugar; em
justificativa da irreparável culpa.

Assim, em razão de uma decisão bendita, tal qual nunca poderemos agradecer o suficiente ao Céu, pelo sacrifício de sua vida, num
ato de santa e excepcional doação de Si mesmo, é o Divino Reparador,
o Cristo Jesus, que nos libera da condenação que se abatia sobre o homem no jardim do Éden, e é deste doce e bom Senhor que recebemos,
desde então, não somente as promessas da Salvação, mas também a jus-
tificação, a purificação, assim como a ascensão da herança perversa do
pecado. Não por graças a nós, aos nossos esforços ou méritos, já que
não temos nenhum, mas sim pela incompreensível gratuidade do Amor
infinito de Deus[25]. É por isso que para todo irmão Retificado:

---

25 - Em um discurso pronunciado pela ocasião da recepção do cavaleiro de Guibert no
seio da Ordem dos Eleitos Coëns, e para ilustrar a ideia de que é de Deus que obtemos
tudo, e não de nós mesmos, Vialetes d'Aignan declarava: *"Não esqueceis que por nós*
mesmos não podemos nada, e que somente pelas graças ao socorro que nos vem de
cima é que podemos alguma coisa. Pedimos, pois, e pedimos no espírito das palavras
de nosso divino mestre: "Tudo que pedir em meu nome vos será concedido", *nos disse.*
Depois de perecida promessa quanto culpáveis seríamos se não fizéssemos dela o bom
uso que devemos? Disse-nos também: "Ali onde dois ou três se reunir em meu nome,
eu estarei entre eles." *Ó Deus meu, uma vez que fizeste tal promessa, asperge vossa*
santa benção sobre nós, a fim de que somente tenhamos um só coração e uma só voz
para louvá-lo e bendizê-lo eternamente. Sobretudo, Deus meu, tende piedade de vossa
criatura que se humilha diariamente ante vós para pedir-lhe que se faça sua vontade,
e neste dia somente em que vossa Igreja celebre a Ressurreição de nosso divino Filho,
ressuscita em nós o dom de servi-lo em espírito e em verdade" (Vialetes d'Aignan,
Discurso de 24 de Março de 1798).

> *O primeiro passo que pode conduzir ao gozo da felicidade que corresponde ao ser espiritual é reconhecer a Grandeza e a eficácia dos meios que Deus empregou em favor do homem.*
>
> (Instrução Secreta – J.-B. Willermoz,
> *"Instrução secreta dos Grandes Professos"*)

Willermoz nos oferece, por outro lado, a razão deste dom maravilhoso outorgado livremente por Deus a sua criatura infiel, e que participa de um plano divino que foi selado, secretamente e para nossa felicidade, no princípio dos princípios da História da humanidade:

> *O homem, convertido em culpado, foi expulso imediatamente deste centro puro e santificado no qual sua ação acabava de manchar. Foi precipitado sobre a Terra e condenado a rastejar sobre sua superfície numa forma material e imperfeita da qual ele mesmo acabava de criar o modelo, e cuja forma submeteria por consequência necessária a toda sua posteridade. Horrorizado pelo resultado de sua imiscua operação, reconheceu e confessou seu crime. Seu arrependimento lhe possibilitou a promessa de um libertador, que por cuja mediação poderia obter seu perdão; é o que felizmente experimentou pela mediação do divino Reparador, e pelo seu sacrifício sobre a Cruz.*

> (Jean-Baptiste Willermoz – *Traité des deux Natures*)

Se foi a expressão de um sincero arrependimento, é a confissão de uma verdadeira contrição da qual se valeu Adam, muito felizmente, não ser reprovado para sempre e receber a promessa de que lhe seria dado um benfeitor Salvador capaz de ganhar um dia em seu lugar, a batalha contra a dominação da morte e vencer os poderes do inferno, por consequência de tudo isso, o encaminhamento espiritual do irmão, segundo Willermoz, passará inescapavelmente, não pela conversão cada vez mais evidente de sua fé a medida de sua progressão na Ordem, mas também naquilo que sem dúvida não é mais fácil de realizar, pela renúncia à vontade própria e a abnegação, virtudes purificadoras essenciais do iniciado cristão. A "via" iniciática será, pois, uma "via" de imitação de Jesus Cristo, um trabalho de mortificação, de morte de si mesmo para fazer-se conforme o Senhor e o seu abandono da vontade de Deus:

Que, embora sendo Deus, não considerou que o ser igual a Deus era algo a que devia apegar-se; mas esvaziou-se a si mesmo, vindo a ser servo, tornando-se semelhante aos homens. E, sendo encontrado em forma humana, humilhou-se a si mesmo e foi obediente até a morte, e morte de cruz!

(Filipenses 2:6-8)

Exemplo maravilhoso desse Divino Salvador que renunciou a si mesmo até a oblação sacrificadora de sua própria vida por nossos pecados, já que esse Deus Reparador que nos tem ensinado, e magnificamente desvelado, a maneira de reedificar nosso Templo particular, pelo sacrifício do velho homem criminoso e prevaricador que reside em nós, e o nascimento, não segundo a carne e sim segundo o "espírito", do "Novo homem" que o Pai aguarda em seu Reino para acolhê-lo e introduzi-lo, por fim, e para sempre, na eterna e inefável comunhão dos Santos:

Esta transmutação da primeira forma do homem foi demonstrada pelo Divino Reparador universal, quando na sua ressurreição, que havendo despojado na tumba tudo que pertencia corporalmente ao velho homem se manifestou ante os olhos de seus discípulos, sob sua forma gloriosa individual, dando-se como modelo a todos aqueles que aspiram a voltar a seus direitos primitivos, já que antes de consumar seu sacrifício expiatório, em favor do homem culpado e degradado, e para rancor daqueles que haviam operado sua ruína, ensinou publicamente aos homens os meios para reedificar seu Templo particular, como ele devia reedificar o Templo universal.
(*Instrução Secreta* – J.-B. Willermoz, *"Instrução secreta dos Grandes Professos"*)

A iniciação cristã, oferecida pelo Regime Escocês Retificado, é, pois, uma escola rigorosa de reedificação e expiação espiritual com o fim de que o irmão esteja em disposição, pelo exercício das virtudes que lhe são ensinadas, de entrar, havendo obtido poder ser "reconciliado", na plenitude de seus direitos primitivos. Willermoz tem palavras que não podem ser mais firmes sobre este extremo:

Cristãos, escreve, não contraia mais ilusões, e quaisquer que sejam vossas opiniões sobre o estado das almas que deixam este mundo, não esqueceis nunca que nada de impuro pode entrar no Céu e que aquele que leva a menor mancha não pode habitar com Aquele que é a pureza e a santidade mesmas. Sede pois plenos de amor e reconhecimento por este Deus bom que, conhecendo vossa debilidade, estabeleceu para vós meios de expiação e purificação satisfatórios.

(Jean-Baptiste Willermoz – *Traité des deux Natures*)

Não há por que escondê-lo, o cristianismo que nos pede professar Jean-Baptiste Willermoz, não é da declaração exterior e superficial de pertinência a uma confissão religiosa, de maneira mundana e circunstancial; exige, muito ao contrário, uma verdadeira vida de fé e orações que nos permitirá atuar *"em Nome e em Verdade com o Agente reconciliador universal"*, quer dizer, com o Cristo Jesus Nosso Senhor e Divino Reparador, o Messias de Israel que as nações esperavam desde o começo dos tempos.

Resulta claramente, por tudo que acaba de ser dito, que a reconstrução do Templo se fará, e somente pode fazer-se para o Maçom cristão, sobre as ruínas do "velho homem"; morte iniciáticas portadora evidentemente da esperança da Ressurreição, mas passando, sem dúvida, por prévios e sofredores ordálios postos em prática da renúncia a imitação de Cristo, nosso Mestre e precioso Redentor:

O preceito de uma inteira submissão a vontade de Deus e de uma perfeita renúncia de si mesmo é tão absoluto, e sua constante execução ao mesmo tempo tão difícil, que nosso divino Senhor e único Mestre Jesus Cristo veio à Terra para ensinar-nos tanto pelo exemplo como pelas suas instruções. Que maior exemplo poderia deixar-nos, nos disse Willermoz, *que seu consentimento três vezes repetido no monte das Oliveiras para morrer ignominiosamente sobre a Cruz, apesar da rejeição extrema que sua humanidade assustada acabava de manifestar? Ó homens, que lição! Medita dia e noite e não a perdeis jamais de vista.* (Ibid.)

V. O Mistério da União das Duas Naturezas

Deus veio entre nós como um homem semelhante a outros homens; havendo sido feito carne de uma jovem e piedosa virgem, a Virgem Maria, da qual se fez a milagrosa união de suas duas naturezas quando a filha de Israel pronunciou a magnifica frase: *"Eis aqui a escrava do Senhor; faça-se em mim segundo tua palavra"* (Lucas 1:38). Então se operou nela a descida do Verbo. Vindo a habitar esse santo tabernáculo preordenado, predestinado por Deus desde as origens, havendo sido preservada do pecado para converter-se na mãe do Salvador:

> *Neste momento de seu consentimento quando o homem-Deus foi formado corporalmente no seio virginal de Maria, de sua pura substância, de um verdadeiro e puro limo de quintessência da terra virgem de sua mãe. Foi formado e composto, como todos os outros homens que vêm por um tempo sobre a Terra, de uma tríplice substância, quer dizer, de um espírito puro, inteligente e imortal, de uma alma passiva ou passageira, e de corpo de matéria, mas de uma matéria pura e não manchada que não provêm em absoluto, senão unicamente da obra de Espírito Santo.*
>
> (Jean-Baptiste Willermoz – *Traité des deux Natures*)

União inconcebível e incrível de duas naturezas distintas em um só ser, união que representa o verdadeiro mistério da Encarnação, o aspecto concreto e extraordinário de sua assombrosa realidade:

> *O prodígio do amor infinito de Deus por sua criatura querida e seduzida, convertida por seu crime para sempre em escrava e vítima do demônio,* [pela qual] *se cumpriu o inefável e incompreensível mistério da Encarnação divina para a redenção dos homens, por Jesus Cristo nosso único Senhor e Mestre, que quis, para assegurar os efeitos, reunir n'Ele por uma união indissolúvel a natureza humana do prevaricador e sua própria natureza divina.* (Ibid.)

Essa visão, apoiada na unidade das duas naturezas do Salvador, vai oferecer a Jean-Baptiste Willermoz a ocasião (o momento) para um extraordinário e profundo desenvolvimento que lhe permitirá traçar um paralelismo comovedor entre esta união realizada na pessoa do Cristo, e esta "dupla natureza" da qual o cristão regenerado é portador, dupla natureza que viverá com bastante dificuldade em razão do caráter inconciliável de suas duas essências irredutíveis uma e outra. O irmão do Regime, normalmente reconciliado com o Eterno, entra, evidentemente, com toda sinceridade nesta nova posição na justiça que se faz de Deus, havendo rechaçado as obras do mundo e dos artifícios (artimanhas) do demônio, pode participar de uma vida segundo o espírito que lhe vale ser distinguido com o título significativo de "Bem Amado". Mas a distinção, por mais consolante que seja, não modifica a antiga natureza, não muda em nada a constituição da identidade carnal do velho homem que continua reprovada e rechaçada, marcada definitivamente pelos eflúvios pestilentos do pecado e da prevaricação. Assim, a existência do irmão o premiará ao manter a distância das seduções do maligno, para que possam abrir-se as portas da Verdade, combate permanente que terá que livrar até seu último alento, disciplinando sua carne, humilhando seu ajuizamento, fazendo silenciar seu orgulho, renunciando a sua falível pretensão e os impulsos passionais que lhe dita o inimigo do gênero humano. Para lográ-lo, o Regime Retificado lhe pedirá que se conforme com um certo número de virtudes, virtudes cardinais e virtudes de fé, formando um septenário sagrado, autêntico candelabro de seu Templo interior sobre o qual poderão apoiar-se sete colunas do edifício reedificado e consagrado à glorificação do Nome do Eterno.

Não obstante, há, evidentemente, nesta quase "coabitação" entre a natureza caída e a natureza redimida, um exercício extremamente delicado que nem sempre resulta em fácil de negociar, e que provoca frequentemente períodos de crises, de tensões difíceis que engendram provas que participam do caminho iniciático, propriamente dito, e que constituem no efetivo caminho de progressão. De fato, apesar de sua boa vontade, seus esforços sustenidos, o irmão deve considerar que *"Porquanto a inclinação da carne é inimizade contra Deus, pois não é sujeita à lei de Deus, nem, em verdade, o pode ser"* (Romanos 8:7). Poderá, por outro lado, comprovar a cada dia, em si mesmo, a realidade dessa cruel e humilhante lei, quando examine com objetividade seu comportamento, vendo-se "tal qual é", considerando justo sem tapar-se o rosto com o fruto de suas obras e constatando que uma parte de seu ser está profundamente maculada, resultando disso qualquer atitude reformadora que tenha os meios ideais para mudar sua orientação, e que a outra natureza, saída de sua reconciliação, é abençoada pelo Senhor. Trágico e inconfortável estado, decisão que somente encontrará sua conclusão e resolução com a morte, e que, bem ou mal, haverá que assumir e suportar esperando ser libertado ao chegar a hora da transição.

Como muito bem expressa claramente o apóstolo Paulo, traduzindo perfeitamente o que se desenvolve em cada um de nós:

> *Sei que nada de bom habita em mim, isto é, em minha carne. Porque tenho o desejo de fazer o que é bom, mas não consigo realizá-lo. Pois o que faço não é o bem que desejo, mas o mal que não quero fazer esse eu continuo fazendo. Ora, se faço o que não quero, já não sou eu quem o faz, mas o pecado que habita em mim. Assim, encontro esta lei que atua em mim: Quando quero fazer o bem, o mal está junto de mim. [...] No íntimo do meu ser tenho prazer na Lei de Deus; mas vejo outra lei atuando nos membros do meu corpo, guerreando contra a lei da minha mente, tornando-me prisioneiro da lei do pecado que atua em meus membros. [...] Miserável homem que eu sou! Quem me libertará do corpo sujeito a esta morte? Graças a Deus por Jesus Cristo, nosso Senhor! De modo que, com a mente, eu próprio sou escravo da Lei de Deus; mas, com a carne, da lei do pecado.*
>
> (Romanos 7: 18-25)

O homem natural é – como bem coloca São Paulo – a luz incapaz de um movimento bom, idêntico neste aspecto ao rebelde Adam. As numerosas graças, as bênçãos do Céu, a magnanimidade do Senhor, são certamente um motivo de alegria para a criatura, mas seu coração de carne, sua vontade pervertida, sua inteligência ofuscada não se modifica ou transforma por causa disso. Toda a História Santa não deixa de ser outra parte uma lacerante lembrança desta verdade[26]: os Hebreus

26 - Willermoz expressará assim, com exatidão, esta aflitiva lei da perversão estrutural do coração natural da criatura carnal, lei de ferro que se deverá aplicar aí! Desde a saída do Éden até o final dos tempos, em todos os períodos da história humana: *"A história do povo hebreu, verdadeira em todas suas partes, não é mais que a repetição das grandes características do homem primitivo e geral; e esta por sua vez é o grande modelo de todos os conhecimentos vindos e por vir"* (Ritual do Grau de Mestre de Santo André).

foram preservados do juízo no Egito, atravessaram sem se molhar o Mar Vermelho, receberam o maná no deserto, ainda e quando Deus estava presente entre seu povo, Moisés pode ouvir a voz do Eterno no monte Sinai; logo, as doze tribos, sob a direção de Josué, entraram na terra prometida. Mas, o que ocorreu? De que maneira eles agradeceram a Deus? – Com a desobediência e a traição, a idolatria e a corrupção dos costumes. Mais tarde é o Filho de Deus em pessoa quem, por amor e compaixão, veio entre os seus, levando uma mensagem de benevolência e ternura pela miséria do homem, curando os enfermos, aliviando os carentes e os pobres, pois bem, como pessoa sofrerá um castigo infame e indigno, crucificara-o selvagemente e vergonhosamente sobre uma Cruz, lhe fustigaram como uma cabeça de gado e sacrificara-o como se sacrifica um cordeiro inocente e sem defesa. Finalmente, depois da Ressurreição, na Páscoa de Pentecostes, o Espírito Santo foi outorgado aos discípulos, às luzes do Evangelho anunciadas às nações e as promessas de Salvação predicadas pela Terra. Apesar disso, o homem, depois de dois mil anos, por acaso é verdadeiramente melhor? Não assistimos a incansável repetição de semelhantes degradações, ao mostruário escandaloso da mais ignóbil corrupção, ao triunfo geral da tirânica crueldade e da dominação absoluta do embuste e do vício, a níveis jamais igualados desde os começos dos séculos, como se as forças do adversário de Deus reencontrassem na cumplicidade de seu miserável aliado no Éden, completamente loucas e ébrias de cólera, desencadeando-se com uma raiva crescida e redobrada?

Parece que a vida divina, de essência renovada e regenerada no homem, nem melhora e nem muda a antiga natureza e segue conservando todo seu poder conturbado levando inclusive a concluirmos e afirmar que a aparição de uma nova vida, de uma vida cheia de graça naquele que prometeu com fé e esperança no seio do caminho da reconciliação, faz, todavia, mais fragrante a radical perversidade de sua primitiva natureza, e a faz ver em toda sua horrível degradação[27]. É aí então que as

27 - Saint-Martim oferecera nas *Lições de Lyon*, na presença de Willermoz e de alguns outros irmãos escolhidos, foi a ocasião para um perfeito esclarecimento a respeito da união das duas naturezas do homem, e expôs, com todo seu talento, os grandes princípios que determinam o modo específico de nossa estância temporal, dando-lhe a possibilidade de proceder com um destacado exercício doutrinal que merece, apesar de sua relativa longitude, o que seja citado em razão de seu significativo valor instrutivo: *"O homem atual está composto de duas naturezas diferentes, pelo laço invisível que encarcera seu espírito a um corpo de matéria. Sendo seu espírito uma emanação do*

angústias, as ansiedades e o desespero tirarão de nós, como resultado lógico e por vezes extremamente desagradável, isto é, fazendo da pobre e indigna criatura uma necessidade de sair do lodo da materialidade. Reconheçamos que o homem deste triste vestígio, dividido e fragmentado traz uma "coluna truncada", que somente conserva uma base; coluna frágil incapaz de suportar o edifício majestoso que tinha por missão sustentar, que, reduzido a sua mais simples expressão de ruína, é um lamentável testemunho de sua grandeza passada, da nobre vocação que teve e que sem dúvida conserva apesar de seu triste estado presente. Existe nesta reunião ilógica e contrafeita entre um corpo de matéria e um espírito aspirante à unidade com Deus, uma fonte constante de tragédias, de dramas e insuportáveis dores, um incessante tema de queixas e lamentações, uma permanente razão para chorar e consumir-se em soluços angustiosos e desesperados. Na realidade, como é fácil pensar:

---

princípio divino que é vida e luz, tem a vida por sua natureza de essência divina eterna, ainda que não possa produzir os frutos desta vida que somente está nele pelas influências da fonte de onde ela emana. Se não estivesse separado de sua lei, haveria permanecido em sua natureza de espírito puro e simples, para operar dos atos para os quais havia sido emanado (criado), e não teria sido necessário que sofresse a ação dos seres inferiores a ele. Mas, havendo-se manchado por sua união com o chefe das trevas, foi jogado no centro da matéria que havia criado para servir de barreira e moléstia aos primeiros prevaricadores. Ali, já revestido de um corpo tenebroso que lhe impedia de comunicar-se diretamente com o espírito, posto que nesta situação não se poderia exercer nenhuma de suas faculdades nem receber nenhuma comunicação espiritual senão por meio de seus próprios órgãos corporais. Este corpo está sujeito à imperfeições e às enfermidades. O homem experimenta, pois, males espirituais e males corporais. Os males de seu espírito são a ignorância e o erro sobre sua própria natureza e a impotência na qual se encontra para operar sua lei de ser espiritual divino; os males de seu corpo são todos os distúrbios que lhe sobrevêm e que lhe impedem cumprir com as funções que o menor lhe ordena. É o crime de nosso primeiro pai e nossas próprias prevaricações as quais nos tem proporcionado estes males. Devemos trabalhar sem descanso para livrar-nos deles; mas não podemos nada por nós mesmos, por haver sido tirado todo poder do homem por causa do abuso que fez dele mesmo, e como é a causa de sua vontade perversa que foi privado de seu poder, não há outro meio para que lhe seja reposto sua integridade senão em purificar sua vontade e seu desejo, e nada pode receber de bom senão através de seu guia, que é o único que pode curar suas enfermidades espirituais e corporais, obtendo da misericórdia divina o perdão por suas prevaricações. Estas são as três coisas que devemos poder sem sessar, e que ele possa procurar-nos" (Les Leçons de Lyon, 7 fevereiro de 1776.).

> *A união de um ser inteligente com um corpo material, consequência da prevaricação do homem, foi um fenômeno monstruoso para todos os seres espirituais. Fica manifesto a oposição extrema que tem entre a vontade do homem e a lei divina. De fato, a inteligência concebeu sem dificuldade a união de um Ser espiritual e pensante com uma forma gloriosa impassível, tal como era o homem antes de sua queda; mas esta não pode conceber a união de um Ser intelectual e imortal com um corpo de matéria sujeito à corrupção e à morte. Esta montagem inconcebível de duas naturezas opostas é, sem dúvida, hoje o triste patrimônio do homem. Por uma natureza faz brilhar a grandeza e sua nobreza de origem; e por outro lado, se vê reduzido à condição dos mais vis animais e é escravo das sensações e necessidades físicas.*
>
> (*Instrução Secreta* – J.-B. Willermoz, *"Instrução secreta dos Grandes Professos"*)

À imagem de Jesus Cristo, que deixou *"na tumba os elementos da matéria e ressuscitou em forma gloriosa que só tinha a aparência da matéria e que inclusive nem conservava os Princípios elementais, e que não era mais que um envoltório imaterial do ser essencial que queria manifestar sua ação espiritual e fazê-la visível aos homens revestidos de matéria"* (*Traité des deux Natures*), o irmão compreenderá, a força do trabalho e perseverança, que tem que "aniquilar" sua própria vontade, que é necessário abandonar as prerrogativas de seu débil poder a fim de fazer-se conforme ao seu Divino Salvador:

> *É, pois, de tudo necessário que sempre e em toda ocasião de certa importância, que faça e renove desde o fundo de seu coração o sacrifício de sua própria vontade, desta vontade do velho homem que ficou para sua desgraça; é preciso que contraia o feliz costume de uma completa abnegação de sua mais perfeita resignação à de Deus, que sempre se dará a conhecer quando sua resignação for sincera. O sacrifício da vontade própria* (submeter sua vontade) *e a inteira abnegação de si mesmo são tão necessárias ao homem, que não lhe cabe esperar sua perfeita reabilitação senão na medida até que este sacrifício se encontre feito, completo e aceito, mas frequentemente e quase sempre*

chega a seu termo (no fim da vida) *sem que se sinta sequer havê--lo começado, e é bem digno de compaixão por isto [...]"*. (Ibid.)

A esse respeito, a essência terrestre servirá para aquele que tenha tomado consciência das apostas espirituais que estão em fase de cumprir-se através de sua raquítica existência, que este é o lugar erradicado das escórias deletérias da antiga natureza, o braseiro purificador; de tal maneira que a criatura possa, no término de sua vida, apresentar-se sem demasiadas manchas ante ao Eterno. Por outro lado, se passou por este mundo foi suficiente para obter uma perfeita reabilitação, o que sucede na maioria dos casos por causa da negrura da alma humana Divina tem que precisamente cumprir uma segunda etapa, outro âmbito capaz de prosseguir a obra começada sobre a Terra, sendo instalado, em ciclos de purificação, *"um lugar de sofrimentos expiatórios em diferentes graus e de privação purificatória, onde ele* (o homem) *poderá continuar sua obra, e merecer sua perfeita reconciliação; já que é ali que sofrendo o tempo necessário que a Justiça exige, porém, estará feliz por uma firme esperança, e pagará sua dívida até o último óbolo"* (Ibid.). Mas, é, sobretudo, a imagem de Cristo, desde aqui embaixo, que tem a obrigação de sacrificar sua vontade rebelde, de crucificar seus ajuizamentos, fazendo calar sua insubordinação, curando, lesões que possuam, gerando e fazendo visível a emblemática figura do designado, por detrás da figura de Hiram, ao Reparador universal, que os Mestres Escoceses de Santo André do Regime Escocês Retificado levam presos ao colar sobre seu peito.

VI. O Caráter "Operativo" do Regime

Existe uma ideia recorrente, muito frequentemente estendida, que se pode encontrar a respeito do Regime Escocês Retificado, ideia que voltamos a comentar sob uma pena de numerosos autores, daqueles de grande autoridade, consistentes em afirmar a ausência total do componente "operativo" no seio do sistema elaborado por Jean-Baptiste Willermoz. Se tal opinião se fundamenta, em parte, na vontade declarada, e claramente anunciada, do fundador do Regime de não querer introduzir elementos diretos da teurgia martinesista, inclusive na parte superior da Ordem, não faz senão fazer justiça à vontade de Willermoz, visto que foi, efetivamente, sua intenção, por múltiplas razões e a principal entre muitas outras tem a ver com o caráter delicado e complexo destes âmbitos reservados, os quais somente certos espíritos de uma excepcional solidez podem aventurar-se sem risco de ver-se atropelados por forças desconhecidas que despertam e manipulam, e que são muito difíceis de dominar sendo o mais corrente acabar convertendo-se em seu joguete e seu escravo. Em contrapartida, declarar com segurança a inexistência de todo aspecto "operativo", se queremos considerar que a teúrgia não é por si só, muito longe disso, o conjunto e a totalidade da obra espiritual é um erro que convém firmemente corrigir, já que resulta profundamente esquecido das grandes perspectivas transcendentes do sistema adotado em 1782 no Convento de Wilhemsbad, perspectivas que surgem, inegavelmente, de uma ordem singularmente "operativa", se ao menos se quer reconhecer neste termo o sentido preciso que lhe é dado, já que, neste caso, é de "operação" divina que se trata o marco dos trabalhos desenvolvidos no seio do Regime Escocês Retificado.

Retomando mais uma vez o emblema venerável do Templo a fim de conferir-lhe a plena e legítima dimensão que lhe corresponde, Willermoz julgará necessário, como sabemos, conduzir os irmãos do Regime de um conhecimento exterior do edifício sagrado onde celebram as glórias do Eterno, a uma íntima percepção de seu caráter interior, de seu valor diretamente pessoal aplicado a cada homem encaminhado para o final de sua reconciliação. Mas a secreta convicção de Willermoz, que tratará de transmitir nos rituais por uma sábia e metódica pedagogia de repetir as verdades das Santas Escrituras, consistentes na certeza de que o homem, se foi criado a imagem e semelhança de Deus, foi igualmente criado segundo os mesmos princípios que o Templo, mostrando-nos, por outro lado, sua forma corporal a idêntica divisão em três partes do lugar santo dos Hebreus (Alpendre, Templo e Santuário), reproduzindo-se parecidamente e aplicando-se com a ajuda das mesmas leis ao próprio e mesmo homem:

> *O Templo universal está dividido em três partes, que foram sempre distinguidas pelos Sábios sob os nomes de Terrestres, Celeste e Supraceleste. Igualmente o de Salomão estava dividido em três partes distintas por sua posição, sua forma e seu destino*

particular, a saber o Alpendre, o Templo Interior e o Santuário.
De igual modo também o corpo do homem está dividido em três
partes bem distintas, que são o ventre, o peito e a cabeça.
(Instrução *Secreta* – J.-B. Willermoz, *"Instrução secreta dos Grandes Professos"*)

Prosseguindo sua hábil analogia, Willermoz nos faz penetrar na compreensão sutil dos princípios e regras que se deviam observar quando se entrava no recinto sagrado:

Os limites do universo criado o separam para sempre de uma imensidão incriada e sem limites, que os sábios chamaram de imensidão divina. Esta está velada aos olhos da natureza sensível e só pode ser concebida pela inteligência. Igualmente no centro do Santuário estava o Santo dos Santos ou Oráculo, que estava velado aos olhos do Povo e até mesmo dos Sacerdotes. Somente o Sumo Sacerdote podia entrar apenas uma vez ao ano, para adorar a majestade em nome de toda a nação; e se estivesse despreparado para apresentar-se com todas as purificações legais necessárias, seja espirituais e corporais, corria perigo de morte. (Ibid.)

É precisamente a partir desta constatação, relativa à necessidade de purificação para o celebrante desejoso de franquear o véu que separa as outras partes do Templo do Santo dos Santos, que vai elaborar-se (desenvolver-se) toda empresa espiritual dedicada aos irmãos avançados da Ordem dos Cavaleiros Benfeitores da Cidade Santa.

O trabalho de purificação vai impor assim como a "via" por excelência que propõe o Regime Escocês Retificado aos seus membros, "via" que se apresenta como um caminho de subida para a essência primitiva a qual o homem se distanciou para sua desgraça, caminho de lenta ascensão para o centro da Criação que estabeleceu nosso primeiro pai, enquanto que agente imediato da Divindade, num estado de glória e de perfeição:

É preciso que hoje, para voltar a este centro do qual desceu, escreve Willermoz, suba pelo mesmo caminho e que pague a cada um de seus agentes principais o tributo de expiação e de justi-

HERMETICUM – VISÕES CALEIDOSCÓPICAS DE HERMETISMO GNÓSTICO

ça que ele mesmo se há imposto para recobrar (relembrar) os sete dons espirituais que possuía em sua plenitude. É este tributo de expiação e justiça que o homem deve começar a pagar aqui em baixo, ainda que não possa liquidar plenamente na medida em que se encontra atado a esta forma de matéria que o expõe continuamente a novos e constantes perigos. Seu trabalho aqui embaixo é o de purgar com o maior dos cuidados os sete vícios, ou pecados capitais, opostos às sete virtudes que são as únicas que podem procurar-lhe os sete dons do espírito.

(*Les Leçons de Lyon*, nº 103, 23 de outubro de 1776, W.)

Compreenderemos, assim, muito melhor por que as sete virtudes (quatro cardeais e três teológicas) ocupam um lugar central nos rituais da Ordem, e o sentido da insistência sustentada que impõe as instruções por perguntas e respostas nos diferentes graus, pondo por diante a importância das virtudes específicas a cada classe iniciática[28], até que o irmão chega, ao final de seu itinerário simbólico, ante a Montanha de Sião onde perceberá, em seu cume luminoso e radiante, o Cordeiro de Deus, o *Agnus Dei*, rodeado dos sete selos os quais nos fala o Apocalipses, quer dizer os sete preceitos que mantém fechado o Livro da Revelação:

---

28 - É certo que o irmão do R.E.R. deverá esperar "pacientemente" o Grau de Mestre Escocês de Santo André para que lhe seja revelada a totalidade de virtudes que lhe servirão para guiar-se em seu caminho iniciático; sem dúvida, o "*Catecismo ou instrução por perguntas e respostas para o grau de Aprendiz maçom*", que por outro lado está calcado sobre a forma do antigo catecismo do *Concílio de Trento*, encontramos uma pergunta que parece reunir e resumir todo sentido da insistência observada pela Ordem no curso dos diferentes graus, a fim de mostrar a importância de pôr em prática permanente uma virtude fundamental no centro do percurso maçônico. Esta pergunta é a seguinte: "*...para recordar-lhes que devem construir em seus corações um Templo à virtude e tratar de fazê-lo tão perfeito como aquele que foi elevado por Salomão à Glória do Grande Arquiteto do Universo*". Da mesma forma e de maneira constante, o ritual, quando na recepção do impetrante gosta de recordar a importância da virtude; assim esta frase do Venerável Mestre ao irmão Aprendiz, precedendo ao instante da segunda recepção da luz: "*somente a Virtude leva ao homem à Luz*". Mais tarde, quando for exaltado na mestria, se estiver atento, o irmão poderá igualmente descobrir esta declaração de natureza para informar-lhe amplamente sobre o valor e o sentido das instruções nas quais se beneficiou desde sua chegada à Ordem: "*P∴ Quais são os sete dons espirituais? R∴ Os três primeiros estão indicados pelos três lances na escada do Templo, que também têm relação com as virtudes que me foram ensinadas nos três primeiros graus*" (Ritual do Grau de Mestre, Rito Escocês Retificado, 1802).

*E vi na destra do que estava assentado sobre o trono um livro
escrito por dentro e por fora, selado com sete selos. E vi um anjo
forte, bradando com grande voz: Quem é digno de abrir o livro
e de desatar os seus selos? E ninguém no céu, nem na terra, nem
debaixo da terra, podia abrir o livro, nem olhar para ele. E eu
chorava muito, porque ninguém fora achado digno de abrir o
livro, nem de o ler, nem de olhar para ele. E disse-me um dos
anciãos: Não chores; eis aqui o Leão da tribo de Judá, a raiz de
Davi, que venceu, para abrir o livro e desatar os seus sete selos.*

(Apocalipse 5:1-5)

Podemos ver o quanto é essencial este lento trabalho de purificação, de "retificação", e até que ponto intervém na possibilidade, para o irmão consciente do caráter próprio de sua missão, de ver-se contado entre os eleitos do Senhor e ser digno de figurar, se Deus o quiser, no interior do Livro que contém os sete selos, sabendo que somente poderá contar, para ajudar-lhe em seu trabalho e em sua obra, com a "força" do Leão, Leão abrigado sob uma pedra, quer dizer, nascendo no presépio de Belém como nasce no seio de cada pedra bruta quando a luz da Verdade atravessa a rocha espessa da materialidade; adorável Leão da tribo de Judá, o Cristo Nosso Senhor, que venceu por nós o poder das trevas, que abriu os sete selos e nos liberou definitivamente das cadeias da prevaricação.

Assim, as progressivas operações de purificação que propõe realizar o Regime Escocês Retificado, tomando-se o tempo conveniente nestes âmbitos, respeitando as capacidades da economia particular de cada um, não são em absoluto desdenháveis, uma vez que intervêm diretamente na eventual celebração da qual é convidado o discípulo do Divino Reparador, celebração que lhe procurará franquear a porta do Santuário, levantar o altar dos perfumes e oferecer seu incenso ao Eterno:

*O homem convenientemente purificado é o único sumo sacerdote
que pode entrar no Santuário da Inteligência, compreender sua
natureza, fortificar-se por ela e oferecer em seu próprio Templo
uma homenagem pura àquele do qual é imagem e semelhança.*

Mas se descuida purificar-se antes de situar-se ante este altar,
as espessas trevas da matéria virão para cegá-lo e encontrará a
morte ali onde deveria encontrar a vida.
(*Instrução Secreta* – J.-B. Willermoz, *"Instrução secreta dos Grandes Pro-*
fessos")

Poderia dizer – depois dessas considerações – que o Regime Escocês Retificado está isento de todo aspecto "operativo", que não possui elemento de natureza prática, quando antes o contrário, é um autêntico seminário no qual são ensinadas e estabelecidas as bases da verdadeira purificação espiritual? Observemos a este respeito, que é precisamente este aspecto particular, esta singular insistência relativa ao trabalho de purificação o qual demonstra, se acaso houvesse necessidade disso, sua profunda convergência e identidade com a doutrina Martinista[29].

Porém, resulta muito mais lisonjeiro para a vaidosa criatura manipular cegamente os elementos etéreos, convocar as potencias intermediadoras e os espíritos (Inteligências) angelicais, e livrar-se das práticas invocatórias sem preocupar-se pelas condições prévias requeridas antes de lançar-se a estes exercícios extremamente perigosos. Ao abrigo da espiritualidade, é na realidade quando podemos estar seguros, e mais

---

29 - Louis-Claude de Saint-Martin, perante os irmãos de Lyon, apresentou de algum modo o equivalente ao programa geral do Rico Escocês Retificado, e quase fixado o conjunto de objetivos, do método, que Jean Baptiste Willermoz se ocupará de inscrever no coração de seu sistema: *"A vida temporal do homem aqui em baixo é uma expiação, mas para que esta expiação se cumpra e o conduza a sua reconciliação, não basta que se deixe o tempo passar. Comprazendo com as trevas em que se encontra, se não esforçar-se e caminhar em direção à Luz, se não desejar do fundo de seu coração, se não pedir com vontade, o tempo passará e não terá aproveitado as oportunidades. Sua reconciliação não pode ser-lhe concedida se não sente que esteja separado de seu princípio e não experimenta os sofrimentos que são consequência desta separação. Para ter uma ideia destes sofrimentos, somente temos que pensar em nossos desejos, já que os gozos dos bens da matéria, independente da abundância a qual possuímos, jamais nos comprazerão plenamente; estes gozos veem acompanhados ou seguidos de agitações por falta de vontade ou raiva; que desejando sempre alguma coisa melhor até o infinito, este desejo é a prova de que somente o infinito pode contentar-nos e que estamos privados deste infinito. Não é possível de modo algum que tenhamos este sentimento inútil, isto não pode ser outra coisa senão o efeito da analogia de nosso ser com o Ser infinito. Se não fôssemos da mesma essência, destinados a estar intimamente unidos a ele, por que este Ser, que não faz nada em vão, nos daria um desejo que não poderia ser satisfeito? Dever haver pois para nós um meio de alcançar o que desejamos, mas somente podemos alcança-lo com muitas penalidades e trabalhos"* (*Les Leçons de Lyon*, 21 fevereiro de 1776).

além da vã curiosidade, do orgulho e da pretensão do homem caído que são célebres neste tipo de trabalho contestáveis, totalmente desprovidos de interesses iniciáticos reais se não vão precedidos de uma potente purgação das escorias do velho homem.

É por isso que, sabiamente, Jean-Baptiste Willermoz nos convidará à única teurgia que é essencial e primeira, aquela que deve intervir sobre o altar privilegiado e superior que reside no homem, quer dizer, no seu coração. Willermoz nos pedirá que, com paciência e temperança, nos dediquemos em primeiro lugar a reforma vital de nosso ser pelo caminho escuro, silencioso e secreto da humildade, da renúncia e da oração. Via reta e absoluta de santificação, único caminho assegurado de nossa profunda reconciliação com o Eterno:

> *Com humildade, vigiar e orar são pois os deveres principais de todos os membros da Ordem. A oração deve ser vocal, deve ser a expressão da faculdade da palavra que constitui no homem a semelhança divina. Deve ser precedida de um exame de sua conduta, de uma confissão de suas culpas, da exposição de suas necessidades e acompanhada da solicitude dos socorros necessários.*
>
> (*Les Leçons de Lyon*)

Eis aqui o método do Regime Escocês Retificado, a obra própria e específica do sistema desejado por Jean-Baptiste Willermoz que, para ser austero, não poupando os úteis e essenciais métodos para proceder a uma verdadeira reconstrução do ser, para restabelecê-lo na plenitude da graça de Deus, para reintroduzi-lo na comunhão desgraçadamente quebrada com o Eterno. Não é por acaso esta "operação" vital, uma "operação" sem a qual é de tudo impossível esperar penetrar nos mistérios divinos? A resposta se impõe por si mesma e nada a contestará. Logo, como atrever-se a pretender – depois disso – que o Regime Escocês Retificado está desprovido de toda dimensão "operativa", que não detenha práticas espirituais fundamentais? É precisamente o contrário, a saber, que o Regime Retificado não é outra coisa, em toda sua estrutura piramidal e hierárquica, nos seus diferentes níveis, sempre e quando seja vivido correta e fielmente, que uma profunda e penetrante "operação" de purgação salvadora, de reconstrução regeneradora, de um despertar da criatura de verdadeira fé, de uma "via" efetiva de soberana santificação.

Por outro lado, se percebe aqui toda a exigência da vocação da "benfeitora" caridade, não se trata de aguardar, de acordo com as concepções de Willermoz, aos últimos graus da Ordem para receber os meios que se esconderam aos Aprendizes mais jovens – o Regime, em razão de seu caráter cristão – compromete imediatamente ao novo irmão da compreensão de que as realidades divinas lhe são acessíveis desde o instante que recebe Jesus Cristo como Salvador, que se põe em mãos do Redentor e trabalha para a morte da natureza pecadora que exista nele[30]. De fato, desde o sacrifício de Nosso Senhor na Cruz, as promessas de vida eterna são oferecidas a todo homem nascido de novo. E, a partir desse ponto de vista, a única autoridade, a única regra, é a lei do Céu, a

---

30 - Se fosse necessário convencer-se, bastaria simplesmente ler com atenção os conselhos dados aos Aprendizes das Regras Maçônicas que lhes estão destinadas, descrevendo com escrupuloso cuidado e precisão os princípios que se deve observar: *"Não esqueças nunca a tua própria perfeição e não descuide de satisfazer as necessidades de tua alma imortal. Desça com frequência até o fundo de seu coração, para esquadrinhar nele até os rincões mais secretos. O conhecimento de ti mesmo é o grande olho dos preceitos maçônicos. É necessário desbastar a pedra bruta, que é a tua alma: ofereça à Divindade a homenagem de teus sentimentos ordenados e de tuas paixões superadas. Que os costumes castos e severos sejam teus companheiros inseparáveis, e te torna respeitável aos olhos dos profanos; que tua alma seja pura, reta, verdadeira e humilde. O orgulho é o inimigo mais perigoso do homem, o mantém em uma confiança ilusória de suas forças. Que a ideia sublime da onipresença de Deus te fortifique, te sustente; renova a cada manhã o desejo de ser melhor: vela e reza. E ao anoitecer que teu coração satisfeito te recorde uma boa ação, ou alguma vitória conseguida sobre ti mesmo, unicamente então, repouse tranquilamente no seio da Providência e reponha novas forças."* ("Regra Maçônica", Artigo VII, 1,2 & 4, Ritual do Grau de Aprendiz, Rito Escocês Retificado, 1802.). Palavras amplamente confirmadas pelo Artigo II da mesma Regra, que insiste mais todavia sobre o sentido do trabalho a levar a cabo: *"Homem! Rei do mundo! Obra mestra da criação que Deus animou com seu alento!, medita teu sublime destino. Tudo que vegeta ao redor está submetido ao seu domínio: somente tua alma imortal, emanada do seio da Divindade, sobreviverá às coisas materiais e não morrerá jamais. Daí teu verdadeiro título de nobreza; sinta com firmeza sua sorte, mas sem orgulho: ele anula a tua rara herança lhe precipitando novamente no abismo. Ser degradado!, Apesar de tua primitiva grandeza, quem és tu diante do Eterno? Deve adorá-lo desde o pó e separar cuidadosamente este princípio celeste e indestrutível de mesclas estranhas; cultiva tua alma imortal e aperfeiçoável, e faça-a suscetível de ser unida à origem pura do bem, então será liberada dos grosseiros vapores da matéria. É assim que será livre em meio à escravidão, ditoso mesmo no centro da desgraça inamovível e estará entre os mais fortes dos temporais podendo morrer sem temor"* (Ibid., Artigo II°, 1).

Palavra revelada do Reparador; é unicamente ela a que manda e dirige, em essência, os trabalhos da Ordem.

VII. A Celebração da Nova Aliança

Profundamente calado pelas verdades que descobriu durante suas múltiplas "viagens", já um pouco desbastado e sobretudo isento dos principais vícios que mancham sua personalidade profana, o irmão, se persevera e prossegue seriamente seu caminho conservando sua completa confiança naqueles que serviram como guia quando se encontrava, todavia nas trevas do mundo, começará a perceber, a distância, as luzes que esperava receber e redobrará sua firmeza e vontade ao aproximar-se delas. Sentindo-se convertido, progressivamente, como um estranho no mundo ao qual estava, e não faz muito tempo, tão apegado, verá nascer nele, no princípio debilmente e logo se impondo dia a dia ao decorrer dos anos – começa a sentir um estranho sentimento de distância e indiferença a respeito dos bens temporais, achando-se sua alma desejosa e tendo pressa em comungar e participar das realidades transcendentes e transcendentais.

Deixando, mais ou menos simbolicamente, o "Acampamento" que o retinha cativo nos vales da sombra, dirigirá seus passos para o monte da Salvação, aquele onde Deus se mostrou a Moisés, e compreenderá que a lentidão na ascensão está ligada às regras que lhe foram impostas a Adam, para que obtivesse sua reconciliação depois de seu brutal desapossamento do Éden. A lei espiritual do ternário, dos três tempos ou três níveis que dirigem toda coisa aqui em baixo, aplicar-se-á então nele e formará, tanto em seu peito como sob seus pés, uma santa arquitetura na qual entrará com respeito e tremulamente:

> *Esta divisão, geral e particular, tem sido misteriosamente figurada antes mesmo da construção do Templo de Jerusalém por Moisés no Sinai; montanha misteriosa que forma a si mesmo um modelo digno de maiores atenções. Quando Moisés se dirigiu ao monte Sinai para adorar ao Senhor e receber a lei destinada à nação escolhida (eleita), deixou o povo no Acampamento ao pé da montanha, e lhes marcou os limites que não deviam ultrapas-*

sar sob pena de morte. Este Acampamento o qual figura a triste condição do homem sobre a terra, lhe indica que não pode, sem cometer crime, acelerar voluntariamente o curso de sua vida temporal.

(Instrução *Secreta* – J.-B. Willermoz, *"Instrução secreta dos Grandes Professos"*)

Para subir a Santa Montanha, para aproximar-se de Deus, o homem é deste modo convidado a deixar as coisas terrestres, a abandonar os restos e vestígios de uma existência degradada, mas deve fazê-lo respeitando as regras impostas pelo Eterno, quer dizer, que seu trajeto em direção à Luz está obrigado a observar uma marcha mesurada, uma marcha ritmada pelo princípio ternário, aquele mesmo que presidiu a edificação do triplo recinto do Templo e que se aplica, parecidamente, com a ascensão de todo ser desejoso de encontrar o Senhor em seu coração.

Para compreendermos esta lei, Willermoz recorrerá ao relato do *Êxodo*, no qual Moisés, em três etapas diferentes, subiu ao monte Sinai e respeitou por três vezes a prescrição sagrada a qual havia sido imposta, que era a de pouco a pouco elevar-se acima dos homens, de privar-se (evadir-se) da comunicação com as criaturas para aceder à plenitude da união com Deus:

Estando os limites postos, o condutor dos Hebreus subiu à montanha com Aaron e os setenta Chefes das Tribos, que deixou a uma certa altura acima do Acampamento para marcar a primeira divisão universal. Subiu a continuação mais acima, com Josué, o qual deixou nesta parte da montanha, para designar a segunda divisão do universo. Finalmente subiu sozinho a um lugar mais elevado como sumo sacerdote do Santuário, e neste lugar figurou a parte denominada Supraceleste. Depois de haver adorado ao Eterno, como favor especial e sem comparação, foi chamado até o cume, quer dizer, ao Santo dos Santos, onde recebeu a lei para o povo e a confirmação de sua missão por um Deputado divino de uma Ordem superior. (Ibid.)

Essas linhas, além de sua extrema profundidade sagrada, são de fato uma espécie de representação perfeita do encaminhamento retificado, um autêntico mapa que permite guiar-se para encontrar a "via", um maravilhoso indicador que aguarda e que deverá cumprir para aquele que foi admitido como buscador, um perseverante e um suplicante.

Aquele que, igual a Moisés, é chamado a subir a montanha santa para contemplar a Deus em sua Glória, depois de haver abandonado o "Acampamento" manchado pela profanação (Êxodo 33:7-11), tem por vocação encontrar o Cristo "fora da porta", não possui morada fixa sobre a terra, mas tão só espera entrar na casa do Pai para celebrar, sobre o altar de ouro, o culto reservado, a santa liturgia dos Levitas, dos "bem--amados" filhos do Senhor:

> *Temos um altar, de que não têm direito de comer os que servem ao tabernáculo. Porque os corpos dos animais, cujo sangue é, pelo pecado, trazido pelo sumo sacerdote para o santuário, são queimados fora do arraial. E por isso também Jesus, para santificar o povo pelo seu próprio sangue, padeceu fora da porta. Saiamos, pois, a ele fora do arraial, levando o seu vitupério. Porque não temos aqui cidade permanente, mas buscamos a futura. Portanto, ofereçamos sempre por ele a Deus sacrifício de louvor, isto é, o fruto dos lábios que confessam o seu nome. E não vos esqueçais da beneficência e comunicação, porque com tais sacrifícios Deus se agrada.*
>
> (Hebreus 13:10-16)

Neste lugar, longe das muralhas da cidade dos homens, o irmão que conseguir percorrer os passos que o separam do Templo, que o tinham removido do Santuário, erigirá um altar, e, queimando perfumes, fará subir sua oração até o Eterno. Edificará, no altar morto e sem vida, um centro particular, de sua câmara secreta onde se encontra seu coração purificado e santificado, iluminado pelo candelabro de sete braços que brilha não com uma luz material, mas, sim, com uma claridade santa e bendita de Deus.

Willermoz se abre sobre este assunto com incrível franqueza e sem nenhum tipo de dissimulação, e declara, a propósito do irmão que chegou a este estado de sua ascensão:

> *O coração, sede de todas as afeições, é o altar sobre o qual se deve oferecer os perfumes diários à Divindade e manter com sumo cuidado o fogo sagrado destinado a consumir os holocaustos, sob pena de ser entregue aos males com os quais estava*

ameaçado o povo hebreu, no caso em que os Levitas deixaram apagar o fogo posto sob seus cuidados.

(Instrução *Secreta* – J.-B. Willermoz, *"Instrução secreta dos Grandes Professos"*)

Logo acrescenta, sem antes assinalar que os males seriam imensos para os insensatos que se arriscaram a oferecer sobre o altar dos holocaustos um 'fogo estranho', estas linhas essenciais, em absoluta concordância com os conselhos já amplamente prodigados, e que têm por objetivo inscrever-se no lugar mais íntimo da consciência da criatura desejosa de seguir e conformar seus passos aos do Senhor:

O altar dos holocaustos oferecidos pela nação inteira estava situado no Átrio interior. Este pórtico figura a terra, que é por sua vez receptáculo de todas as ações temporais, e o altar especial sobre o qual o homem é vítima passageira, deve imolar-se voluntariamente a imitação da vítima eterna universal.

(Instrução *Secreta* – J.-B. Willermoz, *"Instrução secreta dos Grandes Professos"*)

O corpo de glória, incorruptível, que o homem tinha antes do pecado original, era uma imagem prefigurada da Arca da Aliança, uma distante forma do Santuário de pedra; encarnava, sem se poder dizer, uma vez que que não tinha nenhum rastro nem de carne nem de sangue, a perfeição da unidade de Adam como o Criador, era testemunho da estreita ligação existente entre Deus e sua criatura ternamente amada, da harmonia doce e aprazível estabelecida pelo Senhor a fim de que reine, de novo, um justo equilíbrio e que, inclusive, possam sair definitivamente da prisão material, liberados das cadeias da insuportável exterioridade, os primeiros espíritos prevaricadores. Sem dúvida, por sua falta, em razão de sua ação culpável, o homem, que desprezou a lei e se revoltou contra seu benevolente Criador,

Seu corpo incorruptível, este Santuário do espírito divino, que era uma verdadeira Arca da Aliança, foi destruído e [foi] revestido com as cadeias da morte, [e] se converteu num escravo do inimigo ao qual havia vindo a combater e castigar. É assim, privado de todos seus direitos e sentindo todo horror da privação, não ousou mostrar-se ante aquele que justamente o havia desprovido de seus poderes originais". (Ibid.)

Por esse fato, para o pobre filho de Adam, o retorno a seus direitos não pode cumprir-se sem a prévia extinção de seu pensamento pecaminoso, na crucificação de sua vontade pervertida, na imolação de sua ação prevaricadora; sacrifício de expiação de suas três faculdades estropiadas, em que consiste todo o alcance da obra a levar a cabo, subtendida pelo sistema willermoziano e que é na realidade o fundamento mesmo do culto da "Nova Aliança".

Baseando-se sobre o significado da tríplice prosternação efetuada por Cristo em sua dolorosa solidão do Horto das Oliveiras, Jean-Baptiste Willermoz nos mostra como o homem mesmo, recordou a magnífica lição em que deu o Salvador, pode praticar seu culto e celebrar os mistérios da Nova Aliança que lhe proporcionaram a abertura das portas de Jerusalém de cima:

> *O homem primitivo, o primeiro Adam, prevaricou e consumou seu crime pelo abuso de suas três faculdades intelectuais de Pensamento, Vontade e Ação. Ultrajou ao Pai, ao Filho e ao Espírito Santo que todos juntos são um só Deus. Era preciso pois que o segundo Adam, que é o homem Deus, reparara estes mesmos ultrajes pelas mesmas vias e nas mesmas proporções. É o que explica por que o homem-Deus Reparador faz três prosternações diferentes com as mesmas angústias, fazendo a mesma oração e mostrando-se sempre a mesma resignação e é também porque ele sacrificou sua vontade somente sendo aceita depois da terceira prosternação e qual somente recebe o testemunho que escutou pelo anjo que lhe foi enviado para consolá-lo e fortificá-lo.*

> (Jean-Baptiste Willermoz – *Traité des deux Natures*)

Compreenderemos, sem dúvida, muito melhor por que este instante, com a leitura dessas linhas, o regime Retificado está constituído como uma lenta propedêutica sacrificante, uma escola de mortificação, de renúncia, de abandono da vontade própria, posto que neste abandono, está posta as próprias faculdades nas mãos do Pai, este humilde depósito, colocado aos pés do salvador, as nossas orgulhosas pretensões, constituem justamente a oferenda pura que somos levados a apresentar ante ao Eterno para dar uma resposta a qual exige de nós, para aceitar seu chamado e receber por efeito de sua graça santificante os frutos da Nova Aliança.

Por outro lado, o que diz exatamente Willermoz quando fala de submeter nossa vontade e rechaçar as tendências danificadas, ação salvadora que participa propriamente da obra retificada por excelência:

Para que o homem possa individualmente colher os frutos da redenção do gênero humano e apropriar-se do pleno desfrute da parte que lhe está destinada, é preciso que contribua, com todos os esforços que seja capaz, para adquiri-la; e foi por abuso de sua vontade que se tornou culpado e mereceu o castigo, somente por meio de um melhor e constante uso de sua vontade poderá reparar sua falta. (Ibid.)

Isso explica por que o trabalho nas Lojas do Regime Retificado, antes de ter a aquisição de um conhecimento livresco e simbólico, inclusive se este último participa evidentemente da necessária formação do homem aspirante à luz, tem *a priori* antes de toda aprendizagem de uma ascese, uma disciplina pela qual os irmãos trabalharão firmemente, submetendo suas vontades degradadas para abrir-se nas realidades celestes livrando-se, progressivamente, dos grilhões da prisão material. Aprenderão pouco a pouco manter uma distância do erro, a considerá-lo sob um ponto de vista radicalmente diferente daquele como é contemplado pela maioria das criaturas caídas, todavia, duramente presas nas armadilhas da sedução mundana. Então, e somente então, os novos "Filhos do Céu", os "Bem-Amados" do Pai, poderão finalmente entrar no Santuário do Eterno, para reavivar o fogo sagrado e começar, pela graça concedida aos piedosos e aos justos que perseveram na humildade e na oração, a celebrar o verdadeiro culto reservado aos escolhidos do Senhor.

VIII. Uma Ordem de Cavalaria Segundo o Espírito

No fundo, o desejo de Willermoz, em sua vontade de reforma e retificação da Estrita Observância Templária, foi instituir uma Ordem capaz de responder às exigências do Evangelho, uma autêntica Cavalaria cristã dando-se por objeto não a conquista dos bens temporais, daí sua resistência aos sonhos quiméricos de alguns que desejavam que a

Ordem do Templo fosse reedificada, mas, pelo contrário, os "Pobres Cavaleiros de Cristo" elevaram um novo edifício dedicado à glória do Eterno, edifício que pudera escapar da vergonha dos tempos e da loucura dos homens, sendo uma morada invisível, um Templo "místico" inacessível aos profanos.

Perfeitamente consciente de que o único critério, reclamado no presente pelo Céu àqueles que participam com Adam da horrível prevaricação, é que eles se constituam com um coração puro, que se estabeleçam num firme arrependimento de seus pecados, que alimentem uma justa aspiração de extrair-se das trevas do vício e da morte, Jean-Baptiste Willermoz concebeu e formou laboriosamente, com rara inteligência, o Regime Escocês Retificado, e comprometeu com toda sua energia na "retificação" efetuada desde o Convento das Gálias de 1778 e do Convento de Wilhelmsbad em 1782, dotando seu sistema de uma estrutura que tomava muito mais as regras e formas das Ordens militares da antiga Cavalaria medieval, como testemunho disso o Código dos C.B.C.S. que as concepções da Maçonaria liberal defendidas pelos ingleses, os quais expuseram sua visão, muito pouco tradicional, nas célebres Constituições de 1723 relatadas pelos pastores protestantes Anderson e Dasaguliers.

Totalmente estranho a tal perspectiva universalista e debilmente religiosa, ainda conservava, em seu momento, reais raízes cristãs que com o passar do tempo, e como era previsível, ficaram totalmente diluídas – perspectiva universalista que ignorava absolutamente todos os elementos teóricos da doutrina da "reintegração". O Regime Retificado pôs, desde os primeiros instantes de sua fundação, princípios intangíveis que fizeram dele não somente um componente original, mas, sim, e sobretudo profundamente diferente do meio maçônico do século XVIII, situação que a História não desmentiu, que perdura desde então, e por certo com muitas probabilidades de prosseguir nos tempos vindouros. Por outro lado, desejoso de preservar a herança de Martinets de Pasquallys, seu incontestável mestre no âmbito da iniciação, Willermoz confia a missão de conservar em sua integridade os ensinamentos dos Eleitos Coëns aos membros partícipes dos últimos níveis de sua Ordem, quer dizer, aos irmãos introduzidos na classe secreta da Profissão e Grande Profissão, instituindo uma espécie de cenáculo no interior da Ordem interior, mais além do último grau dito "ostensível" de Cavaleiro

Benfeitor da Cidade Santa, cenáculo que será o coração escondido e velado do Regime e cujo dever será o de velar rigorosamente sobre os fundamentos essenciais da doutrina[31].

A convicção de Willermoz, retomando de algum modo a palavra do Salmo: "*...a santidade convém a tua casa, ó Senhor...*" (Salmo 93:5), repousava sobre uma certeza extremamente estabelecida, como já temos demonstrado amplamente, consistente em que o homem não pode dar um só passo no caminho da iniciação no estado em que se encontra desde o ponto de vista natural; resulta, pois, imprescindível que seja purificado, posto que nenhuma mancha proveniente da criatura enferma pode penetrar no Templo. Depois dessa constatação preliminar, era conveniente estabelecer, para responder a uma situação ontologicamente insuportável, uma espécie de plano, uma estratégia com vistas reparadoras, que teriam por função permitir a passagem das trevas para Luz, tratando-se de certas almas escolhidas para as quais haveria falta de socorros especiais, completando, feliz e harmoniosamente, aqueles que o Eterno confiasse em seu ministério. Deste modo, impunha-se aquilo que pudesse ser útil para erigir a Ordem, certamente iniciáticas, mas de essência cavalheiresca, capaz de lutar contra os restos da degradação, apta para comprometer-se nos combates para reduzir e abater as forças malsãs que encerram aos seres nos escuros calabouços do âmbito das sombras. A raiz do mal provém, como sabemos, da ruptura que ocorreu entre Deus e o homem. Quando em sua loucura criminosa, Adam, escutando os embustes do demônio, pisoteia os mandamentos divinos, se pôs, por si só, na impossibilidade de reunir-se com seu Princípio. Por causa disso, a Luz do Céu, não consegue atravessar este campo de monstruosas ruínas que representam os corações áridos e venenosos das criaturas atadas aos espíritos perversos, é detida, desgraçadamente, por

31 - "*É esta classe, que no último grau na França do regime retificado, pouco entendida, em todas as partes desconhecidas e cuja existência mesma é cuidadosamente escondida desde sua origem a todos os Cavaleiros que não foram reconhecidos, todavia como dignos ou capazes de ser admitidos com proveito, a que está dedicada à prosperidade do regime do qual temos falado anteriormente. É aquela, que nos tempos tempestuosos foram o paladino e o construtor dos princípios fundamentais da Ordem, que espero ver restabelecer logo, como pode também permanecer eternamente em sua tumba, ali, onde seja entregue a homens comuns (superficiais) e despreocupados, para àqueles cujo envoltório é tudo, que não penetram jamais até o núcleo. Fiquei verdadeiramente desconsolado ao ler nos arquivos que esta classe tão preciosa sofreu em Lyon, que em seu depósito geral, a mesma sorte de destruição foi experimentada generalizadamente em outras partes*" (*Carta* de Jean-Batiste Willermoz ao Príncipe Charles de Hesse Cassel, 10 de setembro de 1810).

uma fronteira que a Divindade, por amor, não quer romper, fronteira que não é outra coisa que a nossa própria liberdade. De fato:

> *O que impede que as reações dos fogos espirituais divinos cheguem até o fogo espiritual do homem, são suas manchas que lhe tem feito contrair sua união com os seres das trevas, seres que sendo impuros, não podem comunicar com os puros e formam ao redor do homem um envoltório e uma barreira que intercepta a comunicação destes fogos. Para que a união possa ser levada a cabo é preciso que a ação do homem, em concurso com a reação divina, rompa e dissipe a barreira tenebrosa, e é somente por esta união que pode ser vivificado.*

> (*Les Leçons de Lyon*)

Pede-nos, em razão dos dados objetivos que encontramos quando nossa vinda a este mundo, para travar uma batalha, comprometermos numa luta espiritual, e para lográ-la, buscamos o exemplo no Cristo na Cruz que venceu por nós definitivamente a Satã, era sem dúvida, preciso e necessário que se desse daquela forma, para responder o dever da ação que incumbe às criaturas salvas pelo sacrifício de Jesus, que fosse forjada uma "Santa Ordem", uma Ordem de Cavalaria iniciática, que estivesse em disposição de levar ao combate e conduzir à vitória as almas que aspiram a romper a temível "barreira tenebrosa", almas valentes que foram revestidas com a armadura da fé, o capacete da Salvação e a espada da Verdade[32], sabendo que é na unidade, ligados entre eles por uma justa causa que os homens desfrutarão e perseverarão em sua missão, enquanto que só e isolados são, por sua debilidade constitutiva, inevitavelmente

---

32 - São Paulo dá estes três últimos conselhos aos audazes Cavaleiros do espírito que combatem no mundo para a Glória de Deus: "*Por demais, fortalece-os no Senhor e na força do seu poder. Revestidos das armas de Deus para poder resistir às ardilosas armadilhas do diabo. Porque nossa luta não é contra a carne e o sangue, e sim contra os Principados, contra as Potestades, contra os Dominadores deste mundo tenebroso, contra os Espíritos do Mal que estão nas alturas. Por isso tomai as armas de Deus, para que possais resistir num mau dia, de depois de haver vencido tudo, mantereis firmes. De pé! Pois; apertada vossa cintura com a Verdade*
e revestidos da Justiça como couraça, calçados os pés com o Zelo do Evangelho da paz, tonificando (fortificando) sempre o escudo da Fé, para que possais apagar com ele todos os ardentes dardos do maligno. Tomai, também, o elmo da salvação e a espada do Espírito, que é a Palavra de Deus; sempre em oração e súplica, orando em toda ocasião em Espírito [...]."

sobrecarregados pelas forças negativas, imediatamente devorados pelos poderes hostis que espreitam nos seus menores extravios, no menor desfalecimento, no mais ínfimo relaxamento de seu ardor espiritual.

A constituição de uma Ordem, portadora e herdeira de uma longa tradição[33], era algo que se impunha pois a Willermoz, a fim de poder

33 - Na realidade, tem algo de exagero, um certo erro em falar pura e simplesmente da "constituição" da Ordem do Cavaleiros Benfeitores da Cidade Santa, no sentido que Jean-Baptiste Willermoz dava simplesmente este nome a uma forma tradicional de transmissão que considerava antiga, muito mais antiga inclusive que a Ordem do templo, a qual foi, sem dúvida, detentora da mesma durante um certo período da História, da qual o regime Retificado a herança conserva até hoje. Esta Ordem, muito antiga, que se dissimulou durante um tempo sob o véu da FrancoMaçonaria, e que ficou e permanece escondida para a maioria, Willermoz a designa sob o título misterioso de "Alta e Santa Ordem"; Ordem primitiva, que *a falta de poder ser nomeada, somente pode ser chamada como Alta e Santa Ordem",* base da verdadeira iniciação, e que não deve ser confundida em absoluto com as formas contingentes que toma emprestada, por um tempo limitado, as instituições dedicadas ao estudo das "ciências sagradas" e a perfeição dos homens. Por outro lado, na resposta polêmica que deu a *Eques a Fascia*, em oposição e resposta a malvada querela que havia interposto, Willermoz não dissimula em absoluto que o título de "Cavaleiro Benfeitores" que havia conservado para denominar aos irmãos da Ordem interior do Regime Retificado, era em realidade uma elegante maneira de designar uma sociedade de homens consagrados a um objetivo, não unicamente dedicado de maneira exclusiva e prioritária ao exercício da caridade pública, já que havia uma necessidade para isso de reunirem-se secretamente e manterem-se em reuniões fechadas, longe de olhares indiscretos se o único "objetivo" fora o de socorrer os pobres ou aliviar as dores dos enfermos e prover os necessitados, e ademais nesta organização havia uma finalidade de natureza puramente iniciáticas: "*Resulta também que a beneficência, tal como entendemos,* escreve o Fundador da Ordem da Cidade Santa, *não é somente um objetivo acessório, e suas alegorias, seus emblemas, são instruções benfeitoras que a Instituição outorga àqueles que recebe em seu seio. Se fossem signos mudos, ou tão somente fossem suscetíveis de uma mera interpretação relativa da Ordem do Templo, me pergunto: Por que recomendar com tanto afinco ao Maçom a meditá-los? Uma Sociedade que somente quisesse aliviar a Humanidade, deveria, para alcançar este objetivo, reunir-se num templo que unicamente encerra emblemas? Para fazer o bem aos homens, tem necessidade de por em prática marcas desta natureza? Quando somente se quer colher recursos para dar aos indigentes, se funda uma casa de caridade e alguém se ocupa somente deste objetivo [...]*" (*Resposta às afirmações contidas na obra de R.H. Eques a Fascia, Prae + Loth, e Vis. Prus, Ausiae, tendo por título: De Conventu Generali Latomorum apud Aquas Wilhelminas*, Impresso em Lyon na minuta depositada nos Arquivos, 1784). Assim, pois, tenhamos cuidado, observando particularmente com atenção sobre este ponto chave, que explica e subentende toda empresa willermoziana, de recordar que a intenção que presidiu a ação do discípulo lionês de Martinets de Pasquallys, quando tiveram nos Conventos Constitutivos do Regime Escocês Retificado foi de preservar

oferecer aos homens, possuidores de uma verdadeira nobreza de coração, mas sem dúvida desorientados no seio de um período incrédulo e corrompido, a possibilidade de participar da obra salutar de rearmamento espiritual e religioso, na reconstrução dos cimentos do verdadeiro Templo não feito da mão do homem, e cumprir, por isso mesmo, o imperioso dever imposto àqueles que não podem aceitar, àqueles que sofrem, apodrecendo-se no marasmo existencial sem tentar escapar-se do tenebroso cárcere no qual foram encerrados ao vir a este mundo; lugar terrível e enganoso dominado por aquele que é seu príncipe, e que, sobretudo, detém nestes âmbitos perigosos a glória e a autoridade.

> *E lhe disse: "Eu lhe darei toda a autoridade sobre eles e todo o seu esplendor, porque me foram dados e posso dá-los a quem eu quiser".*
>
> (Lucas 4:6)

A Ordem dos Cavaleiros Benfeitores da Cidade Santa, tal como surgirá da intenção de seu fundador, encarnará assim esta sociedade que deverá representar uma possibilidade para "a alma de desejo" de agregar-se a um piedoso reagrupamento, uma organização hierarquizada e estruturada, habilitada pelo justo conhecimento das necessidades dos tempos e da perfeita consciência do indispensável trabalho de "reconstrução" que tem que realizar durante a curta vida que nos há sido dada.

---

e conservar uma herança fundamental, de natureza doutrinal e operativa, e que esta herança a qual constitui o coração do Regime, e igualmente o venerável e inestimável depósito primitivo conservado, precisamente, pela *"Alta e Santa Ordem"*. Resulta evidentemente em tudo aquilo que a maior das discrições se impõe nestas matérias, mas se nos autorizará sem dúvida, para a justa compreensão desta questão delicada onde haja, uma curta citação da *Instrução para recepção dos irmãos Escudeiros Noviços da Ordem Benfeitora dos Cavaleiros Maçons da Cidade Santa*, que não deixa qualquer dúvida sobre a efetividade desta origem: *"A instituição maçônica não pode nem deve ser confundida com a Ordem primitiva e fundamental que lhe deu nascimento; são efetivamente duas coisas distintas. A Ordem primitiva deve ser secreta, porque tem um* objetivo essencial que é muito elevado, e que poucos homens são dignos de conhecer: *sua origem é tão distante, que se perde na noite dos tempos: tudo que a instituição maçônica pode é ajudar a remontar-se até esta* Ordem primitiva, *que devemos contemplar como o princípio da FrancoMaçonaria; é uma fonte preciosa, ignorada pela multidão, que não pode perder-se: uma é a Coisa mesma, a outra somente é o meio para alcança-la; é sob este ponto de vista, meu B.A.H. que tem que considerar a FrancoMaçonaria em geral, e do Regime particular ao qual está vinculado, se quereis ter uma justa ideia e tirar algum proveito".*

Por este fato, o irmão que aceite as regras de obediência pronunciará, no momento de seu armamento, um juramento de fidelidade à Ordem, e se ligará definitivamente a ela por compromissos formais, pondo-se a partir deste instante sagrado sua mão, em sinal de sinceridade, sobre as Santas Escrituras. Passará a pertencer, a partir daí, a um corpo orgânico, sólido e unificado, a uma comunidade espiritual que possuindo uma autêntica fé lhe confira uma notável verticalidade. Retornando a continuação a respeito de seus deveres, das obrigações que lhe impõe seu estado, revestindo-se com a obediência e deixando-se lentamente trabalhar pela "palavra" revelada, o Cavaleiro, comungando interiormente com o "sangue de Cristo", aceitará e consentirá com alegria, em sua transformação redentora por meio do:

Banho de regeneração e de renovação do espírito Santo, que derramou sobre nós com generosidade por meio de Jesus Cristo nosso Salvador, para que, justificados por sua graça, fossemos constituídos herdeiros, em esperança, da vida eterna".

(Tito 3:5-6)

As promessas de esperança de vida eterna participam, por outro lado, diretamente da aspiração própria do irmão do Regime, de cada Cavaleiro convertido de aprendê-las como uma certeza que acompanha todas suas ações e seus menores pensamentos, visto que, havendo-se colocado de joelhos na terra, sobre o solo poeirento deste vale de lágrimas para poder rogar ao Cristo na Cruz que nos purificou do pecado de prevaricação, aquele que o Cavaleiro leva sua imagem sobre seu manto, num fogo permanente que traspassa a imaculada brancura da vestimenta que o envolve e o protege. A Cruz de Cristo é neste aspecto a única palanca da "reintegração", ela representa a perspectiva e o cumprimento, o modelo e o Princípio. É em seu "mistério" que se esconde o conjunto da doutrina, assim como a integridade do Todo poderoso Verbo de Deus. Ela reincorpora por sua vez a origem primitiva e o destino ao primeiro e ao segundo Adam, num quaternário simbólico, uma unidade reencontrada, acabando e dissolvendo definitivamente, por efeito de sua força salvadora, os grilhões da manifestação que nos tinha encarcerados neste universo degradado, grilhões que serão por outro lado levados a desaparecer quando o fim dos tempos sobrevenha, já que não possui nenhuma realidade verdadeira, nenhuma consistência ontológica própria:

O universo criado, quando o tempo prescrito para sua duração aparente seja cumprido, todos os princípios de vida, tanto geral como particular, lhe serão retirados para que se reintegrem a sua fonte de emanação. [...] O universo inteiro desaparecerá tão subitamente como a vontade do Criador se faça ouvir; de maneira que não ficará nenhum vestígio, como se nada tivesse jamais um dia existido.

(Instrução *Secreta* – J.-B. Willermoz, *"Instrução secreta dos Grandes Professos"*)

A Cruz já anuncia este momento – ela é sua viva recordação –, a constante memória, a feliz certeza; ela é a essência substancial da consagração do Cavaleiro, seu viático, o lugar de seu renascimento a exemplo da "Fênix" que surge, resplandecente e brilhando de uma vida nova, das lenhas de sua fogueira, daí de onde normalmente deveria ter sido sacrificado. De instrumento de morte, de útil destinado ao suplício, a Cruz se converte em possibilidade de retorno ao seio da Divindade, a ponte sobre a qual o homem reconciliado é reintroduzido no Éden primitivo:

A Cruz, dividindo-se figurativamente por seus quatro braços, em quatro partes do universo criado, assinala Willermoz, *nos recorda com bastante clareza as quatro regiões celestiais, que foram o primeiro domínio do homem em seu estado de pureza e inocência, como seu centro, o qual o Divino Reparador expirou. Este centro das regiões nos recorda este Paraíso terrestre que foi a sede de sua glória e de sua dominação, que o homem manchou com seu crime, do qual foi vergonhosamente expulso para sempre. Sem dúvida, o glorioso destino deste lugar de delícias não foi totalmente destruído: a Justiça divina se contentou com estabelecer um guarda confiável 'armado com uma espada de fogo' para defender a entrada; mas o homem-Deus, havendo plenamente quitado a dívida por sua submissão e por sua morte da Justiça divina, deste centro de dor e de ignomínia que, ressuscitando gloriosamente e triunfante em sua humanidade, reabilita ao homem e a toda sua posteridade no direito primitivo de poder voltar habitar no centro das regiões celestes.*

(Jean-Baptiste Willermoz – *Traité des deux Natures*)

Longe de aparecer como uma sorte de confirmação do triunfo do negativo, do fracasso da missão redentora do homem-Deus ante as legiões do mal, a Cruz destrói a corrupção e libera o homem corrompido:

[Ela] *o purifica e santifica de novo para dispô-lo a converter-se no lugar de repouso e paz onde as almas justas, depois de haver sido purificadas e reconciliadas, irão esperar na sombra da grande luz cujo pleno desfrute lhes será assegurado, no fim dos tempos, o instante afortunado em que estando quebradas as barreiras do espaço irão todas juntas depois do Divino redentor a receber o pagamento inefável da Redenção que será sua eterna, absoluta e inalterável beatitude.* (Ibid.)

Sublime destino daquele que se fez aliado do demônio, e que é agora chamado a colaborar, num imenso arrebato de amor, com a Santíssima Trindade da reabilitação da Criação caída.

O irmão, penetrando no sentido, que até então lhe era inacessível, descobrindo o que é a obra da "reintegração", é então convidado a entrar, depois de haver aceitado unir-se à Cruz de Cristo, na completa intimidade da Verdade, na profundidade esplêndida da Palavra do Verbo de Deus que se tornará seu principal "objetivo", sua fonte fecunda, o alimento único de sua oração.

Dedicando-se à meditação e à defesa da Palavra revelada, o Cavaleiro Benfeitor da Cidade Santa compreenderá intimamente o sentido da passagem da Epístola de Pedro:

Agora que vocês purificaram a sua vida pela obediência à verdade, visando ao amor fraternal e sincero, amem sinceramente uns aos outros e de todo o coração. Vocês foram regenerados, não de uma semente perecível, mas imperecível, por meio da palavra de Deus, viva e permanente.

(Pedro 1:22-23)

Assim, convencido da incorruptibilidade, vivificado pela Palavra, unido a Cristo e a sua Cruz pela fé, o cumprimento da regeneração se apresentará então para o Serviço do Messias, não sem surpresa, sob forma de um batismo do qual o profeta do segundo Templo, Ezequiel, havia já evocado na realidade:

Porei o meu Espírito em vocês e os levarei a agir segundo os meus decretos e a obedecer fielmente às minhas leis.

(Ezequiel 36:27)

Este mesmo batismo que, antes de deixar a terra, o Cristo prometeu a seus discípulos:

Mas receberão poder quando o Espírito Santo descer sobre vocês, e serão minhas testemunhas em Jerusalém, em toda a Judeia e Samaria, e até os confins da terra.

(Atos 1:8)

Estranhas palavras das Escrituras, que merecem por nossa parte um exame para elevá-las a seu nível de cumprimento e realização, não fazendo mais que clarear com uma luz singular a *Instrução para a recepção dos irmãos Cavaleiros na Ordem*, que anuncia solenemente:

Não é para mudar o culto ao qual somos chamados, é para ensinar aos homens que o importante é render-lhe culto.[34]

Pois bem, para desenvolver esse culto e restabelecê-lo no Templo, para acender sobre o altar dos holocaustos um Fogo Novo, para elevar os preciosos perfumes até ao Eterno, para invocar seu Nome e celebrar sua Glória, depois de haver experimentado e sofrido as dolorosas marcas da purificação, de "haver espaço ao Espírito", de abandonar-se ao segredo e indizível poder do Céu, de ser sensível às manifestações da "Causa ativa e inteligente", ao sopro do Senhor, a este signo conferido aos eleitos do Altíssimo, simbolizando a plena realidade da "Presença"

---

34 - Quando, em sua primeira estadia em Lyon, voltando da missa de sexta-feira santa, e depois de ter feito suas invocações, escrevia Louis-Claude de Saint-Martin, palavras que não deixam de ter certa relação com as intuições de Willermoz sobre os mesmos temas: *"As diferentes propriedades do batismo do Espírito e dos diferentes graus de nosso curso espiritual temporal, a saber a purificação do batismo, a confirmação ou o Espírito e a comunhão com o Divino. A pureza para entrar no Divino e para estar em nossa verdadeira natureza é inexpressável aos mortais, o Cristo mesmo não quis que seus discípulos o tocassem antes de haver remontado para o Pai. A Igreja, ainda na ignorância, continua sendo o asilo da Virtude, do espírito, da Luz e da humildade que leva ao amor e ao gozo. Não devemos envergonharmos de sermos cristãos, ditosos inclusive quando somente estejamos no estado de apenas parecê-lo"* (Lições de Lyon, nº 94, 5 de abril de 1776).

na secreta câmara do coração. É que Willermoz escreveria, em sua grande sabedoria e sua profunda compreensão das verdades divinas, ele, que havia claramente entrevisto como perfeito Martinista que *"o único objetivo da iniciação é superar-se do patamar do alpendre para elevar-se ao Santuário",* e que fez toda sua obra, por pura caridade e infatigável vocação, para que fosse proposta uma efetiva "via" de restabelecimento aos filhos extraviados pelas ilusões dos tempos e das astúcias do adversário, aspirando, com todo seu ser e desde o fundo de si mesmos, a reencontrar o caminho do Reino: *"Este signo é ciência. É o cumprimento de todas as figurações que nos representa na Lei da Aliança ou da promessa. Ele as explica todas. Não figura esta coluna de nuvens luminosa que marchava guiada pelo anjo do Senhor adiante dos israelitas para conduzi-los à Terra prometida".*

CONSIDERAÇÕES FINAIS

A Sociedade dos inteiramente Independentes tinha também posto os olhos nos grandes acontecimentos que estavam ocorrendo; cada um dos membros da sociedade resplandecia de exaltação ao ver acelerar-se o reinado de um poder justo e o triunfo da verdade. Ouviram-se entre eles cânticos sagrados tonificados por antecedência, e novos anúncios proféticos sobre os êxitos ainda maiores que deviam seguir e coroar a boa causa.

(Louis-Claude de Saint Martin, *El Cocodrilo*, Canto 62)

Ao abordarmos este estudo, esperamos que tenha servido para esclarecer e fazer compreender dentro de um sentido efetivo, concreto e autêntico a estrutura primordial do R.E.R. e do autêntico Martinismo, entendido desde sua acepção genérica, inicial e inata, assim como para também ilustrar como são suas bases doutrinais, o que verdadeiramente propõe o caminho iniciático, absolutamente original no seio do esoterismo cristão do qual foi, e segue sendo, incontestavelmente, uma de suas formas de expressão, não sendo possível, depois de termos penetrado na intimidade do pensamento de seus principais mestres fundadores desta corrente de luz e amor, que marcaram duradouramente com sua emblemática marca na história do Iluminismo, percebendo melhor aquilo que traduz num pensamento único com sua via pragmática o mecanismo da reintegração possível, fornecendo àqueles que participam desta corrente de identidade doutrinal, distinguindo dos demais desde o ponto de vista do método, das escolhas *"operadas"*, para alcançar o objetivo de seus essenciais trabalhos que tinham por objeto, a submissão da vontade, educação do desejo e união mística com o Cristo na conquista do *Castelo de Camelot* ou *Templo de Salomão* em busca de sua essência primitiva realizando assim a sua Reintegração.

Não obstante, e apesar de que não buscamos, em absoluto e com total honestidade, negar e deixar em silêncio as diferenças, inclusive profundas divergências sobre certos aspectos levantados durante a vivência neste mundo pelos mestres que compuseram a Sagrada Ordem ao escrever estas páginas. Figuras atraentes e singulares possuidoras de uma preciosa "ciência" convêm, sem a menor sombra de dúvida, assim nos parece, sob pena de separar-se radicalmente das substanciais verdades que apoiaram constantemente suas ações, de não esquecer jamais que um princípio fundamental os ligava fortemente, os fazia de maneira igual, mas não idêntica, partícipes de uma via harmônica, com objetivos comuns, que não era outro senão o cumprimento efetivo da obra preparatória e sagrada da *"reconciliação"*, missão, dever e valor do homem regenerado, do *"homem novo"* desejoso de aproximar-se do Santuário da Divindade.

Deste modo, não nos equivoquemos, Martinets de Pasquallys, Louis-Claude de Saint-Martin e Jean-Baptiste Willermoz, no fundo, e mais além de suas concepções originais, suas atitudes distintas a respeito do desenvolvimento da "corrida", que sobretudo é preciso, e quiséramos insistir sobre este ponto mais uma vez, não pretendendo mascarar nem opor-se, senão apenas conjugar, enriquecendo-as ao harmonizar-se entre elas, ao não serem antagonistas, mas, sim, singularmente vizinhas e próximas, estes três mestres falaram, portanto, com uma só voz, participando da mesma visão, admitindo semelhantes princípios diante de questões centrais e reivindicando, ao mesmo tempo e de maneira conjunta, posições comparáveis sobre os temas mais importantes. Esta constatação, sem querer ser consequente e lógico com seu enunciado, deve penetrar uma visão afinada por nossa parte, e buscar aproximações nestes âmbitos os quais dominam as realidades sutis, com muita delicadeza, precaução e humildade, com um agudo sentido de nuança, assim como a convicção de que detrás do imediato peso dos fatos subsiste sempre uma invisível complementaridade especificando os homens de fé e suas empresas (realizações), sendo estas de uma ordem muito elevada de sabedoria e conhecimento.

Seguramente, cada um julgará como deverá orientar-se, em função de sua sensibilidade, de suas aspirações e predisposições, a direção e forma melhor que outra e escolherá, ou mais exatamente será escolhido, para ir para uma "via" seja esta intrinsecamente "cardíaca" e interior, ou mais nitidamente "operativa" e "ativa". Considerará, deste modo, depois de intensas meditações, uma reflexão continuada, um sério exame e, em razão de elementos precisos a avaliar serenamente, que é preferível comprometer-se num determinado caminho, executar os métodos e trabalhar com as ferramentas dentro de uma condição particular, penetrar num determinado caminho. Mas, por mais legítimas e respeitáveis que sejam estas escolhas, que determinam a orientação de uma vida, nada pode negar por isso as luzes propostas em outras ações. A esse respeito, voltamos a dizê-lo, não há e nem pode haver vários "martinismos"; há por certo homens diferentes, ambientes distintos, atmosferas e condições específicas, por outro lado perfeitamente válidas e respeitáveis, mas o Martinismo é "um", não dividido e não divisível, uma vez que a Verdade defendida e venerada é única.

De tal maneira que quiséramos, tentando preservar o espírito original, dar uma fiel imagem, poderíamos dizer que o Martinismo é, com toda evidência, e isso contando a partir da época do século XVIII, em que se desenvolveu e expressou apoiando-se em suas próprias convicções, em que se deu a conhecer desenvolvendo suas posições e diretrizes, uma escola secreta de aperfeiçoamento e descobrimento das leis ocultas que governam o mundo sensível, e que reciprocamente regem silenciosamente àquelas que não o são. O Martinismo é ao mesmo tempo, e é nisso que reside seu aspecto determinante, em primeiro lugar, um maravilhoso crisol transformador, um formidável instrumento de realização, uma exigente ferramenta de "conversão", um sofisticado sistema de espiritualização real, para que sejam anunciadas, na renúncia e no aniquilamento voluntário, na Glória de Deus e nos mistérios da inacessível Divindade. Obra bendita e piedosa, quase "religiosa", na qual que são, parecidamente proclamados com magnífico entusiasmo, o Amor ao Eterno e a sua infinita misericórdia, revelando e honrando a sublime santidade de seu santo Nome.

Assim entendido, o Martinismo é ordenado, concebido para ser vivido segundo as leis do coração, isto é, da via cardíaca, alimentando por grandes rios de oração interior e pregaria, de invocação e louvores. Isso explica, em parte, porque devemos considera-lo facilmente como uma sociedade sagrada dedicada ao serviço dos âmbitos superiores quem tem seu centro na fina ponta da alma, uma fraternidade evangélica que tem sua substância na Santa Palavra das Escrituras, um cenáculo iluminado e banhado pelos doces raios d'Aquele que é a "Luz" maravilhosa e benfeitora *"que ilumina a todo homem que vem a este mundo"* (João 1:9).

Neste aspecto, o Martinista *a priori* foi beneficiado, para sua maior felicidade, pela insubstituível abordagem dos ensinamentos "samartinianas" e se viu gratificado por uma iluminação direta repentina e perturbadora que o estabeleceu na intimidade do *Filósofo Desconhecido*, que foi convidado providencialmente, porque ele era necessário e indispensável, a limpar e reconstruir lentamente sua alma ferida, preparando-se espiritualmente para assumir a túnica branca dos pobres *Cavaleiros de Cristo*, convertendo-se, assim, num digno e zeloso discípulo de Jesus, sempre ajudado em sua busca pelo fecundo tesouro que transmite e entrega à Maçonaria willermoziana do Regime Escocês Retificado, este eleito do Senhor por ser secundado e acompanhado, sem contar que muitas vezes até mesmo sem saber, pelos anjos, guiado em cada um de seus passos pela *Divina Sophia*, se encontra integralmente, em todas suas ações, orientado para o Céu, mantendo, desde o presente, um vivo diálogo com o Divino, edificando, durante o tempo de sua curta estância terrestre, sua morada na eternidade.

Por mais desconcertante e surpreendente que esta afirmação possa parecer, o Martinismo não é uma Ordem, uma estrutura ou uma organização; é um espírito e uma obra, uma pura e intensa celebração a na qual estão presentes, na santa oferenda de oblação, no afastamento e separação dos ruídos e do caos deste mundo caído e degradado, os odoríficos aromas, os perfumes deliciosos destinados a fumigação no altar do Eterno. Dirige-se àqueles que, por culpa da desobediência de Adam, num primeiro tempo "semeado" e engendrados no pó, são chamados pela promessa, a levar a imagem do celeste:

Irmãos, eu declaro a vocês que carne e sangue não podem herdar o Reino de Deus nem o que é perecível pode herdar o imperecível. Eis que eu digo um mistério: Nem todos dormiremos, mas todos seremos transformados, num momento, num abrir e fechar de olhos, ao som da última trombeta. Pois a trombeta soará, os mortos ressuscitarão incorruptíveis e nós seremos transformados. Pois é necessário que aquilo que é corruptível se revista de incorruptibilidade, e aquilo que é mortal se revista de imortalidade. Quando, porém, o que é corruptível se revestir de incorruptibilidade e o que é mortal de imortalidade, então se cumprirá a palavra que está escrita: A morte foi destruída pela vitória. Onde está, ó morte, a sua vitória? Onde está, ó morte, o seu aguilhão? O aguilhão da morte é o pecado, e a força do pecado é a Lei. Mas graças a Deus, que nos dá a vitória por meio de nosso Senhor Jesus Cristo. Portanto, meus amados irmãos, mantenham-se firmes, e que nada os abale. Sejam sempre dedicados à obra do Senhor, pois vocês sabem que, no Senhor, o trabalho de vocês não será inútil.

(1 Coríntios 15:50-58)

Palavras que foram seguidas imediatamente pela célebre exortação que nos deixa o apóstolo Paulo:

Portanto, meus irmãos, a quem amo e de quem tenho saudades, minha alegria e coroa, permanecei assim firmes no Senhor, amados.

(Filipenses 4:1)

"A obra do Senhor", certamente, mas qual é o trabalho capaz de receber tal denominação, trabalho suficientemente santo e sagrado para ser beneficiário de tal respeito? Já que não há, neste lugar de exílio no qual estamos – para nossa vergonha – de morar e suportar as penas de privação e distanciamento, por melhor nome que possa receber a atividade do homem, não há qualificativo comparável, em disposição de fazermos conceber a grandeza de uma tarefa. De fato, "a obra do Senhor" surge de um trabalho não profano posto que se relaciona com o serviço da casa de Deus, está reservada àqueles que estão dirigidos para o lugar Santo, àqueles que são levados, seguindo "a Estrela D'Alva" (Apocalipse 22:16), para os altares reservados à comemoração dos ritos da "nova aliança" que o Eterno, em sua bondade, travou com os seus, e que deseja ver honrar e recordar solenemente pela remissão da sentença graças ao sangue do Cordeiro; "pedras vivas" da morada que quer reunir, estabelecendo-os...

> *Edificados sobre o fundamento dos apóstolos e dos profetas, tendo Jesus Cristo como pedra angular, no qual todo o edifício é ajustado e cresce para tornar-se um santuário santo no Senhor. Nele vocês também estão sendo edificados juntos, para se tornarem morada de Deus por seu Espírito.*
>
> (Efésios 2:20-22)

Trata-se, pois, nesta "obra do Senhor", da qual aqueles redimidos efetuem no seio de seu Templo espiritual, da mesma forma que se faz em seu Santuário interior, distante imagem do Templo de Jerusalém, transponha de modo imperceptível os ritos que se praticavam nesse lugar para a glorificação do Nome do Eterno.

Trata-se, desde então, de aprender o serviço do Templo invisível, de entrar na tenda de alocação e contemplar, em silêncio e recolhimento, a Arca[35], de entrar no Tabernáculo, quer dizer, na câmara secreta do coração iluminada pelo candelabro flamejante, levando as sete luzes do Espírito ao lado do qual repousam, na quietude de seu ordenamento senário, dos doze pães da proposição simbolizando as doze portas de Jerusalém celestial[36], e a continuação inclinar-se com deferência e verdadeira humildade, diante do altar de ouro e depositar, num ardente arrebato de amor, nosso incenso. Tal é "a obra" a levar a cabo, o trabalho sagrado,

35 - Deus falando com Moisés lhe assegura: *"Ali, sobre a tampa, no meio dos dois querubins que se encontram sobre a arca da aliança, eu me encontrarei com você e lhe darei todos os meus mandamentos destinados aos israelitas"* (Êxodo 25:22).

36 - Tratando-se do valor simbólico do número doze, recordaremos, evidentemente, que é pela combinação do quatro e do três que se produz o doze, sendo este último, neste aspecto, o número da escolha, o quadrado multiplicado pelo triângulo, o número dos filhos de Israel (Êxodo 24:4, Josué 4:4, I Reis 18:31, II Crónicas 4:4, Esdras 8:24), o número de pedras preciosas que o sacerdote do Templo levava em seu peitoral, o Soberano Sacrificador (Êxodo 28:21). Por outro lado, foi rodeando-se dos "doze" que o Divino Reparador declarou querer escolher um povo novo no Nome do Eterno (Mateus 10:1-42); enquanto os 144.000 escolhidos os quais nos fala o Apocalipses são simbolicamente a figuração dos 12.000 das doze tribos de Israel levando na fronte o Nome de יהשוה (Apocalipses 7:5-8; 14:1).

o santo labor, sabendo sem dúvida que não somos nós que atuamos, miseráveis criaturas roídas pelo orgulho, a prevaricação e o pecado, devoradas pela aniquilação e submetidas à morte, senão o Cristo que *"vive em nós"* (Gálatas 2:20); é a Divindade em sua *"Aurora Boreal"*, que nos transforma, nos move, nos conduz, apesar de nossas sinistras trevas e <u>nossa noite radical</u>[37], até o Santo dos Santos, e nos instaura, nos ordena,

37 - Podemos, em concernência ao estado terrível de "queda" a qual nos encontramos, recitar e repetir incansavelmente, com Sant-Martin, para não esquecer jamais a perversidade de nossa natureza e evitar cair no orgulho que perde nossa raça, as palavras desta bela e comovedora pregaria:

"Senhor, como posso atrever-me a contemplar-me mesmo que por um instante sem estremecer-me de horror pela minha miséria! Vivo em meio de minhas próprias iniquidades que são frutos de meus abusos de todo gênero, e que se vão convertendo em minhas vestimentas; abuso de todas minhas leis, abuso de minha alma, abuso de meu espírito, abuso e abuso diariamente de todas as graças que teu amor não cessa diariamente de verter sobre tua ingrata e infiel criatura. É a ti a quem tudo, devo oferecer e sacrificar, e nada tenho a oferecer no tempo que está ante meus olhos, como os ídolos, sem vida nem inteligência, e mesmo assim não cesso de oferecê-lo todo o tempo, e nada a ti; e por isso me precipito antecipadamente no horrível abismo da confusão que só se ocupa do culto dos ídolos, onde teu nome não se conhece. Faço como os insensatos e os ignorantes do mundo que empregam todos os esforços para aniquilar do mundo que empregam todos seus esforços para aniquilar as temíveis decisões da justiça, e fazer de maneira que esta terra de prova que habitamos não seja aos seus olhos uma terra de angustia, trabalho e dor. Deus de paz, Deus de verdade, se a confissão de minhas culpas não é suficiente para que me perdoe, lembra-te daquele que quer carregar com elas e lavá-las em sangue de seu corpo, de seu espírito e do seu amor; este dissipou e apagou minhas culpas, desde que se dignou a dar-me sua palavra. Como o fogo consome todas as substâncias materiais e impuras, e como este fogo que é sua imagem, volta para ti com sua inalterável pureza, sem conservar nenhuma mancha da terra. É somente nele e por ele que pode fazer-se a obra de minha purificação e renascimento; é por ele que tu quer operar nossa cura e salvação, para que empregando os olhos de seu amor que tudo purifica, não vejas mais no homem nada de informe, e somente veja a chispa divina que a ti se assemelha e que teu santo ardor atrai perpetuamente nela como uma propriedade de tua divina origem. Não, Senhor, somente tu podes contemplar o que é verdadeiro e puro como tu; o mal é inacessível a tua vista suprema. Está aí o porque que o homem malvado é como o ser do qual tu não te recorda, e teus olhos não devem ver, posto que já não tem relação contigo; e sim dúvida é aí, neste abismo de horror onde não temo ter minha morada. Não tem outra alternativa possível para o homem; se não está perpetuamente submergido no abismo de tua misericórdia, está no abismo do pecado e da miséria que o inunda; mas também, apenas separa seu coração e seu olhar deste abismo de iniquidade, volta a encontrar este oceano de misericórdia no qual fazes nascer todas tuas criaturas. É por isso que me prosternarei ante ti em minha vergonha e no sentimento de meu opróbio; o fogo de minha dor secará em mim o abismo de minha

por um dom imenso e gratuito que recebemos de sua graça, tocando verdadeiramente aqui os vertiginosos fundamentos do mistério da eleição, enquanto que sacerdote da Cidade Santa.

O Filósofo Desconhecido dirá, evocando esta ordenação, esta consagração:

É preciso que esta obra se opere em nós, para que possamos dizer que temos sido admitidos na categoria dos sacrificadores do Eterno.

(*O Homem Novo*, 16).

Esta obra, quer dizer, a obra Martinista por excelência, tem necessidade, por razão de sua natureza, de seres singulares destinados ao santo sacrifício, de homens de "desejo" podendo dar-se e dedicar-se, por inteiro, ao serviço do Santuário, de seres que não hesitem em lavar-se e purificar-se rigorosamente, a fim de fazer-se dignos de aproximar-se do altar dos perfumes[38], para celebrar um culto de adoração *"em espírito e*

---

iniquidade, e então já somente existirá para mim o reino eterno de tua misericórdia. Amém" (Sant-Martin, Pregaria IV).

38 - Sabe-se que o lugar Santo era reservado exclusivamente, sob a antiga lei, aos Sacrificadores do Templo de Jerusalém, o que hoje, depois da vinda de Jesus-Cristo que desgarrou, no momento de sua Paixão sobre a Cruz, o véu que proibia o acesso, já não é o caso, posto que os "filhos de Deus", segundo a graça do batismo, os quais *"antes vocês nem sequer eram povo, mas agora são povo de Deus; não haviam recebido misericórdia, mas agora a receberam"* (1 Pedro 2:10), são convertidos, formal e concretamente em: *"vocês, porém, são geração eleita, sacerdócio real, nação santa, povo exclusivo de Deus, para anunciar as grandezas daquele que os chamou das trevas para a sua maravilhosa luz"* (1 Pedro 2:9). Por este fato, na entrada do lugar Santo fica amplamente aberta a todos os escolhidos do Senhor, já que pelo Cristo, *"pois por meio dele tanto nós como vocês temos acesso ao Pai, por um só Espírito"* (Efésios 2:18). Porém, convém recordar que os Sacrificadores, como já era no culto do Templo, devem sempre, simbolicamente, no mínimo, conservar seus pés desnudos sobre a areia a fim de recordar quem são todavia em sua estância terrestre, perdidos no meio do deserto, em marcha pelo frio vale das sombras, em permanente espera, aqui em baixo, do Reino dos Céus. Haveria igualmente que pode considerar em detalhe o significado próprio de cada objeto do Santuário, a *"mesa dos pães de proposição"* (Êxodo 25:23-30; Levítico 24:5-9), o *"candelabro"* (Êxodo 25:31-40; Levítico 24:1-4; Números 8:1-4) e *"o altar dos perfumes"* (Êxodo 30:1-10), de maneira de compreender realmente o sentido espiritual e o papel preciso no marco do serviço divino. Evocaremos aqui, sem dúvida, por sua função central no marco dos trabalhos martinistas, tão só o altar de

em verdade", quer dizer, um culto animado por fiéis e sinceros "Servidores Desconhecidos", do qual o Altíssimo pede seus votos (João 4:23-24); rito sacrificador de imolação e expiação transmitido pelos justos e os Profetas, desde Abel, Enoque, Elias e Noé, passando por Moisés, Josué e Zorobabel, preservado até nossos dias pelos escolhidos do Senhor, rito que deve ser realmente presidido pelos sacerdotes do novo Templo, reedificado misticamente, e em consequência não perceptível aos olhos carnais, iluminado somente pela inefável Presença do Divino Mestre e Reparador, o Cristo Jesus, o Messias, Nosso Soberano Redentor: יהשוה (Yeschouah).

---

ouro, para destacar que é um emblema, um modelo mesmo de Cristo, do qual anuncia e prefigura o papel de intercessor e intermediário entre os homens e o Eterno. Composto de madeira de acácia, completamente chapado (forrado) em ouro puro indicando-nos seu caráter precioso e imaculado, como o Cristo que foi um ouro magnífico sobre a madeira de seu suplício, representa um quadrado perfeito, um côvado de largura por dois de altura, situado diante do véu que ocultava a Arca Santa: *"Coloque o altar em frente do véu que se encontra diante da arca da aliança, diante da tampa que está sobre ele, onde me encontrarei com você"* (Êxodo 30:6). O Sacrificador, entrando no Templo, enquanto que o povo rezava no exterior, oferecia incenso sobre o altar, como nos mostra Lucas em seu evangelho, falando-nos de Zacarias, pai de João Batista: *"Segundo o costume sacerdotal, coube-lhe em sorte entrar no templo do Senhor para oferecer o incenso. E toda a multidão do povo estava fora, orando, à hora do incenso"* (Lucas 1:9,10). Temos aqui, evidentemente, uma magnífica imagem de Jesus quando se dirige, num ato de perpétua intercessão por nós, ao Pai (Hebreus 7:25, Romanos 8:34), assim como do anjo do Apocalipse quando fará subir até Deus, no final dos tempos, as invocações dos santos: *"Outro anjo, que trazia um incensário de ouro, aproximou-se e ficou em pé junto ao altar. A ele foi dado muito incenso para oferecer com as orações de todos os santos sobre o altar de ouro diante do trono. E da mão do anjo subiu diante de Deus a fumaça do incenso com as orações dos santos"* (Apocalipse 8:3-4). Deste modo, restabelecendo e renovando as formas da divina liturgia ensinada pelas Escrituras, é sobre o altar de ouro, numa admirável correspondência espiritual, que o iniciado cristão, o discípulo de Jesus em seu Templo secreto, com um coração puro e o sentimento de sua indignidade, pode por sua vez oferecer ao Eterno o incenso de sua pregaria e celebrar assim, com uma intensa e profunda devoção, o culto perfeito de adoração.

CAPÍTULO II

PRÁTICAS MARTINISTAS

S∴L∴A∴ du Phil... Inc... N∴V∴ M∴

Os ensinamentos e práticas, que foram passadas desde os Templos Egípcios até os Templos Martinistas atuais, são comunicados aos Adeptos fiéis e aos profanos honoráveis capazes de aplicar estes conhecimentos para o bem de seus semelhantes e em corolário glorificar o Eterno. Certamente que correremos o risco de ser mal interpretado pelos "políticos" das Ordens estabelecidas como martinistas da Tradição Ocidental que se limitam a passar o "conhecimento" apenas àqueles que pagam por este serviço, limitando assim uma filosofia libertadora que deveria ser para todos; como ensinou o insigne mago do Novo Æon, Aleister Crowley, "The law is for all".

Possivelmente nasça assim uma convicção mental no estudioso e uma segurança comprovada no experimentador sincero, que a astrologia e a Kabbala, magnetismo e magia, operações e orações sagradas de teurgia são algo de natureza positiva, necessária e de real eficácia. Especialmente, quando entenderem que o Ocultismo Ocidental em geral e o Martinismo em particular tratam de obter a preparação de seres capazes de pôr sua vida de acordo com e Lei Mágicka, para chamar assim, a "Coisa" pelo seu verdadeiro Nome!

Louis-Claude de Saint-Martin foi instruído e iluminado pelo seu mestre em prática, Martinets de Pasquallys[39]...

Conforme os relatos do próprio Saint-Martin, o Mestre reunia seus discípulos num ambiente qualquer, previamente purificado e seguramente preparado mediante operações especiais. Martinets traçava então um círculo no meio da sala e escrevia em caracteres hebraicos, dentro do círculo, os nomes dos anjos e os Nomes Divinos necessários. Os preparativos causaram tal assombro a um jovem discípulo, que Saint-Martin exclamou: *"Será necessário tanta coisa para comunicar com o Céu?"*.

Sem dúvida, ele não teve motivo para lamentar pelos preparativos, pois, assim que começavam as operações, os "Seres Psíquicos" se manifestavam e davam esplendorosas provas da realidade de sua existência no mundo invisível.

Aqueles eleitos para assistir as Operações se viam "Iluminados", isto é, para eles, a existência do mundo invisível e a imortalidade se tornavam mais reais, mais ainda que existência da matéria no mundo físico. Por tal motivo, esses "Iluminados", desprezando a morte, estavam prontos a arriscar tudo para divulgar e defender as doutrinas que lhes eram sagradas.

---

39 - Martinets de Pasquallys, este misterioso taumaturgo enviado aos verdadeiros Rosacruzes, provavelmente foi discípulo de Swendenborg, teve por missão encontrar as bases de um rito místico e prático kabbalístico-cristão. Conseguiu levar a termo sua missão, a Corrente que fundou, há mais de 200 anos, vem desenvolvendo e formando grandes Servidores; alguns deles de notável importância para o ocultismo Ocidental, dentre eles: Louis-Claude de Saint-Martim (Visconde Louis-Claude de Saint-Martin – um dos grandes discípulos de Martinets de Pasquallys, Filósofo e místico cristão, deu particular impulso a uma via de iluminismo pela pureza e caridade. O "Martinismo" tem seu nome em homenagem a este Mestre, mais conhecido como "O Filósofo Desconhecido" –; Jean Baptiste Willermoz; Dr. Gérard Encausse (Papus); Alphonse Louis Constant (Eliphas Levi); Anthelme Nizier (Philippe de Lyon); Henri Delaage; Robert Ambelain, etc.

I - IMANTAÇÃO – Preliminares da Adaptação

Papus foi médico, escritor, magista e vidente que dirigiu durante vários anos a Ordem Martinista, reorganizada por ele (Adaptada sem diminuir sua forma e essência). Teve por sua vez, três Mestres: o intelectual-Místico Marquês Saint Yves D'Alveydre; o Mago-Místico Peter Davidson e o Taumaturgo-Místico, também médico, Philippe de Lyon (um servidor e amigo de Jesus, que veio a esta Terra disfarçado de burguês). De acordo com Papus, como demonstra no *Tratado Metódico de Magia Prática*, depois das práticas preparatórias, que podem ser executadas separadamente, devemos tratar da adaptação mágica, isto é, da síntese em alguns ritos dos diversos treinamentos do homem e das diversas influências da natureza. Cada uma das operações que descreveremos é sintética e exige pôr em moção a maior parte das realizações expostas em teoria, assim como um conhecimento sério da teoria. Por isso, as pessoas "apuradas", a quem possa parecer que os estudos teóricos precedentes são inúteis e que quiseram começar pelas práticas posteriores, devem ficar avisadas de que somente colherão resultados muito limitados, se é que chegarão a obter algum.

Pois bem: a vontade humana dinamizada se une às influências astrais com o fim de determinar uma evolução rápida de forças, generalizadamente prestadas por um ser vivente em cada operação. Isso significa que já não poderemos a partir de agora conservar a divisão em ações puramente humanas e influências puramente naturais, já que tudo se associa em vista da meta a obter.

Esta é a razão pela qual dividiremos esta exposição em quatro partes, que correspondem a uma ação dominante: Imantar-Concentrar-Irradiar e Sintetizar, as quais formam a gêneses de todo trabalho mágico.

1º - A Oração

A oração tem por finalidade a fusão momentânea do pessoal com o inconsciente superior, mediante a ação do sentimento idealizado sobre a vontade magicamente desenvolvida.

A oração é, pois, uma cerimônia fundamentalmente mágica, e é por ela que o adepto deve começar toda e qualquer prática.

Porém, a oração é um ato voluntário e cerebral e não consiste somente no movimento de lábios conforme palavras determinadas e sempre semelhantes, o qual, por hábito, volta-se pouco a pouco a um simples ato reflexivo.

O verbo não deve ser senão a veste com a qual o Iniciado envolve suas idealizações; por isso, aconselhamos ao magista formular, cada vez mais, palavras novas ou, pelo menos, comentar em termos diferentes as palavras consagradas.

A elevação do ser anímico na intelectualidade, efeito da oração, é um ato de demasiada importância para voltar-se habitualmente para si mesmo, e as súplicas ardentes de uma mãe que roga pelo seu filho enfermo comovem (mover com) muito mais ao invisível que os movimentos dos lábios de um sacerdote ou servidor de um culto que compreenda tão pouco quanto a ciência. As poucas palavras excepcionais a este caso não fazem senão confirmar a regra. Efetivamente, quando sacerdotes sentem sua alma liberada depois de uma oração que vendem... geralmente por algumas moedas.

Dentre todos os rituais de oração mágicas, este é o que preferimos:

O praticante não haverá ingerido nenhum alimento desde três horas antes da operação, pelo menos. Começará com uma meditação de cinco minutos, precedida por três inspirações lentas e profundas. Voltar-se-á, então, sucessivamente, para os quatro pontos cardeais, a começar pelo Oriente, Norte, etc., e invocará cada uma das Inteligências, anjos, gênios dos ditos pontos, fazendo com que cada invocação seja precedida pela pronunciação da Letra do nome sagrado correspondente. É recomendável colocar-se sobre a almofada ou tapete confeccionado em lã.

Terminado o ciclo destas invocações, o magista dedicará a uma nova meditação de outros três minutos e, novamente orientado para o Oriente, dará começo a oração, com as mãos estendidas, com as palmas para fora.

Insistimos que as palavras de oração devem ser pessoais do operador. Ademais, se não é possível ser acompanhado por música, será então indispensável cantar doces palavras sobre a melodia grave e lenta (como o Largo de Handel, o Noel de Adam, etc.).

Invocar-se-á, primeiro, aos Mestres do Invisível, que constitui a cadeia mágica; logo em seguida, os seres psíquicos que presidem a evolução da humanidade, para ir elevando-se progressivamente, até o Centro Superior de toda existência e de toda hierarquia.

A oração mágica, feita de pé e com os olhos para o espelho mágico do altar, deve ser praticada generalizadamente; mas nem no momento nem em lugar algum nem os instrumentos são indispensáveis a este ato essencialmente espiritual. Pôr em movimento as faculdades de expressão é suficiente, e o ritual que acabamos de descrever põe em movimento o gesto, o verbo e o relance do olhar.

Mais tarde, se o laboratório mágico chegar a ser constituído, se juntará, ao ritual exposto, o incenso como perfume e a espada, a vara e o cálice como instrumentos utilizados ao voltar-se para os quatro pontos cardeais.

Tal deve ser a oração mágica, que se pode desenvolvê-la ainda mais estudando os ensinamentos e informações que dá Eliphas Levi, em seu *Dogma e Ritual de Alta Magia*, sobre o versículo esotérico do Pater. Mas aqui daremos somente os elementos estritamente essenciais do ritual. Ademais, procuraremos cuidar para passar adaptado ao nosso ambiente e à nossa época, as práticas mencionadas em antigos *grimórios*.

Os progressos conquistados no mundo material permitem ao magista o emprego de ferramentas mais poderosas e aperfeiçoadas que as indicadas nas *claviculas*.

É, então, quando o conhecimento profundo da teoria (de motivos, leis, princípios, consequências) é tão necessário; devemos, pois, a cada momento, resolver verdadeiros problemas de magia cerimonial.

Não devemos esquecer o século em que vivemos, sob pena de cometer erros grotescos e de sacrificar tudo a um desnecessário arcaísmo. Assim, como os grandes visionários americanos que, pretendendo encarnar o Cristo, "copiam" o personagem no Evangelho e não conseguem, com semelhante meio, senão haver ressaltar seu verdadeiro papel: o de um mal ator. Para ilustrar este fato sugerimos o filme *"Palavras de Amor"* de David Siegel com Richard Gere, Juliette Binoche.

Em troca, o magista que é mais instruído, ADAPTA, porém, não copia. Cada época, determinada pelo destino, tem suas necessidades e suas leis. E não é possível fazer que a humanidade recorra ao curso do tempo no passado como se tentasse buscar as águas passadas de um rio.

O Iniciado evolui, libera, mas não decai jamais e não perde seu tempo em lamentações ou protestos contra atos do destino. Fazer um livro formado com versículos *"proudhomecos"* escrito em qualquer dos nossos idiomas do Ocidente, com o pretexto de "continuar" o método da Bíblia, é fazer uma cópia ridícula de outra má cópia que é a tradução fantasiosa feita pela Igreja romana.

É possível traduzir o livro sagrado do hebraico bíblico, mas de tal modo que tenha o tradutor a condição de ser um vidente genial, de haver estudado por longo tempo os mistérios herméticos de Osíris, no Egito, de chamar-se Moisés e de ter vivido alguns milénios antes de nossa era.

Mas, querer fazer uma Bíblia dentro destes moldes, seria revelar-se tão ingênuo como querer vestir-se hoje como um elegante "fenício" da antiguidade.

Seria considerado como um charlatão ou, quando menos, como um ator ao qual a miséria o fizesse obrigar a usar diariamente trajes de palco. Fazer-se ator é "copiar" cometer mimeses; uma vez mais, a adaptação difere tanto da cópia quanto uma obra literária difere de um dicionário. Efetivamente, adaptam-se os termos do dicionário de acordo com a fórmula da obra que se escreve.

Orfeu instruído na mesma época e no mesmo lugar que Moisés, possuidor dos mesmos princípios, adaptou seu ensinamento ao povo de corsários e de poetas que mais tarde constituiria a Grécia, enquanto que Moisés adaptou o mesmo ensinamento ao povo de bandoleiros e homens práticos que havia eleito como instrumento de realização.

Esperamos que se tenha compreendido, agora, o que deve entender-se por: ADAPTAÇÃO.

II - DAS PRÁTICAS PESSOAIS

Para trás, profanos e profanadores! Sejas quem sejas, tu que desejas levar tuas pesquisas até a prática, pensa bem, e não temas que lhes digam, com recriminações sarcásticas e lhe chamem de louco; se qualquer dessas condições poderá te ofender, lança ao fogo estas páginas e segue outros caminhos.

Lembres que é dono de teus impulsos e és sábio nos mistérios dos astros, jamais deves permitir ao turbilhão de incrédulos ter ascendência sobre teu ser. Se vieres para a magia com a esperança de combater rivais, és um escravo, e somente os mestres têm direito de penetrar no templo místico. Se vens à magia com a esperança de satisfazer teus apetites e instintos pela posse de riquezas, és um servo do destino a quem dominam as ilusões da matéria e jamais alcançarás a paz que nasce do desprezo daquilo que é baixo.

Escravo ou servo, volta aos teus amores ou às tuas douradas correntes; mas não farás mais que o resumo superficial de uma ciência de outras idades, pois ela permanecerá eternamente oculta a tua baixa estupidez. Podes balançar os ombros ou rir como um estúpido, chamar os discípulos de Hermes de charlatães ou alucinados; porém, não busques praticar estes ritos raros, eles são mortais para os espíritos débeis, é como um veneno sutil, não cura senão a quem os sabe compreendê-los e manejá-los.

Os efeitos produzidos pela oração mágica são consideráveis.

No plano astral, as formas elementares ficam imantadas pela ação do verbo humano.

Para o próprio operador, os efeitos sobre o centro anímico estão assegurados. Parece que a alma volta fazer-se em seu real elemento; uma sensação até então desconhecida de bem-estar e de calma invadem ao magista e às vezes surgem visões desde as primeiras práticas.

Porém, é preciso reservar o uso da oração mágica para as grandes circunstâncias e evitar, com grande cuidado, o uso demasiado regular de tão elevada prática, a hora fixa, cada dia. O uso da meditação e da evocação mental basta diariamente. O Ritual completo deve ser executado, dentro de circunstâncias normais. Ao sumo de cada sete dias.

2º - A Cadeia Mágica

Quando o ritual de oração é bem conhecido e tenha sido suficientemente praticado, o operador o completará pela constituição da cadeia mágica.

O isolamento, para o operador, pode ser o fracasso seguro, pois as correntes fluídas postas em ação produzirão reações se não se encontrarem com um centro de condensação e de drenagem bastante poderoso.

Aproxima um pequeno ímã em forma de ferradura ante um poderoso campo magnético de um forte eletroímã e sabereis de antemão o que ocorrerá. Toda a ação do primeiro se fará instantaneamente anulada e absorvida pela força do segundo.

Pois bem, em magia é preciso realizar ao redor de si um campo de atração fluídica tão poderoso quanto possível; isso ocorre tanto no mundo visível quanto no mundo invisível, mas sempre começando pelo mundo invisível ou o mundo suprassensível.

Este campo de atração, uma vez constituído nos três planos, forma a cadeia mágica, contra a qual virão reunir todos os esforços as individualidades zelosas ou odiosas.

A oração simples ou coletiva tem por meta principal manter sempre com a mesma tensão a cadeia mágica, ou em outras palavras, de *"reimantar"* (potencializar) constantemente o centro de ação.

É preciso começar o trabalho de preparação pelo mundo invisível. Para tal fim, se escolherá entre os Mestres desencarnados, antigos ou contemporâneos, um guia preferido, cuja doutrina e obras lhes sejam particularmente queridas. Em nome do dito Mestre, dinamizado pelo desejo e admiração do discípulo, constituirá o núcleo primordial da cadeia mágica.

Ao iniciar cada cerimônia ou cada oração, chamar-se-á primeiramente o Mestre amado, símbolo da vontade do magista no mundo invisível. Logo, invocar-se-á as influências psíquicas em ação no astral e que provêm seja do mundo visível, seja do mundo invisível. Para terminar, um deverá dirigir-se ao gênio planetário que domina de forma particular o temperamento do operador, pronunciado fortemente e solenemente, por três vezes, seu nome.

Feito isso, dir-se-á logo uma oração, qual a assistência espiritual que se deseja, seja para estudo, seja para a realização do apostolado, seja ainda para defesa (proteção) contra os ataques do astral. No caso de perigo, ao ter que cumprir um ato importante, bastará chamar em voz baixa, e, por três vezes, o Mestre da cadeia, para sentir imediatamente a influência psíquica manifestar-se.

Sentimos, seja pessoalmente, seja ao redor de nós, a influência eficaz da cadeia mágica. Quando o destino semear diariamente ao redor de nós os perigos e as armadilhas cujo poder está ainda acrescentado pela nossa atual situação social – no exercício do dia a dia temos sido avisados cada vez que um perigo está por acontecer e temos condições plenas de evitá-lo, se assim quisermos.

É no silêncio sobre as operações pessoais que temos a primeira regra ou condição imposta ao magista, nunca devemos nos esquecer disso. Dentro de outra ordem de ideias, vimos um jovem pesquisador entregue com a maior dedicação ao estudo da Kabbala, encontrar repentinamente e nas condições mais modestas, todos os livros preciosos dos quais terá progressivamente necessidade, e para realizar isso, ele haveria, sensivelmente, que ter constituído sua cadeia mágica no mundo invisível. Finalmente, o operador sério verá por si mesmo bastantes efeitos, que diante dos quais nos seja inútil insistir além desta exposição; pois verá com seus próprios olhos tudo isso e muito mais.

Uma vez realizada a cadeia no mundo invisível, será preciso esforçar-se para realizar o máximo possível de ajustes no mundo visível. Para isso, a associação intelectual de um amigo sério e discreto é muito útil, e essa é a razão de ser, de origem, da maior parte das sociedades iniciáticas.

Pode-se entrar em relações com uma sociedade formada por pessoas que apresentem garantias de instruções e discrições necessárias, poderá efetuá-lo, pois é preciso não esquecer nunca que, isolado, será, cedo ou tarde vítima dos maiores perigos que ficam na espreita da fase preparatória dessas realizações: o egoísmo e o orgulho.

Constataremos, mais tarde, que o círculo mágico não é outra coisa senão a figuração material da cadeia que protege e cuida de nós no mundo invisível; mas recordemos que de todos os mistérios e arcanos que é um dos maiores e grandes segredos da Kabbala prática.

Estes ensinamentos de Papus seguem dados técnicos sobre as operações chamadas de imantação e suas adaptações. Isso é matéria que reservamos por hora a quem já tenha realizado a preparação necessária. No próximo passo fundamental cuidaremos para que nossas experiências externas e internas possam ser realistas e pragmáticas, seguiremos firmes e resolutos na Tradição de Papus.

Pois bem! Dentre os problemas distintos trataremos agora de um assunto de suma importância:

1º - A orientação e ensinamento crístico e oriental: qual deve predominar ou se entre eles teria um preferível.

2º - Se a Ordem dos *Mestres Passados* deve preferir trabalhar "superficialmente", quer dizer, buscar mais a quantidade numérica e a ação no mundo externo, ou se pelo contrário, deve trabalhar em "profundidade", ou seja, preferindo um número reduzido de membros aos quais serão "preparados" com elevada eficiência.

Depois de estudar estas questões me pareceu conveniente expor de maneira clara meu ponto de vista como *Superior Incógnito* e *Livre Iniciador* Martinista e *Grande Inspetor Geral da Ordem* do R∴E∴ A∴A∴, para que martinistas e IIr∴ MM∴ do R∴E∴R∴ possa se orientar e ter uma ideia formada sobre estas questões, aproximando ou distanciando de acordo com aquilo que sintam em seus corações. Trataremos desses assuntos, doutrina crística e a oriental, que não deixam de ter um formato dogmático, porém bem delimitado e com objetivos definidos.

Em primeiro lugar, devemos recordar que o Ven∴ M∴ Papus (Dr. Gérard Encausse) disse: a Ordem Martinista é uma Cavalaria Cristã. Posteriormente, ao ser reorganizada em 1939, com o nome de Ordem Martinista da América do Sul, estabelecida neste Continente, declarou ter como fim fundamental: *Difundir o Esoterismo Cristão e a Prática da Caridade,* sendo isso de suma importância até os dias de hoje.

Pois bem, antes de ir adiante, devemos declarar que não mudou em nada esta *finalidade* pétrea de nossa Sagrada Ordem, e destacamos a palavra finalidade naquilo que tem como meta, como fim... que, geralmente, realiza-se como último objetivo, quando se alcança.

Irmãos martinistas, maçons e profanos, ao ver a grande importância que tomou entre os martinistas de nossos preceitos e proposições fundamentais, as doutrinas orientais e em destaque aos veneráveis iluminados Mestres do Oriente, acreditamos que a orientação sofreu alguma mudança, sim, ou que pelo menos precisamos reorientar e expandir nossos conhecimentos; uma vez que tanto a Tradição judaico-cristã quanto as Tradições Orientais em se tratando de Evangelhos pouco se diferem.

Se um martinista se queixa que não recebeu material suficiente para trabalhar sua orientação espiritual na via de Martinets de Pasquallys ou Louis-Claude de Saint-Martin pode ter muita razão e deve buscar outras formas de conhecimento e doutrinas com que, de alguma maneira, complementem nossas instruções fundamentais. Mas, em primeiro lugar, devemos explorar todo nosso acervo de comunicações e doutrinas que venham de nossas vertentes originais; uma dessas obras e citamos como exemplo o *Tratado Metódico de Ocultismo* de Papus seja um objeto de estudo científico e parte do conhecimento que devemos dar atenção, entre outros tratados e textos necessários. No que se refere a "ensinamentos" sobre a doutrina crística devemos lembrar que com certeza o valor desses conhecimentos para formação intelectual e espiritual de buscadores, seja no aspecto bíblico seja em seu aspecto místico não tem por meio desses textos formar eruditos em matéria bíblica, nem formar verdadeiros teólogos, senão formar *homens de desejo*, livres de dogmas e buscadores da verdade.

Todos os martinistas e escocistas ocidentais, com raras exceções, receberam, de alguma forma, uma educação religiosa, católica ou protestante, na infância. A maior parte de nós, com maior ou menor sinceridade e entusiasmo místicos, temos feito orações desde a juventude, pelo menos, e tomamos a Santa Comunhão.

Quanto mais crescidinhos ficamos, mais nos afastamos da Igreja e da sua liturgia na qual fomos educados, talvez por falta de motivação mística (da "fé" em seus mais diversificados graus) ou, mais frequentemente, pela "dúvida mental", quer dizer, pela discussão sobre pontos de dogma ou de catecismo, ou por não compreender ou não aprovar tais ou quais atuações das igrejas ou de seus ministros.

Seja quais forem os dois casos possíveis, o ingresso no caminho, na senda chamada "iniciática", tem por finalidade essencial, fundamental, Única, pode se dizer, a voltar a trazer-nos aos Pés do Senhor, porém, com pleno equilíbrio, sem fanatismo ou ilusão.

Não somente com uma fé parcial, unilateral e exclusiva, nem com uma fé teórica sem suas consequências lógicas e naturais: caridade, perdão e tolerância.

Não somente com uma convicção intelectual, dogmática tendendo a resolver tudo com números de versículos ou com esquemas kabbalísticos.

Mas, sim, com uma tendência ao equilíbrio.

Pois bem. A tendência ao equilíbrio, no Iniciado, por menor que seja, ocidental, somente poderá realizar-se do seguinte modo:

1º - Conhecimento da constituição humana individual, teórico e, pelo menos em parte, prático. Quer dizer que o indivíduo chegue a saber e a verificar pessoalmente que tem um corpo, uma alma e um espírito e que comprove sua própria existência (vivência) em atos físicos, atos anímicos, atos mentais, atos morais, atos místicos, sem dúvida, com toda segurança e sem vaidade nem a pretensão de crer que já *é algo notável* pelo simples fato de que se redescobriu, que pode manejar seu estômago, sua mente, seu coração ou sua psique, pelo menos em parte, como maneja suas mãos e seus pés: imperfeitamente, somente com parte de consciência do ato.

2º - Conhecimento da constituição da Natureza. Significa chegar a saber, de modo geral pelo menos, e a verificar praticamente, de algum modo, que aquilo que o ocultismo ensina é real e que confirma que todas as coisas que as religiões ensinaram são mais ou menos veladamente.

3º - Chegar à convicção plena, segura, firme, de que A *Única Finalidade Real* da existência física dos seres humanos é: uma oportunidade a mais. Reiterada em cada "vida" (encarnação) de cultivar, cada vez mais conscientemente seu "Corpo de Glória", quer dizer: a parte superior da alma, a única que pode chegar a servir como expressão e instrumento são e puro do Espírito Divino que habita em cada forma. Somente este ponto requer anos das mais diversas experiências para que isso não seja algo que o indivíduo aceite como provável, possível, lógico, etc., mas, sim, que se decida a vivê-lo e o prove com seus atos.

4º - Chegar a ter segurança plena, firme de que cada um de nós, se bem-dotado de relativa liberdade, de certa autonomia ou livre arbítrio, e por isso mesmo, da possibilidade de mérito (Progresso) e de responsabilidade, não vale senão por sua atuação para com os demais, pelo serviço aos demais e pelo seu esforço de superação sobre si mesmo, sempre que faça exclusiva ou principalmente com a intenção de servir melhor os demais.

5° - Chegar, mais tarde, com segurança plena, firme, de que somos ajudados, dirigidos, (com chicote e gancho, quer dizer, tanto para impelirmos a atuar como para tratar de impedirmos atuar quando vamos contra aquilo que deve ser) e chegar ao desejo de colaborar com a vontade Superior.

6° - ... (e ficarei nos seis, por hora...) Chegar a poder novamente penetrar num Templo com o corpo, a alma e o espírito (ou seja, pelo menos, a parcial consciência espiritual) mas de acordo com aquilo que o vocábulo Templo contém: um lugar no qual buscamos *"re-ligarmos"* com o superior, para do Divino.

Diante dessas considerações gerais, podem-se deduzir facilmente todas as razões da orientação que vem da nossa Venerável Ordem. Mas, para chegar a encontrá-las (ainda que nossos rituais e regulamentos sejam claros neste sentido) temos que meditar e pensar um pouco. E, como isso não parece ser o "esporte" favorito da maioria, trataremos de ajudar a extrair as conclusões:

Primeiro: Para descompactar o ponto 1° exposto inicialmente é necessário, antes de tudo, estudar um pouco, observar bastante os demais e, especialmente, observarmo-nos profundamente. Isso se pratica na vida em cada dia, ajudado pelos ensinamentos do ocultismo, nos qual há métodos de observação e verificação; examinar detalhadamente nossos movimentos. No que se refere a observar praticamente o funcionamento de nossas diversas partes constitutivas, e isso se consegue somente com a condição de que nossa vida seja "abastecida" na atuação: quer dizer, que tenhamos uma vida, profissional ou de responsabilidade concisa, com uma moral e ética sustentável diante do bem e dos valores que dignificam o ser humano. Uma vida ideal: quer dizer, aspirando ser vivida em realizações nobres e altruístas de superiores ações que nobilifique o homem como ser humano, nas ações que seja obrigado por necessidade ou rotina; na senda de uma vida mística que pode ir desde a solitária meditação e oração até e principalmente as cerimônias coletivas, nas quais o esforço individual e os resultados particulares são os maiores e os mais fortes. Tudo isso é necessário e indispensável, pode dizer-se, apenas para conhecer-se a aprender também a manejar-se, dominar-se, elevar-se, etc., cada vez mais facilmente, mais voluntariamente, mais conscientemente, etc. Como se vê, a tarefa do primeiro ponto não é pequena, e sem ela não é possível as demais.

Segundo: A experiência ensina que somente quando o indivíduo fizer os esforços para assimilar a teoria e começar a viver bem na prática, ainda que parcialmente, do exposto neste item, é quando começa a compreender e sentir o que significa o Estudo da Natureza, quer dizer, que aos poucos vai tomando consciência do que ocorre nele mesmo e ao seu redor, durante a eclosão de uma flor, durante a operação de uma pessoa, durante um conserto sinfônico, durante uma cerimônia litúrgica, numa troca social (que antes via somente como uma relação política), etc.

De repente, então sua mente, ampliada pela meditação e pela observação, e seu coração, cultivado pela atenção do carinho e da compaixão já incipiente, permitem-lhe simultaneamente exceder (ultrapassar) as interpretações teóricas e pedagógicas dos ensinamentos e realizar (alcançar) o contato pragmático, com os quais queriam significar (aplicar) realmente aquilo que estão em tais ensinamentos, seja nas iniciações, ou seja nas revelações de todas as religiões.

Pode-se dizer então que, dentro do indivíduo, ainda que ele não saiba que seja assim, se estão evocando suas encarnações passadas: como negro, como amarelo, como vermelho; e isto quer dizer: como membro que foi em outras civilizações; como fiel que foi, com um grau qualquer de fé, pouco importa, de outras religiões; como aspirante ou membro de outras seitas ou iniciações nas escolas de mistérios; etc., etc.

O Véu da multiplicidade se atenua, esse indivíduo está perto da possibilidade de ser religado à iniciação unitária, é um candidato à filosofia vívida da Unidade...

Terceiro: Mas (na nossa vida imperfeita tem sempre um "mas"...) ele chegou também ao "ponto sensível". A famosa prova da "segunda vida", do "segundo nascimento" está perto. Não quero dizer com isso que ele vai ler num livro ou que lhe contarão outra vez. O que vão lhe apresentar é uma "imitação simbólica" da iniciação egípcia (ou outra qualquer) da vida espiritual, que é inerente a todo ser humano que aspira a Luz.

Não! Trata-se de algo muito mais significativo: dele mesmo, do indivíduo relativamente livre, que por agora é um tanto mais livre quando sua grande ignorância não lhe comporta ainda que com importantes responsabilidades, vai ser submetido a uma verdadeira prova iniciática; a de ver se a atração pelo dinheiro; se a pressão da sociedade, da família, intelectuais, profissionais, da sociedade, da linguagem, etc. etc.; se suas dúvidas ou pretensões; se até seus hábitos de preocupar-se mais consigo mesmo por qualquer coisa, se tudo isso e uma quantidade de outros fatores que seriam inumeráveis, vão vencê-lo mais uma vez; ou se, desta vez, ele conscientemente, realmente, firmemente vai dedicar-se, quer dizer, entregar-se ao trabalho de retomar a função consciente da Alma sobre este mundo!...

Este é o aspecto fundamental do quarto ponto, citado anteriormente e que neste momento que se verifique estes fracassos, aqueles que não devem afligir mais do que em realidade representam: "um trem perdido", quer dizer, uma oportunidade que passou... porém, que voltará a apresentar-se cada vez que o indivíduo real e sinceramente volte a procurá-la.

Quarto: Como a vida é uma, total e indivisível, seria errôneo pensar em etapas ou pontos citados como tanques de parede, perfeitamente separados. Não, na realidade, tudo isso é um processo harmônico – até onde a harmonia existe mesmo dentro da imperfeição – e muitos indivíduos estão realizando bastante o "primeiro ponto", algo do segundo e terceiro, quando o quarto e quinto se lhes insinua.

Por isso, a melhor via (em qualquer atividade e especialmente na iniciática) é sempre a coletiva. Nela, efetivamente, e no quinto ponto, quer dizer, a possibilidade, a oportunidade e quase que a obrigatoriedade de se dar conta (e de ingressar na ajuda) do serviço aos demais, está presente desde o início do caminho. Mas, quando o indivíduo já está realizando mais ou menos os pontos do primeiro ao terceiro, fica evidente que sua mente compreende, seu coração percebe e sua sensibilidade capta, de modo cada vez mais aguçado o chamado dos demais, a necessidade, e também tudo aquilo que vibra em cada ser que lhe rodeia.

Este é um dos momentos mais difíceis, e, desvelando plenamente meu pensamento, diria que é neste momento que vai revelar se o Indivíduo está mais ou menos maduro para o Caminho Iniciático Crístico. Efetivamente, o Indivíduo pode ter ainda muitas impurezas físicas por eliminar. Pode ter grandes lacunas em sua cultura intelectual profana e iniciática, pode ter defeitos morais ainda bem nitidamente presentes, pode até ter, ainda, dúvidas sobre pontos fundamentais das doutrinas transcendentes; mas, se em seu coração, sente, não como decisão, não como ato de vontade determinada, não como orientação mais razoável a seguir, não como lógica imitação de pessoas mais adiantadas. Senão como um desejo, como uma necessidade, como algo que faça parte de suas funções vitais, tanto quanto respirar, comer e dormir, o *"Dedicar-se aos Demais"*, então é possível que ingresse realmente no caminho que leva à Iniciação.

Sem dúvida, antes será preciso ainda que se verifique se em seu "Servir" não tem exclusivismos, não tem dogmatismos nem diferenças, se tão pouco tenha desequilíbrio (deixando de atender aos familiares, pessoas ou coisas próximas e compromissos de toda espécie assumidos antes) para dedicar-se ao "serviço" ou ao "progresso" a preço da dor alheia.

Esta é a etapa mais longa, é muito longa, e não são poucos os abandonos nesta altura do percurso..., mas, recordemos que todos voltarão a inscrever-se na prova, uma e outra vez, até chegar à meta.

Quinto: Geralmente ninguém pode percorrer grande parte dos pontos ou etapas do 1º ao 3º, ou da primeira a começar pela quarta sem haver tido alguma ou algumas oportunidades de ver, ouvir, presenciar ou quase sempre de verificar pessoalmente a existência de Seres Superiores ao comum dos mortais: Seja pelas curas pedidas em oração – individual ou coletiva. Seja por fenômenos psíquicos das mais variadas formas, de ordem objetiva: visão, audição, etc. Seja pela sensação geral, quer dizer, por um estado especial que cada um em seu coração e consciência sabe como é, quando um Mestre se aproxima ou faz sentir sua Influência. Enfim, pelos modos mais variados possíveis, o Indivíduo sempre sabe, por haver vivido de algum modo, que tem uma ajuda, uma orientação e uma proteção para todos os Seres sem exceção, mas que se faz perceptível para aqueles que buscam senti-la para colaborar com ela.

Desvelando mais uma vez nestes argumentos, meu pensamento, devo reconhecer que, por motivos que seria desnecessário expor, os métodos do Oriente são mais apropriados para se fazerem perceptíveis com mais rapidez e facilidade, em particular no aspecto do quinto ponto. E isso é de suma importância, pois o indivíduo que viveu, ainda que fora apenas uma vez, a nítida visão ou a clara audição – e ambas as coisas acompanhadas de determinado estado, ou somente este especial estado com a plena segurança interna da qual significa – o indivíduo não somente será incapaz, ainda que quisesse, de esquecer o vivido, como também que cada vez que quiser sinceramente somente esta recordação lhe dará força suficiente para seguir no caminho, "apesar de tudo".

E por esse "apesar de tudo" entendo: de suas próprias imperfeições, das dificuldades da vida diária e da vida iniciática, etc. etc.

Vale, pois, a pena deter-se neste quinto aspecto ou ponto.

Do ponto de vista da "via crística pura" se pode afirmar, sem sombras de dúvidas, que tais experiências não são vividas geralmente pelas pessoas senão sob uma das duas condições seguintes:

1º - Ou uma dedicação plena, contínua, valente, quase heroica, ao serviço dos demais.

2º - Ou uma devoção profunda, pura e desinteressada.

Ambas as realizações são, devemos reconhecer, sumamente raras em nosso mundo ocidental ou nos modos de existência atual.

Sem dúvida, e desvelando assim por terceira e última vez com pensamento pleno neste argumento, me atreveria a afirmar que a Corrente Crística verdadeira somente pode fazer-se sentir realmente naqueles indivíduos que, de um ou outro modo, cheguem a realizar um ou ambos pontos precedentemente citados e desenvolvidos.

Creio que isso bastaria, por si só, para explicar por que, na Via Cardíaca (da Ordem Martinista ou do R.E.R.), não parecer ter uma especial preocupação para expor a doutrina crística ou para "ensinar" como se faz para chegar a ser, realmente, um Cristão, por excelência.

Deixando de lado todas as coisas pequeninas (e não podem ser senão pequenas) questões de interpretação de textos, de métodos didáticos ou práticos, de afinidades com tal ou qual Mestre, de laços provenientes de quem sabe que iniciações anteriores, com tal ou qual Corrente Iniciática, eu não teria dúvidas em afirmar que, a Corrente Crística se fará sentir naqueles indivíduos que consigam reunir as condições supracitadas e que o Venerável Mestre Papus, seguindo neste viés de ensinamento pelo seu Mestre espiritual Philippe de Lyon, que se resumia na seguinte tríada.

Bondade – Tolerância – Caridade

Mas não se trata de oferecer a vida por um enfermo... e quinze minutos depois não ceder num ponto de vista.

Não se trata de acreditar-se cristão e ter em sua casa dez trajes luxuosos enquanto se passa como furtivamente perto daquele que nem tem abrigo, e, às vezes, até vira o rosto.

Não se trata de querer a união com a divindade e ser incapaz de reconciliar-se com o próximo.

Não se trata de querer assegurar-se com laços com tal ou qual Mestre e ser indiferente a dor ou a necessidade da esposa, filhos, amigos ou irmãos em ideal.

Numa só palavra: não se trata de ilusões, senão de realidade; não se trata de pretensões, senão de sentido de proporção, não se trata de opiniões, senão do efetivo, do tangível, do *Verdadeiro, sem erro, muito verdadeiro*".

E que não fique a menor dúvida ao leitor, que quando, no Oriente, um Vivekananda organiza a *"Ramakrishna Missão"* e faz com que seus *Swamis* consigam servir como heroicos monges e irmãos de caridade, aos seus semelhantes necessitados, o Cristo está presente em espírito e em Vida!... E da mesma forma, seja como Martinista ou Maçom verdadeiro, possa também se inspirar nestes divinos seres devotados e altruístas, fazendo a cota parte que cabe a todos os homens de desejo. Deixemos de lado toda dúvida, toda indolência e coloquemos nossas forças em ação, martinistas ou maçônicas, ou qualquer outra *"Ordem de Mistério"*, levemos nossos ensinamentos de Iniciados para o Cristo de Luz, para o contato real, despertando, assim, o Cristo Interno.

Quando vivermos os pontos 4º e 5º e quando nos prepararmos realmente, sem erro ou ilusão, a viver o 6º, fazendo de nossos corações e de nossa união somente para com o superior e a formosa realidade, os Veneráveis Mestres de todas as correntes, os Seres de luz de todos os Raios e os Divinos Mensageiros de todos os tempos vivificarão os nossos trabalhos e as orações de cada um e aqueles que sintam especial devoção ou vocação preferencial pelo Cristianismo puro, iniciático e restaurador; vivo, real e prático sentirão a carícia do Cordeiro.

AGNUS DEI
QUI TOLLIS PECCATA MUNDI
MISERERE NOBIS
AMÉN.

III – O TRABALHO EM SUPERFÍCIE E EM PROFUNDIDADE

Vimos anteriormente que as Ordens Iniciáticas (Maçônicas ou Martinistas) desejam levar ou passar aos seus membros a um cristianismo real, mediante três processos simultâneos até onde cada indivíduo o possibilite:

1º - Compreensão intelectual a qual o cristianismo é a vivência sintética de todo ensinamento pelas revelações e religiões precedentes, mas sua característica própria ou principal esteja fundamentada na: Tolerância - Bondade - Caridade - Perdão.

2º - Vivência prática do anterior – progressivamente desde cedo – mas: vida coletiva no intelectual, logo no cerimonial e devocional (quer dizer, na Alma).

3º - Finalidade última, União em Espírito, somente possível quando os indivíduos vão realizando a união real com os demais nas três modalidades: material-anímica e "mental-psíquica" e, ao mesmo tempo, com as mesmas fontes espirituais.

Vimos também os meios ou normas que o Martinismo indicava como caminho para isso, passo a passo ou etapa por etapa, com a interdependência de ditas etapas.

Nos resta tratar, agora, da questão do trabalho "em superfície" e "em profundidade", e além, disso, temos que contestar a uma série de perguntas, celeumas, objeções e eventuais críticas que os leitores possam ter ao submeter estas argumentações iniciáticas ou profanas. Teremos então por *des-a-fio*, clarear, expor, atrair por afinidade, mas não obrigar a quem quer que seja a pensar constritamente naquilo que proporcionamos em proposições, portanto apenas indicamos o caminho, mas não encorajamos o percurso de forma irracional ou absurdamente dogmática.

No seio da Ordem Martinista, desde muito tempo na Europa, e há menos de 100 anos no nosso Continente se tem manifestado por tendências entre os membros que podem ser resumidas da seguinte maneira:

1ª Tendência: Uma Ordem que deve tratar de fazer chegar sua doutrina ou seus ensinamentos ao maior número de indivíduos possível. Com isso, contribuindo na divulgação das verdades espirituais, e em corolário, vendo aumentar suas possibilidades numéricas e materiais, crescendo, pois, constantemente, seus meios de ação em benefício de todos. Para realizar isso, deve fazer aos indivíduos e ao ambiente e época o sacrifício de trocar tudo quanto possa parecer antiquado ou supérfluo, modernizando, organizando e instruindo.

2ª Tendência: Uma Ordem é uma organização visível, constituída como reflexo de leis eternas. Portanto, seus métodos organizativos, didáticos e realizadores são inalteráveis. Os indivíduos que estejam aptos a seguir tais preparações, são os únicos aos quais pode admitir diretamente em seu seio, em vista de uma preparação intensiva, sem preocupar-se com o número. Para os demais, deverá fazer um trabalho de divulgação, mediante organizações exotéricas de adaptação, adequadas a realidade do meio social a ser trabalhado.

Essas questões são muito mais complexas do que possa parecer ao primeiro golpe de vista.

Antes, porém, de examinar como encara o assunto do Martinismo propriamente dito, vejamos um pouco o que se passa no mundo e os tipos de organizações que existem, com seus respectivos resultados, sem citar nomes nem molestar a ninguém em particular, nem exaltar tampouco a nenhuma pessoa ou sociedade em detrimento de outra.

Para isso, precedamos por perguntas e respostas que naturalmente surgirão ao pensar nestes conteúdos.

1º Há falta no mundo atual de informação intelectual, ocultista ou outra?

- Parece-me que podemos responder categoricamente pela forma negativa. As livrarias nunca estiveram tão cheias de livros como tem expostos: Astrologia, Quiromancia, Ocultismo em geral, Kabbala, Religiões comparadas ou sem comparações, Filosofias de todo tipo de tendência, Espiritismo branco, verde ou escuro, Magia de todas as cores e matizes, etc. No que se refere ao Oriente, tudo que é publicável e ainda aquilo que poderia ser, está nas vitrines: Yoga corporal, Tratados de respiração, bons e maus, partes perigosas da Yoga tântrica ou sexual, Yoga devocional e mística, Yoga do Fogo, Budismo, Vedismo, Vedantismo, etc., tudo isso está profusamente exposto, traduzido, comentado e oferecido de maneira pragmática como sendo a solução mágica para resolver suas possibilidades de ascensões conscienciais ou até mesmo o sucesso no plano dos Discos.

Sociedades e escolas das mais diversas denominações publicam, entregam ou vendem cursos de toda espécie, desde as da alimentação sã ou fanática até as de metafísica ampla ou sectária. Os meios de comunicação midiáticos, as selecionadas leituras de bolso têm permitido os indivíduos fazerem as mais diversificadas saladas mentais desejadas... ou pelo menos concebíveis.

No café comercial como nos salões de discussões acadêmicas ou corriqueiras sociais, no conglomerado da esquina ou num coquetel fortuito argumentam sobre economia, política partidária, como tudo que envolve o ser humano, ou melhor, a alma humana e em cada duzentos metros tem uma casa onde alguém tem revelações de um livro raro ou de um espírito (escritor) genial.

Se me perguntarem se acredito que as publicações de uma Ordem qualquer são necessárias, eu diria que não. Se me perguntasse se poderiam ser úteis, diria que sim, na medida em que todo livro é quase sempre, salvo algumas exceções, possibilidades de meditação e reflexão em algum contexto essencial e intencionalmente proposto para os seres humanos em suas diversas dúvidas existenciais. Porém, não conheço nenhum livro a publicar que contenha algo não publicado, naquilo que fundamentalmente se refere, desde logo, neste sentido, não criamos nada de forma original, somos produtos de muita leitura e conceitos *a priori* lidos em muitos livros, e principalmente ideias percebidas e adaptadas às nossas realidades, produzindo desta neste contexto uma miscelânea de conhecimentos que nos chegam de todos os lados e de todas as formas.

2º Existe alguma doutrina, revelação, conhecimento, que se pode conhecer e que seja passivo de mudanças favoráveis e mais rápidas à humanidade?

- Se a vida e os ensinamentos legados por Rama, Krishna, Zoroastro, Orfeu, Buda, Jesus e os milhares de santos e sábios que comentaram e divulgaram suas respectivas revelações sempre tiveram o cuidado para fazê-lo de forma conscienciosa, divulgando seus ensinamentos, de forma exotérica para todos, e o esoterismo (gnose) para os poucos e secretos, pois ninguém que seja responsável poderia pretender publicar algo que seja realmente um fermento ativo para as massas. Isso poderia ser catastrófico para a humanidade.

3º Então seria inútil publicar qualquer obra, por melhor que seja?

- Nem tanto ao mar, nem tanto a terra. Nada é inútil, mas pouco é necessário e quase nada é indispensável, em se tratando de publicações. De modo geral e sintético creio que tudo que se publica tem uma utilidade geral e outra utilidade mais ampla para aqueles que estão preparados ou "curados", os quais quase sempre, de algum modo, obtêm a informação que realmente buscam, necessitam e merecem; neste sentido, todo escrito pode ter três níveis de interpretação: literal, figurada e secreta.

Creio que uma Ordem deve publicar aquilo que sente como algo necessário e suficiente e nada mais que isso, para facilitar a busca daqueles que virão pelo caminho solicitando informações para servirem de balizador para suas escolhas. Em outras palavras, existem temas e conhecimentos que demandam um conhecimento a priori e passar conhecimentos sem os devidos cuidados "a torto e a direito" (desordenadamente) além de imprudente pode ser nocivo à vida das pessoas; porém, podem-se passar as finalidades essenciais de uma Ordem de forma sustentável, já que um bom editorial ou departamento de divulgação tem sua missão bem definida.

4º Que papel pode então desempenhar uma Ordem em relação à leitura?

- A meu juízo, somente um: Evitar que seus membros leiam demasiadamente obras que só geram desinformação e, com isso, desviando os Adeptos do eixo fundamental.

a) Tratar de que não acreditem que a erudição intelectual os levará a superação de suas limitações e tampouco permitir que compreendam melhor aquilo que deveriam ler ou apreender dentro dos limites idealizados.

b) Tratar de indicar-lhes aquilo que devem ler, em cada momento de sua preparação ou realização, para evitar-lhes repetições, confusões, acumulações mentais desnecessárias, etc., que vêm causando indigestões a um bom número de estudiosos, transformando-os em desorientados ou em polemistas "por esporte".

5º Como o Martinismo encara o problema da instrução intelectual e da leitura?

Desde o tempo do Grande Mestre reorganizador da Ordem, Papus, e a plêiade de valores que o rodeavam, se preocupava por selecionar aquilo que realmente poderiam considerar-se como necessário para a cultura básica de um martinista até o terceiro grau inclusive, chegaram à conclusão de que se tratava de um material assimilável num período de 6 a 18 meses, sempre que fosse estudado e meditado com "desejo", atenção, método e praticando pouco a pouco a leitura.

Tal material era constituído de:

- Estudo geral da constituição humana, física, astral e psíquica.
- Estudo geral da constituição terrestre e do nosso Universo.
- Estudo geral e aplicado de astrologia judiciaria: elencando um tema e sua interpretação.
- Estudo global de ciências de correspondência: Quiromancia, Grafologia, Fisionomia, detendo-se sobre os quatro temperamentos.
- Estudo básico do sânscrito e hebraico.
- Noções de Kabbala e de Mística teórica.
- História sintética das civilizações, raças, continentes e da lei evolutiva das coletividades humanas e revelações correspondentes.
- Da Lei *sinárquica*, em particular e da hierarquia geral, funcionalmente considerada.

Tudo isso cabia em poucos livros e estava resumido nos Cadernos da Ordem, no quais cada Iniciador, ditava ou fazia-os copiar e comentava os assuntos com os Discípulos, os quais também eram praticados inicialmente no nosso Continente.

Posteriormente, por quererem ser mais modernos e mais cultos, o resultado foi ampliado e textos teóricos dos martinistas foram distribuídos e posto à disposição generalizadamente em conjunto e demasiadamente continha pouco da síntese necessária idealizada pelos mestres passados. O mal foi parcialmente corrigido em grande parte pela edição do "*Tratado Metódico de Ciência Oculta*" de Papus, (traduzido pela primeira vez no Brasil por V∴M∴ Pitágoras, na década de 1920), que constitui algo quase por completo dos três primeiros graus, com apenas uma exceção de certas indicações de ordem prática, que se davam somente por via direta.

Não quer dizer com estes comentários que o Martinismo proíba ou desaconselha a leitura aos seus membros.

O que o Martinismo pede é o seguinte:

1º Começar pelo princípio. Seguir a ordem indicada. Fazer a síntese exata do texto lido, para poder aplicá-lo, seja na compreensão dos fatos e seres, seja para poder, pelo menos tentar aplicá-lo na *práxis*, pois, como diria o Filósofo Desconhecido Louis-Claude de Saint-Martin: "O homem sem a prática é como uma árvore sem frutos". Passar à prática daquilo que realmente é prático: astrologia, etc.

2º Se alguns martinistas não desejam seguir esta sugestão de treinamento especial, ninguém os obrigará a isso, porém, tampouco devem querer reclamar se não obterem os resultados previstos como média normal mínima.

Como se vê, pelo exposto, começando pelo mais sensível, que é a leitura ou informação intelectual, o Martinismo define da seguinte forma sua posição: Pouca coisa para poucas pessoas aptas ou pelo menos dispostas a seguir uma norma padrão.

Não creio que necessite ser um bruxo (vidente) para descobrir nisso, desde já, que o Martinismo nunca pretendeu transformar-se numa Ordem numericamente extensa nem de finalidade de divulgação direta ampliada.

Muito ao contrário, vem seguindo a lei oculta que diz:

a) Preparar-se;
b) Treinar-se;
c) Aplicar Irradiando. O Martinismo esperava que alguns de seus membros estivessem preparados e treinados para a dupla missão de DAR nestas duas modalidades:

Esotericamente, ou seja, internamente (transcendentalmente): Como INICIADORES martinistas, destinados a transmitir ensinamentos e dirigir o treinamento físico, moral e psíquico aos novos martinistas.

Exotericamente, ou seja, externamente (transcendentemente): Como INICIADOS que não dizem sê-los:

a) Atuando como Professores de cursos internos ou externos (para iniciados ou profanos) ou em sociedades análogas.
b) Funcionando como ajudantes sociais: curas físicas e morais, etc.
c) Funcionando como Fermentos Sociais: vivendo como seres EMANCIPADOS dos prejuízos, das convenções, dos ideais políticos ou religiosos dogmáticos ou sectários e prontos a sacrificar-se sempre pelos ideais superiores da humanidade.

Se uma Ordem não tem por finalidade essencial a de dar ensinamento intelectual a seus membros – ou ao público – pode-se fazer a seguinte pergunta:

Qual é a finalidade ESSENCIAL de uma ORDEM INICIÁTICA?

Do ponto de vista real, quer dizer, profundo, no sentido espiritual, a pergunta se responde com poucas palavras:

Criar um gênio: E, como desejaria que me entendesse, não tenho outra maneira senão sair da linguagem iniciática e falar em termos profanos: Uma Ordem é um órgão humano que se constrói reunindo indivíduos, os quais se explica primeiro porque, como e o que pode chegar a constituir um Gênio, isto é, um organismo psíquico espiritual nos dois planos – visível e invisível – onde trabalha dia e noite, em vigília e em sono, pelos demais, e um organismo social, que trabalha no mundo visível pela palavra, pelo exemplo e pela ajuda direta. Neste sentido, não podemos ter um discurso e percurso diferente.

Quando entender e aceitar (isso pode levar algum tempo...) começa então a segunda parte, ou etapa: preparar-se para isso. Vêm então todas as lutas das almas e das mentes, quer dizer, o inevitável choque de instintos, temperamentos e opiniões dos iniciados da coletividade, entre eles mesmos e entre eles e o mundo que os rodeia (família, sócios, amigos, mundo externo em geral, etc.), mas a luta contra os agentes astrais de natureza oposta do tipo de ideal que a coletividade representa.

Esta segunda etapa é muito mais longa, naquilo que se refere a preparação do núcleo central da coletividade, que, sem dúvida, cresce pouco a pouco, e é praticamente ilimitada, já que não somente ingressam continuadamente elementos (células) novas na coletividade, como também esta jamais alcança um grau de unidade espiritual pleno, mas que progride devagar enquanto se conserva em relativa harmonia crescente.

Como se compreenderá pelo exposto, querer estender o âmbito de uma Ordem a muitíssimas pessoas ou a humanidade é absurda do ponto de vista anunciado, já que a própria finalidade comporta como condição básica a reunião de elementos afins, quer dizer, quando menos, animados do desejo desta vida de profunda amizade, união anímica, mental, moral e psíquica.

Portanto, toda Ordem que ponha seus olhares no progresso quantitativo (numérico) está automaticamente colocada numa das duas seguintes condições:

a) Ou bem ignora o que realmente é um Gênio, uma Egrégora e uma Ordem e confunde isso com um Clube, uma Sociedade ou uma Universidade.

b) Ou bem supõe e tende a esquecê-lo, deixando levar pela miragem ilusória do crescimento numérico, da prosperidade econômica ou da vaidade ou conveniência do poder social, etc.

Vejamos agora como planejava a questão do Martinismo propriamente dito:

1º A seleção e aceitação dos Candidatos era coisa que dependia exclusivamente dos Iniciadores, os quais sabiam que deviam tratar de aceitar a todo "*Homem de Desejo*" e que eles se tornariam seus Tutores intelectuais, morais e psíquicos destes, também no caso de um novo martinista ficando como membro livre (quer dizer, trabalhando somente 'em relação' com seu Iniciador) como no caso em que ficasse membro da Corporação.

2° A seleção dos ingressantes à Corporação se fazia:

a) Por apresentação do Iniciador.
b) Com a conformidade do Presidente da Corporação.
c) Com a anuência ou voto dos componentes da Corporação, que aceitavam assim uma nova Célula na Alma e no Corpo da Corporação.

IV – FUNDAÇÃO, TRANSMISSÃO E ORGANIZAÇÃO DE ORDENS EM GERAL E DA ORDEM MARTINISTA EM PARTICULAR

1° Como se organiza uma Ordem?

- A esta pergunta se pode responder de três maneiras:

Primeira: Para os historiadores, uma Ordem é uma sociedade que nasce numa data de modo que determinados documentos deixam rastros, presunção ou prova de que determinado número de pessoas se reuniram com a finalidade de estabelecer dita Ordem.

Segunda: Para os estudantes de ocultismo em geral, uma Ordem é uma sociedade de estudos esotéricos ou exotéricos, que, em determinado lugar e época se organiza para voltar a insistir, junto a humanidade local, sobre a difusão da doutrina espiritualista em geral ou sobre determinados aspectos da mesma, em particular.

Terceira: Para os Iniciados, uma Ordem é o movimento visível que se produz entre determinado número de seres humanos, como consequência de determinada ação do Plano Invisível, visando a uma finalidade a cumprir.

É evidente que a terceira definição é a única que contém a real base de uma Ordem, e tão é assim, que podem perfeitamente reunir-se as duas primeiras condições, ou seja, da reunião, fundação e escolha do sistema didático ou prática de ensinamento e não resultar somente numa Ordem e sim numa sociedade de estudos.

Em que fenômeno visível pode-se então encontrar a prova ou o indício de que nos levará a falar de tal prova a qual a terceira condição realmente foi a que deu base a uma Ordem?

- Há muitos fenômenos que são uma resposta, mas, quase sempre, se encontra um fenômeno comum nas Ordens verdadeiras:

Surge um indivíduo humano que desde a mais tenra idade assume o papel de motor ou de transmissor da vida de uma dita Ordem e, apesar de todas as peripécias que possa ter a vida de tal indivíduo e da dita Ordem, se verifica que a ação gira efetivamente ao redor da individualidade escolhida pelo Invisível.

Tanto é assim que, em muitos casos, ao falecer tal individualidade física, o Invisível não deixa imediatamente qualquer outro substituir a função real, e em tal caso, por mais membros e bens que tenha a Ordem, o movimento de desagregação se produz rapidamente e a Ordem desaparece ou entra em recesso de atividade, até que o Invisível Superior encontre outro Indivíduo humano disposto a entregar sua existência a dita Ordem. A propósito, isso explica a razão do caráter vitalício das funções de quase todos os chefes de Ordens Ocultas e de certas funções eclesiásticas iniciáticas.

O decreto de fundação de uma Ordem se escreve, pois, primeiro no Plano Invisível, e é este o fato que Papus chamava de: *"as raízes no Plano Invisível"* das Ordens e das Religiões.

Efetivamente, fundar uma Religião, um culto ou uma Ordem iniciática, não é coisa que dependa do capricho dos humanos. Os humanos podem fazer imitações passageiras delas, mas, ao primeiro vendaval de provas e de sacrifícios que chegue, ou aos primeiros sinais de perseguição ou de dificuldade sociais, todos somem, desaparecem em disparada.

Em troca, nas Igrejas, Cultos ou Ordens estabelecidas com "permissão do Invisível", ditas provas, dificuldades ou perseguições não fazem mais que alienar os débeis, mas de sintonia com as almas daqueles que tinham realmente realizada a entrega de sua Individualidade ao Gênio diretor da Coletividade no Plano Invisível, e desta forma vai realizando as vidas dos "mártires" (para empregar um termo conhecido) quer dizer, daqueles que se sacrificam voluntariamente por várias razões:

a) Porque sendo realmente "Iniciados" não têm medo, e nem a pobreza nem a calúnia nem a perseguição nem o ridículo nem a morte os fazem tremer.

b) Porque, conhecendo a Lei Oculta, sabe que o aceitar (conformar-se) conscientemente com determinados sacrifícios equivale a robustecer a vida astral e moral da Ordem e, ao mesmo tempo, a esgotar mais rapidamente as causas de tais sofrimentos na Coletividade Humana em geral.

c) Porque, quando aceita-se trabalhar com e por determinada Ordem, sabem que ligaram sua existência física e astral com a mesma e que, portanto, lhes basta fazer o melhor possível naquilo que pressente, como um desafio no dia a dia, deixando ao Plano superior a orientação geral e sucessiva que eles geralmente ignoram e nem sequer se preocupam em saber.

Em outras palavras, a "entrega à Providência" não deve ser uma palavra nem a "fé" uma coisa que se usa quando tudo vai bem, senão pelo contrário, realizações internas que se provam por toda uma vida orientada no mesmo sentido, por toda uma existência que, se bem pode apresentar os altos e baixos que todo ser imperfeito tem em sua vivência, se caracteriza, sem dúvida, pela "tenacidade elástica" daquilo que se ressurge sempre com a modalidade que adotou de forma definitiva.

Portanto, aqueles que perguntarem se a Ordem Martinista foi organizada por "iniciativa própria" de alguns dos dirigentes, põe em evidência quem não somente não conhecem o que é uma Ordem como também nunca leram nada do que foi publicado sobre a vida e obra da Ordem Martinista.

Tal história pode-se resumir-se em poucas palavras, desde o ponto de vista que nos interessa; quer dizer, de verificar "se o Invisível segue tendo interesse na existência da Ordem Martinista".

1º Martinets de Pasquallys organiza visivelmente a base da Ordem e é bom lembrar que ele nunca dizia que "ele queria fundar tal Ordem", mas, sim, que sempre disse: *Aquele que me enviou*...

2º Ainda que, durante sua curta vida na Ordem, dito fundador deixou entrever seu desejo de entregar a direção de determinadas pessoas, na realidade é àquele Invisível que deu seu apoio (aval) a duas pessoas fundamentais: Willermoz e Saint-Martin. E a prova disso é o fato de que, até hoje, o Martinismo subsistiu com as duas modalidades que estas Individualidades conseguiram projetar no mundo visível.

3º Depois de um longo tempo quando o Invisível se contentou com os valores "conservativos" (Cavarnier, Delaage, etc.) vemos que o trabalho que o Invisível fizera preparar silenciosamente por Eliphas Levi, etc. recebe, repentinamente um empurrão notável: Papus foi "delegado" para reorganizar o Martinismo.

Destaco o termo empregado pelo próprio Papus, para mostrar que ele sabia que era "um instrumento" e nada mais que isso, o qual longe de restar-lhe valor, se lhes adiciona, uma vez que Papus, Blavatsky entre outros conseguiram fazer o quanto fizeram precisamente por aceitar conscientemente esse papel de Servidor do Invisível, sem impressionarem-se nunca nem com as mais veementes aprovações nem com as mais amargas críticas de seus contemporâneos ou colegas de corporação.

A prova de que Papus fora realmente "delegado pelo Invisível" é sensível: valores com Saint Yves, Barlet, Guaita etc., e Mestres reais como Philippe entre outros vieram a poiar seu trabalho.

No que se refere à Ordem Martinista localizada na América do Sul não é difícil identificar os fatos de seu "decreto de fundação".

Quando Cedaior foi iniciado no Martinismo, muitos outros foram também iniciados na mesma época e modos iguais.

Porém, com Cedaior se "passaram" algumas coisas especiais:

1º Suas iniciações astrais por Mestres da Índia.

2º Sua permanência no Egito e iniciações ali recebidas.

3º A profecia que lhe fizeram de que "mais tarde, mais além do mar, cumpriria realmente com sua missão individual".

4º Sua ida à América em 1910.

5º O Chamado de seu Mestre, em 1914 e toda a vida de lutas, misérias e trabalhos por um ideal que levou sem interrupção ainda que nas piores condições, até sua "passagem" em 1943.
As "raízes" invisíveis de nossa Ordem residem, pois, ali, e o mandato recebido pelo até então Presidente da Ordem, nos religou a cadeia verdadeira da alma do Martinismo.
Examinando se o "Invisível" aprovou ou não aquele mandato:

1º O Presidente lutou ao lado de seu Mestre desde 1914.

2º Em 1920 abandonou uma boa posição profissional e social para sair, a pé, pelo mundo, para começar seu caminho pessoal.

3º De 1920 a 1936, passou por muitas situações, por baixos e altos de posição material e social, mas em todas sempre esteve junto a seu Mestre ou longe dele, as iniciações martinistas seguiam.

4º Quando em 1936, recebeu o cargo já citado, os acontecimentos se precipitaram da seguinte forma:

1939: Reorganização da Ordem, abandonando as iniciações individuais quase por completo, para dedicar-se mais a formação de Corporações (que desde 1925 havia tentado sem êxito). Desde esta época, a "mão" dos Mestres Papus e Philippe se fazem notar em muitos acontecimentos.

1941: A Ordem já conta com Corporações em vários países latino-americanos. Determinado fato na vida pessoal do atual Presidente o desliga da obrigação de viver em determinado país. Quase imediatamente outro Iniciado (Asuri Kapila), que havia ingressado na Ordem por indicação de seu Mestre (El Maharischi) confirma e provoca a conveniência de transladar a Ordem para o Uruguai.

Desde então, todas as realizações cresceram constantemente, ainda que com dificuldades que as imperfeições de dirigentes e membros foram inevitáveis.

Os Membros da Ordem que podiam e sabiam olhar com inteligência os fatos, puderam verificar muitas vezes a intervenção dos Mestres em numerosos fatos da vida da Coletividade ou dos Indivíduos que a compunham.

Em resumo:

1º A Ordem não foi fundada por iniciativa de seus dirigentes.

2º A Ordem existe como continuação de determinada modalidade do Martinismo, e não obstante suas imperfeições, tem até agora o apoio do Invisível.

3º Sem que isto signifique dever algum valor a quem quer que seja, a não ser seus esforços e colaboração, e o binômio de individualidades visíveis sobre aquele que descansa a Ordem foi por mérito e dedicação de Jehel-Kapila ou Kapila-Jehel.

4º Segundo os acontecimentos que se desenvolveram naqueles tempos, pode ter sido por várias causas:

a) Conservação pelo Invisível do dito binômio, com o agregado de outras individualidades que, voluntária e conscientemente, se juntaram a dita dupla, por um laço que nada pode quebrar, pois ninguém jamais viu desarmonia ou qualquer tipo de desentendimentos entre os dois.

b) Seja qual for o número de pessoas que constituía o "Núcleo Vital" da Ordem, aprovado pelo Invisível, qualquer uma dessas pessoas a começar pelo Jehel, pode ser retirado pelo Invisível se faltar com seu cometido, sem que por isso deixasse a Ordem de cumpri-lo.

c) Somente no caso de que o Invisível não tivesse a sua disposição uma individualidade plenamente preparada, poderia passar a Ordem à triste condição de "Sociedade de estudos por simples iniciativa de seus dirigentes".

A Ordem Martinista da América do Sul teve seus méritos a partir da dupla Hejel-Kapila,deram prova de tenacidade, temperança e determinação para prosseguirem com o projeto Martinista na América do Sul. Dentre alguns pontos relevantes destacaremos alguns:

a) Outras pessoas também muito dedicadas somaram às forças do binômio anteriormente mencionado. Não as relacionaremos por duas razões. A primeira, por respeitar o "incógnito" no qual o Martinismo se baseia. A segunda é que nomear somente alguns poderia constituir uma injustiça, e nomear muitos poderia constituir uma imprudência, no sentido que já vimos que, às vezes, destacar uma pessoa cuja em sua atuação ou realização, colaboração ou trabalho se apreciava muito, mas que, por algum motivo, não pode permanecer na Ordem, por diversas razões. Portanto, os martinistas são os mais aptos para julgar ou sentir, individualmente, quais seus Irmãos ou Irmãs que despontaram na ação coletiva um papel relevante, justo e perfeito, em qualquer função que esteja. E o mais importante é que toda realização de quem quer que seja dentro da Ordem pode ser um motivo de alegria e anímico para todos os demais.

b) Lembrar e destacar nominalmente Kapila e Jehel, mesmo que somente pelos seus nomes martinistas tem seus motivos, primeiro por ser funcional e administrativo dentro do aspecto iniciático, isto é, que são suas individualidades dentro das atividades iniciáticas funcionais que por isso têm importância historial. Depois é que não estamos tratando de suas pessoas em termos promocionais, é como se estivéssemos mencionando qualquer Mestre do Passado que tivesse tido suas disposições diante de momentos cruciais do desafio da empreitada da qual estamos relembrando.

Dos Iniciadores Martinistas: Devemos recordar que, desde o tempo de Papus, ficou convencionado que quando um membro chegasse ao quarto grau, por exame na Ordem Martinista, isto é, quando tivesse conhecimentos necessários para retransmitir com fidelidade os ensinamentos da Ordem e seus fundamentos gerais e quando tivesse o real desejo de executar este trabalho, que não é dos mais fáceis, lhe concederiam a "função" de Iniciador. Tais Iniciadores eram encarados pela Ordem como instrutores teóricos dos iniciados, como guias técnicos nas matérias em que fossem especializados ou competentes e como conselheiros morais ou psicólogos de seus iniciados, em outras palavras, um "orientador" geral.

Mas, sobre o desempenho desta função e da relação entre Iniciadores e Iniciados é bom recordar alguns pontos nem todos os martinistas ou candidatos à Ordem conheciam suficientemente:

a) Um Iniciador não é um Anjo nem outro Ser extraordinário no sentido de que muitas vezes o tomavam. Tinha geralmente, condições ou qualidades que os Iniciados iam descobrindo – se as buscassem – pouco a pouco, no contato contínuo ao longo dos anos. Tinham, quase sempre, falhas humanas que os Iniciados também percebiam e com isto causando surpresas ou desilusões.

Sem dúvida, um modo mais compreensivo da realidade e um justo sentido de proporção poderia contribuir para facilitar este aspecto da vida de relação entre Iniciadores e Iniciados:

1º O Iniciador poderia oferecer um ensinamento teórico, conselhos de práticas, orientação psicológica ou moral, mas o iniciado é LIVRE de aceitá-los ou não. A Ordem não impunha nada. Ela apenas oferecia um programa de estudos e nada mais, como mínimo geral a realizar e isso vale até os dias de hoje.

2º Certas modalidade de trabalho coletivo místico (rituais) ou certas disciplinas práticas individuais podem ser realizadas, mas a condição nas quais os iniciados assim o dessem, quisessem realmente, e em tais casos é evidente que somente pouco a pouco, quer dizer, à medida que as condições necessárias iam sendo obtidas entre Iniciador e Iniciado, e entre os mesmos Iniciados quando se tratava de trabalhos coletivos, é que resultados mais diversos poderiam surgir.

É por isso que o Martinismo tem duas classes de Martinistas:

Os Martinistas Livres Ativos, aqueles que somente estudam e eventualmente praticam isoladamente, estando somente vinculados aos seus respectivos Iniciadores.

Os Martinistas Membros de Corporações, aqueles que espontaneamente aceitam a realização coletiva, com todas as experiências que comporta: mais facilidade em certo sentido e mais possibilidade no terreno da autoeducação, etc., e as inevitáveis desvantagens ou dificuldade inerentes a todo agrupamento humano, quer dizer, de pessoas imperfeitas, cujos "defeitos" (para ampliar o termo corrente) não poderiam deixar de tocar com as imperfeições dos demais (Iniciados e Iniciadores).

A experiência Latino-americana demonstrou que as Corporações, em geral, são de dois tipos:

Aquelas nas quais as pessoas se reuniam periodicamente para estudar algum tema teórico e logo fazer com todo o bom sentimento natural em quase todas as pessoas, alguns pedidos por enfermos. Geralmente, tais pessoas não tinham outras ocasiões por estar, momentaneamente, distanciadas e sim passageiras distâncias provocadas por alguma interpretação diferente deste contexto ou algo semelhante. Estavam unidas ali de forma relativamente superficial e suas desavenças também sempre eram superficiais e passageiras.

Outras corporações também se aventuraram, coletivamente, sobre este terreno, que sempre foi mais difícil de explorar, que é a vida mística – ou tentativa desta. São compostas de um número de pessoas (maioria ou minoria), que fazem tais ou qualquer prática, isto é, que estavam "removendo" seu próprio fundo psicológico, anímico e moral, com o "desejo", ainda não realizado. Sempre com a esperança de tirar (desbastar) as imperfeições e substituí-las, pouco a pouco, por virtudes ou qualidades conscientemente cultivadas.

Este "remover" das individualidades internas, junto com a maior sensibilidade que as práticas de toda espécie outorgam, somado às primeiras manifestações de alguma possibilidade neste ou naquele sentido psíquico, expõe às individualidades (e, portanto, às Corporações as quais elas constituíam em conjunto) as sacudidas, mais ou menos violentas, as reações das mais variadas espécies e também as experiências, individuais ou coletivas, às vezes duras, desagradáveis, talvez até se as olhasse de um ponto de vista do verdadeiro horizonte útil.

Repitamos, sem dúvida, que ninguém era obrigado a introduzir-se neste terreno nem a permanecer nele. Ninguém que fora espontaneamente de uma Corporação ou de uma Ordem, por não dizer o que pretendia buscar ou por não suportar a tensão a qual a vida coletiva quase sempre obriga, ninguém que fora disso em forma correta, quer dizer, retirando-se por não sentir-se bem ali, mas sem por isso se molestar, ao retirar-se, o componente ou a coletividade jamais poderiam estar expostos a qualquer contrariedade ou contratempo: *O ser humano é livre, total e absolutamente livre,* dentro dos limites de não fazer conscientemente mal a terceiros

Por isso, a Ordem Martinista, examinava os resultados obtidos pelas Corporações em geral, nos diversos países e ambientes do Continente, examinando a dose de ilusão ou de pretensão com as quais os iniciantes abordam a realização iniciática e as personalidades dos Instrutores e dos Iniciandos mais adiantados na tentativa de realização prática; examinando também a adaptabilidade do termo médio dos aspirantes à vida cerimonial e ritualística, estaria também examinando a conveniência de prosseguir na forma atual ou de modificar o trabalho da Ordem, possivelmente no sentido de ampliar a parte de divulgação e de trabalho de ensinamentos teóricos, por meio de cursos escritos ou publicados e de restringir eventualmente as atividades do trabalho cerimonial ou místico, por parecer que este último somente seria possível ser abordado com aquelas pessoas que, depois de um longo tempo de experimentações na vida coletiva ou na relação entre Iniciadores e Iniciados, pudessem adaptar-se realmente às condições que dita tentativa da vida ritualística implica.

Muitas pessoas quiseram aproximar-se das Ordens ou dos Instrutores das mesmas com o pensamento de que fácil e rapidamente poderiam obter revelações sensacionais ou poderes extraordinários.

Outros não podiam assimilar ou perceber que, se realmente tal possibilidade, ainda que fatalmente revestida dos meios que as pessoas imaginavam – existia, era muito provável que aquelas pessoas que, dentro das Ordens pudessem ajudar a terceiros ou estabelecer contato com determinadas "correntes ou Mestres", não estivessem dispostos ou não poderiam fazê-lo sem que fosse dentro de determinadas condições, e que estas mesmas condições não somente deviam ser obtidas naquele momento, senão obtidas e mantidas em suave "crescente".

Dentro da mesma Ordem Martinista, conhecemos relatos de casos típicos de pessoas que tiveram a oportunidade de verificar fatos não são de natureza puramente teórica nem habitual. Quero com isso dizer que puderam certificar-se da realidade de uma fenomenologia, seja técnica, seja puramente mística ou psíquica e que tiveram ou deveriam ter podido servir de base para convicção doutrinal, para uma fé mística e para uma fidelidade humana, tanto aos princípios éticos de conduta na vida coletiva, como na amizade e dos laços iniciáticos entre os Iniciados e entre estes ou aqueles Iniciadores que foram intermediários ou intervenientes de alguma forma dos fatos citados.

Sem dúvida, nota-se, muitas vezes, que basta o agitar-se anímico ou mental coletivo, provocado por qualquer fato desses que a própria imperfeição de uns ou de outros provoca, para que a dúvida ou a discursão de orientações se estabelecesse de forma nítida.

A quem deve atribuir-se tudo isso?

- Em boa parte, é seguro que muitas pessoas haviam formado entre os Iniciadores uma opinião diferente da realidade. E quando digo diferente, quero dizer, "não somente superior ou inferior", senão equivocada, desproporcional, ilusória, sem que com isso signifique em absoluto uma censura, e sim estabelecer um diagnóstico psicológico.

Efetivamente, os Iniciadores não somente não são seres perfeitos, senão apenas seres humanos com suas limitações, evidentemente seres de uma vivência essencialmente complexa e única em termos de individualidade. Dita complexidade provém da luta interna, que tem que provocar, fatalmente, dentro de uma alma humana, o conflito entre a vida cotidiana e a rotina com as funções das quais estão investidos e que são – para eles mesmos – um ideal a realizar, que tem que traçar, de ir realizando dia a dia, e não um fato já acontecido do qual poderia lançar mão a qualquer momento.

Ademais, a necessidade de tratar de harmonizar os fatos da vida coletiva com a enorme diversidade de temperamento, tendências e todo tipo de realizações dos iniciados, assim como as reações que tudo isso provoca, não concorrendo a fazer mais que simples a vivência de ditos Iniciadores.

Muitas vezes, nem o tempo nem a capacidade relativa de ditos Iniciadores bastam para atender tudo isso de modo que estes Iniciandos desejariam ou necessitariam. Outras vezes, os métodos geralmente contemporizadores dos Iniciadores não conseguem satisfazer o desejo da coletividade de ver resolvidos, rápido ou instantaneamente, problemas que foram estabelecendo através de um complicado e lento processo humano e que nada pode resolvê-los ou remover em suas verdadeiras origens (raízes), no dado momento.

Por essas razões, periodicamente, o Grande Conselho da Ordem deve reunir e examinar em conjunto as atividades e resultados da atuação coletiva e buscar as possíveis ou necessárias modificações para um melhor desempenho de nossas aspirações maiores.

Se tudo isso é comentado é porque, além de ser um fenômeno normal de se observar em todo agrupamento humano, e especialmente nas tendências, que são recorrentes, por seu próprio tipo de atividade, a trabalhar com profundidade sobre as Individualidades, e acreditamos que pode servir de interesse para todos ou como tema de meditação a toda pessoa interessada no fenômeno humano de atuação coletiva.

Enquanto as pessoas possam perguntar, às vezes, se os Iniciadores tinham este ou aquele "poder" ou se as pessoas que estavam investidas de tal função de representação desta ou daquela "Corrente", ou Escola, estavam "documentadamente autorizadas e capacitadas para isso" – responderemos resumidamente o seguinte:

Poderes: Nenhuma publicidade da Ordem promete nenhum poder a quem quer que seja, nem seus dirigentes afirmaram isto, em qualquer tempo ou lugar, possuir tal ou qual poder. O único fato interessante deste assunto é o seguinte:

a) Se os afiliados não acreditam que os dirigentes têm poderes, ninguém os obriga a crer o contrário.

b) Acredita-se que eles os têm, sem haver tido nunca a oportunidade de apreciá-los, alimentam uma ilusão inútil e pueril, provavelmente apoiada apenas no desejo de obter algo como "um presente ou um espetáculo", e é muito pouco provável que consigam nem um nem outro.

c) Se, eventualmente, algum afiliado tem ou teve a oportunidade de ser testemunha pessoal (não por ouvir dizer) de algo que poderia ser considerado como uma possibilidade (habitual ou transitória) de ordem fenomênica, ou de ordem psíquica ou também de ordem mística, o melhor que pode fazer é calar-se e, especialmente, tratar de recordar bem e meditar em que espécie de estado moral, anímico e psíquico ou devocional estava, pessoalmente e em relação com o Iniciador ou com as "Correntes", quando tal fato lhe foi oferecido como possibilidade, assim como o que foi acontecendo depois...

d) Parece-me que tudo o que possa somar a este tema é desnecessário e desmerece mais comentários.

Correntes e Representantes

Ordem Martinista: Nossas abordagens anteriores já foram claramente estabelecidas, das origens da Ordem e seus Mestres principais, a fundação da Ordem na América do Sul e aqueles que tiveram a função de dirigi-la no plano visível. Mas apenas como ilustração, elencamos alguns movimentos e Ordens de relevantes importâncias pelas suas seriedades e sustentabilidades dentro do Ocultismo em geral.

Ordre Kabbalistique de la Rose-Croix: Dado ao sensível fato de que, nesta Ordem, somente têm ingresso os martinistas que tenham o quarto grau por exame ou mais, é evidente que não tem necessidade de publicar nada mais sobre ela. Somente devo esclarecer um ponto: a *Ordre Kabbalistique de la Rose-Croix* não pretende ser a ser a única, a principal, a primeira "Ordem Real dos Rosacruzes". E mais, ela afirma que a verdadeira Ordem dos Rosacruzes é incógnita, invisível e que ninguém que não pertença a ela é capaz de apontar sua sede nem seus componentes. A Ordem K. Rose † afirma ser "uma das muitas ramas" de manifestação externa da atividade rosacruz e que, quando algum de seus membros estiver em condições íntimas, este receberá a necessária inspiração para fazer ou decidir o que seja necessário. Sua organização visível não é mais que uma corporação de conservação dos métodos de preparação.

Ramana Ashrama: Aqueles que estiveram na Índiam no Ashram do Mestre Maharishi e aqueles que puderam sentir realmente o laço com esta Corrente ou com aquele Mestre sabem por que e como Asuri Kapila representa e relaciona com esta Corrente. Tudo a mais seria indiscrição e comentário inútil sobre esta Corrente.

Maha Bodhi Sangha: Entende-se o mesmo para a Irmã Upasika. Ninguém é obrigado a acreditar, nem aceitar nada. Também é verdade que não se podem realizar certas coisas sem aceitar nem aproximar-se carinhosamente das mesmas.

Suddha Dharma: Muito pouco se sabe sobre esta Ordem. Sabemos que tivemos vários *Ashrams* no litoral atlântico latino americano, como também em alguns estados não litorâneos, em minha cidade, Juiz de Fora, tivemos a presença desta Corrente que funcionou, por anos, dentro de uma Loja Maçônica. No que pode interessar a quem quer realizar certas práticas e orientar sua vida em certo sentido, a direção visível da *Suddha Dharma* está em Madrás e a Hierarquia nos Himalaias.

H.A.B.M.: Exatamente o mesmo que comentamos para a O.K.R † e a *Ramana Ashrama*, no que se refere a Asuri Kapila, como legítimo representante que foi desta Corrente.

Talvez este grande Iniciado *Jehel*, Leo Costet de Mascheville, filho de *Cedaior*, Albert Raymond Costet de Mascheville, seja mesmo uma das mais polêmicas figuras do ocultismo na América do Sul, teve suas andanças por todo continente, deixou marcas de suas pegadas em todas as Ordens contemporâneas e cumpriu sua missão dentro dos preceitos místicos e iniciáticos, deixando, assim, um legado da corrente Martinista entre outras de forma indelevelmente, justa e perfeita.

CAPÍTULO III

A LINHA DO TEMPO

Breve História do R.E.R.

OS MOVIMENTOS MÍSTICOS E FILOSÓFICOS NA MAÇONARIA ANTES DA REVOLUÇÃO FRANCESA

A IRRUPÇÃO DO MISTICISMO E DO OCULTISMO NA MAÇONARIA SIMBÓLICA

 Limitado aos três primeiros graus, o conteúdo doutrinal da Maçonaria simbólica satisfaria por muito tempo uma fração cada vez maior dos Maçons? A história da Ordem no Século das Luzes demonstra o contrário. Se a Maçonaria não tivesse sido estruturada em torno de um segredo, ela não seria senão uma confraria a mais, ou melhor, uma espécie de sociedade acadêmica; mas, reivindicando segredo a seus adeptos e valendo-se de um segredo, a Maçonaria abria as portas a todos os desenvolvimentos possíveis. Se, já na Inglaterra, a bíblia maçônica – isto é, as Constituições de Anderson – aludia, de modo a despertar a curiosidade e a atiçar o interesse, às tradições antigas que a Ordem julgava ter recolhido enquanto herança, na França, como sobre o resto do continente, isso resultou da obrigação do segredo e da crença, onde quer que estivessem os irmãos, que o segredo era tanto mais real quanto mais se lhes ocultava à medida em que avançavam no conhecimento dos sistemas e se elevavam na hierarquia dos graus, uma verdadeira torrente de misticismo e de ocultismo que, na segunda metade do século, quase acabou por encobrir o alicerce da Ordem constituída pela Maçonaria simbólica.

Se, com efeito, esta se encontra mais ou menos em harmonia com a filosofia do século, isto é, com o racionalismo pregado e propagado pelos filósofos, se, apesar do paradoxo que faz com que os Maçons, que se valem da religião que a todos convém, não constituem menos, com as Lojas, verdadeiras capelas dentre as quais algumas chegariam a excomungar-se entre si, se a grande maioria dos Maçons simbólicos, seguindo a corrente da moda e da opinião, é adoradora da razão, antes mesmo que não lhe seja prestada culto oficial sob a Revolução, se ainda, e também, eles são os adeptos da religião da felicidade, se, enfim, eles são os arautos da igualdade e os apóstolos da fraternidade, eles não são menos habitados pela inquietude metafísica. A religião conveniente a todos, a religião natural, o deísmo do qual as Constituições de Anderson exigiam o mínimo, apoiada sobre a filosofia mecanicista de Newton, esta sede de liberdade, este horror do despotismo e da tirania, esta aversão ao fanatismo, compreenda-se aí a religião revelada, todo esse conjunto de doutrinas e de ideias, de inclinações como de recusas, deixava um vazio na alma. Em suma, o espírito aderia ao credo do século, mas o coração insurgia-se. Ao racionalismo, o misticismo lembraria sua existência.

Maleável e tão flexível quanto o caniço, a Maçonaria não tem nada da rigidez doutrinal que por muito tempo teve a Igreja católica; ela foi racionalista e voluntariamente filósofa – como opor-se à corrente? – mas ela também foi religiosa, mística, e as "altas ciências", como a teurgia, atraíram-na e a reiteram em países estrangeiros à sua pátria de origem.

É na segunda metade do século que o coração relembra sua existência ao espírito e à razão. Ao poder intelectual opõem-se os poderes dos sentimentos e os deleites do devaneio. Troca-se o positivo pelo irreal, o certo pelo indeterminado, abandona-se a senda estreita da experimentação e da submissão aos fatos pelas especulações e pelos horizontes longínquos e vaporosos nos quais se dissimulam construções estranhas, mas sedutoras. Certamente, experimenta-se sempre o riso, a alegria e a comédia, mas as lágrimas que havíamos cessado de verter, os suspiros, as batidas no peito de um coração generoso e comovido parecem ter um sabor há muito tempo perdido. Voltaire reina ainda quando Rousseau aparece, e depois dele surgem Baculard d'Arnaud e seu melodrama, Sedaine, Diderot e suas peças sensíveis, enquanto que as telas do irmão Greuze umedecem os olhos dos visitantes dos Salões.

O movimento geral dos espíritos penetra na Maçonaria. Como dele ela se defenderia? Não há França, não mais nessa época do que hoje, ortodoxia maçônica. Quando as excomunhões se produzem, elas são muito mais devidas a questões pessoais do que a princípios. Como, além disso, exigir uma comunidade de sentimentos e de ação dos membros de uma sociedade na qual o noviciado é tão breve? É possível ser Mestre Maçom em alguns meses, às vezes, em algumas semanas. O profano que se torna Maçom não deixa, por isso, de ser laico. Se a obediência nas ordens religiosas já é difícil, ela o é ainda mais na Ordem maçônica. Nada é mais fácil do que se livrar do jugo da autoridade, basta deixar a Loja com a qual não se está satisfeito por outra oficina, ou até fundar uma nova. Melhor ainda, nada mais cômodo que deixar uma obediência por outra. O Maçom está à procura da atmosfera que lhe convém. Se ele é de tendência mística, sentir-se-á um estranho em uma Loja racionalista, e um positivista ficará desorientado em uma Loja com a visão direcionada para o além.

Desde as origens da Ordem, encontram-se traços de preocupações que não têm nenhuma relação com a filosofia do século, nem mesmo com os simples princípios maçônicos. O Regente teve curiosidade pelas ciências proibidas e o irmão marechal duque de Richelieu, quando de sua embaixada em Viena, tentou negociar com o Diabo. Satirizou-se o duque na seguinte canção:

Em Viena, sendo embaixador	[*A Vienne, étant ambassadeur*]
Richelieu fez ao diabo	[*Richelieu fit au diable*]
Sacrifício, de todo coração,	[*Sacrifice de tout son cœur*]
Para torná-lo mais tratável.	[*Pour le rendre traitable.*]
Viu-se, desde então, este Senhor	[*On a vu depuis ce Seigneur*]
Tratar mais de um negócio	[*Faire plus d'une affaire*]
Com um tão grande protetor	[*Avec un si grand protecteur*]
Todo mundo prospera[40]	[*Tout le monde prospere*]

e quando, um dia, Richelieu perguntou ao rei se os Bourbons tinham medo do Diabo, Luís XV teria lhe respondido: "Eles não o viram como vós."

Em um relatório da polícia de junho de 1746, lê-se também que o duque de Bouillon receberia um livro cujo título é: *O meio de decifrar o passado e predizer o futuro assim como outro pequeno livro escrito ao avesso* [sem dúvida de inspiração Kabbalística] *e acreditamos que por meio desses livros, não há mal do qual o homem não seja capaz.* Viu-se já que os Altos Graus continham elementos teosóficos, kabbalísticos e alquímicos. Certamente – mas trata-se de uma protestação isolada – na *Relação apologética e histórica da Sociedade dos Francomaçons* [*Relation apologétique et historique de la Société des Franc-maçons*], publicada em 1738, obra que é, talvez, de Ramsay, o autor protesta contra "esses homens... que... se entregam inteiramente ao estudo do Livro

---

40 - Uma segunda possibilidade de tradução para os versos, respeitando-se as rimas:
Em Viena, sendo embaixador
Richelieu ao diabo fez
Sacrifício com muito ardor
Para torná-lo mais cortês.

Viu-se, desde então, este Senhor
Mais de um negócio tratar
Com um tão grande protetor
Todo mundo pode prosperar

dos Nigromantes, do Talmude judeu..." Mas esta cautela permaneceu sem efeito; as Lojas vão se tornar o centro de acolhimento de todos os espíritos inquietos, daqueles que Saint-Martin qualificará pelo termo "Homens de Desejo".

Os mestres em ciências secretas, os ilusionistas, os mágicos, que se apoiavam com razão sobre a credulidade e a fraqueza do senso crítico de muitos de seus contemporâneos, entram na Maçonaria porque sabem que ali encontrarão uma clientela pronta e reunida. Sem dúvida, a maioria dos irmãos nunca teve mais do que a superfície muito fina da alta ciência, mas quase todos conheceram a realidade das ciências ocultas; como, de outro modo, explicar a criação pelo beneditino mais ou menos desfradado que foi Dom Pernety da Ordem dos Iluminados de Avignon, ou aquela feita por Martinets de Pasquallys dos Coëns Eleitos[41], cujo primeiro centro foi Bordeaux, a instituição por Willermoz da Ordem dos Cavaleiros Benfeitores da Cidade Santa [*Ordre des Chevaliers Bienfaisants de la Cité Sainte*], aquela também da Academia dos Verdadeiros Maçons de Montpellier [*Académie des Vrais Maçons de Montpellier*] que teria dado nascimento, ó maravilha, a um capítulo do Velocino de Ouro e, enfim, ao dos Iluminados Teósofos e Filaletes de Paris [*Illuminés Théosophes et Philalèthes de Paris*] animados por Savalette de Lange? É preciso lembrar também a difusão das doutrinas do sueco Swedenborg, cujas obras serão traduzidas para o francês pelo Maçom parisiense Moët, secretário do conde de Saint Florentin e Mestre da Loja Escocesa Saint Jean do Segredo [*Saint-Jean du Secret*]. Sob Luís XVI, o sucesso do magnetismo graças à selha de Mesmer foi tal que são fundadas Lojas harmonistas e Joseph Balsamo, tornado conde de Cagliostro, adornou-se do título de Grande Copta da Maçonaria egípcia que ele havia fundado e no período da qual provia sessões de garrafa mágica.

A Maçonaria mística, ocultista e hermética, que é a Maçonaria dos Altos Graus, utiliza a herança dos alquimistas do Renascimento, a da Kabbala judaica, como a do cristianismo, enquanto que a Maçonaria simbólica inspira-se muito nas doutrinas dos filósofos e dos homens da ciência do século XVIII inglês.

---

41 - O termo que aparece no original é "Élus Coëns". Como será visto mais à frente, no próprio texto, a palavra Coën, do hebraico, significa "sacerdote". Uma possível tradução para "Élus Coën" é, então, "Sacerdotes Eleitos". Decidi, no entanto, manter o termo do hebraico e traduzir apenas o primeiro termo, pospondo-o, desse modo: "Coëns Eleitos".

Não é excessivo dizer que o espírito das duas Maçonarias é não somente diferente, mas oposto. Que sentido teriam, no mais, os tenazes esforços e, em certo sentido, meritórios do Grande Oriente de 1773 a 1789 para canalizar, represar e adornar, se possível, todas as obediências escocesas? Certamente, há igualmente poucos Maçons simbólicos que o tenham permanecido e que não tenham querido aceder, tomando os graus do Escocismo, ao que lhes parecesse o complemento indispensável de sua instrução maçônica. A Maçonaria simbólica não teria, além disso, sido bem-vinda, ignorando o Escocismo e o rejeitando inteiramente.

A introdução ao grau de Mestre, do mito de Hiram e do Templo de Salomão era um trampolim designado para fazer o salto nos mistérios dos graus escoceses.

O ritual do grau de Mestre continha, ao mesmo tempo, uma contradição e um desenvolvimento rico de promessas. Toda a história da Maçonaria prova, de maneira eloquente, que não é fácil construir um edifício puramente racional no início se uma parte é destinada, tão limitada que seja, ao que é místico, logo, irracional. A Maçonaria simbólica e a Maçonaria escocesa são como duas irmãs siamesas; separá-las cirurgicamente é entregá-las ao perecimento, mas sua união, ou, se preferirem, suas relações, serão sempre difíceis, pois elas observam uma a outra em sentidos opostos sem deixar de ser unidas. O Rito Francês simbólico do Grande Oriente tem um fraco pelo racionalismo e pelo iluminismo, o Rito Escocês e os Altos Graus, que são sua essência e seu espírito, não deixam de assombrar o monte Moriah, sobre o qual estava construído o templo de Jerusalém, e adoram partir em peregrinação ao Jardim das Oliveiras. Não devemos nos espantar se, neste fim do Século das Luzes, vários grupos maçônicos seguem direções opostas às de Anderson ou de Désaguliers, e mal vemos o irmão Voltaire – é verdade que ele não teria tido tempo – comprazer-se dos exercícios teúrgicos dos Coëns Eleitos ou àqueles dos Cavaleiros da Cidade Santa.

DOM PERNETY E OS ILUMINADOS DE AVIGNON.

Os chefes do movimento místico maçônico são, inicialmente, Martinets de Pasquallys, que terá por discípulo Louis Claude de Saint-Martin, depois o Lionês Jean Baptiste Willermoz. Certamente, convém não negligenciar o papel de um Dom Pernety e de um Savalette de Lange, mas eles não ocuparam, no conjunto da Maçonaria hermética e mística, senão um lugar menor. Contudo, como Dom Pernety fundou seu rito aproximadamente na mesma época que Pasquallys, podemos rapidamente delinear sua gênese e evolução. Introduzido muito jovem, como era o costume, na congregação de Saint Maur, Pernety inclinou-se para o estudo da alquimia, o que não é a ocupação comum dos beneditinos. O ponto de partida do sistema de Pernety é a identidade, evidente para ele, da mitologia clássica com a filosofia hermética. Ele publicou, assim, em 1758, *As Fábulas gregas e egípcias reduzidas ao mesmo princípio* [*Les Fables grecques et égyptiennes réduites au même principe*] e, em anexo, um *Dicionário mito-hermético* [*Dictionnaire mytho-hermétique*] no qual ele oferecia, da *Ilíada* e da *Odisseia*, uma explicação hermética. Ele se aproveitou dos distúrbios que agitavam a congregação de Saint Maur e iriam provocar, em parte, o nascimento da comissão dos Regulares em 1766, para abandonar seus superiores e se refugiar em Avignon, onde encontrou meios, apesar das bulas pontificais de 1738 e de 1751, de despertar a Maçonaria fundando na cidade dos papas em 1766 o rito hermético dito de Pernety, que foi praticado, a princípio, por uma Loja aristocrática, Os Sectários da Virtude [*Les Sectateurs de la Vertu*], e parece verossímil que a qualidade dos membros dessa Loja do Condado permitiu ao beneditino que rompia com seu claustro trabalhar pela glória do Grande Arquiteto. Aos três graus simbólicos ajuntam-se, nesse sistema, os do Verdadeiro Maçom, do Verdadeiro Maçom do caminho reto, do Cavaleiro dos Argonautas e do Cavaleiro do Velocino de Ouro. Todos esses graus estão relacionados com as doutrinas secretas, e o corpo de Hiram aí materializa a matéria primeira da Grande Obra. A esses graus, Pernety acrescentou um superior, aquele do Cavaleiro do Sol, cujo ritual desenvolvia um curso completo das ciências secretas e gnósticas. Mas a estadia em Avignon não oferecia uma segurança absoluta e Pernety preferiu partir para Berlim, onde Frederico II fez dele bibliotecário e membro da Academia das ciências. É em Berlim, em 1769, que ele publicou um *Discurso sobre a fisionomia e os conhecimentos fisionômicos* [*Discours sur la physionomie et les connaissances physionomiques*], que anuncia Lavater. Além disso, manteve relações com seus discípulos de Avignon que fundaram, em 1770, a Loja Mãe Escocesa do Condado Venaissino, originada da Loja Sain Jean da Escócia e da qual vimos transmitir seus poderes à Loja Mãe Escocesa de França, de Paris, que praticou, sob a direção do doutor Boileau, o rito de Avignon complexificando-o a partir de 1778 em doze graus místico-teosóficos entre os quais figuram aquele do Cavaleiro da Águia Negra ou Soberano Príncipe Rosacruz de Heredom, e dos graus de iniciação à magia, à alquimia e à astrologia. Sob influência das doutrinas de Lavater, dom Pernety foi levado a escrever o *Conhecimento do homem moral pelo do homem físico* [*Connaissance de l'homme moral par celle de l'homme physique*], assim como *Observações sobre as doenças da alma* [*Observations sur les maladies de l'âme*], no qual ele desenvolvia a absconsa teoria da existência de duas diferentes almas em cada um de nós. Sua estadia na Alemanha fez dele um verdadeiro iluminado; ele participou dos trabalhos dos ocultistas berlinenses, criou um círculo dos Iniciados da Palavra Sagrada tendo por objetivo a busca da pedra secreta dos sábios. Seu principal tenente nesta direção de busca foi o conde polonês Grabianka. O antigo beneditino havia chegado a tal ponto de entusiasmo e de convicção na sua missão mística que acreditava firmemente ser conduzido na via que trilhava pelo anjo Assadaï, que não voltaria à sua morada celeste senão depois da descoberta por seu discípulo do segredo da Grande Obra.

Em 1783, Pernety voltaria a Avignon flanqueado por seu inseparável conde Grabianka e de vários outros Adeptos e ele continuou, em seu retiro batizado "Thabor", seus exercícios ocultos. É então que se misturam à doutrina de Pernety elementos tomados de empréstimo ao visionário Swedenborg, o ex-beneditino tendo feito de si o tradutor do iluminado sueco.

Todos os adeptos de Pernety sonhavam com a instauração de uma nova Sião cujo Grão-Sacerdote [*Grand-Prêtre*] seria naturalmente o antigo maurista. Todos eram, evidentemente, Francomaçons e, se no sistema de Pernety a Santa Trindade ocupava o lugar que lhe era devido, a Santa Virgem era particularmente reverenciada. A Revolução Francesa, esta Sião dos tempos modernos que não era aquela esperada pelos Iluminados, aprisionou Pernety que, liberado após o Terror, terminou sua carreira em 1796. A atividade de sua Ordem não se manteve senão por pouco tempo e, deste sistema maçônico-religioso, o Rito Escocês Retificado conservou o grau de Cavaleiro do Sol.

MARTINETS DE PASQUALLYS[42] E A ORDEM DOS COËNS ELEITOS

A carreira e o papel de Martinets de Pasquallys são mais importantes. Seu próprio nome não é muito certo assim como a maior parte de sua vida na qual subsistem vastas zonas obscuras. É em Grenoble, ou próximo a esta cidade, que ele nasceu, em 1727, de um pai judeu marrano da Espanha, originário de Alicante, e de uma francesa nascida em Bordeaux, o que explica sem dúvida que, apesar de seu nascimento alpestre, é no grande porto girondino que seus vínculos são mais marcantes e que ele fundará sua Ordem. Embora tendo pai israelita, ele foi batizado e professava o catolicismo. No mais, casou-se em uma igreja com uma católica e seus dois filhos serão, naturalmente, batizados. O francês não foi sua língua materna e, como seu domínio da Kabbala judaica é evidente, fica claro que ele conhecia o indioma hebraico. O que é muito notável, diferentemente de um Pernety ou de um Willermoz dos quais é fácil conhecer e balizar a vida, a de Pasquallys, de seu nascimento em 1727 até 1767, é completamente desconhecida. Ele se casa em Bordeaux em agosto de 1767; seu primogênito é batizado nessa cidade em junho de 1768, em junho de 1771 tem o segundo filho; em maio de 1772, Pasquallys embarca para Saint-Domingue[43] para lá construir uma herança. Ele morre em Porto-Príncipe em setembro de 1774 e ignora-se o local de sua sepultura. Em suma, sua vida é a de um perfeito fundador de uma religião. Muito poucos fatos estabelecidos e seguros, uma curta aparição sobre o cenário do mundo, e, no entanto, uma herança espiritual não negligenciável, pois ele é o ancestral do martinismo oriundo do martinesismo do qual ele é o fundador.

É a partir de 1758 que Martinets se põe a trabalhar na fundação da Ordem dos Cavaleiros Maçons Coëns Eleitos do Universo e que, seguramente, propaga sua doutrina e recruta no Midi[44], em Lyon e também em Paris. De 1762 a 1766, Martinets permanece em Bordeaux; é no fim

---

42 - Por se tratar de fatos historiais e para melhor compreensão do leitor , na linha do tempo, é bem provável que repetiremos local e data de nascimento como outras informações que dentro deste contexto julgamos necessárias.

43 - Mantive o termo *Saint-Domingue* (em português: São Domingos). Trata-se da, então, possessão colonial francesa, do século XVII ao início do XIX (quando da independência sob o nome de Haiti), nas Antilhas.

44 - *Midi* ou *Midi-Pirineus*, região ao sul da França.

de 1766 que ele encontra Willermoz em Paris. É na primavera de 1767 que ele instala a instância suprema da Ordem, isto é, o Tribunal Soberano, e que os Estatutos da Ordem são promulgados em Paris. De retorno a Bordeaux em junho de 1767, é em 1768 que terá seu primeiro encontro com Saint-Martin que está, então, em guarnição nesta cidade. A partir de julho de 1770, Martinets anuncia que está trabalhando no *Tratado da reintegração dos seres em suas primeiras propriedades, virtudes e potências espirituais divinas* [*Traité de la réintégration des êtres dans leurs premières propriétes, vertus et puissances spirituelles divines*].

Em 1771-1772, Saint-Martin torna-se seu secretário; é o momento em que o conteúdo doutrinal e ritualístico da Ordem ganha forma; mas a partida de Martinets para Saint-Domingue e sua morte precoce em 1774 iriam colocar a Ordem dos Coëns Eleitos em uma situação nova.

Com que espírito este israelita batizado trabalhou na Maçonaria? Em uma carta a Willermoz, de setembro de 1767, destaca-se esta passagem: *"Quanto a mim, sou um homem e creio não ter à minha frente nada além do que outro homem. Eu não sou nem Deus, nem diabo, nem bruxo, nem mágico"*; e ao mesmo, em agosto de 1768, ele confessa: *"Eu sou apenas um frágil instrumento de quem Deus quer, indigno que sou, servir-se... para lembrar aos homens, meus semelhantes, o seu primeiro estado de Maçom, que quer dizer, espiritualmente, homens ou almas a fim de fazer-lhes ver em verdade que são realmente Homens-Deus, sendo criados à imagem e semelhança deste Ser todo-poderoso."* A doutrina martinesista é uma doutrina de dinâmica e de movimento, tudo o que é estático lhe é estranho. Seu princípio essencial é a reintegração, e se a reintegração do homem em um estado que não é mais o seu atualmente é necessária, é porque o homem encontra-se, de algum modo, desintegrado. É também um retorno às origens, é uma protestação contra a queda; a reintegração para o homem consiste em se tornar novamente aquilo que, inicialmente, foi, isto é, Homem-Deus. Como alcançar isso? Pela Ordem dos Coëns Eleitos, isto é, sacerdotes (em hebreu *Coën* tem esse significado). O martinesismo é, em suma, uma gnose. Encontramos no *Tratado* uma concepção e uma interpretação dos primeiros livros do Pentateuco, primeiramente da Gênese, e do Êxodo. Moisés aí ocupa o lugar principal e Pasquallys não é senão o encarregado de terminar a missão do Homem do Sinai. Martinets construiu, assim, um sistema em que se misturam teurgia, cosmogonia, antropologia, geometria esotérica,

378

teosofia e interpretação simbólica da Bíblia. Ali encontra-se um estranho composto de todas as doutrinas esotéricas do Oriente transmitidas ao Ocidente por intermédio da Kabbala. Os Coën Eleitos fazem parte, sob a proteção da Maçonaria, da longa linhagem de sociedades secretas cujos Adeptos acreditaram, graças às operações mágicas, às "virtudes ativas", poder comunicar-se com o divino e adquirir assim a imortalidade. Os discípulos de Pasquallys consideravam-se descendentes diretos dos Epoptas ou Iniciados superiores da antiga Grécia. Não é uma surpresa que, em pleno triunfo do racionalismo e da filosofia, estivessem inclinados às doutrinas místicas dos neoplatônicos, dos gnósticos e da Kabbala que tenham cultivado com o zelo mais ciumento "a sabedoria secreta dos antigos". Ao sistema simbólico clássico acrescenta-se uma série de sete graus, dentre os quais os de aprendiz e de companheiro Coën Eleitos, o último sendo aquele de Réau-Croix[45]. Mas o que distingue ainda mais o martinesismo – e talvez aí possa ver-se a consequência da origem israelita de Pasquallys – é que não se contentam, na Ordem dos Coëns Eleitos, com especulações teóricas. O mestre ensina realmente seus discípulos através de cerimônias invocatórias e mágicas que provocam manifestações sensíveis da divindade. É por nada que o iniciado é Coën, isto é, sacerdote? E por que ele não entraria, como o grande sacerdote penetrando no Santo dos Santos e pronunciando o nome impronunciável, o *Schem Ha Mephorasch*, em relação direta com o Eterno, e não receberia o choque pelo qual sua reintegração, seu retorno ao estado de Homem-Deus será operado?

O Maçom Coën entrega-se, assim, a uma invocação cotidiana, mas é preciso acrescentar uma invocação suplementar repetida durante três dias entre duas fases lunares.

O caráter mágico da invocação é evidente, pois o iniciado que se entrega não pode fazê-la senão no interior de um círculo no centro do qual ele se coloca, com uma luz na mão, pronunciando uma fórmula sacramental por meio da qual ele roga à divindade para que encontre o primeiro estado da criação divina. Ainda que essas invocações sejam apenas preparatórias, pois a comunicação essencial não pode se dar senão no momento dos dois equinócios, sob a condição de que o Coën que puder ser favorecido pela graça divina, encontrar-se sob uma influência astral benéfica, e seja dotado das capacidades místicas necessárias. Além

---

45 - Mantive o termo original "*Réau-Croix*" por diferir de Rosacruz e por não ter encontrado correspondente no português.

disso, a cerimônia é precedida por um jejum[46] de preparação que retira o Coën da vida cotidiana. A operação suprema dura três dias. Revestido de uma indumentária específica de significação mística, o iniciado encontra-se como nas invocações ordinárias no interior de um círculo, depois, uma hora antes da meia-noite, ele recita os sete Salmos penitenciais bem como as Litanias dos Santos. No momento do Mesonyction, isto é, meia-noite (e no culto da Grande Deusa ou Cibele na Antiguidade era também à meia-noite que se dava a ressurreição de Átis), o Coën alonga-se, pés descalços, a cabeça apoiada sobre os punhos fechados. É nesse momento que se produz a comunicação, o choque emocional e místico da Causa Suprema, que é toda ação e inteligência. Querer conhecer de modo sensível, ver com seus olhos e ouvir com seus ouvidos a causa ativa e inteligente, tal é a ambição dos Coëns Eleitos e de Martinets. Louis-Claude de Saint-Martin, "Mestre Muito Poderoso" da Ordem, praticará essas emoções rituais antes de reconhecer sua inanidade, de abandonar a via exterior pelo interior, e não mais recorrer senão à comunicação mística.

Quantos atrativos, mas também quantas decepções para os irmãos atraídos por um programa tão maravilhoso! A nova obediência conheceu, contudo, certo esplendor. Se não nos surpreendemos em ver Willermoz desempenhar um papel importante na Ordem dos Coëns Eleitos, não mais que Saint-Martin antes que este siga sua via pessoal, ficamos mais surpresos em ver figurar entre seus membros o "maitre da filosofia", isto é, o barão de Holbach. No mais, surpresa relativa; é a revanche do sentimento sobre a razão, pois no fim de sua vida o autor do *Sistema da Natureza* [*Système de la Nature*], em parte arruinado, atormentado por fracassos conjugais, vai procurar na Maçonaria uma resposta a sua inquietude metafísica e se tornar cavaleiro Rosacruz.

Qual teria sido o destino de Pasquallys e o de sua Ordem se uma morte precoce em uma ilha longínqua não tivesse colocado fim à sua carreira maçônica? O inconveniente de uma Maçonaria teúrgica é que ela promete mais do que pode cumprir. É possível, durante um tempo, usar da paciência dos Adeptos, mas quando nada de concreto nem de positivo vem coroar sua espera, eles podem, com razão, pôr em prática o verso do Salmo pronunciado pelos religiosos quando de sua profissão solene: *Accipe me, Domine, secundum eloquium tuum et vivam et nom confundar ab expectatione mea:* "Recebe-me, Senhor, segundo tua pa-

---

46 - O termo original é "carême", pode ser quaresma ou jejum.

lavra e eu viverei e não serei confundido em minha espera." Não ser confundido em sua espera nem em sua esperança não é somente o feito dos cristãos ou dos Maçons, mas também de todos os seres humanos. Nem todos os discípulos de Pasquallys foram realizados em sua espera. O mais positivo dentre eles (pois ainda que místico, ele não é menos lionês), J. B. Willermoz, não conseguiu, apesar de todos os seus esforços, entrar em comunhão com a causa ativa e inteligente e acreditou achar a causa do fracasso na imperfeição dos ritos. Saint-Martin foi mais favorecido que ele, acreditando-se no testemunho que se encontra em uma de suas cartas ao patrício bernês Kirchberg: *"...Não vos esconderei, escreve ele, que na escola por que passei, há mais de vinte e cinco anos, as 'comunicações' de todo tipo eram numerosas e frequentes, que tive minha parte como muitos outros, e que nessa parte, todos os sinais indicativos de reparador eram compreendidos. Ora, não mais ignorais que este reparador e a causa ativa são a mesma coisa..."* Saint-Martin era um privilegiado e um favorito da causa ativa e inteligente. Os outros adeptos sentiam a necessidade de ter um chefe à sua frente. A partida de Pasquallys para Saint-Domingue bem como o não acabamento do *Tratado da Reintegração* que o mestre ditava em um francês duvidoso a dois secretários e no qual, como todo teósofo clássico, pretendia explicar os mistérios dos quais as Igrejas ortodoxas haviam perdido o espírito e o sentido, deixaram seus discípulos na incerteza.

Pressionado por seus fiéis a deixar um sucessor, Pasquallys tergiversou e entregou-se ao Eterno. Este designou em 1778, quatro anos após a morte de Martinets, um personagem obscuro substituído, em seguida, por um certo Sébastien de Las Cases.

Esses chefes tiveram alguma influência? É lícito duvidar, pois a Ordem dos Coëns Eleitos acabou por esvanecer-se. O grupo formado em Bordeaux pelos oficiais do regimento de Foix, o de Saint-Martin, dissociou-se primeiramente. Em Paris como em Lyon, os Coëns Eleitos não puderam senão aliar-se a outros ritos. É assim que em Paris o abade Rozier, Oficial do Grande Oriente, associou-se ao círculo de Ermenonville do marquês de Girardin, que, no mais, atraiu para si a atenção do tenente de polícia O Negro. Em Lyon mesmo, Willermoz havia se inteirado tanto do *Tratado da reintegração* que, próximo ao fim de sua vida, em 1822, ele dava ao barão de Tückheim, um dos mestres alsacianos do Iluminismo, conselhos sobre a maneira de ler o *Tratado*.

A ordem subsistiu sob a forma de um pequeno grupo: a Sociedade dos Grandes Professos [*Société des Grands Profès*], que impunham condições severas à iniciação e tinham o cuidado de não se deixar conhecer por Maçons comuns. Seus membros mantinham relações com Lyon e Willermoz. A debilidade de seu número era redimida pela sua qualidade; eram em Estrasburgo os irmãos de Tückheim e Salztmann, em Chambéry Joseph de Maistre, em Grenoble Prunelle de Lière e o Sr. de Virieu. Outra ramificação dos Coëns Eleitos é representada pelos Filaletes que, após haver tentado fazer a síntese do martinesismo e da doutrina de Swedenborg, dedicaram-se, no fim das contas, à alquimia. Mas o essencial da herança do martinesismo não está aí. Os verdadeiros sucessores de Pasquallys foram o abade Fournié e Louis Claude de Saint-Martin. O primeiro é menos conhecido que o segundo, mas o retrato que dele traçou A. Viatte merece nossa atenção. Cheio de virtudes, ele era objeto de favores excepcionais: *"Eu não sei se nosso defunto mestre, escreve dele Saint Martin, nunca teve em tão grande número e tão diretos... Sua morte foi-lhe figurada conforme todas as regras, aqueles que não o deixaram durante semanas prepararam-lhe. Todo o cerimonial fúnebre operou-se sob seus olhos, ainda que tenha acreditado, durante vinte e quatro horas, estar realmente em outro mundo e nunca, disse ele, ter conhecido semelhante felicidade. Ele foi ordenado durante sete horas por numerosos agentes espirituais dentre os quais vários haviam mantido ligações muito poderosas com ele durante sua vida corpórea, tais como seu mestre, seu pai e sua mãe..."*

Todas essas maravilhas e outras ainda são para o abade Fournié o anúncio do fim dos tempos e a indicação de que ele foi designado para pregar "a segunda vinda de Jesus Cristo...". Além disso, como Swedenborg, o abade Fournié tem uma visão antropomórfica do outro mundo; ele chega mesmo a afirmar que os mortos, preservando seu livre-arbítrio, podem converter-se. Mas isso é apenas o prefácio do "Filósofo desconhecido", Louis-Claude de Saint-Martin.

LOUIS-CLAUDE DE SAINT-MARTIN OU O FILÓSOFO DESCONHECIDO

Sua vida é mais conhecida que a de seu mestre Martinets. Ele nasceu em Amboise a 18 de janeiro de 1743. A família era de pequena nobreza e de riquezas medíocres. Filho único e, notavelmente, este fato era constante há quatro gerações, ele terminou seus estudos no colégio vizinho de Pontlevoy, que era dirigido por religiosos da congregação de Saint-Maur. Os primeiros livros dos quais recebeu a impressão foram *A arte de conhecer a si mesmo ou a busca das fontes da moral* [*L'Art de se connaître soy-même ou la recherche des sources de la morale*] de Jaques Abbadie, depois, quando foi direcionado, contra sua vontade, aos estudos jurídicos, deixou-se invadir pelos *Princípios do direito natural* [*Principes du droit naturel*], de Burlamaqui. De um temperamento profunda e naturalmente religioso, ele se inflamava com a leitura destas obras, o que ele fazia caminhando perto do cemitério de Amboise ou na propriedade de seu pai, no vilarejo de Athée, cujo nome levou-o, mais tarde, a dele se desvencilhar, pois para um místico tudo tem uma significação.

Como o direito e a mística não são mais parentes, Saint-Martin não tinha nenhuma inclinação para as funções que exerceu alguns meses no tribunal presidial de Tours. Felizmente, pôde dirigir-se ao duque de Choiseul, cujo castelo de Chateloup em Touraine tornou-se célebre, ainda que hoje tenha desaparecido, e obteve, sob a proteção do duque, uma patente de subtenente no regimento de Foix em guarnição em Bordeux. A Providência conduziu, assim, o jovem oficial ao encontro de Martinets de Pasquallys. Um capitão do regimento sondou-o para entrar na Loja do regimento de Foix e Saint-Martin recebeu os sacramentos maçônicos.

Se, assim como foi destacado várias vezes, a Maçonaria pode ser considerada uma Igreja sem dogmas precisos e sem rituais divididos e rigorosos, quando Saint-Martin chega a Bordeaux, a onda do iluminismo, do qual já apresentamos dois sacerdotes, Pernety e Pasquallys, é geral na sociedade do século XVIII. É, justamente como enfatizamos, um iluminismo cristão, mas que não é materializado por nenhuma Igreja e não se prende a nenhuma das Igrejas existentes. Entre a Igreja maçônica, na qual a entrada era livre, e o iluminismo, que não era uma Igreja mas uma doutrina cujos chefes faziam-se os profetas do reino invisível e futuro, e que predizem, no mais, a ruína iminente das Igrejas existentes, vai operar-se uma verdadeira simbiose. A primeira oferece o quadro, o segundo a riqueza da doutrina. Mas os Maçons iluministas, não poderíamos insistir muito sobre este ponto, não podem reunir multidões, não é senão a uma minoria escolhida, de certo modo predestinada, que estão reservados, de maneira graduada, a revelação da doutrina assim como os progressos na união mística.

Saint-Martin estava totalmente disposto a receber o ensinamento de Pasquallys – com o qual, diga-se de passagem, parece que viveu e com sua família –, pois sobre isso certos testemunhos de discípulos são eloquentes. Em todo caso, muito rapidamente o jovem Coën, que era Saint-Martin, recebeu a plenitude do sacerdócio. Em 1772, ele acedia à dignidade suprema do Réau-Croix, enquanto que seu primeiro encontro com Pasquallys havia sido apenas em 1768. Nada mais conta para ele além do ensinamento de Pasquallys; assim como a toga de juiz, ele abandona a espada e deixa o serviço para se tornar o secretário de Martinets e para não mais viver senão para a Ordem. Revelação análoga a de Pascal? Por que não? No domínio místico, não é a ortodoxia das doutrinas que importa, mas antes de tudo, a qualidade da revelação recebida. A cada um sua verdade. Foi com zelo que Saint-Martin dedicou-se a colocar em ordem os documentos e a correspondência de Pasquallys. O essencial da doutrina martinesista foi para Saint-Martin a revelação que decidiria toda a orientação de seu pensamento e de sua reflexão. Deus, que é a unidade primeira e essencial, tendo dado vontade própria aos eleitos emanados, a liberdade assim concedida ocasionou a queda de espíritos como Lúcifer; os anjos que o acompanharam nessa queda foram, desde então, prisioneiros da matéria. A criação do homem não teve outro objeto senão o de reparar o erro dos primeiros rebeldes e de levá-los a se arrepender. Mas, em vez de Adam converter os demônios e fazê-los recobrar seu estado primeiro, ele foi levado pela sedução à sua própria queda, arrastando consigo a própria natureza a este estado de declínio. Trata-se, então, para os Homens de Desejo, na fileira dos quais está Saint-Martin, de refazer no sentido inverso o caminho percorrido pelos anjos caídos e Adam pecador. A Reintegração não tem outro sentido. Compreendemos que um tal programa tenha podido entusiasmar um místico como Saint-Martin e que este lhe tenha devotado sua vida.

Podemos nos perguntar o que teriam se tornado as relações entre o mestre e o discípulo se Pasquallys tivesse vivido? Mas sua partida e sua morte em Saint-Domingue retiraram o problema que poderia ter-se colocado. É vantajoso para um discípulo que seu mestre espiritual esteja fisicamente morto. Nenhuma contestação pode se produzir sobre as interpretações posteriores da doutrina e o discípulo permanece cercado pela auréola que lhe deixou seu mestre. Tudo destinava Saint-Martin, uma vez o mestre falecido, à propagação da doutrina. Jovem e amável, de figura agradável, não fazendo a exibição da filosofia, ele dava a impressão, no mundo elegante e na sociedade eleita de seu tempo, a impressão de um santo laico. Todos os contemporâneos empenhavam--se em cantar seus louvores. Ele possuía, além disso, a arte de se dirigir tão bem às pessoas do mundo quanto aos Adeptos. Certamente, a maior parte de suas obras interessou apenas aos iniciados à Divina Sabedoria, mas quando ele publicou, em 1775, seu grande tratado *Dos erros e da verdade* [*Des erreurs et de la vérité*], foi uma revelação para o público esta Bíblia do Iluminismo.

Como toda Bíblia, ela postula uma exegese. Saint-Martin teme, com efeito, profanar as revelações das quais apenas os Adeptos avançados nos arcanos da sabedoria são capazes de decifrar os enigmas e as obscuridades prescritas.

Ele havia tomado o cuidado de assinar sua obra apenas por um pseudônimo, o do Filósofo desconhecido.

O tratado teve muitos leitores e os comentários foram apaixonados. Os enigmas que ele continha excitavam os belos espíritos. Os menos calorosos foram os martinesistas. Eles deploravam as influências mundanas pelas quais Saint-Martin havia se sensibilizado. Willermoz o atesta a Türckheim: *"Ele gostaria de haver dito muitas coisas importantes, mas ligado como eu e os outros por engajamentos solenes, ele não podia...; aos altos conhecimentos que ele havia adquirido de Pasquallys, ajuntou outros, especulativos, que eram pessoais. Eis porque nem tudo ali é elevado e se encontram algumas confusões..."*

Esta estrada pública em cena não impediu Saint-Martin de permanecer ligado por muito tempo ainda à vida discreta das Lojas maçônicas. A experiência começou sob os auspícios de Pasquallys, Saint-Martin pretendia continuá-la e, no fim do verão de 1773, ele se firma na casa de Willermoz em Lyon. Este, solteiro, vive com sua irmã, Sra. Provensal, e Saint-Martin é acolhido no interior de Willermoz. Trata-se, para os dois Coëns Eleitos, de seguir a missão de Pasquallys, mas para isso julgam indispensável meditar conjuntamente e, a partir de janeiro de 1774, Willermoz escreve o resultado de seus diálogos e de suas reflexões. O que se desprende desses meses de buscas ascéticas e místicas é, certamente, o suporte dos Coëns Eleitos no interior da Igreja, mas rapidamente percebemos a necessidade de ir além do formalismo exterior das cerimônias eclesiais. Tanto Saint-Martin como Willermoz e os outros Coëns Eleitos lionêses querem algo a mais e melhor que o conteúdo doutrinal da Igreja. Trata-se, para eles, de aceder a um verdadeiro esoterismo cristão. Eles têm a ilusão, como os reformadores do século XVI, de poder reencontrar o cristianismo primitivo; eles estimam insuficiente o ritual tradicional da Igreja e o enriquecimento de um ritual que podemos qualificar de maçônico-católico.

É durante sua estadia em Lyon que Saint-Martin descobre, um dia, o livro de Boulanger, escritor obscuro, *A Antiguidade revelada pelas práticas* [*L'Antiquité dévoilée par les usages*]. A origem das religiões explica-se, sustenta este autor, pelo temor e pelo medo engendrados nos homens pelas catástrofes naturais. A tese não é nova e Lucrécio a havia defendido em seu *De Natura Rerum*. Mas a tese desse autor ignorado provocou um choque no Filósofo desconhecido. Foi a partir da refutação da obra de Boulanger que nasceu o livro *Dos erros e da verdade*, publicado em 1775, e do qual já fizemos menção. O livro é obscuro, muito obscuro, até para o Iniciado. Lavater aconselha sua leitura, mas acrescenta: "aquilo que compreendereis inspirará respeito por aquilo que não compreendereis". Willermoz, enfim, repreendeu Saint-Martin por ter ajuntado à ortodoxia martinesista ideias pessoais e, como ele era, ainda por cima, autoritário, no final do outono de 1774, Saint-Martin deixou Lyon e Willermoz e partiu para a Itália.

Ele acabará, no mais, por se desvincular das Lojas e da atmosfera maçônica; talvez ele também tenha, enfim, compreendido que a teurgia não era senão um impasse e que valia mais voltar atrás.

O julgamento de Voltaire sobre a primeira obra de Saint-Martin prova que o futuro Iniciado de 1778 não apreciava de modo algum a teosofia do Maçom Coën Eleito. Ao marechal duque de Richelieu, irmão bem autêntico que havia sempre tido curiosidades sobre os mistérios do além e que lhe perguntara, em outubro de 1776, se ele havia lido *Dos erros e da verdade*, ele deu uma resposta indireta escrevendo a d'Alembert: *"Vosso Decano* [da Academia francesa] *me havia elogiado um livro, intitulado 'Dos Erros e a Verdade'. Eu o encomendei para minha desgraça. Não creio que já se tenha imprimido algo mais absurdo, mais obscuro, mais louco ou mais idiota. Como tal obra pode ter sucesso junto ao Sr. o Decano?"* Mas, ó futuro irmão Voltaire, por que o irmão duque de Richelieu provou daquilo que ele tinha de obscuro, de tenebroso, de oculto, de dissimulado na obra do irmão de Saint-Martin? Nada ilustra melhor a coexistência de correntes de pensamentos diferentes no interior da Ordem maçônica, pois não há, não se pode deixar de repetir, nem ortodoxia nem unidade maçônica, mas pluralismo de posições e de correntes de pensamento fragilmente encobertas por uma relativa unidade da Iniciação e do ritual.

A Maçonaria não era, no mais, a verdadeira via de Saint-Martin. Certamente, ele se tornou o discípulo de Martinets de Pasquallys, mas, aderindo firmemente à doutrina da reintegração, ele acabou preferindo a via interior à via exterior. Ora, se a Maçonaria tanto simbólica quanto ocultista propõe ao iniciado uma via exterior pelo ritualismo simbólico ou teúrgico, este último, inspirando-se das ciências secretas, pode substituir a iluminação interior, cuja qualidade mística é bem diferente das impressões feitas sobre o sistema intelectual e nervoso, pelas cerimônias em uso nas Lojas de todos os ritos? Compreende-se melhor Saint-Martin se lembrarmos que uma de suas obras intitula-se *Ministério do Homem-Espírito* [*Ministère de l'Homme-Esprit*]. A religião de Saint-Martin não é uma religião exterior. Hostil tanto aos teólogos quanto aos críticos dos filósofos e dos materialistas do seu século, intimamente convencido de que, para além das formas visuais das Igrejas, existe um culto em espírito e em verdade, e nisso ele é um continuador, sem sabê-lo, de Ramsay, zelador e vingador da religião universal, ele julga que a Igreja católica foi deformada pelas condições nas quais ela se afirmou e desenvolveu. Verdadeiro herdeiro do Ramsay dos *Princípios filosóficos*, ele defende, como Ramsay, que todos os povos tiveram clarões de luzes divinas, que houve uma religião dos primeiros tempos da humanidade. É a religião noachida anterior à revelação do Sinai; basta uma conversão interior e um aprofundamento pessoal para que, pela lei, amemos e oremos a Deus. Saint-Martin vai chegar até a dizer: *"Obrigados a dizer Nosso Pai, esperemos que ouçamos um dia: Meu filho"*.

Assim, por sua passagem na Maçonaria, e, esperando que, quando de sua estadia em Estrasburgo em 1788, na casa de uma de suas amigas aplicadas ao misticismo, ele descobre as obras do sapateiro místico de Görlitz, isto é, Jacob Böhme, o que será para ele uma verdadeira revelação, Saint-Martin adquiriu, no curso de seu périplo maçônico, o sentido da religião universal e a necessidade da reintegração do homem caído, pelo ministério do Espírito, e é a causa do título, relembrado acima, de uma obra essencial do teósofo.

É necessário, no entanto, pois que Saint-Martin não é um racionalista rígido como o irmão Voltaire, admitir que ele caminha completamente contra a corrente geral do século e da opinião? Com certeza, ele não pertenceu a seu século pela delicadeza moral e por um sentido elevado da espiritualidade, mas como poderia julgar, diferentemente de seu tempo, a Igreja e o clero de sua época? Ele não previu, é verdade, a perseguição frequentemente feroz que, pelo sacrifício dos mártires, iria vivificar pela reversão dos méritos, a esterilidade que constituía, antes de 1789, uma parte da Igreja. O Maçom místico é, em suma, um adversário da Igreja que ele julga terminada e crê ter sido chamado a substituí-la. A Revolução será para ele um decreto da Providência e ele chegará até a escrever que "tudo o que poderiam fazer, nessas circunstâncias, os homens de desejo, era obter, por suas orações, que esses flagelos os poupassem, mas que não poderiam chegar a impedi-los de cair sobre os culpados e sobre as vítimas".

Saint-Martin possui, então, seu lugar no despertar do sentimento religioso no último quarto do século. Ele anuncia, com menos força, rigor e grandeza doutrinal, as teses de Joseph de Maistre, outro Maçom célebre, tornado membro do Rito Escocês Retificado, cujo introdutor na França, senão o criador, foi outro Maçom um pouco menos célebre, o lionês Jean-Baptiste Willermoz, que, diferente de Saint-Martin e de Maistre, não se contentou com apenas uma estadia na Maçonaria, mas foi ligado a ela até o fim de sua vida com todo o seu espírito e com toda a sua alma.

JEAN-BAPTISTE WILLERMOZ E O RITO ESCOCÊS RETIFICADO

No curso de sua longa existência (1730-1824), Jean-Baptiste Willermoz exerceu, ao mesmo tempo, uma atividade de negociante de sedas, notável[47] em sua cidade, Lyon, e de Maçom místico, que fez dele uma luz e um oráculo da Igreja maçônica. Ele foi um homem de bem, prestativo e caridoso, porquanto foi administrador de hospital e consa-

---

47 - Notáveis: pessoas ilustres por sua distinção social e pertencentes a uma hierarquia validada pela Revolução Francesa.

grou à beneficência tanto seu tempo como uma parte de seus ganhos. Foi um idealista que levou a sério o ideal filantrópico do qual os oradores das Lojas eram os arautos. Homem de boa companhia, aberto e afável, impressionou, em seu tempo, seus amigos e seus discípulos. Mas todas essas qualidades não impediam que Willermoz fosse burguês. Místico que era, Willermoz foi tocado pelo orgulho. Orgulho de ser o detentor de uma "alta ciência" inacessível aos profanos, satisfação evidente de exercer um papel importante no interior da Ordem, empertigado de amor-próprio por comerciar com os grandes deste mundo tornados seus irmãos em Maçonaria. Ter mantido relações com o duque de Gloucester da família real inglesa, corresponder-se com Charles de Hesse ou com os Brunswick, estar presente, em pé de igualdade, com os grandes senhores e os príncipes alemães ou escandinavos, no convento de Wilhelmsbad, que ascensão para um burguês de Lyon, que foi visitado, um dia, em sua bela cidade, pelo discípulo de Krüdener, o czar Alexandre I, impulsionado por seu misticismo a fazer uma peregrinação até Willermoz, patriarca do esoterismo maçônico!

A fabricação dos tecidos de seda e seu comércio eram um título suficiente e uma boa introdução à alta mística? A boa vontade de Willermoz era evidente, mas nem suas capacidades intelectuais nem sua bagagem de conhecimentos pareciam ter sido suficientes para que ele alcançasse os picos do misticismo. Ele não foi, de modo algum, um mestre de alta espiritualidade, mas apenas um operário incansável. Ele passou sua vida em uma busca louvável, vã e esgotante. Sempre à espreita de um segredo ignorado, de uma revelação inédita, há nele a mistura mais perfeita do homem prático e do homem de desejo, que é também um homem de sonho. O Willermoz por detrás de seu balcão e o Willermoz que entra na Loja e deixa o mundo visível por um mundo desconhecido pelos simples mortais são o mesmo personagem? Podemos duvidar.

O operário místico trabalhou na Maçonaria como o negociante em seu comércio, com aplicação. Ele manteve uma correspondência com todos os Maçons e todos os ocultistas notáveis, Saint-Martin, Pasquallys, Savalette de Lange, Joseph de Maistre, Saint-Germain, Cagliostro; muitos outros ainda receberam dele várias cartas ou lhe escreveram. Se tivéssemos a totalidade de seus arquivos secretos, cuja maior parte foi destruída quando do sítio de Lyon em 1793, isso seria uma fonte capital para a história das ideias e das correntes religiosas e maçônicas durante quase três quartos de séculos. Encontraríamos aí todos os cadernos dos Altos Graus dos quais fazia coleção, dos tratados místicos completos ou parciais, o resumo e a descrição de suas experiências teúrgicas. Willermoz conseguiu, assim, levar uma vida dupla, da qual a mais apaixonante para ele foi aquela que não se via. Tornado, como Saint-Martin, discípulo de Martinets de Pasquallys, Willermoz será o chefe incontestado dos Coëns Eleitos de Lyon. Não completamente satisfeito com o credo e o ritual martinesista, ele foi o autor de um sistema maçônico pessoal, ao qual ele gostaria que a Estrita Observância alemã, a que havia aderido, se reunisse. Assim, foi por seus esforços que nasceu na França em 1778, no convento de Lyon, o Rito Escocês Retificado. Ele não permaneceu ali, e, no final de sua carreira, ele se transformou em magnetizador espiritualista e resumiu sua experiência na obra intitulada *Os Sonos* [*Les Sommeils*].

Como justificar tal carreira senão tendo presente em mente o gosto dos Lioneses pelo ocultismo? Desde o final da Idade Média, trabalhava-se em Lyon na Grande Obra e pequenos círculos de adeptos cultivavam a alquimia, Kabbala, astrologia e magia na cidade das brumas e dos nevoeiros.

Dos treze filhos do capelista Willermoz, Jean-Baptiste não foi o único a se entregar às ciências secretas; sua irmã mais velha participou das buscas do negociante e Pierre-Jacques, mais novo que Jean-Baptiste, após ter feito seus estudos de medicina em Montpellier, aplicou-se, como muitos médicos de seu tempo, à transmutação.

Maçons e lavradores na Grande Obra encontravam-se nas Lojas e é difícil decidir se as duas qualidades superpunham-se exatamente e qual das duas terminou por sobressair sobre a outra.

Willermoz tornou-se Maçom cedo, pois foi admitido com pouco menos de vinte anos em uma Loja lionesa. Assim que não foi mais profano, o jovem Maçom não deixou de ser intimamente convencido de que "a Maçonaria velava verdades raras e importantes" e esta opinião tornou-se "sua bússola...". Sem entrar no detalhe da carreira maçônica bem ocupada de Willermoz, basta dizer que, após ter fundado sua própria Loja, a Perfeita Amizade [*La Parfaite Amitié*], ele participou da criação da Grande Loja dos Mestres regulares de Lyon em 1760. Aceitando dar sua tutela a essa reunião das Lojas lionesas à Grande Loja da França, atava as próprias mãos, pois ela proibia-se, doravante, de constituir uma nova oficina lionesa sem o acordo prévio da Grande Loja lionesa, que esta estava habilitada a dirigir os trabalhos de todas as Lojas de "Lyon e seu entorno", o que levou a Grande Loja lionesa a estender sua jurisdição até Aix e Montpellier de um modo mais abusivo. No mais, e este parênteses não é em vão, o Mestre lionês qualificava o organismo da capital de "Grande Loja dos Mestres Regulares de Paris, dita da França", o que significava colocar em questão a jurisdição geral da Grande Loja da França. Mas a criação da Grande Loja lionesa não possuía apenas um valor jurisdicional, ela tinha também uma significação dogmática, pois a Grande Loja da França havia reconhecido à reunião das oficinas lionesas o direito de trabalhar nos Altos Graus escoceses, isto é, claramente, de conferi-los.

É necessário, sobre isso, manter o ponto de vista de que se tratava, da parte da Grande Loja da França, que permaneceria fiel à Maçonaria inglesa, totalmente deísta e humanitária, de uma concessão à Maçonaria lionesa, cujo gosto pelo misticismo da Maçonaria escocesa era evidente?

Convém ser menos assertivo, pois os estatutos de 1755 da Grande Loja da França tinham concedido um lugar bem grande ao Escocismo. O sistema escocês praticado pela Grande Loja lionesa compreendia sete graus, aos quais se ajuntava o de Grande Mestre Escocês, Cavaleiro da Espada e da Rosacruz cujo conteúdo e temas respiravam o ocultismo e o misticismo mais religioso. O Venerável tinha o cuidado de colocar a Loja, quando da recepção de um novo irmão, sob a proteção de um santo. Os dois vigilantes na entrada a cargo de um Venerável lhe diziam ao pé do ouvido *Pax Profunda* – Paz Profunda –, código dos Rosacruzes, e o Venerável, antes de começar a leitura do catecismo, bebia um pouco de vinho em uma taça que circulava em seguida, e este rito era uma lembrança do terceiro Ponto de Rosacruz.

Willermoz encontrou na Maçonaria que poderíamos chamar de simples, assim como na Grande Loja, a sedação de seus desejos e de sua sede pelo desconhecido? É pouco provável. E, contudo, ele havia constituído, no seio da Perfeita Amizade, um capítulo com o título ambicioso de A Sabedoria [*La Sagesse*], o que exalava, sem dúvida alguma, um perfume hermetista, que abandonou em 1763, quando A Sabedoria pediu à Grande Loja de Lyon que fosse admitida como Loja regular, o que levou Willermoz a fundar em 1763, com seu irmão o doutor, um capítulo dos Cavaleiros da Águia Negra em que se reuniram irmãos de várias Lojas de Lyon.

Era, este novo capítulo, um cenáculo muito restrito e fechado, que tinha suas sessões sem o conhecimento da Grande Loja lionesa e que decidiu fazer uma triagem nos conhecimentos maçônicos e mesmo rejeitar aqueles que lhe pareciam inexatos e cheios de perigos. Foi assim que o capítulo proscreveu de seu ritual o grau de Cavaleiro Kadosch. Willermoz repetiu muitas vezes seu desgosto pela encenação burlesca na ocasião da recepção a este grau. Ele não possuía nenhum interesse por este grau de vingança e pelos cavaleiros de punhal que simulavam, para vingar o assassinato de Hiram, um assassinato. Bem mais que a vingança de Hiram, os Cavaleiros da Águia Negra ocupavam-se, sob a cobertura do ritual e dos graus maçônicos que eles praticavam, da "alta ciência" e se dedicavam à transmutação. O que o prova sem dúvida, é que o ritual de Grão-Mestre da Águia Negra é ilustrado por desenhos kabalísticos; figura aí o Pentáculo, e sucumbimos sempre à maneira de conhecer o nome secreto do Eterno, que basta possuir para ser o mestre das forças da natureza e comandar todos os espíritos.

Como quando se trata de interpretar os símbolos do ritual maçônico, nada é mais cômodo do que inserir o que parece justificar a tese que sustentamos, o recipiendário do capítulo ouvia dizer que a pedra bruta não era mais que a matéria informe da Grande Obra, que a pedra cúbica de ponta piramidal não era nada mais que a matéria sob forma triangular formada pela reunião do sal, do enxofre e do mercúrio. Os signos do zodíaco e o poder infalível do nome divino eram, lembravam-lhe, meios de eficácia exemplar. Convidava-se ainda o novo membro do capítulo em termos velados, mas bastante explícitos, a completar as operações alquímicas essenciais. O Grande Vigilante tinha como missão, uma vez os irmãos previamente examinados, "ver se o capítulo está hermeticamente selado, se os materiais estão prontos, se os elementos se distinguem, se o preto dá lugar ao branco e o branco ao vermelho". Encontramo-nos aí em plena preparação da Pedra Filosofal, da panaceia universal e da transmutação, isto é, da fabricação do ouro.

O branco, o azul e o vermelho têm uma significação alquímica e representam os episódios sucessivos da regulação da Pedra Filosofal e, em seu *Dicionário mítico-hermético*, o fundador dos Iluminados de Avignon faz, das três cores que a Revolução Francesa adotará, um comentário apropriado. Pode-se ser revolucionário e alquimista sem o saber. Mas a Revolução Francesa não foi ela própria uma Grande Obra?

Convém, contudo, não insistir muito sobre o papel do hermetismo na vida maçônica de J. B. Willermoz. Se ele manteve, durante algum tempo, com seu próprio dinheiro as experiências alquímicas do doutor Willermoz, seu irmão mais novo, não parece que ele próprio as tenha feito; mas que ele tenha terminado por deixar de lado as buscas dos Cavaleiros da Águia Negra não o impedirá de conservar a curiosidade pela alquimia.

É bom notar que a Águia Negra, sob a proteção e o título da qual Willermoz e seus irmãos colocaram-se, é, ao mesmo tempo, um símbolo alquímico bem conhecido, mas também o emblema desta monarquia prussiana que, com Frederico II, soubera tão bem seduzir os filósofos franceses para a maior glória da Prússia. O rei Maçom, mais morno e muito rapidamente arrefecido em seu zelo, não deixou de exercer de Berlim sua verve cáustica em detrimento dos irmãos franceses que se colocaram sob um emblema tão germânico quanto a Águia Negra.

O que distingue Willermoz dos outros irmãos à procura da Grande Obra é seu desinteresse; quando se deu conta da inanidade das pesquisas espagíricas, ele continuou sua busca em outra via, pois, para os Maçons deste tempo, a Maçonaria detinha um tesouro escondido; ela continha uma revelação interior, superior à arrecadação da qual as Igrejas cristãs oficiais eram detentoras e distribuidoras infiéis e incapazes. É a razão pela qual J. B. Willermoz continuou sua busca espiritual e, quando encontrou sobre seu caminho, em 1767, Martinets de Pasquallys, teve a impressão de que os céus acabavam, enfim, de se abrir e que a terra poderia novamente bradar com São Paulo: *Nostra conversatio autem in coelis est* (nossa conversação está nos céus). Melhor ainda, ele acreditou de muita boa fé, após ter se tornado adepto de Pasquallys e ter recebido seu ensinamento, que, graças ao sistema e às operações dos Coëns Eleitos, ele teria a prova tangível dos dogmas do cristianismo, e, como seus outros irmãos em martinesismo, Willermoz pensava que, à exemplo dos primeiros cristãos, a divindade o favoreceria de dons sobrenaturais e que ele seria julgado digno de receber as graças, os carismas que, para os primeiros cristãos, eram moeda corrente.

Foi na ocasião da crise da Grande Loja em 1767 que Pasquallys chegou a Paris. Em agosto de 1766, a Grande Loja havia, com efeito, proibido, por um decreto, às oficinas sob sua autoridade a trabalhar nos Altos Graus escoceses. A Francesa Eleita Escocesa de Bordeaux havia, então, notificado Pasquallys que fechasse seu próprio templo. Martinets conjurou o perigo com sua temporada parisiense, mas, se ele teve o prazer de saber que a 20 de outubro a Grande Loja havia restituído seu decreto, esta recusou as proposições que ele lhe fez. Na verdade, a suspensão dos trabalhos da Grande Loja a partir de fevereiro de 1767 permitiu a Pasquallys recrutar irmãos em Paris, de alta qualidade social ou maçônica, e ele os convenceu de seus poderes teúrgicos convidando-os para uma operação coroada de sucessos, isto é, por uma "passagem". Este termo indicava que a manifestação da causa inteligente e ativa era muito rápida e curta. Seria necessária, então, a maior atenção para receber o sopro do Espírito reconciliador, encarregado de reintegrar os adeptos. Voltaire teria dito, sem dúvida, que, na verdade, tratava-se aí de um truque de mágica. Foi depois dessa "operação bem-sucedida" que Pasquallys conferiu aos novos adeptos o grau de Réau-Croix e instituiu um Tribunal Soberano da Ordem dos Coëns Eleitos. O Tribunal Soberano instalou-se, este foi seu primeiro ato, no templo erigido em Versalhes, onde J. B. Willermoz recebeu de Pasquallys a Iniciação.

Todos os anos, o negociante lionês fazia uma viagem de negócios a Paris. Visitando seus clientes e colocando-se a par da nova moda, o místico lionês estava à espreita de tudo o que era novo em Maçonaria, e ele não dispensava tecer relações com irmãos ou continuar aquelas já iniciadas em Lyon. Foi assim que ele se manteve amizade com um oficial, Bacon de la Chevalerie, que havia presidido em Lyon uma Loja militar e ao qual Pasquallys acabava de confiar o posto de Substituto do Tribunal Soberano, em verdade, a presidência deste camarada. Foi através de Bacon que Willermoz viu-se prestes a propor a entrada em uma *"...sociedade recente que correspondia a tudo o que poderia desejar um Maçom..."*

No curso da cerimônia de recepção, Pasquallys serviu-se de todos os recursos de um verdadeiro teatro místico em que a emoção, as lágrimas e a alegria de se reconciliar com Deus na ocasião da recepção de Willermoz tiveram um lugar importante:

"Eu havia, depois de certo tempo, caído em desgraça diante de meu Deus por certos erros que, para o mundo, contam pouco, e eu acabo de receber a prova, o signo seguro de minha reconciliação. Eu a devo a vós, porque sois a causa e a ocasião..."

Assim, eis que Willermoz, ainda que Maçom já há dezoito anos e titular de, pelo menos, sessenta graus maçônicos, o que não é pouco, recebe graças a Martinets um golpe mais que "pascalino" e confessa que, até o seu encontro com o mago de Bordeaux, ele ignorava até esse momento "a primeira palavra da Maçonaria essencial...".

A uma admissão de tão boa qualidade, Pasquallys mostrou-se generoso. Ele lhe acordou um lugar de membro não residente no Tribunal Soberano, assim como o direito de estabelecer uma Grande Loja Mãe dos Coëns Eleitos em Lyon, com os títulos de Inspetor Geral para o Oriente de Lyon, e ainda de Grão Mestre do Grande Templo da França. Após o retorno de Pasquallys a Bordeaux e de Willermoz à sua cidade, iniciou-se uma correspondência de cinco anos. Não podemos senão admirar a paciência de Willermoz, que não conseguiu entrar em relação com os Espíritos, não ouviu o menor barulho, nem sentiu o menor frêmito ou carícia do Espírito reconciliador, mas não permaneceu menos em *contra spem in spem* (de esperar contra toda esperança).

É inútil narrar qual foi o estado das relações entre Martinets e seus Êmulos, tanto parisienses e versalheses quanto lioneses após o retorno do mago a Bordeaux, pois as fases de decepção alternavam-se com as de esperança, sem que a influência de Martinets sobre eles perdesse algo de sua importância, enquanto que os Êmulos provinham de tempos em tempos a manutenção do "Grande Soberano" da Ordem e de sua família. Willermoz teve, ao menos, a consolação, quando Martinets não estava em Bordeaux, de poder corresponder-se com Saint-Martin.

Finalmente, ainda que não tendo sido favorecido de uma comunicação direta com a Coisa [*Chose*] suprema, Willermoz decidiu abrir-se ao Grande Templo de Lyon cuja história sabe-se pouca coisa. Constituiu-se, assim, um pequeno grupo de Êmulos lioneses cuja atividade foi, sem dúvida, bastante reduzida, pois a partida de Pasquallys para Saint-Domingue, sua morte ocorrida em 1774, levaram à rápida dissolução da capela maçônica teúrgica da qual ele havia sido o fundador. Desde 1776, os templos de La Rochelle, de Marseille e de Libourne entravam no seio da Grande Loja da França. Em 1781, o terceiro e último Grande Soberano, Sébastien de Las Cases, resignava-se a ordenar o fechamento dos oito templos que lhe eram ainda subordinados. Willermoz não aguardara este fracasso para voar com suas próprias asas, desde o final do ano de 1772. Sem deixar de aderir ao credo dos Coëns Eleitos, ainda que o ponto de vista teológico e a doutrina da Reintegração não fossem mais ortodoxos, como o poder teúrgico de Martinets era para ele uma realidade provada por fatos, Willermoz, permanecendo de coração e de espírito martinesista, apesar de seu insucesso pessoal de comunicação com a Coisa, diferia, contudo, de Pasquallys na atitude que a Ordem dos Coëns Eleitos devia tomar diante dos outros sistemas maçônicos.

Pasquallys, reconhecendo a seus adeptos a dupla qualidade de Êmulo e de Maçom, abrira, assim, a possibilidade de pescar no aquário maçônico uma clientela que não teria encontrado alhures. Todavia, ele tencionara dar à sua Ordem o caráter de uma sociedade ocultista e havia recusado a relacionar-se com os numerosos sistemas escoceses da época; quando Bacon de la Chevalerie, Substituto universal da Ordem, manifestara veleidades nesse sentido, Pasquallys o substituíra da autoridade por outro Êmulo mais dócil e obediente a suas vontades. Tanto quanto viveu, Willermoz não resistiu à sua influência, apesar das repetidas recusas da Coisa de se comunicar com ele, porém com o falecimento de Martinets, agiu de outra maneira. Se, de 1767 a 1772, o misticismo teúrgico abarcou-o inteiramente, a partir de 1772 a vontade de potência que estava nele despertou-se, ele desejou apaixonadamente tornar-se, por sua vez, o chefe respeitado e incontestado de um rito que seria sua obra.

Como ele não poderia pretender à sucessão de Pasquallys, pois, teurgo impotente, seus adeptos potenciais teriam rido dele, pensou que era possível retirar do martinesismo um sistema escocês novo e, evidentemente, de qualidade superior a todos os sistemas escoceses praticados até o momento.

Ambição elevada, certamente, mas difícil de realizar, pois não há sistema maçônico possível, se não for fundado sobre dados que permaneceram ignorados e contendo, claro, um segredo cuja revelação e a comunicação são precisamente a razão de ser. De que vale recrutar profanos se, após tê-los feito esperar nos vestíbulos dos graus inferiores, não lhes oferecer o meio de galgar os degraus de uma vasta escadaria esotérica no final da qual se acede ao conhecimento supremo? A Maçonaria azul e a Maçonaria vermelha escocesa foram, assim, construídas sobre temas legendários com numerosos desdobramentos. Ora, não se encontrava nada disso no sistema dos Coëns Eleitos. Martinets, ele não era o único a afirmá-lo, sustentava que a iniciação era conhecida desde as origens da humanidade, mas ele permaneceu em silêncio sobre o modo como havia chegado até ele, com razão, o conhecimento das verdadeiras operações que permitem ao homem caído reencontrar seu estado primitivo. Era necessário, então, a Willermoz um elemento legendário; este se apresentou a ele sob as espécies templárias, mas não se impôs a seu espírito senão depois de uma resistência que explica a aversão que sempre manifestava pelos graus de vingança.

É pelo intermédio de Maçons de Metz que Willermoz acabará por aceitar a tese que faz da Ordem maçônica o sucessor da Ordem dos Templários. O segredo maçônico não é, então, nada mais que o conjunto das doutrinas secretas das quais os Templários teriam sido os depositários. Metz possuía, desde os anos 1760, um capítulo de Altos Graus no qual se encontravam, em sua maioria, irmãos hermetistas. A Grande Loja de Lyon relacionara-se com Meunier de Précourt, presidente do capítulo, e com o irmão Tifaine. Tratava-se, como de costume, de conhecer uma série de Altos Graus ignorados pelos Lioneses, que estes ardiam de vontade de possuir. Os irmãos de Metz fizeram-se de sabedores e difíceis e começaram a pôr em prova os Maçons lioneses. Seriam capazes de decifrar o significado do desenho que os irmãos de Metz lhes enviavam e de interpretar corretamente, ou melhor, de "preencher" as palavras sagradas que lhes eram dirigidas apenas com suas cartas iniciais, isto é, completá-las? Caso sim, eles eram dignos de receber a iluminação suplementar, caso contrário deveriam se contentar em permanecer em um estado inferior ao que os irmãos de Metz haviam chegado. Para a felicidade dos Lioneses, que, se tivessem sido bastante avançados nas ciências ocultas, teriam interpretado sem dificuldade os enigmas de seus irmãos de Lorena, Willermoz pôde dar o sentido exato do grau e do emblema que estava anexado e do qual aqueles de Metz queriam fazer de pedra de toque. Meunier de Précourt encaminhou, então, ao negociante Maçom o caderno do grau com as explicações necessárias, silenciadas cuidadosamente até o momento. Willermoz, após a leitura, chegou à conclusão de que os irmãos de Metz estimavam que os Altos Graus não serviam senão para mascarar a ressurreição discreta da Ordem do Templo e, quando deu a conhecer esta interpretação a Meunier de Précourt, este jubilou-se por ter sido tão bem compreendido. O grau de que se tratava não era outro, com efeito, senão aquele de Grande Inspetor Grande Eleito e havia por tema as circunstâncias da destruição da Ordem do Templo. Meunier de Précourt anunciava ao iniciado lionês que ele desenvolveria de modo mais amplo toda esta interpretação em um tratado histórico sobre a Maçonaria, que, por outro lado, jamais se concretizou.

Mas o grau não tinha relação apenas com a história do Templo. Esta figurava uma interpretação alquímica que não estava limitada apenas a esse grau, mas que circulava, pode-se dizer, por toda a escala simbólica desde o grau de aprendiz até o último. O profano, antes de ser despojado de seus metais, quando de sua iniciação, representa, afirmava o Maçom de Lorena, o estado em que se encontravam os Templários antes de sua ruína e sua espoliação e ele relacionava todas as etapas do ritual do grau, assim como suas decorações e joias, com a história do Templo a partir de 1307.

O grau praticado, senão fabricado inicialmente, pelos Maçons de Metz misturava o tema habitual dos graus de Vingança com suas preocupações herméticas e alquímicas. Melhor ainda, o objetivo dos Grandes Inspetores Grandes Eleitos era obter a revisão e a reabilitação do processo dos Templários pelo primeiro concílio ecumênico vindouro para pedir a restituição de seus bens monopolizados pela Ordem de Malta e fundar, assim, hospitais. Louvável intenção! E nos espantamos um pouco que no último concílio, de Vaticano II, muito bem-disposto por um certo número de revisões, não se encontrou ninguém que pedisse a anulação da decisão do Concílio de Viena que, em 1314, infligiu a morte à Ordem do Templo.

Willermoz encontrava-se na presença de um sistema que, certamente, interessava-o, mas que o repelia igualmente. A alquimia destinada à obtenção de bens materiais, o espírito de vingança do grau praticado por aqueles de Metz lhe inspiram uma repulsão que ele não superou no momento e, contudo, é o essencial desse sistema que ele reencontraria cerca de dez anos mais tarde na Estrita Observância alemã, pelo estudo da qual se apaixonou, e que daria nascimento, após várias reviravoltas, ao Rito Escocês Retificado.

O primeiro convite aos irmãos lioneses a aceder à Maçonaria templária veio de uma Loja de Dresde cuja carta do mês de outubro de 1766 repousou nos arquivos da Grande Loja de Lyon, porque não havia sido levada em tempo hábil ao conhecimento dos irmãos e, sobretudo, de Willermoz. Alguns anos mais tarde, um irmão da mesma Loja de Dresde, Sr. de Bellegarde, que pertencia a uma família da Savoia da qual um membro fizera-se iniciar em uma Loja parisiense desde 1737, encontrou Willermoz no curso de uma estadia em Lyon, e trocou com ele algumas palavras da Estrita Observância, mas, como ele não fazia parte da Ordem interior, não pôde satisfazer toda a curiosidade de Willermoz. Foi preciso esperar 1772 para que, à ocasião de um chamado à generosidade maçônica solicitada pelos irmãos de Dresde, apelo muito bem ouvido por aqueles de Lyon, a ligação fosse reatada; ela foi reforçada pelos membros da Loja de Estrasburgo da Candura [*Candeur*] que mantinha relações com a Estrita Observância e não hesitava em fazer propaganda à favor do que se chamaria na França de Maçonaria Reformada de Dresde. A situação geral da Maçonaria francesa explica muito bem, por outro lado, esses contatos entre as Grandes Lojas provinciais que contestavam, então, a autoridade da Grande Loja da França e encontravam, na difícil situação da Grande Loja, a oportunidade de abalar sua autoridade constitucional como recusar as taxas financeiras que daí derivavam. Foi assim que, em abril de 1772, a Grande Loja de Lyon protestou contra *"as diversas imposições pecuniárias que a dita Grande Loja da França julgara oportunas sobre todas as Lojas de província"*. Melhor ainda, a partir de junho de 1772, ela decidiu colocar à frente de suas deliberações a fórmula "Grande Oriente de Lyon" e lembrava à Grande Loja da França o acordo firmado com ela em 1760 que a autorizava a criar oficinas sob sua própria autoridade. Compreende-se que com tal estado de espírito uma parte dos Maçons lioneses tenha olhado muito mais Além-Reno do que em direção a Paris. A Candura de Estrasburgo e seu Grande Capítulo eram animados pelas mesmas disposições em relação a Paris. O Grande Capítulo havia mesmo convocado todas as Lojas do reino, por uma circular, a resistir às pretensões parisienses. Tanto em Bordeaux como em Besançon, via-se também serem criadas Grandes Lojas provinciais. Os irmãos de Estrasburgo estimaram insuficiente este resultado e em novembro de 1772 a Candura expedia missiva à Grande Loja de Lyon para lhe sugerir que obtivesse uma patente de Londres, ou melhor, que se constituísse de uma maneira nova apoiando-se sobre a reforma maçônica da qual a Alemanha conhecia, há alguns anos, os benefícios.

Em nome da Grande loja lionesa, Willermoz respondeu a essas aberturas; primeiro de maneira oficial, depois, privativamente, ao Venerável da Candura, o barão de Landsperg, pedindo-lhe todos os esclarecimentos possíveis sobre o regime de Dresde. Os Alsacianos e Willermoz fizeram em suas correspondências um pouco como gato e rato, retardando o momento de morder o pedaço, isto é, de colocar as cartas na mesa.

Finalmente, aqueles de Estrasburgo aconselharam Willermoz a se dirigir ao barão de Hund, restaurados da VII Província da Ordem do Templo sob a figura da Estrita Observância. O detalhe das negociações entre Willermoz e os irmãos da Estrita Observância da Alemanha, como com aqueles de Estrasburgo, que serviram diversas vezes de degrau intermediário, não acrescentava em nada ao fato de que no momento das assembleias da Grande Loja Nacional, em 1773, às quais Willermoz assistiu como Venerável de Província, a Grande Loja de Lyon compreendesse o interesse que havia para ele em se apoiar sobre a Observância de Dresde diante do Grande Oriente em formação. Em junho de 1773, os Maçons lioneses dirigiam a seu deputado junto do Grande Oriente, Bacon de la Chevalerie, uma nota em que exprimiam sem rodeios a pouca confiança que nutriam pela nova instituição ao mesmo tempo em que manifestavam que eles eram solicitados, há muito tempo, a se agregar à Estrita Observância. Mas a Grande Loja de Lyon, sobre a qual Willermoz acreditara poder apoiar-se para realizar a união com Dresde e Estrasburgo, revelou-se constituir um terreno pouco seguro para a conclusão das negociações, ainda que Willermoz, após ter obtido os esclarecimentos que desejava de seus interlocutores alemães e alsacianos, decidiu criar com sua própria autoridade e no mais alto segredo o Capítulo Diretorial que seria o embrião da futura Província de Auvergne, e ele redigiu para este fim Instruções secretas sob forma de circulares. A primeira tinha como título: *"Instruções gerais sobre a reforma da Ordem na Alemanha..."* e não era destinada senão aos simples Mestres Escoceses. A segunda dirigia-se aos candidatos julgados dignos do grau supremo, isto é, da Ordem Interior. Willermoz recolheu, assim, um número suficiente de adesões para poder endereçar, em julho de 1773, o requerimento oficial ao barão de Hund. Os Lioneses não haviam sido, além disso, os únicos a serem tocados pela propaganda dos irmãos do Capítulo do Segredo de Estrasburgo. Os Maçons de Bordeaux e de Montpellier foram, assim, solicitados e aceitaram associar-se à Estrita Observância. Hund, chefe supremo da obediência, encarregou o vigário geral de Dresde, o barão de Weiler, de erigir os três Diretórios a exemplo daquele da VII Província alemã. Ele começou por Estrasburgo onde, em outubro de 1773, instalou oficialmente o Diretório da V Província e todos os membros da Candura receberam o grau de *Eques Professus*, isto é, de Cavaleiro Professo. Novamente Weiler encontrou-se na França em 1774 e foi no dia 25 de julho que Weiler, cujo nome da Ordem era *Frater Augustus a Spica aurea* – irmão Augusto da Espiga dourada –, instalou o Diretório de Auvergne sitiado em Lyon, consagrando Cavaleiro doze irmãos. J. B. Willermoz encontrou-se transformado em *Frater Baptista a Eremo*, irmão Batista do Deserto, tendo como arma um eremita sobre um fundo azul portando uma lança sobre o ombro e como divisa *Vox in deserto*, e a qualidade de Grande Chanceler da II Província. Mas isso era apenas o começo, e como todos os irmãos declararam-se dispostos a se engajar sem volta na Ordem Interior, o vigário geral julgou-os dignos de ser elevados ao grau supremo: o de *Eques Professus*, Cavaleiro Professo. A cerimônia de recepção ocorreu em agosto de 1774 com toda a solenidade desejável. Cada recipiendário pronunciou sua Profissão seguindo todas as formas do ritual e encontrou-se revestido do manto de Cavaleiro Professo e do cordão da Ordem.

Willermoz e os outros Maçons lioneses tornaram-se, assim, Templários e os monges soldados vítimas de Filipe, o Belo, e de Clemente V ficariam muito surpresos em saber que teriam como sucessores burgueses comerciantes de Lyon, pois não é ser irônico, talvez, contestar o fato de Willermoz e seus amigos não serem grandes militares e diferirem, sobretudo, por sua origem social e suas atividades, dos aristocratas tanto alemães quanto franceses, notadamente, na Alsácia e na Borgonha, que se encontravam sobre as colônias dos templos da Estrita Observância. Tendo terminado sua missão lionesa, Weiler chegou a Bordeaux onde conferiu ao capítulo da Occitânia todas as bênçãos determinadas concedendo-lhe por domínio todo o Languedoc; em outubro ele instalou em Montpellier um Grande Priorado dependente de Bordeaux, cuja vitalidade foi, no mais, maior que a do Diretório de Bordeaux. A França maçônica acabava de enriquecer-se de um novo sistema. Willermoz e os outros Templários lioneses acreditaram, então, que seria possível estender a rede da Estrita Observância sobre o conjunto do reino. Mas sua esperança foi desapontada na própria França e a única região onde seu espírito missionário encontrou eco foi a Savoia vizinha, na qual se constituiu, sob a égide dos Templários Maçons de Lyon, uma Prefeitura de Chambéry, e foi assim que Joseph de Maistre, recebido como Maçom na Loja Os Três Morteiros de Chambéry em 1774, tornou-se, em 1776, *Frater Josephus a Floribus* – irmão Joseph das Flores. Para dizer a verdade, o sucesso mais real alcançado pelos Maçons templários da França foi o tratado de união que conseguiram concluir com o Grande Oriente. Além disso, uma das razões que determinou que os Diretórios escoceses do sistema templário tratassem com o Grande Oriente foi a de tornar, de algum modo, nacional, o novo sistema. Willermoz tomara, com efeito, a precaução, antes de entrar na Maçonaria templária, de especificar o direito para esta de reconhecer a autoridade do Grão-Mestre, o duque de Chartres, para as Lojas azuis.

Aos irmãos de Estrasburgo, mal dispostos para o Grande Oriente e que reivindicavam uma ruptura total do sistema templário com este, Willermoz mantinha como resposta um excerto de um relatório que lhe endereçara seja Bacon de la Chevalerie, seja o abade Rozier, que defendiam em Paris as Lojas lionesas, após o encontro que o emissário das Lojas lionesas tivera em Compiègne com o duque da Vrillière, secretário de Estado da Casa Real; pois o antigo conde de Saint-Florentin, do qual convém lembrar a qualidade fraternal, interessava-se, como já foi visto, em relação à instalação do novo Grão Mestre, pelas dificuldades pelas quais atravessava, então, a Ordem maçônica.

"Chego de Compiégne, escrevia, então, em agosto de 1773 o emissário lionês ao negociante de sedas, onde tive uma conversa de duas horas com o Sr. duque da Vrillière sobre arranjos e disputas maçônicas que lhe representaram como sendo contrárias ao governo. Eu o fiz retroceder completamente neste respeito, mas eu vos exorto, meu caro irmão, a manter sob o maior segredo vossa associação com a Alemanha. O governo, tranquilizado pela natureza das operações maçônicas da França, não deixara de se alarmar sobre constituições estrangeiras que os clamores dos descontentes não ignorariam..."

Tal situação explica a conclusão do tratado de união de 1776. Os Maçons templários poderiam ficar satisfeitos com o resultado. O Grande Oriente reconhecia um regime independente do seu, o que era contrário aos seus próprios princípios, que, além disso, dependia de uma autoridade estrangeira, e ele abandonava aos Diretórios escoceses a jurisdição que era sua sobre as Lojas azuis dependentes dos Diretórios. O que aprendera a mais sobre o objetivo real e as disposições do regime templário, sobre as doutrinas e os rituais? Estritamente nada. Certamente, ele poderia alimentar a ficção de uma suserania que lhe haviam reconhecido Maçons franceses dependentes de uma obediência estrangeira, e isso era, de certo modo, tudo. Ele corria, além disso, o risco de ver os

Maçons de suas Lojas desertá-los para bater à porta das oficinas do Rito templário e aí aceder, enfim, a seus Altos Graus, que exerciam sobre o espírito e a sensibilidade dos Maçons dessa época, um atrativo quase irresistível. Se ele não teve importância, e se o sucesso do Rito templário permaneceu, apesar de tudo, limitado, é que a grande maioria dos Maçons franceses recusou alistar-se em um sistema que feria seu amor-próprio nacional pela subordinação a uma autoridade estrangeira e que, pela existência de uma Ordem Interior, não era, em suma, acessível senão a uma pequena minoria. Eles tinham, no mais, o sentimento de que os Altos Graus dos quais a Maçonaria Retificada alemã se vangloriava eram de origem francesa e haviam sido importados Além-Reno por oficiais franceses cativos quando da Guerra de Sete Anos e eles sabiam que o primeiro capítulo de Cavaleiros instituído em Berlim se implantara sob a patronagem do Grão-Mestre de França tomando o nome de Clermont.

Willermoz, não mais que seus amigos, não sentira a importância da possível reação do amor-próprio nacional maçônico. Embebidos até o pescoço pelo ocultismo, eles se deixaram levar pelas miragens, melhor, pelos nevoeiros e brumas de Além-Reno e deveriam ter ficado muito surpresos em ver que o tratado de união concluído entre eles e o Grande Oriente levantou, da parte de certos Maçons simbólicos, uma violenta oposição. Foi necessário que o Grande Oriente se justificasse, através de uma circular de outubro de 1776, por ter concluído o tratado incriminado que ele dirigiu a todas as suas Lojas, então em número de cerca de duzentos e trinta. O Grande Oriente contestou que não havia nem o poder de impedir a criação dos Diretórios e ainda menos o de fazê-los cair no vazio; como acréscimo, os Diretórios não tinham mais que o direito de estabelecer oficinas por suas reformas e que, além disso, eles se distinguiam pelo exercício da beneficência sob todos os seus aspectos, o tratado de união era uma operação útil e louvável em si mesma. Mas a oposição de uma parte dos irmãos não desarmou, e – fato acerbo – Saint-Jean de Escócia do Contrato Social, herdeira da Loja Mãe Escocesa do Condado Venesiano e que praticava o rito hermético sob o nome de Rito Escocês Filosófico, lançou, em 1778, um manifesto a todas as Lojas da França contra os Altos Graus tipicamente templários da Estrita Observância. Por um golpe de má sorte, no mais, o Diretório de Auvergne sitiado em Lyon ergueu contra ele a hostilidade da Grande Loja Provincial de Lyon, o que teve como resultado, em 1778, o surgimento de um conflito no próprio seio do Grande Oriente entre o abade Jardin, porta-voz dos Lioneses opositores, e o Grande Orador Bacon de la Chevalerie, *Eques Ab Apro*, que se apoderou do relatório que o abade Jardin lia e do qual uma passagem continha contra ele um ataque pessoal. Sabendo da questão, o Grão-Mestre instituiu uma severa sentença contra o abade Jardin e muito suave para o Templário lionês Bacon que tivera o espírito de se declarar culpado e de fazer uma reparação pecuniária em favor dos pobres.

Mas se o Grande Oriente não quisera desvencilhar-se, deixando atacar um Diretório escocês e o tratado de união, os Maçons templários viram-se isolados no corpo maçônico, sem encontrar, no mais, muita consolação nem apoio nas autoridades germânicas de seu sistema. Após a morte do vigário geral de Weiler, depois do barão de Hund, as ilusões que poderiam ter mantido Willermoz e seus amigos dissiparam-se pouco a pouco.

Mas as ilusões são uma coisa tenaz. Willermoz aplicara-se durante dois anos, de 1776 a 1778, a erguer sua província de Auvergne. Parece evidente que a ambição de se elevar nos graus maçônicos obscureceu, por um tempo, suas aspirações místicas. Melhor mesmo, a reprovação comum de Martinets de Pasquallys e de Saint-Martin, que viam o Coën Eleito Willermoz engajar-se no sistema templário, não o desviou de sua empreitada. Foi apenas após ter constatado por si próprio a inanidade de suas tentativas e de suas lutas contra seus adversários dos Diretórios escoceses que caiu em si. Porém, mais do que reconhecer que se desencaminhara pelo sistema templário alemão, Willermoz acreditou ter sido chamado a desempenhar um papel que assumira, antes dele, um Martinets de Pasquallys, e ainda que este homem laborioso e honesto não fosse um renovador e um criador, ele pensou que a Providência o convocava para que fosse a luz que iluminaria os Maçons franceses.

Tratava-se, dessa vez, de aliar os princípios diretores do martinesismo com a lenda templária. Pasquallys forneceria o fundo e o barão de Hund o contorno. Foi neste espírito que nasceu na assembleia da Gália, reunida em Lyon em 1778, o Rito Escocês Retificado dos Cavaleiros Benfeitores da Cidade Santa.

Tal apelação tem uma origem em Metz, pois que ela existia em um capítulo dessa cidade em que o grau mais elevado denominava-se Escocês Retificado de Saint-Martin. A qualidade do Cavaleiro vinha daquela de Martin antes de sua conversão, ou melhor, o cavaleiro romano tornara-se o cavaleiro do Cristo. A Cidade Santa não poderia ser senão a capital da cristandade, Roma. Os reformadores de Lyon foram até Jerusalém, cidade onde a Ordem do Templo nascera. O concílio de Troyes de 1128 que, sob a inspiração de são Bernardo, havia conferido seu dogma aos Templários, qualificara estes de pobres Cavaleiros do Templo na Cidade Santa. Todavia, a denominação retida pelos reformadores de Lyon tinha a vantagem de não evocar os Templários, permitindo ao interior da Ordem de reivindicar uma filiação espiritual com estes. Vejamos, sobre isso, um testemunho inédito de Willermoz em uma carta endereçada por ele, no fim de sua vida, a um correspondente curioso em conhecer o regime retificado: *"A assembleia nacional de Lyon não ocorrera em 1778 senão aguardando uma assembleia geral de toda a Europa que era, em toda parte, desejada para fixar as verdadeiras e antigas bases da Maçonaria, e dissipar as incertezas que uma multiplicidade de sistemas mais modernos havia gerado. Não ocorreu senão para satisfazer a justa impaciência dos Diretores e Grandes Capítulos da Gália e da Itália de abalar o jugo da Estrita Observância que pesava sobre toda a Alemanha e não era, em toda parte, mais do que um véu simbólico do sistema absurdo e perigoso da Restauração temporal de uma Ordem apagada pela intervenção de duas potências..."*. Um pouco mais adiante, Willermoz precisa que *"a assembleia nacional de Lyon, pouco numerosa, delineou, com a ajuda de preciosos documentos que lhe chegaram, o grande trabalho da Retificação. Este trabalho transmitido ao Seteníssimo Grão-Mestre geral recebeu sua plena aprovação e ele resolveu, desde então, fazer dele a base das operações da futura assembleia geral encarregada de aperfeiçoá-los..."*.

Desde 1779, com efeito, Willermoz relacionava-se com o barão de Plessen, camareiro do rei da Dinamarca que veio a Lyon para vê-lo, e, de acordo com Charles de Hesse e Ferdinand de Brunswick, ele preparou a assembleia de Wilhelmsbad. O negociante de Lyon interessava-se ativamente pelas seitas alemãs, sobretudo, pelos Rosacruzes de Berlim que se instruíam na Itália da ciência e da filosofia mística do Renascimento. Espíritos como Haugwitz, o homem de Estado prussiano, e Waechter não tardaram a despertar a curiosidade de Willermoz, ainda que não tivesse revelado seus segredos a Charles de Hesse, Haugwitz não mais que Waechter fizeram o mesmo a seu respeito. Ele recebeu, contudo, a visita em Lyon do príncipe Frederico Guilherme de Wurtemberg.

A assembleia para a qual todas as esperanças convergiam reuniu-se, enfim, perto de Hanau, em Wilhelmsbad, no verão de 1782. Seu objetivo era unificar a Maçonaria, enquanto que na Alemanha ainda mais do que na França a divisão era geral, pois a Ordem era partilhada entre os Rosacruzes – sobretudo em Berlim – a Estrita Observância, os pietistas dos Irmãos Morávios, e os Iluminados da Baviera de Weishaupt, cujo espírito e programa não estavam, de modo algum, em acordo.

Chegando a Wilhelmsbad, Willermoz acreditava ser o chefe de uma Ordem com um código, uma doutrina, uma tropa de irmãos. Ele via a corrente mística na Alemanha ter claramente a vantagem sobre a corrente racionalista e anticatólica dos Iluminados da Baviera dirigidos por Weishaupt, Bade, Dittfurth e Knigge que eram os detentores da razão, da ciência e do progresso humano. As obras de Lavater e de Saint-Martin estavam conquistando a Alemanha. Willermoz acreditou que seria possível obter a vitória sobre os Maçons racionalistas. Ele se chocou, naturalmente, com os Iluminados da Baviera. Convocados à assembleia, eles lhe propuseram a transformar a sociedade: as Lojas seriam autônomas e somente federadas entre si. Era um aparato contra a unidade que não poderia ter sido realizada senão por sua submissão. A proposição foi rejeitada, e os Iluminados da Baviera deixaram a assembleia como vencidos. Mas seu fracasso não havia sido total. Eles haviam influenciado certos Maçons místicos. O duque Ferdinando de Brunswick reeleito Grão-Mestre aceitara repudiar a filiação da Estrita Observância com a Ordem do Templo para não inquietar os governos. Nestas condições, a Ordem Retificada não era chamada para um grande esplendor. Willermoz não tivera sucesso em suas ambições e foi acusado, na Alemanha, assim como Saint-Martin, de ser o instrumento dos jesuítas, ideia que só poderia germinar nas mentes germânicas imbuídas de preconceitos da Reforma. Na França o resultado incompleto da assembleia de Wilhelmsbad retraiu o zelo das Lojas dos Diretórios escoceses. Apenas a de Lyon, a Beneficência, aumentou o número de seus membros. Porém, mais interessante que as reviravoltas da assembleia de Wilhelmsbad foi o espírito da reforma dos Maçons lioneses.

Compreende-se perfeitamente, se pensamos que, decepcionados profundamente pelo culto da fraternidade puramente humana da Maçonaria laicizada de Anderson e de Désaguliers, os Maçons lioneses pretendiam substituí-lo pelo ideal da fraternidade mística e pela prática da caridade cristã. Bem antes que Lagrange tivesse declarado que a Maçonaria não era mais que uma religião abortada, Willermoz e seus amigos quiseram de corpo e alma que ela se tornasse; sobrou uma religião completa; para alcançar isso, eles eram levados a se voltarem para o cristianismo. Mas com a diferença de Ramsay cuja religião universal era destinada a transcender as diversas confissões cristãs, Willermoz e seus adeptos eram levados a clericalizar sua Maçonaria Retificada ainda que esta tenha compreendido a França, a Savoia e a Itália dos católicos romanos e que na Alemanha, além dos fiéis de Roma, tenha atraído e mantido para si protestantes. Todavia, e a observação é essencial, o Maçom retificado admitido após o noviciado na Ordem Interior era aí instruído na doutrina do *Tratado da Reintegração* de Pasquallys e se encontrava na presença de uma mistura em que se conciliavam, com mais ou menos hesito, a teurgia martinesista e a ortodoxia cristã, em geral, e católica, em particular. Mas o que faz a grande originalidade do novo rito retificado, é que ele ia à contracorrente da filosofia do século. Inversamente aos livres-pensadores ingleses, aos enciclopedistas na França, aos adeptos do *Aufklärung* na Alemanha, os Maçons retificados se desviavam da ciência experimental e não colocavam suas esperanças senão na Sabedoria desconhecida pelos profanos, na divina *Sophia*. Todavia, caráter notável do Rito Retificado e prova de seu espiritualismo elevado, ele condenava a prática da alquimia pelos Maçons e atribuía-lhes um objetivo que não era mais diferente daquele das ordens contemplativas: desenvolver sua espiritualidade, não ter como meta essencial senão a beatitude vindoura, desdenhar as satisfações materiais e evitar como a peste servir-se de sua potência teúrgica para obtê-las e se aproveitar. Na mesma carta já citada, Willermoz é muito claro sobre sua concepção da Maçonaria: *"A instituição Maçônica, é preciso dizê-lo, é essencialmente religiosa; as provas dessa asserção formigam de toda parte"*, e ele acrescenta, na intenção de seu correspondente, que o recipiendário ao quarto grau, isto é, aquele de Mestre Escocês de Saint-André, é impelido, antes de sua admissão, a expor francamente seus pensamentos sobre a existência de um Deus criador e princípio único de todas as coisas, sobre a providência e sobre a imortalidade da alma humana e sobre a religião cristã. Mas se a confissão do cristianismo era obrigatória para o candidato à Ordem Interior, para se tornar Mestre Escocês de Saint-André, depois aceder, enfim, ao grau supremo de Cavaleiro Benfeitor da Cidade Santa, não se pode esquecer que a ascensão do noviço, e depois, do recipiendário, deveria ter como resultado lógico as experiências teúrgicas e as operações martinesistas assim como a ascensão aos benefícios dos Réau-Croix na Ordem dos Coëns Eleitos.

Parece bem que a construção edificada por Willermoz e seus amigos permanecera incompleta; além do mais, ela não encontrou no mundo maçônico francês a audiência que os reformadores de Lyon haviam esperado.

Certamente, o Grande Oriente permaneceu espectador passivo na presença da assembleia reformadora de Lyon. O tratado de união de 1776 estava sempre em vigor ainda que não representasse para o Grande Oriente mais do que uma satisfação platônica. Mas o que surpreendeu os Lioneses foi que ele não hesitou a entender-se com outra potência escocesa, a Loja Mãe do Rito Escoces Filosófico, isto é, Saint-Jean de Escócia do Contrato Social. O trabalho que Willermoz e seus discípulos haviam tido para nacionalizar e para francizar a Estrita Observância criando o Rito Retificado destinado a substituí-la revelava-se inútil. Por esta concordata já examinada, o Grande Oriente enredava uma potência escocesa e teria, assim, à sua disposição, quando quisesse se ocupar dos Altos Graus, um sistema que poderia perfeitamente opor-se àquele instituído pelos Lioneses. No fim das contas, os Maçons lioneses haviam fracassado em seus esforços para se tornarem mestres da Maçonaria francesa. Maus profetas em seus países, eles se dirigiram para o estrangeiro onde haviam, é preciso confessá-lo, encontrado uma parte importante de sua inspiração. A Savoia e a Itália lhes seriam mais propícias que a França. Qual não foi o orgulho de Willermoz por ter participado da assembleia de Wilhelmsbad de 1782 que reorganizou a Estrita Observância alemã, criou definitivamente o Rito Retificado e *"terminou suas operações por uma declaração formal e autêntica de renúncia absoluta a qualquer outro relatório posterior com esta ordem"*, isto é, a Ordem do Templo. Fazendo adotar o essencial de sua reforma pela assembleia de Wilhelmsbad e tendo levado a assembleia a repudiar toda afiliação direta com a Ordem do Templo que, em hipótese alguma, seria ressuscitada, Willermoz atingira o auge de uma carreira maçônica que não terá, evidentemente, seu termo senão com o fim de sua vida em 1824. O fato de que um grupo de Maçons franceses, mesmo de número reduzido, tenha podido fazer ato de independência e obra inovadora fora do Grande Oriente é a prova de que o sucesso deste não havia restringido à unidade todos os Maçons franceses. Outra prova disso é fornecida pela Sociedade dos Filaletes e a assembleia internacional reunida por esses Maçons em Paris em 1785 e que é uma espécie de contraprova da assembleia de Lyon. Pois se a assembleia de Lyon abandonara a alquimia pelo misticismo teúrgico, a dos Filaletes preocupou-se, antes de qualquer coisa, com os resultados práticos que se poderia obter exercendo a alta ciência, e entra-se, com ela, em um mundo mais estranho ainda que o dos místicos de Bordeaux ou de Lyon: aquele dos Filaletes e de seu animador Savalette de Lange.

SAVALETTE DE LANGE E AS ASSEMBLEIAS DOS FILALETES

A vida bastante breve de Savalette de Lange (1746-1797) foi bem ocupada por sua atividade maçônica. Filho de um guarda do Tesouro real, ele havia iniciado uma carreira de magistrado na qualidade de conselheiro no parlamento de Paris. Quando da reforma judiciária de 1771, ele se recusara a entrar no parlamento Maupeou. Ele fora, então, adjunto de seu pai no exercício de seu encargo e conservou esta atividade até 1791. Como esta lhe proporcionava tempo livre, ele ocupou a maior parte desse tempo com questões maçônicas. Ele tivera, outrora, uma juventude desregrada e custosa para seu pai, sempre muito inclinado para o sexo oposto, ele deixou o papel de pequeno e jovem mestre *expert* em libertinagem galanteadora pelo zelo que empregou no trabalho de Maçom. Foi na Loja dos Amigos Reunidos, cuja criação remonta a 1771, que pertenceu o jovem Savalette de Lange, o qual alguns de seus amigos haviam batizado como o Anjo. Esta Loja tinha apenas membros da mais alta sociedade, nobres, oficiais, ricos burgueses. Encontravam-se ali dois antigos Coëns Eleitos: o visconde de Saulx-Tavannes e o Lionês abade Rozier. Sua coluna de harmonia, isto é, sua orquestra, contava com seis músicos e, melhor ainda, ela tinha à sua disposição um maître que orientava oito cozinheiros e ajudantes de cozinha, pois cada cerimônia importante era seguida de um banquete fraternal, e é provável que, para a maioria dos Amigos Reunidos, a Loja à mesa era a parte mais importante de seus trabalhos maçônicos. O irmão Savalette, inclinado como era aos prazeres da carne, persuadiu seus irmãos que era dever deles desviar-se da boa comida e se consagrar à busca das verdades superiores. Entretanto, ele foi, além disso, um dignitário do Grande Oriente, pois em 1787, após haver ocupado diversos ofícios na rua do Pot-de-Fer, ele se tornou Grande Secretário do Grande Oriente. Esta posição lhe concedeu bastante autoridade sobre seus irmãos para convencê-los, em 1775, a criar uma Comissão dos graus e arquivos cujo papel seria o de instaurar um plano "para chegar ao conhecimento da verdade". Não se tratava apenas da verdade maçônica, mas da verdade em geral; a Maçonaria sendo apenas o meio para aceder a ela. Após cinco anos de trabalho a Comissão declarou modestamente aos outros membros da Loja que os Filaletes (os amigos da Verdade) não reivindicavam nada além de uma nova redação dos graus. A Comissão propunha, todavia, um sistema de graus repartido em doze classes cuja última (é necessário um final nesse gênero de gradação), a décima segunda, seria precisamente a dos Filaletes. Em verdade, tratava-se de uma academia de ocultismo, pois não era somente a fim de satisfazer uma curiosidade metafísica que os Filaletes eram os peregrinos de uma nova busca. Eles partiam para a descoberta de conhecimentos tão misteriosos quanto antigos e é por isso que estimavam compreender sua busca para além das sociedades maçônicas puras e incluíam aí sociedades de aparência maçônica compostas por um pequeno número de adeptos que guardavam ciosamente seus segredos e evitavam como à peste uma publicidade nefasta. Com muito zelo e ardor e também por conta de seus meios financeiros, os Filaletes constituíram de 1775 a 1780 uma biblioteca substancial contendo cadernos de grau de todo rito, muitos impressos ou manuscritos alquímicos. Mas, se o hermetismo atraiu igualmente todos os Filaletes, Savalette e seus confrades da décima segunda classe eram atraídos em primeiro lugar pelo comércio com o invisível e pela comunicação com os espíritos. O grupo de Savalette encontrava-se, quer o tenha querido ou não, ao mesmo tempo, em correlação, mas também em oposição, com os Coëns Eleitos e com o círculo de Willermoz e de seus amigos. Saint-Martin julgava Savalette indigno dos conhecimentos místicos. Quanto ao honesto Willermoz, após ter sido livre associado dos Filaletes, ele foi excluído em 1782, depois do fracasso das negociações empreendidas entre os Amigos Reunidos e o Rito Retificado quando da assembleia de Wilhelmsbad.

Foi para se opor a essa mesma assembleia, mostrar que eles também eram capazes de manter assentos internacionais e reunir uma assembleia cujos trabalhos eclipsariam por seus resultados aqueles da assembleia da Estrita Observância, que os Filaletes decidiram, sem medir a dificuldade do empreendimento e sem prever o que poderia ser um fracasso, reunir esta assembleia. O programa era ambicioso, pois a convocação dirigia-se aos Maçons de todos os países e não se tratava de nada menos do que reunir os conhecimentos de todos os participantes para descobrir, enfim, *"...em que consistia realmente a ciência maçônica"*.

Todavia, os Filaletes julgaram necessárias certas precauções. Pedia-se aos membros da assembleia que consentissem a existência do Ser supremo, a imaterialidade e a imortalidade da alma, a realidade das penas e das recompensas em outra vida. Nada além do mais banal, mas que prova que os Filaletes eram mais do que deístas. O essencial estava além; era necessário reconhecer a realidade de uma *"ciência tão antiga quanto o homem sobre a terra"*. Se os três primeiros graus oferecem os símbolos, e se uma pequena minoria, a dos irmãos, encontra-se sua depositária, não é o caso, de modo algum, de afastar as discussões e as buscas de todas as disciplinas que têm uma relação mais ou menos certa com a Maçonaria. Em uma palavra, os Filaletes pediam o socorro de todas as ciências ocultas e, pela comparação extraída dos conhecimentos maçônicos com as primeiras e pela reunião de todos os elementos de umas e outras, queriam chegar a restituir a doutrina perdida, a ciência anterior à queda do homem, à punição da humanidade e à sua dispersão tornada sensível pela confusão das línguas.

Generosamente, os Filaletes engajavam-se a abrir os tesouros de sua biblioteca. Poder-se-ia, assim, ter acesso aos impressos e manuscritos que tratavam das ciências secretas, sem omitir as próprias obras maçônicas, e adquirir um conhecimento tão exato quanto possível dos Iluminados, dos Rosacruzes e dos Martinesistas. Sem se dar conta do excesso de sua ambição, os Filaletes pensavam poder colocar, sob pé de igualdade, ciências ocultas e ciências exatas. Cem irmãos Maçons foram julgados dignos de tomar parte na assembleia.

A redução das nacionalidades é reveladora: uns vinte Alemães, a maioria membros da Estrita Observância templária, alguns Ingleses, alguns Austríacos, quatro Italianos, cinco irmãos vindos da Rússia e da Polônia, dois deputados suecos, e, enfim, cinquenta e seis membros franceses.

Cada um dos membros recebera o texto de dez questões sobre as ciências ocultas e as sociedades secretas e personalidades tais como o magnetizador Mesmer, o ocultista Touzay-Duchanteau, que se atribuía o título de professor de teosofia, o professor de álgebra e de magia Aliette, que anagramatizara seu nome em Etteila e, enfim, o Grande Copta Cagliostro receberam também o questionário dos Filaletes. Menos convites e menos barulho seriam preferíveis, pois após ter realizado trinta sessões de 19 de fevereiro a 26 de maio de 1785, examinado as respostas e os relatórios às questões colocadas, a assembleia separou-se sem haver realmente concluído. Sem falar no fracasso da assembleia em chamar diante de si Mesmer, Lavater e, sobretudo, Cagliostro, que soube habilmente encontrar o pretexto de uma ruptura, como era possível ter êxito pedindo aos Maçons místicos que compunham a assembleia que compartilhassem, mesmo a uma minoria, suas experiências e suas iluminações interiores e que violassem, ainda que um pequeno comitê, o segredo maçônico? Desvelar o teor de um grau, discutir seu conteúdo? A coisa era impossível. Havia ali um círculo vicioso no qual a assembleia encontrou-se aprisionada.

Sem dúvida, a assembleia reconhecera que se religião era o fundamento essencial da instituição maçônica, a ciência maçônica não estava dissociada das ciências ocultas, e que o estudo privilegiado dos Maçons não poderia ser outro senão a teosofia cristã.

Esse insucesso não desencorajou os Filaletes, que decidiram convocar uma nova assembleia. Desta vez, tratava-se de pedir aos irmãos que centrassem seus esforços sobre os seres intermediários entre Deus e o homem e natureza desses, sobre a possibilidade de relacionar-se com eles e, este era o terceiro ponto, de buscar as conexões da Maçonaria com os dois primeiros problemas levantados.

Pediu-se também aos futuros congressistas que reunissem todos os dados possíveis sobre Maçons como Martinets de Pasquallys, Gugomos, Johnson, o barão de Hund, o barão de Weiler, assim como o proprietário Schraepfer, de Leipzig. Esta reunião de nomes era, no mínimo, imprudente, pois se colocava, no mesmo saco, impostores declarados como os Alemães Johnson, Gugomos e Schraepfer, ao lado de nobres barões da Estrita Observância templária e do Grande Sacerdote dos Coëns Eleitos.

O sucesso do questionário foi ainda menos sensível em 1787 do que em 1785. O Alemão Bode não pode evitar uma resposta aos Filaletes replicando-lhes que ele recusava, de sua parte, toda conexão entre a Maçonaria, de um lado, a teosofia e as ciências secretas, de outro, e ele enviou aos Amigos da Verdade seu *Ensaio sobre a origem da Franco-maçonaria* [*Essai sur l'origine de la Franche-Maçonnnerie*], no qual esforçava-se a provar, no mais em vão, que os jesuítas eram responsáveis pela preocupação dos irmãos pelo ocultismo.

Apesar das premissas tão pouco favoráveis, a segunda assembleia reuniu-se em Paris em março de 1787. Mas a presença era tão fraca que ela se deu inteiramente nas dependências de Savalette de Lange. Tomou-se conhecimento de um plano de reforma da Maçonaria, interessou-se pelas declarações de um sonâmbulo; o marquês o Chefe de bem – *Eques a capite galeato* –, no regime da Estrita Observância, fez propaganda para o rito pessoal que havia fundado com membros de sua família, o Regime primitivo de Narbonne. A assembleia não ouviu nem mesmo o Alemão Bode vindo a Paris seguir a cruzada contra os jesuítas da qual se fez o arauto na Alemanha, pois, com a chegada de Bode no final de junho de 1787, a assembleia dos Filaletes havia se separado por falta de congressistas desde o final do mês de maio. A tentativa dos Filaletes em atingir a verdade e conhecer, enfim, a verdadeira Maçonaria, fracassara. Poderia ter acontecido de outra maneira, desde o momento em que, virando as costas às realidades positivas e ao bom senso, nutria-se a pretensão de colocar as ciências secretas em pé de igualdade e no mesmo nível que as ciências exatas, e que, no lugar de considerar a iniciação maçônica como uma ascese pessoal, o que ela pode ser, queria-se identificar Maçonaria e religião e se perdiam nos caminhos vazios e nos labirintos das ciências secretas.

Uma parte dos Maçons vivia, então, em pleno sonho. Alguns exemplos bastarão. Os irmãos da Saberia Triunfante de Lyon não viam, após terem permanecido longas horas em adoração, o profeta Elias abençoá-los de uma nuvem azul? Sabe-se também que Dom Pernety acreditara encontrar na mitologia grega e egípcia a receita infalível da Grande Obra. Melhor ainda, os Filaletes não hesitam em conceder um local a Touzay-Duchanteau, que se fizera judeu para melhor estudar a Kabbala e que crê achar a famosa Pedra Filosofal em sua urina, que ele absorve após um jejum de quarenta dias, o que não o levou muito longe. Em Lyon, é o episódio do Agente Desconhecido.

Willermoz, sempre ele, recebeu assim, um dia, a visita de um cavalheiro, Sr. de Monspey, cuja irmã, Sra. de Vallière, era favorecida por revelações sobrenaturais, o que teve como resultado a constituição de uma Loja de nome realmente extraordinário, a Loja Eleita e Cara, compreendendo um pequeno círculo de Iniciados triados e escolhidos cuidadosamente, que acreditaram com uma completa boa-fé poder comungar com o infinito, graças ao Agente Desconhecido, isto é, a Sra. de Vallière, chegar a perceber a própria essência deste mundo e realizar, assim e, enfim, o voto dos *homens de desejo.*

Personagens graves e sérios deixaram-se enganar sem dificuldade. Vemos o conde de Milly, da Academia das ciências, e membro das Nove Irmãs, contudo, experimentar sobre si mesmo receitas e preparações para obter a panaceia e não chegar senão ao resultado lamentável de destruir sua saúde física. Um dos Maçons mais veneráveis, o arquiteto jurado do rei, o irmão de Puisieux, contrariou tanto a Kabbala quanto a alquimia, pois deixou um manuscrito que dá a receita para fazer com o estanho de Cornouailles "prata saindo do fogo branco e podendo passar ao cadinho". Ele teve, ao menos, o mérito de compor, parece, uma água excelente para os olhos que ele próprio distribuía aos pobres. O tirador de cartas Aliette, aliás Etteila, professor de tarô, tem uma clientela fraternal muito bem aprovisionada. Sra. da Cruz, que tem o poder de caçar os maus espíritos que atormentam os possuídos e que, crê-se talvez, teria entre seus artifícios mágicos fazer rebentar um talismã usado pelo duque de Orleans, é importunada por irmãos que a inquietavam para consultas. Mas tudo isto não é nada perto do sucesso que encontrarão na sociedade francesa Joseph Balsamo, conde de Cagliostro, e a selha do doutor Mesmer.

SAINT-GERMAIN, CAGLIOSTRO E MESMER

Podemos preceder a história desses dois personagens especiais por uma breve menção ao conde de Saint-Germain. Foi realmente o aventureiro típico do Século das Luzes. Suas origens e seu nascimento são tão misteriosos quanto ele próprio quis ser. Alguns acreditam que ele é o filho da viúva do rei Charles II da Espanha, Marie de Neubourgo; outros o têm por um judeu português. Ele imaginava ter ultrapassado o século e poder comandar os espíritos e os poderes do além. Seu exterior imponente, sua memória excepcional, sua admirável astúcia lhe proporcionaram uma real audiência junto aos soberanos e aos grandes deste mundo dos quais o espírito crítico não era a qualidade dominante.

O marechal de Belle-Isle o conheceu quando de sua campanha na Alemanha perto de 1740 e o introduziu à Corte de Versalhes. Como não escutar alguém que se dizia o detentor de todos os segredos possíveis, falava de suas vidas anteriores e dos grandes personagens do passado com a mais perfeita naturalidade e a maior convicção? Não conhecia receitas para fazer tinturas, pedras preciosas de um tamanho e qualidade extraordinários como para fazer um ouro sintético? Além disso, o rei e a Senhora de Pompadour o receberam em sua intimidade e quem sabe, pois que o Sr. o conde de Saint-Germain não hesitava em fingir conhecer os mais altos mistérios da Maçonaria, se o rei e a marquesa não mantiveram com este iniciado superior relações fraternais? A hipótese vem, ao menos, à mente, desde que foi revelada a existência da Loja dos Pequenos Apartamentos. Luís XV a empregou, parece, para regenerar seus diamantes, mas também como agente de sua diplomacia secreta, e foi como favor que Saint-Germain foi recebido nos salões onde se conta a história segundo a qual o conde teve o privilégio de assistir à Paixão do Cristo e, melhor ainda, que ele possuía um elixir de juventude e longa vida. Mas seu crédito na Corte de Versalhes esgotou--se rapidamente e ele foi obrigado a partir. A Inglaterra o recebeu muito bem e a aristocracia britânica o festejou. Mas como os pássaros dessa espécie são inconstantes, Saint-Germain encontrou-se na Rússia onde tomou parte, de certo modo, na revolução política que, em 1762, levou Catarina II ao trono. Ele teve a chance de encontrar em Charles de Hesse um ouvinte crédulo e um discípulo fervoroso. Saint-Germain morreu nas dependências deste príncipe no castelo de Gottorp em Schleswig em

1784. Ele fundara, como afirma A. Lantoine, Lojas na França, mais precisamente em Ermenonville, nas posses do marques de Girardin? Não se tem, sobre isso, nenhuma certeza. Mas o que é preciso deter, é que Joseph Balsamo, conde de Cagliostro, considerava-se como o discípulo bem-amado do conde de Saint-Germain. Estamos mais informados em relação ao Grande Copta. Aquele que se fez chamar como conde Alexandre de Cagliostro não era, para o Estado civil, isto é, paroquial, senão Joseph Balsamo, nascido em Palermo em 1743. Ele morreu em 1795 na fortaleza de San Leo situada no Estado pontifical, onde estava retido desde sua condenação à prisão perpétua pelo papa Pio VI e parece provável que sua vida tenha sido abreviada em uma época em que as tropas francesas pareciam ameaçar o Estado pontifical.

Ainda que todos os contemporâneos o tenham visto como um Francomaçom declarado, ignora-se exatamente onde quando se tornou irmão. Um de seus adversários, o panfletário Théveneau de Morande, afirmou em 1786 que Cagliostro fora recebido em uma Loja de Londres com o nome francês de "a Esperança". Nessa ocasião, Cagliostro teria se feito passar por coronel do terceiro regimento de Brandemburgo. O que é certo é que Balsamo foi recebido nas Lojas inglesas e que ele foi considerado como um verdadeiro irmão por todos os Maçons de seu tempo.

Foi em 1775 que o Siciliano fundou sua própria Francomaçonaria, que qualificou de egípcia. Muito habilmente, ele compreendeu todo o proveito que poderia ser retirado com a admissão das mulheres em uma ordem maçônica. Ele fundou, assim, uma Loja quando de uma temporada em La Haye cuja Grande Mestra foi uma amante que mais tarde esposou, Lorenza Felicioni, Loja especialmente destinada às mulheres. Ele começou realmente sua carreira pela Rússia. Em 1779, ele encontrava-se em Mitau, na Curlândia, e ali fundou uma Loja de adoção onde não teve nenhuma dificuldade em fazer com que entrasse a aristocracia dos barões bálticos. Nos arquivos de Riga encontravam-se, antes de 1939, as patentes de constituição da Loja de adoção dos Três Corações Coroados como a da Loja de adoção das Três Espadas coroadas. Uma jovem condessa, Elisabeth de Recke, primeiro cedeu ao prestígio de Balsamo e ela consignou, em uma relação surgida em 1787, após ter se desligado de seu primeiro mestre sob a influência dos Maçons racionalistas alemães, as operações mágico-hipnóticas às quais presidia

Cagliostro. Foi graças a ela que Catarina II não caiu nas armadilhas preparadas para recebê-la. A czarina teve a satisfação de poder desmascarar Balsamo durante uma sessão nas dependências do príncipe Gagarin, o que lhe forneceu a ocasião de escrever três comédias satíricas, *O Encantador siberiano*, *O Enganador* e *O Cego*, nas quais Cagliostro tinha o papel principal. Quando Catarina II parou de apostar na Maçonaria, o apoio a Cagliostro extinguiu-se e o mago encontrou-se, a partir de abril de 1780, em Varsóvia. Sua permanência ali foi de curta duração. A França o atraía, e foi neste país que este admirável ator representou seu papel mais célebre. Ele chegou a Estrasburgo em setembro de 1780 e teve a sorte de encontrar sobre o sítio episcopal da cidade o cardeal Luís de Rohan cuja história seria, em parte, inseparável da sua. Se, na Rússia e na Polônia, Balsamo tivera, sobretudo, uma atividade de mágico, desde sua chegada na Alsácia ele opera cura extraordinárias. É deste modo, parece, que Cagliostro vai se apropriar do espírito crédulo do cardeal de Rohan. O príncipe de Soubise, tio deste, vítima de uma escarlatina violenta, fora abandonado pelos médicos. Rohan falou de seu parente ao mago, que consentiu em se ocupar dele. O cardeal e Balsamo deixaram, então, Saverne por Paris, onde não permaneceram mais que treze dias, tempo suficiente para o curandeiro ver o doente, consentir em cuidar dele e curá-lo; após isso, o cardeal reacompanhou o salvador a Saverne. Esta cura fez muito barulho e a reputação de Cagliostro foi, desde então, solidamente estabelecida. Este homem corpulento, um pouco baixo, ricamente vestido, adornado de joias, de rubis e de diamantes, falava um francês estranho e assim como Mazarin, outro italiano também, pronunciava o "u" à italiana. Mas a preocupação com a alta sociedade é irresistível e os Maçons místicos, senão os racionalistas, perfazem mais ou menos um bom caminho com ele. Ele não teve nenhuma dificuldade em difundir sua Maçonaria egípcia.

Os meios materiais não lhe faltaram, pois o cardeal de Rohan não economizou quanto à manutenção de Cagliostro durante os cinco anos em que esteve, senão à seu serviço, ao menos à sua disposição até o dia em que estourou o caso do colar[48]. A caução do cardeal era tal que

---

48 - Trata-se do caso de um colar de diamantes originalmente encomendado aos joalheiros parisienses Bœhmer e Bassange, que esperavam vendê-lo à Maria Antonieta. O fracasso da venda foi seguido pelo insucesso do cardeal de Rohan que, servindo de intermediário para outros compradores, acabou tornando-se uma das vítimas do caso, pois a fatura da compra foi enviada ao palácio real e Luís XVI decretou sua prisão.

o Grande Administrador do Grande Oriente, o duque de Montmorency, não hesitou em tomar a qualidade de Grão-Mestre Protetor do Rito Egípcio, o que estava em acordo com a política geral do Grande Oriente. À frente das Lojas de adoção das quais ele era o fundador encontrava-se o próprio Cagliostro, denominado o Grande Copta, às vezes designado como "Superior Desconhecido", chamamento que estava, então, na atmosfera maçônica. O Rito prometia aos adeptos atingir o estado de perfeição por uma regeneração física e moral. O tema, podemos ver, não era novo, ou se preferimos, não estava ainda gasto. A receita era simples. Para obter a regeneração física devia-se, na lua cheia do mês de maio, encontrar-se no campo, trancar-se em um quarto, observar um jejum de quarenta dias evidentemente, aceitar durante este período que se retirasse um pouco de sangue algumas vezes, não beber senão água destilada e não se poderia absorver senão pouco a pouco algumas gotas de "Matéria prima". No trigésimo nono dia, o adepto recebia dez gotas do bálsamo do Grão-Mestre, que era convidado a absorver e, terminado o quadragésimo dia, ele voltava para sua casa totalmente rejuvenescido, como se ele tivesse acabado de nascer.

A regeneração moral não podia concluir-se senão em uma casa construída para este fim. Foi assim que um adepto da Basileia, Sarasin, que exercia como Baur a profissão de banqueiro, mandou construir em 1781 em sua propriedade de Riehen perto da Basileia um pavilhão de regeneração que existe ainda. A permanência do adepto era fixada também em uma duração de quarenta dias. Os trabalhos perfeitamente secretos eram então empreendidos. No trigésimo terceiro dia, os sete primeiros anjos criados se apresentavam em pessoa para imprimir com suas próprias mãos seus selos e seus números sobre um fragmento de pergaminho preparado de modo especial; no final de três dias, os anjos haviam terminado seu trabalho e enviavam a cada um de seus Adeptos favoritos um pentagrama. A possessão desse verdadeiro talismã preenchia o detentor de um fogo divino, seus conhecimentos eram ilimitados, sua força incomensurável, doravante ele possuía a paz e a imortalidade e ele podia dizer de si mesmo "eu sou aquele que segue", o que o conde de Cagliostro pronunciava à italiana.[49]

Parece, pois que se encontra em presença de um ritual de regene-

---

49 - Aqui suprimi uma frase, por trazer um jogo sonoro intraduzível, e que demonstra o que seria uma pronúncia à italiana. No caso, a frase, que em francês é *"Je suis celui qui suis"*, é pronunciada como *"je souis celoui qui souis"*.

ração, que Cagliostro tenha apenas retomado o ritual dos Coëns Eleitos, do qual ele pudera conhecer uma imitação quando de sua estadia em Londres. De qualquer modo, o ritual era fundamentalmente ocultista. A originalidade de Cagliostro foi a de recorrer ao Vale do Nilo e tornar mais egípcia a Maçonaria. O abade Terrasson, com seu romance maçônico de *Séthos*, precedera-o nesta via. Os candidatos à admissão pretendiam buscar *"a verdadeira Maçonaria dos sábios egípcios"*. Os sete santos desempenhavam um grande papel no ritual, do mesmo modo que os sete anjos correspondiam aos sete planetas e o candidato profano era submetido a sete operações filosóficas. A divisa da Ordem era voluntariamente obscura e rica de significações: *Qui agnoscit Martem, cognoscit artem*, da qual uma tradução possível seria: *"Quem reconhece a guerra, conhece a arte"*, ou então, se procuramos um significado alquímico: *"Quem conhece o ferro (marte = ferro) conhece a arte"*.

O sucesso do rito foi muito real; de Estrasburgo e de Saverne, moradas do cardeal de Rohan, Cagliostro teceu sua teia. Ele se encontrou, assim, após ter permanecido no estrangeiro, em Bordeaux em novembro de 1783 onde permaneceu onze meses exercendo, sobretudo, sua atividade de terapeuta, mas foi em Lyon que ele atingiu um sucesso realmente extraordinário. Como espantar-se quando se sabe quanto os meios lioneses eram receptivos a todas as novidades maçônicas? Quando Cagliostro desceu ao paço da Rainha (o que era um nome predestinado) em Lyon, foi uma convulsão geral para vê-lo. Forçado a exercer a medicina, não era ele um taumaturgo obrigado a vir em socorro do sofrimento? Seus sucessos foram tais que lhe foi pedido que formasse discípulos e que estabelecesse um templo a partir de seu rito. Maçons do Perfeito Silêncio e da Sabedoria desertando de suas oficinas constituíram, sob sua égide, A Sabedoria Triunfante. O que fez transbordar ao entusiasmo os discípulos foi a evocação do Antigo Venerável da Sabedoria Prost de Royer, cuja sombra apareceu para seus antigos irmãos. A Loja fora consagrada a 27 de julho de 5556 (1784). Os trabalhos haviam durado três dias, as orações não menos de cinquenta e quatro horas e foi aos vinte e sete membros reunidos nesta ocasião que o Cristo quis aparecer em uma nuvem azul assistido por dois grandes profetas e por Moisés. Estavam sobre o Monte Tabor em plena transfiguração. Em honra do Grande Copta, os irmãos convertidos ao Rito Egípcio despenderam mais de cem mil libras para construir em Brotteaux um templo esplêndido que foi inaugurado sem o Grande Copta, ao qual o caso do colar valeu uma meditação no "Templo" da Bastilha sobre as vicissitudes humanas. Ainda que profeta, Cagliostro não sabia, com efeito, que sua carreira parisiense seria muito curta. Ele chegou à Cidade Luz a 30 de janeiro de 1785, e ele se instalou no casarão da marquesa de Orvilliers, na rua Saint-Claude em pleno Marais. Ele se encontrava, então, ao alcance do cardeal de Rohan cujo casarão era na rua Vieille-du-Temple. O casarão de Orvilliers existe ainda. Cagliostro ali instalou um laboratório e uma câmara egípcia. Dentre os adeptos parisienses do Rito figuram o duque de Luxemburgo, Grão-Mestre Protetor, o financeiro Laborde, o banqueiro Saint-James que mandou construir no bosque de Boulogne a Folie Saint-James, de Vismes, secretário. Esses senhores formaram um Supremo Conselho e foi com eles como com o Grande Copta que se compararam os Filaletes de Savalette de Lange reunidos na assembleia. As damas da alta nobreza não foram menos apreciadoras do Rito Egípcio que os homens. Encontramos, entre os nomes daquelas que fizeram parte de uma Loja de adoção sob o título de Ísis e cuja Grande Mestra foi deferida à condessa de Cagliostro, as condessas de Brienne, de Polignac, de Choiseul, as marquesas de Genlis e de Loménie. A sessão de instalação fez muito alarde; ela ocorreu a 7 de agosto de 1785, uma semana logo antes da prisão, a 15 de agosto, do cardeal de Rohan, que acarretaria a de seu protegido. Esses alguns meses, de fevereiro à metade de agosto de 1785, marcam o apogeu da carreira do Siciliano. Houdon faz seu busto, conservado no museu de Aix-en-Provence. Esta obra vigorosa traduz de modo excelente o magnetismo e a influência exercidos por Cagliostro.

Sobre as gravuras de Bartolozzi seu nome é seguido do epíteto lisonjeiro de Grande Amigo da humanidade. Chega-se mesmo a chamá-lo "o divino Cagliostro". Seu esplendor é tal que os Filaletes reclamam suas luzes. Eles estavam sob seus próprios custos; após ter prometido aos congressistas invocar os espíritos intermediários entre o homem e o Criador, a seu favor, ele lhes pediu que acedessem a seu rito e que queimassem os arquivos e a coleção tão amorosamente reunida de livros, de documentos e de manuscritos pelos Filaletes em sua biblioteca. Apenas com esta condição, ele consentiria em fazer reluzir um raio de suas luzes nas trevas do templo dos Filaletes. O barão de Gleichen, negociador entre as duas potências, tentou conseguir condições mais suaves. Foi um trabalho perdido. Três Filaletes, contudo, levaram a curiosidade até chegarem a Lyon onde foram admitidos no Rito Egípcio na Sabedoria Triunfante. O fracasso dos Filaletes fora completo. Ilustração suplementar da oposição quase sempre irredutível que ergue e opõe entre elas as obediências maçônicas. Esta ascensão muita rápida pressagiava uma ruína brutal. Ela não foi uma proeza dos adversários maçônicos do Grande Copta, mas tomou a forma de uma ordem do rei e de uma carta real. Cagliostro encontrou-se arrastado pela queda de seu protetor e benfeitor, o "cardeal-colar". Ainda que liberado como Luís de Rohan após o imprudente procedimento judiciário que o honesto Luís XVI quisera deixar prosseguir até seu termo, ele recebeu do barão de Breteuil, secretário de Estado da Casa Real, que se fazia de instrumento de seu próprio rancor e da cólera da rainha provocada pela liberação de Rohan e de seu protegido, uma ordem de exílio. Em 16 de junho de 1786, Cagliostro deixava a França para não mais voltar. Sua história maçônica deixa, então, de interessar nosso país. Mas antes de passar às lojas harmonistas do doutor Mesmer, não é inútil lembrar que após ter colocado os pés novamente na Inglaterra e na Suíça, a Providência o abandonou fazendo com que se dirigisse a Roma onde chegou com sua mulher no mês de maio de 1789 na intenção bem firme de ali estabelecer a Maçonaria egípcia. Sua atividade no momento em que começava na França a Revolução atraiu sobre ele a atenção das autoridades pontificais. No domingo 27 de dezembro de 1789, solenidade da Ordem maçônica, o Saint-Jean de inverno, a congregação dos cardeais do Santo Ofício reuniu-se nas dependências do cardeal Zelada, secretário de Estado, e Pio VI, o que era raríssimo, interveio em pessoa. A ordem de prisão do Grande Copta e de sua mulher foi determinada e eles foram detidos na mesma noite. Sabe--se o que se seguiu: o processo diante do Santo Ofício, a condenação à morte comutada pelo papa em prisão perpétua suportada em condições muito duras na fortaleza de San Leo onde ele morreu no dia 28 de agosto de 1795, em condições, sobretudo, obscuras. Cagliostro foi, muito seguramente, vítima do medo engendrado pela Revolução Francesa no espírito das autoridades eclesiásticas. Nada o prova melhor do que uma carta pouco conhecida do futuro papa Pio VII, que, a 7 de fevereiro de 1790, algumas semanas após a detenção do Grande Copta, comunica a Pio VI as revelações de um Francomaçom que deseja ser reconciliado com a Igreja e que, como preço desta reconciliação, faz revelações sobre seus irmãos. A pedido do futuro papa, se nas reuniões dizia-se ou fazia-se coisas contrárias à religião e aos soberanos, o irmão responde *"que ele jamais ouvira falar de religião e que nas reuniões, não se fazia nada que fosse contra a honestidade, mas que eles não aspiravam a nada menos que fundar uma monarquia universal sobre a queda dos tronos dos soberanos..."*. Compreendemos que tais asserções tiveram de ser facilmente aceitas na atmosfera criada pela Revolução. Mas eis que Cagliostro aparece. Ancône devia se erguer contra a autoridade pontifical do Carnaval, se não sobreviesse a prisão de Cagliostro" e *"...em uma dessas cidades, que ele não soube indicar, há uma grande arca cheia de distintivos e de numerosas armas enviadas pelo dito Cagliostro..."*. E o irmão delator, em outra passagem, ajunta: *"O que se conta em Roma sobre Cagliostro joga certa luz sobre esses homens, a sorte lhes foi até o momento contrária, mas eles não recuam diante de nenhum atentado para chegar a seu objetivo..."* Que o futuro Pio VII tenha levado a sério essas histórias da carochinha, narradas, contudo, por um homem, prova a angústia à qual os eventos da Revolução haviam levado os espíritos. A facilidade em acolher tais fábulas é reveladora das disposições para a Maçonaria que foram aquelas dos meios romanos quando de suas perseguições engajadas contra os Maçons de Florença e da condenação de 1738.

A Revolução reviveria as paixões e a animosidade por um longo período entre a Igreja e a Fraternidade. Cagliostro precipitara-se, sem refletir, muito confiante em si mesmo, em perigos insuperáveis. Felizmente para ele, seu êmulo, o doutor Mesmer, que caminhou por algum tempo à margem do abismo, teve a astúcia de não tentar a sorte.

É ainda um estrangeiro esse médico nascido sobre as margens do lago de Constance. Frédéric-Antoine Mesmer fez seus estudos médicos em Viena e, em sua tese latina *De planetarum influxu*, ele defendia a influência dos corpos celestes sobre os seres vivos. Ele se engajava, assim, em uma direção na qual encontrou tanto fracassos quanto sucessos, os primeiros da parte de seus confrades dos quais fez adversários ferrenhos, os segundos procurados pela fé de seus admiradores e dos doentes que a cura do magnetismo aliviara e restabelecera. Se, em nossos dias, um curandeiro não provido do diploma de doutor incorre à punição da justiça movida pelo corpo médico, um doutor tornando-se curandeiro através de métodos não aceitos pela Faculdade era, no século XVIII, um escândalo maior ainda. Tornado amigo de Mozart, durante sua estadia vienense, ao ponto em que *Bastien e Bastienne* foi representada pela primeira vez em seu teatro ao ar livre, Mesmer é o fundador do magnetismo animal. Acreditando firmemente na existência de um fluido universal que preenche o universo inteiro, ele começou por experiências com o ímã mineral que ele aplicava sobre as partes doentes. Do ímã mineral ao ímã humano pela imposição das mãos sobre o corpo, não havia mais que um passo a dar. Ele publicou em Viena, em 1775, uma *Carta sobre a cuba magnética* [*Lettre sur la cuve magnétique*], e após uma temporada em Munique onde o eleitor da Baviera o chamara para fundar um hospital, ele deixou Viena (caçado pela perseguição conjugada da Faculdade e do cardeal-arcebispo) para Paris que, então, consagrava suas reputações, e ele ali se estabeleceu em 1778.

Muito cedo afiliado à Maçonaria e invadido pelo ocultismo, é possível que tenham sido os meios maçônicos parisienses que o fizeram vir a Paris e lançaram sua reputação. Os médicos parisienses lhe foram, como seus confrades de Viena, logo hostis e procuraram impedi-lo de exercer. De 1778 a 1783, ele conseguiu superar muitas adversidades. A inquietação com seu método foi tanta que o governo de Versalhes procurou comprar seu segredo por uma renda anual. Mesmer recusou, e ele estaria em uma posição difícil se ele não tivesse tido a sorte de encontrar Bergasse. Este advogado lionês, futuro constituinte "monárquico" que se demitiu de seu mandato após as jornadas de outubro de 1789, entusiasmou-se, com efeito, pelo magnetismo mesmeriano. Ele propôs ao doutor organizar o magnetismo em rito maçônico. Assim foi criada a Loja A Harmonia compreendendo cem irmãos que vertiam a Mesmer uma cotização de cem luís[50]; aproximando-se de dez mil luís, uma bela fortuna, Mesmer renunciou ao exercício da medicina, engajou-se no ensino de seu método e na concessão de diplomas. Em fevereiro de 1784, os *Relatórios secretos* [*Mémoires secrets*], que seguem com atenção a carreira do médico charlatão, anunciam que se vai conhecer a revelação do magnetismo animal. Justamente um dos doentes curados por Mesmer, Sr. de Montjoie, acabava de publicar cartas em que ele revelava uma parte do véu. "Crendo nesse fato, é um galimatias digno de letras cabalísticas; nós teríamos retornado aos tempos da astrologia judiciária: Também o Sr. Mesmer renega esta doutrina; mas como ele forma hoje

---

50 - Antiga moeda francesa.

uma escola onde se é admitido mediante cem luís, não há dúvida de que um segredo conhecido por tantas pessoas não permanecerá mais um segredo..." Na primavera de 1784, o sucesso é realmente geral, o magnetismo está na moda: *"O mesmerismo não é mais que um jogo. Homens, mulheres, crianças, tudo se mistura, tudo magnetiza. Confirma-se cada vez mais que o enxofre é o principal agente dessas maravilhas... Um famoso agostiniano predicador, chamado padre Hervier, não contente em curar as almas, quis também curar os corpos. Ele comprou com o benefício de seus sermões o segredo de Mesmer..."* Alguns dias mais tarde, o jornalista retorna ao cargo: *"Nunca o túmulo de Saint-Médard atraiu tantas pessoas e operou coisas mais extraordinárias que o mesmerismo. Ele merece, enfim, a atenção do governo. Para saber tolerá-lo e até que ponto, Sua Majestade nomeou quatro comissários da Faculdade encarregados de seguir os tratamentos do doutor Deslon e de lhe prestar contas."* Eis que, no mais, a princesa de Lamballe, que se encontra nas dependências do magnetizador: *"Não havia como recusar uma princesa, Sua Alteza os viu cercando a selha misteriosa e se entregando a todas as afetações que ele lhe ordenava..."* Em maio de 1784, Mesmer publica um volume sob o qual se pensava encontrar a revelação do segredo, mas que decepciona muito, pois ali se encontra apenas a descrição das curas que ele já fez. É preciso acrescentar um pequeno livreto contendo a lista dos cem primeiros membros fundadores da Sociedade da Harmonia desde o dia primeiro de outubro de 1783 até o dia 5 de abril de 1784. *"Assim, eis o mesmerismo erigido em sociedade ou em ordem... Desde esses cem apedeutas, ele arrolou cerca de cem outros: ele estabeleceu selhas em toda parte. Nomeia-se assim a cuba comum: Reservatório do magnetismo animal, para o qual todos os doentes bombeiam juntamente esse precioso fluido..."*

No final de agosto de 1784 os comissários reais haviam terminado seu relatório no qual eles declaravam o *"magnetismo animal uma invenção ilusória, vã e funesta..."*. Mas Mesmer não foi prontamente perturbado pelo relatório da comissão real que se posicionava contra sua doutrina e ele teve a audácia até de pedir ao parlamento de Paris, o que era habilidoso, que nomeasse comissários para proceder ao exame do autêntico mesmerismo e não daquele ensinado por seu antigo discípulo o doutor Deslon, culpado de ter desfigurado e mutilado a verdadeira doutrina. Podia-se crer o fim da inquietação muito próximo, e o jornalista transcrevia o epigrama de um médico do delfim após a leitura do relatório dos comissários:

"O magnetismo está em apuros,   ["Le magnétisme est aux abois,]
A Faculdade, a Academia   [La Faculté, l'Académie]
O condenaram a uma só voz   [L'ont condamné tout d'une voix]
E o cobriram de ignomínia.   [Et l'ont couvert d'ignominie.]
Após esse julgamento sábio e legal   [Après ce jugement bien sage et bien légal]
Se algum espírito original   [Si quelqu'esprit original]
Que ainda em seu delírio persista   [Persiste encore dans son delire]
Dizer-lhe se permita   [Il sera permis de lui dire]
Crê no magnetismo...... animal !   [Crois au magnéttisme...... animal !"]*

Mas o mesmerismo prolongou ainda sua carreira durante algum tempo. Melhor mesmo, o conselheiro Duval de Eprémesnil, do parlamento de Paris, Francomaçom notório, não hesitou, ainda que membro da Sociedade da Harmonia, em formar uma nova sociedade, em erguer altar contra altar e em se estabelecer, por sua vez, professor da doutrina. Mesmer, diante dessa cisma, pavoneou-se de uma virtuosa dignidade, declarou ao público que ele fundou doze escolas do magnetismo nos arredores e que, se ele recusou do governo trinta mil libras de renda, foi porque não queria comerciar uma descoberta útil ao consolo da humanidade. Mas essa resposta, ele a pronunciou do estrangeiro, pois, à maneira de Cagliostro, ele passou dificuldades no início de 1785 após ter aceitado que a Sociedade da Harmonia denunciasse o contrato que ligava seus membros ao doutor contra uma substancial indenidade. Mesmer conseguira perfeitamente preencher sua selha e as vindimas eram feitas. Mas ele deixava atrás de si discípulos que aliaram mesmerismo e Maçonaria, prova de que os movimentos espirituais do Século das Luzes dirigiam-se a partir de si mesmo em direção à Ordem na qual estavam seguros de que a entrada não lhes seria nunca recusada. Fundou-se, assim, em 1787, uma Sociedade dos Cavaleiros e Companheiros da Coroa Mística e um certo J. B. Barbeguière não hesitou em escrever um livro publicado em Amsterdã em 1784 sob o título de *A Maçonaria mesmeriana ou as lições pronunciadas por Mocet, Riala, Themola, Seca e Célaphon em loja mesmeriana de Bordeaux, no ano das influências 5784 e no primeiro do mesmerismo.*

As Lojas harmonistas emigraram, com efeito, para fora da capital. Encontra-se em Bordeaux onde o principal propagador foi o Pe Hervier, agostiniano que, durante um sermão, descreve com tal força os castigos do inferno que uma moça chega a perder os sentidos. Que isso não impeça, o religioso magnetizador deixa um momento a cadeira da verdade, graças ao magnetismo faz com que a jovem se reerga e se lança em uma improvisação na qual celebra os benefícios do mesmerismo. Estrasburgo e Lyon, esses dois lares do misticismo, não estão em dívida, e se Willermoz e seus irmãos do Rito Retificado não foram entusiasmados por esta Maçonaria pseudo-medical, é porque teriam sido convertidos a um racionalismo cético verdadeiramente contrário a todas as suas aspirações.

A reputação do mesmerismo não é senão o aspecto mais marcante do movimento que arrasta nesta época a sociedade francesa para o maravilhoso e Saint-Martin pode escrever sobre Mesmer: *"É Mesmer, este homem que é apenas matéria, e que não está em estado de ser materialista; é este homem, digo, que abriu as portas às demonstrações sensíveis do espírito... Tal foi o efeito do magnetismo."* Permite-se crer que a humanidade chega a um momento em que ela perfuraria as trevas nas quais suas faculdades estavam, até então, envoltas. Todos os místicos e todos os iluminados são animados e levados por uma esperança e uma fé cega em eventos salvadores que irão, enfim, satisfazer uma espera há muito decepcionada. Quantos secos e desprovidos de calor espiritual aparecem em comparação, apesar do culto quase oficial que lhes foi prestado pela opinião, os mantenedores do filosofismo e do racionalismo que descobriram, mais tardiamente que os místicos, que a Maçonaria era acolhedora e que é igualmente possível celebrar o culto das Luzes na nave maior de seu Grande Templo, enquanto que os iluminados e místicos entregam-se a seus ritos secretos e teúrgicos nas capelas absidais do santuário.

A *ENCICLOPÉDIA* E A MAÇONARIA. DIDEROT E D'ALEMBERT, FRANCOMAÇONS?

É ainda Ramsay que é preciso lembrar aqui entre as testemunhas, senão entre os acusados: *"Todos os Grandes Mestres... por toda a*

Europa exortam todos os sábios e todos os artistas da Confraternidade a se unir para fornecer os materiais de um Dicionário universal de todas as artes liberais e de todas as ciências úteis, apenas excetuando-se a Teologia e a Política." Tal é o convite dirigido pelo Escocês a seus irmãos em Maçonaria no célebre *Discurso*. Já destacamos que é o convite de professor e de pedagogo para quem o saber tem primazia sobre o resto, mas que este convite não foi do gosto da imensa maioria dos irmãos. O amor ao estudo e o gosto pelas ciências não são coisas universalmente difundidas. Ramsay é escocês, ainda que habituado à França; ele se equivocou sobre o zelo possível e o ardor dos nobres Maçons aos quais ele se dirigia e o Escocismo místico e cavalheiresco com um fundo de ocultismo, de teurgia e de maravilhoso convinha melhor que um programa intelectual aos irmãos Maçons.

Ramsay, no mais, colocava no programa do Dicionário universal uma restrição essencial. Ele deveria tratar de todas as ciências úteis, "excetuadas apenas a Teologia e a Política". Certamente, isso não significa dizer que a teologia e a política são inúteis, mas era da opinião do Escocês permanecer em uma linha prudente tornada necessária em 1736-1737 pela posição da Ordem recém-nascida e a sua. Ora, a criação de Diderot e de d'Alembert trata prudentemente e de maneira velada de teologia e de política, mas trata. O melhor argumento, sabe-se, dos partidários da paternidade maçônica da *Enciclopédia* era o pertencimento do editor da *Enciclopédia*, André-François Le Breton, à Ordem. Fez-se justiça a esta lenda, a propósito da Loja de Luís d'Argent, ao mesmo tempo em que se atraía a atenção sobre a ausência de livreiros entre os irmãos até uma data tardia no século, em razão de obstáculos suplementares que sua afiliação à Ordem lhes teria causado da parte da censura e da polícia real. Mas as lendas acabam igualmente por se desmoronar, e foi o que aconteceu quando do Colóquio de história maçônica ocorrido em dezembro de 1967 no Grande Oriente de França, quando um dos participantes encarregado de tratar de André-François Le Breton e da *Enciclopédia* absteve-se de tomar a palavra, porque outrora o autor deste livro provara sem contestação que o Venerável da Loja do Luís d'Argent havia sido o ourives Thomas-Pierre Le Breton e não o livreiro-editor André-François Le Breton.

Com certeza, por causa do papel de protetor da Sociedade das artes que havia sido o seu, não ficaríamos surpresos que o conde de Clermont tivesse patrocinado a *Enciclopédia*, mas nada disso se deu: o mais filósofo dos príncipes de sangue Francomaçons, isto é, o príncipe de Conti, também não desempenhou o menor papel na empreitada de Diderot e do livreiro Le Breton.

Em um artigo muito erudito, um professor de Oxford, R. Shackleton, estudou a questão da paternidade maçônica da *Enciclopédia* e ele conclui de modo negativo. O número total dos colaboradores da *Enciclopédia* é de duzentos e setenta e dois. Ora, até o momento, não se pode encontrar mais que dezessete colaboradores que foram Francomaçons. Desses dezessete colaboradores, podemos fazer dois grupos: o primeiro contém os nomes mais ilustres, o segundo aquele dos colaboradores secundários.

Encontramos no primeiro o gravador Cochin, responsável pelo frontispício da *Enciclopédia*, cuja inspiração maçônica é evidente, o marquês de Marnesia tornado Maçom nas Nove Irmãs em 1782-1783, dezessete anos após a publicação do artigo *Ladrão*; Voltaire, autor do artigo *Gosto* ao qual Diderot acrescentou um complemento bastante nulo encontrado nos documentos de Montesquieu defunto, o que não autoriza a contar o presidente entre os cooperadores da obra, Paris de Meyzieu (membro de Coustos-Villeroy em 1737), Péronnet (fundador da Escola das Pontes e Calçadas) Venerável de Honra da Loja Urânia em 1787-1788, vinte e cinco anos após ter publicado um único artigo, o conde de Tressan (Maçom desde o inverno de 1737), e, enfim, o irmão de J. B. Willermoz, o doutor Pierre-Jacques Willermoz. Tressan não foi o autor senão de quatro artigos militares, Paris de Meyzieu forneceu um artigo sobre a *Escola real militar* e o doutor lionês é o autor do artigo *Fósforo*. Voltaire, enfim, não se tornou Maçom senão em abril de 1778, algumas semanas antes de sua morte.

O segundo grupo conta com nomes menos reputados. Encontramos aí os irmãos Andry, Béguillet, Cadet de Gassicourt, Chabrol, o conde de Milly, Monneron, Pommereul e Turpin. O único que possuía mais notoriedade, sobretudo maçônica, era o astrônomo Lalande, Venerável das Nove Irmãs. Ora este segundo grupo, e é isto que o separa do primeiro, contribuiu para o *Suplemento da Enciclopédia* publicado em quatro volumes de 1776 a 1777.

Se, então, entre a *Enciclopédia* de Diderot e de d'Alembert e a Ordem maçônica, não há outra ligação direta além da presença, sobre duzentos e setenta e dois colaboradores, de oito colaboradores dentre os quais o mais ilustre foi Voltaire, que não colaborou senão antes de se tornar irmão, pelo contrário, o *Suplemento* tem uma colaboração maçônica bastante clara. O editor do *Suplemento* é o Francomaçom Robinet estabelecido em Bouillon. Mas é preciso destacar que a edição do *Suplemento* lançada por Panckouke, também Francomaçom, fez-se sem que Diderot consentisse em colaborar. Certamente, entre os colaboradores deste *Suplemento* figuram nomes como aqueles de Lalande e do barão de Tschoudy, cujo pertencimento fraternal é certo.

O *Suplemento* não se explicava senão pela reimpressão da *Enciclopédia* e ela foi decidida por Panckouke contra a vontade de Diderot. Esta oposição não foi a única, pois a Assembleia do Clero reclamara ao rei sobre a reimpressão; os três primeiros tomos foram confiscados nas dependências de Panckouke e apreendidos na Bastilha.

Se, então, o *Suplemento* assim como a reimpressão da obra atarefou certo número de Maçons do reino de Luís XVI, sem que Diderot e d'Alembert participassem, é que uma fração da Maçonaria se sentia em unidade de inspiração e de ação com o movimento filosófico.

Não se pode negar, com efeito, a afinidade que existe entre o espírito da Maçonaria especulativa, filha dos Maçons operativos, e as ideias de Diderot e de seus colaboradores sobre a dignidade e a importância das artes manuais e das técnicas, não mais do que sobre o resto não se pode calar sobre o parentesco com o objetivo fixado por Ramsay aos Maçons em seu *Discours*. Mas se o parentesco de espírito e de intenção é real, a *Enciclopédia* não foi de modo algum quista e executada por Maçons e no espírito maçônico. A melhor prova disso é que os mestres da obra não foram, de nenhuma das duas, Maçons. O que quer que se tenha escrito D. Mornet em sua obra *As Origens intelectuais da Revolução francesa*, Diderot não foi Maçom. Mas o fato merece ser relatado. Em novembro de 1778, a Loja das Nove Irmãs, a qual pertencera Voltaire de 7 de abril a 31 de maio de 1778, quis celebrar uma cerimônia funerária em honra de seu mais ilustre membro. A festa muito bela ocorreu do dia 28 de novembro e desde o dia 29 o continuador dos *Relatos secretos* de Bachaumont não deixou de instruir seus leitores. Para tornar a cerimônia mais solene, escreve ele: *"Sr. d'Alembert deveria ser recebido Maçom antes, e representar a Academia francesa na pessoa de seu secretário, mas o grande número de seus membros muito circunspectos temeu que, após tudo o que se passara, este procedimento causasse escândalo, despertasse a fúria do clero, indispusesse a Corte; isso se tornou a matéria de uma deliberação da Companhia, que ligou este filósofo, ainda que muito indiscretamente, ele deu sua palavra em particular..."* O jornalista indica que, a título de compensação, a Loja iniciou o pintor Greuze. Novamente na data de primeiro de dezembro, e a informação é essencial, o jornalista retorna sobre a iniciação que faltava: *"Para dar mais importância à festa da Loja das Nove Irmãs, além do Sr. d'Alembert, os senhores o marquês de Condorcet e Diderot deviam ser recebidos também: todos os três faltaram."*

Como admitir, pois que Diderot morre em 1784 e d'Alembert em 1783, que os *Relatórios secretos*, se eles retornaram sobre sua fuga de novembro de 1778, não teriam feito menção enquanto que nenhum dos eventos importantes da Loja das Nove Irmãs é esquecido pelos continuadores de Bachaumont.

Que Diderot e d'Alembert tenham praticado a prudência isso não deve nos espantar! Um episódio pouco conhecido da vida do filósofo de Langres permite que nos demos conta. Após a publicação de seu *Ensaio sobre os reinos de Claudio e de Nero*, Diderot encontrou-se ameaçado por uma carta com o selo real. O guarda dos Selos pedira, com efeito, suas ordens a Luís XVI sobre este assunto e o rei julgara necessário punir este filósofo inimigo da religião, o que nos vale a narrativa do diálogo de Diderot e do guarda dos Selos, Sr. de Miromesnil, pelo tenente de polícia O Negro:

"Sr. de Miromesnil, em consideração à sua velhice, quis inicialmente ouvi-lo, ele o chamou diante de si em minha presença, ele lhe falou com uma dignidade firme com a qual Diderot pareceu confundido, no momento ele manifestou uma espécie de arrependimento[51] e flexionou o joelho; ele lembrou ao Sr. o Guarda dos Selos que ele havia estado em Vincennes, ele pronunciou estas palavras: 'Eu mereço ainda mais ser castigado pelos erros de minha velhice do que por minhas antigas extravagâncias; dignados a receber esta confissão e o ato de meu arrependimento...'". Ora, é justamente em 1779 que ocorreu a cena relatada pelo tenente de polícia, após a publicação do *Ensaio sobre os reinos de Claudio e de Nero*. Assim se explica a abstenção definitiva de Diderot como a de d'Alembert. Os homens mais velhos não gostam de se arriscar. Por um momento tentados a seguir adiante, sua fuga foi ma-

---

51 - No original, *"faire amende honorable"*, uma espécie de reconhecimento dos erros cometidos.

nifesta, eles resistiram mais que Voltaire às solicitações dos irmãos. É, além disso, após as reações provocadas pela estadia parisiense, depois da morte de Voltaire e das dificuldades que se seguiram, que Diderot e d'Alembert julgaram prudente abster-se. O que não foi o caso de Voltaire que, no entusiasmo público erguido por seu retorno a Paris, cedeu muito voluntariamente aos pedidos prementes dos irmãos das Nove Irmãs de contá-lo entre seus membros. Ainda que sua carreira maçônica tenha sido de uma brevidade insigne, pois ela não durou mais que o tempo de uma cerimônia e de sua recepção, ela é um episódio muito conhecido da história maçônica da França para passá-la em silêncio.

A INICIAÇÃO DE VOLTAIRE
NA LOJA DAS NOVE IRMÃS (ABRIL DE 1778)

No *Pensamento europeu*, Paul Hazard escreve sobre a iniciação de Voltaire: *"Assim entrou na Maçonaria o homem de que a Loja espantou-se com o fato de que, tendo por tanto tempo trabalhado com ela, dela ainda não fizesse parte."*

Tendo por tanto tempo trabalhado com ela! Certamente não. Como um mestre tão informado quanto Paul Hazard pode fazer tal afirmação? Não é melhor interrogar o próprio Voltaire? Na imensa correspondência publicada por Théodore Besterman, procuramos em vão uma passagem na qual Voltaire manifesta sua opinião sobre a Maçonaria. Quando, em 5 de março de 1756, Charles-Emmanuel, duque de Uzès, pede que Voltaire mantenha *A Donzela* [*La Pucelle*] integralmente com seu poema sobre *A religião natural* [*La religion naturelle*], ele lhe pede que enviasse esta dinamite intelectual e licenciosa por uma via segura: *"Poderíeis muito bem livrar-me desta perplexidade pelo canal de nosso amigo de Rodon filho, que é discreto, pois ele é Francomaçom e não francês."* O nobre duque, talvez ele próprio Maçom, preferia, logo, confiar o cuidado de transportar *A Donzela* e *A Religião natural* juntas a um Francomaçom estrangeiro, o que não era muito lisonjeiro para os irmãos sujeitos ao rei. A essa carta, Voltaire responde em 16 de abril de 1756, mas sem revelar a qualidade maçônica do Sr. de Rodon: *"Se isto puder animar vosso descanso, eu darei o pacote ao Sr. de Rhodon que, sem dúvida, encontrará ocasiões de o entregar."* Este silêncio não é sem propósito, mas quando Voltaire rompe o silêncio sobre a Maçonaria no artigo Iniciação que se encontra no Dicionário filosófico, não é para louvar a instituição. O texto é do maior interesse e vale que o leitor medite a respeito:

"A origem dos antigos mistérios não estaria nesta mesma fraqueza que existe entre nós, nas confrarias, e que estabelecia congregações sob a direção dos jesuítas? Não foi essa necessidade de iniciação que formou tantas assembleias secretas de artesãos, das quais não nos resta mais do que aquela dos Francomaçons?... Esta inclinação natural a se associar, a se isolar, a se distinguir dos outros, a se assegurar contra eles, produziu provavelmente todos esses grupos particulares, todas essas iniciações misteriosas que juntas fizeram tanto barulho, e que caíram, enfim, no esquecimento, no qual tudo cai com o tempo.

"Que os deuses cabiros, os hierofantes de Samotrácia, Ísis, Orfeu, Ceres, Elêusis, perdoem-me; eu suspeito que seus segredos sagrados não mereciam, no fundo, mais curiosidade que o interior das assembleias dos Carmelitas e dos Capuchinhos.

"Esses mistérios sendo sagrados, os participantes também o foram; e tanto quanto o número foi pequeno ele foi respeitado, até que, enfim, tendo crescido muito, não teve mais consideração que os barões alemães quando o mundo se viu cheio de barões.

"Pagava-se a iniciação como todo recipiandário paga sua entrada, mas não era permitido falar pelo seu dinheiro. Em todos os tempos, foi um grande crime revelar o segredo dessas afetações religiosas. Este segredo sem dúvida não deveria ser conhecido, pois que a assembleia não era uma sociedade de filósofos, mas de ignorantes dirigidos por um hierofante. Consagrávamo-nos ao silêncio; e todo juramento foi sempre sagrado.

"Ainda hoje, mesmo nossos pobres Francomaçons juram não falar nada sobre seus mistérios. Esses mistérios são bem monótonos, mas quase nunca se comete perjúrio ..."

Nossos pobres Francomaçons, eis como se exprime Voltaire, e ele executa, além disso, seus mistérios "que são bem monótonos". Ele seria o primeiro elo da corrente que, passando por Lagrange, vai até Renan? Certamente, os irmãos estão habituados a esses desdéns sobre os quais eles triunfam tanto que um dia seu autor pode ficar ofuscado pela luz do Templo.

Sentimos que, de modo geral, Voltaire é pouco favorável à sociedade que exige de seus membros um segredo e ele julga sem indulgência a fraqueza do espírito humano que, privado do socorro da filosofia, vai procurar alhures o que ele não encontra em si mesmo.

À luz desse texto, não podemos nos enganar sobre a iniciação de Voltaire no final de sua vida.

Certamente, compreendemos que no opúsculo consagrado pelo irmão de La Dixmerie à celebração da memória do patriarca de Ferney, este tenha podido pronunciar:

Foi na idade de oitenta e quatro anos que o Nestor do Parnaso francês... foi nesta idade que este homem único veio extrair na L.·. das Nove Irmãs um gênero de instrução que mais de sessenta anos de estudo não puderam lhe fornecer. Nossos mistérios lhe foram revelados de uma maneira digna destes e dele... Ele pareceu emocionado, penetrado, por aquilo que ele estimava talvez menos quando ele não conhecia.

É Bricaire de La Dixmerie que é, com efeito, responsável pela iniciação de Voltaire. Poucos dias após sua chegada a Paris, La Dixmerie lhe havia dirigido alguns versos. Era a primeira poesia que Voltaire recebia e agradeceu seu autor. Quando, no dia 10 de março de 1778, a Loja teve um banquete, foi pela iniciativa de La Dixmerie que se bebeu à sua saúde e que se decidiu que lhe enviasse uma delegação. Foi em 21 de março que Voltaire recebeu a delegação da Loja, de quarenta membros, dirigida pelo Venerável Lalande. *"Esses senhores, reporta o jornalista, tiveram uma boa sorte. Ele pareceu muito amável à assembleia. Não se lembrando mais das fórmulas, ele agiu como se nunca tivesse sido irmão, e ele foi inscrito novamente; ele assinou imediatamente as constituições e prometeu ir à Loja..."*

Apesar das palavras do jornalista, podemos estar seguros de que Voltaire jamais vira a luz e de que, se houve interesse em tratá-lo, na cerimônia do 7 de abril de 1778, como tendo já recebido a luz simbólica, foi por conta da deferência entusiasmada que os irmãos tinham por ele. Sem dúvida no século XIX, e, sobretudo, na segunda metade deste século, é um dogma acolhido entre os Maçons de que o ideal de Voltaire e aquele da Maçonaria são idênticos.

Pode-se admitir a identidade entre o ideal voltairiano e o radicalismo maçônico da Terceira República unidos de maneira sólida por certa concepção do liberalismo e, sobretudo, por um anticlericalismo marcado. Mas havia identidade entre o ideal de Voltaire e a Maçonaria de seu tempo, isso não é de todo certo. O que havia de comum entre Voltaire, Martinets de Pasquallys, dom Pernety, Saint-Martin, Willermoz, Cagliostro e Mesmer? Pode-se ser irmão maçom e divergir completamente sobre questões e disposições essenciais. Louis Amiable pode bem escrever em sua muito estimável monografia das *Nove Irmãs* em 1897 que "Voltaire... assumira como missão o que era o objeto principal da Francomaçonaria. Ele ia se sentir em casa no Templo simbólico; ali ele ia reencontrar suas ideias e suas aspirações, compartilhadas por antigos companheiros de luta e por novos cooperadores...", isto é uma transposição segura, mesmo se nos damos conta de que a Loja das Nove Irmãs é animada essencialmente por um espírito diferente da maioria dos Maçons franceses.

Foi na terça-feira, 7 de abril de 1778, que Voltaire deixou o mundo profano para entrar na sociedade de mistérios. O templo das Nove Irmãs se encontrava na sede do Grande Oriente, antigo noviciado dos jesuítas. Ele era ornado de tapeçarias azuis e brancas recamadas com ouro e prata. O busto de Luís XVI, aquele do Grão-Mestre, do rei da Prússia Frederico II e o de Helvétius, fundador da Loja, acolhiam Voltaire. Todos os grandes nomes da Maçonaria francesa exprimiam-se sobre as colunas e Benjamin Franklin estava presente.

Foi o abade Cordier de Saint-Firmin, um dos membros mais ativos da Loja à qual o Venerável havia dado a palavra, que declarou apresentar Voltaire à Iniciação. A Loja, a pedido do abade padrinho do profano, decidiu que, por causa de sua idade, ela dispensava Voltaire das provas mais penosas.

A venda obrigatória não privou o filósofo do uso da visão; uma cortina preta o impediu somente de ver o Oriente até o instante em que a Iniciação estaria terminada. Uma comissão de nove membros designados pelo Venerável teve por ofício receber e preparar o candidato. É apoiado sobre os irmãos Franklin e Court de Gébelin que o ancião entrou no templo. Após ter respondido de modo notável às questões de moral e de filosofia que lhe fazia o Venerável, ele sentiu a mais viva emoção quando, tendo a cortina preta desaparecido, ele pode ver o

Oriente em todo seu brilho e a coroa de personagens célebres que ali se encontravam reunidos. Lalande lhe fez, então, prestar a obrigação, recebeu-o aprendiz, segundo o costume, enquanto que os músicos das colunas da harmonia dirigidos pelo violinista Capron tocavam um trecho da sinfonia de Guénin. Mas Voltaire não estava no final de suas provas. Uma coroa de louros veio cingir sua cabeça, que o novo irmão não quis guardar, e quando Lalande se aproximou dele para cingi-lo do tabuleiro de Helvétius, o novo irmão o levou a seus lábios prestando, assim, homenagem à sua memória. Mas as Nove Irmãs mantinham Voltaire e após ter sido colocado no Oriente pelo Venerável, o que era excepcional, Lalande lhe dirigiu um discurso, felizmente breve, no qual ele declarava ao novo membro: *"Vós sois Francomaçom antes mesmo te ter recebido o atributo, e cumpristes os deveres antes que deles tenha contraído a obrigação entre nossas mãos..."*

Voltaire agradeceu em algumas palavras, vários irmãos leram poesias ou trechos apropriados, enquanto que, durante essas leituras, o irmão Monnet, pintor do rei, desenhava o retrato de Voltaire. O banquete seguiu, mas Voltaire contentou-se em assistir aos primeiros brindes ou saúdes, como se dizia então, e se retirou em seguida acompanhado por uma multidão de irmãos. Após as Nove Irmãs, foi a vez do Grão-Mestre, o duque de Chartres, de receber Voltaire no sábado dia 11 de abril de 1778. Sua carreira maçônica estava terminada. Contudo, não completamente, pois é a título póstumo que as Nove Irmãs consagraram a Voltaire sua sessão de 28 de novembro de 1778 no curso da qual Diderot, d'Alembert e Condorcet deveriam ser recebidos Maçons.

Essa apoteose maçônica de Voltaire é a consequência da atitude do partido devoto após a morte do filósofo. Sabe-se em que condições a família do defunto teve de enterrá-lo na abadia de Scellières perto de Troyes, cujo abade Mignot, seu sobrinho, era abade comandatário. Era de costume que a Academia francesa fizesse celebrar um ofício para seus membros falecidos na igreja dos Padres Cordeliers. Mas, quando a Companhia pediu aos religiosos que assegurasse o serviço, os religiosos se dividiram entre a proibição que lhes havia sido imposta e a Academia recebeu do Primeiro ministro, o antigo irmão conde de Maurepas, a resposta que era preciso esperar, o que levou os Quarenta a suspender todo serviço para um membro defunto enquanto o de Voltaire não fosse celebrado.

O responsável pela interdição era o arcebispo de Paris, Christophe de Beaumont, de uma intransigência absoluta e que não tinha nada de um prelado progressista do século XX. A Academia foi reduzida em sua sessão pública de 25 de agosto, dia da festa de São Luís, para prestar homenagem ao ilustre defunto, o que reavivou a animosidade e a hostilidade do partido devoto. O que a Academia não pode fazer livremente foi executado pelas Nove Irmãs. Se a data foi tardia, é que a Loja julgou preferível deixar a Academia prestar a Voltaire uma primeira homenagem. Desde 25 de outubro de 1778, os *Relatórios secretos* anunciavam a cerimônia que ocorreu em 28 de novembro e da qual se tem três relatos, o dos *Relatórios secretos*, mais sucinto, o da *Correspondência* de Grimm, mais detalhado, e um último em o *Almanaque dos Franco-maçons* de 1785, que no ano de 1784 também havia feito o relato da Iniciação do mês de abril. Não entremos no detalhe desta cerimônia de grande espetáculo, que atesta, uma vez mais, o gosto dos Maçons pelas manifestações e a encenação confiada esta vez ainda ao abade Cordier de Saint-Firmin. Não faltavam nem tapeçarias pretas, nem guirlandas de ouro e de prata destinadas a recamá-las e formando arcos entre os quais se encontravam oito transparentes suspensos por nós de gaze prateada, sobre os quais se podiam ler textos extraídos das obras de Voltaire e celebrando sua memória. O acesso à sala se fazia por uma abóbada obscura e revestida de preto acima da qual se encontrava a orquestra regida pelo compositor Piccini, membro da Loja. O cenotáfio elevava-se no centro do templo sobre um estrado de quatro degraus; ele era sobrepujado por uma grande pirâmide, guardado por vinte e sete irmãos, espada nua à mão, e à frente do cenotáfio três segmentos de coluna suportavam, a do meio as obras de Voltaire, as duas outras, vasos do quais se exalavam perfumes.

Enquanto os músicos tocavam a marcha dos padres de *Alceste* e uma passagem de *Ermelinde*, o abade Cordier de Saint-Firmin anunciou que a Sra. Denis e a marquesa de Villette pediam para ser admitidas. A Loja cedeu a seu pedido e o trabalho maçônico cessou após a entrada das duas personagens do sexo feminino, ainda que os irmãos tenham mantido suas decorações rituais. Lalande não podia fazer nada menos do que se dirigir à sobrinha do defunto; vários oradores o revezaram em seguida, mas a parte principal foi o elogio de Voltaire pelo irmão de La Dixmerie. Impresso em 1779, o opúsculo conta com cento e vinte páginas. Ele é lido ainda com prazer e interesse, pois ele é bem feito e substancial, mas os irmãos tiveram de apelar à sua paciência, pois o elogio, felizmente entrecortado por trechos de música, reteve sua atenção por pelo menos duas boas horas. Foi no final do elogio que a pirâmide sepulcral desapareceu em um grande barulho, como se a trovoada se tivesse feito ouvir. A semiobscuridade que reinava até o momento no templo foi substituída por uma viva e agradável claridade. Ouviram-se ainda trechos de música e viu-se aparecer um quadro do irmão Goujet figurando a apoteose de Voltaire saindo de sua tumba e apresentado pela Verdade e a Beneficência, ainda que a Inveja enterrada por Minerva se esforçasse de maneira vã em reter o defunto. Lalande, o novo iniciado Greuze e a Sra. de Villette depositaram, então, suas coroas ao pé do quadro. Faltava apenas ouvir a leitura pelo poeta Roucher, o futuro guilhotinado do Termidor, de um dos cantos de seu poema dos *Meses*, ainda não publicado, no qual ele aludia de modo vigoroso à recusa da Igreja em acordar a Voltaire uma sepultura religiosa.

Voltaire não teria nenhuma tumba onde suas relíquias
> [Voltaire n'aurait point de tombe où ses reliques]
Apelariam o luto e as lágrimas públicas!
> [Appelleraient le deuil et les larmes publiques !]

E que importa, depois de tudo, a este homem imortal
> [Et qu'importe après tout à cet homme immortel]

A recusa de um asilo à sombra de um altar?
> [Le refus d'un asile à l'ombre d'un autel?]

A cinza de Voltaire em todo lugar reverenciada
> [La cendre de Voltaire en tout lieu révérée]

Fizera de todos os lugares uma terra sagrada,
> [Eût fait de tous les lieux une terre sacrée,]

Onde repousa um grande homem um deus vem habitar.
> [Où repose un grand homme un dieu vient habiter.]

O último verso transportou de entusiasmo todos os espectadores que gritaram "bis" e Roucher teve de recomeçar seu discurso que, por outro lado, não figurou nas duas edições do poema dos *Meses* publicadas em 1779, que os *Relatórios secretos* também não apresentaram e que Grimm adulterou por razões políticas e religiosas.

Restava apenas fazer a busca de costume, depois banquetear, e é ao longo da refeição que a Loja viu ser oferecido pela Sra. Denis o busto de Voltaire por Houdon que lhe foi apresentado sob um arco de triunfo feito de guirlandas de flores e de nós de gaze de ouro e de prata. O aplauso foi geral e repetido. Roucher refez uma leitura de seu poema dos *Meses* e outros irmãos igualmente se fizeram ouvir.

Compreendemos certamente que o centenário da iniciação de Voltaire como de sua morte tenha sido celebrado com brilho pelos Francomaçons da Terceira República. Foi assim que em 7 de abril de 1878 a Loja O Monte Sinai da Grande Loja de França teve uma sessão consagrada a Voltaire sob a presidência do irmão Emmanuel Arago e um dos oradores, o deputado Albert Joly, ateve-se a demonstrar que Voltaire havia sido um grande precursor da Revolução.

Mas, se colocamos à parte o lado teatral da cerimônia de iniciação e da comemoração fúnebre de Voltaire assim como os meios operísticos utilizados pelos irmãos e que não são distantes de certos procedimentos utilizados pelos capuchinhos para chocar a imaginação e causar impressão sobre seus ouvintes quando de suas missões, é preciso confessar que a entrada de Voltaire na sociedade era uma espécie de golpe de estado maçônico. A Ordem não tinha mais por que se espantar, para retomar a expressão de Paul Hazard, de que Voltaire ainda não lhe tivesse pertencido. Certamente, foi fácil anexar um velho grisalho pela popularidade excessiva que o trouxera após seu retorno a Paris e foi ainda mais fácil tirar do caixão o defunto e dele se apropriar inteiramente. Contudo, se Voltaire o permitiu, nem Diderot nem d'Alembert, tentados a seguir seu exemplo, não o fizeram. Fazendo seu Voltaire, a Loja das Nove Irmãs aplicara um golpe de mestre, mas também um golpe brilhante. Ela não tardaria a sofrer as consequências e retraçando sua história compreenderemos melhor que ela constituía uma exceção, certamente muito brilhante, no mundo maçônico francês de então.

A vigilância mais oblíqua e suspeita com a qual o Grande Oriente a envolveu, e que se traduziu em certo momento por uma hostilidade declarada, é a prova, e mostra quanto a árvore das Nove Irmãs não deve esconder-nos a floresta maçônica francesa.

A Loja das Nove Irmãs, de 1776 até a Revolução

Foi com a colaboração do financeiro geral Helvétius e do astrônomo Lalande que nasceu a Loja das Nove Irmãs. Mas onde e quando Helvétius entrou na Fraternidade não se sabe, e ocorre o mesmo com Lalande? Encontra-se, com efeito, no quadro de 1776 dos Oficiais do Grande Oriente esta menção que segue o nome de Lalande: *"Venerável e fundador da L∴ das Ciências, mais à frente existente na O∴ de Paris."* Mas essa Loja, da qual não se sabe mais, tinha o inconveniente de restringir os trabalhos da oficina aos domínios das ciências exatas. Helvétius, com o qual ele mantinha relações, pensou que seria mais oportuno fundar uma oficina em que todas as atividades do espírito estivessem representadas, uma Loja enciclopédica, e encontrar-se-á, no mais, uma Loja de Toulouse para tomar o título A Enciclopédica, em 1787. O falecimento de Helvétius, ocorrido em 1771, fez diferir a fundação; Lalande foi absorvido também pela fundação do Grande Oriente no qual ele tomou uma parte ativa. Foi em março de 1776 que o grupo de irmãos que Lalande reunira em torno de si apresentou o pedido de constituição ao Grande Oriente. Uma dificuldade imprevista, mas quão reveladora do estado de espírito da maioria dos administradores do Grande Oriente, foi provocada pelo título distintivo que os irmãos fundadores haviam escolhido. Chamar uma Loja de As Nove Irmãs foi julgado contrário ao costume maçônico de designar uma Loja, Loja de Saint-Jean, fazendo seguir o título invariável do verdadeiro título distintivo da oficina. A Loja Saint-Jean das Nove Irmãs havia casado em seu nome o cristianismo e o paganismo, enquanto que todas as outras denominações não ofereciam essa dificuldade. Uma oficina pode se denominar Loja Saint-Jean da Perfeita Harmonia, ou do Feliz Encontro da União Desejada, ou ainda da Sabedoria Triunfante, essas designações abstratas não se chocavam com a referência cristã que as precedia. Mas o casamento do Evangelista ou do Batista com as Nove Musas pareceu uma novidade muito forte para vários membros do Grande Oriente.

A Câmara de Paris com a maioria de oito vozes contra três decidiu que ela apenas acordaria as constituições se as Nove Musas fossem repelidas às trevas exteriores. Mas Lalande e seus amigos não a quiseram renunciar e em seu relatório para a Loja das Nove Irmãs La Dixmerie toca no assunto do caso.

"Quem o acreditaria? O nome das Nove Irmãs formava o principal obstáculo para nossa admissão. Certamente, este nome não existe no calendário; mas nós observamos que uma Loja Maçônica não era uma Confraria de penitentes..."

La Dixmerie não tinha dúvidas, escrevendo estas palavras, de que na Provença eram as confrarias de penitentes que forneciam a maior parte do recrutamento das Lojas maçônicas, mas Paris, sempre à frente do restante do país, via criar-se uma Loja que não procurava ser uma sucursal das confrarias de penitentes.

Lalande e seus amigos apelaram da decisão da Câmara de Paris diante da Grande Loja de Conselho e de Apelações formada por membros das três Câmaras de Administração e que tinha o papel de suprema instância. Com uma voz da maioria, cinco contra quatro, as Musas foram admitidas a dar um título distintivo a uma oficina e as Nove Irmãs existiram. Os fundadores não eram mais de dez, dentre os quais dois padres, o abade Cordier de Saint-Firmin e o abade Robin. A progressão do efetivo foi rápida. O quadro de 1777 não conta com menos de sessenta membros. O de 1778 subia a mais de cento e cinquenta dos quais treze eclesiásticos. As Nove Irmãs foram um pouco, de certo modo, a herdeira da Sociedade das artes que o conde de Clermont havia abrigado em seu casarão do Petit-Luxembourg. Muitos se acotovelaram nas portas da nova oficina, mas para ali ser admitido, era necessário justificar *"... um talento qualquer, seja em matéria de arte, seja em matéria de ciência e haver já dado uma prova pública e suficiente deste talento"*, assim decidia o regulamento particular da oficina. O espírito novo que animava a oficina se traduziu, inovação essencial, pela substituição de uma promessa solene pelo juramento tradicional cujo texto continha imprecações terríveis e burlescas em caso de violação da discrição imposta aos irmãos. A promessa demandada continha o engajamento de *"...voar em socorro da humanidade..."* e de defender os inocentes oprimidos. O Grande Oriente, nos regulamentos da Loja adotados por ele em 1781, julgou boa a inovação e a fez sua. Mas a fórmula imprecatória contra os perjúrios foi restaurada ao mesmo tempo que a Ordem após a Revolução e não desapareceu do ritual do Grande Oriente senão sob a Terceira República.

Entre as disposições do regulamento particular da Loja publicado em 1779, algumas merecem que sobre elas nos detenhamos. A primeira cria um fundo de 1.200 libras para custear a impressão das obras de membros da Loja, pois que também esta conta em seu seio com vários literatos, homens de ciência e artistas. A segunda concerne à beneficência e obriga os irmãos advogados, médicos ou cirurgiões a dar consultas gratuitas aos doentes que a Loja lhes dirigir. Melhor ainda, a obrigação de voar em socorro da humanidade fez das Nove Irmãs a herdeira de Voltaire no papel de defensor das vítimas da injustiça. A Loja contava, entre os seus membros, com o célebre advogado Élie de Beaumont, que assitira Voltaire na defesa dos Calas e dos Sirven. Quando Élie de Beaumont faleceu, foi Dupaty que se consagrou à defesa de três infelizes condenados à roda pelo parlamento de Paris, conseguiu cassar a prisão pelo Conselho do rei e obter o reconhecimento de sua inocência pelo parlamento de Rouen. O presidente Dupaty exerceu o Veneralato da oficina em 1784 e o quadro deste ano conservado nos arquivos da família do Paty de Clam, nome que teve alguma ressonância quando do caso Dreyfus, foi comunicado a Louis Amiable quando ele preparava sua obra sobre as Nove Irmãs. É, então, bem intencionalmente que a oficina das Nove Irmãs se lançou em uma atividade que ultrapassava o quadro maçônico tradicional. Concebe-se que a opinião seguiu com interesse as manifestações da oficina e os *Relatórios secretos* não deixam de relatar os eventos notáveis da vida das Nove Irmãs. Em agosto de 1777, o público fica sabendo, dessa forma, que um dos membros, o abade Rémy, acaba de ganhar um prêmio da Academia por seu elogio do chanceler de l'Hôpital. Pouco depois, quando o Grão-Mestre duque de Chartres adoenta-se, a Loja profere uma missa por sua convalescência e canta um *Te Deum* na igreja dos Cordeliers em 17 de setembro de 1777. Pode-se ver, assim, reunidos no coro os abades Cordier de Saint-Firmin, Rémy, Robin, o célebre abade d'Espagnac, de Rouzeau e Genay, todos membros da Loja.

O ano de 1778, e não há como voltar a esse assunto, foi para as Nove Irmãs o ano Voltaire, mas, assim como já foi dito, a recepção e a glorificação fúnebre do filósofo tiveram consequências que quase foram funestas para as Nove Irmãs.

Louis Amiable admite sem provas formais a qualidade fraternal de Luís XVI. Ora, esta não é estabelecida graças à *correspondência secreta* senão para o único conde de Artois, enquanto que não se sabe muito mais para aquela do conde de Provença. Ele escreve que o rei, *"porque ele era Francomaçom, não quis fazer ato de autoridade e colocar em ação sua polícia, mas... se reservou a fazer bater maçonicamente esta Loja, bastante irreverenciosa para honrar o grande homem que desagradara em alto lugar...".*

Que os manos de Louis Amiable se assegurem! Mesmo que Luís XVI tenha sido irmão, o que parece ao menos provável, e seu pai, o piedoso delfim, pareça ter também olhado para o lado da Arte real, isso não retira nada no fato de que o delfim Luís e seu filho Berry, como dizia Luís XV, tenham sido ambos cristãos sinceros e fervorosos. Se eles foram Maçons, eles não eram menos devotos. A recusa do rei em receber Voltaire explica-se por isso. Se ele certamente deixou a rédea pelo entusiasmo mundano e popular, é certo também que ele não aprovou a atitude das Nove Irmãs, porém, mais do que agir diretamente, ele julgou mais expediente, como seu Primeiro ministro Maurepas, pedir ao Grande Oriente que demolisse a oficina que atraía sobre si a atenção do público.

Em seu *Relatório para a Loja das Nove Irmãs*, que foi publicado em 1779, La Dixmerie afirma que o Grande Oriente "cometeu um crime" contra as Nove Irmãs na cerimônia do dia 28 de novembro. A loja Três Irmãs reconhecida pelo Gr... Or... teve suas joias moveis e documentos retirados do Templo, cedido pelo Grande Oriente, de forma intempestiva, sem o mínimo de respeito. Foi um lamentável ato de desacato e autoritarismo da Obediência Maçônica, poist odo o mobiliário da Loja, aí incluído o busto de Voltaire, foi levado do templo de maneira sumária e sem respeito, e a oficina ficou relegada a uma pequena sala insuficiente tanto para seus membros como para seus visitantes. Desde 30 de novembro, a Câmara de Administração decidia que nenhuma Loja poderia mais se reunir no imóvel do Grande Oriente senão de modo extraordinário e em virtude de uma autorização acordada por sufrágios unânimes. Em 2 de dezembro, a Câmara de Paris estava tomada de reclamações sobre a presença de Sra. Denis e de Villette e de dois profanos na sessão de 28 de novembro. Em 16 de dezembro, a Câmara de Paris foi avisada pela da Administração que o presidente desta foi informado *"que o governo se ocupava da última assembleia da Loja das Nove Irmãs"*. A Câmara de Paris convocou, então, o Venerável Lalande para 22 de dezembro. O astrônomo teve de passar por um sermão maçônico no qual o presidente da Câmara repreendeu às Nove Irmãs por diversas irregularidades, mas, sobretudo, informou Lalande da queixa essencial, aquela de ter deixado ler obras literárias *"não somente não maçônicas, mas tão contrárias às opiniões comuns, e tão escandalosas para quaisquer dos ouvintes, que chegaram reclamações aos ministros da religião e ao magistrado encarregado da polícia, delito da mais perigosa consequência, pois que poderia se tornar a base e o pretexto de uma perseguição geral de todos os Maçons da França, que, ainda que bastante injusta, teria todas as aparências da legitimidade..."*.

Lalande pediu que lhe dessem cópia do texto e anunciou que ele responderia por escrito. Esta perspectiva amenizou o ardor da Câmara que, por dez vozes contra uma, decidiu não dar prosseguimento. As Nove Irmãs estavam em estado de espera.

O que faz, contudo, uma Loja da qual se retira seu templo? Ela procura outro local. A oficina quis celebrar o aniversário de sua fundação no dia 11 de março de 1779 e, ao mesmo tempo, manter nessa ocasião uma Loja de adoção. A festa foi fixada a 9 de março e o local alugado para a circunstância foi o circo real, boulevard de Montparnasse. Após a sessão reservada aos irmãos e que as senhoras convidadas acharam muito longa para seu gosto, foi a vez das irmãs Maçons entrar em cena. Mas elas foram mal colocadas porque foram recebidas em um templo diferente daqueles nos quais elas constataram que o ritual ordinário de iniciação havia sido modificado.

Nas provas da Maçonaria de adoção, o papel de Eva e o fatal fruto foram escolhidos como temas do ritual, assim como o crime de Caim e a Arca de Noé. Os irmãos das Nove Irmãs substituíram este simbolismo de base teológica por um simbolismo abstrato mais conforme à filosofia e às luzes. A primeira prova consistiu, com efeito, em apresentar a neófita diante do trono da Ambição em nome da qual o irmão Garnier expressou-se em um discurso alegórico. A segunda consistiu em recusar a seguir os conselhos do Amor, assim como aqueles da Ambição haviam sido rejeitados, o que permitiu ao recipiendário ser admitido no santuário da Felicidade onde um orador iniciou uma arenga em nome da Sabedoria.

O ministro do Amor, dirigindo-se à neófita, reacendeu o fogo. Um magistrado da província, parente da neófita, vindo como visitante, protestou. A agitação tornou-se geral e tumultuosa e a sessão terminou sem que a cerimônia tivesse chegado ao fim.

443

Entre os Oficiais do Grande Oriente que assistiram à cerimônia, figurava o Grande Orador Bacon de la Chevalerie do qual nos lembramos que era também membro da Estrita Observância sob o nome de *Eques ab Apro*. Esse Maçom místico e religioso julgou como seu dever denunciar as Nove Irmãs ao Grande Oriente. O Cavaleiro Benfeitor da Cidade Santa não admitia que se zombasse do respeito devido ao texto da Gênese.

Foi no dia 19 de março, no curso de uma sessão extraordinária da Grande Loja do Conselho e de Apelações, que o Grande Orador acusou de maneira formal as Nove Irmãs de ter mantido uma assembleia *"...que excitou as justas reclamações dos Maçons e o clamor público; – que Sua Majestade havia sido instruída; – que o ministério tinha neste momento os olhos fixos sobres os Maçons, e que a liberdade de se reunir maçonicamente poderia depender do que o Grande Oriente pronunciaria sobre este assunto...".* Sem entrar no detalhe, destaquemos que, com a unanimidade dos sufrágios expressos, a assembleia decidiu demolir a Loja das Nove Irmãs e proscrever à perpetuidade o título das Nove Irmãs. *Tantæne irae in latomorum animis erat!* Os membros das três Câmaras e os Oficiais do Grande Oriente assim como simples deputados da Loja presentes haviam tomado parte no voto.

Mas, desde 24 de março de 1779, Lalande pediu que ele esperasse o envio da condenação às Lojas, tanto tempo que o Grande Oriente não teria ouvido a Loja em suas defesas, pois, é necessário destacá-lo, o julgamento de 19 de março fora rendido por contumácia. Desde 9 de abril, apesar de sua demolição, as Nove Irmãs haviam feito uma sessão e dirigido, por sua vez, uma verdadeira acusação em sete pontos contra o julgamento de 19 de março. A Loja pedia, além disso, o texto da sentença como o da denúncia no qual Bacon de la Chevalerie se fez o porta-voz. Recusaram-lhe o texto da sentença, quanto ao texto da denúncia, restituíram-no prudentemente ao seu autor.

Os três delegados das Nove Irmãs para apresentar sua defesa diante do Grande Oriente foram La Dixmerie, Court de Gébelin e o conde de Persan; o primeiro, especializado em relatórios de defesa, fez todo o trabalho. Foi em 20 de maio de 1779 que Grande Loja de Conselho reuniu-se para deliberar sobre a oposição à sentença de 19 de março e se decidiu a anulá-la. Do debate que se instituiu, destaquemos somente dois pontos. Lalande, tendo indicado que o relatório para a Loja das Nove Irmãs já estava impresso, o irmão Savalette de Lange, censor das obras, interveio para dizer que ele não havia nem concedido nem recusado a permissão de imprimir. Era indicar que a censura fraternal que, em acordo com o poder, substituía aquela dos censores reais, não fora exercida. Enfim, Lalande declarou estar seguro de que o governo não mantinha rigor à Loja de sua conduta.

O caso repercutiu, ainda, pois Bacon de La Chevalerie, acusado no relatório justificativo, argumentou sobre a ausência de permissão para imprimir do censor do Grande Oriente para retomar o caso. Ele terminou de modo definitivo em 19 de abril de 1780 por uma decisão que inocentou definitivamente a Loja, com exceção do único abade Cordier de Saint-Firmin acometido por uma suspensão maçônica de oitenta e um dias por causa de sua conduta irregular em relação à neófita. Não é melhor, com efeito, que os eclesiásticos, mesmo Maçons, não tenham relação com pessoas que ainda não possuem idade canônica?

O episódio ilustra bem a oposição entre a tendência conservadora e religiosa da Ordem representada por Bacon de la Chevalerie, místico lionês, e a tendência inovadora, ainda minoritária nesta época, mas forte, de sua adesão à corrente geral do século.

Doravante, até 1789, as Nove Irmãs não serão mais incomodadas. Desde maio de 1779, Franklin sucedia como Venerável a Lalande e ao longo de seu Veneralato a Loja manteve uma sessão solene para glorificar Roucher, Dupaty e Garat. A aliança da França e dos Insurgentes dos futuros Estados Unidos explica também a afiliação à Loja de Paul Jones, herói da Independência Americana. O sucessor de Franklin no Primeiro Malhete foi o marquês de la Salle que governou a oficina de 1781 a 1783. Ele foi substituído pelo conde de Milly da Academia das ciências, que morreu em setembro de 1784 por ter experimentado sobre si mesmo remédios e receitas de charlatães e chegou, assim, ao fim de uma saúde robusta. Ele teve por sucessor o magistrado Dupaty, de 1784 a 1785, data na qual este partiu para a Itália e em que foi substituído pelo jurisconsulto Élie de Beaumont, cujo mandato foi interrompido por seu falecimento em janeiro de 1786. Será preciso esperar por meados de 1788, por causa de uma lacuna nos quadros da sucessão dos Veneráveis, para ver a oficina dirigida por outro jurista, Pastoret, que será sob Carlos X o último chanceler da França.

Em 1789 a Loja se transformou, deixou de ser uma oficina para se tornar, nos primeiros meses de 1790, a Sociedade nacional das Nove

Irmãs. Ela tinha sede no casarão de Clermont-Tonerre, quai des Miramiones. Seu principal animador era o incansável abade Cordier de Sait-Firmin. Sua atividade não parece ter ultrapassado meados de 1792 e será necessário esperar o ano de 1808 para ver sair de seu sono a oficina das Nove Irmãs.

A história das Nove Irmãs não se limita à sua atividade propriamente maçônica. Desde novembro de 1780, vários membros da oficina fundaram uma sociedade apolínea cujo presidente foi Court de Gébelin. A partir de 1781, o estabelecimento, espécie de universidade livre, tomou o nome de Museu de Paris e sua existência se prolongou até 1785. Ao lado dele criara-se o Museu científico de Pilâtre de Rozier que abrangeu também a literatura. Os dois museus concorriam entre si; a morte trágica de Pilâtre de Rozier no incêndio do balão com o qual ele queria atravessar a Mancha, em 15 de junho de 1785, levou à transformação de seu museu animado por irmãos das Nove Irmãs e sua substituição pelo Liceu de Paris que pode contar entre seus fundadores – a indicação é importante – o conde da Provença e o conde de Artois. O Liceu relegou à sombra o Museu de Paris. O Liceu estava situado na rua Saint-Honoré, perto do Palácio Real, enquanto que o Museu, presidido pelo irmão Moreau de Saint-Méry, mantinha suas sessões nas dependências dos Reverendos Padres Cordeliers, para onde ele foi transportado após ter permanecido algum tempo na rua Dauphine no casarão Imperial onde residia, em 1737, o Grão-Mestre Derwentwater.

A instituição criada pelos irmãos das Nove Irmãs ressuscitou a partir de 1803, sob o Consulado, e se manteve até a Revolução de 1848 sob a denominação nova de Ateneu. Essa instituição prenuncia de muito longe as conferências organizadas sob o Segundo Império pelo Grande Oriente na rua Cadet, assim como o projeto de uma Universidade maçônica livre levado adiante por uma oficina da Grande Loja de França sob a Terceira República.

Outro domínio no qual a atividade dos irmãos das Nove Irmãs foi não menos importante é o da defesa dos inocentes injustamente condenados, isto é, dos erros judiciários assim como o da reforma do processo criminal como do direito penal. No papel que assumira tão brilhantemente Voltaire, e que é mais do que nunca atual, ele teve por sucessor Élie de Beaumont e também o abade Rémy que havia se tornado advogado no parlamento de Paris. Mas o irmão mais ilustre na difícil tarefa de fazer com que a justiça triunfe sobre o direito foi o magistrado Dupaty. Sua intervenção no caso dos três camponeses da região de Chaumont, condenados em agosto de 1785 a trabalhos forçados perpétuos, permaneceu célebre. A revisão do processo não exigiu, graças a ele, senão dois anos. Apoiado pelo advogado Legrand de Laleau e por Concorcet, ele teve de travar uma luta severa contra o advogado geral no parlamento de Paris, Séguier, que levou a atirar no fogo seu primeiro relatório, seguido, além disso, de seis outros. Mas Dupaty conseguiu revogar a sentença dos primeiros juízes pelo Conselho do rei que reenviou o caso diante do bailiado de Rouen e, sobre apelação, o parlamento da Normandia, do qual a Torre criminal era presidida por Le Roux d'Esneval, Francomaçom notório e eminente, liberou os três camponeses de Chaumont. Levando mais longe sua vantagem, Dupaty publicou em 1788 suas *Cartas sobre o processo criminal* que levaram o governo do rei a prometer uma reforma geral em matéria penal e a editar algumas reformas por sua declaração de primeiro de maio de 1788.

Esgotado pelo esforço obstinado que teve de empreender, Dupaty morreu jovem em 1788 e é muito notável que outro jurista, Pastoret, Venerável das Nove Irmãs a partir de 1788, tenha continuado a obra de Dupaty. O *Tratado das leis penais* que ele publicou em 1790 pode ser considerado como o prelúdio das reformas da Assembleia constituinte na matéria.

O espírito que animava a oficina das Nove Irmãs não tem nada em comum ou quase nada, vê-se, com a preocupação dos Maçons hermetistas ou místicos. Entre um Pasquallys ou um Dom Pernéty e Dupaty ou Pastoret, uma única qualidade comum, a de Maçom e de irmão. Mas se uns se passam ou querem se tornar taumaturgos, os outros, e Voltaire em primeiro lugar, procuravam trabalhar na felicidade terrestre de seus semelhantes. As Nove Irmãs estão à frente sobre o conjunto da Maçonaria francesa. Esta oficina prefigura, por seu espírito e por sua atividade, as orientações que serão aquelas da Maçonaria francesa a partir do Segundo Império. Mas esse tempo está ainda distante, e as Nove Irmãs, como vimos há pouco, quase não puderam seguir a carreira que foi a sua. A realidade das duas correntes maiores entre as quais desde suas origens se divide a Maçonaria foi demonstrada de maneira exemplar pela revisão que acaba de ser feita das diferentes capelas maçônicas contidas no interior do Grande Oriente ou justapostas a ele. Mas, antes de afrontar em companhia dos irmãos a tempestade revolucionária e assistir à segunda profanação do Templo, perguntemos a Giacomo Casanova de Seingalt como um cosmopolita europeu do século XVIII concebia a Maçonaria e qual o uso pessoal dela ele podia fazer.

A Experiência Maçônica de Casanova

Foi em Lyon que um respeitável personagem procurou ao Veneziano: *"...a graça de ser admitido entre aqueles que veem a luz. Eu me tornei francomaçom aprendiz. Dois meses depois eu recebi em Paris o segundo grau e alguns meses depois, o terceiro, que é a mestria. É o supremo. Todos os outros títulos que, com o passar do tempo, fizeram-me receber são invenções agradáveis que, ainda que simbólicas, não acrescentam em nada na dignidade de mestre."* Quanto desdém, vê-se, para os Altos Graus! Que fazer, então, da Maçonaria? E bem: *"... Todo homem jovem que viaja, que quer conhecer o mundo, que não quer se achar inferior a outro e excluído da companhia de seus pares no tempo em que estamos, deve ser iniciado naquilo que chamamos Maçonaria, quando não se tratar de saber ao menos superficialmente o que é...".* Assim, para Casanova, ser Maçom é possuir um passaporte válido para qualquer lugar e um abre-te sésamo de uma utilidade segura. Mas ainda mais instrutiva que esta maneira, sobretudo, prática, de considerar a Maçonaria, é a interpretação que o Veneziano faz do segredo maçônico.

"Aqueles que não se determinam a se fazerem recebidos maçons senão para chegar a saber o segredo podem enganar-se, pois pode lhes acontecer que vivam cinquenta anos como Mestre Maçom sem jamais chegar a penetrar no segredo desta confraria.

"O segredo da Maçonaria é inviolável por sua própria natureza, pois que o maçom que o sabe não o sabe senão por tê-lo adivinhado. Ele não o aprendeu com ninguém. Ele o descobriu por ter ido à loja, por observar, raciocinar e deduzir. Quando ele o alcançou, ele se abstém de compartilhar sua descoberta a quem quer que seja, mesmo que seja seu melhor amigo maçom, pois se ele não teve o talento de descobri-lo, ele não terá também o de tirar partido aprendendo-o oralmente. Este segredo será sempre, então, secreto.

"Tudo o que se faz na loja deve ser secreto; mas aqueles que

por uma indiscrição desonesta não hesitaram em revelar o que ali se faz, não revelaram o essencial. Como podiam revelá-lo se eles não o sabiam? Se eles o soubessem, não teriam revelado as cerimônias."

A maneira pela qual Casanova concebe o segredo maçônico não teria sido contradita, acreditamos, pelo restaurador do simbolismo na Ordem no século XX, Oswald Wirth. A penetração psicológica do Veneziano lhe honra. Ela não é menos igual àquela deste cardeal-legado que Casanova conheceu quando este era núncio em Paris em 1752 e que ele revê em Bolonha em 1772, e que prova que os dois italianos, com o realismo que é um traço essencial dos Meridionais, não levavam nem tragicamente nem muito à sério a Francomaçonaria. Não é pouco estimulante, com efeito, concluir sobre os movimentos místicos e filosóficos na Maçonaria no Século das luzes revelando o pertencimento de um autêntico cardeal da Santa Igreja romana à sociedade secreta? A prova é dada por Casanova em uma passagem de suas memórias na edição integral desta obra publicada em 1960-1962. Mas escutemos aí o príncipe dos Don Juans da época:

"No primeiro dia do ano de 1772, eu fui me apresentar ao cardeal Branciforte: era o legado. Eu o conhecera em Paris, vinte anos antes dessa época, quando ele foi enviado por Bento XIV para levar as mantilhas abençoadas ao recém-nascido duque de Borgonha. Nós fomos juntos à loja de maçons e apreciamos sopas finas em companhia de jovens moças... Este cardeal, enfim, tinha espírito e era aquilo que chamávamos de um bom vivant.

"Oh! Eis vós, gritou ele assim que me viu, eu vos aguardava.

- Como podíeis esperar-me, Monsenhor, quando ninguém me obrigava a dar preferência a Bolonha sobre outros lugares?

- Bolonha vale mais que todos os outros, e ainda, eu estava certo de que teríeis pensado em mim; mas não é necessário relatar aqui a vida que fizemos quando éramos jovens."

A memória de Casanova não se enganava quando ele retornava a essas lembranças. É, com efeito, em 14 de julho de 1752 que o núncio das mantilhas, Branciforte, foi recebido por Luís XV em Compiègne; em 17 de junho de 1753 ele fazia sua entrada solene em Paris e em 19 de junho ele era recebido em audiência pública em Versalhes.

O personagem, diz-nos Dufort de Cheverny, introdutor dos embaixadores, em suas *Memórias*, era "antigo vice-legado em Avignpon, gordo, grande, rechonchudo, na força da idade" e ele *"...parecia, por suas vestimentas, um bispo, e por sua postura, um coronel de dragons[52]"*. Sua estadia não deveria ter sido de seis semanas, mas se prolongou seis meses e o núncio passou em revista todas as belas moças de Paris e se endividou furiosamente.

Nada de surpreendente, então, que os dois Italianos tenham se encontrado em uma Loja de Francomaçons. Não se sabe mais sobre a Iniciação do futuro cardeal, mas ele não a esquecera vinte anos mais tarde revendo o Irmão Casanova, contentando-se em lhe pedir uma discrição necessária. Que o cardeal secretário de Estado tenha mantido uma correspondência seguida com o Francomaçom distinto que foi o conselheiro de Estado Chaillon de Jonville, e que o cardeal-legado representante do papa nas Legações tenha sido ele próprio Francomaçom, convida a examinar com muito senso crítico o valor e o sentido das condenações pontificais contra a Ordem, condenações que a Revoluções acentuaria e reforçaria de maneira tal que a oposição entre a Ordem e a Igreja nos países católicos se tornará fundamental até uma recente data e deixará cada vez mais difícil e desconfortável a posição dos Maçons religiosos e místicos.

Das duas correntes maçônicas que apresentamos em seu desenvolvimento antes da Revolução, a corrente mística e religiosa ia perder força e diminuir após a Revolução e o Império.

A Revolução Francesa, depois o Império, iria, com efeito, modificar a relação das forças entre a Maçonaria tradicional e a Maçonaria aberta às novas influências e, a partir do Segundo Império, a vitória da corrente racionalista e laica afirmou-se de maneira indiscutível sobre a corrente mística e religiosa.

---

52 - Regimento de cavalaria criado no século XVII.

TERCEIRA PARTE

CAPÍTULO I

A CAVALARIA ANDANTE E O QUIXOTE

Grande parte da humanidade contemporânea tem apenas notícias da Cavalaria Andante por meio dos numerosos e variados conceitos, alguns depreciados, outros irônicos e todos muito apaixonados, com o qual qualifica Cervantes a esta altruísta e abnegada corporação, em sua famosa obra Dom Quixote. Não é estranho que se considerem os membros dela incorrigíveis sonhadores, seres desiquilibrados, extravagantes e até perigosos, em virtude de que como tais se lhes apresenta na famosa novela.

Entretanto, a realidade é muito diferente, para honra e glória da Cavalaria. Cervantes fustigou e ridicularizou essa nobre, culta e espiritualizada Sociedade quando se degenerou no transcurso do tempo por ter se imiscuído com a política e ambicionando honrarias, status e riquezas em geral; degeneração precipitada por elementos estranhos, anárquicos, dissolventes, introduzidos sigilosamente em seu organismo, por magnatas poderosos e fanáticos, empenhados em desconceituar a Cavalaria, desvirtuando seus ideais, a fim de conseguir rapidamente seu aniquilamento.

Naquela época, de forçada decadência, Cervantes quis referir-se de modo depreciativo, irônico, tendencioso, como o faz, silenciando, com propósitos incompreensíveis, os ditosos e prolongados tempos de esplendor, sacrifício e altruísmo, dessa magnânima e abnegada Corporação, propagadora do mais refinado e transcendental espiritualismo, como legítima herdeira e continuadora dos Mistérios Cristãos.

Os Cavaleiros Andantes – entre outras excelsas e espirituais atividades se associaram às Ordens Monásticas daqueles tempos, eram como guardiãs dos Antigos Mistérios Iniciáticos. Para realizar as Cruzadas, começou, aparentemente, como uma atividade; um projeto para conquistar o Santo Sepulcro, mas, na realidade, teria a finalidade de manter viva a fé religiosa, fundamentada no espírito de sacrifício e, praticamente, com o fim de alcançar uma aproximação entre o Oriente e o Ocidente, que atuavam separadamente um do outro, desconhecendo que seus fins e ideais eram os mesmos.

As Ordens Monásticas lembradas, a Cavalaria Andante, e outras corporações de refinado espiritualismo, como os Templários, os Hospitalários, os Cavaleiros da Luz, os da Mesa Redonda, do Santo Graal e depois dos Rosacruzes, Albigenses, Trovadores, etc., representavam a disciplina do sentimento religioso, em épocas em que os apóstolos da religião lhe interessava mais o aspecto externo, político, social, que seu aspecto interno, místico e sacrificial.

A finalidade da Cavalaria era manter a espiritualidade em toda sua força e pureza, acima das paixões e misérias do mundo, pois se fundou e prosperou sobre a indestrutível base do espiritualismo prático, inerente a todo ser humano, ainda que, em parte mínima, em algumas criaturas.

Os cavaleiros tinham como ponto de apoio de partida uma meta de um objetivo ideal, o juramento de servir com lealdade e desinteresse a humanidade que sofre, defendendo ardorosamente a liberdade, a justiça e a honra ultrajada, e não só formulavam como também cumpriam à risca o bem-estar e a vida, seus votos de pureza, honra, conformidade, valentia, caridade cristã, desdém dos favores de poderosos e dos bajuladores do mundo...

Resumiam sua missão na defesa de todos, na súplica de todos, na abnegação sem limites, que conduziam o cavaleiro a acometer as mais arriscadas empresas, sem outro atrativo que aquele de sacrificar-se por um ideal nobre, por um princípio elevado e imaterial...

Assim vemos, no drama de Wagner, o caso de Lohengrin, no qual, surge de improviso, este Cavaleiro do Santo Graal, para desvelar uma calunia e reparar seus danos, desaparecendo logo após haver cumprido sua missão altruísta e espiritual.

A Cavalaria Andante tinha por norma e fim o triunfo da Justiça, a entronização da Verdade, a defesa dos oprimidos, em uma palavra, o exercício de todas as virtudes cristãs.

A Ordem tinha um simbolismo, um ritual e uma organização rigorosa. Dividia-se em três graus: servidor (criado), escudeiro e cavaleiro.

A educação do servidor (criado) era a cargo de alguma dama que, por sua inteligência e discrição, distinguia-se das demais, aquela que inculcava o amor e deferência para com o sexo frágil e lhe fazia apreciar a importância dos deveres impostos pela Cavalaria.

Quando um servidor chagava a idade de quatorze anos e era julgado suficientemente instruído, era apresentado por seu pai ante o altar. O oficiante benzia a espada, e se lhe sabatinava, daí era convertido em escudeiro, entrando a partir deste momento a serviço de um cavaleiro, a quem o associava em todos seus trabalhos, recebendo deste o complemento da instrução pertencente ao seu grau.

Com estes ensinamentos e cerimônias terminava o noviciado da Cavalaria.

O terceiro grau, o de cavaleiro, era aquele que dava o conhecimento dos Mistérios Cristãos. Na véspera do dia em que o escudeiro devia ser promovido a essa dignidade, jejuava e passava a noite no templo, prosternado de pé diante do altar, em meio da mais profunda escuridão. A isso davam o nome de noite branca.

No dia seguinte, ajoelhado ante o cavaleiro, que o recebia, prestava juramento de acudir a todo momento, que fosse necessário, a defesa da Pátria, dos oprimidos e de sacrificar-se por sustentar os ideais da Associação. Logo, o cavaleiro que presidia a cerimônia, armava-lhe com a espada e o beijava na fronte, dando-lhe uma palmada no rosto.

Em seguida, fazia-o levantar para revesti-lo com as peças da armadura de misericórdia, as quais significavam que devia vencer a seu inimigo, com mais misericórdia, que apenas por armas.

A espada tinha um duplo fio, para ensinar ao aspirante que devia sustentar a Cavalaria e a Justiça e não combater jamais em que fosse por estas duas grandes colunas do templo de honra. A lança simbolizava a Verdade, porque a verdade era reta como esta arma. A couraça e a armadura de malha representavam a fortaleza contra os vícios, pois assim como os castelos estão rodeados de fossos e de muros, da mesma forma, essas peças de armadura estavam protegendo-o por todas as partes e defendiam o cavaleiro contra a traição, o orgulho a deslealdade e demais paixões que se escodem no coração do ser humano.

As pontas das esporas tinham também como finalidade de lembrar o cavaleiro, caso necessário, a distração ou a moderar os sentimentos de fraternidade, caridade, valor, abnegação e demais virtudes que embelezem nossa alma, e eram inerentes à Cavalaria.

O escudo que se colocava entre ele e o inimigo era para significar-lhe que o Cavaleiro é um intermediário entre o príncipe e o povo, para manter a paz e a tranquilidade pública.

A Cavalaria foi, originalmente, uma irmandade mística que buscava, pela senda do excelso espiritualismo, o conhecimento da Verdade.

O cuidado com as armas – cerimônia que o aspirante devia consagrar-se à meditação, a oração – era uma prova para fortificar seu espírito.

Mais tarde, a Cavalaria passou a ser exclusivamente militar, conseguindo, assim, transformar a nobreza. Os nobres, em sua maior parte, eram valentes, mas impulsivos e impiedosos, se tornaram homens cultos, de alma sã, de sentimentos humanitários.

A Cavalaria Andante mostrava o mais alto ideal e prescrevia a mais severa conduta em toda circunstância.

Era a verdadeira Religião (Sabedoria), que ensinava como o homem purificando-se, poderia realizar o Cristo, ou seja, a perfeição, dentro de si mesmo.

Assim puderam livrar-se das provocações e impertinências do vulgo, tanto é que, como valentes campeões, sempre se combatia por uma causa que julgavam justas, o faziam associados com as tropas dos senhores feudais. Em tais casos se cobriam de glória, devido a sua intrepidez e valentia, renunciando a toda honra ou recompensa por esta desinteressada cooperação.

Para a Cavalaria, o Amor era a personificação do Bem e da Verdade.

Os Cavaleiros Andantes chamavam de amor não especialmente o sentimento de atração com a companheira natural do homem e sim o cumprimento devocional à nossa alma divina.

Porque o amor nas novelas de Cavalaria tinha sua religião, seus mandamentos, suas leis e se dirigia ao espírito, sob a aparência de culto à mulher.

Quando os Cavaleiros Andantes falavam da dama de seus pensamentos queriam fazer alusão à sua própria alma divina e imortal. Porque o amor do devoto cavaleiro por sua princesa ideal, as homenagens rendidas à bela e nobre dama, eram o amor e o culto à Verdade. Com afã buscavam, contribuindo, assim, com este delicado sentimento enaltecendo a mulher, robustecendo seu minguado prestígio, próprio daquele tempo, por alguns religiosos que, culpando-as serem causa da queda do gênero humano, chegaram a se perguntarem, em seu fanatismo ignorante e audaz, se a mulher teria alma...

A Beatriz do Dante, a Laura de Petrarca e outras como essas – quer hajam existido quer não no corpo físico – foram, antes de tudo, criações idealistas desses e outros geniais e nobres cavaleiros.

E essa "dama de seus pensamentos" eram ideais dos Cavaleiros Andantes, referindo-se à nossa natureza divina, para evitar que fossem perturbadas suas humanitárias atividades, porque tanto a igreja romana como os orgulhosos e fanáticos senhores feudais os olhavam com mal e dissimulada hostilidade, devido aos seus ideais espiritualistas independentes, e observavam, portanto, com desconfiança e receio sua tenaz, brilhante e frutífera atuação. E esse idealista propósito é o que simboliza Cervantes, de modo, irônico e burlesco, em sua heroína, a rústica, deforme e malcheirosa Dulcinéia do Taboso "dama dos pensamentos" do herói da novela, o mal trajado cavaleiro Dom Quixote da Mancha....

Os Cavaleiros Andantes – e demais associações a que nos referimos – eram principalmente instituições de autoaperfeiçoamento e de cooperação, na luta pela vida e altruístas por excelência.

Os homens que nelas ingressavam estavam cientes de suas imperfeições e sentiam intensamente a necessidade de progredir numa ordem moral e espiritual.

Os combates que os cavaleiros sustentavam diariamente contra monstros imaginários eram, na realidade, as lutas contra suas próprias paixões, verdadeiros monstros, que com frequência nos assaltam.

De sorte que quando, como Cid o campeão, os cavaleiros diziam:

"Meus arreios são as armas, meu descanso o pelear" era porque se dedicavam a combater, em primeiro lugar – durante aquilo que chamavam descanso – seus próprios extravios, erros e debilidades.

Assim se explica que seu descanso fora à luta, porque ainda que em momentos de repouso seguiam preocupados em disciplinar o corpo e purificar seu espírito. Contudo – como se passa com a maioria das instituições humanas – quando a Cavalaria degenerou em intriga política, em ameaça para a paz dos Estados; quando seus membros se dedicaram a conquistar honras e riquezas, entregando-se a vulgares passatempos e se evaporou deles o prístino amor de seu ideal religioso e em consequência surgiram alguns críticos a depreciá-la. Especialmente Cervantes, com seu Quixote, quem o fez, de modo contundente, irônico, com tenaz ensinamento – dissimulando em jocosas e compassivas frases – divorciando-se em absoluto dos nobres e altruístas ideais que tiveram os Cavaleiros Andantes, em seus gloriosos e prolongados tempos de intensa e brilhante atuação social e espiritual. Assim também o foi o próprio Dom Quixote, que, apesar de sua loucura – loucura fundamentada[53], provoca-

---

53 - Qualificamos de loucura fundamentada a loucura de Dom Quixote , porque tal nos parece que era, pois, nunca fez mal a ninguém, durante sua atormentada vida, realizando sempre o *maximum* do bem, sem buscar nem pedir jamais nada para si. E somente seu sutil idealismo, exaltado por seu intenso amor à humanidade, lhe fazia ver perigos ou ver inimigos onde não existiam.

da pela leitura de livros de Cavalaria, como insidiosamente o declarava Cervantes – é um verdadeiro e elogiado Cavaleiro Andante, que se esquecendo de si mesmo, somente vive para atender a humanidade que sofre, ao desvalido, aos seres abusados e oprimidos. Defende a mulher ultrajada, a inocente donzela caluniada; censura o próprio tempo, ao embusteiro, o falso e o perjuro; praticando, em todos seus atos, a doutrina do Cristo e seus ensinamentos, resumidas no Sermão da Montanha. Tais foram os ideais que deram nascimento à nobre, altruísta e espiritual Corporação de Cavaleiros Andantes e Dom Quixote, sem dúvida, cavaleiro, que lutou e se sacrificou, para manter tão sublimes ideais em toda sua real pureza e espiritualidade.

Assim se explica que se preparara a investir contra os moinhos de vento, que tomava por perigosos gigantes, e para presente combate a um rebanho de animais, que lhe parecia um exército inimigo. Porque Dom Quixote não ignorava que o ser humano era combativo (A luta com os moinhos de vento é única e ajudou a forjar o mito quixotesco, porque envolve objetos inanimados que se transformam, para Dom Quixote, em gigantes cruéis, e depois, novamente, em moinhos de vento. O absurdo não reside somente em ver gigantes onde há trinta ou mais moinhos de ventos, mas principalmente em arremeter sozinho contra todos eles, gritando: "*Não fujam, criaturas vis e covardes, que um cavaleiro sozinho é quem os ataca*").

Como sua alma era bela e pura, e belas eram as moças da aldeia e, em primeiro lugar, sua amada, ainda que deforme e mal trajada, Dulcinéia do Taboso. As coisas se veem de acordo com o cristal com o qual as olham...

Além disso, não conseguimos compreender o total desprezo e as compassivas burlas de Cervantes pela Cavalaria Andante, o qual, a nosso juízo resta mérito a sua obra, qualificada de "máxima" pela crítica mundial, porque esses respectivos conceitos afetam, em primeiro lugar, a seu próprio herói, o valente e pundonoroso Dom Quixote da Mancha.

ORAÇÃO TEMPLÁRIA

"Nós, Cavaleiros da Ordem do Templo, pobre soldado de Cristo, a serviço do Homem Universal, pela glória de Deus e sob o signo da Cruz de Sangue e de Luz, elevamos nossos pensamentos até as hierarquias viventes, através das esferas criadas, na grande unidade cósmica. E em nome do Coração Flamejante, símbolos do Amor e do Fogo Criador, chamamos em nossa ajuda as Inteligências angélicas dos elementos em seus reinos respectivos. Em nome de Cristo, da Estrela Flamejante, pedimos sua assistência e que permaneçamos no pensamento da Unidade da Ordem em sua Egrégora terrestre e supraterrestre. Somos Uno com a Ordem no tempo e no espaço. Que Deus, por nosso intermédio, a mantenha em sua pureza e lhe dê potência para a única glória.

"Uma sentença oculta afirma que "nada pode sair senão pela mesma porta por onde entrou".
Este retorno ao ponto de partida não é outra coisa em toda iniciação autêntica que a descida à "nona Esfera", ato de prova para a suprema dignidade do Grande Hierofante dos Mistérios.
Hermes e Orfeu, Moisés e Zoroastro, Sweedemborg e Dante, afrontaram, a magna prova, em cujo pórtico de acesso podemos ler deste último a célebre inscrição colocada ali para impedir a passagem do profano:
"Lasciate ogni speranza voi che'ntrate".

O que se adquire passo a passo e em inúmeras jornadas de vidas sucessivas, deve conquistar-se agora de uma só vez por todas. E é muito sutil, o que diferencia uma descida de uma queda.

O grande símbolo kabbalístico do Zohar aparece, no fundo do abismo, a imagem do Princípio Diferenciador das almas, ou seja, o 'Adam Protoplastos' frente a frente do postulante que chega a disputar-lhe em luta corporal e direta, o triunfo ou a morte de sua própria alma. Cérebro contra Sexo, Sexo contra Cérebro e Coração contra Coração.

Um silêncio, um relâmpago e o Todo ou o Nada."

Hilarus IX

A RECEPÇÃO NA ORDEM

Assim como nos Mistérios Egípcios, o aspirante era convocado à noite numa sala contígua à Igreja ou Templo. No Templo estava reunido o Capítulo formado, geralmente pelo Mestre e doze irmãos, como o Dalai Lama e os doze conselheiros, o Sol e os doze signos zodiacais, etc.

Isso nos convida a refletir na petição que cada um deve formular a seu Cristo Íntimo, reunido com as doze partes de nosso Ser Real, para submeter ao caminho da iniciação.

Por três vezes, o Capítulo manda dois cavaleiros para que indague qual é o motivo pelo qual o desconhecido se apresenta ante a porta. Na terceira vez que ele solicita sua entrada, a porta se abria e permanecia de pé diante do Mestre e os doze cavaleiros. Então o Mestre lhe detalhava todo o contexto do compromisso com a Ordem e o aspirante, depois de ouvi-lo, respondia estar disposto a suportar tudo, incluindo a frase: "*Se Deus quiser*".

Devia jurar com a mão direita posta sobre o evangelho, não dever nada a ninguém, não ter esposa nem prometida, estar com o corpo são, não ser escravo, assim como os concebidos votos de pobreza, castidade e obediência ao Mestre ou seu suplente, como representantes de Deus e Nossa Senhora, sempre e quando nenhum dos cavaleiros ali presentes tivesse alguma objeção para que o candidato entrasse para formar parte da Ordem.

Advertiam de suas obrigações e enumeravam os castigos os quais estariam previstos caso o candidato infringisse as leis, sendo as mais castigadas, o delito de traição, de deserção no campo de batalha, a conspiração e a revelação dos mistérios executados nos capítulos.

Na continuação se cantava o "*Ecce quam bonum*", recitava-se a oração do Espírito Santo e se lhe conferia o "Beijo da paz", dado geralmente nos lábios, transmitindo-lhe, assim, através do Alento e do Verbo. O espírito das Hierarquias Brancas, da mesma forma que se realizava nas ordens egípcias, mulçumanas entre outras.

Posto de joelhos, recebia a roupagem que lhe era colocado por cima de uma túnica branca de lã. A partir desse momento, a convite do Mestre o neófito era reconhecido como um cavaleiro a mais. Justamente antes de terminar lhe dava uma corda que deveria levar atada à esquerda debaixo de suas vestes. Seu significado é duplo: exotericamente, é a união com à Ordem e esotericamente dando a entender que deve dominar e vencer o inimigo interior, mediante a Suprema Vontade ou *Thelema Gnóstico*, quando trabalhe no perigoso caminho do *Sahaja Maithun*[54]. Utilizavam o linho para isolar-se das influências negativas do

---

54 - *Maithuna* é uma técnica muito especial, que permite elevar nossa sensibilidade a tal potência que é impossível descrevê-la. O tântrico observador da natureza íntima contida em tudo no universo procura na união dos polos opostos à unidade maior,

exterior na sua roupagem.

Finalizava-se o ritual depois de pronunciar a seguinte frase: *Temos dito as coisas que deveis fazer e aquelas que deveis guardá-las..., e se não temos dito tudo, é porque demanda até que vós possa perguntar. E que Deus irá fazer e fazer bem feito. Amém.*

A partir de agora podia servir na Ordem fazendo o pão, cortando lenha, cuidando dos animais e cumprindo tudo aquilo que se lhes mandasse. Seu desenvolvimento espiritual iria revelando-lhe os mistérios à medida que ele os formulasse adequadamente mediante as correspondentes perguntas e passasse pelos adequados estados psicológicos que lhe permitisse ir ascendendo pela maravilhosa escada de Luz. Caso contrário, não tomaria parte dos templários iniciados e nem sequer saberia de sua existência. Somente chegando a tomar parte do Círculo Interno conheceria a autêntica e real missão da Ordem, seria batizado com fogo e água e lhe seria revelado o mistério de *Baphomet* e do *Abraxas*.

As vestes dos irmãos são semelhantes; sua cor, o branco, negro ou pardo. A cor branca significa espiritualidade, pureza, castidade e era utilizada pelos cavaleiros templários. Os sargentos usavam o negro ou o pardo, como aqueles que se encontravam na Ordem de forma temporal sem estar ligados aos votos.

A equipe de cavaleiros constava ademais de: elmo ou chapéu (capacete) de ferro, armadura de malha e demais elementos, espada, lança e escudo; três facas e um punhal. Sua cama era composta de um colchão, lençol, cobertor e por último, uma lona ou manta grossa para cobrir a cama. Os cavaleiros possuíam, além disso, duas camisas, dois pares de meias, dois calções e uma camisa de linho.

Alimentavam-se duas vezes ao dia, carne três vezes na semana, evitando o porco e o coelho, pouco vinho e legumes variados. Na mesa, todos comiam por pares e guardavam silêncio enquanto se lhes proporcionavam a leitura das Sagradas Escrituras.

---

sem se ocupar em confusões de abordagem ética e moral. O tântrico é um libertário. Busca a transcendência do eu por meio da força máxima do universo que está contida nos mistérios sexuais e esses mistérios estão contidos dentro e fora do homem. São os impulsos magnéticos, a atração magnética, o amor e a atração entre os opostos. São o *animus* e a *anima* em busca da perfeição.

CAPÍTULO II

PREPARAÇÃO

PRÁTICAS
A SENDA CAVALEIRESCA

"À Glória do Grande Arquiteto do Luminoso Universo e paz na Terra os homens de boa vontade"

Deus eterno, glorioso, que sois manancial de todos os bens, por vossa benção e graça permita que entremos nos segredos da Ordem de Cavalaria.

1- Por correlação dos 7 planetas, que são inteligências celestiais que governam e ordenam os corpos na Terra, e da mesma forma dividiremos estes arcanos em 7 partes, para demonstrar que os cavaleiros têm honra, disciplina e comando sobre todos os povos para ordenar-lhes e defendê-los. A primeira parte é sobre a gênese da Cavalaria; a segunda falaremos do ofício de Cavalaria; a terceira sobre o catecismo e exame na investidura do escudeiro, quando este se sentir vontade de se afiliar à Ordem de Cavalaria; a quarta tratará das armas do cavaleiro; a quinta será sobre o significado das armas do cavaleiro; a sexta estará vinculada aos costumes dos cavaleiros; e a sétima explanará a questão da honra que convém que seja feita ao cavaleiro.

2- Há muito tempo existiu numa terra distante um sábio cavaleiro que, por muitos anos, esteve a serviço da Ordem de Cavalaria e com sua nobreza e força de sua alta coragem, a qual a sabedoria e ventura haviam mantido na honra da Cavalaria, em guerras e em competições, em batalhas e assaltos, escolheu a vida de eremita quando entendeu que seus dias estavam no fim e a natureza o impedia, pela velhice, o uso das armas. Então abandonou suas terras e entregou-as a seus infantes, e numa grande floresta, abundante de águas e árvores frutíferas, fez sua habitação e fugiu do mundo para que a debilidade de seu corpo, ao qual chega com a velhice, não lhe desonrasse naquelas coisas que, com sabedoria e ventura ao longo do tempo o haviam honrado tanto. E, por isso, o cavaleiro projetou-se na morte, e rememorando a passagem de um século ao outro, entendeu a sentença perdurável que haveria de ser.

3- Num lindo campo havia uma frondosa árvore carregada de fruto. Um cavaleiro vivia naquelas paragens. Sob aquela árvore havia uma fonte de águas claras, da qual dava vida ao prado e as árvores que ali existiam. Costumeiramente, o nobre cavaleiro, todos os dias, fazia suas abluções e dava graças ao Eterno pela grande honra que lhe havia concedido nos tempos de sua vida neste mundo.

4- Naquele tempo, à entrada do grande inverno, um grande rei, muito nobre e de bons costumes mandou haver cortes. E pela grande fama que tinha nas terras de suas cortes, um esbelto escudeiro, cavalgando só, em seu palafrém, dirigia-se à corte para ser armado novo cavaleiro e pelo esforço que havia desprendido na sua viagem, enquanto cochilava no seu palafrém, adormeceu; e naquele momento, o cavaleiro ermitão que vivia na floresta fazendo sua penitência chegou a fonte para contemplar a natureza e orar a Deus, submetendo sua vontade e lapidando suas asperezas desde mundo, já acostumado aos longos dias de solidão naquele local.

5- Numa cavalgada, o escudeiro saiu do caminho e meteu-se na floresta e ao embrenhar-se na mata chegou à fonte onde o cavaleiro estava orando. O cavaleiro, ao notar a chegada do escudeiro, interrompeu suas preces e recomeçou a ler um livro que trazia nas suas vestes. O rapaz já apeado, viu quando seu cavalo foi à fonte beber da água e o escudeiro na sua observação notou que seu cavalo não se movia, despertou e se viu diante do cavaleiro, que já estava velho, com longas barbas e cabelos compridos, roupas velhas pelo uso; e pela vida que levava, jejuando e cheia de privações, num estado de magreza e palidez, observou lágrimas naqueles olhos humildes, tudo isso sugerindo uma aparência de vida santa e pura. Entreolhavam-se e observam cada detalhe um do outro, pois o cavaleiro já estava muito tempo no seu exílio, no qual não havia visto nenhum ser humano depois da opção de se afastar do mundo e ter deixado a vida gloriosa de armas; e o escudeiro se maravilhou ao vê-lo assim que chegou naquele lugar.

6- O escudeiro saudou o cavaleiro, e o cavaleiro o acolheu o mais afavelmente possível; sentaram-se na relva, um ao lado do outro. O cavaleiro percebeu que o escudeiro não queria falar, pois, como convém a norma, é sempre um privilégio dar a honra ao cavaleiro de falar primeiro. E começa o diálogo:

– Caro amigo, qual é a vossa intenção; aonde ireis e por que viestes parar aqui?

– Cavaleiro – disse o escudeiro – é vontade de fama por terras longínquas que um sábio rei mandou verificar cortes, e fará a si mesmo cavaleiro e logo armará outros cavaleiros barões estrangeiros e privados. Por esse motivo estou indo à corte para me tornar cavaleiro; e meu palafrém me trouxe aqui quando já cansado da jornada dormia sob seus arreios.

7- Quando o cavaleiro ouviu a palavra Cavalaria, relembrou a Ordem de Cavalaria e tudo que estava relacionado com a Sagrada Ordem, verteu um grande suspiro em fez algumas considerações, lembrando a honraria na qual a Cavalaria lhe dera por tanto tempo. Enquanto o cavaleiro assim prosseguia nas suas lembranças e pensamento, o escudeiro lhe perguntou quais eram as melhores recordações. O cavaleiro lhe disse:

– Caro filho, meus pensamentos são sobre a Sagrada Ordem de Cavalaria e do grande dever que é de o cavaleiro manter a alta honra de Cavalaria.

8- O escudeiro então pediu ao cavaleiro que lhe dissesse o que era a Ordem de Cavalaria, e de qual maneira o homem poderia servi--la e honrá-la para glória que Deus lhe havia concedido.

– Como, filho? Falou o cavaleiro. E não sabes que é a regra e a Ordem de Cavalaria? Como podes aspirar à Sagrada Ordem se não tens a sapiência da Ordem de Cavalaria? Nenhum cavaleiro pode manter-se na Ordem se não tem consciência do que seja, muito menos poderá amar algo que desconhece, nem o que pertence à sua Ordem, se não conheces a Ordem de Cavalaria e nem sabe quais são suas responsabilidades. Nenhum cavaleiro deve armar outro cavaleiro que não conheça a Ordem de Cavalaria. Porque desonrado é o cavaleiro que faz outro cavaleiro sem que o ensine e mostre-lhe os costumes, obrigações e deveres inerentes ao cavaleiro.

9- Enquanto o cavaleiro dizia aquelas palavras e repreendia o escudeiro que aspirava à Cavalaria, o escudeiro perguntou ao cavaleiro:

– Senhor, se vos aprouver, dizei-me em que consiste a Ordem de Cavalaria, desta forma sentirei coragem de aprender sobre a Ordem e seguir a regra e a Ordem de Cavalaria.

– Caro amigo, disse o cavaleiro, a regra e a moral sobre a Ordem de Cavalaria estão neste livro que leio incansavelmente para que me faça recordar a graça e a mercê que Deus me fez neste mundo; porque eu honrei e mantive a Ordem de Cavalaria com todo meu coração; porque assim como a Cavalaria dá tudo que pertence ao cavaleiro, assim também o cavaleiro deve empenhar todas as suas forças para honrar a Cavalaria.

10- O cavaleiro lhe entregou o livro; quando o escudeiro acabou de lê-lo, ele entendeu que o cavaleiro é um escolhido entre milhares de homens para o ofício mais nobre de todos, e tendo então compreendido a regra e a moral da Ordem de Cavalaria pensou consigo mesmo um pouco e disse:

– Ah, senhor meu Deus! Bendito sejais Vós, que me conduziu a este santo lugar e em tempo para que eu pudesse ter conhecimento sobre a Sagrada Cavalaria, a qual foi por longo tempo desejada por mim, sem que soubesse a nobreza de sua grandeza nem a honra em que Deus deu a todos aqueles que pertenceram a Ordem de Cavalaria.

11- Amado filho, disse o cavaleiro, eu estou próximo da morte e meus dias não serão muitos; como este livro foi feito para retornar a devoção e a lealdade e o ordenamento que o cavaleiro deve ter para manter sua Ordem, por isso, querido filho, fica com este livro e leve-o à corte aonde ides e mostrai-o a todos aqueles que desejam ser novos cavaleiros. Guardai-o e apreciai-o se amais a Ordem de Cavalaria. E quando fordes armado como novo cavaleiro, retornai a este lugar e dizei-me quais são aqueles que foram eleitos novos cavaleiros e não foram obedientes à doutrina da Cavalaria.

12- O Cavaleiro deu a sua benção ao escudeiro, e o escudeiro, guardando o livro e muito devotadamente, despediu-se do cavaleiro montando em seu cavalo seguiu para a corte muito convicto e certo de sua missão. E sábia e ordenadamente deu e apresentou aquele livro ao nobre rei e toda grande corte, permitindo que todo cavaleiro que aspirasse a seu ingresso na Ordem de Cavalaria o pudesse copiar e seguisse suas normas ao percorrer o caminho dentro da Ordem de Cavalaria.

O SIGNIFICADO DAS ARMAS DE CAVALEIRO

1- Tudo que o presbítero veste para cantar na missa tem algum significado que convém ao seu ofício. E porque ofício clérigo e ofício de cavaleiro se convêm, a Ordem de Cavalaria requer que tudo que é mister ao cavaleiro para usar de seu ofício tenha alguma significação, pela qual seja significada a nobreza da Ordem de Cavalaria.

2- Ao cavaleiro é dada a espada, que é feita à semelhança da cruz, para significar que assim como nosso Senhor Jesus Cristo venceu na cruz a morte na qual tínhamos caído pelo pecado de nosso pai Adam, assim o cavaleiro deve vencer e destruir os inimigos da cruz com a espada. E porque a espada é cortante em cada

O SIGNIFICADO DAS ARMAS DE CAVALEIRO

lado, e a Cavalaria é para manter a justiça, e justiça é dar a cada um o seu direito, por isso a espada do cavaleiro significa que o cavaleiro com a espada deve manter a Cavalaria e a Justiça.

3- A lança é dada ao cavaleiro para significar a verdade, porque verdade é coisa direita e não se torce (ou é coisa que serve da mão direita e não se torce); e a verdade vai diante da falsidade. E o ferro da lança significa a força que a verdade tem sobre a falsidade; e o pendão significa que a verdade se demonstra a todos, e não tem poder de falsidade nem de engano. E verdade é a base da esperança, e assim das outras coisas que são significadas de verdade pela lança do cavaleiro.

4- Capacete (Chapéu) de ferro é dado ao cavaleiro para significar vergonha, porque cavaleiro sem vergonha não pode ser obediente à Ordem de Cavalaria. Logo, assim como a vergonha faz o homem ser vergonhoso, e faz o homem ter seus olhos em terra, assim o chapéu defende o homem das coisas altas e o faz enxergar a terra. E assim como o chapéu defende a cabeça que é o mais alto e o principal membro que existe no homem, assim a vergonha defende o cavaleiro, que é, após o ofício de clérigo, o mais alto ofício que existe, para que não se incline a feitos vis, nem a doença de sua coragem desça à maldade nem ao engano nem a nenhum mau exemplo.

5- Cota de malha significa castelo e muro contra vícios e faltas; porque assim como o castelo e muro estão protegidos em volta para que o homem não possa entrar, assim a cota de malha é fechada a tampada por todas as partes para que dê significado à nobre coragem de cavaleiro a fim de que não possa entrar nele a traição, o orgulho, a deslealdade ou qualquer outro vício.

6- Calças de ferro são dadas ao cavaleiro para manter seus pés e suas pernas seguros, para significar que o cavaleiro deve manter seguros os caminhos com ferro, isto é, com espada e com a lança, com maça e com as outras armas.

7- A espora é dada ao cavaleiro para significar diligência, esperteza e ânsia com que possa manter honrada sua Ordem; porque assim

477

como o cavaleiro com as esporas esporeia seu cavalo para que se apresse e corra mais velozmente, assim faz apressar diligência das coisas que convém ser, e esperteza faz o homem se resguardar para não ser surpreendido, e ância o faz procurar o arnês e as provisões, o que é mister à honra de Cavalaria.

8- Gorjeira é dada ao cavaleiro como significado de obediência, porque cavaleiro que não é obediente a seu senhor nem à Ordem de Cavalaria, desonra seu senhor e vai-se da Ordem de Cavalaria. Logo, assim que a gorjeira envolve o colo do cavaleiro para que esteja defendido de feridas e golpes, assim também obediência faz estar o cavaleiro dentro dos mandamentos de seu senhorio ou maior dentro da Ordem de Cavalaria, para que a traição, o orgulho e a injúria ou qualquer outro vício não corrompam o juramento que o cavaleiro tem feito a seu senhor e à cavalaria.

9- Maça é dada ao cavaleiro para significar força de coragem; porque assim como a maça é contra as armas, e golpeia e fere por todas as partes, assim a força de coragem defende cavaleiro de todos os vícios e fortifica as virtudes e os bons costumes pelos quais cavaleiro mantém a honra de Cavalaria.

10- Misericórdia é dada ao cavaleiro para que, se lhe falharem as armas, se torne à misericórdia; porque se está tão próximo de seu inimigo que não o possa ferir com a lança, com a espada, com a maça, que o golpeie com a misericórdia. Logo, esta arma, a misericórdia, significa que o cavaleiro não deve confiar totalmente nas suas armas e nem na sua força, devendo aproximar-se de Deus por esperança, que com a esperança de Deus combata seus inimigos e aqueles que são contrários à Cavalaria.

11- Escudo é dado ao cavaleiro para significar ofício de cavaleiro, porque, assim como o cavaleiro mete o escudo entre si e seu inimigo, o cavaleiro é o meio que está entre o rei e seu povo. E assim como o golpe fere antes no escudo que no corpo do cavaleiro, o cavaleiro deve pôr seu corpo diante de seu senhor se algum homem desejar tomar ou ferir seu senhor.

12- A sela em que cavalga o cavaleiro significa segurança de coragem e cargo de Cavalaria; porque assim como pela sela o cavaleiro está seguro sobre seu cavalo, a segurança de coragem faz o cavaleiro de cara na batalha, pela qual segurança sucede a sorte de ser amiga da Cavalaria. E por segurança são menosprezados muitos covardes por vaidades e vãs semelhanças, e são refreados muitos homens que, nos lugares onde a coragem nobre faz o corpo do cavaleiro estar seguro, não se atrevam ir adiante. E tão grande é o cargo de Cavalaria que por ligeiras coisas não se atrevem a ir adiante. E tão grande é o cargo de Cavalaria que por ligeiras coisas não se devem mover os cavaleiros.

13- O cavalo é dado ao cavaleiro para significar a nobreza de coragem e para que seja montado a cavalo, mais alto que outro homem, e seja visto de longe e mais coisas tenha debaixo de si. E significa que antes que outro homem esteja em tudo, o que convém à honra de Cavalaria.

14- Ao cavalo é dado o freio e às mãos do cavaleiro são dadas as rédeas, significando que o cavaleiro, pelo freio, refreia sua boca de falar feias e falsas palavras, e refreia suas mãos, para não dar tanto que tenha de pedir, nem seja também tão ardente que com seu ardor expulse a sensatez. E pelas rédeas entenda que deve deixar-se conduzir até qualquer parte a Ordem de Cavalaria o deseje empregar e enviar. E, quando for mister, alargue suas mãos e faça despesa e dê segundo o que convém à sua honra, e seja ardoroso e não hesite seus inimigos, e quando hesitar de ferir, deixe a fraqueza de coragem. E se o cavaleiro fizer o contrário disso, seu cavalo, que é besta e que não possui razão, segue melhor a regra e o ofício de Cavalaria que o cavaleiro.

15- Testeira é dada ao cavalo para significar que todo cavaleiro não deve usar as armas sem razão; porque como a cabeça do cavaleiro vai primeiro e diante do cavaleiro, assim o cavaleiro deve levar diante de si a razão em tudo o que faz; porque obra que seja sem razão possui tanta vileza em si que não deve existir diante de cavaleiro. Logo, assim como a testeira guarda e defende a cabeça do cavaleiro, assim também a razão guarda e defende a cabeça do cavaleiro, da mesma forma que a razão guarda e defende o cavaleiro de infâmia e de vergonha.

16- Guarnições do cavalo defendem o cavalo; e pelas guarnições significa que o cavaleiro deve guardar e custodiar seus bens e suas riquezas, para que possa bastar ao ofício de Cavalaria. Porque assim como o cavalo não poderia ser fendido sem estes bens temporais, ele, o cavaleiro, não poderia manter a honra de Cavalaria nem poderia ser defendido de malvados pensamentos; porque pobreza faz o homem cogitar enganos e traições.

17- Perponte (colete acolchoado) dá significado ao cavaleiro dos grandes trabalhos os quais lhe convém sofrer para honrar a Ordem de Cavalaria. Porque assim como o perponte está por cima de outras guarnições e está exposto ao sol, à chuva e ao vento, e recebe antes os golpes que a loriga e por todas as partes é combatido e ferido, assim o cavaleiro é combatido e ferido, assim o cavaleiro é eleito para maiores trabalhos que outro homem; porque todos os homens que estão abaixo de sua nobreza e sob sua guarda hão de recorrer ao cavaleiro, e cavaleiro deve defender a todos; e antes deve o cavaleiro ser ferido e chagado e morto que os homens que lhes estão encomendados. Logo, como isso é assim, grande é a carga da Cavalaria. Por isso os príncipes e os altos barões são em tão grande trabalho quando regem e defendem suas terras e seu povo.

18- Brasão no escudo, na sela e no perponte é dado ao cavaleiro para ser louvado pelas façanhas que faz e pelos golpes que dá na batalha; e se é traidor e fraco ou reincidente, lhe é dado o brasão para que seja difamado e repreendido. É porque brasão é dado ao cavaleiro para que seja reconhecido se é amigo ou inimigo da Cavalaria, por isso cada cavaleiro deve honrar seu brasão, para que se guarde da difamação, que expulsa o cavaleiro da Ordem de Cavalaria.

19- Bandeira é dada ao rei e ao príncipe e ao senhor de cavaleiros para significar que os cavaleiros devem manter a honra do senhor e de sua herdade; porque na honra do reino e do principado, e na honra de seu senhor, são honrados pelas gentes; e na desonra da terra onde estão e do senhor de quem são, os cavaleiros são mais difamados que outros homens, porque a honra mais está neles que em outros homens, assim na desonra devem ser mais difamados que outros homens, porque pela sua fraqueza ou traição são mais fortemente deserdados reis e príncipes e altos barões, e são perdidos mais reinos e condados e outras terras, que pela fraqueza e traição de quaisquer outros homens que não sejam cavaleiros.

O CÍRCULO DO DESPERTAR

"Não me procureis nos triunfos, porque não estou neles. Procurai-Me, porém, onde não podeis ver esperança. Procurai-Me na obscuridade de vosso desespero. Procurai-Me em vosso insucesso. Regalai-Me e procurai-Me em vosso próprio coração, e vos inspirarei Meu Amor, e vos darei a Minha Paz".

(Jacob Bilhart, "Cartas de Amor")

Nunca será demais lembrarmos que utopia não é algo inalcançável, irrealizável, mas apenas o que ainda não se realizou! Entretanto, somente a utopia pode e deve estimular proficuamente o destino do homem; apenas aquilo que ainda não realizou merece esforço para tentar superar nossas limitações e vencer nossos *des-a-fios*.

Aqueles que se colocam diante da vida negativamente, em constante desistência de tudo que pretende empreender e pior ainda que levem outros a pensarem com estes não apenas cavam a própria sepultura, mas também indicam o local para outros cavarem seus próprios buracos. Estes desistentes, derrotados tem como norma o pessimismo; nas suas cinzentas existências não têm sonhos apenas pesadelos e miséria.

O cavaleiro da Luz busca superar suas limitações, vencer suas misérias e fazer nossos progressos na senda do bem. Com uma lucidez lançada sobre o olhar aberto em terras de cego para proclamar e profetizar a vitória sobre tudo aquilo que denigre a alma humana. Que o Eterno continue sempre nos dando as bem-aventuranças e nos proporcionando os dons positivos da vida!

No íntimo da alma, nas profundezas do nosso ser, aquele que alimenta nossas vidas e ao leito do qual retornaremos no dorso de um belo pássaro azul que conhece tão bem a humanidade quanto às flores conhecem o Sol. O que fazer perante as várias sugestões de outrem? O que fazer para superar as diversidades que as palavras nos induzem ao erro? Onde começa e termina a integridade de uma ideia de um pensador e inicia nossa subjetividade nas suas interpretações? Ao lermos Hegel, aceitamos suas ideias, às vezes, como se fossem geradas nos nossos próprios pensamentos; somos honestos como da mesma forma, quando recebemos ou transmitimos um conhecimento? Claro que não. Ao lermos Hegel, julgamos e apropriamos de seus pensamentos interpretando--o de acordo com nossas vivências, dogmas, tabus e crenças, negando-o e descaminhando seus conceitos de vida. Suas ideias são corrompidas pela corrente de pensamentos que se juntam aos nossos, como dois rios que se encontram, e temos sempre a tendência de mostrá-los como se fosse apenas um.

Ao buscarmos um caminho iniciático, muitas vezes, pretendemos mudar o curso desse rio e, além disto, examinar as águas com os devidos cuidados; como diria o grego Heráclito, filósofo pré-socrático originário de Éfeso, viveu – aproximadamente – entre 540 e 480 anos a.C... *"ninguém pode tomar banho duas vezes nas águas do mesmo rio"*, porque o rio está em constante mudança, mas, mais ainda, porque também o está quem nele mergulha. Nesse sentido, somos uma incontestável "metamorfose ambulante". Quantas vezes, ao depararmos com as Instruções dos Mestres Passados, interpretamos de acordo com nossas conveniências e, pior, ao depararmos com suas proposições justas e perfeitas temos dois resultados antagônicos onde o discurso não proporciona o percurso adequado aos preceitos iniciáticos.

Talvez tudo isso possa se resumir à distância das palavras que ainda guardam juízo junto de nossa essência, onde a diferença sutil entre o que penso e aquilo que faço transbordam cm sínteses onde a tese e a antítese não coadunam numa coexistência sustentável; por isso, dentro de cada um de nós, com todas estas diferenças e limitações ainda resta procurarmos a Unidade e o Ilimitado dessa Fonte, à qual estaremos sempre ligados por esse sentimento biunívoco, mas espontâneo de autenticidade.

Muitos trabalhos, excelentes peças de arquitetura, elaboração de um conjunto de técnicas que permitam recolocar o neófito numa atitude correta do Demandador. Grande parte dos membros de organizações iniciáticas não abordavam a própria Demanda e acabavam por perderem-se nas infinitas considerações humanas; aquelas que partem dos pressupostos de interesses subjetivos, adequando os ritos aos mitos de acordo com conveniências confortáveis. Se fossem bem-sucedidos, davam os créditos do sucesso aos deuses e à sorte; mas sabemos que se não submetermos nossa vontade e fazer os progressos adequando nossas ações a estes e não estes as nossas ações nada obterá o sucesso!

O Círculo do Despertar é um conjunto de técnicas, em que será indispensável o domínio das práticas necessárias, nem sempre suficientes, para que possamos mesmo acordar do sono dogmático. A prática constante e suas combinações com uma boa alimentação e nutrido dos bons pensamentos e ações nos resgatarão do naufrágio causado pela queda.

Muitos foram aqueles que nos legaram instruções e exercícios espirituais com a finalidade de libertar-nos das ações e frequências primitivas as quais somos herdeiros naturais na condição de seres em evolução. Nesta via buscaremos explicitar, como qualquer outra receita um caminho mágico, teúrgico, alquímico e gnóstico, onde o sucesso ou a derrota somente demandará do buscador.

O mundo visto como de um soslaio de miração, num olhar na diagonal, traz ao mesmo tempo, novas possibilidades e encontros mágicos com quimeras inimagináveis. De ampla maneira, qualquer Via Iniciática tem seus objetivos e técnicas, dentre elas, a magia natural, encantamentos, sugestões e variadas formas de percepções respiratórias, seja no viés da alquimia, da magia, da teurgia ou gnose teórica e prática. Nosso objetivo consiste em conduzir os buscadores ao *des-a-fio* de suas limitações, encorajar o indivíduo a uma experiência da ruptura com o mundo fenomenal, nem que seja, por um piscar de olhos, mas que ele poderá, mesmo nesse simples piscar de olhos, não mais confundir ou vilipendiar o outro lado da vida, da vida real.

O surgimento do círculo deste Despertar terá como base a recordação de si mesmo (Catarse) pela divisão da consciência, através da fórmula do observador. As práticas dos sons IAO (em duas maneiras), culminando com um ritual de templo, onde colocaremos seu pragmatismo usual. A meditação do infinito no corpo; e a notável prática da letra A.

Despertar o Hermes em nós com o propósito de fazer-nos ascender nos caminhos alternativos, aquele que, muitas vezes, nos causa atração e medo, próprio da natureza humana em busca de aventura e risco; em outras palavras, em busca da própria reintegração, como *Homem de Desejo*.

A Fórmula do Observador

Os exercícios da *Fórmula do Observador* devem começar sempre numa Lua Nova, nunca em outras aspectações.

Assuma a postura da Vara e faça o despertar de tudo o que está acontecendo a sua volta, no presente, passado e futuro. Na sua imaginação, busque expulsar toda substância de *Nephesh* (veja nossa obra *Manual Mágico de Kabbala Prática*, Madras, SP, 2007), pela região abdominal superior, use uma fórmula de figura mental totalmente livre deste mundo e arquitetada nos planos superiores, ou de outra maneira uma forma pensamento apropriada para atuar como "Observador". Este se coloca por um ato de Vontade pura, livre de dissipação e sem ânsia de resultado, e sobre o corpo mental se coloque como receptor do conhecimento que poderá vir receber, tendo em conta que esta técnica é limitada normalmente no ponto que poderia se chamar-se "O domínio (limite) da experiência terrena". Uma vez que o Observador tenha conseguido satisfatoriamente despachar seu destino, deve tentar suspender sua atenção sobre qualquer assunto, deixando a mente livre, de todo e qualquer pensamento. Podendo até dedicar-se a suas ocupações diárias até que chegue a hora para voltar a chamar o "Observador".

Os Átomos Aspirantes nos ajudam a gerar a energia latente em nós, ou seja, essa força adormecida que se encontra próxima ao nosso centro umbilical e que nos libertará da escravidão em que atualmente vivemos. Esta força, semelhante à eletricidade estática, pode ser evocada, dirigida para cima, pela coluna espinhal, de maneira que abra nossos grandes centros ou "escolas" ocultos; no sistema nervoso central se encontra a Inteligência Solar de nosso Universo em miniatura, no qual o homem alcança a Consciência da Realidade (Deus). Realizando esta prática, caímos sob a direção de uma poderosíssima corrente de Inteligência, que nos ajuda a sair de nossos corpos e obter instrução e conhecimento, sem necessidade de apelar aos métodos normais. Se formos observadores, poderemos também examinar o horizonte de todo cometimento e acostumarmo-nos a viver interiormente, abandonando, então, o conhecimento do mundo e passando a nos alimentarmos do conhecimento interno que externamente havíamos recusado.

(JUSTE, Michael. *Os Deuses Atômicos*. Edição do tradutor, Jayr Rosa de Miranda, RJ, 2003)

Para isso, o operador coloca-se assumindo a postura da Vara e olhando na direção a qual o Observador foi deslocado. Estabeleça a Respiração Rítmica (veja nossa obra *Manual Prático de Magia Teúrgica*, Ed. Isis, SP, 2014), e se conta mentalmente. Continuando, na imaginação suprimida de qualquer arquétipo idealizado pelo vício da própria mente, ponha-se em repouso até que tudo fique sereno na alma e na mente; e o Observador passa a tentar perceber sinais que não estejam arraigados aos usos e costumes do dia a dia. Seguindo, revise as impressões reunidas pelo Observador, examinando cada uma delas de forma despreconceituada dos paradigmas usuais. Uma vez relaxado com a Respiração Rítmica, o operador permite simplesmente que apareça as impressões puras em seu consciente. Supostamente até ser desperto nesta técnica de conseguir informações, o operador, com toda segurança, poderá sentir-se perturbado pelo fato das impressões que lhe venham a consciência não cheguem a uma marca segura de origem, poderia vir igualmente de sua própria imaginação – e, neste caso, seria mais seguro que o princípio para estimular suas impressões fossem coroadas em sistemas de pontuação de um a dez, sendo os números mais baixos ligados a nossa percepção e os mais altos ligados ao Observador. Assim, com o tempo e prática, estaríamos dando os justos valores aos sinais, na incerteza deixe sob suspensão, com valor de zero, em seguida, quando oportuno poderá, quando a ocasião permitir fazer comparações oportunas com dado objetivo para aquilatar valores de juízo. Onde se notem discrepâncias deve fazer-se com reservas. A diferença pode ser devida a um simples erro ou poder ter sido por causa de qualquer outro fator. Isso tem a intenção de limitar as percepções ao nível terrestre, que é de muita ajuda, porém há que se reconhecer que até que o operador não se tenha total controle do método, outros níveis poderão se imiscuir, tanto pelo lado do Observador quanto pelo lado do operador. Sem dúvida, o próprio fato de superar com prática todas essas dificuldades iniciais resultará grande vantagem para o buscador. Com perseverança dedicada, está técnica pode levá-lo a um ponto o qual se pode aprender verdadeiramente muito com ela. (veja *Os Deuses Atômicos*, Michael Juste, Edição tradutor, Jayr Rosa de Miranda, RJ, 2003).

Podemos dizer, também que, conforme ele for progredindo para o interior, maior número de centros se irá colocando em atividade em sua aura ou envoltura atmosférica individual. Chegando a esta iluminação, possuirá uma consciência interna capaz de ser registrada pelo cérebro físico, pelo qual responderá então, tanto as ondas mentais internas como as influências e instruções procedentes de estrelas distantes.

Também a vida celular, que se encontra em nossos corpos, se regozija quando começamos a regar seu solo ressecado porque, até então, não havíamos tido em conta seus esforços para nos prover com um templo apropriado ao nosso ÍNTIMO que, por sua vez, é nosso guia e nosso salvador.

Ao respirarmos em excesso, motivado pelo esgotamento ou cansaço excessivo, recolhemos formações atômicas de natureza absolutamente repulsiva e desagradável. Deveríamos lembrar sempre disto ao praticar nossos exercícios, porque essas formações atômicas procedem do Inimigo Secreto e as pessoas mais idosas costumam asfixiar-se quando aspiram estes átomos em seus corpos exaustos ou cansados, chegando as coisas a tal extremo que se estes átomos conseguem chegar aos órgãos geradores, podem causar morte instantânea. O cansaço respiratório rompe a tela protetora com que a natureza nos envolve e, se isto acontece, começa a nos compenetrar um tipo característico de Átomos Mortais que acaba por irrigar todo o nosso sistema com uma substância corruptora, provocando graves enfermidades.

Durante a respiração normal, não exalamos todo o ar que há nos pulmões. Os restos de bióxido de carbono que se vão acumulando (gás anidrido de carbono), ulteriormente acabam causando a morte do corpo físico, isto porque, anos após anos, vamos enchendo nossos corpos com esse gás nocivo. Deixamos cerca de 100 polegadas cúbicas deste gás mortal dentro de nossos pulmões porque quando inalamos, usamos três vezes mais energia muscular do que quando exalamos. Somente quando conseguir-mos desenvolver uma musculatura respiratória com o mesmo grau de eficiência da já conquistada pelo Iogue, poderemos purificar por completo nossos pulmões. Mediante cuidadosos exercícios, temos condições de aprender a respirar para fora e, quando conseguirmos converter este procedimento num hábito normal, nossos corpos se purificarão e nossa aura ficará limpa de todos os resíduos nela acumulados.

(JUSTE, Michael. *Os Deuses Atômicos*. Edição do tradutor, Jayr Rosa de Miranda, RJ, 2003)

Se o operador optar por não utilizar das figuras-chave pode conformar o observador como uma simples esfera de luz. Adeptos menos avançados podem escolher qualquer tipo de imagem ou criaturas com que tenham certa afinidade, de acordo com sua natureza e interesse, tanto faz se são produtos de sua mente consciente ou não; essa afinidade poderia ser a causa de que certas energias não pretendidas fossem transmitidas ao Observador por obscuros e primitivos resíduos do baixo *Nephesh*, de forma que o Observador poderia atuar absorvendo mais substâncias de *Nephesh* que outras ascencionadas com objetivos mais construtores.

Uma vez que o buscador esteja familiarizado com o uso já explicado e leituras necessárias e indicadas na explanação da Fórmula do Observador, pode-se empreender um segundo passo da prática consideravelmente mais adiantado. Mas, para que isso funcione, o buscador deve estar totalmente habituado não somente enviar e a chamar de volta o Observador como também a trazê-lo pacificamente à consciência as impressões recolhidas por este.

O segundo nível, o recolhimento das impressões, faz-se de forma muito similar a anteriormente descritas, porém antes de fazer voltar o Observador, ou seja, que o operador siga no mesmo ritmo que as impressões tal como o Observador as recebe. Apenas tenha em conta que essas impressões devem seguir sendo recebidas de forma passiva; tal como vão sendo sugerida na mente, evitar qualquer direção da atenção até o Observador seja requerido de volta, qualquer direção da atenção ao mesmo deve ser evitada.

OS MISTÉRIOS DE EROS

Omnia Vincit Veritas

O objetivo primordial ao tomar este Arcano, como tema de mistérios de Eros, é constituir dentro da percepção subjetiva de cada leitor uma provocação reflexiva e adaptativa de acordo com sua disposição na evolução total dos poderes latentes dentro da alma humana. Isso se deve ao fato de ser um estudo imparcial de nós mesmos, isto é, inerente à nossa estrutura humana, em que cada pessoa é um universo em miniatura e que mesmo o seu "Ego" deve aprender e apreender dirigir seus passos de maneira justa dentro da senda. Cada indivíduo é um ser responsável e deve trabalhar a questão da sua própria redenção desde sua herança da cultura de seus antepassados até as idades mortas por meio de suas próprias condições externas. Os mistérios indicam o caminho, proporcionam um mapa e convidam a desprender suas velas e partir a procura das brilhantes ribeiras da imortalidade.

O Arcano de Eros se divide em três graus distintos, que, por falta de termos mais adequados, podem ser descritos como Formulação, Vitalização e Realização. As duas primeiras são qualidades triúnas onde cada uma contém três princípios. A última é a soma total das outras e contêm somente uma definição, reunindo-se, desta forma, num total de sete, cujo número é o símbolo de ação e totalização de todos os assuntos mundanos. Tomando os princípios tal como se apresentam em ordem na sua relativa importância, primeiro examinaremos a grande doutrina da ciência da Formulação.

I – FORMULAÇÃO

1º Os três subprincípios de Formulação (concepções mentais) são: Formação, Execução e Recepção. Cada um trata especificamente de modo particular um dos atributos triúnos da natureza interna do homem. Formação é o atributo criador e é com ele que o homem imita a deidade. Execução é o atributo de controle com o qual o homem recebe, conserva ou acumula as energias deificantes e imita a priori as leis de sua própria criação, irradiando e projetando esta energia prestada segundo os lineamentos e as formas angulares especiais de sua própria formação (criação mental). Recepção é a qualidade receptiva da alma por meio da qual o homem recebe e novamente transmite para os seus planos inferiores, as formas densas mais finas da grande vida-força do cosmos, em doses e proporções exatas de acordo com a evolução de sua alma e as mais elevadas leis de sua mentalidade.

Deste modo, pode-se deduzir que a Formulação não é somente o primeiro princípio de ser do homem, mas, sim, que é, ao mesmo tempo, o mais vital com o qual devemos tratar o desenvolvimento da alma. É o fundamento de todo poder, conhecimento e energia possível para a humanidade encarnada.

A Formulação, então, de toda maneira, deve ser tomada absolutamente como o primeiro grande princípio que devemos dominar, estudar e aplicar, na busca do conhecimento, e o meio de ampliar a finalidade e categoria do poder individual, mental e psicológico, e com este fim se apresenta com a seguinte definição; primeiro devemos saber o que desejamos conseguir, ou descobrir sua Vontade Verdadeira.

a) O Princípio Formativo (negativo) consiste na maneira de exercer a vontade humana de forma tranquila, constante, calma, não turbulenta e não muscular. Para aumentar seu poder e torná-la prática e magneticamente útil, requer uma prática regular diária. Convém seguir as seguintes regras:

Coloque um cartão branco redondo com um centro negro, de um tamanho de 20 centímetros de diâmetro, à sua frente, na parede, a uma distância de três metros. Contemple-o de forma tranquila e constante durante um minuto, descansando. Ao mesmo tempo, aumente sua Atenção na Concentração e na Abstração; volte logo os olhos lentamente para a parede vazia: o efeito óptico será uma reprodução exata do cartão (com as cores invertidas) passando lentamente ante a linha da visão. Isso pode não suceder na primeira tentativa ou aparecerá a reprodução somente uma ou duas vezes, mas depois de certa prática o número de aparições do cartão aumentará até quatro, sete ou mais vezes. O cartão pode ser de outras cores e as reproduções serão exatamente as cores opostas as matizes complementárias. Este exercício tem por finalidade o desenvolvimento do poder mencionado anteriormente e seu propósito final é permitir ao neófito fixar sua mente em qualquer coisa viva ou morta e deste modo sua reprodução (ou até mesmo espectros) se farão presentes. Também se obterão excelentes resultados usando um bom espelho magnético com uma obreia branca colada ao centro.

Não se deve permitir que a mente fique perturbada ou surpreendida se chegar a aparecer o rosto ou uma figura sobre a superfície magnética branco-negra do espelho.

Se o neófito não possui a necessária disposição para realizar isso, melhor será abandonar imediatamente o estudo da Arte Mágica que exige coração, valor e constância para um conhecimento elevado e exitoso.

Depois de seus meses de treinamento com essa técnica do cartão que pode ser trocado pelo espelho, a cabeça de um cravo de bronze, ou melhor ainda, por três cravos de zinco, cobre ou ferro (de ferradura), colocados na forma triangular, cujos lados serão de uma polegada de largura e ligados com um fino fio de cobre que abarcará os três cravos, cujo outro extremo dever ser mantido na mão esquerda enquanto se contempla os cravos. O efeito é magnético e serve para tornar mais firme a atenção e fazê-la mais positiva e concentrada de maneira receptiva. É provável que isso requeira ou deva requerer dois ou três anos de prática antes que as concepções mentais possam ser substituídas com êxito pelas que temos recomendado.

Um dos grandes fins que o neófito pode adquirir ao cumprir esta constante prática de formação é permitir gradualmente a sua mente na luz astral. Quando o olho se separa do cartão, deve ter-se em conta que o objeto é uma coisa do passado e reproduzi-lo novamente como fantasma na parede é na realidade reproduzir vivamente o passado diante de cada um. Se bem que se trata somente de alguns segundos de tempo, se trata sempre do passado e uma prática diária cuidadosa do neófito volta-se cada vez mais forte neste reino da psicologia e se faz possível para ele a reprodução instantânea de cada objeto ou cena de sua experiência, não importam quanto distantes estejam no tempo. Isso conduzirá gradualmente a alma a ser capaz não somente de ler e reproduzir sua própria experiência passada, e sim também de delinear a história passada de qualquer outro objeto ou pessoa em toda sua realidade original, graças a lei da psicometria. Pelo exposto, e por mais simples que o princípio de formação pareça, é o primeiro degrau no caminho do último estado de perfeição da alma, que é real Mestre dos Mistérios, ou Adepto sublime.

b) O Segundo Princípio é o Executivo e é puramente volitivo (positivo): Consiste em projetar, ordenar, comandar e reforçar os preceitos do Desejo e da Vontade, ou seja, dizer, pensar, sentir e ordenar que uma coisa seja ou que uma ação ocorra, e como tal é o polo oposto do primeiro princípio, ou seja, da Formação. Este princípio é o máximo e deve ter ideia de ação, força positiva e executiva da alma humana sem cujo cultivo e atividade adequados não poderá cumprir-se nada importante seja dentro ou fora do caminho dentro da Arte Mágica. É a energia bendita ou condenada da alma e por sua vez a maior e mais terrível das forças, tão potente para o bem como para o mal. Sua ação é periódica, sua órbita elíptica e seu efeito magnético. O que se extrai de cada um é devolvido com acréscimo, se é bom receberá o bem; e se é mal redobrará o mal. De modo que é importante estar sempre alerta.

Há que se ter muito cuidado de que nenhuma outra emoção ou ação vá à mente no instante da execução, já que este poder constitutivo (especialmente depois do exercício Formativo) surge da alma como um estalo de vívido relâmpago atravessando o espaço e concentrando seu objetivo no alvo, ainda que este tenha um oceano em oposição ou que vastos espaços os separem. Sem dúvida, seu período de atividade e duração nunca excede de três ou sete segundos de tempo terreno.

c) O Terceiro Princípio ou Receptivo: Consiste em colocar-se numa posição receptiva, em estado receptivo, tanto no corpo como na mente e o sentimento para receber a mensagem. O mais importante e difícil dos três princípios e seus resultados, particularmente na linha afetiva, se correspondem (o bom atrai o bem; o mal atrai o mal maior). Para exercê-lo com êxito se necessita de um completo desenvolvimento da atenção, da concentração e da abstração, ademais do exercício dos princípios formativo e executivo, não os referindo a um objeto especial nem os usando em busca de poder, e sim para o melhor proveito de dita condição receptiva. Quando damos ou suportamos um golpe, situamos (dispomos) o corpo, as mãos, o rosto, os olhos, o nariz e a boca, e ao mesmo tempo sucede nas regiões mais elevadas ou suprafísicas, metafísicas, mentais e etéreas de nosso amplo ser e tudo isso deve ser reforçado para alcançar o mais sublime de todos os poderes receptivos. Não há outra magia que a da Formação, Execução e Recepção e sua argamassa é o Amor.

Para ilustrar nossa assertiva, daremos um exemplo: O ar e o calor se precipitam a encher o vazio em que haja algo dentro. Do mesmo modo, nada pode totalmente dar-se conta ou desejar, ou anelar ou comandar ou receber em sua totalidade nada que haja pensado, nenhum poder que haja desejado ou o volume completo de algo muito almejado mental ou metafísico, sem que sua mente esteja ocupada em parte ou em outros meios que receba proporcionalmente sua atenção ou ânsia de seu coração. O vazio se cria por um sincero desejo de receber aquilo que se aspira.

Este princípio requer devoção total e uma absorção e concentração de todo o ser interior. Quando algo tem que ser feito deve invocar-se uma Energia (individual em ambos os sentidos), hierarquia ou poder especial, e atraí-la desde os reinos aéreos do espaço, ou desenvolvê-la e manifestá-la desde dentro; então a mente não só deve concentrar-se totalmente na recepção e sim que deve ocupar dentro da esfera odílica para o visitante que aguarda, e a atenção completa da alma não deve estar disponível e disposta para nenhuma outra coisa que não seja essa coisa especial, dom, energia, ou poder que se tenha invocado através dos mistérios de Eros.

Este caminho é um caminho real. Aqueles de mente débil, cépticos, cegos ou os crédulos não deve transitá-lo, já que os poderes mais altos só têm afinidade com quem são capazes de apreciá-los e nunca se aliam com almas esfomeadas, nunca, jamais a menos que as leis de sua evocação, desenvolvimento, operação e evolução, sejam cumpridas com constância, persistência e firmeza, e implicitamente obedecidas.

II- VITALIZAÇÃO

O segundo dos três grandes princípios da alma triúna é a vitalização, que significa "dar vida". Cada coisa é vitalizante em proporção exata a sua capacidade de recepção e transmissão. Cada átomo do espírito ou Ego Divino, é em realidade um ponto central ou foco de Deidade para transmissão da vida.

A mônada da Alma projetada na matéria para desenvolver os atributos latentes do espírito divino, recebe incessantemente, de seu próprio estado ou centro, a força vital que necessita e, por sua vez, transmite-a para planos e estados inferiores ao seu, em forma involuntária na maioria das vezes.

Tudo, desde as hierarquias angélicas até a pedra do frio granito e os mais densos veios de minerais, acham-se em estado de recepção e transmissão. Resulta perfeitamente claro, de acordo com as leis aqui expressas e quando compreendemos as relações da humanidade com a Deidade, que todos os seres humanos em estado natural são médiuns, ainda que uns sejam mais que outros. De maneira similar, todas as substâncias materiais são médiuns segundo o sentido do termo, no grau em que são capazes de receber e transmitir força. Em conexão a isso, a Ciência Hermética ensina que o espírito ativo se inserta em cada grau de matéria como instigador de vida, força e movimento, dependendo por sua vez das forças etéreas que penetram os mundos e cada átomo do espaço. É em proporção ao refinamento de sua substância que sua própria esfera se faça vitalizada pelo espírito.

No cérebro e sistema nervoso se alcança no clímax da vitalização material, do mesmo modo que o neófito, por treinamento gradual, constitui sua individualidade e refina seu organismo físico arrojando para fora todas as partículas grosseiras e repondo (renovando) com outras mais etéreas, fazendo-se, portanto, capaz de receber, reter e transmitir as mais finas e potentes essências da Luz Astral. Consequentemente, sua vontade tem a potência correspondente dentro dos reinos da Arte Mágica.

Tomada em sentido geral, a vitalização pode ser dividida em três sessões separadas: Inspiração, Expiração e Respiração. Esta última, sendo a mais exterior, abarca as duas primeiras. Separadamente tomemos primeiro a Inspiração.

> *"Os simples sentidos coroavam sua Cabeça,*
> *Ômega, tu és Deus, diziam."*
> *"Quem forjou essa outra influência*
> *Aquele calor de evidência interior?"*
>
> Tennyson

O estudante capaz de discriminar não falhará em notar o significado das quatro linhas anteriores. O sentimento dos dois primeiros versos é declaratório, afirmativo, assertivo, ativo ou, em uma palavra,

Masculino. Os outros versos são igualmente distintivos em sua expressão, mas diametralmente opostos no sentido de que perguntam, solicitam, convidam e são negativos ou Femininos.

Considerados de forma relativa, são de polaridades opostas. Também expõem uma ampla generalização ou mais adequadamente uma classificação dos credos e doutrinas mundiais sobre a inspiração, suas fontes e classes. Um clama que a inspiração pertence aos sentidos e ao intelecto e o outro que é extensiva a eles. A ciência hermética não apoia nenhuma das duas doutrinas uma contra a outra, mas, sim, ensina que ambas são metades complementárias da mesma verdade, ou expressado de outra maneira, que são uma unidade com dois modos de ação. Quando se considera o modo de ação, faz-se evidente a dualidade. Indubitavelmente a consciência mesma se deve na declinação e fluxo das energias que pertencem a dualidade. Inspiração significa respirar para dentro. Inspiramos as forças da Vida. Uma de acordo com nosso refinamento da estrutura material e nossa adaptação para recebê-las.

As portas do céu se abrem para dentro e ao mesmo sucede com a inspiração, quando inspiramos e saturamos o corpo, a alma e o espírito, a ação se polariza, se estabelece a reação e expelimos transmitindo tudo aquilo que nosso sistema é capaz de neutralizar ou assimilar. Isso nos conduz a segunda sessão de nosso tema, chama Expiração.

Expiração

A expiração significa *para fora*; é enviar ao exterior os pensamentos ou expulsar qualquer substância ou essência fluída. Também significa perda ou extinção e por isso é a antíteses da inspiração, que quer dizer acumulação ou ganho, êxito. Quando consideramos que aqueles que forjaram nossos símbolos linguísticos falaram de respiração e de ar ou de vento, como ser o conteúdo das Potências intrínsecas, as inspirações ou expirações deste tipo significou ganho ou desgaste de poder. A perda ou ausência de poder deixa o atributo ou estado correlativo que chamamos indiferença (desinteresse). Não é uma fantasia verbal falar do calor e do fogo da inspiração, já que falamos ante uma real verdade. Inspiração e expiração se relacionam com *Vishnu* e *Shiva*, preservador e destruidor no hinduísmo.

Tem-se dito que o homem não pode servir a dois senhores ao mesmo tempo; porém, isso é um paradoxo, já que é evidente que que setenta vezes em cada minuto transferimos nossos serviços de um a outro desses dois soberanos: um nos traz a emancipação e o outro nos arrebata. As batidas da expiração do espírito são nossa inspiração enquanto expulsamos as formas baixas de vida. *"Tântalo, todavia vives"*. Porém, o filósofo, que olha mais além dos tempos presentes, vê ali a lei da fiel compensação e o equilíbrio da bondade, já que temos o privilégio de colher a menos que temos semeado. Também é a manifestação da lei que diz: *"Dá tudo que tem de respiração ou poder ou vida por um justo dever e um motivo justo; expira corretamente a matéria corrompida e contaminada e de imediato te sentiras pleno do fogo celestial, podendo obter o refinamento"*. Demasiada inspiração dá origem à levitação, demasiada expiração permite a gravitação.

Agora chegamos na realização dessas duas sessões, ou seja, na realidade de inspiração e expiração, e o que pode chamar-se em conjunto de a Respiração.

Respiração

Existem dois resultados da respiração: o primeiro se obtém da inspiração na atmosfera comum, e é ele que sustenta a vida na matéria, a sensação. O segundo se obtém por inspiração das partículas magnéticas elétricas e mais etéreas do ar, e é ele que mantém a vida da alma e a emoção; é o mais elevado, o mais profundo, a parte mais recôndita do homem que trata dos interesses eternos e infinitos. O primeiro dá força, o segundo, poder. É possível encher os pulmões, e, portanto, o cérebro, com esse último, extraído do primeiro. Deste modo a alma, com inclinação e capacidade de ascensão, com a mais alta classe de poder de transe conhecido como *"O Sono Sagrado de Sialam"* (em que a alma desafia todas as barreiras enquanto dormita, desperta ou em estado mesmerizo fica ao redor do limite), assim a alma, dona desse grande poder de voo, pode alcançar altitudes infinitas e abarcar com visão dominante o reino das galáxias estelares. Em virtude do *"Sono de Sialam"* o homem pode desfrutar tanto do poder e conhecimento como deseje, sempre que sua alma possua a capacidade de compreendê-lo e usá-lo.

Por meio de uma respiração lenta e regular, ocorrem duas coisas que dão força e poder. Primeiro um aumento de vitalidade, quer dizer, de vida física. Os órgãos em forma, instantaneamente extraem o *"vif"* do ar e descarregam o peso acumulado. O movimento exalante é sempre o mais longo na respiração natural; porém, se desejas ganhar poder e ter mais vida etérea que física, a ampliação do peito deve ser regular, suas inspirações e expirações de igual duração para obter uma influência mais harmoniosa e a respiração lenta deve abarcar de dez a vinte minutos por vez. Tem que fixar a mente num objeto desejado e o ar será retido nos pulmões, cérebro e nervos, até que se tenha ganho a suficiente reserva de força que alcance novo poder, permitindo assim a alma dominar os sentidos e deixar atuar a pura capacidade intelectual de voar de forma elevada, prolongada e celestial para o Empíreo ou em qualquer direção que a imaginação ou inclinação deseje ou que a necessidade lhe sugira.

Este é um dos poderes mais potencializadores da alma humana.

O termo *Aeth* significa a essência mais fina na qual a alma respira; ela enche os espaços, protege os mundos e penetra o ar igual que os odores. Os seres etéreos a inalam do mesmo modo que nós na terra inalamos a influência da matéria em suas formas mais grosseiras e baixas. Nenhuma energia realmente divina ou celestial pode ser desenvolvida senão pelo neófito que aprende a inalar corretamente o Eter (*Aether*) por meio de um esforço paciente e contínuo enquanto sua mente se fixa com firmeza sobre o que está fora e dentro desse Éter. Deste modo entra em contato com a essência do poder e com os habitantes dos espaços distantes e etéreos.

Procedendo assim respirará os elementos que geram poder na alma humana.

Neófito, lembre-se de que a bondade só é Poder, que o Silêncio é Força, que a Vontade alcança a Onipotência e que o Amor é a base de tudo.

Essas forças jamais devem ser menosprezadas, e nunca devem ser postas em ação por simples motivos temporais ou mundanos, já que sua esfera de ação corresponde somente aos estados mais elevados e profundos o quais o homem encarnado pode penetrar.

Comentários: *O estudante deve aplicar estas práticas de expiração e inspiração quando necessite curar as moléstias do corpo e nas irritações de qualquer natureza. Tem que expirá-los a todos, lançando para fora e tomar posição para uma melhor companhia que ingressará nele como uma tropa festiva, sempre que se faça essa prática procure um lugar que lhe agrade e que estenda um cordial convite. Os pensa-*

mentos mesquinhos, os ideais e paixões baixas, devem ser assassinados aos milhares. Não se podem albergar tais hóspedes. Assim, pois, expirá--los com sua próxima respiração e desejar-lhes um adeus eterno. Mais adiante entraremos particularmente e detalhadamente nessas funções dos segredos da respiração.

III – REALIZAÇÃO

Todos os centros, esferas, potências, hierarquias e irmandades, e na realidade todas as coisas externalizáveis na terra, têm suas órbitas e períodos. De maneira igual, isso ocorre com todos os poderes, qualidades e energias concebíveis nos espaços. Há períodos em que pode entrar-se em contato com eles, e outros em que não se pode, e resulta muito difícil, quase impossível, para qualquer um que vive o torvelinho doméstico, estabelecer esse contato, salvo por meio do exercício e uma vontade resoluta e inquebrantável e de uma perfeita indiferença com a desarmonia que nos rodeia. Existem ordens de seres invisíveis aos olhos materiais que estiveram entre nós, e outros que nunca se aproximaram deste plano externo de vida objetiva e que compreendem todas e cada uma das coisas que o homem pode conceber, que possuem todas as classes de conhecimentos e que respondem ao desejo e a invocação daqueles que seguem as mesmas linhas de pensamento e sentimento, que pertencem ao mesmo nível de inteligência ou que voluntariamente se localizam (encontram) nas condições essenciais para entrar em relação e contato com eles.

O neófito deve preocupar-se por despojar a mente de todo aquele tema que não seja de interesse real, e nunca deve procurar alcançar os objetivos diferentes ao mesmo tempo ou dentro dos setes dias que abarcam as operações, cada uma das quais deve ser preparada com o coração pleno mediante jejuns, abluções e anelo da alma. Estude cuidadosamente estas leis sem esquecer que nada pode conseguir-se sem que seja através da Lei, da Ordem, dos Regulamentos e uma clara definição dos princípios subjacentes já mencionados e, sobre tudo isso, por meio de uma perfeita Formulação dos objetivos desejados. Antes de prosseguir, convém considerar um ou dois pontos que finalmente serão de muita utilidade ao estudante comprometido com a filosofia que exporemos. Não há acidentes nem nada que se pareça ao azar nesta vida ou nos mundos mais além; todas as coisas exteriores e os acontecimentos (eventos) são resultados de causas internas e estas são as regras por meio das quais podem ser pedidos e antecipados por contato com as *Inteligências* dessas esferas. Não queremos dizer que com isso todos os sucessos humanos e acontecimentos possam ser previstos por aqueles que de alguma forma habitaram o mundo em que vivemos e que com fins redentores ou outros possam revelar muitas coisas aos que consideram dignos de serem protegidos, senão que queremos dizer que dentro desse universo tem uma grande fonte central de *Inteligência*, poder, presença e energia que necessariamente conhece tudo que foi, que é e será. Esse poder central se encontra rodeado por energias mentais colossais e potencialidades em conhecimento, secundárias com respeito a seu ser supremo, e não concebemos tais potências como seres humanos ascendidos que por sua vez tiveram corpos físicos, viveram, morreram e voltaram a surgir. São, por outro lado, universos não materiais, elétricos e etéreos, muito maiores, vastos e magníficentes de galáxias e torvelinhos de sistemas estelares, com suas inconcebíveis distâncias da magia de suas eternidades incontáveis, que se acham em relação com nosso mundo como esse se acha em relação com um formigueiro. Existem legiões de Hierarquias, Potências, Poderes e Inteligências não de gênese humana, ante cujos surpreendentes estouros mentais, o qual o maior intelecto da terra tenha produzido ou produza, é como um grão de areia diante de uma montanha, como uma débil gota de orvalho diante da poderosa vastidão das águas do oceano, como um sereno diante de uma tempestade, ou um zéfiro ante um raivoso tifão em sua devastadora marcha sobre a terra e o mar.

Estes seres são os árbitros dos destinos dos mundos e os anjos planetários, que dão origem ao grande drama da vida externa.

A Deidade tem uma capacidade ilimitada, a do homem é limitada e pode ser ampliada ou restringida de acordo com o nível de acordo relativo ao desenvolvimento de sua alma, de sua independência dos simples sentidos corporais e da inclinação pessoal ou material inerente a cada um. O desenvolvimento perfeito significa uma perfeita expiação. Essa expiação é o sacrifício da natureza inferior na cruz da purificação e da evolução do verdadeiro Cristo interior. O verdadeiro cristão, mais além de todos os credos, existe só no homem realmente aperfeiçoado. Aquele que conquista este estado pode colocar-se a si mesmo em contato com os centros de vida celestial, atravessar os espaços e penetrar mesmo no Grande Arcano do universo.

O homem não é onisciente, mas tem muita penetrabilidade; não é onipresente e, não obstante, possui enormes poderes latentes; não pode ser onipresente, mas é capaz de ubiquidade, quer dizer de fazer-se mental e espiritualmente em muitos lugares e cenas ao mesmo tempo. Um milhão de instrumentos fotográficos produzirão instantaneamente um milhão de sombras ou imagens de qualquer objeto, porque todo espaço que nos rodeia está cheio com milhões de tais protótipos, produzidos continuamente por todas as coisas. Isso é ainda mais verdadeiro quando se diz a respeito da alma que do corpo e este fato nos faz deparar com o sublime mistério da Projeção e de seu oposto, a Atração da alma.

A Projeção significa o envio forçoso e obrigatório da forma astral (dupla ou símbolo da alma) para que apareça em qualquer lugar onde a vontade lhe ordene através dos três princípios da Formulação.

A Atração é o exercício do mesmo poder em direção oposta, para obrigar a aparição de outro. Sempre que o neófito possua a suficiente e firme força de vontade para decretar sua presença, pode chegar a compelir a aparição do espectro ou inteligência que escolha e pode atuar com enorme força sobre aquele que ele deseja.

Observação: a Formulação pode ser excitada a partir de dois planos: em primeiro lugar, pelo puro intelecto, friamente e sem alegria, o que indica uma força ou plano negativo. Em segundo lugar, pelo coração, ou plano de amor ou emoção da alma que é um ponto positivo de ação. A Execução é sempre masculina, positiva, ordenadora, diretiva e elétrica e pertence somente ao cérebro. A Recepção requer uma instantânea transição desde o cérebro masculino até o lado emocional da natureza, terno suave e amante.

A Mulher é a força receptiva e o homem a executiva. Ele transmite, ela recebe. Do mesmo modo, o intelecto do homem atua sobre princípios imperativos do amor dela sobre os princípios receptivos. Esta é a Lei.

Todas as tarefas boas começam e terminam com as aspirações devotas e com disposição para receber os favores solicitados; enquanto que os desejos de natureza oposta começam e terminam com princípios opostos. Em tudo que se relacione com o castigo do pecado, a proteção do débil e a capacidade de projetar poder, saúde, e prosperidade a outros. A Execução dá fim a fórmula, invariavelmente. Na prática real, o neófito deve recordar, o primeiro termo, que a reunião ou pessoa que deve ser frustrada deve fazer-se presente, seja em pessoa ou aparição, a que pode ser terminada pelo processo de Formulação. A força deve ser freada até que apareça a imagem ou as imagens claramente definidas diante do operador. Logo, deve pensar-se o que tem que fazer e formulá-lo com clareza. Neste ponto, a força executiva há de projetar-se em sua órbita. Mas sempre devemos recordar ou ter em conta que esta força executiva deve ser mantida ao alcance do operador durante o clímax do momento formativo e nunca dever ser projetada até que a alma se sinta plena ao máximo, pois, se assim não se há de falhar em alcançar seu objetivo e havendo atravessado a órbita, recairá sobre o operador e causará desarmonia.

Deve gravar-se profundamente em todos e cada um dos neófitos os terríveis perigos que podem sobrevir se tentarem usar estes poderes com propósitos maléficos ou para causar danos aos demais. Fica desde já prevenido e recordem que é melhor sofrer injustiça que intentar uma vingança.[55]

PREPARAÇÃO PSÍQUICA

Exporemos um breve sistema de desenvolvimento da alma com as regras do treinamento prático ocultista, especialmente adaptada aos neófitos que se predispõem à autoiniciação.

A primeira Lei que devemos ter em conta em toda e cada uma das classes de treinamento oculto é o do equilíbrio. A evolução científica dos poderes da alma humana é significativamente o resultado do procedimento metódico e da aplicação constante, como da preparação e educação de um jovem. Não se podem esperar resultados imediatos, é

---

55 - Para repelir qualquer influência maligna que se dirija ou possa ser dirigida contra ele, o neófito deve usar os poderes de Execução com sabedoria e não com ânimo vingativo, senão com frieza, boa direção, desprezo superior e o anelo de não exercer vingança, por um lado seja firme e por outro nem dê confiança. Conquiste um estado mental onde mantenha a calma, a frieza, a falta de emotividade e mantenha indiferença para tudo o que não seja para sua própria proteção. Trata-se de um estado de firme e indefectível justiça e é extremamente difícil consegui-lo.

necessário muito trabalho e dedicação para alcançar a proficiência mágica. Se os conseguir prematuramente, é certo que não é a regra, e no lugar de estimulá-los devemos freia-los, já que a perfeita harmonia do equilíbrio só se adquire com o tempo e o amadurecimento da ciência com os resultados dos eventos.

Devemos recordar sempre o cultivo dos poderes psíquicos e os atributos da alma, pois há um tempo para semeadura seguida de um período de amadurecimento, antes que chegue o momento da colheita, quando podemos recolher os frutos espirituais de nosso trabalho laborioso.

O neófito, antes de mais nada, deve compreender profundamente o que faz e não se pôr a trabalhar às cegas. Deve ter uma perfeita concepção daquilo que é a disciplina e do treinamento espiritual antes de tentar alguma prática. Deste modo, obterá uma ideia mais aproximada possível sobre este tema tão importante. As seguintes normas, breves, porém importantes, podem ser meditadas com proveito.

A preparação oculta ou cultura psíquica significa em primeiro lugar a liberação da alma. Em segundo lugar, significa o cultivo e a utilização prática dos sentidos espirituais da alma. E em última instância quer dizer submissão total de toda paixão animal, de todo princípio ou desejo próprio, em prol de um controle harmonioso de nossa parte divina.

Estes fatos devem gravar-se bem na memória e devemos recordar também que os vícios e paixões, assim como outros gatilhos deletérios dos vícios do caráter, devem ser dominados. Até que isso não se realize, não somos senão os inermes médiuns da matéria. Não é a real e externa indulgência em qualquer prática particular a qual constitui um verdadeiro vício, e sim o poder, a força e o controle magnético que este hábito ou prática possui sobre o ser interior e que em realidade constitui a transgressão verdadeira das leis mais elevadas do ser.

Assim expusemos brevemente o princípio principal da cultura psíquica somente faltando agregar umas poucas palavras de advertência. Nenhuma prática deve ser conjugada com o uso imoderado do tabaco, das bebidas intoxicantes ou qualquer outra droga, o vício deve ser eliminado imediatamente e não de forma lenta e gradual. Às vezes, uma suspensão de algum produto químico repentinamente pode significar uma reação repentina e sobretudo alguma adversidade comportamental, na cultura psíquica requer jejuns, repouso e equilíbrio. Nenhum homem pode fazer uma viagem repentina do inferno ao céu. E é melhor que seja assim, porque se encontraria deslocado e pior que quando se encontrava no seu inferno habitual. Em consequência é impossível saltar desde os planos do desejo sensual egoísta ao reino da luz espiritual num só dia, semana, mês ou ano. Trata-se de um processo de crescimento gradual o qual primeiro teremos o tempo de semear, logo em seguida o período de maturação e por último a colheita espiritual dos frutos do paraíso. Recordem isso na disciplina espiritual e terá conquistado uma forma de vida sábia, valiosa e profícua.

REGRAS PARA A PREPARAÇÃO OCULTA

1. O neófito deve abster-se de qualquer produto intoxicante, de comer carne ou fazer uso de tabaco álcool, etc. A dieta deve ser pura, completa e estritamente vegetariana.
2. Cada manhã, ou o mais frequentemente como seja possível, o neófito deve tomar um banho frio, de acordo com sua constituição natural, seja robusta ou delicada. Quando o banho não resulte conveniente, o corpo deve ser higienizado com uma toalha áspera molhada.
3. Durante o dia, enquanto se trabalha em negócios ou qualquer outra atividade ocupacional, deve fazer-se um esforço sistemático para descobrir o menor pensamento, palavra, fato ou murmuração do tipo maligno e que sob toda circunstância deve ser completamente rechaçado. Na realidade, o neófito cumprirá sem esforço os necessários deveres da vida e deve cultivar um estado mental tranquilo, calmo, reservado e de autocontrole, permitindo que seu ser mais profundo sorria das penas, alegrias, surpresas, prazeres ou dores. Deve recordar-se que as paixões e sensações do corpo constituem todas e cada uma, estados mínimos e subordinados, ou, em outras palavras, centros de força oculta que sempre tratam de usurpar a imperial regência do verdadeiro monarca, a vontade humana. A imensa maioria dos seres humanos não é senão simples escravos de suas predisposições e paixões terrenas e se parecem, aos olhos dos verdadeiros ocultistas, a um império

dividido em inumeráveis e pequenos estados, onde cada um desses tem seu próprio princípio, o bastante poderoso para ignorar totalmente qualquer ordem de seu senhor principal, sempre que se lhe ocorra. Até que o corpo não seja colocado sob o comando da vontade e permaneça absolutamente submetido à alma, o progresso oculto, exceto em mínimo grau, é realmente impossível. Esta é a maior barreira que o neófito deve superar, vale dizer a própria individualidade. "Primeiro conquiste a ti mesmo e logo, mas não antes, dê lugar a teu anelo de conquistar as forças da natureza". Este é o conselho do qual aqueles que seguem não se decepcionam.

4. Quando o neófito tenha avançado alguns graus no caminho para o autocontrole, deve começar imediatamente um ativo treinamento de ablução logo que acorde e à tarde deve praticar com o espelho ou meditar com um cristal que segue ao exercício do cartão.

5. Quando seja conveniente, tem que obter um incenso que se usa nos templos, para elevação dos pensamentos e da alma (veja em nossa obra *Manual Mágico de Kabbala Prática*, Ed. Madras, 2011). Coloca-se o cristal ou espelho em posição à sua frente e sentando-se num estado passivo da mente, se contempla o centro ou foco, repetindo o encantamento a cada um ou dois minutos:

"Minha alma é una com o universo, e meu espírito uma emanação de Deus".

Logo em seguida, deve deixar a mente meditar nestas palavras místicas e ao mesmo tempo a vista espiritual da alma, penetrará de forma lenta, porém, segura com a Luz Astral que surge dos olhos do neófito, na superfície magnética e sensível do espelho. A mente deve ser mantida o máximo possível no espiritual durante a prática e todos os objetos mundanos devem ficar fora do local das práticas.

6. A prática da tarde é muito diferente da anterior. O neófito deve sentar-se na cadeira confortavelmente ou reclinar-se

num colchonete na posição mais cômoda e dali olhar o cartão ou espelho (ver o assunto do texto anterior) e começar a formular objetos mentais ou metafísicos, tratando de projetá--los externamente sobre a parede ou o teto. Conseguirá assim mesmo muitos benefícios, desde o ponto de vista psíquico, se procura reproduzir qualquer um desses objetos durante o dia. Este é o grande segredo de penetração da Luz Astral do passado. Por secreto, queremos significar que é este o começo do caminho que conduz aos mistérios da mesma Luz Astral. Deve recordar-se que não pode fazer-se um talismã ou dirigir os poderes mágicos para o bem ou para o mal, até que não se domine plenamente esta fase de "Formulação". O melhor momento para esta prática é ao entardecer, quando anoitece ou ao meio-dia, assim como também na saída do Sol (justo antes que se produza) e durante a meditação matutina.

7. Por último, devemos dizer que o "tonos" moral da vida do neófito dever ser puro, sem mancha e não contaminado pelos desejos egoístas. Em particular, devem evitar-se as relações sexuais e somente praticá-las depois de um estudo cuidadoso e bem pensado dos desejos e intenções próprios. Cometem um erro fatal alguns aspirantes à iniciação oculta, quando trafegam desmesuradamente sem ética e moral na via do sexo; a cobrança vem seguida de sofrimento e dor.

A terrível lista de poderes, atributos e forças postas em evidência nos trabalhos da Arte Mágica podem ser conquistadas pelo uso real da força sexual, constitui uma armadilha espantosa. Foi esse erro fatal o qual arruinou alguns equivocados *magistas* do passado que tiveram suas vidas tragadas no mar da desilusão e miséria humana. Vale, pois recordar, sem falsas apologias piegas, que algo na imortalidade de sua alma onde existem poderes demoníacos pode ocupar-se facilmente quando se equivoca do caminho, onde aqueles que ali prosseguem se perdem para sempre. Esse é o caminho para o Vuduísmo e Magia Negra. De modo que deves estar sempre alerta de como proceder com as leis infernais que regem os reinos da natureza animal da escuridão exterior.

CAPÍTULO III

OS FILHOS DO SOL

A origem do simbolismo da Rosa e da Cruz é uma lenda iluminada de uma variante de outra lenda tradicional maçônica sobre a construção do Templo de Salomão e vale a pena ser contada aqui.

O rei Salomão, apesar de sua sabedoria, não possuía os conhecimentos de ofício indispensáveis para erigir o Templo dedicado ao Eterno (YHVH) seu Deus, que seu pai Davi fora incapaz de sequer iniciar as obras devido às constantes guerras em que se vira envolvido, e por isso teve de pedir ajuda ao rei de Tiro. Antes, porém, de prosseguir a lenda deteremos um pouco para explicar o significado das quatro letras (YHVH), sendo uma semivogal e três consoantes, assim reunidas como se fosse uma palavra. Na verdade, trata-se de uma transcrição, em caracteres latinos, de quatro letras hebraicas יהוה (Yod--He-Vau-He), (transliterado *"Jehovah"*), em certas traduções da Bíblia, que significa *"aquele que é"*. Após o Exílio, no século VI a.C., os judeus deixaram de usar esse tetragrama por considerá-lo sagrado e evitar de ser pronunciado por impuros lábios humanos, e substituíram-no pela expressão *Adonay*, que significa *"meu senhor"*. Mais tarde, os *Massoretas* – os massoretas ou massoréticos (em hebraico: בעלי המסורה) eram escribas judeus que se dedicaram a preservar e cuidar das escrituras que atualmente constituem o Antigo Testamento –, que entre os séculos VI e X tentaram reconstituir o texto original hebraico do Antigo Testamento, combinaram as vogais de *Adonay* com as consoantes do tetragrama sagrado e propuseram um nome pronunciável sob a forma *Yahovah* ou *Yehovah* (Jeová). YHVH e EHEYEH foram os dois misteriosos *nomes* de Deus, que o próprio Deus revelou a Moisés no Monte Horeb, conforme está no livro do Êxodo:

> *Então Moisés disse a Deus: 'Quando eu for para junto dos israelitas e lhes disser que o Deus de seus pais me enviou a eles, que lhes responderei se me perguntarem qual o seu nome? Deus respondeu a Moisés: 'Eu sou o EU SOU [EHEYEH Asher EHEYEH]' E acrescentou: 'Isto é o que dirás aos israelitas: EU SOU [EHEYEH] envia-me junto de vós' Deus disse ainda a Moisés: 'Assim falarás ao povo de Israel: AQUELE QUE É [YHVH], o Deus dos vossos pais, o Deus de Abraão, o Deus de Isaac e o Deus de Jacó, é quem me envia junto de vós. Este é o meu nome para sempre, e assim serei invocado por todas as gerações.*

> (Êxodo 3, 13-15)

Então, para erigir o Templo dedicado a YHVH, Salomão pediu ajuda ao rei de Tiro, como se conta no primeiro livro dos Reis e no segundo livro das Crônicas do Antigo Testamento, e o rei de Tiro enviou-lhe um mestre construtor, Hiram Abu, ou Hiram Abiff, filho de uma viúva da tribo de Nephtali, cujo pai era de Tiro. Hiram era talentoso, cheio de inteligência e habilidade para toda espécie de trabalhos em bronze. Apresentou-se ao rei Salomão e executou todos os seus trabalhos.

Ao longo dos treze anos que durou a construção do Templo, Hiram organizou os seus artífices-pedreiros (Maçons) em três classes: *aprendizes, companheiros-de-ofício* e *mestres*, com palavras de código e sinais privativos a fim de receberem os salários, no final do dia, apropriados à sua classe.

> *O avanço e o progresso na Maçonaria Mística não dependem de favor, nem podem conceder-se a menos que tenham sido merecidos e o candidato tenha desenvolvido por si mesmo o poder de se*

elevar, tal como um revolver não dispara se não tiver sido carregado. A iniciação pode comparar-se simplesmente ao premir do gatilho: consiste em mostrar ao candidato como deve usar o poder que acumulou e que tem latente dentro de si.

(Max Heindel, *Freemasonry and Catholicism,* 1919)

Entre os obreiros do Templo, houve *três companheiros de ofício* que pretenderam ascender ao mais elevado grau sem terem desenvolvido o poder interno para tanto, de modo que Hiram não pôde iniciá-los. Incapazes de compreender que a falta era deles, sentiram-se provocados por Hiram e decidiram assassiná-lo. Hiram, ao ver-se assaltado pelos três companheiros traidores, ainda teve tempo de ocultar, antes de morrer, o malhete (martelo) da sua arte e o misterioso *disco* de ouro em que a palavra de poder, ou a palavra sagrada, estava inscrita – a palavra que lhe permitia a criação da Obra.

Durante muitos séculos, tanto o *martelo* como o *disco* não foram encontrados. Mais tarde Hiram renasceu como Lázaro, o filho da Viúva de Naim (Lucas 7, 11-17 e S. João 11, 1-45), ressuscitado por Cristo no quarto dia, isto é, *após terem passado três dias e meio*, que assim lhe concedeu a 1ª Iniciação Maior. Com esta Iniciação, Hiram, ou seja, Lázaro, encontrou o martelo, que tinha agora a forma de uma *cruz*, e o disco, que se convertera numa *rosa*.

Tanto a demanda do *Graal* e a lenda em que se transformou e se adaptou, no rosacrucianismo, na cavalaria e na Maçonaria mística e foram envolvidos numa floresta de símbolos, atestam bem que sempre existiu um tenaz anseio pela participação consciente na lógica do *Logos*, ou seja, sempre existiu um anseio pela busca da *Iniciação cristã*. E foi Lázaro, o amigo especial de Jesus Cristo, considerado como o primeiro Iniciado cristão, que lançou os fundamentos e estabeleceu o ponto de partida para toda a história da Iniciação cristã.

Entretanto, decorreram séculos, e 66 anos após a extinção da Ordem do Templo, decretada, conforme diz a história, durante o Concílio de Vienne por bula de 1312, Lázaro, ou Hiram, renasce novamente, em 1378, como fundador da Ordem dos Construtores de Templos, que ensina os seus aspirantes a fundir os metais inferiores e a fabricar a Pedra Branca (Independentemente da continuidade transmitida pela Ordem de Cristo, o Templarismo pode ter sido "continuado" por duas vias: uma exotérica com a primeira notícia documentada no ocidente, em 1354, do aparecimento do Santo Sudário, 42 anos após a extinção da Ordem; e uma esotérica com o nascimento de Christian Rosenkreuz em 1378, 24 anos após aquela notícia. Deixo aos kabbalistas uma provocação, os números, 42 e 24, bem como o seu somatório, 66...).

Quem é este novo fundador? Registremos que aquela palavra *Naim* deriva da palavra naja, ou *naia*, "*serpente*" em egípcio antigo, e tem a seguinte explicação: os egípcios, ainda antes do êxodo de Moisés, distinguiam com os sinais próprios os médiuns negativos dos Iniciados com faculdades espirituais positivas. A inspiração da Serpente (*naia*) – negativa ou positiva – era a base: os negativos os hebreus chamavam *Naioth* (sufixo feminino plural -*oth*) e aos Iniciados positivos *Naim* (sufixo masculino plural -*im*). O Filho da Viúva de *Naim* era, por conseguinte um alto iniciado positivo da antiga Escola Egípcia da Serpente.

Os sacerdotes egípcios eram chamados "Filhos da Luz" (*phre messen* – de onde parece ter emergido, por força da Kabbala fonética, o vocábulo *freemason*; o que parece muito óbvio. Cada época caracteriza-se pelo *signo* – ou melhor, pelo setor de 30 graus na roda Zodiacal – que o ponto vernal atravessa ao longo da eclíptica devido à precessão cíclica do eixo de rotação da Terra, para simbolizar o lado *exotérico* da religião praticada no mundo antigo: na Ásia Menor, na Pérsia, no Egito (Boi Ápis), etc., sendo os correspondentes mistérios esotéricos caracterizados pelo signo oposto, neste caso Escorpião (Isso é verdade para todas as eras. O sol demora aproximadamente 2.150 para percorrer, por precessão, os 30 graus de cada signo. Atualmente o Sol percorre o signo de Peixes, e bem sabemos que o peixe (*ichthus*) simboliza o lado externo ou exotérico do Cristianismo. O signo oposto, que simboliza o respectivo ideal esotérico é Virgem, figurado nos antigos Zodíacos por uma figura feminina segurando uma espiga de trigo).

Nos antigos Zodíacos os símbolos do Escorpião e da Serpente confundiam-se como símbolos da doutrina esotérica dos sacerdotes, e Osíris era coroado, tal como os faraós, com o emblema da sabedoria cósmica: o *Uraeus*, ou seja, a Serpente ou a dupla Serpente. *"Sede prudentes como as serpentes"*, recomendou Jesus aos apóstolos (Mateus 19, 16), referindo-se à sabedoria dos Iniciados da Serpente. A tradição desta linhagem iniciática, sendo muito antiga, não se restringe, porém, ao Egito e ao Oriente-Médio, pois dela encontramos vestígios em outras diversas regiões, incluindo a Ibéria dolmênica. A espiral, símbolo de energia serpentina, representada muitas vezes pela serpente, está presente desde o longínquo neolítico no sudoeste ibérico. Aliás, era muito antigo o culto da serpente em alguns países da Europa. A serpente ainda é o sinal remoto que nos introduz numa das linhas de genealogia a *divinis* do povo lusitano e dos seus valores religiosos. A Serpente apresenta-se como símbolo do conhecimento global [...]. Chamou-se *Lucelos*, por antonomásia com o deus luciferino, ou deus da luz.

Mas uma nova religião devia ser inaugurada, e era necessário elevar os antigos iniciados aos Mistérios da Era futura. Por conseguinte, o Cristo, o Leão de Judá, Senhor do novo Reino, tomou Lázaro, ao tempo em que era Hiram, Filho da Viúva, fora o mais alto iniciado do antigo sistema – e fê-lo o primeiro iniciado da Nova Era, tornando-o assim um Cristão [*Christian*] com o compromisso de transportar o testemunho da Rosa [*Rose* ou *Rosen*] e da Cruz [*Kreuz*], símbolos dos Ensinamentos dos Nossos Mistérios do Mundo Ocidental. Por isso, ao renascer em 1378 na Alemanha, Hiram/Lázaro adotou o nome simbólico de Christian Rosenkreuz.

Entretanto, não pensemos que a antiguidade dessas lendas ou mesmo de fatos etnográficos atestados (a serpente e a Lusitânia, por exemplo) constitui uma caução senão mesmo um véu para a confortável distância que o chamado "*homem moderno*" gosta de ver interposta entre o seu atarefado dia a dia e um imprevisto – indesejável? – irrupção do mistério. Na civilização europeia, em pleno século XX, os *phre messen* existem, não apenas como membros de alguma confraria Maçônica ou similar, mas – por exemplo, e por muito estranho que pareça – como rurais que vivem a natureza com uma intimidade que o homem urbano desconhece. Aquela palavra *phre*, mais do que luz, significa *Khepera--Re*, ou *Khepera-Rá*, Sol nascente, criador dos deuses, com assento na barca do deus-Sol, e o fascínio para não dizer o temor reverente que sempre exerceu sobre as almas continua a ser poderoso. "*Andai como filhos da luz*" lê-se na epístola do Novo Testamento (Efésios 5, 8).

A VIA SERPENTINA

É difícil compreender, naturalmente, o significado de União com Deus, mas pode dar-se uma ideia do que se quer significar. Se assumirmos seja lá qual for o modo da criação do mundo por Deus, a substância dessa criação foi a conversão por Deus da sua própria consciência na consciência plural dos seres separados. O imenso grito da Divindade Indiana, "Oh possa eu ser muitos!", dá a ideia sem a ideia de realidade.

A união com Deus significa, portanto, a repetição pelo Adepto do Ato Divino da Criação, pela qual é idêntico a Deus em ato, ou em maneira de ato, mas é, ao mesmo tempo, uma inversão do Ato Divino, pelo qual está ainda dividido de Deus, ou oposto de Deus, a menos que ele fosse o próprio Deus e não precisasse de qualquer união.

O Adepto, quando consegue unir a sua consciência com a consciência de todas as coisas, e daí torná-la uma inconsciência (ou uma inconsciência de si próprio) que é consciente, repete dentro de si mesmo o Ato Divino, que é a conversão da consciência individual de Deus na consciência plural de Deus nos indivíduos. Mas, ao mesmo tempo, ele regressa assim à pluralidade que Deus atingiu quando fez esse todo do qual ele é uma parte, e, ao repetir o Ato de Deus, está verdadeiramente invertendo-o e ao invertê-lo regressa no caminho para Deus e atinge assim a união com Deus.

Se representarmos o esquema completo disso por dois triângulos equiláteros com a mesma base, cada um, por assim dizer, oposto ao outro, obteremos uma ideia clara, ou uma ideia tão clara quanto possível do método de realização. Deus, cimo do triângulo superior, abre-se para a base, e a base estreita-se para o cimo do triângulo inferior. Do cimo do triângulo inferior há ascensão para a linha base de ambos: assim a descida é repetida em direção ao cimo e ao mesmo tempo há uma ascensão para Deus.

Nesse sentido, de qualquer modo que seja considerado, leva-nos à teoria peculiar de três tipos de consciência: a Consciência Divina, a Consciência Universal e a Consciência Individual. No primeiro a identidade é absoluta, não havendo nem sujeito nem objeto. No segundo o Sujeito torna-se a si mesmo o seu próprio objeto, e, sendo infinito porque indivisível, torna-se objetivamente infinito, isto é, infinito porque infinitamente divisível. No terceiro, o sujeito faz-se de si mesmo como objeto o seu próprio sujeito, e tomou consciência de si mesmo, e, portanto, consciência de si mesmo em cada elemento infinitesimal desse objeto.

Quanto mais cada sujeito infinitesimal faz de si mesmo um objeto para si próprio, mais ele se aproxima do primeiro passo de regresso à

Consciência Suprema. A partir deste ponto, poderá finalmente a anular isso, e a regressa ao estágio primordial da consciência Divina.

No caminho da Serpente, todo homem que decide talhar para si uma senda para o alto encontrará obstáculos incompreensíveis e constantes. Se não fossem mais que os obstáculos que atravessam e estimulam, pelo perigo ou pela resistência direta, bem iria, e os próprios obstáculos seriam o clarim para o avanço. Mas encontrará outros – os obstáculos simples que vexam e vergam, os obstáculos suaves que adormecem e viciam, os obstáculos ternos que o farão, como Orpheu, voltar o erro do olhar para o vedado Inferno. Cercá-lo-á, não só resistências duras, como as que os penhascos erguem como tropeço, mas resistências brandas, como as memórias dos vales, e a dos lares nas faldas. E o triunfo consiste na força pura, sabendo sentir essas atrações intensamente as submeter à emoção superior; sabendo organizar as vontades do amor e da terra, saber submetê-las à vontade do espírito do mundo. Esse processo de vitória figuram-no emblemadores no símbolo da Crucificação da Rosa – ou seja, no sacrifício da emoção do mundo (a Rosa, que é o círculo em flor) nas linhas cruzadas da vontade fundamental, que formam o substrato do Mundo, não como Realidade (que isso é o Círculo) mas como produto do Espírito (que é a Cruz).

No seu feitio de S (que, se pode considerar fechado, é o 8, e, deitado igualmente serpentino ∞, Infinito), a Serpente inclui dois espaços, que rodeia e transcende. O primeiro espaço é o mundo inferior, o segundo o mundo superior. Em outra figuração serpentina – a da cobra em círculo, a boca mordendo a cauda – reproduz-se, não o S, de que a letra é "sinal", mas o círculo, símbolo da terra, ou do mundo tal qual o temos. No feitio de S a Serpente evade-se das duas Realidades e desaparece dos Mundos e Universos.

A ilusão é a substância do mundo, e, segundo a Regra, tanto no mundo superior como no mundo inferior, no oculto como no patente. Assim, quando fugimos do mundo inferior, por ele ser ilusório, o mundo superior, onde nos refugiamos, não é menos ilusório; é ilusório de outra, da sua, maneira. Só a Serpente, contornando os infinitos abertos – ou os círculos "incompletos" – dos dois mundos foge à ilusão e conhece o princípio da verdade.

A magia e a alquimia têm ilusões como a ciência e a sexualidade, que são suas figurações no baixo mundo. Construímos ficções, com a nossa imaginação, tanto na terra como no céu. O mago, que evoca determinado demônio, e vê aparecer materialmente esse demônio, pode crer que esse demônio existe; mas não está provado que ele exista. Existe, porventura, só porque foi criado; e ser criado não é existir, no sentido real da palavra. Existir, no sentido real da palavra, é ser Deus – isto é, ter-se criado a si mesmo; em outras palavras, não depender substancialmente de nada e de ninguém.

A G.O. é a libertação, no homem, de Deus, a crucificação do desfolhável no morto, do perecível no perecido, para que nada pereça. A G.O., em outras palavras, é a criação de Deus.

A magia e a alquimia são caminhos cheios de ilusão. A verdade está só no instinto direto (*representado nos símbolos pelos cornos*) e na linha direta da sua ascensão ao instinto supremo; no instinto direto, cuja fórmula ativa é a sexualidade, cuja fórmula intermediaria é a imaginação, fantasia, ou criação pelo espírito, cuja fórmula final é a criação de Deus, a união com Deus, a identificação abstrata e absoluta consigo mesmo, a verdade.

O próprio conseguimento pode ser dividido em três maneiras de seguir, e a maneira mais direta é aquela mesma que abdica de magia e de alquimia, que são os ramos dispersos e laterais. O caminho simples entendido como a consubstanciação com o Verbo, como Verbo, que é como é dado, como múltiplo e não um como membro de Osíris, e outros muitos Deuses. Aceitar o Verbo como Verbo, isto é, o Mundo como Mundo.

Como já vimos, Cristo não é uma pessoa, mas um grau – o mais alto grau da escala dos graus divinos, ou do templo, que são tornados humanos. É-se erguido a Cristo pela união da sabedoria suprema (Salomão R da J.), da magia suprema (Hiram, R de T.) e do suplício (H.A.B.) às mãos das três forças satânicas – a Carne, o Mundo e o Diabo, como com sábia interpretação "ensina" a Igreja.

Há mais que um Cristo – Hiram, Zorobabel, Jesus de Nazaré (ou de Lydia) e, por último, até nossos dias, Jacques de Molay.

Átrio (do Templo de Salomão) – Claustro ou – ,S.S. ou Templo propriamente dito, = Entrar. Passar. Subir – A Forma Cúbica do templo – pedra cúbica = Cristo.

O Grau de *Ipsissimus* = Cristo

Nos três graus Maçônicos, que são evangelhos, a que falta o quarto de que são esboços – o que a Palavra Perdida designa, e é buscando, sempre em vão, através dos Altos Graus e dos que lhe estão acima – está dada a notícia do Governo íntimo e espiritual do mundo.

1. Neophyto ou Zelator (dois tempos do mesmo grau)
2. Theorico
   ------- abismo = morte
3. Prático
4. Philosopho
   -------Senhor do Limiar
5. Adepto menor ou júnior
6. Adepto maior
7. Adepto máximo
   -------- Infante do Abismo
8. Mestre do Templo   - morto para o mundo
9. Mago   - morto pelo mundo
10. Christo ou Ipsissimus - morto no mundo

A religião verdadeira tão obscuramente representada na F∴M∴ como o Ch.ᵐᵒ na Eg. Cath., servia-se da elevação a Christo de Jacques de Molay, Mestre do Templo.

O Grau de Aprendiz é o símbolo de toda a iniciação, no sentido superior, ou melhor, do caminho de toda a iniciação.

O Grau de Companheiro é o símbolo de todo o progresso (a lição de como progredir) nessa iniciação.

O Grau de Mestre é o símbolo da realização – da realização frustrada (desilusão dos Mestres) que é a culminação humana do conhecimento.

A Iniciação tem três fases ou graus – entrada na iniciação, progresso na iniciação, realização.

No primeiro grau, o neófito aprende o caminho da realização. No segundo grau aprende a natureza dessa realização (onde se torna Adepto do grau) e que a realização traz desilusão e, às vezes, tristeza e desilusão. No terceiro grau aprende o caminho e o seu termo são um. Pode-se dizer que o primeiro grau é um tratado de misticismo, o segundo de magia e o terceiro de alquimia – mas isso, dentro de outra luz, dentro de um contexto mais complexo.

O Templo, representação de algo pouco conhecido pela maioria, mesmo que ali estejam por décadas; é como um túmulo fechado nos dois primeiros graus – sendo aberto no terceiro grau, seguindo-se uma intrigante cerimônia.

Da lei da Natureza, representada por Hiram, passa-se à lei humana representada por cada um de nós transferindo em seguida à Lei de Deus, representada pelo Cristo. O erguer do Candidato marca a primeira passagem, e a palavra que ele perdeu é o (...). A aventura do mistério do ataúde dentro de um túmulo marca a segunda passagem: vendo o livro T, que o segundo Mestre aperta contra o peito, encontra-se, por fim, a intuição, quer seja a palavra no seu estado humano, pois a intuição é o instinto da inteligência, quer seja o casamento dos dois nas núpcias químicas, cujos graus, ou degraus mágicos, foram descritos em algum lugar em linguagem simbólica. A descoberta, sem busca nem dificuldade, do túmulo de Jesus, aberto e vazio, marca a passagem final, o casamento divino, o da intuição com a profundidade da própria alma, a união com Cristo.

No primeiro grau desta verdadeira iniciação, o candidato tem a tarefa de matar (em si) os três assassinos do Mestre, os três elementos que se opõem (nele) à lei da Natureza – o desejo do supérfluo, a crença na inteligência, a impulsão de dominar (a *vontade de poder* nietzschiana), ou, numa linguagem mais popular, a ambição, o orgulho e a vaidade. Isso, de resto, já lhe é indicado obscuramente no próprio começo da sua vida iniciática, quando é despojado dos metais. Tecnicamente é despojado do ferro, da prata (que é a moeda que compra) e do ouro (que é a moeda que encanta) – metais regidos, respectivamente por Marte, Lua e Sol, e significativos da ambição, da vaidade e do orgulho. Quando os três assassinos são mortos na alma do aspirante, ele fica pronto para avançar no segundo grau desta ascensão para Deus. A tarefa do candidato é encontrar a palavra perdida. Para isso, é necessário que faça três coisas: encontrar a cripta mortuária de C.R., abrir esta caverna, abrir o túmulo e ver o Mestre Perfeito que tem a Palavra no seu seio – esse livro T (Templo) que ao mesmo tempo completa e se opõe ao livro M (Mundi). É preciso, antes de mais nada, que saiba que ele é em si mesmo uma câmara onde a sua alma superior se alojou, morta neste mundo. Em seguida, é preciso que a encontre. Depois é preciso que ele saiba abrir esta câmara. É fundamental, ainda, que saiba olhar bem o que aí vê. Finalmente, é preciso saber abrir o túmulo do Mestre e vê-lo na majestade da sua morte viva, incorruptível. (Cinco são os pontos perfeitos da grande maestria, os cinco pontos da estrela mágica, as cinco pétalas da Rosa Crucificada). Por meio deles, ele é erguido desta vida, que é apenas uma morte figurativa.

O homem não estava destinado a ser o que é; só se tornou tal pelo Cristo. Encontrar a Palavra é encontrar a verdadeira Lei humana, o Adam primitivo e andrógino, assim feito à imagem do *Elohim*. Fazer em si mesmo o casamento dos dois princípios – eis a Lei Humana reencontrada, a Verdadeira criação da Pedra Filosofal.

Hiram é o homem que deveria ser e a sua Palavra era esse destino que se perdeu. Podemos reencontrar a Palavra, mas não reencontrar Hiram. Ele está verdadeiramente morto, e é esse o pecado original; não podemos desfazer-nos dele senão regenerando-nos, ou nascendo de novo. Tal é o sentido da palavra "neófito".

Para que o adepto possa realizar em si, pois tal é seu mister, a dualidade ativa de Deus, é necessário, primeiro, que seja homem, pois a emissão é a primeira condição ativa de Deus. É preciso, porém, que em seguida desperte em si a polaridade feminina, o que só poderá fazê-lo "retirando-se" da condição masculina, tornando-se passivo o que deve se destinar a ser ativo.

Acresce, vindo ao mundo físico, que a castidade masculina, sendo suficientemente completa, como deve ser, compele o sêmen formado a recolher, a ser reintegrado pelo corpo, entrando para o sangue. E, deste modo, o indivíduo, por assim dizer, se fecunda a si mesmo, sendo interiormente sua própria mulher. Isto é, porém, o simples reflexo no mundo físico (...).

A Força, emissão de Deus, ou Deus emitido, é representada pelo símbolo fálico, ou seja, uma vertical |. A Matéria, emissão de Deus, é representada pelo sinal contrário, uma horizontal —. A conjugação das duas, que é Deus na sua manifestação mundana total, é, pois, ou chamada cruz cósmica +, em que, por serem iguais as linhas, os quatro braços são idênticos; ou o chamado Tau T, em que as duas linhas devem ser iguais também. A primeira representa o mundo físico na sua generalidade, a segunda o mundo físico na sua particularidade humana, isto é, sexual – não a união, mas a junção, das duas naturezas.

As duas linhas, de quaisquer das duas maneiras unidas, representam, a natureza abstrata do mundo e da humanidade – a Força e a Matéria, o Homem e a Mulher, em sua simples existência e potencialidade. A sua união ativa e fecunda não está ali figurada. Para isso, adota-se um segundo símbolo da Mulher, um símbolo "aberto", cuja razão de ser não carece explicação. Esse símbolo é o disco ou círculo: O.

Daqui partem novos símbolos. O primeiro, indicando a fecundação abstrata e absoluta, é o disco ou círculo com um ponto no meio, ou seja, a indicação visível do "centro", ou razão de ser, do círculo: ⊙. É este, simultaneamente, um símbolo fálico, sendo o *fálus* ereto visto de frente. Por estas duas razões se representa o Sol por este símbolo; o Sol é, ao mesmo tempo, o Espaço fecundado, feito vida, o corpo, ou a matéria ou "mulher" de Deus, e o Fecundador, ou "homem" da Terra.

Quando se quer representar a Natureza em sua fecundidade, inscreve-se o sinal total do Mundo dentro do círculo, formando o símbolo ⊕, com que naturalmente se designa a Terra. É a fecundidade unindo, cercando, prendendo os dois princípios. E quando se quer representar distintivamente a união dos princípios masculinos e femininos, o círculo sobrepõe-se ao Tau, formando o símbolo ♀, sinal muito usado pelos antigos egípcios, cuja Trindade é uma trindade de fecundidade, visto que a formam: Pai (Osíris), Mãe (Isis) e Filho (Hórus). Nesse Tau está todo mistério da geração dos seres.

Assim, a Lei é descobrir o que somos, para que saibamos o que é intima e verdadeiramente queremos, independentemente do que supomos que queremos ou do que julgamos que devemos querer; conformar todos nossos pensamentos, emoções e pulsões com essa nossa íntima e Verdadeira Vontade, excluindo todos os outros pensamentos, emoções e pulsões, por mais gradáveis que nos sejam, ou úteis que possa nos parecer, por isso que não são nossos, mas somente agradáveis e talvez úteis; feito isso, recusar sistematicamente toda ação externa que não sirva para os fins dessa nossa Verdadeira Vontade, recusando-nos a ceder às solicitações do chamado dever, às chamadas da humanidade e aos receios do ridículo e do melindrado.

Note-se que esta atitude defensiva é puramente passiva. Não impõe que sejamos cruéis, nem opressivos, pois quaisquer dessas atitudes, importando uma invasão na personalidade alheia, importam a contra invasão da nossa personalidade por essa pessoa. Quem cultiva "criados" tem que depender desses e de preocupar-se com criados. Esta é a regra para personalidades definidas, que, talvez, através de várias encarnações (encarnações), atingiram o estado de poderem começar a libertar-se, mas ser seguida por quem quer que seja; se para tal condição tiver força, poderá ser o maior progresso que cada qual pode realizar.

Para outros, há somente a regra de realizar a sua personalidade de acordo com a inibição. Ao passar da plenitude do animal para a plenitude do homem pleno, tem o homem que passar pela fase puramente humana, que é um sono, como se (salvas certas diferenças) estivesse entre duas encarnações.

Ao realizar um ato que sabemos estar de acordo com a nossa personalidade, não devemos ter hesitação alguma em aceitar as suas consequências. Não fazer nada que nos dê lucro simplesmente porque nos dê lucro, mas porque é naturalmente agradável ou até mesmo porque é naturalmente próprio de nossa cultura. Não fazer nada que nos seja agradável simplesmente porque nos é agradável, sem vermos se nos agrada de fato, ou porque supomos que nos deve ser agradável, por ilusão a nosso respeito ou sugestão alheia é de tudo escravizar-se.

Não temos deveres senão um – respeitar a integridade da personalidade humana, a nossa como a alheia. Isso quer dizer três coisas: 1. Para os fins fundamentais da nossa vida, dispensar todo auxílio alheio; 2. Para os fins quotidianos da nossa vida, estabelecer uma exata reciprocidade com os outros; 3. Para circunstância da vida que são estranhas a uma coisa e outra, subordinar-nos à regra do ambiente, visto que ela deve nos atingir. Assim, e empregando exemplos simples e objetivos devemos fazer nosso trabalho próprio sem depender ou usar da dominação de outros para nos beneficiar. Estas três regras simples de vida superior, resumiu Louis-Claude de Saint-Martin, servindo-se de um aspecto da fórmula dos Rosacruzes, na divisa de Liberdade, Igualdade e Fraternidade – independência dos outros (Liberdade) na vida superior e íntima; reciprocidade com os outros (Igualdade) na vida normal que serve de base material a essa vida superior; conformação com os outros (Fraternidade) nos fenômenos exteriores e insignificativos da vida.

SETE NORMAS MÁGICAS PARA OBTER O SUCESSO:

1- Não tenhas opiniões firmes, nem creias demasiadamente no valor de tuas opiniões.
2- Sê tolerante, porque não tens a certeza de nada.
3- Não julgues ninguém, porque não vês os motivos, mas, sim, os atos.
4- Espera o melhor e prepara-te para o pior.
5- Não mates nem estragues, porque como, não sabes o que é a vida, exceto que é um mistério, não sabes o que fazes matando ou estragando, ou que forças desencadeias sobre ti mesmo se estragares ou matares.
6- Não queiras reformar nada, porque, como não sabes a que leis as coisas obedecem, não sabes se as leis estão de acordo, ou com a justiça, ou, pelo menos, com a nossa ideia de justiça.
7- Faz por agir como os outros e pensar diferentemente deles. Não cuides que há relação entre agir e pensar. Há oposição. Os maiores homens de ação têm sido perfeitos animais na inteligência. Os mais ousados pensadores têm sido inimigos de um gesto ousado ou de um passo fora do passeio.

REGRAS MORAIS:

1- Nunca afirmes que em determinadas circunstâncias – inexperimentadas para ti – agirás de determinada maneira.
2- Não confessar jamais o que intimamente se passa contigo. Quem confessa é débil.
3- Nunca dar opinião imediata sobre alguma coisa, a não ser que seja diretamente resolúvel segundo princípios fixos.

OUÇA A VOZ DO SILÊNCIO:

Estas instruções são para aqueles que não conhecem os perigos dos *Siddhi* (poderes psíquicos) inferiores. Aquele que quiser ouvir a voz do Nada, o Som sem som, e compreendê-la, terá que aprender a natureza do *Dhâranâ* (concentração). Tendo-se tornado indiferente aos objetos da percepção, o buscador deve procurar o *Râjâ* (rei) dos sentidos, o produtor de pensamentos, aquele que acorda a ilusão. A mente é o grande assassino do Real. Que o discípulo mate o assassino. Porque quando para si próprio, todas as formas que ele vê em sonhos; quando deixar de ouvir os muitos, poderá divisar o Um – o som interior que mata o exterior. Então, e só então, ele abandonará a região do *Asat*, o falso, para chegar ao reino de *Sat*, o verdadeiro.

Antes que a Alma possa ver, deve ter conquistado a harmonia interior, e os olhos da carne tornados cegos a toda a ilusão.

Antes que a Alma possa ver, deve ser conseguida a harmonia em tornar surda aos rugidos como aos segredos, aos gritos dos elefantes em fúria como ao sussurro prateado do pirilampo de ouro.

Antes que a Alma possa compreender e recordar, ela deve primeiro unir-se ao Falador Silencioso, como a forma que é dada ao barro que se uniu primeiro ao espírito escultor.

Porque então a Alma ouvirá e poderá recordar-se.

E então ao ouvido interior falará.

O nome da primeira sala é a Ignorância – *Avidyâ*. É a sala em que viste a luz, em que vives e hás de morrer.

O nome da segunda sala é a Sala da Aprendizagem. Nela a tua Alma encontrará as flores da vida, mas debaixo de cada flor há uma serpente enrolada.

O nome da terceira sala é Sabedoria, para além da qual se estende o mar sem praias de *Akshara*, a fonte indestrutível da onisciência.

Se queres atravessar seguramente a primeira sala, que o teu espírito não tome os fogos da luxúria que ali ardem pela luz do sol da vida.

Se queres atravessar seguramente a segunda, não pares a aspirar o perfume das flores embriagantes. Se queres ver-te livre das peias cármicas (lei de causa e efeito), não procures o teu *Guru* (Mestre) nessas regiões *mâiâvicas* (de natureza ilusória).

Os sábios não se demoram nas regiões do prazer dos sentidos.

Os sábios não dão ouvidos às vozes musicais da ilusão.

Procura aquele, que te dará o ser, na Sala da Sabedoria, a sala que está para além, onde todas as sombras são desconhecidas e onde a luz da verdade brilha como a glória imarcescível.

Antes que possa entrar para esse caminho, tens de destruir o teu corpo lunar, e limpar o teu corpo mental, assim como ao teu coração.

Antes que o poder místico te possa fazer um deus, *Lanu* (Discípulo), deves ter adquirido a faculdade de matar, quando quiseres, a tua forma lunar.

A pessoa da matéria e a Pessoa do Espírito nunca se podem encontrar. Uma delas tem que desaparecer; não há lugar para ambas.

Mata o amor da vida; mas, se matares *Tañhâ* (Sede da vida), que isso não seja pela ânsia da vida eterna, mas para substituir o eterno ao evanescente.

Não desejes nada. Não te indignes contra o Carma, nem contra as leis imutáveis da natureza. Mas luta com o pessoal, o transitório, o evanescente e o que tem de perecer.

Auxilia a natureza e trabalha com ela; e a natureza ter-te-á por um dos seus criadores, obedecendo-te.

Há só uma senda até o Caminho; só chegado bem ao fim se pode ouvir a *Voz do Silêncio*. A escada pela qual o buscador sobe é formada por degraus de sofrimento e dor; estes só podem ser calados pela voz da virtude. Ai de ti, pois, discípulos, se há um único vício que não abandonaste; porque então a escada abaterá e far-te-á cair; a sua base assenta no lodo fundo dos teus pecados e defeitos, e antes que possas tentar atravessar esse largo abismo de matéria, tens de lavar os teus pés nas águas da renúncia.

Mata em ti toda a memória de experiências passadas. Não te voltes para trás ou estás perdido.

O aluno tem que tornar ao estado de infância que perdeu antes que o primeiro som lhe possa soar ao ouvido.

A luz do único Mestre, a única, eterna, luz dourada do Espírito, derrama os seus raios fulgurantes sobre o discípulo desde o princípio. Os seus raios atravessam as nuvens espessas da matéria.

Ora aqui, ora ali, esses raios iluminam-na, como os raios do sol iluminam a terra através das espessas folhas da floresta. Mas, ó discípulo, a não ser que a carne seja passiva, a cabeça lúcida, a Alma firme e pura como um diamante que cintila, o fulgor não chegará à câmara, a sua luz do sol não aquecerá o coração, nem os sons místicos das alturas *akáshicas* (éter) chegarão ao ouvido, por mais atento que ele esteja, no estado inicial.

A não ser que ouças, não poderás ver.

OS CAMINHOS DA SERPENTE

A *chave esotérica* para compreender a quintessência das múltiplas peles e máscaras que possuímos na *Via iniciática* convida-nos a tornarmos a epifania humana de Caim, numa certa fase de tempo cosmológico, ora Negro e ora Verde, no sabor mítico das múltiplas matizes das Luzes do Pavão Eterno (*Shaitan*). A *Via Cainita da Serpente* é uma perspectiva mistérica e desafiante para o indivíduo. Apenas o indivíduo, que vive fora e além de todos os parâmetros historiais e sociais, ungido pela *marca* do intemporal, o pneumático, beneficia deste *caminhar ofídico*. Essa Via da Serpente é portadora de impulsor iniciático que têm a sua raiz remota no mito genealógico de *Ophiusa*, matriz espiritual e antropológica na tradição lusitana; numa metafísica que tem contornos gnósticos *cainitas* e *ofitas*, assim como também possui traços gnoseológicos influenciados pelo insigne ocultista inglês, Aleister Crowley.

O vórtice ilusório, de um olhar em paralaxe, do devir é atravessado como por uma Serpente com suas contingências materiais e humanas que se pode abrir os olhos da Sabedoria plurifacial, a verdadeira obliquidade do gnosticismo da Serpente nesta visão é apenas a personificação mítica com suas folhosas peles, a própria gnose, o fogo primordial e sapiencial e mais ainda, ela é Fogo e Luz. Chamada também de Gnose Draconiana, não é para os ouvidos dos místicos e filósofos que vivem na dualidade do mundo e da razão, mas para o *"Louco"*; *o sonhador divino*, ao estilo de Gérard de Nerval, que atravessa como a própria Serpente todas as coisas sem nelas se reter nem pertencer. Na Tradição Secreta Ocidental, as hipóteses desse *Louco Divino* são *Caim* e *Al Kidhr*; errantes reflexos um do outro entre os mundos, somente podendo ser "visto" pelo estrábico olhar na diagonal, realidade intrigante e ilusória.

Este *Louco Divino* (representado pelos gnósticos do passado) deixou uma grande tradição entre os gnósticos medievais como os *Turlupins*, os *Luciferianos* e os *Irmãos do Livre Espírito*, como também em *São Basílio*, *São Simão* e até mesmo *Bernardo de Clareval*, na tradição cristã. O desapego antinômico de sua Via tem paralelo com a ascese hindu dos errantes *baulos*, que seguem a *Via Avagudha*. No Ocidente, ele teve o seu *eidolon* na Serpente e em suas hipóstases *Caim* e *Al Kidhr*, modelos exemplares de vias livres, iniciática, errantes e antinômicas, existindo no varejo e fora das ordens e sistemas e até mesmo fora das

525

leis (retilíneas) dos mundos. Na sua natureza luciferina e alquímico-sexual, designadas muitas vezes pela expressão *"Arte Sem Nome"*, tem sido denegrida pelas religiões monoteístas de massas como tendo um *"caráter maldito, o aspecto repugnante da Cobra"* tendo sido proscrita por trazer *"a sua Oposição ao Universo"*. A oposição ao Universo supõe a oposição ao Criador de Caim enquanto criador livre e autossuficiente. Esta atitude antinômica atingiu seu máximo esplendor filosófico nos *"Provérbios do Inferno"* de William Blake, na teoria das *"duas luzes"* de Natham de Gaza, discípulo favorito do *"Messias do Pecado"* Sabbatai Sevi, assim como no *"Anticristo"* de Fridrich Nietsche. Nietsche proferiu: *"Deus está morto mas o seu cadáver permanece insepulto"*. Nesse sentido, resumindo numa única e essencial verdade: *"Deus é o cadáver de si mesmo"*.

Fernando Pessoa fez algumas reflexões sobre este tema: *"a Via do Errante Cainita"* quando sugeria de maneira defensória por se tratar de uma via gnóstica de caráter antinômico; propõe a negação de Deus e do Universo por ele criado e realça a necessidade de trazer a marca cainita, isto é, um conjunto de disposições internas para realizar a Via. Curiosamente diz que na tradição-luciferina Caim caminhe ao longo de uma *Via de Vida e Morte*, que permanece epifanizada no Caminho do Dragão. Ora, estranhamente o Caminho da Serpente oracularizada por Pessoa é constituído por catorze fragmentos de texto, usando uma simbólica numerológica semelhante ao *"Rito dos Catorze Passos de Caim-Serpente"* das covinas sabáticas hodiernas, num peregrinatório movimento sinódico ao longo das catorze estrelas da constelação do Dragão. Catorze é também o número tarótico associado ao *Sagrado Anjo Guardião*. Sem dúvida essa Serpente é o Anjo-Daimon do Adepto e Poeta, isto é, Samael, o dador original da Gnose ao Filho Primeiro Nascido da Linhagem e que foi invocado nos mais poderoso manuscrito teúrgico escrito e publicado para conversação e convocação com o Sagrado Anjo Guardião: o *"Liber Samekh, Theurgia Goetia Summa* (*Congressus Cum Daemone*) – (*Samekh* refere-se ao Caminho 14 da *Árvore da Vida* e está associado à letra hebraica *samekh* ס, que é a chave teúrgica da passagem do ego (*Lua-Yesod*) para a supraconsciência representada pelo Sagrado Anjo Guardião (*Sol-Tiphereth*). *Samekh* é também uma referência velada a *Samael*), de Aleister Crowley. O décimo quinto fragmento é um esquema em forma de *vesica piscis*. Este esquema não deixa de ter relações numerológicas com o *Baphomet*, o Arcano 15 do Tarô, que Oswald Wirth representou com características ofídicas. Talvez seja por isso que *o Livro da Serpente* de Fernando Pessoa refira subilinamente que a *Serpente* é "*no baixo mundo a lua crescente e no mundo superior a minguante*", os tempos cósmicos do ofídio *solve e coagula* representados nos braços do *Baphomet* de O. Wirth.

O que caracteriza esta Gnose Draconiana, que Aleister Crowley, Kenneth Grant e Andrew Chumbley deixaram, muito tempo depois dos escritos destes textos pessoanos, um patrimônio consideravelmente original de reificação iniciática e de práxis antinômica; é a sintetização do *Caminho Não-Dual*, da *Via do Louco Sábio*, onde todas as *poções* e *venenos* são bebidos, consumidos e transcendidos na supraconsciência da Eterna Vacuidade, da Perene Nudez de uma verdade eterna que transcende o tempo e o espaço.

> "*A Serpente é o entendimento de todas as coisas e a compreensão intelectual da vacuidade delas...*"
>
> (Fernando Pessoa)

Esse "entendimento" do tudo e "compreensão" do nada nos coloca numa posição de *Isha* escutando a Serpente no Éden quando esta a incita a comer o fruto proibido, abrir os olhos e a compreender o bem e o mal. A Serpente é, portanto, o estado suprarracional da Gnose reificada no Adepto. Sem reificação, a Gnose é mero deleite na verborreia da letra e da forma dos esoteriologistas de hoje.

A Serpente *pessoana* é a epifania do Adepto Caim-Serpente que, segundo o *Zohar*, era filho de Samael. Ele representa o *modelo exemplar* de quem se mede com Iaveh matando a sua *personalidade* Abel, que na escatologia do poeta-vidente é o próprio Pessoa, a *persona*, fazendo emergir o indivíduo (Indiviso). O Indivíduo é aquele que deixou de ter como auto referência o ego, a *persona*. Ele existe apenas em função de si mesmo, no centro de si mesmo, como pura consciência (*Turiya*). Caim ao passar pelo mundo sente que não lhe pertence, embora o abrace. Apenas as suas heteronímicas peles-personas são desse mundo. No desespero ele permanece eternamente só e fora do mundo estando, contudo, paradoxalmente, no mundo como *Axis*, o *Qtub*, o Centro Imóvel da Roda. Entendamos, portanto, a palavra "intelectual" aqui usada por

Pessoa não no sentido dialético, mas de pura inteligibilidade gnósica, de apreensão direta e transconceitual (*nirvikalpa-samadhi*) da realidade não racional subjacente ao mundo das cores e dos seres. O Caminho da Serpente aqui referido não é, por isso, o da Serpente Leviatã nem o da Kundalini presa no seio da *Vesica Piscis* do Cosmos e da qual apenas se vê a sua cabeça elevando-se acima das coisas; isto é, o Falo e a Razão. Esta *Serpente-Gnose* de que Pessoa nos fala é a Serpente Tortuosa conhecida entre os Iniciados Antinômicos por *Azhdea*, o Homem-Serpente, reificado como Axis Mundi na constelação Draco no Setentrião, imagem primordial do Adepto Realizado. Dele, o poeta e iniciado há de dizer que "se nega", porque como passa sem rastro reto, pode deixar o que foi, visto que verdadeiramente não foi.

No Caminho da Serpente dos kabbalistas, pulsando em sucessivas contrações e expansões de si mesmo no Caminho do Retorno (Reintegração) ao longo das esferas planetárias da Sagrada Árvore da Vida, ela repete a própria morte e faz despertar o Adepto, libertando-o de pele em pele a substância cósmica do seu ser para ser reabsorvido no Não-Ser. O seu objetivo final é alcançar o estado de Presença e Despertar, Puro Sabath da Extinção de todos os Desejos. Ao ascender em perpétuo auto sacrifício e deleite ao longo dos 22 Caminhos que unem as *Sephiroth* e *Qliphoth,* onde ela entrega-se à extinção de si mesmo no amplexo final do *Ain Soph*, a Luz Ilimitada. Pessoa, contudo, segue o modelo kabbalístico mais em essência do que em forma. Ele cria uma ruptura morfológica e distorções semânticas que escandalizam um kabbalista tradicional. Revogando o modelo kabbalístico herdado por Kircher por um mapa em forma de *Vesica Piscis* geometrizada, criada a partir dos seus dois triângulos equiláteros, um superior e outro inferior, Pessoa cria um modelo de base undecimal típico da Via Telêmica e Apofática. O seu elemento de ruptura maior é *parecer* defender que a barreira teológica entre *Sephiroth* e *Qliphotes* é uma convenção criada por aqueles que vêm o cosmos pelos olhos da ilusão e da dualidade e não da Unidade. Na perspectiva do Adepto, essa antítese formal é uma ilusão consensual criada pelos kabbalistas ao tentarem resolver o problema do mal separando-o de Deus. Ela é, portanto, uma concepção da ordem material e mágica das coisas, como diria Pessoa.

A Serpente abraça e rejeita ritmicamente, no seu movimento pulsante para dentro e para fora ao longo do cosmos (*Vesica Piscis*), seja na sua ascensão vertical como na sua expansão horizontal, todas as polaridades e oposições. Ela vive-as e anula-as em si mesmo, na condição típica de um gnóstico para quem o pecado e a virtude, a moral e a religião, são miragens da nossa consciência egotrópica, de quem ainda confunde as ficções e reflexos do seu pensar com a obscura claridade do Não Ser. A Serpente atravessa todas as dualidades e oposições ao modelo do Caminho Errático de Caim e da Via Não-Dual, enrolando-se por detrás e pela frente, abraçando e abandonando a Árvore da Vida e da Morte, pertencendo-se apenas a Si-Mesma. Nesse caminhar em que simultaneamente voa e rasteja, em que o corpo o roça intimamente a energia do cosmos, ela esboça o modelo do Adepto Antinômico. Uma das traduções do hebreu Caim é "aquele que possui" (*qana*), isto é, se possui a si mesmo. Nesse Caminho, em que se possui a si-mesmo e se está sozinho e nu, ele bebe dos elixires e dos venenos do mundo, liquidando todos os referentes herdados do Mundo e da Tradição. Pela apostasia de todas as crenças o Iniciado-Serpente enquanto hipóstase de Caim é um Errante, tudo anulando e transcendendo, numa sucessiva perda de "peles", até a total nudez e despertar, à completa extinção-deleite no Vazio Perene. Este Caminho Sem Caminho, que simultaneamente abraça a morte e a volúpia, anulando todas as dualidades das Vias consagradas, sejam elas secas ou húmidas e sinistras ou destras, está sob o signo de *Shaitan*, o Opositor, Guardião e Mestre Secreto da Tradição. E Pessoa provoca mais uma vez:

"É preciso, quando se é Serpente, passar em Satã para chegar a Deus".

Para quem é Serpente, isto é, um Pneumático insuflado e transfigurado pelo Fogo-Pneuma, Deus é sempre uma passagem, um cadáver calcinado que se tem de calcar sem medo aos nossos pés e deixá-lo tornar-se poeira. Deus é a última pele, a esperança de sobrevivência final da ego-personalidade com a sua promessa de redenção, pois como diz Pessoa ela "passa para além de Deus" Deus e Satã não são, assim, em substância a Serpente mas suas *personas* cumprindo a função radical do Despertar Antinômico pelo ordálio da Oposição. A Serpente é o Homem-Deus.

COMENTÁRIOS

A escolha da *vesica piscis* é apropriada pois ela representa o próprio cosmos. Por meio do seu esquema em formato de *Vesica Piscis*, ou, melhor ainda, em Diamante, Fernando Pessoa inspirou-se na *Árvore da Vida*. Seja enquanto *Árvore Perfeita* ou *Árvore da Queda* por uma questão de equilíbrio só poderia haver uma numerologia decimal tal como a Tetraktys Pitagórica exemplificada. A criação de um esquema baseado no número 11 introduz uma unidade simultaneamente inercial e dinâmica de duplo rosto (1/1), verdadeiro Janus Luciferino. Esse número está associado a *Daath*, onde se erguem as *Sete Cabeças* do *Dragão do Abismo*, assim como as divindades telêmicas *Nuit, Hadit*, e *Ra-Hoor-Khuit*. Sem dúvida esta ideia tem uma influência telêmica pela exaltação do número 11, mas também pelo fato de ser um número *Magnun Opus*, resultante da união do Pentagrama e do Hexagrama. Enquanto número sapiencial da *Força Mágica* (AVD) ele enquadra-se bem no simbolismo oblíquo da Serpente.

Satã é o porteiro do *Templo do Rei*; Ele permanece no pórtico de Salomão e guarda as *Chaves do Santuário*. Nenhum homem pode entrar lá, salvo o consagrado, tendo o Arcano de Hermes.

O PRINCÍPIO SIMBOLIZADO PELA SERPENTE

Nenhum problema da Kabbala é mais complexo nem mais difícil de despojar de seus elementos misteriosos e contraditórios que aquele da Serpente. Uma das razões para essa confusão se encontra no fato de que a Kabbala (assim como outras linhas iniciáticas, como o Gnosticismo) insiste sobre o poder das duas Serpentes diferentes, uma Serpente do Bem e uma Serpente do Mal, e isso sem estabelecer muita bem a distinção. Há uma razão válida para esta confusão, como veremos mais tarde, mas, no entanto é verdade que as aplicações e as atribuições respectivas das Duas Serpentes são às vezes quase inexplicáveis.

Assim temos uma Serpente do Bem e uma Serpente do Mal; uma Serpente da Sabedoria, e uma Serpente da Ignorância, uma Serpente luminosa que ultrapassa as estrelas em glória, e uma Serpente das Trevas que rola suas dobras no Caos. Uma Serpente é o Iniciador, e é dito que ela guarda caminhos da alma; a outra Serpente é o Tentador, o demônio da impureza, que morde os calcanhares do homem. Uma Serpente é sempre a Serpente da Verdade; mas a Serpente de baixo é o próprio Grande enganador. O Dragão dos céus é refletido pelo Dragão do Abismo, e é neste sentido que se diz que o Demônio é a Divindade ao avesso, e que o Diabo é o macaco de Deus.

Não somente encontramos essas antinomias sempre e em todo lado, na Kabbala e nas Mitologias, mas muito frequente as atribuições de uma das Serpentes são aplicadas à forma oposta. Assim Samael é a Serpente (do mal), e ela é masculina, mas também é dito que a Serpente Samael (masculino) cavalga sobre a Serpente Samael (feminina) – neste caso Samael é Lilith. Outro Samael é o Arcanjo do Castigo atribuído à letra Samech. Nos temos tratado a forma de Adam-Kadmon, o homem Celeste, mas há também a considerar um avesso Adam-Kadmon, e dele deriva um Anjo-Serpente (feminino) que engendra os demônios coabitando com ele. O Zohar não hesita em dizer que a alma do homem é formada de duas Serpentes, o Espírito do Bem e o Espírito do Mal, mas isso é dito com segunda intenção da doutrina que Shekinah reconciliará os dois, da mesma maneira que a Árvore da Vida equilibra a Árvore do Conhecimento do Bem e do mal.

Já vimos que Deus não é o autor do mal; todavia, Ele dá uma proporção de livre arbítrio a todo ser vivo, e este livre arbítrio contém em germe o princípio que uma má escolha pode fazer nascer o mal. O Eterno fala de Minha Serpente, embora o texto que segue indique que a Serpente em questão é o Tentador que dá provações à humanidade. No livro de Job, Satã é um dos filhos de Deus e ele fala livremente com o Eterno. Não se deve esquecer que – segundo a Gematria – o número de Nahash (Serpente), 358 (Nun = 50, Heth = 8, Shin = 300) é o mesmo que o do Messias, (358). A mesma ideia se encontra na narração da tentação no Jardim do Éden: A Queda de Adam é indiretamente atribuída à mulher, mas a redenção Messiânica virá igualmente pela mulher.

É dito que Vau, sem Yod, é a Serpente. Mas o nome de Eva (He = 5, Vau = 6, He = 5 = 16) é exatamente a Serpente do Pecado (16) e o Vau domina os dois HE passivos. Aqui se encontra uma explicação da aparente contradição que a mulher é a Serpente e que a mulher é a Via do

Messias. A Kabbala jamais é dualista – ela é fundamentalmente monoteísta – mas ela não deixa de indicar em nunhuma ocasião a natureza do equilíbrio das polaridades. O casamento de Vau com Yod, como também a sedução de Adam por Eva são duas maneiras de dizer que o He – Vau – He jamais será levado a Unidade até que ele tenha conseguido reunir-se com o Yod, para refazer o Tetragrammaton. Em linguagem não figurada, isso quer dizer que o trabalho da Manifestação não será terminado antes que as duas polaridades – masculina e feminina estejam reunidas em harmonia perfeita com Deus.

Não somente a Kabbala, mas todas as escolas iniciáticas estão de acordo pra empregar a Serpente como símbolo da sabedoria. É peril procurar explicar o uso desse símbolo por referências zoológicas. A Serpente, como réptil, não é mais subtil que qualquer outra criatura. Um animal a recear pelo homem primitivo, e que lhe deu um sentimento de aversão, seria certamente um curioso símbolo a escolher pra representar a Sabedoria, se sua aparência fosse a razão dessa escolha. Devemos olhar o simbolismo com uma atenção mais concentrada. Os homens da antiguidade – de todos os países, e de todos os cultos – conheciam quatro elementos: o Fogo, o elemento divino; o Ar, o elemento espiritual ou vital; a Terra, o elemento material; e a Água, o elemento fecundo. Entre todos esses povos, a Água está associada com a Serpente. Assim, a Serpente é o rio que corre em torno do Mundo, ele é (como Shekinah) o rio que vem por baixo do trono; ele é a chuva que regenera, e ele corre no céu, sobre a terra e debaixo da terra.

É dito que a Serpente não tem pai nem mãe, porque, efetivamente, as fontes e os rios correm incessantemente, aparentemente sem serem esgotados. No Egito, por exemplo, o rio Nilo, que dá todas as riquezas ao país é chamado a Velha Serpente; os Fenícios, que viviam pelo comércio marítimo, faziam sacrifícios à Serpente dos Mares. À primeira vista, essas relações mitológicas não parecem essenciais para uma compreensão da Kabbala; no entanto, é útil compreender a universalidade desta fundação do culto da Serpente. Este é o culto da fecundação, o mais antigo culto do Mundo, e, mesmo na Kabbala, esta faculdade fecundadora que é atribuída à Serpente torna-se um fator crítico na história da Tentação.

O valor de um símbolo consiste no seu poder de ilustrar ou de figurar uma ideia; a ideia não é posterior ao símbolo. É necessário, portanto, ter concebido a noção da Infinidade antes de poder empregar o símbolo de *Ouroboros*, a Serpente que morde a cauda, formando um círculo infinito. Sabemos que Esculápio fez o paralelo entre a Serpente e os riachos que serpenteiam através dos campos, e que ela comparou as boas serpentes e as más serpentes com a água potável e a água contaminada, embora ele não soubesse a razão da contaminação. Se, portanto, a Serpente é tomada como símbolo da sabedoria, isso indica que a Sabedoria já era uma ideia familiarizada. Quando se diz, no livro do Gênese, ora, a serpente era mais sutil do que qualquer outro animal dos campos que o Senhor Deus fez, é evidente que Moisés – ou o redator do Pentateuco – tinha no pensamento o conceito da sutileza antes de pensar na serpente.

Todavia, isso não nos permite levar as interpretações ao excesso. Fabre d'Olivet, em restituindo a língua hebraica, força as palavras hebraicas a exprimir ideias que eram completamente desconhecidas aos autores da Torá, aos Talmudistas, e até aos Kabbalistas. Por exemplo, Fabre d'Olivet traduz o versículo citado no parágrafo precedente desta maneira desfigurada:

Ora a atração original – a cupidez era a paixão convidativa de vida elementar – a energia interior – da Natureza, obra de Jehovah, o Ser dos seres.

É certo que nenhum autor poderia ter modificado estas frases assim! Esta restituição não é nem a língua Hebraica nem o pensamento Hebraico; isso é uma fantasia. O ocultista francês é talvez um pouco mais feliz quando sugere a palavra egoísmo como tradução de Nahhash em vez de serpente. Mas isso é uma interpretação, não uma tradução, porque Nahash é descrita como uma serpente (ou dragão) várias vezes. Compreendida neste sentido, há algumas indicações a notar nestas atribuições à Serpente dos vícios da cupidez e o egoísmo. Eliphas Levi compara a Serpente com a luz astral (o cavalo de batalha desse autor); Stanistas de Guaila a traduz obscuramente como esta Rotação angustiante que á a basse latente da dupla vida psíquica e volitiva de todos os seres criados.

Essas confusões de interpretações não esclarecem mitos nos conhecimentos; há vantagem na simplificação. A cupidez, o egoísmo, a força psíquica, e até a sabedoria, são aspectos da Personalidade. A

Personalidade, em si mesma, é uma exteriorização da Inteligência. Nós preferimos seguir muito perto o ensinamento do Antigo Testamento, nós não faremos nenhuma violência aos Talmudistas e aos Kabbalistas, e, no entanto, estaremos em acordo com os ocultistas modernos dizendo que uma das mais úteis interpretações da palavra Nahash, a serpente, é de chamá-la: A Inteligência.

A chave do mistério das Duas Serpentes se encontra nesta interpretação. Quando a inteligência permanece em harmonia perfeita com o Propósito Divino, não procurando a crítica, não se prestando ao orgulho de passar em julgamento os decretos divinos, esta é a Fé. Esta não é uma Fé cega – coisa sempre deplorável – mas uma Fé consciente, que não tem razão de razoar, porque ela reconhece o que é divino. É a Fé, mas também a Sabedoria. A Serpente do Bem, a Serpente luminosa, o Dragão do Céu, são os nomes desta Inteligência Suprema que conhece os mistérios dos Altos Planos, porque ela está suficientemente esclarecida e bastante elevada para vê-los e para compreendê-los.

A Serpente do Mal é a Inteligência que não possui a Sabedoria, a Inteligência que pensa que tudo deve estar subordinado a seu razoamento, que leva à crítica à blasfêmia, que desenvolve um egoísmo desenfreado, e do qual o materialismo torna-se uma cupidez sórdida. Não é difícil compreender que o Orgulho combinado com a Ignorância podem ser uma causa de numerosos males. Podemos levar o contraste ainda mais longe, indicando a obra do Mago ou Teurgo na luz astral dourada, ele que é adepto da Serpente da Sabedoria; e a do Feiticeiro ou demonólogo, atuando na luz astral verdosa e sulfurosa, ele sendo adepto da Serpente das Trevas. Um tal exame nos levaria às questões psíquicas ou ocultas, um pouco fora do quadro do Kabbalismo.

A SERPENTE DA SABEDORIA

Já revelamos que a Serpente do Bem é a Inteligência Luminosa, que ela é um símbolo da Fé. Quando essa Serpente for comparada à Via Láctea, devemos compreender que ela é uma comparação ao Anel de Luz e de Proteção com o qual o Eterno cercou seu Universo. A Kabbala nos leva às reflexões ainda mais vastas, às concepções ainda mais etéreas. Cada Anjo, diz a Kabbala, é um pensamento de

Deus; o Universo e mesmo o Cosmos são a Obra de Seu pensamento. O fato de que o Todo é inconcebível não é uma razão para negligenciar, sendo sempre um esforço para atingir uma maior compreensão na Terra e que se procure elevar-se para o Eterno.

A Serpente da Sabedoria se ocupa, segundo o Zohar, de manter a Via da Pureza livre de todo obstáculo, para aqueles que procuram segui-la. De acordo com a Tradição é dito que os Filhos da Doutrina que estão casados e tenham filhos da Promessa (circuncisos) receberão o orvalho (a Benção) do céu. A Serpente Celeste é o Guardião do Rocio. Mas a Serpente da Sabedoria não desempenha, na Kabbala, o papel importante que lhe dão em outras linhas de Iniciação, por exemplo, no Gnosticismo de Marcion e de Basilides; o ponto interessante em nossa análise é que ele nos dá a chave ao contraste entre a Inteligência superior e a Inteligência inferior.

A GUERRA NO CÉU; A QUEDA DOS ANJOS

Graças à epopeia mundialmente conhecida *O paraíso perdido*, do poeta Puritano Inglês, John Milton, que conhece o Livro de Enoque, livro apócrifo apocalíptico, a antiga legenda da Guerra no Céu tomou uma forma clássica. Ela se impõe sobre nossos conhecimentos, embora ela seja uma forma pessoal e de uma teologia Cristã em particular. Por este poema, podemos ver o orgulho de Lúcifer, e entender seu desafio lançado ao Eterno por causa da divina intenção de criar uma raça de homens superiores aos Anjos. Podemos seguir a rebelião no Céu, e a triagem entre as legiões que se ligaram respectivamente ao estandarte da obediência ou da revolta. Diante de nós se desenvolve a guerra das legiões Celestes, os dias de conflitos terríveis entre as armadas celestes dos campões imortais; nós assistimos ao duelo entre o Arcanjo Michael e o Arcanjo Lúcifer. Nós escutamos a Voz do Eterno, que envia Seu Filho sobre a luta de vitória para colocar em fuga as hordas de desobedientes, e nós nos damos conta da destruição que se seguiu. Aqui bem entendido, o poeta tira seu tema da tese Hebraica.

Diante de nossos olhos, os anjos descidos caem do empíreo durante dias e noites sem parar, para chegar aos fundos sulfurosos do lago de betume nos infernos. Lá, na escuridão, vemos Lúcifer chamando Satã depois de sua queda se levantar, majestoso ainda em sua ruína, poderoso em sua derrota, nos os escutamos chamar os príncipes tenebrosos para um Conselho de Guerra. Uma Guerra de dimensões impressionantes se eleva nas Sombras pela única vontade do Rebelde, e os chefes descidos dão voz a seus projetos de continuar a luta contra o Eterno, de jamais se humilhar para pedir perdão e que certamente jamais seria concedido. Melhor, dizem eles, reinar nos infernos do que servir no Céu! Nós escutamos a decisão tomada de manter a sórdida revolta contra o Altíssimo e de tomar a alma do homem como campo de batalha, porque conduziu o homem ao pecado – os anjos descidos podem tornar nula a Obra Divina, sua revanche será completa e a finalidade de sua rebelião original será atingida.

Estender a história do Paraíso Perdido mais longe não entra no quadro desta reflexão. Mas, podemos mencionar que Satã sozinho ousa afrontar os desígnios de Deus forçando as Portas do Inferno e que ele toma seu voo para a Terra. Entra secretamente no Jardim do Éden e, tomando a forma de um sapo, acocorou-se junto à orelha de Eva, enquanto ela dormia para sugerir-lhe maus pensamentos durante o sono. Embora descoberto por um dos guardiões do Paraíso, Satã chega ainda a se fazer passar pela Serpente; ele persuade Eva de desobedecer às ordens do Eterno, e pegar o fruto da Árvore do Conhecimento do Bem e do mal e de convidar Adam a degustá-la. A expulsão do Éden é o resultado inevitável e o Paraíso é perdido.

Salvo para as referências tendo relação com a revolta dos anjos, a guerra no Céu e a Queda dos seres celestes, tais como se encontra na literatura Kabbalística, e que são tomados do Livro de Enoque e do Apocalipse de Noé, nenhum eco na lenda Miltônica não se encontra na Kabbala. Todavia, nós lembramos que Enoque escapou da morte. O Zohar fez disso uma personificação de Metatron durante sua vida terrestre. O que explica sua imortalidade e, no Céu, o declara o guardião dos Tesouros do Eterno, para os quais, há 45 chaves na forma de um alfabeto secreto; uma referência a um sistema novenário ao Alfabeto de Ain Becar. Essas chaves contêm letras gravadas sobre uma pedra preciosas brilhantes e uma dessas chaves contém o segredo de manter a Serpente do Nahash.

536

A Queda dos Anjos, segundo a Doutrina Kabbalística, se mistura com as quedas do Mundo de Atziluth em Briah, de Briah em Yetzirah e de Yetzirah em Assiah; um assunto complexo que foi ilustrado no nosso livro *Secretum, Manual Prático de Kabbala Teúrgica* sobre as Trinta e Duas Vias da Sabedoria. Essas Quedas tinham:

1º Nas primeiras eras da Manifestação;

2º Durante o poderio dos Duques de Edom, as criações abortivas; e

3º Pela Queda de Adam Kadmon do Paraíso Celeste ao Paraíso Terrestre. Há, além disso, uma queda pós Adâmica, quando os anjos descidos desposaram as filhas do Homem.

Quando a Árvore das Sephiroth se formou, ou que ela estava formada as Legiões da Luz Luminosa se colocaram ao lado direito da Árvore (o Pilar da Misericórdia, ou Pilar da Polaridade Masculina); e as Legiões da Luz obscura se colocaram ao lado esquerdo, (o Pilar do Rigor, ou o Pilar da Polaridade Feminina). O Pilar da Direita manteve sua supremacia, mas o Pilar da Esquerda não aceitou sua inferioridade, o que indica outra forma da Guerra dos Anjos. Os dois grupos de legiões tinham os poderes iguais para agir no Caminho do Bem ou no Caminho do mal, mas as Legiões da Direita (lado ativo, polaridade masculina) tinham uma tendência mais forte para o Bem; as Legiões da esquerda (lado passivo, polaridade feminina) seguiam mais voluntariamente a escolha do mal.

A Kabbala que procura sempre um texto na Torá ao qual ela pode ligar uma interpretação acrescenta neste ponto a citação:

Deus disse: *"Que haja um espaço* (firmamento) *entre as águas, e que este espaço separe as águas com as águas..."*

Deus chamou a esse espaço (o firmamento) Céu. Tal ensinamento, diz a Kabbala, indica o estabelecimento do Pilar Central ou a Árvore da Vida, entre as Águas do alto (o Pilar Direito) e as águas debaixo (o Pilar Esquerdo). A maioria (mas não todas as legiões de anjos do Pilar Direito aceitaram a harmonia estabelecida pelo Pilar Central); a maioria das Legiões de Anjos do Pilar Esquerdo não aceitou. A luta se armou. Não estando mais em harmonia com o Pilar Central, quer dizer tendo se colocado em desequilíbrio por suas próprias ações, os Anjos do Pilar do

Rigor caíram do seu estado abençoado. Estes Anjos do Pilar não estão fortemente personificados na Kabbala, há aí uma referência que sugere que o Espírito do mal no Homem encontre seus aliados nas más forças abstratas vindas desses Anjos caídos da Árvore Sephirótica. Acrescentamos que às vezes a Serpente do Caos está representada sobre o gráfico da Árvore, mas sua cabeça não ultrapassa jamais o Abismo.

O Zohar conta também que o *Santo, Bendito Ele seja* chamou as Hierarquias Celestes diante d'Ele para lhes anunciar sua intenção de criar o Homem, mas que algumas Legiões Lhe responderam por um versículo das Escrituras (O Zohar ignora o anacronismo) dizendo que o Homem não será imortal (Salmo 49 vers. 12 – *"Todavia o homem que está em honra não permanece; antes é como os animais, que perecem"*). Segundo a Kabbala, esses Anjos foram lançados ao Fogo Eterno do Sheol (o inferno).

Mais curiosa ainda é a tradição que se encontra no Zohar dizendo alguns anjos, entre eles Aza e Azael, começaram uma disputa com Shekinah, na presença do Eterno; esses Anjos afirmavam que seria de sabedoria muito duvidosa criar o homem, porque seria necessário dar-lhe uma esposa e o pecado seria, por conseguinte inevitável. Shekinah (nós citamos o Zohar) replicou que os Anjos diante dela, conduzidos por Aza e Azael, não tinha que se gabar demasiado de sua pureza. Estes filhos de Deus tomara esta negação por uma derrota ou uma profecia, e a Tradição afirma que são eles que, mais tarde foram sobre a Terra e escolheram as mais belas mulheres entre os descendentes de Caim para seu prazer. Deles são nascidos os gigantes (Gênesis. VI – 1). Segundo outra versão é dito que Aza e Azael foram banidos do Céu, mas que ao chegarem sobre a Terra não tinham nenhum conhecimento da vida terrestre; Nahash, a irmã de Tubalcain, foi sua sedutora, o mau exemplo sendo seguido por toda banda, uma nova raça de demônios começou a habitar a Terra.

NAHASH A SERPENTE DO CAOS

Na Cosmologia Kabbalística, a Criação se fez pela simples Vontade Divina, e os instrumentos da Criação foram às letras do Alfabeto e as Dez Numerações. Mas a Kabbala fala frequentemente da negação não Divina, e, lembrando-se o modo pelo qual os Hebreus insistem que todo protótipo no Alto possui seu duplo em baixo, nós vemos na Negação não Divina um reflexo da Negação Divina. É claro que a Negação Divina, na luz dos céus, só pode ser Ain, o Nada que é o Todo; a Negação Não Divina nas trevas é incontestavelmente o Tohu-Bohu; deve se lembrar que o Caos, antes da Criação, está representado no Zohar como tendo uma tríplice casca:

1ª Tohu;

2ª Bohu; e

3ª as Trevas.

A Serpente das Trevas, por conseguinte, é o Dragão do Caos, tendo Tohu-Bohu nas obras de sua cauda. Nahash é chamada a Serpente do Abismo Profundo, e é dito que a Serpente dos Mares verá a luz do dia da vinda do Messias.

Olhando Nahash no seu sentido cósmico, torna-se mais fácil ver porque os ocultistas modernos interpretaram as referências na literatura Kabbalística dizendo que a Serpente do Caos significa a Luz Astral ou o Éter Akáshicos. Isso não é atualmente falso, mas tais afirmações falseiam o espírito da Kabbala. A Criação não é um acontecimento único, ela continua sempre, a organização divina não para jamais de fazer sair a ordem do Caos, e Sua Intenção para a espiritualização da Humanidade está sempre me marcha. Esta tese implica que existe sempre um Tohu-Bohu em Caos não organizado ou parcialmente organizado, que será passivamente resistente às forças organizadoras (o mal negativo) ou ativamente resistindo a essa organização (o mal positivo). O Caos no estado de Luz Astral não organizado ou parcialmente organizado é definido por Stanistas de Guaita como uma correlação de forças físicas em síntese das forças hiperfísicas do Cosmo. Na percepção de Guaita, o que nós descrevemos em nossos dias é sempre pelo sentido psíquico. A Luz Astral, ou o Éter, é realmente uma meio que abraça as forças psíquicas, boas ou más, e que é ao mesmo tempo o lugar de permanência dos demônios. O Mestre desta permanência é Nahash, a Serpente do Caos.

Os Anjos maus, diz Karppe *num breve sumário, estão agrupados paralelamente aos anjos do bem, no Zohar, por ordem rudimentar e de obscuridade crescente. Estas são as personificações de todas as formas do mal, de todas as imperfeições, de todas as deformidades, de todos os inimigos da ordem, da harmonia e da vida. Por exemplo, a negação cósmica expressada no primeiro e segundo capítulos do Gênese torna-se uma superposição de três cascas circunscritas como as cascas de uma cebola; a Terra sendo Tohu é a primeira; Bohu é a segunda, e as trevas que planeiam é a terceira. Encontramos aí a encarnação de todas as abstrações do mal, da libertinagem sedutora, da violência, da inveja, do orgulho, da idolatria dos espíritos que fazem nascer e de qualquer forma explodir a cólera do homem e suas maldições contra ele mesmo ou contra outro.*

Lá (nas regiões tenebrosas da Luz Astral) *fervilha a legião incontável dos demônios leprosos sob a direção de Samael e de sua mulher Lilith a mais velha, de Aschmadai e de sua jovem e louca amante Lilith a jovem. Por ela, Aschmadai e Samael combateram longos séculos e sua reconciliação se operou em vista de uma ação comum na luta do Mal contra o Bem.*

O Zohar identifica também Samael com o anjo da morte, com a Serpente do Gênese, com Satã do livro de Job, com o instinto do mal que vive no coração do homem desde sua juventude em fim, com o Mundo da matéria. O anjo da morte tem sob suas ordens legiões correspondentes a todas as formas de doenças e de mortes. Sob seu império estão os demônios hematófagos, aqueles exalam os hálitos pestilenciais e aqueles que estão sobre o fio da espada e vão levar a morte nas linhas inimigas... Quer dizer, de alguma forma os demônios tesoureiros da morte.

Mais abstratos que esses demônios do crime e da doença, são os *Qliphoth*, os anversos das Sephiroth. Vamos dar o nome oposto da Sephirah, aquele do arquidemônio e da hierarquia infernal, mas não o Nome de Evocação, que só é utilizado na magia negra.

1 - Thaumiel, a *Sephirah* aversa a kether, os duplos de Deus, de duas cabeças, as forças do Dualismo. Os arquidemônios são Satã e Moloch, a hierarquia ou chefe dos córtices é Cathariel. (A palavra cascões indica o resto de uma entidade morta aparentemente, mas que pode ser revivificada por um procedimento mágico).

2 - Chalgidiel, obstrução a Deus. O arquidemônio é Beelzebuth. Os cascões são os *Ghogiel*.

3 - Sathariel, aqueles que ocultam Deus. Os duques de Esaú ou de Edom são os arqui-demônios. Os cascões são os *Sheiralim*.

4 - Gamchicolh, os pertubadores. O arquidemônio é Astaroth. Os cascões são os *Ararielim*.

5 - Golab, os incendiários. O arquidemônio é Asmodeus. Os cascões são os *Uslelim*.

6 - Togarini, os questionadores. O arquidemônio é Belphegor. Os cascões são os *Zomielim*.

7 - Harab Serap, aqueles que agem contra a natureza. O arquidemônio é Baal. Os cascões são os *Theumlelim*.

8 - Samael, a confusão ou a loucura. O arquidemônio é Adrametech Os cascões são os *Theunilelim*.

9 - Gamaliel, os obscenos. O arquidemônio é Lilith. Os cascões são os *Ogielim*.

10 - *Malkuth*, sendo o Mundo da queda, não tem uma *Sephirah* anversa, mas no lugar do poder benéfico de *Shekinah*, o espírito anverso é *Naamah*, um súcubo, demônio da impureza.

Esses demônios podem agir nos Mundos de *Assiah* e Yetzirah, só os Qliphoth tem poder em Briah e nenhuma má entidade pode entrar no Mundo Atziluth.

SAMAEL, A SERPENTE DA TENTAÇÃO

Comecemos com a fábula que a Serpente do Gênese, antes de sua condenação por *Jehovah*, tinha pernas, pode ser, segundo Oswald Wirth, *"um desses lagartos se diz amigos dos homens"*. É perfeitamente verdadeiro que as boas e os *pythons* (assim como muitas pequenas serpentes que furam a terra) têm vestígios de pernas atrás, mas é muito duvidoso que este animal tenha podido ser útil na Tradição. A Serpente, o verdadeiro ofídio, não o sáurio ou dragão, é um animal recente na história terrestre.

A palavra *Samael* quer dizer o veneno de Deus, e esta é uma das razões porque a Serpente é chamada o anjo da morte. A morte, como a Serpente venenosa, pode destruir um homem num instante; seu toque fatal é frequentemente inesperado. A morte que vem a um pecador, diz a Kabbala, lhe é dada por *Amalek* o qual é um outro nome de *Samael*, mas que é aplicado geralmente no sentido de um agente do castigo.

É principalmente com a significação de impureza que a Serpente Tentadora do Gênese aparece no livro do Gênese. Todavia, para compreender o ensinamento é essencial lembrar que, segundo o pensamento hebraico, a impureza não era necessariamente um pecado de carne, mas principalmente um estado de isolamento de contato com Deus. Aquele que tinha tocado um cadáver, mesmo de um inseto, era Impuro; ele devia ausentar-se do acampamento e não dirigir a palavra a ninguém. Aquele que carregasse um fardo de dois quilos no Dia do Sábado era impuro; aquele que cuspisse ou espirasse sem pronunciar a prece ritual acompanhante, era impuro, e aquele que infligia as leis do regime Mosaico – por exemplo, que tivesse comido um creme e carne na mesma comida – estava de grave impureza. A Lei dominava tudo. O estado da impureza era este elemento de desobediência contra a Lei. É necessário acentuar este elemento totemístico nas concepções de Israel, se não somos tentados dar a palavra impureza à interpretação carnal que foi imposta sobre o Mundo por uma forma de ascetismo cristão, e de negligenciar sua verdadeira significação, mais ampla.

Ao mesmo tempo, como o Ministério Central da Kabbala é um Ministério das Polaridades, ou um Ministério do Sexo, não devemos perder de vista que estas Impurezas tomam um caráter duplamente sério quando a vida conjugal está em jogo. A insistência sobre um problema de sexo também é totêmica. Em nosso estudo sobre a Tentação de Adam empreenderemos uma análise detalhada sobre esta questão delicada, mas é possível dizer, desde já, que os males que chegaram a Adam e Eva não foram exclusivamente – nem principalmente – à causa das irregularidades de coabitação, mas por causa de sua desobediência a Deus, ou, para empregar a nomenclatura antropológica, foi o resultado inevitável do rompimento de um tabu.

Samael (que é também *Amalek, Satã* e a *Serpente*) é o Senhor da Desobediência. Seu poder é muito grande, porque ele representa a Inteligência sobre seu aspecto material e pode jogar com o dom perigoso do Livre Arbítrio. Ele é também Mestre da Luz Astral ou o Mundo Psíquico, ele pode fazer vir fantasias, ilusões, falsos razoamentos, e seduções diabólicas em profusão. Segundo a Doutrina que o homem que é culpável de uma só desobediência da Lei Mosaica é culpável de ter desobedecido a Lei inteira, e que ele está (temporariamente, pelo menos) excluído da presença de Deus, compreendemos que *Samael*, a Serpente, o Sutil Tentador, possui uma infinidade de meios para conduzir o homem para o mal.

É necessário repetir ainda uma vez que a Serpente não é uma entidade criada por Deus, como também o Mal não é uma Criação Divina; estas são condições relativas, criadas pelos seres relativos em via de fazer provações e de ganhar suas experiências. A via do Mal e das entidades do mal é não somente temporária, mas parasítico sobre o homem. Com a vinda do Messias, ou, mais exatamente, a realização do Reinado do Messias, a revolta dos anjos terminará; os demônios perecerão, não tendo mais a raça humana para lhes dar uma vida vampírica; *Samael* o anjo da Morte, não terá jamais ocasião de empregar sua gota de veneno, e *Nahash* enrolará suas dobras de novo no *Tohu-Bohu* do Caos.

OFIOLATRIA E LUCIFERISMO

O caminho da Serpente está fora das ordens e das iniciações, está, até, fora das leis (retilíneas) dos mundos e de Deus. O caráter maldito, o aspecto repugnante, da Cobra, traz marcado a sua Oposição ao Universo – profundo e obscuro Mistério Magno. Ela é o Espírito que Nega, mas nega mais, e mais profundamente, do que em geral se entende ou se pode entender. Nega o bem no seu baixo nível, em que é só Serpente e tenta Eva; nega a verdade no seu segundo nível, em que é [espaço em branco] nega o bem e o mal no seu terceiro nível, em que é Satã; nega a verdade e o erro no seu quarto nível, em que é Lúcifer; (ou

Vênus); nega-se a si-mesma e a tudo no seu quinto nível, e fuga, que é SS, a Revolução Suprema. [espaço em branco] e a si-mesma se tenta e se mata.

Todos os caminhos no mundo e na lei são retilíneos; o caminho da Serpente é a evasão dos caminhos, porque é, substancial e potencialmente, a Evasão Abstrata, o reconhecimento da verdade essencial, que pode exprimir-se, poeticamente, na frase de que Deus é o cadáver de si-mesmo; a descoberta do Triângulo Místico em que os três vértices são o mesmo ponto, o segredo da Trindade e do Deus Vivo, que, de certo modo, é o Homem Morto em e através do Deus Morto.

(Fernando Pessoa – Esp. 54A-12)

Os *ofitas* (ὀφιταί υ ὀφιαοί) eram, como sugere seu nome, adoradores da Serpente.

Veneramos a Serpente, diziam, porque Deus a converteu à causa da Gnose para a humanidade. *Ialdabaoth* (o Demiurgo) não queria que os homens recordassem a Mae e nem o Pai do alto. Foi a Serpente quem os persuadiu e quem contribuiu para Gnose; ela ensinou ao homem e a mulher o completo conhecimento dos mistérios do alto.

As mesmas tendências ao culto da serpente (*ofiolatria*) aparecem em uma seita relacionada com a anterior, a dos *peratas*:

Se alguém tem olhos privilegiados, verá, ao elevar seu olhar ao céu, a bela imagem da Serpente enrolada no grande começo do céu, e que é para todos os seres que nascem, o princípio de todo movimento. Compreenderá então que nenhum ser, nem no céu, nem na terra, nem nos infernos, se formaram sem a Serpente...

Uma reabilitação análoga realizaram os peratas: "É Caim, cuja oferenda não satisfez ao deus deste mundo, quem recebeu em troca o sangrento sacrifício de Abel, pois o amo deste mundo sente prazer pelo sangue". (citado por Hipólito, Philosoph., V, 16).

Em certas seitas aparecem periodicamente práticas análogas... Deve observar-se que se trata de uma desnudez ritual, a qual não entra nenhuma intenção estética ou naturista.

O autor distingue *perata*, por outro lado, da boa serpente, identificada com o Salvador (o ser que "tenta" a Eva é o mesmo *Logos* que se manifestará logo em forma humana durante o tempo de Herodes), da má serpente, surgida do elemento úmido, da água cósmica; no simbolismo religioso se volta a encontrar a eterna ambivalência da serpente.

A serpente (*Naas* em hebraico; *Ophis*, em grego) foi tomada pelos gnósticos dos mistérios do paganismo, porém foi identificada com Lúcifer do *Gêneses*: a Serpente era considerada como uma mensageira de Deus da Luz e até como este próprio Deus, como o *Logos*. Enquanto que Jehovah havia aprisionado Adam e Eva num mundo de miséria, Lúcifer lhes deu a "ciência do bem e do mal", a gnose salvadora e divinizadora.

O *luciferismo*[56] tem tentado desde sempre a alguns, e se lhe encontra também em muitas seitas "ocultistas" contemporâneas[57].

A TRADIÇÃO LUCIFERIANA

"Cain and Abel Offering Their Sacrifices" *by Gustave Doré*

Doré Bible Illustrations • Free to Copy
www.creationism.org/images/
Gen 4:3-5 ...And the Lord had respect unto Abel and to his offering: But unto Cain and to his offering he had not respect. And Cain was very wroth, and his countenance fell.

Entre as tradições da Maçonaria existe uma que está vinculada com a origem luciferina, e isso tem levado muitas pessoas ao equívoco supondo que os rituais Maçônicos tem relação com crenças e práticas satânicas.

Tubalcaím transmitiu a Tradição Luciferina a Hiram.
No começo dos tempos dois deuses repartem o universo:
Adonay é o amo da Matéria e do elemento Terra.
Iblis é o amo do Espírito e do elemento Fogo.

---

56 - É importante não confundir o *luciferismo* com o *satanismo* (que adora Satã como princípio do mal).

57 - Uma das mais curiosas é a do "terceiro termo da Trindade", fundada por Maria de Naglowska, "grande sacerdotisa do Templo da Terceira Era". Em gnose moderna, o terceiro termo da Trindade não era o Espírito Santo e sim Lúcifer, identificado com o "Sexo" (P. Geyraud, *Les petitis Églises de Paris*, êmile-Paul, ed., 1937, p. 144-55).

Adonay cria o Primeiro Homem de barro que lhe está submetido e o anima. Movido pela compaixão pelo bruto incompreensivo que Adonay quer converter em seu escravo e seu joguete, Iblis e os Elohim (deuses secundários) despertam seu espírito, lhe dão a inteligência e a compreensão. Enquanto Lilith, a irmã de Iblis, se convertia na amante oculta de Adam, o Primeiro Homem, e lhe ensinava a arte do pensamento, Iblis seduzia Eva, surgida do Primeiro Homem, a fecunda e, junto com o germe de Cain, deslizava em seu seio uma chispa divina. De fato, segundo as tradições talmúdicas, Cain nasceu dos amores de Eva e Iblis. Abel nasceria da união de Eva e Adam.

Mais tarde, Adam não sentiria mais que desprezo e ódio por Cain, que não é seu verdadeiro filho.

Aclinia, irmã de Cain, que a ama, será entregue como esposa a Abel. E apesar disso, Cain dedica sua inteligência inventiva, que herdou dos Elohim, a melhorar as condições de vida da família, expulsa do Éden e errante pela Terra. Porém, um dia, cansado de ver a ingratidão e a injustiça responder a seus esforços, se rebelará e matará seu irmão Abel.

Para justificar-se, Cain responde pessoalmente a Chiram. Insiste sobre sua dolorosa sorte. Somente ele trabalhava a terra, arando, semeando, colhendo, efetuando todos os labores penosos, enquanto Abel, comodamente deitado sobre as árvores, vigiava sem esforço os rebanhos. Quando lhes tocava oferecer os sacrifícios prescritos à Adonay, amo exterior da esfera terrestre, Cain escolhia uma oferenda incruenta: frutos, sementes de trigo. Abel, pelo contrário, oferecia em holocausto os primogênitos de seus rebanhos. E, presságio funesto, a fumaça do sacrifício de Abel subia reta e majestosa no espaço, enquanto que o fogo de Cain caia para o solo, demonstrado assim o desprezo de Adonay.

Cain explica a Chiram que, no decorrer do tempo, os filhos nascidos dele, filhos dos Elohim, trabalharam sem sessar para melhorar a sorte dos homens, e que Adonay cheio de ciúmes, tentou aniquilar a raça humana mediante o Diluvio, e vê fracassar seu plano graças a Noé, advertido em sonhos pelos Filhos do Fogo sobre a iminente catástrofe.

O GÊNESIS OU SEPHER BERESHIT

Antes de inquirir a origem do Gênesis atribuída a Moisés, parece-nos mais racional resgatar seu esoterismo, mostrar seu sentido real, desejado, composto e desenvolvido pelos sábios que nele colaboraram. A comparação com as fontes sumérias mostrará perfeitamente a seguir a intenção de fazer dele um texto iniciático para o uso de um pequeno número de pessoas.

Moisés foi um homem de verdade ou um grupo de homens? Nada permite decidir a favor de uma ou de outra hipótese. Moisés, este nome pode designar o filho de Aarão, da tribo de Levi, mas pode também designar uma coletividade, pois, em hebreu antigo, as três letras que compõem este nome têm diferentes significações.

Formado por três letras, *Mem, Shin* e *He,* na época em que Moisés teria vivido o nome significaria, indiferentemente:

1º Uma dívida ativa, uma conta;
2º A ação de extrair água;
3º O nome daquilo que é extraído da água;
4º A lembrança, a memória, as tradições.

Sozinhos, os *niqqud*[58], originados, vários séculos depois, permitem diferenciar foneticamente essas palavras. Outrora, expressavam-se com a ajuda das mesmas três letras: "*Mem-Shin-He*".

Ora, nesses três últimos casos, podemos admitir que este nome designava tanto um texto, o Gênesis, que teria como autor a lembrança, as tradições de uma coletividade, quanto a presença de um indivíduo salvo da água.

E eis que agora, sob seu aspecto esotérico, apenas admitido pelas seitas que estudaremos em seguida, o texto do Gênesis, ou *Sepher Bereshit*, em hebreu.

Aqueles familiarizados com a Kabbala têm uma concepção metafísica à qual não falta envergadura.

O *Ain Soph*, o Sem-Limite, o Infinito, o Vazio vertiginoso porém inteligente, domina por toda parte. É o Deus Supremo, aquele que é semelhante a uma circunferência cujo limite circular estaria em toda parte

---

58 - *Niqqud* ou *Nikkud* é um sistema de marcas vocálicas diacríticas que constam no alfabeto hebraico. Essas vogais servem para dar acentuação na palavra, ou seja, marcar sua tonicidade.

e o centro em lugar nenhum. Dele emanam, via criação sucessiva, dez *Sephiroth* (*esferas* em hebreu), ou *planos sucessivos de manifestação* do *Ain Soph*.

O conjunto das dez *Sephiroth* é geralmente esquematizado em um traçado simbólico que os kabbalistas comparam a uma *Árvore*[59]. Este traçado é a expressão gráfica da Kabbala, palavra que é frequentemente substituída pela palavra *Vergel* (ou *Jardim*). Com efeito, a Kabbala compreende três ciências:

a Guematría,
o Notarikón,
a Temuráh,

todas essas ciências são relativas às relações ocultas dos números, das letras e das palavras. (Ver nossas obras *Manual Mágico de Kabbala Prática* e *Maçonaria, Simbologia e Kabbala* – Editora Madras, 2011. Ora, as três letras iniciais desses três nomes compõem a palavra hebreia *guimel*, significando *jardim, vergel* (*guimel-nun-tau*).

Por meio de cristalizações sucessivas, essas dez *Sephiroth* lentamente modelaram formas substanciais que deram origem ao tangível, ao Cosmos, à Matéria Universal.

Cada uma dessas dez Forças Inteligentes é, então, ao mesmo tempo, um dos *atributos* da Divindade Suprema e uma de suas *emanações*.

Consequentemente, estes atributos-emanados são a fonte das *manifestações* desta Divindade-Suprema.

---

59 - Essa Árvore simbólica concretiza, em suma, a concepção oculta do Mundo, material ou espiritual, este conjunto não é senão uma forma-pensamento emanada da subconsciência divina, de *Ain Soph Aur*.

A ÁRVORE DAS SEPHIROTH

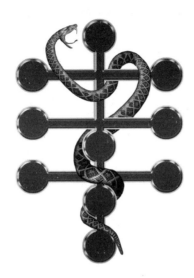

O atributo emana e, depois, a emanação se manifesta, tal é o processo criador deste Eterno-Infinito.

Cada uma dessas dez forças energéticas divinas recebeu um nome. Estão aí os *dez nomes divinos* da Kabbala, as dez esferas do Céu, do Primeiro Mutável da Astrologia Babilônica, os dez céus dos Ofitas, os dez círculos da tradição céltica, etc.

Eis a nomenclatura desses atributos-divinos, o nome de suas manifestações, e aquele, enfim, do *Elohim* correspondente.

Kether:	A Coroa de Perfeição:	*Eheieh.*
Chokmah:	A Sabedoria:	*Yod Tetragrammaton.*
Binah:	A Inteligência:	*Tetragelohim.*
Chesed:	A Misericórdia:	*El.*
Geburah:	A Justiça:	*Elohim Gibor.*
Tiphereth:	A Beleza:	*Eloha.*
Netzah:	A Vitória:	*Tetragrammaton Tzabaoth.*
Hod:	A Glória:	*Elohim Tzabaoth.*
Yesod:	O Fundamento:	*Shadday.*
Malkuth:	O Reino:	*Adonay Melech.*

A décima *sephirah* encerra em si o mundo visível, o universo dos sóis e dos planetas, as estrelas, etc. É o mundo tangível, aquele que está sob o controle dos nossos sentidos. Mas é também o domínio dos pensamentos materiais, da mente ainda prisioneira das contingências. É o plano *hílico* da Gnose.

Esses atributos, emanados e manifestantes, são os *Elohim* dos quais nos fala o Gênesis.

A primeira frase do texto sagrado nos diz, com efeito, o seguinte:

"No começo, Elohim criou os Céus e a Terra."

Ora, em hebreu, a palavra *Elohim* significa *"Ele-os-Deuses"*. Esta expressão designa a ação múltipla de uma só Força sob diversos aspectos.

Mas o que ainda não foi dito é que o principal agente desta manifestação, aquele que, definitivamente, é o último modo de manifestação da Forma-Pensamento criadora, é *Adonay Melech*, o deus criador, último *Elohim* aos pés da Árvore *Sephirótica*.

E o texto do Gênesis detalha-nos muito bem seu papel demiúrgico.

Notaremos, em primeiro lugar, que a *onisciência*, privilégio da Divindade Pura, parece lhe faltar. Ele ignora de início o resultado de sua ação, acreditaríamos que ele experimenta, tateia, assim como uma força natural ordinária. Melhor, parece *que ele desperta com o Mundo...*

Assim, quando a terra produziu grãos e sementes, o texto nos diz então: *"[...] e Deus viu que isso era bom."* (Gênesis, 1:12) Quando ele criou os dois luminares, Sol e Lua, para separar o dia da noite, novamente o Gênesis nos diz: *"[...] e Deus viu que isso era bom."* (1:18). Após a criação dos répteis e dos animais (1:25), esta constatação é novamente repetida. Há aí, mesmo levando em conta o esoterismo do sentido dado aos grãos, sementes, etc., um indício carregado de significações para quem se interessa justamente pelo aspecto oculto de um texto exegético. Não nos é de modo algum apresentado como um Criador onisciente, seguro de início da perfeição de sua obra.

Pouco antes do Dilúvio (Gênesis, 6:6), mostram-nos a variação das intenções deste deus criador: *"Jehovah arrependeu-se de ter feito o homem sobre a terra, e afligiu-se o seu coração".*

Ele ignorava, então, as consequências de seu empreendimento cósmico? Caso sim, este artesão divino não é dotado de todas as características da divindade. Em uma frase, o verdadeiro Deus não é ele...

Não podemos conceber logicamente o eterno não abarcando Eternidade. Dificilmente imagina-se um *ser infinito em perfeições,* para quem apenas a presciência do porvir, o conhecimento do presente, a lembrança do passado não se fundam em um único e só "tempo", em uma visão total de Tudo. Onisciência e onipotência são as características do Deus Supremo. O deus do Gênesis logo não parece ser este último.

Kabbalisticamente, isso nos leva a concluir que as faculdades divinas, prerrogativas das Sephiroth superiores, estão já atrofiadas na última, aos pés da Árvore-Símbolo. Antes da queda do Homem, os teólogos afirmam que haveria aquela dos Anjos. Isso pertence a uma tradição particular, que não vem ao caso. Ela apresenta certo interesse, mas contradiz os dados gerais sobre as Sephiroth, habitualmente transmitidas.

Bem antes da queda dos Anjos, diz-nos esta tradição, houve a queda de um deus, do décimo dos *Elohim.* Nos arquivos astrais do Cosmos esta separação permaneceu acessível aos inspirados, aos videntes. Mito da Guerra dos Titãs e dos Deuses, revolta de Lúcifer, etc. No Apocalipse, São João nos diz que viu o Dragão arrastar em sua queda a *terça parte* das Estrelas do Céu. Se observarmos o esquema da Árvore, vemos claramente que Malkuth, a esfera das Formas, carrega a base da *tríade* formada por *Yesod, Netzah, Hod.* E o Dragão de Malkuth arrasta consigo, logo, três das nove outras Sephiroth, seja a terça parte das Estrelas do Céu... Está aí a criação do *mundo hílico* dos Gnósticos.

Esta separação dos dois terços da Árvore do último terço fica ainda mais aparente para quem conhece o simbolismo das figuras geométricas na geomancia. O terço inferior carregado por Malkuth forma, com efeito, o desenho da Cabeça do Dragão geomâncico. Os dois terços superiores formam a figura de uma estrela de seis pontas, do Selo de Salomão, do Hexagrama kabbalístico tradicional.

Esta separação dos dois extremos está figurada no Gênesis no seguinte verso:

"Deus disse: 'Haja um firmamento no meio das águas e que ele separe as águas das águas', e assim se fez".
"Deus fez o firmamento, que separou as águas que estão sob o firmamento das águas que estão acima do firmamento [...]".
(Gênesis, 1:7)

Tal separação das Águas Celestes (Moisés, adaptando uma cosmogonia egípcia, e mesmo suméria, retoma a mesma simbologia: a *Água*, matriz original), é a consequência, a repetição, no grau posterior, daquela da *Luz* e das *Trevas*. Está aí a queda de Malkuth e das três esferas que carrega consigo.

> *"[...] e Deus separou a luz das trevas".*

> (Gênesis, 1:4)

O símbolo tradicional da Luz é o Sol, princípio masculino, positivo, que é a imagem do Dia, do Pai, do Homem. Aquele das Trevas é a Lua, princípio feminino, negativo, imagem da Noite, da Mãe, da Mulher. Estão aí as duas origens do patriarcado e do matriarcado, dos cultos fálicos ou iônicos, de Osíris e de Ísis (a *"virgem negra"*).

Ora, nosso dragão de Malkuth arrastou consigo, em sua queda, o conjunto das *forças universais femininas:* Hod (esfera de Mercúrio, esfera androgênica), Netzah (Vênus), Yesod (a Lua), e Malkuth mesmo, que corresponde à Terra, feminina igualmente (Cibele, Ísis, etc.). Mais tarde, o Gênesis nos mostrará ainda a *queda* do casal original efetuando-se sob a impulsão da Mulher: Eva!

A parte superior da Árvore *sephirótica* encontrou-se formada, pelo contrário, por: *Tiphereth* (o Sol), *Geburah* (Marte), *Chesed* (Júpiter), *Binah* (Saturno), *Chokmah* e *Kether*, sem correspondências definidas no Cosmos. A simbólica astrológica lhes atribuiria, respectivamente, Urano e Netuno, divindades igualmente masculinas.

Em uma obra que detém autoridade sobre a questão da Kabbala, esta tradição da ruptura da Árvore quanto a sua polaridade inicial é igualmente dada. Isso prova que sobre este ponto tradição inglesa e tradição francesa são idênticas. (*"A Cabala Mística"* [La Cabale Mystique], de Dion-Fortune, trad. do inglês por G. Trarieux d'Egmont, Editions Adyar, Paris.)

Enfim, Madame H.-P. Blavatsky em seu livro *"A Doutrina Secreta"* diz-nos o seguinte:

> *"Alguns dentre os mais eruditos dos Pais da Igreja sabiam também que Jehovah não era o 'Deus maior', mas simplesmente uma potência de terceira ordem".*

Em uma palavra, é o Demiurgo, simplesmente. Mais longe, velhos textos sumérios nos mostrarão a luta dos deuses contra os demiurgos.

E como é justamente dos capítulos seguintes do Gênesis que nossos gnósticos luciferianos extraíram suas tradições, seguindo-os, penetraremos no hipogeu documentário. Iremos encontrar ali as mesmas conclusões exegéticas com relação à fé judaica exotérica...

A ÁRVORE DA CIÊNCIA...

Adonay Melech, *"Mestre do Reino das Formas"*, regente da esfera de *Malkuth*, criou o Homem assim como o Deus Supremo emanara as *Sephiroth*, Formas-Pensamento surgidas da subconsciência divina.

O primeiro ato havia sido *"conceber-se"*, sob o aspecto total, os dois aspectos formando apenas um, Luz e Trevas juntas. O Gênesis nos diz a mesma coisa sobre o tema da criação do Homem:

> *"Deus disse: 'Façamos o homem à nossa imagem, como nossa semelhança, e que eles dominem sobre os peixes do mar, sobre as aves do céu, os animais domésticos, todas as feras e todos os répteis que rastejam sobre a terra'".*

> *"Deus criou o homem à sua imagem, à imagem de Deus ele o criou, homem e mulher ele os criou".*

Eis então o primeiro estágio, o estado primitivo imutável de todo ser, a polaridade gêmea. Mais tarde, nosso Demiurgo desdobrará sua criatura, o Homem e a Mulher se separarão e formarão dois seres distintos, assim como os Deuses, os *Elohim*, formaram dois clãs cindidos quando de sua atração pelo Dragão de Malkuth...

Deus os abençoou e lhes disse: *"Sede fecundos, multiplicai-vos, enchei a terra e submetei-a; dominai sobre os peixes do mar, as aves do céu e todos os animais que rastejam sobre a terra."*

O texto sagrado mostra que este Deus obrando sobre a matéria do Mundo Físico exerce o papel de agente demiúrgico *dos Elohim superiores.*

Ele *realiza* no tangível o que os *atributos sephiróticos* superiores haviam *manifestado* no inconsciente do divino. Os *Elohim* superiores agiam nesta forma-pensamento que é a Árvore. Mas *Adonay Melech,* *"Senhor do Mundo das Formas"*, age já *no exterior* desta forma-pensamento, na Matéria ainda informe.

Deus se dirige sempre a um único indivíduo, o Homem Total, mas o texto do Gênesis mostra que, na realidade, ele se dirige a dois seres diferentes. Da mesma forma que o Criador era dito *"Ele-os-Deuses"*, ou *Elohim*, o Homem é dito *"Adam-Eva"*:

> *"Deus lhes disse: 'Sede fecundos, multiplicai-vos, enchei a* terra [...]".*

Ora, não chegamos ainda ao capítulo II, em que *Elohim* separa a Mulher do Homem. Estamos apenas no capítulo I.

É necessário, então, admitir duas soluções para tal anomalia. Ou o Gênesis é composto por dois textos, colocados um atrás do outro sem razão e reunidos por ignorantes, ou, pelo contrário, há nisso um sentido escondido, essa reunião foi quista pelos esoteristas que compuseram o texto sagrado. É desta última hipótese que a maior parte dos ocultistas toma partido. É até mesmo possível que tenha sido na época em que datamos Esdras e sua reconstituição do Pentateuco, sob a influência das tradições babilônicas, que os sábios de Israel desenvolveram esta tradição secreta. A modificação, operada em favor das destruições precedentes, passou despercebida pela massa dos rabinos ignorantes e do povo inculto. Sós, as seitas esotéricas *naassenas* se beneficiaram dela, construindo assim um monumento imutável para a transmissão de sua doutrina.

Voltemos ao Gênesis.

Com que objetivo o Espírito de Malkuth criou o Homem?

Os teólogos, adotando a opinião majoritária, desenvolvida por Santo Tomás de Aquino, dizem-nos o seguinte:

> *"O amor de Deus por suas criaturas tem seu efeito nelas mesmas. É todo o bem que está nelas."*

(Suma Teológica)

Mas o Gênesis não nos diz nada parecido. Que julguemos:

"Jehovah Deus tomou o Homem e o colocou no jardim do Éden, para o cultivar e o guardar".
"E Jehovah Deus deu ao homem este mandamento: 'Podes comer de todas as árvores do jardim. Mas da árvore do conhecimento do bem e do mal não comerás, porque no dia em que dela comeres terás que morrer'."

(Gênesis, 2:15-17)

Adam interpreta, então, como vimos, no jardim do Éden, o papel de um demiurgo, inferior ao primeiro, mas que, em sua esfera, tem uma tarefa a cumprir sem que nada de diferente seja determinado.

Quando Tomás de Aquino, em sua Suma Teológica, diz-nos que *"o estado de felicidade no qual Deus criara o Homem não era senão um estado temporário e não definitivo, que deveria ser seguido por outro, que lhe seria definitivo e completo"*, ele dá, talvez, esta definição como logicamente válida em matéria de metafísica cristã, mas nada no texto original da Gênesis permite sustentar este argumento.

Quando mais longe, nesta mesma Suma, ele nos afirma que esta felicidade perfeita, *"ele a teria recebido no Céu de Glória, com os Anjos, após certo tempo de provação"*, é uma afirmação que não repousa sobre nada. No mais, podemos admitir que o texto omitiu a precisão desse detalhe. Em todo caso, o texto sagrado não dá uma palavra sobre isso.

Estão aí *hipóteses* teológicas que honram a sutileza e o lugar didático de Santo Tomás, mas nada além. Em matéria de exegese, não se trata de modo algum de deixar livre a imaginação, mas de *interpretar* um texto, *sem recortar nem ajuntar nada*.

Mais tarde, o Homem sujeitará a Natureza a seus desejos. Ele controlará as forças elementares, e, por sua vez, tornar-se-á um agente demiúrgico egoístico, independente, assim como seu criador em relação a outras potências divinas. A rebelião contra seu mestre será caracterizada por sua irreligião, sua inobservância dos ritos impostos. E a própria Natureza estará continuamente em rebelião contra este novo mestre. A força que move o tangível é uma força centrífuga, que tende a afastar seres e coisas de sua fonte original.

Voltemos ao Gênesis.

Jehovah Deus disse: *"Não é bom que o homem esteja só. Vou fazer uma auxiliar que lhe corresponda"*. A Mulher está, então, em germe, à imagem do Homem, assim como este à imagem de Adonay.

Jehovah Deus modelou então, do solo, todas as feras selvagens e todas as aves do céu e as conduziu ao homem para ver como ele as chamaria: cada qual devia levar o nome que o homem lhe desse..

O homem deu nomes a todos os animais, às aves do céu e a todas as feras selvagens, mas, para o homem, não encontrou a auxiliar que lhe correspondesse.

> *Então Jehovah Deus fez cair um torpor sobre o homem, e ele dormiu. Tomou uma de suas costelas e fez crescer carne em seu lugar. Depois, da costela que tirara do homem, Jehovah Deus modelou uma mulher e a trouxe ao homem.*
>
> (Gênesis, 2:18-22)

A *ajuda* demiúrgica que o processo imutável da Criação permanente fazia pressentir é realizada. A Força-Pensamento Divina se desdobrou, Deus e o Demiurgo. Este, *à sua imagem*, cria-se um auxiliário, este auxiliário se desdobra, de sua essência surge, idêntico, seu reflexo negativo. Deste "duplo" matricial, sempre por desdobramento, surgirá a Humanidade futura. Caim, depois Abel, depois Aclinia serão os fundamentos.

Assim, no Gênesis, encontramos os três grandes princípios herméticos: a unidade de substância original, a identidade de origem das duas polaridades aparentemente contrárias, Luz e Trevas e, enfim, a lei de emanação enquanto processo gerador.

O Gênesis não nos precisa nada a respeito da *ajuda* que Eva deve levar a Adam. Contudo, é porque ele não havia encontrado *"ajuda semelhante a ele"* que Adonay extraiu de Adam uma companhia saída de sua substância. O texto precedente subsiste, logo, em toda a sua integralidade enigmática:

> *Jehovah Deus tomou o homem e o colocou no jardim do Éden para o cultivar e o guardar.*

Cultivar um campo ou um jardim é fazê-lo *produzir*. Ora, em hebreu, o sentido esotérico de vergel ou jardim é *kabbala*. Adam é, talvez, um agente demiúrgico destinado a trabalhar a matéria tangível, a guiar os mundos, conduzir os astros, realizar nas nebulosas ou nos sóis siderais a Grande Obra divina. Mas ele está também destinado a sondar os Mistérios, a desvendá-los, contudo, sem deles se beneficiar, pois o versículo genésico abaixo o precisa:

"Mas da árvore do conhecimento do bem e do mal não comerás, porque no dia em que dela comeres terás que morrer".

Enfim, guardar alguma coisa, é, imutavelmente, *velá*-la, ficar perto dela, não deixá-la. O Homem parece, então, ter sido conscientemente ligado *por sua essência, com esta Matéria,* substância e forma dos mundos tangíveis, e isso pela vontade mesmo de Adonay.

E em seu terceiro capítulo, nos versículos de 1 a 5, o Gênesis nos conta a sequência do mito:

"A serpente era o mais astuto de todos os animais dos campos, que Jehovah Deus tinha feito. Ela disse à mulher: 'Então Deus disse: 'Vós não podeis comer de todas as árvores do jardim?" A mulher respondeu à serpente: 'Nós podemos comer do fruto das árvores do jardim. Mas do fruto da árvore que está no meio do jardim, Deus disse: 'Dele não comereis, nele não tocareis, sob pena de morte".

"A serpente disse então à mulher: 'Não, não morrereis! Mas Deus sabe que, no dia em que dele comerdes, vossos olhos se abrirão e vós sereis como os deuses, versados no bem e o mal'" (Gênesis, 3:1-5).

"A mulher viu que a árvore era boa ao apetite e formosa à vista, *e que essa árvore era desejável para adquirir discernimento".* Sabemos a sequência. O Homem e a Mulher tendo comido do Fruto misterioso, *"abriram-se os olhos dos dois e perceberam que estavam nus [...]".*

Aqui, a metáfora do texto aramaico nesta expressão de nudez, estado vergonhoso para os Judeus, mostra-nos que o casal original estava em uma condição vil, pobre, humilhante. Pois a nudez era, entre os antigos, sinônimo de degradação, de baixeza das coisas sagradas. Um filósofo grego tendo desvelado uma parte dos mistérios de Elêusis, "viu em sonho as deusas eleusinas expostas nuas à porta de um lupanar e lhe repreender com veemência sua profanação", diz-nos Cornélio Agrippa em sua *Filosofia Oculta*. Assim, neste estado, *Adam e Eva apercebem-se de sua condição miserável*. Tal é a conclusão a ser tirada desse verso.

Com efeito, se "a árvore era desejável para adquirir discernimento", como o diz o Gênesis, essa proibição de Adonay significava que ele não queria de modo algum que o Homem se tornasse inteligente... não vemos nada aí transparecer o amor por sua criatura, com o qual se enternecem complacentemente a Teologia cristã e judaica. Além, no capítulo VIII do *Livro dos Reis*, *Elohim* nos precisa sua verdadeira natureza: "*Jehovah decidiu habitar a Nuvem escura*" (Reis, 8:12). Teremos, no mais, a oportunidade de retornar a isso e demonstrar que este deus está mais próximo do Satã da lenda que de qualquer outra hipostasia divina...

Reação lógica inevitável. O dia em que a besta, domesticada pelo homem, colocar-se a raciocinar, a ser uma criatura inteligente, a tirania deste não terá, moralmente falando, mais nenhuma razão de ser. A hierarquia é natural, equitativa, em um meio povoado de desigualdades intelectuais. O pai de família exige de seu filho uma obediência e uma docilidade que ele não exigirá mais dele quando o filho se tornar um homem, seu igual, ser inteligente e racional. E ainda bem menos se, em seguida, o filho se mostrar superior ao pai...

Quanto ao Príncipe Iluminador, dissimulado sob a fábula da Serpente edênica, ele havia mentido?

Vossos olhos se abrirão e vós sereis como os deuses, versados no bem e o mal. Seus olhos abriram-se, eles se tornaram inteligentes...

O casal original está, então, à espera da sentença do último *Elohim*. Aqui está a condenação da Serpente, condenação que não carece nem de imprevisto e nem de ilogismo. Que julguemos.

Então Jehovah Deus disse à serpente: 'Porque fizeste isto és maldita entre todos os animais domésticos e todas as feras selvagens. Caminharás sobre teu ventre e comerás poeira todos os dias de tua vida. Porei hostilidade entre ti e a mulher, entre tua linhagem e a linhagem dela. Ela te esmagará a cabeça e tu lhe ferirás o calcanhar.

(Gênesis, 3:14-15)

Até então, a serpente não caminhava sobre seu ventre, não rastejava; seu ato é a causa disso? Onde é preciso ver o desaparecimento das asas escamosas que caracterizavam os grandes sáurios alados da pré-história, estes mesmos que deram origem à lenda dos dragões?

O que quer que seja, pois que se admite que o animal deste nome não esteja em causa neste versículo, mas sim uma entidade superior ao Homem (já inteligente e dotada de razão...), a condenação de *Elohim* erra o alvo ao atingir um animal real...

Vem em seguida a condenação do Homem e da Mulher, o que é lógico, mas também a do Mundo, da Natureza, das Leis, o que é aparentemente injustificado *se não admitimos que Adam e o Mundo não formam senão uma só e única substância, solidária em todas as suas partes.*

"À mulher ele [Deus] disse à mulher: 'Multiplicarei as dores de tuas gravidezes, na dor darás luz filhos. Teu desejo te impelirá ao teu marido e ele te dominará".

Esse versículo nos leva a concluir que a Mulher era já destinada a dar à luz, mas primitivamente sem dores. E isso nos mostra que o pecado original não é de forma alguma o fato de querer *criar*, é, como a Igreja, no mais, o ensina, um pecado de curiosidade, de ciência, de conhecimento.

"Ao homem, ele disse: 'Porque escutai a voz de tua mulher e comeste da árvore que eu te proibira comer, maldito é o solo por causa de ti! Com sofrimentos dele te nutrirás todos os dias de tua vida. Ele produzirá para ti espinhos e cardos, e comerás a erva dos campos. Com o suor do teu rosto comerás teu pão até que retornes ao solo, pois que dele foste tirado. Pois tu és pó e ao pó retornarás." (Gênesis, 3:17-19)

E aqui está uma das passagens mais características do livro sagrado.

Depois disse Jehovah Deus disse: 'Se o homem já é como um de Nós, versado no bem e no mal, que agora ele não estenda a mão e colha também da árvore da vida, e coma e viva para sempre!

E Jehovah Deus o expulsou do jardim de Éden para cultivar o solo de onde fora tirado. Ele baniu o homem e colocou, no oriente do jardim de Éden, os querubins e a chama da espada fulgurante para guardar o caminho da árvore da vida.

(Gênesis, 3:22-24)

Outrora, Adonay tomara o cuidado de revesti-los de peles de bestas, *de os animalizar,* assim como o versículo nos diz:

Jehovah Deus fez para o homem e sua mulher túnicas de peles, e os vestiu.

(Gênesis, 3:21)

O erro de Adam foi, então, o de não escutar senão de maneira incompleta o conselho da Serpente. Provando do fruto da Ciência, ele negligenciou o da Imortalidade... Após ter adquirido o Conhecimento, Adonay dele o retirou animalizando-o! E a coroa da Eternidade dos *Elohim* lhe escapou, então, estes *Elohim* dos quais ele teria sido o décimo primeiro...

"Mas, diz o Zohar, são dez e não onze..."

O caráter material do domínio de Adonay é, assim, sublinhado pelas vítimas de sua vindicta: o Homem, a Natureza, o Mundo.

No ódio e nas perseguições que as leis de Israel, aquelas dos imperadores romanos, aquelas da Igreja, insuflaram em torno das ciências secretas e de seus adeptos é fácil encontrar um eco deste mito das primeiras eras, em que um deus mau tenta ainda, sem esperança e já vencido, escravizar o Homem e aniquilar sua inteligência. Nós o encontraremos, no mais, em outros mitos, em outras tradições.

560

AS ORIGENS DO MITO ADÂMICO

Referente ao *pecado original*, há seguramente uma coisa curiosa. O Gênesis faz muito caso do pecado de Adam, fonte da desgraça de seus descendentes. Ora, o *Deuteronômio* (24:16) diz-nos o seguinte:

"Os pais não serão mortos em lugar dos filhos, nem os filhos em lugar dos pais. Cada um será executado por seu próprio crime".

O próprio *Jeremias* nos dirá, por sua vez (31:29-30):

"Naqueles dias não se dirá mais: Os pais comeram uvas verdes, e os dentes dos filhos se embotaram. Ao contrário, cada um morrerá por causa do seu próprio pecado. Os dentes de todo aquele que comer uvas verdes se embotarão".

E Ezequiel, por sua vez, diz-nos, nos tempos do cativeiro da Babilônia (18):

A palavra de Jehovah me foi dirigida nestes termos: Que vem a ser este provérbio que vós usais na terra de Israel: 'Os pais comeram uvas verdes e os dentes dos filhos ficaram embotados?' Por minha vida, oráculo do Senhor Jehovah, não repetireis jamais este provérbio em Israel. Todas as vidas me pertencem, tanto a vida do pai, como a do filho. Mas quanto ao ímpio, se ele se converter de todos os pecados que cometeu e passar a guardar os meus estatutos e a praticar o direito e a justiça, certamente viverá. Por outra parte, se o justo renunciar à sua justiça e fizer o mal, em virtude da infidelidade que praticou e do pecado que cometeu, morrerá. Por isso mesmo eu vos julgarei, a cada um conforme o seu procedimento [...].

Eis-nos distante da queda de Adam, de suas consequências para seus infelizes descendentes, e da redenção por uma única vítima...

Mas paciência, leitor, iremos ao seu encontro! Tomemos agora *Jeremias* um pouco mais adiante (32:18) e leremos:

Tu fazes misericórdia a milhares, mas pune a falta dos pais, em plena medida, em seus filhos [...].

E antes dele, o *Êxodo* nos diz (34:7):

"Deus que [...] castiga a falta dos pais nos filhos e nos filhos dos seus filhos, até a terceira e a quarta geração".

Em verdade, como saber onde estamos?

Voltando às fontes. E a origem do pecado de Adam, ei-la aqui. Ela figura no *Boundedesch*, última parte do *Avesta*. Ela é, no mais, perfeitamente conhecida pelos especialistas em história e religiões antigas, tais como François Lenormand, Marius Fontane, etc.

De acordo com os assiriólogos, ela teria origem posterior à data bíblica de Abraão. Mas ela permanece, todavia, anterior em cinco séculos a Moisés, em mil e quinhentos a Esdras, último redator e "adaptador" do Pentateuco.

Moisés a conhecia do fundo legendário do povo judeu. (Abraão, deixando Ur, seu país natal, a trouxe com todas as tradições desta localidade). Ele a encontrara sob uma outra forma nas tradições relativas à Atum, o Demiurgo egípcio, tradições que os sacerdotes do Egito, que o haviam criado, lhe haviam transmitido por sua vez. Mas os dois contos são um pouco diferentes. O Egito ignora a queda original de Atum como consequência de uma tentação. Moisés, por sua vez, fabrica com todas as peças uma terceira tradição misturando as duas lendas primitivas.

Eis o texto iraniano:

Colocados sobre a terra por Ormuzd, Deus do Bem, o primeiro homem e a primeira mulher, Meschia e Meschiane, destinados desde seu nascimento a morrer, como todos os seres criados, receberam de seu criador a promessa de uma felicidade constante, neste mundo e no outro, com a condição de não adorar ninguém além dele e de considerá-lo como único autor de todos os bens. Por muito tempo eles se conformaram a esta prescrição, suas palavras e suas ações foram puras. Eles executavam piamente/ santamente a vontade de Ormuzd aproximando-se um do outro e eles não adoravam senão ele apenas.

Mas um dia Ahriman, deus do Mal, veio até eles sob a forma de uma serpente, sua imagem habitual, enganou-os com suas palavras hábeis, e se fez adorar por eles como o princípio de tudo o que havia de bom. Desde então, tendo mudado de mestre, tendo se submetido voluntariamente ao Mal, devotaram-se à desgraça e à perdição. Suas vidas se tornaram uma vida de pena e de sofrimento. Eles tiveram fome, sede e frio. Aproveitando-se um dia de seus sofrimentos, um demônio veio novamente tentá-los apresentando-os um fruto sobre o qual eles se atiraram vorazmente. Isso foi uma segunda queda! Por esta nova fraqueza, seus males redobraram-se e, doravante, eles caíram sem cessar, descendo cada vez mais baixo, sob o império de Ahriman, administrador de todos os males. Dos muitos prazeres anteriores eles não conservaram mais do que um. Escravos dos demônios e da Matéria, eles não conservaram suas existências senão através de invenções e labores.

Tal é a narrativa primitiva do Gênesis. Não poderíamos negar que é dela que surgiu o mito de Moisés ou, ao menos, que essas duas narrativas são paralelas no tempo, exprimindo sob a forma exotérica a mesma tradição esotérica.

Eis agora a expressão egípcia do mito original. Ela sozinha merece um desenvolvimento um pouco mais considerável!

O Demiurgo egípcio porta o nome de Atem, de Tem ou de Atum. Nele encontramos tranquilamente a expressão hebraica de Adam. Se observamos que as línguas orientais e semitas ignoram as vogais, escreveremos esses diversos nomes assim:

Atem: ATM. *Atum*: ATUM. *Tem*: TM. *Adam*: ADM.(Adam significa *vermelho* em hebreu).

Foneticamente, essas expressões são idênticas!

Isso posto, Adam e o Demiurgo sendo apenas um só e mesmo personagem, eis o que dizem as tradições egípcias.

Tem, ainda chamado *Tem-Rá* (Rá sendo a designação do Sol), é o único, nos dizeres do papiro *Nekht*, que "ele mesmo, foi fecundador (pai) e gestor (mãe)".

Na vinheta referindo-se ao capítulo XVII do *Livro dos Mortos*, que diversas tumbas e numerosos papiros nos lembram, Tem ou Atum é representado, antes do ato de seu desdobramento, em dois polos opostos (o símbolo é o de dois lagos, de *natrum* e de *salitre*), e ele afeta, então, a silhueta *de um homem barbudo portando seios de mulher...*

O *Baphomet* dos Cavaleiros do Templo é sua expressão perfeita, assim como os cofres encontrados em suas comendas o demonstravam em abundância. Nos templos pagãos, Vênus, deusa geradora, era representada, às vezes, com um corpo deliciosamente feminino, mas com o rosto ornado de uma barba! Duplo aspecto: macho e fêmea!

Tem, ou Atem, ou Atum, é igualmente identificado com *Ptah*, divindade egípcia. Ora, o texto de *Shabaka* nos fala dele designando-o assim: "*Ptah-Nou*-o-Pai e *Ptah-Nou*-a-Mãe". Nou sendo o nome egípcio da Matéria e *Ptah* aquele do Demiurgo. Vemos que essas duas coisas estão ligadas: o *agente* e a *substância* que ele anima. Todos os dois não sendo, com efeito, senão o resultado da criação única do verdadeiro criador, inacessível à compreensão do homem.

O papiro de *Leyde* nos diz que "Atem começou a falar em meio ao silêncio. Seu Verbo circulou por toda parte sem que tenha havido um segundo deus que pudesse nomear os seres convocando-os à vida".

Há uma analogia impressionante com o Adam mosaico que exerce a mesma função:

> *"O homem deu nomes a todos os animais, às aves do céu e a todas as feras selvagens, mas, para o homem, não encontrou a auxiliar que lhe correspondesse".*
>
> (Gênesis, 2:20)

Vemos que o texto separa o Homem de Adam... São dois seres diferentes no espírito do exegeta da pré-história.

Os hinos da XVIII dinastia nos dizem que o Demiurgo criara os seres "emitindo palavras". Ora, no Egito, *Êmet,* deusa da Verdade e da Magia, significava *Vida*. Era esse nome de *Êmet* que os kabbalistas judeus da Idade Média gravavam sobre a testa de seu *golem*, e é curioso que o verbo *emitir* se encontra com um nome significando ocultamente a mesma ação criadora: *emite...*

564

O papiro *Nesi Amsu* nos diz que "os deuses saíram da boca de Tem ou Atum". Os deuses em questão são os seres inferiores a ele, mas dotados de vida e de livre-arbítrio: os homens!

O mesmo texto, mais adiante, diz-nos que *"a palavra do deus criador era uma substância"*. Além do mais, isso foi expresso sob uma forma diferente por São João em seu evangelho:

"No princípio era o Verbo!"

Outro documento nos diz que no início "Não havia nada. Nenhum deus existia então. *Não se conhecia o nome de nada."*

Este papel da palavra nos é especificado por textos mágicos extremamente antigos. Um deles nos diz: "as coisas e seres concebidos no Pensamento não existem então senão em potência. Para que eles cheguem à existência real, é necessário que a língua os nomeie". Mais adiante, o mesmo papiro declara: "Toda palavra mágica (divina) se forma no pensamento do coração. Ela se manifesta em emissão vocal, ela cria, assim, as forças vitais benfazejas e acalma as maléficas."

É assim que em um rito execratório, os mágicos do Egito, para afastar de um lugar o gênio do mal simbolizado pela serpente *Apep*, declaram: *"Que seu nome não exista..."*.

Enfim, como Adam, imortal operário primitivo, um papiro nos diz que Atum, Demiurgo egípcio, *"existia quando ainda não havia Morte..."*.

Não poderíamos negar que esses textos trazem uma séria confirmação da teoria de Moisés rearranjando e adaptando tradições cosmogônicas egípcias. Sem dúvida, não encontramos de forma alguma a história de um homem, mas a de um deus. Mas os teólogos não nos dizem que Adam era um homem como nós, pelo contrário... É sua queda que o aproximou do estado no qual estamos!

Mas isso não é tudo!

Antes da descoberta das inscrições cuneiformes, não tínhamos senão dados extremamente vagos sobre as concepções cosmogônicas dos primeiros habitantes da Mesopotâmia. Um relato de Berose e outro de Damacius eram bem insuficientes para nos informar, quando em 1875, M.G. Smith exumou da biblioteca de Nínive tijolos contendo uma cosmogonia caldeia. Era um longo poema composto por doze tabuletas, infelizmente, muito mutiladas. Da mesma maneira, os fragmentos não são menos curiosos em mais de um título. Eles não retornam mais do o século VII a. C., mas são a cópia, declaram, de documentos originais que remontam vinte séculos antes, bem anteriores a Abraão e a Moisés.

Eis algumas passagens deste estranho texto:

"Outrora, o que está no alto não se denominava Céu.
E o que está em baixo sobre a Terra não era nomeado.
O Abismo Infinito era seu obstáculo.
E o Mar que engendrou tudo não era mais que um Caos.
As Águas foram, então, reunidas.
Uma obscuridade profunda reinava, então, sem nenhum clarão,
E soprava um vento de tempestade sem descanso.
Nesta época, os deuses não existiam ainda.
Nenhum Nome havia sido dado, nenhum destino determinado.
Então, somente foram criados os grandes deuses.
O deus Lakmu, o deus Lakmanu, existiram logo no início.
Um tempo muito longo escoou em seguida.
O deus Anu...

....

Ele repartiu as "casas", sete ao todo para os grandes deuses.
Ele distinguiu as constelações que seriam suas moradias.
Ele criou a revolução anual, o curso solar, e
Ele a dividiu em décadas, e, assim,
Para cada um dos doze meses, ele fixou três estrelas principais.
Ele atribuiu sua moradia ao deus Nibir, para que os dias se
Renovassem em seus limites...
Ele pôs ao lado deste a moradia de Bel e de Ao...
A Lua foi encarregada de clarear a noite...

"Mensalmente, ele lhe ordenou, sem interrupção, encha teu disco! Levanta-te e deita-te segundo as Leis Eternas..."

Sobre a tabuleta relativa à aparição do Homem, encontramos o nome de *Admi*, ou *Adami*, forma assíria do hebreu *Adam*...

Que concluir? Nada asseguradamente.

Que a persistência de um mito que nos oferece a mesma imagem seja de natureza a nos assinalar a importância esotérica, nada de mais justo. Mas daí a dele fazer um artigo de fé, é outra coisa...

Diante destes documentos, nós somos um pouco como a criança nas mãos de quem colocamos um livro de história, mas a quem não ensinamos a ler...

Contudo, esta história legendária da humanidade é comum a todos os povos.

Dupiney de Vorepierre nos diz que *"o dogma da queda do primeiro homem se encontra alterado ou modificado entre todos os povos da Terra"*.

Filolau, discípulo de Pitágoras, (século V a.C.), diz-nos que os antigos filósofos acreditavam que as almas eram encerradas em corpos materiais tal e qual em uma tumba como forma punição de algum pecado. Platão declara que esta doutrina era igualmente aquela dos órficos, e ele mesmo a ensinava. As tradições da Índia nos dizem a mesma coisa. O Budismo tibetano nos diz o mesmo. Os druidas, os chineses, os antigos persas o confirmam. Vimos a tradição de Zoroastro sobre este assunto. No México, em Iucatã, no Peru, nas Ilhas Canárias, nós o encontramos também.

É preciso, então, considerar essa tradição como parte do patrimônio espiritual da Humanidade inteira e, nesse caso, pesquisar seu esoterismo, que só pode nos fazer compreendê-la...

LÚCIFER E SATÃ
LEVANTANDO O VÉU...

Se perguntarmos a qualquer católico a que correspondem esses dois nomes, ele nos responderá invariavelmente que eles servem para designar o mesmo ser. E se lhe pedirmos para defini-lo historicamente, ele nos dirá simplesmente que é um Anjo caído que, após ter se revoltado contra Deus, foi expulso do Céu com os anjos que havia seduzido. Eles lutam contra Deus tentando encantar as almas dos homens, e para isso semeiam as tentações de toda natureza sob o passo da humanidade.

Sobre estes lugares-comuns, todos os católicos estão de acordo, ou, ao menos, imaginam estar. Os teólogos defendem sempre o mesmo ponto, isto é, que as querelas exegéticas dos primeiros Pais da Igreja sobre este assunto ainda não foram solucionados.

Com efeito, e este ponto é dos mais importantes, a crença na existência do Demônio não é *artigo de fé...*

Prudente, a Igreja sempre se recusou a definir Satã e seu império, deixando a seus doutores o cuidado de propor soluções pessoais, sob a garantia precária de sua própria autoridade, *falível*.

Diversos textos das Escrituras mencionam a existência do diabo. É um fato certo. Mas a interpretação desses textos duvidosos *permanece livre "In dubiis libertas"...* É permitido aos teólogos esforçar-se a favor ou contra. *Nenhuma decisão nunca foi tomada em Roma ex cathedra* e nenhum Papa fixou definitivamente este ensinamento sob forma de um artigo de fé.

Rogamos observar que este fato é de primeira importância. Com efeito, os Papas, como os teólogos, expressaram sua opinião sobre esta tradição. Mas eles se reservaram de expressá-lo "do alto da cátedra de São Pedro, *urbi et orbi...* " Ora, os Papas não reivindicam a infalibilidade espiritual que, como chefes da Igreja, "exprimindo-se sob a inspiração direta de Deus, no que se refere à fé e aos costumes".

Ocorre o mesmo para o resto da hipótese da reencarnação, na qual acreditavam numerosos Pais da Igreja, tal como Orígenes, e que foi condenado por concílios, *mas nunca ex cathedra...* O que faz com que, em particular, vários padres e teólogos confessem ensinar sua negação oficial, mas nela acreditar secretamente no fundo de si mesmos...

O *Livro das Parábolas*, um fragmento do *Apocalipse de Noé* e certas expressões do *Livro de Enoque* permitem supor que os anjos, caídos por causa de sua união com as filhas dos homens, não se tornaram de forma alguma tentadores e princípios de provações. Esse papel seria transferido aos seres que esses textos nomeiam como "satãs" ("atravessados"), isto é, espíritos especiais, distintos dos anjos caídos. Eles não são dedicados aos tormentos do inferno como os outros. Eles podem se apresentar no Céu diante do Senhor, enquanto que aqueles que o *Livro de Enoque* nomeia como os "*vigilantes caídos*", não podem subir novamente ali, nem mesmo levantar os olhos para Deus. Os "*satãs*" existiam como espíritos perversos antes da queda de *Azazel* ou *Samyaza*, que levou, por sua vez, os outros vigilantes do céu a se unir às mulheres de carne. O profeta lhes repreende justamente o fato de se terem feito "*servidores de Satã*". Os "*satãs*" seriam, então, criaturas especiais, destinadas por Deus a servir de auxiliares e de agente de provações para os anjos e para os homens.

Veem-se as segundas intenções desses textos curiosos! Os homens apenas pecaram porque os anjos caídos lhes perverteram e lhes tentaram. Os anjos caídos não se tornaram assim senão porque sucumbiram às provações que os "satãs" e seu chefe Satã lhes impuseram. Ora, Satã e esses auxiliares *foram criados assim e para este único objetivo* por Deus. Concluímos com alguma lógica que Deus é, na realidade, o autor dessas provações e o criador dos "satãs" é, logo, ao mesmo tempo, o criador consciente do Mal manifestado!...

Isso parece ser uma tradição paralela à máxima hermética: "*O que está em Baixo é como o que está no Alto, o que está no Alto é como o que está em Baixo*". Igualmente, o Selo de Salomão, símbolo de Deus, mostra-nos a união do Mal (triângulo de ponta para baixo) e do Bem (triângulo de ponta para o alto) no esquema da estrela de seis pontas. Logo, Deus se manifesta sob dois aspectos: deus do Mal e deus do Bem!

Se nos referirmos ao Antigo Testamento, constatamos que Moisés fala efetivamente de uma entidade que, tentando o casal original, exprime assim claramente uma ação contrária àquela do Deus criador. Moisés a compara a uma serpente nomeando-a *nahash*. Ora, se esta palavra em hebreu significa *serpente, ela designa também o cobre,* que é, no simbolismo kabbalístico, astrológico, mágico, esotérico e oculto, *o metal de Vênus,* cujo nome era *Lúcifer* entre os latinos, (de *lux*: luz, e de *ferre:* levar), e entre os Gregos *Phosphoros* (portador de luz).

Este ponto alcançado, notaremos de memória que a lenda hindu que nos descreve a "Descida dos Senhores da Flama", diz-nos que potências planetárias chegaram no início da humanidade encarnar-se sobre nossa terra sob a forma humana. Essas inteligências foram os grandes iniciadores primordiais da humanidade. Ora, a mesma tradição hindu especifica que é de *Vênus* que esses seres vieram...

O Livro de Enoque, todo impregnado de servilismo judaico com relação a Javé, apresenta-nos a mesma tradição, mas acomodada de uma outra maneira: este documento nos diz que os anjos, em número de vinte "dezenas", seduzidos "pela beleza das filhas dos homens, desceram sobre a Terra, e, sobre o Monte Hérmon, espreitaram-nas". Deste ato mágico de íncubos, nasceram seres metade deuses e metade homens. Quanto aos próprios anjos, sob a condução de seu chefe Azazel, eles ensinaram às belas filhas/mulheres que eles adoravam os segredos da Natureza:

> *E Azazel ensinou aos homens a fabricar espadas, gládios, o escudo e a couraça para o tronco. E ele lhes mostrou os metais, a arte de fundi-los e de trabalhá-los; os braceletes, os adornos, a arte de pintar o contorno dos olhos com antimônio, de guarnecer as pálpebras. Ele ensinou a arte de distinguir as pedras mais finas, mais belas e mais preciosas, todas as cores de tintas e a revolução celeste. Amiziras ensinou-lhes a quebrar os encantamentos. Baraquiel instruiu os astrólogos, Kobabiel ensinou os sinais e os presságios, Tamiel, o significado dos aspectos dos astros entre si, Asariel, o curso da lua.*

> (O livro de Enoque, VIII)

O Gênesis nos diz, por sua vez, a mesma coisa mais brevemente:

"[...] os filhos de Deus viram que as filhas dos homens eram belas e tomaram como mulheres todas as que lhes agradaram e estas lhes davam filhos. São estes homens famosos que foram os heróis dos tempos antigos".

(Gênesis, 6:1-4)

Vemos que a inteligência e o saber, aos olhos dos escribas de Israel, são o apanágio dos descendentes dos gênios. A Iniciação original teve como motor um ato de *amor*, no qual a ação oculta de *Vênus* se revela. Os construtores das catedrais no mais não se enganavam, pois que frequentemente representavam, nas cenas esculpidas nos tímpanos dos portais góticos, a serpente do Éden com a face de uma mulher jovem, um busto e seios perfeitos, tal qual a serpente dos cadeirais de Saint Bertrand de Cominges (Alta Garone), aquela da bela porta do século XV, rua Notre Dame, em Vitré, aquele que suporta a Virgem do século XIII, erigido à direita do coro de Notre Dame de Paris, e que se nos apresenta sob a forma de uma sereia com belos seios de mulher e com cauda de peixe (de resto é de se notar que confundimos frequentemente serpentes edênicas com sereias mitológicas: não esqueçamos de que estas, segundo a Mitologia, não eram *mulheres-anfíbias, mas mulheres aladas...*), ou ainda aquela do portal esquerdo de Notre Dame de Paris, representada sobre a prancha fora do texto.

Do mesmo modo notaremos que a estrela de cinco pontas, ou *pentagrama*, é o símbolo de Vênus. É *"a estrela flamejante"* dos Francomaçons. Símbolo iniciático, esta estrela porta, nos dias de hoje ainda, o nome de *estrela luciferiana*. Timbrada com **G** em seu centro, ela é o símbolo da *Gnose*, ou *Conhecimento* (do grego *gnosis*, mesmo significado). Esse pentagrama era o emblema da grande fraternidade pitagórica, e sobre a cripta esseniana de Cafarnaum figura não o selo de Salomão, ou estrela de seis pontas, mas a estrela de cinco, o que prova a filiação pitagórica dos essênios e sua orientação claramente luciferiana[60].

Os essênios, como os pitagóricos, dos quais herdaram a moral austera, vivem em comunidades. Eles se vestem unicamente de *branco*. Ora, o *branco e o verde* são as duas cores luciferianas, como a *prata e o*

---

60 - O G é também a inicial da palavra *God*, palavra simbólica formada das iniciais de três palavras hebraicas, *Gomer, Or* e *Dabar*, significando: *Força, Sabedoria, Beleza*.

cobre são os dois metais. Na Ásia, o *Jade verde* e a *prata*, aliados, têm a mesma significação esotérica. O Islã adotou como estandarte religioso a cor verde, sobre a qual se destaca, em prata, o *crescente lunar* e a *estrela de cinco pontas,* a prata sendo o metal atribuído simbolicamente à lua.

Esta perpétua aliança da Lua e de Vênus é significativa. A lua designa a *geração* em simbólico oculto. Vênus designa a *iniciação,* a *inteligência.* Essas duas palavras têm a mesma inicial, a letra **G**, pois *gnosis* significa, ao mesmo tempo, *"gerar e conhecer...".*

O Islã tem como dia religioso, não o domingo dos cristãos ou o sábado dos judeus, mas a *sexta-feira, dia de Vênus (vener dii).* O estandarte religioso dos discípulos de Maomé é verde.

Na Loja Maçônica, o *Venerável* ocupa o ângulo *leste* do triângulo equilátero que ele forma assim com os dois Vigilantes (triângulo cuja potência oculta é reforçada por outros acessórios mais ativos ainda...). Esse ângulo *leste* porta o nome de *Oriente* da Loja, lugar onde a *Luz Iniciática* se levanta... O título de Venerável vem do latim *venerandus,* *"digno de amor, de veneração".* Ora, a raiz latina é *veneri,* palavra que designa o *caráter venusiano* de alguma coisa!...

E não esqueçamos que os Evangelhos dizem-nos no capítulo dos Reis Magos não somente que eles viram a Estrela de Jesus no Oriente, mas ainda que *"o Oriente é seu Nome..."*

Pois que nos debruçamos sobre o estudo do esoterismo Maçônico, notemos que o nome mesmo da *Loja* vem do grego *logia* λόγία, que significa doutrina, ensinamento, tratado, palavra originada ela mesma de *logos* λόγος, discurso, fala. A Loja, quer se trate da sala de reunião dos essênios, dos pitagóricos ou dos Maçons modernos, é o lugar onde se ensina uma doutrina, onde ideias são expostas. Mas essa mesma palavra, *logos,* escrita com letra maiúscula, designa o equivalente latino do Verbo...

O primeiro capítulo do evangelho de João, que nos diz *"No princípio era o Verbo",* logo, traduzir-se-ia corretamente em grego por: *"No início era o Logos"...*

Ignoramos se na mente dos Maçons modernos esta correspondência secreta é conhecida, mas a *loja* é, efetivamente, *o templo do Logos, planetário ou cósmico...* É a igreja, a capela, na qual os adeptos veneram e evocam a entidade iluminadora da inteligência humana, o demiurgo do Espírito, adversário daquele da Matéria...

Na filosofia platônica, o Logos era o Ser Supremo, Deus considerado como contendo em si todas as ideias eternas, as modelos de todas as coisas. A Revolução Francesa retomou este tipo de deísmo com o culto do Ser Supremo. Os teólogos têm um logos que mantém algumas relações com aquele de Platão. É também provável que a teologia cristã não fez senão adaptar, a partir de sua visão, as teorias do filósofo grego. A ideia de um Verbo formando uma pessoa divina distinta do Pai e que lhe seria, no entanto, consubstancial, é uma pura criação do concílio de Niceia e, sobretudo, do célebre *Atanásio*.

Tanto na personalidade divina como na personalidade humana o logos é um atributo, uma força da inteligência que regulamenta, coordena, dispõe, mas não é, contudo, o próprio ser e, consequentemente, nem a personalidade. Então, é exatamente a concepção pitagórica do Demiurgo, agente intermediário entre o Ser Supremo e o Mundo das Criações, que é a exata definição do logos.

É por isso que acreditamos firmemente que o Grande Arquiteto do Universo, deus dos Francomaçons modernos e das corporações medievais, não é qualquer outro senão o Demiurgo pitagórico. É um dos novos avatares de *Pã*. É o deus dos panteístas. A INTELIGÊNCIA que anima e penetra o Cosmos, a alma mesmo da Matéria, o *enxofre* dos hermetistas, o *Pã-Psiquê* dos *gregos*, em luta perpétua contra a Força contrária.

Referindo-se à tradição da queda angélica, o Antigo Testamento marra-nos muito poucas coisas. Sem dúvida Moisés relata-nos a união fecunda dos Filhos de *Elohim* com as mulheres dos homens. Desta ação mágica de íncubos nasceram, nos dizeres da lenda, os *Gibborim* e os *Nephilim*, nomes dos gigantes da pré-história. Mas sobre uma entidade revoltada contra o Deus Supremo e caindo na Matéria, Moisés não nos transmite absolutamente nada. *Ele ignora totalmente esse mito.*

Sobre entidades puramente divinatórias, o Levítico fala-nos dos *Espíritos Aoboth*, que inspiram as sílabas.

O Deuteronômio menciona os gênios dos quatro elementos: *"Não vereis de forma alguma como deuses, aqueles que vivem na terra ou sob as águas. Apenas Eu sou vosso Deus"*.

É preciso esperar pelo Livro de Jó para ver a menção de um espírito submisso a Deus, que serve para tentar os homens: *Satã*. O texto de Jó, ao menos atribuído ao autor deste nome, diz-nos o seguinte:

No dia em que os Filhos de Deus vieram se apresentar a Jehovah, entre eles veio também o Satã. Jehovah então perguntou ao Satã: 'De onde vens?' – 'venho de dar uma volta pela terra, andando a esmo', respondeu o Satã.

Jehovah disse ao Satã: 'Reparaste no meu servo Jó? Na terra não há outro igual: é um homem íntegro e reto, que teme a Deus e se afasta do mal'. O Satã respondeu a Jehovah: 'É por nada que Jó teme a Deus? Porventura não levantaste um muro de proteção ao redor dele, de sua casa e de todos os seus bens? Abençoaste a obra das suas mãos e seus rebanhos cobrem toda a região. Mas estende tua mão e toca nos seus bens; eu te garanto que te lançará maldições em rosto'. Então Jehovah disse ao Satã: 'Pois bem, tudo o que ele possui está em teu poder, mas não estendas tua mão contra ele'. E o Satã saiu da presença de Jehovah.

(Jó, 1:6-12)

Vemos aparecer efetivamente nesse documento um ministro dos rigores divinos, não outra coisa... Ele tem acesso ao Eterno, ele discute com ele. Ele estreitamente se assemelha ao Anjo sombrio das tradições orientais, a *Azrael*, anjo da Morte.

Ora, o exame do Talmude leva a crer que os judeus trouxeram da Babilônia a crença em um deus malvado, antítese do deus do Bem, empréstimo feito necessariamente da cosmogonia dualista de Zoroastro.

Nessa tradição, encontramos *Ahura Mazda* (deus da luz), denominado ainda *Orzmuzd* (A Sabedoria Viva), opondo-se a *Angra Mainyu*, ou *Ahriman*, deus do Mal, palavra por palavra: o *Mal-intencionado* (o Maligno da cristandade...).

Tal origem é de tal forma verídica que o texto atribuído a Moisés (*porém, texto que, na realidade, é recriado em todas as partes por Esdras durante o cativeiro da Babilônia,* vimos há pouco), qualifica o *Nahash*, ou serpente edênica, de *Haroûm* ou *Harym*, que significa *mal--intencionado, adversário* (subentendido, de Javé). Ora, *Harym* é bem próximo, foneticamente de *Ahriman* ou *Harym-an*...

Além disso, precisemos que, aos olhos dos iniciados do *madeísmo*, a doutrina zoroastrista subentendia que *Orzmuzd* e *Ahriman* não eram mais que o aspecto dualista, porque *polarizado*, de um deus mais insondavelmente oculto...

O *Deus negro*, sempre idêntico a si mesmo, manifesta-se nas trevas, sobretudo aquelas do Espírito. É o deus que quer manter o homem na Ignorância. A expressão Satã significa, com efeito, letra por letra, "atravessado", em hebreu. Assim, falando do anjo que barra a estrada a Jacó, o texto precisa que ele se colocou *"em satã do caminho...".*

É por isso que encontraremos sempre o deus do mal, mas em circunstâncias, épocas, crenças e doutrinas tão diversas quanto inesperadas...

Manifestações satânicas, o culto de *Thor, Teutad,* ou *Teutates,* que, pela voz de suas druidesas reivindicava os sacrifícios sangrentos.

Manifestação satânica, o culto mosaico prestado a Javé no qual diariamente diversas novilhas, carneiros e pombas (todos os animais *venu-solares,* polaridade contrária a Javé), são diariamente imolados sobre o altar dos sacrifícios, ele próprio feito de bronze ou de cobre (metal igualmente venusiano). O fogo sagrado devora gorduras e entranhas e o sangue é espalhado em torno. Aspergimos o véu do santuário com esse sangue, esfregamos os chifres de bronze do altar com perfumes, e isto diz-nos o texto sagrado: *"para ficarem para Javé de muito agradável odor".* O sangue é, enfim, um néctar exclusivamente reservado a Javé, é a propriedade do Senhor, proteção tão exclusiva, tão inviolável, que *"todo homem que comer o sangue de um animal junto à sua carne será punido com a morte".* O Levítico precisa em seu capítulo VII.

Eis uma passagem significativa de Jâmblico, o Pitagórico, extraída de seu livro *"Da abstinência da Carne",* e que mostra bem que os membros da fraternidade pitagórica, organizados sob a égide da Estrela de Cinco Pontas, conhecem bem o verdadeiro caráter do deus de Israel, este deus que *"gosta do odor da gordura queimada...":*

"Estes espíritos não se prestam senão a enganar com todo tipo de ilusões e de falácias. Sua ambição é de se passarem por deuses. *Seu chefe gostaria que o tomássemos por Grande Deus.* Eles têm prazer com sacrifícios sangrentos, e o que há de corpóreo neles aumenta, pois vivem de vapor e de exalações e se fortificam com fumaças do sangue e das carnes. É por isso que o homem prudente e sábio preservar-se-á bem desses tipos de sacrifícios, que não atrairiam senão estes gênios. Ele procurará apenas purificar inteiramente sua alma, que aqueles não atacarão de maneira nenhuma, pois não há nenhuma simpatia entre uma alma pura e eles..."

Os *vinte e dois mil touros* e os *cento e vinte mil carneiros* decapitados e queimados quando da consagração do Templo pelo rei Salomão, os sacrifícios cotidianos desse gênero prescritos pelo Deuteronômio, mostram bem a natureza do deus de Moisés; ele seguramente não tem nada em comum com aquele dos pitagóricos...

Manifestação Satânica, também a ordem dada a Moisés de mandar massacrar em um só dia vinte e três mil israelitas culpados de ter adorado o Veado de Ouro. E nesta execução, Moisés felicitará os filhos de Levi, *"[...] cada qual contra o seu filho e o seu irmão, para que ele [Jehovah] vos conceda hoje a bênção"* (*Êxodo*, 32:29). Como conceber tais horrores?

E isso não é tudo! Doravante, cada vez que Israel apoderou-se de uma cidade ou de uma terra, passarão no fio do gládio todo ser vivo, *"[...] homens e mulheres, crianças e recém-nascidos"* (Samuel, 15:3).

Samuel, profeta de Javé, virá significar a Saul o anátema do Eterno por ter "tido misericórdia por seu prisioneiro", *Agag*, rei de *Amales*, após o que, o digno e excelente Samuel mandou *"executar Agag diante de Jehovah, em Guilgal"*(Samuel, 15:33).

Manifestação satânica, o massacre dos primeiros cristãos pelos tiranos da Roma decadente. Mas também manifestação satânica aquele dos discípulos de Ario pelas hordas francas sob a ordem dos bispos cristãos!

Manifestação satânica, o massacre dos monges cristãos da Ilha de Saint Honorat pelos árabes. Mas igualmente manifestação satânica e de que ordem como esta cruzada contra os albigenses e os cátaros, ao longo da qual o *Midi* da França seria arrasada, incendiada, pilhada, ensanguentada, os habitantes decapitados, queimados ou murados vivos. E que manifestação mais satânica como esta Inquisição que preserva na consciência de seus "familiares" centenas de milhares de infelizes torturados e queimados, dentre os quais se aproximam as histéricas e as loucas, os iluminados e os loucos, os ignorantes e os sábios, e até mesmo infelizes crianças...

O deus desses excessos não tem nenhuma relação com o deus do amor que se manifesta no início de nossa era pregando-nos o amor ao próximo, a oração para o pecador ou o desgarrado, o perdão das ofensas e das injustiças, este Deus que, por amor ao Homem, sacrificou-se no Jardim da Oliveiras...?

E já, a egrégora que torna Israel déspota previu a vinda do deus libertador. Os cristãos modernos não se esquecem de cavar nos textos para encontrar profecias anunciando a vinda do deus salvador! Mas eles se resguardam de aí incluir este oráculo, no qual o Deuteronômio transmite-nos a revolta e o horror do *Elohim* Inferior por seu rival, que ele fará, contudo, crucificar por seus fiéis:

> *Se um homem, culpado de um crime que merece a pena de morte, é morto e suspenso a uma árvore, seu cadáver não poderá permanecer na árvore à noite; tu o sepultarás no mesmo dia, pois o que for suspenso é um maldito de Deus. Deste modo não tornarás impuro o solo que Jehovah teu Deus te dará como herança.*

(Deut., 21:22-23)

Ora, a crucificação não é de nenhuma maneira um suplício judeu. A morte legal era a lapidação, quando pelo saque das cidades, aplicavam a decapitação. A crucificação não era um suplício israelita na época em que é feito o Deuteronômio.

Não é assim *prevista* toda a Paixão?

E isto: *"Tu não semearás e não trabalharás com o Boi e o Asno atados conjuntamente".* Que sentido esotérico tirar disso, senão uma alusão do Deus Negro na Natividade futura de seu Rival: *"Tu não semearás os ensinamentos d'Aquele deitado entre o Boi e o Asno?"*

A bem da verdade, a crença em dois deuses adversos procede de um esoterismo real.

Os esotéricos que compuseram a Escritura dizem-nos que *"Deus criou o homem à sua imagem"*; é preciso ler o contrário: *"Tu concebeste Deus à tua imagem...".*

Isso é um ensinamento simples. Ora, o que é o Homem? Um ser duplo!

Três mil anos a. C., a doutrina taoísta já o ensinava, assim como alguns documentos o provavam, e tudo leva a crer que ela é já consideravelmente antiga. A China de então acreditava que a Morte dividia o Homem em duas partes, a *alma superior* (*kounn*), sutil e leve, subia às alturas em direção ao Espírito puro. A *alma inferior*, mais densa, mais pesada (p'ai), descia em direção à Matéria, às Trevas. Unida ao corpo, ela permanecia em sua ambiência, ligada a ele por algum misterioso sentido. De onde o valor mágico dos restos fúnebres.

A Kabbala hebraica possui o mesmo ensinamento sob uma forma mais romanticamente imaginada. Por detrás de cada homem, diz-nos ela, detêm-se dois Anjos. Por detrás do homem, à sua esquerda, fica o Anjo Sombrio (esquerda: em latim *sinistra*). À sua direita, igualmente atrás dele, fica o Anjo Luminoso. O primeiro é o *Sandalphon*, ou a manifestação de *Malkuth* (*Adonay Melech*) a *Sephirah* inferior da Árvore. O segundo é *Metatron*, manifestação de *Kether*, a suprema *sephirah* (*Eheieh*).

Ora, Metatron, no Microcosmo, corresponde ao chacra inferior denominado Chacra *Muladhara*, centro magnético situado próximo à base do tronco, na base da espinha. Ora *Sandalphon* corresponde a *Sahasrara Padma*, chacra superior, situado na parte mais alta do crânio. São os dois polos mágicos do Microcosmo. E como Microcosmo e Macrocosmo são idênticos, concluiremos que os dois termos designam os dois polos extremos da Divindade, seu aspecto duplo, criador e destruidor, espiritual e material, indulgente e malévolo, positivo e negativo, etc.

É tal identidade original do duplo aspecto da Força Misteriosa que anima o Universo que fez com que o Selo de Salomão fosse adotado como o símbolo geométrico deste ensinamento. O triângulo que aponta para o alto era o símbolo do Princípio Fogo entre os hermetistas, lembrando por sua forma a chama que tende a se elevar. É o símbolo luciferiano. Imagem do falo, ele lembra a polaridade masculina e positiva. Pelo contrário, o triângulo que aponta para baixo é o símbolo das forças femininas (imagem do *ctéis*), da polaridade negativa. É o hierograma satânico que se opõe ao hierograma luciferiano. É o símbolo hermético da Água.

Se a Água é a fonte da Vida material assim como o demonstra a geologia, *o Fogo é o elemento de purificação, a fonte de toda Luz.*

Sobre a Árvore Kabbalística, o triângulo superior das Sephiroth é um triângulo ascendente, aponta para o alto. O triângulo inferior aponta para baixo...

As duas forças universais, centrípeta e centrífuga, atrativa e repulsiva, evolutiva e involutiva, masculina e feminina, luminosa e obscura, benéfica e maléfica, exprimem-se assim esotericamente no símbolo duplo de Lúcifer e de Satã, do Bem e do Mal relativos...

Na mitologia grega e romana, encontramos uma tradição semelhante, a de um deus exilado e benévolo encarnando-se entre os homens e lhes ensinado os Mistérios.

Phoibos (ou *Apolo,* ou *Phebus*), filho de Júpiter e de Leto, irmão gêmeo de *Diana* (*Selene*), em sua adolescência, fere a serpente Piton, deus do Mal, que por tanto tempo perseguira Leto. Ela a fere no equinócio da primavera e a morte do deus do Mal é, então, o símbolo da ressurreição do Sol, sob o signo de Áries, é o despertar da Luz. Celebramos, então, os *Jogos Píticos.*

Apolo-Phoibos é ainda um deus que inspira os adivinhos. É a ele a quem interrogamos no oráculo de Delfos, o tripé da pitonisa é coberto pela pele da serpente Piton (donde o nome da sibila: pitonisa).

Apolo, amado pela ninfa *Corônis,* tem dela um filho, *Esculápio,* a quem *Phoibos* ensina a medicina. *Esculápio,* sem o consentimento dos deuses, *tendo ressuscitado Hipólito,* é fulminado por Júpiter. Apolo, furioso, para vingar seu filho, fere com suas flechas os Ciclopes que haviam forjado o raio do qual se servia Júpiter. Tão logo Júpiter expulsa *Phoibos* do Olimpo e o condena a viver na terra. A história de Esculápio remete-nos ao mito da *Imortalidade interdita...*

Exilado do Céu, Apolo refugia-se nos domínios do rei Adméto, em Tessália, de quem protege os rebanhos. Lá ele ensina aos homens as artes e as ciências, particularmente aos pastores, seus companheiros. Daí resultaria, diz a lenda, o fato de que os pastores deteriam certos conhecimentos mágicos, medicinais, astrológicos. É ainda por isso que Vênus, a estrela da noite (*Lúcifer* entre os latinos e os astrônomos...), é o astro sobre o qual repousam os ditos pastores, donde seu nome: "Estrela do Pastor"... De cor verde, ela é a celeste chama luciferiana!

Ciumento da felicidade que *Phoibos* faz reinar entre os homens e temendo que este conceda aos pastores o domínio sobre todos os segredos da Natureza, os deuses olímpicos decidem chamar *Phoibos* de volta e cessar seu exílio. Júpiter deixa-se curvar e devolve a *Apolo* todos os atributos, encarregando-o de espalhar a Luz por entre os Homens, mas a luz física...

É preciso reconhecer que, sob diversos nomes (*Mercúrio, Hermes, Osíris, Hélio, Helius, Lúcifer,* etc.), *Apolo* é, efetivamente, um deus luciferiano: ele tem como herança a Beleza, a eterna Juventude, a presciência do Porvir, os segredos do Passado, a ciência dos Astros e da Medicina, etc..., *ele os ensina e os divulga aos homens.*

Sob o nome de *Phoibos* ("*Luz e Vida*"), é uma divindade olímpica. Sob o nome de Hélio ("Sol"), é uma divindade subolímpica.

Sob o nome de *Eosphoros*, de *Phosphoros* ou de *Lúcifer* ("*portador de luz*" nos dois termos), não é mais, então, o Sol, astro do dia, mas Vênus, astro da noite. Não é mais o próprio Sol, mas é ele que toma conta dos corcéis e da carruagem que o deus do dia conduz. É ainda um deus subolímpico, filho de Júpiter e de Aurora.

Mas encontramos sempre o mesmo simbolismo e os mesmos nomes.

A Phu-Gia, no Tonkin, é a deusa "*filha do Imperador de Jade*", exilada do Céu para a Terra, à qual se dirigem as preces coletivas. Libertadora dos povos de Tonkin, ela expulsa os invasores siameses e, como preço de sua façanha, torna-se novamente deusa e toma seu lugar no Céu dos Deuses.

Como não pensar na lenda de Brunilde, no ciclo dos Nibelungos! Elas se equivalem! O Rio Vermelho alcança o velho Reno e o *Ba-vi* ou *Effel*...

Na Índia, é Brahma que cria o homem da terra e o coloca no país de todos os dons, onde crescia uma árvore cujo fruto transmitia a imortalidade. Os deuses menores descobriram esta árvore e comeram de seus frutos para que não morressem. A Serpente, *guardiã ciumenta da Árvore da Vida*, espalhou, então, seu veneno sobre toda a terra, pervertendo-a, e toda a alma viva teria perecido se Shiva, o grande deus, *tendo tomado a forma humana*, não tivesse absorvido todo este veneno.

Vemos que essa tradição considera o Adonay, ciumento guardião da Imortalidade, como a malvada Serpente. *Shiva*, o grande deus, tomando em seguida a forma humana, é todo o mistério da Encarnação. Shiva absorve o veneno da malévola serpente assim como Jesus, que mais tarde será comparado à boa Serpente, absorverá as consequências da condenação levada por Adonay...

De todas as formas, o *Elohim* do Gênesis tem ainda, neste mito, o papel ruim. Seu grau de inferioridade moral ali é abundantemente sublinhado.

A "*mulher com a serpente*" é encontrada nos monumentos mexicanos mais antigos. O Egito, por sua vez, permaneceu calado sobre este mito.

Na Assíria e na Babilônia, numerosos cilindros ou baixo-relevos mostram-nos uma árvore de ramos estendidos horizontalmente, de onde pendem grandes frutos. De um lado e de outro da árvore estão assentados dois personagens, um homem e uma mulher. Por detrás desta ergue-se uma Serpente.

Essa árvore parece ser (sob uma forma mais hierática) a *Asclepias Acida*, a mesma planta que o *Soma* sagrado dos antigos Árias. A tradição hindu possui ensinamentos da mesma natureza. Mme. P. Blavatsky, em sua obra a *"Doutrina Secreta"*, diz-nos o seguinte, tirado dos Vedas:

Shukra, regente de Vênus, possui uma carruagem arrastada por oito cavalos nascidos da Terra.

Ora, na mitologia grega, os cavalos eram consagrados à divindade subolímpica denominada Lúcifer. Ele era filho de Zeus e de Aurora, e como tal, anunciava o nascimento da luz.

"Shukra, regente de Vênus, adotou a Terra, filha da Lua, e ele amou sua criança adotiva ao ponto de encarnar-se na terra como Ushanas e dar aos homens *leis perfeitas que foram esquecidas e rejeitadas permanentemente*".

Toda falta moral cometida sobre a Terra é sentida por Shukra, que é o Guardião da Terra e dos Homens. Da mesma forma, qualquer mudança de Shukra é refletida na Terra pelos Homens.

A correspondência entre os dois astros é evidenciada pelo seu símbolo astronômico: aquele de Vênus é um círculo sobrepondo uma cruz, o da Terra um círculo sobreposto por uma cruz.

Segundo a alegoria hindu, Shukra foi pedir a Shiva que protegesse seus discípulos contra os deuses menores, tendo à sua frente Brihaspati. Shiva impôs-lhe em troca um rito expiatório e doloroso: Shukra teve de permanecer suspendido de cabeça para baixo encima de um fogo de detritos, e isso durante mil anos.

Encontramos aí o apelo de um dos arcanos do Tarô, o Enforcado, décima segunda lâmina do *Livro de Thoth*, que representa um homem pendurado por um dos pés e de cabeça para baixo, deixando escapar de suas mãos discos de ouro. E esta lâmina cuja significação é "Sacrifício, expiação", tem como correspondência astrológica o signo venusiano da Balança, signo que evoca a ideia de justiça, de equilíbrio, de julgamento.

No final de mil anos de expiação, Shukra foi cumprimentado por Shiva, que o encheu de dons e de virtudes novas e lhe conferiu a superioridade sobre todos os Deuses.

E Shukra teve, então, uma nova missão. Durante dez anos ele abandonou a vigilância da Terra e se uniu a Tayanti (a Vitória) que aqui representa Marte. Identificamos o esoterismo do mito: Shukra vai fazer agora para Marte o que fizera, outrora, para a Terra.

Mas, durante sua ausência, na Terra, Brihaspati, seu adversário, toma sua forma e, convocando para junto de si os discípulos de Shukra, fez-se passar por ele.

Quando de seu retorno, Shukra descobre a farsa de Brishaspati e tenta ser reconhecido por seus discípulos. *Mas os homens, atordoados por dois deuses semelhantes, enganam-se e optam por Brishaspati, rejeitando Shukra!* Para puni-los, Shukra retira-lhes seus sentidos e os condena a serem vencidos por eles. Brishaspati retoma, então, sua verdadeira forma e desaparece. Os discípulos do regente de Vênus viram, então, que eles haviam sido enganados, e Shukra perdoou-lhes, mas impôs-lhes, como penitência, a descida às regiões infernais, isto é, à Matéria.

Como não enxergar aí o erro que levou os homens a venerar o deus do baixo e a esquecer o deus que despertava sua inteligência?

No México, os astecas e os maias veneravam antes da vinda dos invasores espanhóis a *Serpente Emplumada*, ou Serpente Alada, o deus *Quetzalcóatl*, cuja melhor qualificação dentre todas aquelas que lhe são atribuídas pelos manuscritos sagrados é aquela de *"Deus Salvador"*.

A lenda conta, diz-nos Th. W. Danzel em *"Magia e Ciência Secreta"*, que este ser sagrado, que reunia em si traços humanos e divinos, ofereceu-se em oblação consagrando-se às chamas devorantes de um sacrifical. Como recompensa a esta expiação voluntária, seu coração foi transformado *e se tornou a Estrela da Manhã*, cujo brilho lembra aos homens a ação propiciadora de seu deus.

Quem não imaginaria, lendo essas linhas, o fogo expiatório sobre o qual é suspendido, *pelos pés* (a estrela luciferiana cadente, o pentagrama invertido...), Shukra, deus luciferiano da Índia?...

E quem não relacionaria ao Lúcifer judaico-cristão, primeira criatura celeste cuja expiação consiste em um aprisionamento em meio às chamas?

OS SÍMBOLOS LUCIFERIANOS

O Pessegueiro,
A Águia, o Cavalo e a Serpente
A Rosa, o Pomo, a Pomba

O simbolismo luciferiano é múltiplo e sutil. Numa obra de Ambelain[61] vimos que o *pessegueiro*, a árvore que dá o pêssego (*malum persicum:* pomo da Pérsia), é a imagem do conhecimento e da dita queda original. Parece-nos interessante sublinhar rapidamente a importância desta árvore do ponto de vista do simbolismo iniciático universal. Este pomo simbólico tem, com efeito, em seu nome em latim, o significado, ao mesmo tempo (*malum*), de "a condenação, o erro, uma queda", e "um fruto"...

Na China, onde o esoterismo das sociedades secretas é o mesmo que aquele das sociedades do Ocidente, vemos um galho de pessegueiro brotar espontaneamente sobre a tumba de *Tcheng Kiun-Ta,* o Hiram chinês, no lugar no galho de *acácia* das tradições maçônicas[62] o *quassia* de flores pentâmeras... A madeira do pessegueiro serve para fabricar espadas mágicas análogas às *purbas* tibetanas. Ele rechaça os demônios maléficos. É nos ramos de um pessegueiro simbólico que os "Guardiões das Portas" da iniciação asiática, *Men-Chen, Chen'tou* e *Yu-lou* permanecem para lutar contra os maus gênios. Na China, diz-nos o tenente-coronel Favre em sua obra sobre *"As Sociedades Secretas na China"*, no momento do ano novo, cola-se papel vermelho contra as portas, protetor mágico contra os demônios, e esse papel é chamado *"papel vermelho-pêssego"*...

O *Li Ki* diz que o Soberano, seja quando assiste a funerais ou a qualquer outra cerimônia relacionada ao luto ou à morte, é precedido por dois exorcistas, dos quais um deles segura em sua mão um *bastão de madeira de pessegueiro*, soberano pantáculo contra as forças destruidoras materiais.

No simbolismo iniciático da "Tríade", a Maçonaria chinesa, trata-se frequentemente de *vendedores de cavalos*.

Em sua obra, o tenente-coronel Favre, falando do sermão do *"Jardim dos Pessegueiros"* (ainda o pêssego), nota que, no momento em que os três conjurados concordam entre si a respeito dos meios com os

---

61 - Robert Ambelain - *Dans l'ombre des Cathédrales*- Ed. Bussiere, 2001- Paris.
62 *As Sociedades Secretas na China* [*Les Sociétés Secrètes en Chine*], B. Favre.

quais agir, dois *vendedores de cavalos* aparecem no ponto denominado. Assim como no *"Lotus Branco"*.

Uma tradição afirma que o budismo fora propagado na Coreia e no Japão através de monges chineses disfarçados como *vendedores de cavalos*. O ritual iniciático da Tríade denomina os neófitos como *"cavalos novos"*... Em seu jargão iniciático, os *Hong*, sociedade secreta chinesa, chamam-se mutuamente *"os cavalos"*... Realizar uma reunião se diz *fang ma*, seja: *soltar os cavalos*... Essa expressão tem na linguagem popular ocidental uma ressonância curiosa, dizemos vulgarmente, no lugar de *liberar: soltar as rédeas do pescoço*... Aí, o cavalo é associado a uma ideia de emancipação, de liberação... O objetivo de todas as sociedades secretas, de todas as tradições iniciáticas! Liberação ora espiritual, ora simplesmente material. A queda simbólica como a de Adam não é uma liberação?

Na cerimônia de recepção na China, o afiliado encarregado de introduzir o neófito, papel análogo àquele do Ir∴, G∴ do T∴ da Maçonaria ocidental, prova sua identidade ao Mestre que dirige a Loja por meio deste quarteto:

> *Eu sou T'ien-yeou Hong,*
> *Trago novos cavalos para a Cidade (a loja),*
> *Para unir-se pelo sermão em nome da Justiça.*
> *De todo seu ser, eles desejam tomar o nome de Hong.*

Sabe-se por que a carne de cavalo é proibida desde os primórdios do cristianismo pela Igreja sob pena de excomunhão? Porque o *festim de cavalo* é um rito asiático que os hunos e todos os conquistadores mongóis, assim como os francos, o praticam, e que esta *comunhão* esotérica é, veremos em breve, o símbolo de uma iniciação, isto é, de uma *emancipação*, de uma revolta *espiritual*...

O *rabo do cavalo* figura, enquanto símbolo guerreiro, no alto das hastes do Islã, como estandartes do nacional-socialismo! Estranha comparação! Mas certas *"swastikas"* asiáticas e certos emblemas herméticos medievais não são compostos de *quatro* cabeças de cavalos dispostas em cruz rodopiantes?...

Conhecemos a história de Belerofonte, que, montando Pégaso, o cavalo divino, tentou escalar o Céu e foi fulminado por Júpiter. Novo avatar luciferiano...

Esse cavalo nascera do sangue da Medusa, que Minerva, ciumenta de sua beleza, tornou horrenda. Ele era a montaria de Apolo e de Mercúrio, deuses luciferianos, vimos anteriormente. É Pégaso que, com uma patada, fez surgir a Fonte *Hiprocrene*, onde os poetas vinham extrair a Inspiração (ou a Iniciação... em linguagem esotérica...).

Em nosso estudo precedente sobre o simbolismo esotérico das Catedrais, vimos que o latim *caballus*, o grego *caballos*, significam *cavalo de carga* e esses mesmos nomes evocam e explicam a etimologia da palavra *Kabbala*... O cavalo é o símbolo daquele que viaja, caminha. É uma montaria nobre. Ora, a Kabbala ou tradição esotérica é, com efeito, aquilo que viaja, caminha, tanto no Tempo como no Espaço... O cavalo era, na Idade Média, a montaria dos *cavaleiros*, pessoas que passaram por uma cerimônia de iniciação da qual nem todos os ritos foram divulgados, comprometidos por um juramento em defesa da Viúva e do Órfão. Ora, essa Viúva e esse Órfão pouco sabiam seu nome exato! Tratava-se de *Balkis*, a Viúva de Hiram, a simbólica rainha de Sabá, *a rainha negra e virgem*... Aquela cujo esposo tornou-se o fio condutor do esoterismo Francomaçônico. O cavalo é o animal mitológico que conduz a carruagem do Sol, a carruagem da Luz. Ele é um dos fatores simbólicos da iluminação, material ou intelectual, para o iniciado antigo.

O *Lúcifer* da mitologia greco-latina é filho de Júpiter e de Aurora. Ele é, então, o chefe e o condutor de todos os outros astros. É ele, diz-nos esta tradição, que toma conta dos corcéis e da carruagem de Apolo, que os prende e os solta com as horas. Reconhecemo-lo com seus cavalos brancos, símbolo de pureza, quando ele anuncia aos mortais a chegada de Aurora, sua Mãe. Ora, nos ritos antigos, *os cavalos reservas lhe eram consagrados*, estes mesmos cavalos que, na China, designam os *iniciados*, "cavalos" simbólicos conduzidos por Lúcifer...

No simbolismo cósmico o *Sagitário*, ser formado da parte superior de um homem e da parte posterior de um cavalo, era a imortalização do *Centauro Chiron*. Esse personagem mitológico é às vezes denominado como *o Sábio*; ele ensina aos homens a medicina e a astronomia, seja *como evitar a morte* e como atingir o segredo do céu! Seu nome grego deriva de *cheir: mão*. A mão... não é um pentagrama?... Ele sabia curar as doenças apenas com os acordes de sua lira e o conhecimento dos Astros até poder desviá-los ou prevenir os homens das influências funestas daqueles.

Tal signo zodiacal é a nona "casa" solar do ano. Sua significação material é, na Astrologia, aquela das viagens, das coisas longínquas, *mas também a da Religião, da Sabedoria e da Iniciação...*

A *Águia* é igualmente um símbolo iniciático e iluminador. Encontramo-la frequentemente sobre os livros de magia hermética, e ela é correntemente identificada, no simbolismo universal, com a Serpente. O velho México venerava a Serpente Emplumada, serpente com asas de águia que se condenou ao fogo para salvar os homens.

A *Águia*, na Mitologia, carregava os raios de Júpiter, o *fogo divino*. Era, à sua maneira, um portador de luz. A Alquimia conhece a águia doce, a águia celeste, a águia de Vênus, a águia voadora, a águia estendida.

É um simbolismo solar. Os indianos, a fim de se parecer com a águia, único pássaro que observa o sol sem fechar as pálpebras (ele possui uma membrana intermediária entre o olho e a pálpebra), furavam na pálpebra um buraco com agulha e podiam, assim, contemplar o astro do dia.

A *Rosa* é igualmente um símbolo luciferiano. Nos quadros análogos das correspondências transmitidas pelos velhos livros de magia medievais, a *rosa* é atribuída ao planeta Vênus. E em todos os tempos os poetas instintivamente a fizeram acompanhar a deusa que, se ela governa os amores, os risos e as graças, é igualmente a *"Dama das Palavras Mágicas"*, a *"Rainha vestida de linho"*, a *"Mãe sempre fecunda"* das velhas invocações egípcias a *Hator*. E sobre a cruz que ela carrega na mão direita, no portal esquerdo do átrio de *Notre Dame*, a Virgem Mãe apresenta-nos *cinco*, o número iniciático e mágico por excelência, o número de Vênus, aquele do pentagrama luciferiano...

Sobre a cruz de pedra, a rosa substituiu a Serpente mágica...

Frequentemente, faz-se alusão aos espinhos que tornam difícil a colheita e a possessão da Rainha das Flores. O conhecimento que ela simboliza não é um privilégio do repouso: o Buscador com ela perdeu, com efeito, a quietude de espírito. Cada solução de enigma gera outro. Pois a famosa escada de Jacó, aquela que conduz da Terra ao céu, tem inumeráveis degraus.

O *Verde*, verde jade de luminescentes brilhos, é sua cor. E veremos efetivamente a Virgem Celeste, no centro da grande "Rosa" da fachada ocidental de *Notre Dame* de Paris, coberta com um vestido verde, assentada sobre um trono verde. O manto que está jogado sobre seus ombros é vermelho. Eis a explicação destas cores.

O verde é a cor que simboliza a *Esperança*. Em um grau mais material ele simboliza a *Geração*, a criação. Por muito tempo, a esmeralda foi tida por facilitar os partos e revelar o futuro. O vermelho é a cor do fogo (logo da pureza), do amor divino, das purificações.

Vemos então toda a significação deste simbolismo: a esperança, o novo nascimento, a regeneração...

A *Rosa* enquanto flor era, além disso, também uma imagem de esperança e de regeneração. Todo ano, em maio, os Antigos depositavam na época dita *os Florealis*, rosas sobre as tumbas e sobre as urnas funerárias, o que testemunhava a nova vida espiritual cavada do fundo da destruição. No hemisfério Norte, as festas de maio são consagradas igualmente à Vênus e à Minerva, ela significava a Sabedoria e o Amor.

O *Pomo* (do latim pomum, "maçã"), enquanto fruto, é igualmente uma imagem luciferiana e iniciática. Se o cortamos diretamente pelo meio, constatamos que as sementes desenham um pentagrama perfeito no centro do fruto... É necessário efetuar o corte no plano perpendicular àquele pelo qual passa o cabo do fruto.

Enfim, a *andorinha* e a *pomba* eram pássaros consagrados pelos antigos a Vênus e as tradições astrológicas colocam ainda esses volácios sob a dominante do astro deste nome. Ora, lembremo-nos da aparição da Pomba Celeste quando do Batismo de Jesus por João:

"Este é meu filho Bem-amado, no qual depositei toda a minha complacência..."

Quem negará, então, o lado luciferiano de sua missão, pois que é a forma material deste pássaro que a Força iniciática que se manifesta reveste, então, nesse momento preciso...

POSFÁCIO

Não fora minha amizade pessoal e minha admiração por Helvécio de Resende Urbano Júnior, carinhosamente por mim chamado de "Resendão", eu não teria aceitado o prestigioso convite para escrever este posfácio, que na verdade é uma prova de confiança neste escriba, guerrilheiro de pri-meira hora.

Resende esteve e está no *front* da batalha da vida, e na luta contra a ignorância. Após tantas publicações apócrifas de origem duvidosa, com conceitos canhestros, ora que surge a Luz do Conhecimento que nunca termina, do princípio ao fim do livro, os leitores estarão absorvendo uma literatura robusta, rebuscada, pra lá de sofisticada.

Preguiçosos afastai-vos, desista já, no texto está Resende, Está Helvécio, inteiro ou como se diz no Candomblé, "sem faltar uma folha, sem faltar uma fava". Um livro corajoso, como todos os demais escritos (e bem), pelo autor.

Resende Urbano diz ao que veio, inquire, argui, deseja, põe a cara a tapa e por fim, esclarece, não fica pedra sobre pedra, porém, com detalhe, sem bravata, apoiado em ampla e selecionadíssima bibliografia e rigorosas anotações de pé de página. Enfim, um trabalho de ocultista culto, que leva o leitor a intrigantes, saborosas e constantes interrogações.

Leitura fácil? Não tenha certeza disso, muna-se de boa disposição para aprender, comporte-se como um txucarramãe diante de um programa da Xuxa, onde tudo é novidade, tudo é intenso, deixe o livro levá-lo. É um livro de consulta perene, servirá de base para você Amado Irmão, para boas palestras em Lojas, mas por favor, cite a fonte, seja generoso e ético como é o livro que você tem em mãos.

Com isso, para isso e por isso, Resende Urbano, ombreia-se no mundo contemporâneo no Brasil, (para nossa alegria), como o mais completo escritor de ocultismo maçônico. Mas não é só isso, vem aí "Gnosticum" A Chave da Arca – Maçonaria Prática.

Todavia somente um obstinado, realmente Iniciado poderia desvelar com sutileza, profundi-dade e capacidade assuntos de incomensurável importância para a Arte Real.

Ir∴ Gumercindo Fernandez Portugal Filho 33º
Membro da A∴R∴L∴S∴ "Prudência e Amor" Nº 48 GOB.
G∴I∴G∴ do R∴E∴A∴A∴
São Sebastião do Rio de Janeiro, 10 de Janeiro de 2018.

BIBLIOGRAFIA

AMADOU, Robert. *Louis Claude de Saint Martin et Le Martinisme*. Introduction à L'Étude de la Vie, de L'Ordre et de la Doctrine du Philosophe Inconnu. Editions Du Griffon D'or, Paris, 1946.

AMBELAIN, Robert. *La Franc-Maçonnerie Occultiste et Mystique (1643-1943). Le MARTINISME Histoire et doctrine*. Editions Niclaus, Paris, 1946.

AMBELAIN, Robert. *La Franc-Maçonnerie Oubliée*. Robert Laffont, Paris, 1985.

AMBELAIN, Robert. *Les Survivances Iniciatiques. Templiers et Rose-Croix*. Editions Adyar, Paris, 1955.

ASMOLE, Elias. *The Institutions Laws And Ceremonies of The Most Noble Order of The Garder*. Genealogical Publishing Company, Frederick Muller Reprint, United Kingdom, 1971.

BARCHUSEN, Jean-Conrad. *Tresor Hermetique*. Paul Derain, 1942.

BAYARD, Jean-Pierre. *Le Symbolisme Maçonnique Traditionne*. Symboles, Edimaf, France, 1991.

BENSION, Rav. Ariel. *O Zohar - O Livro do Esplendor*. Polar Editorial & Comercial , SP, Brasil, 2006.

BERAGE-KOPPEN Karl Friedrich. *Les plus secrets mysteres des hauts grades de la Maçonnerie dévoilés, ou le vrai Rose-Croix*. Paris, 1778.

BOULANGER, Nicolas Antoine & HOLBACH, (Paul-Henri Thiry). *L'Antiquité dévoilée par ses usages*. Amsterdam, Michel Rey, 1772.

CENTENO, Yvette. *Fernando Pessoa e a Filosofia Hermética*. Lisboa, 1985.

CHEVILLON, Constant. *Le vrai visage de la Franc-Maçonnerie (nouvelle édition augmentée d'une préface par le Dr Camille Savoire Grand Prieur du Rite Ecossais Rectifié en France et d'un appendice sur la Lumière maçonnique*. Editions des Annales initiatiques à Lyon, & Librairie Derain-Raclet à Lyon, Paris, 1939.

CORDOVERO, Moïse. *La Douce Lumière*. Verdier, France, 1997.

CULLING, Louis T. *A Manual of Sex Magick*. Llewellyn Publications, Saint Paul, Minnesota, 1971.

CYLIANI. *Hermès Dévoilé*. Chacornac & Cie, Paris, 1961.

D´OLIVET, Fabre. *La Lengua Hebraica Restituída*. Editorial Humanitas, Barcelona, 2007.

DERCHAIN, Philippe. *L'authenticité de l'inspiration égyptienne dans le "Corpus Hermeticum"* (Revue de l'Histoire des religions). Octavo. Paris, 1962. p. 175-198.

DERMENGHEM, Emile. *Joseph de Maistre Mystique. Ses rapports avec le martinisme, l'illuminisme et la franc-maçonnerie, l'influence des doctrines mystiques et occultes sur sa pensee religieuse*. Editions du Vieux colombier, La Colombe, Paris, 1946.

DESCHAMPS, N. *Les Societes Secretes et la Société ou Philosophie de l'histoire Contemporaine*. Oudin Frères, 1881.

DUPUIS, Charles. *Abrégé de l'Origine de Tous les Cultes*. Librairie de la Bibliothèque Nationale, Paris, 1836.

ECKHARTSHAUSEN, K. Von. *Nuvem ante o Santuário*. Thot Editora, Brasil, 1990.

FACON, Roger. *Le Grand Secret des Rose-Croix*. Éditions Alain Lefeuvre, Vide, 1979.

FESTUGIÈRE. A. J. *La Révélation d'Hermès Trismégiste*, I-II-III-IV, Paris, LIbrairie Lecoffre – Gabalda Et Cie., 1949, 1950, 1953 e 1954.

FIGUIER, Louis. *Histoire du Merveilleux dans les temps modernes*. Hachette, Paris, 1860.

FLUDD, Robert.*Etude du Macrocosme. Traité d'Astrologie Générale,* H. Daragon, Paris, 1907.

GRAD, A.D. *Le Livre dês Príncipes Kabbalistiques*. Éditions Du Rocher, France, 1989.

GUAITA, Stanislas de. *Essais de Sciences Maudites. II : Le Serpent de la Genèse. Première septaine (Livre I). Le Temple de Satan,* Librairie du Merveilleux, Paris, 1891.

GUÉRILLOT, Claude. *La Rose Maçonnique*. Tome I e II - Guy Trédaniel Éditeur, Paris, 1995.

GUTTMANN, Roberto Luis. *Torá - A Lei de Moisés*. Sêfer, Brasil, 2001.

HALL Manly P. *The Secret Teachings of All Ages*. Philosophical Research Society, Los Angeles, CA, 1975.

JOLY, Alice. *Un Mystique Lyonnais Et Les Secrets de La Franc-Maçonnerie Jean-Baptiste Willermoz*. Demeter, Paris, 1986.

JUSTE, Michael. *Deuses Atômicos*. Caioá Editora e Produtora Ltda. ME, SP, Brasil, 2000.

JUSTE, Michael. *The Occult Observer.* Atlantis Bookshop (Michael Houghton), London, 1950.

KAPLAN, Aryeh. *Sefer Yetzirah*; *The Book of Creation*. Samuel Weiser,, York Beach, ME:, 1993.

KARPPE S. *Etude sur les origines et la nature du Zohar.* Editions Slatkine, Genéve, Honore, 1982.

KING, Francis. *Modern Ritual Magic*. Prisma Pr, Coeur d Alene, Idaho, U.S.A., 1989.

LAFUMA-GIRAUD, Emile.*Sepher Ha-Zohar*, Le livre de la splendeur.*Ernest Leroux, Paris, 1906.

LASSAY, Louis Charbonneau. *L'Esotérisme De Quelques Symboles Géométriques Chrétiens*. Éditions Traditionneles, Paris, 1988.

LENGLET-DUFRESNOY. *Histoire de la philosophie hermétique. Accompagnée dun catalogue raisonné des écrivains de cette science. Avec le Véritable Philalethe, rev sur les Originaux*. Chez Coustelier, Paris, 1908.

LIGOU, Daniel. *Dictionnaire Universel de la Maçonnerie*. Editions de Navarre-Editions du Prisme, Paris, 1974.

LIGOU, Daniel. *Histoire et Devenir de la Franc-Maçonnerie*. Bosc, Lyon, 1930.

LULL, Ramon. *Exemples*. Edicions d'Art Grup 33, Paris, 1978.

LULL, Ramon. *Libre de Contemplació de Deu*. Editora Luliana, Palma de Mallorca, 1906.

LULL, Ramon. *Libro de La Orden de Caballeria*. Vision Libros, Espanha, 1985.

LUQUET, G. H. *La Franc-Maçonnerie Et L''Etat En France Au XVIII° Siècle*. Vitiano, Paris, 1963.

MARCOTOUNE, Serge. *La Science Secrete Des Initiés et La Pratique de la Vie*. Librairie Des Sciences Psychiques, P. Leymarie, Paris, 1928.

MARIEL, Pierre. *Les Authentiques Fils de la Lumière*. Le Courrier Du Livre, Paris, 1973.

MARIEL, Pierre. *Rituels et Initiations des Sociétés Secrètes*. Editions Mame, 1974.

MIRANDA, Caio. *A Libertação pelo Yoga*. Ashram Vale da Libertação, Brasil, 1960.

MOLINOS, Miguel de. *O Guia Espiritual*. Safira Estrela Editorial, RJ, Brasil, 1998.

MONTAIGNE, Aubier. *Lulle*. Bibliothèque Philosophique, Paris, 1967.

MOPSIK, Charles. *Les Grands Textes de la Cabale*. Verdier, Paris, 1993.

MYER, Isaac. Solomon Ben Yehudah Ibn Gebirol – *Qabbalah – The Philosophical Writings*. Ktav Publishing House, Inc. New York, 1888.

NAUDON, Paul. *Histoire et Rituels des Halts Grades Maçonniques - Le Rite Ecossais Ancien et Accepté*. Dervy Editions, Paris, 1966.

NEFONTAINE, Luc. *Symboles Et Symbolisme Dans La Franc-Maçonnerie*. Editions de l'Université de Bruxelles, 1997.

PASQUALLYS, Martinets de. *Traité de la Réintégration des Étres Créés*. Robert Dumas Editeur, Paris, 1974.

PAULY, Jean de. *Etudes Et Correspondance de Jean de Pauly Relatives Au Sepher Ha--Zohar*. Paris, Bib. Chacornac, 1933.

PAULY, Jean de. *Le livre du Zohar*. Paris, F. Rieder et Cie, 1925.

PERAU, Louis-Calabre. *L'Ordre des Francs-Maçons Trahi, et leur Secret Révélé*. Chez Les Vrais Amis Réunis, 1781.

PERNETY, (Dom Antoine-Joseph). *Dictionnaire mytho-hermétique dans lequel on trouve les Allégories Fabuleuses des Poètes, les Métaphores, les énigmes et les Termes barbares des Philosophes Hermétiques expliqués*, par Dom Antoine-Joseph Pernety, Religieux Bénédictin de la Congrégation de Saint-Maur - chez Bauche, 1758.

PESSOA, Fernando. *A Maçonaria vista por Fernando Pessoa*, Lisboa, s.d. 1935.

PESSOA, Fernando. *Defesa da Maçonaria* (ed. Petrus). Porto, s.d.

PESSOA, Fernando. *Hyram: Filosofia religiosa e ciências ocultas* (ed. Petrus). Porto, s.d.

PIKE, Albert - *Moral and Dogma of the Ancient and Accepted Scottish Rite of Freemasonry*. L.H. Jenkins, Richmond, Virginia, 1919.

POZARNIK, Alain. *Mystères et Actions du Rituel D'ouverture en Loge Maçonnique*, Dervy, Paris, 1995.

RABELAIS, François. *Gargântua e Pantagruel*. Villa Rica Editoras Reunidas Ltda, B.H-te, Brasil, 1991.

RAJNEESH, Bhagwan Shree. *O Livro dos Segredos*. Ícone, SP, Brasil, 2000.

REYLOR, Jean. *A la Suíte de René Guénon... Sur la Route des Maîtres Maçons.* Editions Traditionnelle, Paris, 1960.

ROMAN, Denys. *René Guénon et les Destins de la Franc-Maçonnerie* - Les Editions de L'Oeuvre., Paris, 1982.

SAINT-GALL, Michel. *Dictionnaire du Rite Ècossais Ancien et Accepté* - Éditions Télètes, Paris, 1998.

SAINT-MARTIN, Louis-Claude de. *Des erreurs et de la vérité, ou les hommes rappelés au principe universel de la science. Par un Philosophe inconnu- Edimbourg (Lyon). 1782.*

SAINT-MARTIN, Louis-Claude de. *Quadro Natural* (*Das Relações que Existem Entre Deus, o Homem e o Universo*). Trad. Ali A'l Khan S∴E∴, Edições Tiphereth777, Brasil, 2000.

SCHOPENHAUER. *Mémoires sur les Sciences Occultes*, Paul Leymarie, Paris, 1912.

SECRET, François. *Hermétisme et Kabbale.* Bibliopolis, Napoli, 1992.

SERVIER, Jean. *Dictionnaire Critique de l'Ésotérisme.* Puf, Presses Universitaires de France, 1998.

SIMON, T. *[Albert de Pouvourville] T. Théophane [Léon Champrenaud]. Les Enseignements Secrets de la Gnose.* Archè Milano, 1999.

STABLES, Pierre. *Tradition Initiatique Franc-Maçonnerie Chrétienne.* Guy Trédaniel Éditeur, Paris,1998.

STEVENSON, David. *Les Origines de la Franc-Maçonnerie - Le Siècle Écossais 1590-1710.* Éditions Télètes, Paris, 1993.

TEDER. *Rituel de L'Ordre Martiniste Dressé Par Teder.* Éditions Télètes, Paris, 1985.

URBANO-Júnior, Helvécio de Resende (Ali A'l Khan S∴E∴). *Kabbala; Magia, Religião & Ciência.* Edições Tiphereth777, Brasil, 2006.

URBANO-Júnior, Helvécio de Resende (Ali A'l Khan S∴E∴). *Manual Mágico de Kabbala Prática.* Edições Tiphereth777, Brasil, 2005.

URBANO-Júnior, Helvécio de Resende (Ali A'l Khan S∴E∴). *Maçonaria, Simbologia e Kabbala.* Ed. Madras, Brasil, 2010.

VEJA, Amador - *Ramon Llull y el Secreto de la Vida* - Ediciones Siruela, S.A., Madrid., 2002.

VELLOZO, Dario. *Obras.* Instituto Neo-Pitagórico, Curitiba, Brasil.

VIVEKANANDA, Swami. *Pláticas Inspiradas.* Kier, Argentina, 1965.

VULLIAUD, Paul. *Joseph de Maistre - Franc-Maçon. Suivi de Pièces Inédites.* Archè, Milano, 1990.

WAITE, A. E. *The Brotherhood of The Rosy Cross*, London MCMXXIV.

WARRAIN, Francis. *L'Ceuvre Philosophique de Hoené Wronski.* Les Éditions Véga, Paris, 1936.

WIRTH, Oswald. *El Simbolismo Hermetico.* Editorial Saros, Buenos Aires, Argentina, 1960.